l'amical hommage
de E. Adler

LA MORT
EST
LE MASQUE
DU ROI

Cet ouvrage a été publié avec le concours du ministère
de l'Education nationale et du ministère de la Coopération
de la République française.

Bibliothèque Scientifique

ALFRED ADLER

LA MORT EST LE MASQUE DU ROI

La royauté sacrée des Moundang du Tchad

PAYOT, PARIS
106, Boulevard Saint-Germain

1982

A mes parents,
et à ma sœur.

Tous droits de traduction de reproduction et d'adaptation réservés pour tous pays.
Copyright © Payot, Paris 1982.

REMERCIEMENTS

Je remercie d'abord le Centre National de la Recherche Scientifique qui m'a permis de me consacrer entièrement à la recherche en ethnologie et a subventionné toutes mes missions sur le terrain. Je remercie les responsables des formations de recherche qui m'ont accueilli et m'ont fourni l'aide matérielle et morale pour organiser mes enquêtes dans les meilleures conditions. Je tiens également à exprimer ma gratitude à l'Institut National Tchadien pour les Sciences Humaines auquel j'ai été rattaché et où j'ai trouvé le cadre d'accueil le plus utile et le plus agréable lors de mes séjours au Tchad. Je ne saurais oublier l'attention amicale et chaleureuse dont son sous-directeur, le Colonel Chapelle, fit preuve à mon égard et sa passion érudite pour les civilisations du Tchad qui fut si stimulante pour moi.

Enfin toute ma reconnaissance va aux Moundang, gens hospitaliers vis-à-vis de l'étranger et indulgents vis-à-vis de l'ethnologue et en premier lieu au souverain de Léré, Gō-Daba III sans la bienveillance de qui mon travail n'aurait pu être mené à bien. Puisse-t-il trouver dans ce livre qui voit le jour dans la période la plus sombre de l'histoire de son pays le témoignage de la plus profonde sympathie.

Alfred ADLER
Laboratoire d'Ethnologie et de Sociologie comparative
de l'Université de Paris X, Nanterre (L.A. 140).

TRANSCRIPTION

La langue moundang est classée par Greenberg dans la grande famille nigéro-congolaise et le sous-groupe dit « Adamawa oriental ». L'Atlas pratique du Tchad publié en 1972 énumère 7 langues appartenant à ce sous-groupe : moundang, toupouri, mboum, kéra, mongbaï (de Biparé), kim, mesmé. La langue moundang n'ayant pas encore fait l'objet d'une étude approfondie, j'ai adopté un système de transcription simplifiée qui ne prend en considération que les phonèmes apparaissant dans cet ouvrage. Les tons ne sont pas notés.

š	chuintante sourde	chat	*šyinri* (médicament, fétiche)
z	chuintante sonore	gens	*zaké* (vent)
č	affriquée postalvéolaire sourde	tchèque	*čomé* (soleil)
j	affriquée postalvéolaire sonore	Djibouti	*ju* (oiseau)
kp	occlusive labiovélaire sourde		*kpu* (arbre, bois)
gb	occlusive labiovélaire sonore		*gbwē* (ocre jaune)
B	implosive bilabiale sonore		*Bbe* (beau-père)
ng	nasale vélaire	king (ang.)	*ping-ni* (singe)
k	(en finale) fricative vélaire		*biak* (esclave)
~	(tilde) nasalisation		*gō* (roi, chef)
e	e central	brebis	*seri* (terre)
aé	aperture entre /a/ et /é/		*zaé* (bouche)
u	ou	clou	*su* (corps)

INTRODUCTION GÉNÉRALE

L'ethnographe de terrain, quand bien même on lui reconnaîtrait une vocation au voyage et à la découverte de cultures et de sociétés fort éloignées de la sienne — vocation qui, comme telle, n'a pas plus besoin de justification que le goût pour la collection de timbres ou le désir d'être psychiatre ou pilote de ligne —, est aujourd'hui sommé de s'expliquer — voire de se disculper — de sa participation à une entreprise dont la portée pour la société qui la soutient (finances publiques et idéologie comprises) n'a pas de commune mesure avec le modeste travail — qui peut se dire œuvre de science puisque tout le monde accepte qu'on puisse désormais parler de sciences humaines — auquel il pense se livrer en toute innocence ou en toute bonne conscience. Scientifique ou non, la recherche ethnographique ayant pour objet des populations des anciennes colonies — qui sait au juste le sens qu'il convient de donner à l'épithète d'indépendants accolée aux Etats post-coloniaux? — n'a plus droit à la bonne conscience (celle des débuts qui allait de soi ou celle plus « militante » des années 60) et le sentiment de cette perte peut aller jusqu'à faire vaciller les certitudes les plus ancrées quant à la signification et à la valeur des résultats qu'elle apporte et qu'elle se doit d'offrir au public, à tout le moins aux lecteurs qui sont de la partie et qui les jugent. Qui niera que dans le chaos du monde contemporain, chaos dont ledit Tiers-monde — qui en subit les effets les plus dévastateurs — donne l'image la plus caricaturale et aussi la plus tragique — pour ne pas parler de pays déchiquetés et ravagés par les guerres intestines comme le Tchad où le travail qu'on va lire a été effectué —, l'ethnographe ne puisse tirer son épingle du jeu en prétextant que ce qui entoure l'objet exquis qu'il a fait sien, il n'en veut rien savoir puisqu'il n'y peut rien changer.

A la vérité — et cela donne une plus juste mesure des choses — c'est surtout parmi ses pairs qu'il se trouve placé devant un acte d'autoaccusation souvent assorti d'une dénonciation de la pourriture qui infecte les attitudes de prétendue neutralité scientifique devant les cultures des peuples exotiques. On a affaire à une espèce de *double bind*. Certes, il faut chercher l'autre dans son authenticité, dans sa vérité comme autre. Mais pour les uns, il faut s'abolir soi-même pour être l'autre ou, du moins au plus près de son être particulier, pour n'avoir plus ou si peu à traduire — donc à trahir — une culture dans les termes de la sienne qui se pose en dominante. Pour les autres, au contraire, il faut retirer le masque de l'exotisme, arracher la défroque de la culture-vestige afin de mettre sous la lumière crue du devenir historique effectif la simple humanité, l'humanité souffrante des peuples qui furent et sont nos victimes. Avec les premiers nous sommes amenés à douter tellement de notre culture (notre « décivilisation ») que nous ne pourrons retrouver notre humanité que dans la culture de ces « sauvages » qui sont les vrais civilisés, avec les seconds nous sommes si sûrs de notre humanité — si cruelle qu'ait été sa mission historique — que nous ne reconnaissons celle de l'autre qu'à condition de la séparer de sa culture.

S'il est difficile d'échapper à l'une ou l'autre de ces formes d'exaspération de la conscience malheureuse c'est qu'elles ont en commun un postulat qui est le primat du monde occidental et de son histoire comme créatrice de sens (vérité de la science et/ou suprématie de sa puissance économique et politique), les jugements de valeur étant seuls inversés. D'où l'ingénuité des uns devant l'état sauvage ou prétendu tel et l'arrogance des autres assurés qu'une bonne universalité viendra avec la révolution prendre la place de l'universalité perverse de la société industrielle telle qu'elle est du fait des classes dominantes. Si l'on écarte le piège que nous tendent toutes les modalités de la surestimation ou de la sous-estimation de soi qui impliquent également le déni de l'ethnologie comme science possible des sociétés et des civilisations dans leur diversité, on peut dire qu'il y a une part de vérité dans le constat qui les motive. Nous appartenons à un monde, nous vivons une phase de l'histoire où notre société est capable de mettre à la disposition de l'ethnologie aussi bien des moyens techniques de plus en plus perfectionnés que des instruments intellectuels de plus en plus raffinés (grâce à l'accumulation de la documentation, à la multiplication des chercheurs professionnels et au travail des théoriciens) tout en détruisant par ailleurs l'objet pour lequel ils sont faits. Ce constat s'impose à nous avec force aujourd'hui mais il aurait pu, sous une autre forme, être fait en d'autres temps et en d'autres lieux dès l'instant où deux civilisations entrant en contact, l'une cherchait à dominer l'autre, y compris par des méthodes conduisant à la maîtrise intellectuelle et spirituelle. L'impérialisme économique, militaire, politique et religieux n'est pas l'invention de l'Occident seulement. Ce qui caractérise notre situation, Lévi-Strauss le formulait naguère à sa façon quand il répondait aux questions de Charbonnier : « L'ethnologie consciente ne date que d'un siècle et n'a devant elle qu'un siècle à vivre, car les sociétés primitives sont en voie d'extinction rapide. Jadis, l'humanité était riche en cultures différentes, mais celles-ci étaient imperméables les unes aux autres. On peut prévoir qu'au XXIe siècle il n'y aura plus guère qu'une culture, une seule humanité. Nous sommes donc comme des astronomes placés devant une conjoncture d'astres exceptionnelle et qui ne se reproduira plus... Pendant deux siècles et deux siècles seulement, une humanité passera à côté d'une autre humanité et peut l'observer » (Lévi-Strauss, 1961). Dans cette perspective où la contingence historique d'une situation propice à l'ethnologie est donnée pour ce qu'elle est, sans ethnocentrisme mais sans nier non plus que nous semblons marcher inéluctablement vers une uniformisation — donc un appauvrissement — des cultures humaines (quand et comment, nous n'en savons rien et d'énormes surprises ne sont pas à écarter), la fonction et l'urgence de la recherche ethnographique trouvent une justification qui n'exige nul déni, nul dénigrement de soi.

J'ai commencé mes recherches à Léré et dans l'ensemble du pays moundang au printemps de l'année 1967 et mes séjours sur le terrain — près de trois ans — se sont prolongés jusqu'en 1976. Bien que cette ethnie et cette région du Mayo-Kébi fussent aussi impliquées et engagées dans le processus de modernisation que le reste de ce qu'on appelait le « Tchad utile » (celui où l'on est obligé de cultiver le coton), bien que les missionnaires catholiques et protestants, les propagateurs de l'Islam, les cadres politiques et administratifs, sans oublier les instituteurs, y fussent aussi actifs qu'ailleurs, je trouvai à Léré et dans les villages moundang, des coutumes et des institutions traditionnelles bien vivantes qui me décidèrent très vite à me fixer dans ce petit royaume qui n'est officiellement qu'un simple canton parmi d'autres. Il me fallut plusieurs mois de contacts assidus avec le roi, ses notables et les Anciens pour qu'ils s'assurent vraiment que je n'étais pas un touriste de type particulier, attiré par l'étrangeté de leurs habitations ressemblant à des fortins moyenâgeux et le mystère de leurs masques aux fibres noircies. Et pourquoi ne mentionnerais-je pas aussi l'attrait de ces sites lacustres avec leurs collines surplombant les eaux tranquilles rougeoyant au crépuscule quand le soleil disparaît lentement derrière les lointaines montagnes dentelées barrant l'horizon du côté de Figuil au Cameroun ? Conscients de toutes ces séductions qui s'exercent sur le Blanc qui arrive chez eux après avoir traversé des centaines de kilomètres de savanes arborées monotones et sans relief pour retenir l'œil, les Moundang ne s'étonnent guère d'une présence même prolongée d'un étranger à Léré. Le roi lui-même, en son palais-forteresse, daigne recevoir les curieux et, à l'occasion, leur fournit un guide pour les conduire dans le dédale des ruelles de sa capitale comme s'il s'agissait d'une cité-musée.

Aussi n'est-ce que petit à petit que j'eus droit à un traitement différent ;

mon appareil de photo demeura longtemps dans ma cantine et je me promenais seulement avec mon carnet de notes. Alors le roi se mit à me considérer comme son historiographe personnel et celui de ses ancêtres et, quand il comprit que toutes les coutumes m'intéressaient et même, au-delà de sa personne, les croyances dont il était l'objet, bref que j'étais en quête de tout le système social, politique et religieux dont il était le centre, il demanda — ou peut-être ordonna — aux Anciens, aux Grands du pays qu'ils se mettent à ma disposition pour satisfaire toutes mes curiosités. Cette faveur que j'obtins du roi fut la condition nécessaire mais non suffisante pour que mes rapports avec les informateurs pratiquement officiels qu'il me donnait, fussent fructueux. J'eus d'abord de nombreux entretiens avec Gomena Lagré, le vétérinaire de Léré, passionné d'histoire moundang et s'exprimant dans un français tout à fait correct. Avec lui j'acquis les rudiments indispensables à qui veut s'engager sur un terrain déjà quelque peu défriché pour poser des questions pertinentes. Mais de nombreux faux pas, de nombreux tâtonnements — notamment en matière de rétribution financière — précédèrent le régime de croisière que je réussis à établir dans le dialogue avec Mangay, par exemple, auquel je dois l'essentiel de mon initiation à la culture moundang, comme le lecteur pourra s'en rendre compte. Les sommes de plus en plus importantes et les cadeaux que je lui donnais n'étaient pas le fait de son avidité mais payaient, en quelque sorte, la fonction symbolique qu'il acceptait de remplir auprès de moi comme initiateur avec les risques inhérents à cette situation telle qu'elle est codifiée dans la culture moundang. Certes, tout ce que j'observais, tout ce que j'entendais, tout ce à quoi je participais exigeait de multiples recoupements auprès de nombreux informateurs pour m'assurer que les faits et dires que je recueillais avaient valeur de vérités. Mais en dernier ressort, c'est toujours à Mangay — inspirateur de cette étude — que j'avais recours pour tenter d'atteindre ce qu'on peut appeler le niveau de l'interprétation. Ce rôle qu'il tenait dans ma démarche d'ethnologue, il en avait une conscience si aiguë qu'il lui arrivait soit de me renvoyer pour parfaire mes observations et les informations que tel ou tel de ses collègues m'avait données, soit de me convoquer car il avait appris par des conversations sous son arbre, que j'étais en train de me fourvoyer et qu'il fallait reprendre la question avec lui. Il oubliait le Blanc, il oubliait son magnétophone, il me parlait et désirait aussi que je parle de ma propre culture; pas seulement des techniques sophistiquées dont mon appareil d'enregistrement était un exemple, pas du christianisme dont la propagation chez les siens lui apparaissait du même ordre que l'enseignement de la langue française et du calcul dans les écoles, mais de ce qui me poussait à savoir, ce qui dans la culture du Blanc pousse à savoir quelque chose d'aussi intime et — étant donné l'image qu'il se faisait de l'Européen — quelque chose d'aussi inessentiel que les coutumes et les croyances des Moundang. Cette curiosité profonde, son désir de savoir étaient pour moi autant de signes que c'était bien d'interprétation qu'il s'agissait et non d'une collection d'informations.

Je puis et je dois, comme c'est l'usage dans toute présentation d'un ouvrage d'ethnologie, remercier le roi, ses notables et tous les hommes ainsi que toutes les femmes qui ont accepté de répondre à mes questions. Remercier de cette façon va de soi et, quoiqu'on dise, la chose tourne à la simple formalité. Comme si l'ethnologue, au seuil de son travail d'écriture, cherchait à se faire pardonner d'un mot l'intrusion qu'il a faite dans une société qui ne lui demandait rien. Mais je sais que vis-à-vis de Mangay c'est une dette que j'ai contractée et le texte qu'on va lire n'est, dans mon esprit, qu'un premier acompte.

Comme la reine des Lovedu du Transvaal, le roi de Léré est un roi de la pluie ; ce qui le fait craindre ou respecter, ce qui le fait haïr ou aimer, c'est le pouvoir qu'il a de faire tomber ou d'empêcher la pluie. Dès nos premiers entretiens, Mangay fut catégorique à ce sujet : « Nos ancêtres pensaient que le Gō-Léré avait le pouvoir de faire la pluie ou la sécheresse. Par exemple, une brume comme celle de ce matin, ils l'attribuaient au roi et supposaient qu'un vieillard de Sohaya lui en avait donné le médicament. Des très grosses chaleurs, des vents très violents et des tornades dévastatrices, on disait qu'ils étaient le fait du roi. Des criquets dévoreurs du mil, on disait la même chose et c'est à cause des criquets qu'on a chassé Gō-de, l'usurpateur qui succéda à Gō-Kajonka (cf. infra la liste dynastique). Les vieux murmuraient que le roi avait ouvert la porte de la case des criquets. En cas de sécheresse on n'allait pas aux champs en disant : l'eau de Gō-Kaneni était bonne mais Gō-Kaneni n'est plus là et les femmes pleuraient la mort de ce bon roi dont le règne avait été celui de l'abondance. Ce n'est pas pour rien qu'on a donné à un fils cadet de Gō-de Pajurbé le nom de *ke-za-bo*, « vous, le *ke* (magie de la pluie qui littéralement signifie sécheresse), vous n'avez que ce mot à la bouche ». C'est ainsi que le roi s'adressait à son peuple, aux pauvres dont il se moquait. Nos ancêtres connaissaient le nom de Dieu, *Masin*, mais ils s'abandonnaient seulement aux mains du roi (nous verrons plus loin un discours semblable tenu par Moussa Wajan). On prononçait le nom de Dieu pour les maladies, on invoquait son nom pour qu'il aide à la guérison, mais on pensait que le roi de Léré pouvait obtenir de Dieu ce qu'il voulait, en mal comme en bien ».

Ainsi, d'emblée se formait l'image d'un roi prenant rang parmi les puissances de la nature, agissant directement sur le cours des choses, intervenant brutalement dans le destin des hommes assujettis à sa loi, tandis qu'un Dieu lointain, un nom invoqué plutôt qu'une puissance propitiée, ne se faisait connaître que par l'intermédiaire de signes interprétés par les devins. L'action du roi n'exige nulle interprétation, nul décryptage de signes : on sait que la pluie est la pluie du roi de Léré. Cet attribut du roi ou du chef se rencontre avec une certaine fréquence en

Afrique Noire et pose la question du rapport de cette magie inhérente à la personne détenant le pouvoir avec l'institution politique comme telle. Beaucoup d'ethnologues, des africanistes en particulier, se sont trouvés confrontés à ce problème qui leur a paru relever d'un ordre purement spéculatif, celui des origines de la royauté sacrée qui échappe à la recherche positive. D'où leur prudence ou leur répugnance face à cette question. Souvent, quand ils ne se contentent pas de relever ce trait et de décrire les rituels qui le manifestent, ils le rangent dans la série des constructions idéologiques particulières qui font corps avec les institutions politiques proprement dites : celles-ci, on le sait, sont encore, dans les sociétés traditionnelles, profondément prises dans la gangue de magie et de religion enveloppant toutes les activités humaines. La tâche qu'ils assignent à l'analyse est, dès lors, de dégager la signification sociologique des symboles sacrés qui s'attachent au pouvoir et, corrélativement, de mettre en évidence la valeur instrumentale ou opératoire qu'ils prennent dans l'exercice du pouvoir : manipulation du sacré, stratégie du sacré sont des expressions qui se retrouvent fréquemment sous leur plume. La présupposition qui rend possible une telle distinction du politique et du magico-religieux dans les sociétés traditionnelles est, si je puis dire, la possibilité même d'une anthropologie politique.

Si une pareille entreprise ne manque pas de précurseurs dans la pensée occidentale, ce n'est qu'à une date relativement récente qu'elle prend place dans la recherche comme discipline particulière au sein des sciences humaines. On peut considérer que la publication en 1940 de l'ouvrage collectif *Systèmes politiques africains*, édité par Fortes et Evans-Pritchard, est le premier en date de ces travaux de terrain qui se donnent le politique comme domaine distinct d'analyse. Depuis lors, surtout dans l'école anglo-saxonne, il n'est guère d'auteur de monographie ethnographique qui n'ait consacré un chapitre au moins à l'étude du système politique en vigueur dans la société décrite, celle-ci fût-elle la plus démunie d'organes spécialisés du pouvoir. Il n'est pas douteux que le fonctionnalisme, en définissant le champ politique comme celui du maintien de l'ordre social et des procédures de légitimation du recours à la violence à l'intérieur d'un groupe donné, a permis de rassembler en un tout appelé système, les éléments qui, dans les différents secteurs de l'organisation sociale, apparaissent comme autant de moyens pour remplir cette fonction. Néanmoins, malgré l'abondante et utile documentation accumulée dans cette intention pendant près de quarante ans, la spécificité du fait politique dans les sociétés dites primitives reste toujours aussi problématique et l'on peut se demander, à juste titre, s'il n'y a pas quelque abus de langage à parler de système quand les termes requis pour le constituer sont de nature si manifestement hétérogène. Que reste-t-il des contraintes propres à la notion de système quand les variables à prendre en considération doivent être aussi bien les facteurs écologiques que démographiques, le type d'organisation sociale comme les données économiques, les procédures magiques comme les croyances religieuses ? Et que dire du poids de l'histoire quand on n'ignore pas combien lacunaire et incertaine est la tradition orale seule accessible, le plus souvent, à l'ethnologue ?

Malgré un emploi de routine qui les associe de façon pour ainsi dire automatique, les notions de système et de fonction peuvent être en opposition, comme le remarque Lévi-Strauss (1958, p. 44) en comparant langage et parenté. Le langage, nous dit-il, possède une fonction évidente qui est celle de communication tandis que le système, c'est-à-dire les moyens par lesquels il y parvient, demeurent inconnus (du moins, semble-t-il, jusqu'au plein développement de la phonologie). Inversement, le tableau des termes de parenté, on le sait depuis Morgan, constitue un système mais nous ignorons (aussi longtemps, ajouterais-je, qu'il n'existe pas de théorie des attitudes parenté) la fonction qui leur est réservée dans l'organisation sociale. Si cette distinction garde une certaine valeur, on n'hésitera pas, je crois, à placer les phénomènes politiques du côté du langage : nous savons l'usage qui est fait des moyens de contrôle et/ou de domination qu'offre une société à certains de ses membres (avantages matériels, influence, prestige, honneurs) mais nous ignorons si et comment ils forment système. Les rares tentatives pour y parvenir, qu'il s'agisse des typologies d'inspiration fonctionnaliste ou des essais d'extension du matérialisme historique aux sociétés primitives, ont été plutôt décevantes, aucune n'ayant eu d'autre résultat que d'en susciter une suivante pour la contredire.

Le fonctionnalisme est un échec parce que les prétendus systèmes qu'il met en évidence ne sont que des discours tautologiques sur des aspects du fonctionnement des institutions (clans, lignages, règles matrimoniales, classes d'âge, etc.) unifiés conformément à un « modèle » d'équilibre emprunté à la biologie ou à la psychologie. Quant aux marxistes, encombrés qu'ils sont par les notions de superstructure et d'infrastructure, ils s'évertuent à rassembler pêle-mêle sous la rubrique de l'idéologie, les diverses représentations et pratiques magiques et religieuses qui accompagnent l'exercice du pouvoir, pour en faire des reflets de la « base ». Cette base, ils la trouvent dans la différenciation sociale qui, même réduite aux oppositions du sexe, de l'âge et des rôles définis par la structure de parenté, prend pour eux valeur de rapports de production. Pour l'une et l'autre théorie le pouvoir politique est d'abord un réel immanent aux agencements de l'ordre social que le processus historique conduit graduellement à se manifester sous des formes plus autonomes pour aboutir à un corps spécialisé — l'Etat — qui vient se loger au sommet du système social. Dès l'origine et à chaque étape, il déploie son emprise au moyen de signes et de symboles supposés garantir son existence et la permanence de son efficacité. Mécanisme psychologique inhérent au fonctionnement social pour les uns, mécanisme social d'aliénation indispensable au maintien des rapports de domination pour les autres, la croyance aux symboles ou la soumission idéologique ne sont que l'intériorisation des rapports sociaux que le pouvoir exprime comme un ordre transcendant. En définitive, le système politique comme tel est à peu près indiscernable du système social, il en est tout au plus une duplication et, à ce titre, il n'a de réalité qu'évanescente.

Et pourtant, il s'agit là de théories qui se veulent réalistes et ne veulent surtout pas s'en laisser conter par les croyances indigènes. Elles oublient que l'idée d'efficacité du pouvoir est une modalité propre de l'action humaine; elle perd sa signification si on la prive de toute autonomie en la réduisant à une modalité des rapports sociaux. Marx est peut-être dans le vrai quand il croit dévoiler l'énigme de la marchandise en la traitant comme une réification des rapports sociaux d'échange, mais on aurait tort de traiter le pouvoir comme une marchandise car on serait alors en droit de se demander d'où vient la réification. L'efficacité sans laquelle le pouvoir serait non pas impuissant mais non existant se conçoit comme cause agissante liée à la représentation d'une finalité subjective. Or, n'est-ce pas la catégorie de la cause jointe à la réalité psychique du désir, c'est-à-dire l'idée que la nature est soumise à un ordre et que cet ordre est susceptible, au moyen de techniques appropriées d'être ajusté aux besoins de l'homme que l'on retrouve au principe de toute action magique quel que soit, par ailleurs, le contexte sociologique dans lequel elle s'insère ? Il n'est pas nécessaire de suivre Frazer dans le détail de sa théorie des « lois » de la magie sympathique, homéopathique et contagieuse, ni d'accepter sa philosophie associationniste où elle prend appui (lois de similarité, contraste et contiguïté) pour reconnaître avec lui une forme première du pouvoir dans celui du magicien qui exerce son art (ou sa science) au bénéfice ou au détriment d'autrui. Le pouvoir est d'abord ce qui agit sur l'ordre des choses conformément à un système de représentations qui organise l'expérience et faute duquel les recettes, techniques et rites des magiciens sont inconcevables. Il n'est pas nécessaire non plus de prendre à la lettre sa reconstitution des phases du développement intellectuel et social de l'humanité pour penser comme Frazer qu'entre le pouvoir magique, dès lors qu'il est perçu comme une force indispensable au bien commun, le contrôle de la pluie précisément, et le pouvoir royal il existe un lien originaire tout à fait vraisemblable. Quant à la manière dont se serait opéré le passage du premier au second, il faut seulement dire qu'en tant qu'objet d'un savoir positif, il est rigoureusement hors d'atteinte. Aussi bien, cet ouvrage ne cherche-t-il pas à retracer une impossible généalogie de la royauté sacrée chez les Moundang mais à montrer comment s'articulent la magie de la pluie et l'autorité politique dans une forme de souveraineté qui n'est certainement pas unique dans l'Afrique Noire traditionnelle.

LIVRE I

HISTOIRE ET STRUCTURE SOCIALE DES MOUNDANG DE LÉRÉ

PREMIÈRE PARTIE

LE MYTHE, L'HISTOIRE

INTRODUCTION

Le peuple moundang fait partie de ces ethnies païennes du Tchad et du Cameroun septentrional qui apparaissent sur la scène de l'histoire au début du siècle dernier, à la faveur des bouleversements politiques et religieux provoqués par les Peuls. Depuis longtemps présents dans cette région riche en pâturages, ceux-ci étaient restés jusque-là des pasteurs plutôt paisibles et pratiquant — dans la minorité alors convertie — un Islam fort modéré. Soudain, dans les années 1805-1810, ils se soulèvent pour répondre à l'appel à la guerre sainte, au *Jihad* proclamé par Ousman dan Fodio et entreprennent de soumettre les populations paysannes avec lesquelles ils avaient vécu en bonne intelligence pendant des siècles. Mettant à profit la supériorité idéologique que la foi musulmane leur donne sur une mosaïque de tribus sans unité politique, jouissant partout où leur cavalerie peut intervenir d'une supériorité militaire presque certaine, les Peuls bâtissent en quelques années une espèce d'empire, sans frontières précises et au tissu plutôt lacunaire mais qui constitue en tant que phénomène culturel et spirituel, un événement absolument décisif dans l'histoire de cette partie de l'Afrique. Les Moundang sont au nombre de ceux qui résistent et tiennent même tête, avec des fortunes diverses, à l'Emir de Yola. Depuis Modibbo Adama, le premier détenteur de ce titre conféré par Ousman dan Fodio lui-même, Yola est la capitale de l'Adamawa ([1]), la marche orientale de l'Empire de Sokkoto. Les Moundang assurément sont confrontés à forte partie, ils connaissent des revers mais jamais ils ne sont durablement soumis; ils subissent cependant, et plus que d'autres peut-être, l'emprise de leurs prestigieux ennemis. Ils repoussent toute idée de conversion religieuse (nous sommes des circoncis, disent-ils, et nous aussi, nous

---

([1]) Le lecteur se reportera à l'étude de P. F. Lacroix, « Matériaux pour servir à l'histoire des Peul de l'Adamawa », in *Etudes Camerounaises*, 37-38, 1952 et 39-40, 1953.

connaissons Dieu), mais s'empressent d'imiter leurs « manières » (*yalla*) qu'ils jugent plus belles (en moundang, ce qui est peul est beau) et plus nobles que les leurs. Le roi et ses notables constituent une sorte de cour, celui-ci s'habille de somptueux boubous et coiffe le grand turban blanc comme un *lamido*, à chacune de ses sorties il se fait accompagner par un porteur de parasol ; ceux-là chevauchent des montures caparaçonnées et portent des titres semblables à ceux des dignitaires des Princes peuls. Les griots du vendredi ne sont pas oubliés bien qu'ils coûtent fort cher et qu'ils fassent concurrence aux flatteurs indigènes du roi de Léré dont les fonctions rituelles sont d'un tout autre ordre. Rien de tout cet apparat ou appareil n'est négligeable mais il s'agit néanmoins d'un trompe-l'œil, la royauté moundang étant, dans son rituel et sa magie comme dans ses fonctions politiques, totalement étrangère au modèle islamique du pouvoir, même dans sa version peule.

D'où vient le « modèle » moundang de royauté, dans quelle phase du développement des civilisations du Soudan central apparaît ce royaume de Léré dont l'isolement au milieu des principautés peules et de voisins païens dépourvus d'institution étatique n'est pas l'aspect le moins intrigant ?, autant de questions que l'histoire régionale laisse sans réponse. Entre le IXe siècle de notre ère qui voit naître le royaume du Kanem sur les rives septentrionales du lac Tchad et le premier quart du XIXe siècle où s'affirment les hégémonies peules depuis la boucle du Niger jusqu'aux bords du Logone, seules les conquêtes et les défaites des princes retiennent l'attention des auteurs arabes et des chroniqueurs locaux ; et aussi, ajoutons-le, car dès le XIe siècle le Kanem est devenu un Etat musulman, le degré de piété coranique des souverains et partant, les reculs ou les progrès de l'influence des propagateurs de la foi. Ceux qu'on appelle les Kirdi ou que les Peuls désignent comme Habé, c'est-à-dire les païens, leur lot est de constituer la masse de réserve pour la chasse aux esclaves. Certes, il existe des royaumes païens de première importance dans la période qui précède l'apparition, vers le milieu du XVIIIe siècle, du royaume de Léré mais leur histoire nous est à peu près inconnue. Ce n'est que depuis une dizaine d'années que les recherches des ethnographes et des ethnohistoriens de terrain commencent à mettre au jour des traditions orales et des données chronologiques sur les sociétés non islamisées.

Dans deux textes publiés en 1978 par le savant camerounais Eldridge Mohammadou nous voyons les Moundang qui sont linguistiquement fort proches des Mboum, rattachés à travers ceux-ci au royaume Jukun du Nigeria. Il écrit, en effet (E. M. 1978a) : « Vers 1750 se constitue la dynastie Moundang des Gon de Léré (l'auteur se réfère à ma communication à un colloque pour retenir cette date) dont l'origine, d'après nous, doit être recherchée dans l'histoire de l'Empire de Korarafa. Celui-ci se constitua à partir du XVIe siècle sur la Bénoué et le plateau de l'Adamaoua, atteignit son apogée au XVIIe siècle et s'écroula dans la première moitié du XVIIIe siècle. L'Empire de Korarafa était composé de trois grandes confédérations : la Confédération mère du Djoukoun située sur la Moyenne-Bénoué au Nigeria actuel; la Confédération Mboum...; la Confédération Kona comprise dans le bassin de la Haute-Bénoué, entre Garoua au Nord et le rebord du plateau de l'Adamaoua au Sud, le Faro-Alantika à l'Ouest et les bassins du Kabi et du Sina à l'Est. Après l'éclatement de cet empire au début du XVIIIe siècle, des éléments issus de la Confédération Kona quittent la Haute-Bénoué pour gagner la région de Léré où ils fondent une nouvelle dynastie et la royauté Moundang ». Hypothèse plausible assurément mais à laquelle les Moundang eux-mêmes n'apportent aucune confirmation et l'on se demande si celle-ci peut venir d'ailleurs que d'une analyse comparative des royautés Mboum, Jukun, Moundang et bien d'autres, de dimension plus modeste, qui subsistent au Nigeria et au Cameroun. Elle ne manquerait pas de révéler des analogies de structure d'où l'on pourrait logiquement inférer des affinités culturelles et, peut-être, une origine commune. Mais aussi longtemps que ce travail ne progresse pas vraiment, la plus grande réserve s'impose et le doute reste permis quand on lit, toujours sous la plume de E. Mohammadou (1978 b, 18) : « il convient d'inclure dans cet ethnonyme générique de « Mboum », au moment de leur passage de la rive droite à la rive gauche de la Bénoué, la plupart des locuteurs du sous-groupe n° 6 du groupe Adamawa, à savoir les Mboum proprement dits, les Dama, Mono, Moundang et « Laka »... ». De ces affinités linguistiques qui sont loin d'avoir toutes le même degré de proximité l'auteur passe à des considérations d'ordre historique mais purement conjecturales : « En se basant, dit-il, sur la localisation actuelle des ethnies et les traditions de migration, l'on peut reconstituer les différentes branches de la migration dite Mboum de la manière suivante : une première branche ne franchit pas la Bénoué mais remonte sa rive droite jusqu'à son confluent avec le Kabi, à partir d'où elle remonte les deux rives de cette rivière et répand ses éléments du lac de Léré jusqu'au lac de Fianga : il s'agit de la branche des « Mbana », nom générique donné aux Moundang, Toupouri et Ngambay. Mbana équivaut à Mbouna/Mvouna/Vina qu'on retrouve comme ethnonyme chez les Laka et les Mboum... ces grandes migrations semblent s'être déroulées tout au long de la première moitié du XVIe siècle ».

Nous verrons que cette façon de voir le processus de formation des ethnies à partir d'une ethnie-mère qui essaimerait ses rejetons dans une région donnée est tout à fait incompatible avec les données de la tradition orale que nous avons recueillie à Léré. Nous reviendrons sur l'appellation Mbana et cette espèce de théorie « pan-Mboum » que nous propose E. Mohammadou. Mais nous pouvons observer dès maintenant qu'elle taille trop large. La parenté linguistique est un fait, la communauté d'origine, l'identité de souche en est un autre; les ressemblances culturelles, le mode de vie et les institutions sociales et politiques sont des caractères qui peuvent être indépendants les uns des autres. Nous avons noté que les Moundang parlent une langue proche de celle des Mboum comme de celle des Toupouri mais aucun linguiste n'a encore mesuré l'écart qui sépare ces langues deux à deux. Par ailleurs, les Moundang disent des Mboum qui sont aujourd'hui fort éloignés géographiquement qu'ils sont les premiers occupants de la terre de Léré et ils entretiennent avec eux des relations à plaisanterie comme ils en ont avec les Fali de la montagne. De chez les Toupouri, leurs voisins immédiats du Nord-Est, viennent quelques-uns des principaux clans moundang; cela n'empêche pas les Toupouri d'être, si je puis dire, les ennemis préférentiels des Moundang qui les méprisent parce qu'ils sont des incirconcis. L'économie, le mode de vie, la sensibilité des Toupouri sont profondément marqués par la place éminente qu'occupe la vache dans leur échelle de valeurs. Chez les Moundang les bovins servent aux prestations matrimoniales, aux amendes et aux sacrifices sans faire pour autant l'objet de soins attentifs de la part de leurs propriétaires qui préfèrent en confier la garde à des bergers peuls. C'est l'histoire encore à faire des civilisations et des migrations des populations de cette région qui nous fera peut-être comprendre comment deux sociétés à tant d'égards si proches ont fait des choix si radicalement différents. Il n'est pas question de mettre en doute l'extrême utilité du recueil si complet des chroniques peules auquel se livre E. Mohammadou [2] et les nombreux travaux déjà publiés incitent à se livrer à une recherche du même ordre dans toutes les ethnies de l'Adamawa, du Diamaré et du Mayo-Kebbi. Le point de vue des Peuls sur le passé est très particulier et il faut un grand nombre de recoupements avant qu'une affirmation de tel traditionnaire devienne une vérité historique. Il est curieux, par exemple, que parlant de la dynastie régnante de Léré, E. Mohammadou ne mentionne même pas les Guidar de Libé qui en sont l'origine, pas plus qu'il ne parle des Guiziga, alors que ces trois groupes ont en un temps partagé le même type d'institution politique. Il faut donc convenir qu'une quantité bien plus grande d'informations est à rassembler avant qu'on puisse valablement tenter une synthèse historique de cette

---

[2] Nous éprouvons une grande admiration pour ce travail honnête et scrupuleux quoique parfois trop marqué de « patriotisme » peul. Il lui arrive ainsi de laisser percer plus que le bout de l'oreille quand il écrit (p. 24, op. cit.) : « Les lamidats et capitales peuls du XIXe siècle représentent, dans la plupart des cas, une continuation adaptée aux impératifs nouveaux de l'Islam, des anciens Etats et cités du Kona et du Mboum. Dans ce sens l'on peut dire que l'Emirat d'Adamawa dans son ensemble a constitué le Troisième Empire de Kororafa. Un Kororafa dont la religion d'Etat est devenu l'Islam, dont les lignages royaux et les dynasties sont désormais assurés par un peuple nouveau, les Foulbé. Loin d'être étrangères à ces pays et à ses anciens habitants, les nouvelles classes dirigeantes doivent leur autorité au fait que leurs membres représentent une fusion des différentes composantes ethniques en place et que cette autorité s'exerce au travers de structures souvent héritières de l'organisation antérieure ».

partie du Soudan central qui restera, notons-le bien, une terra incognita pour l'Europe jusqu'à l'aube de notre siècle.

Le « cœur des ténèbres ».

Quand en 1822 le Major Denham et ses compagnons pénètrent dans le royaume du Bornou qui a pris la suite du Kanem c'est la première fois que des Blancs voient le lac Tchad et son principal affluent : le fleuve Chari grossi du Logone. Malgré la parution dans les années 1580 d'un remarquable ouvrage de géographie intitulé « L'universale fabrica del mondo » (Naples) dû à la plume de Giovanni Lorenzo Anania et où il est question d'un « Lago di Sauo » immense et très poissonneux qui ne peut être que le lac Tchad, on peut dire que l'Occident ignore tout de cette région dont l'accès lui est si difficile. Ce n'est qu'en 1851, lorsque le grand explorateur et savant géographe Heinrich Barth séjournera à Kouka, la capitale du Bornou puis à Yola auprès de l'Emir Lawal qui a succédé à Modibbo Adama, que commencera la description scientifique de cette partie de l'Afrique. Le nom des Moundang, quelques détails concernant Léré et le souverain qui y règne alors sont mentionnés dans son œuvre ; malheureusement pour nous, Barth suit un itinéraire qui le fait passer à près de 200 km à l'Ouest du pays moundang et le peu qu'il en dit lui vient de ses informateurs peuls de Yola. Ces détails, nous le verrons, sont très précieux pour qui cherche à reconstituer l'histoire de la dynastie de Léré, mais il faut ajouter que toutes les informations qu'il rassemble sont de grande valeur car elles procèdent d'une enquête méthodique aussi bien sur le milieu naturel (écologie, botanique, espèces cultivées) que sur l'histoire, la langue et les coutumes des populations : celles au milieu desquelles il se trouve comme celles sur lesquelles des personnes qu'il juge dignes de foi sont à même de le renseigner. Un véritable projet encyclopédique anime l'entreprise de Barth pour qui la découverte géographique n'est qu'un point de départ vers une appréhension de l'unité profonde des civilisations du Soudan central et occidental. Cette ambition qui aujourd'hui encore est loin d'être satisfaite, Gustav Nachtigal, un autre grand découvreur allemand, tentera de la poursuivre une vingtaine d'années plus tard. Il décrira notamment le Baguirmi et les populations vivant le long du Chari mais, et encore une fois nous jouons de malchance, il ne visite pas le Mayo-Kébi et ne recueille aucune information sur les ethnies qui y vivent. Après Nachtigal, alors que l'exploration géographique n'est pas absolument achevée, nous sommes à la veille de la conquête coloniale.

La conférence de Berlin qui se tient en 1885 dicte un certain nombre de règles aux puissances engagées dans la course aux territoires en Afrique tropicale : obligation de faire connaître aux autres les traités de protectorat que chacun signe et qui légitiment une prise de possession, obligation aussi et surtout de sanctionner les annexions réalisées par une occupation militaire effective et avec des forces suffisantes. La région tchadienne constitue un des derniers enjeux de la compétition qui met aux prises Anglais, Allemands et Français. Dans un rapport préparatoire à la mission Dybowski et publié en 1890 (Harry Alis, 1894, 139) on peut lire : « ... les Anglais de la Bénoué, les Allemands du Cameroun et les Français se livrent à une véritable course au clocher pour savoir qui étendra le premier son influence dans les régions situées à l'ouest et au sud du Tchad. Sans y renoncer, il ne faut pas se dissimuler que nous aurons beaucoup de difficultés à étendre notre domination soit sur le Bornou, soit sur l'Adamaoua... ». Les difficultés sont, en effet, nombreuses et la mission Dybowski ne suffit pas à imposer la présence française sur le Chari. Une autre mission confiée à Louis Mizon partira en 1891 pour remonter la Bénoué à bord d'un canot à vapeur de 8 mètres, le *René Caillié*, et prouver que le bassin tchadien est accessible par voie d'eau depuis les bouches du Niger. Après bien des déboires avec les Anglais de la Niger Royal Company qui ont le monopole du commerce de traite dans ce qui va devenir la colonie britannique du Nigeria, Mizon arrive à Yola. Le Sultan Zoubir (il s'agit du lamido peul Jubeyru, 4e successeur d'Adama) reçoit bien le Français grâce à qui il espère freiner les appétits anglais et lui indique que plus en amont, à partir de Garoua, il voyagera « ... dans le Mayo-Kebbi et la haute Bénoué, à travers des territoires libres de toute sujétion européenne, appartenant uniquement au Sultan de Yola... » (H. Alis, p. 299). Mizon arrive jusqu'à l'embouchure du Mayo-Kebbi mais là le tirant d'eau devient insuffisant et il est obligé de renoncer à poursuivre sa remontée sur le *René Caillié*. Il se renseigne sur l'éventuelle navigabilité de la rivière jusqu'à Léré et obtient ceci (*op. cit.*, 302) : « Toute cette partie, de Léré au confluent, est à sec au mois de janvier. Mais au-delà de Léré la rivière aurait 1 mille de large et souvent plus jusqu'au Chari ; elle est là sans courant et garde son eau toute l'année. Je crois donc qu'il faudrait, sur les cartes, étendre le lac ou marais de Toubouri jusqu'à Léré ». Un autre texte de Mizon (L. Mizon 1896) qui fournit une indication économique intéressante nous donne une image tout aussi fausse du lac de Léré qui, en réalité, fait 4 km dans sa plus grande largeur et 15 km de long : « Les marchands de Yola et de Garoua qui vont à Léré en pirogue affirment que le lac sur le bord duquel est située cette ville assez considérable est si vaste que d'une rive on ne voit pas l'autre, que sa profondeur est de plus de 20 mètres et varie peu avec la saison. Sur ce lac il y a une nombreuse flottille de grandes pirogues qui vont faire le commerce dans un grand lac situé à plusieurs journées vers l'est ».

En février 1894, une convention franco-allemande de délimitation des zones d'influence respectives retient Lamé et Bifara (Biparé) comme points de référence pour tracer la frontière à la hauteur du Mayo-Kebbi dont, rappelons-le, le cours n'est pas exactement connu à cette date. En tout cas, Léré et une grande partie du pays moundang passent ainsi dans la sphère française. Désormais il ne s'agit plus de mission car c'est l'occupation militaire qui est à l'ordre du jour. Il faudra pourtant attendre 1903 pour que le lieutenant Faure arrive à Léré avec la mission de créer un poste et de rendre effective la présence française face aux Allemands; ceux-ci, en effet, sont déjà installés à Garoua et exercent leur autorité jusqu'à Léré, au mépris de la convention de 1894. L'Administrateur Bruel — qui « administre » des territoires encore à occuper — note dans un rapport officiel de la même année : « Pendant le court séjour qu'il y fit, le lieutenant Faure vit rentrer le chef de Léré, Goutroumé (il s'agit de Gõ-Come), qui revenait de Garoua où il avait été convoqué par le chef de poste allemand auquel il aurait fourni en 4 fois 32 bœufs, 10 chevaux, 100 moutons. Les chefs de Guégou, Dzalémé, Lamé et Doué avaient été aussi invités à se rendre à Garoua. Les deux premiers avaient obéi, les autres avaient refusé d'entrer en relation avec les Allemands. Le village de Bifara (Biparé) avait été brûlé par les Allemands et le chef emmené à Garoua. Il fut rendu au capitaine Lenfant lors de son passage ».

Entre 1900 et 1903, les ténèbres géographiques qui recouvraient encore la région sont à peine dissipées que s'abattent les ténèbres de l'occupation coloniale. Les illusions longtemps entretenues en Europe sur les richesses fabuleuses qui seraient à découvrir en ce cœur de l'Afrique se sont très vite envolées. Le pays apparaît aux militaires déjà déçus par une conquête sans gloire, dur, peu accueillant et surtout pauvre. Tout de suite on se pose le problème de la rentabilité d'une occupation pour laquelle la métropole ne s'enthousiasme guère et certains ne sont pas loin de penser qu'elle constituera plutôt un fardeau qu'un véritable gain politique et économique. Mais « la course au clocher » s'achève et il n'est plus temps de s'interroger mais de consolider face aux rivaux cette « France équatoriale africaine » pour parler comme Georges Bruel. Nous aurons l'occasion de parler de la manière dont le système colonial français fut appliqué à Léré et sa région; pour l'instant notre propos est seulement de signaler le peu de souci que manifestent ceux qui vont administrer des populations les plus diverses, de connaître leur histoire et leur culture. Nous sommes donc aussi dans les ténèbres de l'ignorance. Un certain Brusseaux, qui appartient à la mission Moll de passage en pays moundang en 1901, rédige une note d'une quinzaine de pages creuses, contenant un minimum d'informations et insipides. Document quasi officiel, cette note « ethnographique » servira de référence aux chefs de la Subdivision de Léré pendant des décennies et sera imprimée dans une revue scientifique en 1922 (cf. Biblio.).

Le Commandant Lenfant et son second, l'enseigne de vaisseau Delevoye, publient l'un et l'autre un ouvrage sur leur mission au Mayo-Kebbi en 1902-1903. Leurs textes comprennent quelques pages de description du pays moundang, de Léré et du roi Gõ-Čome qui règne alors; elles nous seront utiles, bien sûr, mais elles respirent le mépris pour des gens qu'ils voient dans un des plus bas degrés de civilisation. Chez les Moundang dépeints par Delevoye tout est sommaire ([3]) : leur mobilier, leurs armes, leurs outils, leurs vêtements; l'habitat, comme l'ensemble du village, se caractérise par sa saleté repoussante; « les hommes, oisifs la plupart du temps, se livrent seulement à la guerre ». L'état politique et la religion ont droit à quelques lignes, le premier pour se voir qualifié d'anarchique (le roi n'est que le plus riche et il n'est apte qu'à nourrir « sa clientèle de familiers et de parasites (qui) lui assure le respect et un léger tribut de ses sujets »), la seconde pour se voir définie comme le « plus bas échelon du fétichisme » car les Moundang n'adorent que la lune « à laquelle ils offrent mensuellement des sacrifices de bestiaux » (Delevoye, 1906, p. 57).

Le Commandant Lenfant ne se fait pas une idée beaucoup plus haute de l'Etat et de la religion moundang (il affirme néanmoins que Gõ-Čome est non seulement très riche mais qu'il jouit d'une influence considérable sur ses sujets qu'il évalue à 40 000) mais il est conquis par leur style et leur goût en architecture. Il écrit, en effet (Lenfant, 1905, p. 112) : « Il est difficile d'imaginer de plus jolies cases que celles des villages moundangs. Ce sont des fermes circulaires entourées d'un véritable château fort en briques sèches. Une chambre, un magasin, une autre chambre, un grenier à mil, et ainsi de suite, telle est la disposition des logements. Les cases sont recouvertes d'une terrasse, les greniers sont surmontés d'une demi-sphère en banko, dans laquelle est pratiqué un trou d'homme permettant de prendre les provisions du magasin. Des troncs d'arbres, creusés en gradins, servent d'escalier d'accès aux terrasses. En cas d'attaque ou de danger, tous les hommes s'y rendent armés jusqu'aux dents... La cuisine est solidement bétonnée, les fourneaux (l'auteur veut parler des trois pierres de foyer en terre cuite) sont très bien construits. Les murs sont enduits de terre battue,

---

([3]) Cet auteur se plaît à souligner avec une lourde insistance le contraste de civilisation qu'il perçoit entre Peuls et Moundang; on le retrouvera chez maint voyageur mais avec une virulence moindre contre les Moundang. Voici ce qu'il écrit : « Nous étions partis la veille de Golombé qui est la dernière agglomération peule; les villages suivants sont moundangs. On ne saurait imaginer un changement plus brusque : aux villages foulbés, ombragés et propres, avec leurs cases coiffées d'un toit conique en chaume, succèdent des groupes de constructions en terre, entassées les unes contre les autres au milieu des immondices. Même contraste entre les populations : les Peuls, chétifs mais au visage intelligent et sympathique, ont fait place aux Moundangs à la stature élevée, à la carrure vigoureuse, mais dont la physionomie porte l'empreinte de la plus abjecte bestialité; presque plus et souvent pas de vêtements, si l'on peut donner ce nom aux guenilles dont s'affublent les Moundangs; seule la coiffure est d'un emploi à peu près général : c'est une sorte de bonnet cylindrique emprunté aux Foulbés » (Delevoye, loc. cit., p. 30).
La seule excuse que nous avons de citer ce passage si désobligeant pour les Moundang est qu'il dit en des termes très crus — et dépourvus de toute équité tant l'exagération est forte — ce qu'ont répété après lui avec plus de réserve dans le vocabulaire, des hommes comme le lieutenant Psichari et, deux décennies plus tard, André Gide. Mais nous savons déjà que les Moundang eux-mêmes se jugent avec peu d'indulgence quand ils se comparent aux Peuls sur le plan de la culture matérielle.

bien lissée, dans laquelle on remarque des dessins ou des stries servant d'ornementation ». Cette description plutôt flatteuse et qui a le mérite d'être exacte est tout à fait différente de celle que fera, un demi-siècle plus tard, André Gide. Invité par son ami Marcel de Coppet qui va être nommé Gouverneur intérimaire du Tchad, l'écrivain rapporte d'un long voyage en A.E.F. des « carnets de route » dans lesquels, hélas, il ne consigne que fort peu de détails sur les peuples qu'il rencontre ([4]). La vue du premier village moundang le consterne (A. Gide, 1928, p. 120) : « Architectures des plus curieuses — mais des plus laides — et d'abord à cause de la matière employée — une sorte d'argile extrêmement grossière, et mêlée de graviers ». Mais il développe ensuite une métaphore qui frappe par sa justesse : « Murs très peu hauts, coupés de sortes de petits donjons ou tourelles ; le tout formant bracelet. On entre par le fermoir du bracelet et l'on se trouve dans une minuscule cour intérieure où vit la famille dans un état de nudité complète... Quantité de ces donjons sont des greniers à mil. Ils ont la forme d'un dé à coudre allongé, et sont ouverts en haut et sur le côté, ce qui fait ressembler le tout à une construction de mouches-maçonnes... Murs, cases et tout ce qui n'est pas greniers, est couvert de toits de chaume (ou roseaux) et de boue, extrêmement épais, sans aucune élégance ». Quelques pages plus loin il manifeste une certaine indulgence pour une institution dont il ne mesure pas du tout l'importance : les masques. Il décrit ainsi un *muyu* (masque femelle qui sort dans le village en menaçant les femmes et les enfants) : « Parler aussi des énormes figures fantastiques, complètement recouvertes d'algues noires (on ne sait quel est le devant, le derrière) à crêtes de porc-épic, à voix de guignol. Terreur panique des femmes et des enfants. Je me prête au jeu, à la frénétique joie de chacun et cours chercher protection dans les bras du chef, lorsque je vois s'approcher de moi le plus petit, qu'on dit être le plus terrible ; il tient une hachette de bois à la main, qu'il brandit et agite avec des gestes d'insecte. Je lui fais remettre un matabiche de cinq francs, pour partager avec les autres, mais, très conscient de son rôle de père Ubu, il déclare vouloir garder le billet « pour lui tout seul ». Féroce et mystérieux. Extrêmement réussi. Ravirait Strawinsky et Cocteau ». Gide nous laisse sur cette belle chute pour évoquer la tristesse que lui cause la mort de Boylesve apprise par un numéro de l'*Illustration* qui traînait chez l'Administrateur de Léré.

Quelques auteurs allemands que nous citerons plus loin fournissent des informations historiques. Mais en 1925 paraît le volume V du grand ouvrage de Frobenius, *Atlantis,* où se trouve un chapitre d'une quinzaine de pages consacré aux Moundang. Cette fois-ci il s'agit vraiment

---

([4]) Rappelons cependant que ces carnets sont un des premiers documents où sont dénoncées la misère et l'exploitation dans les colonies de l'A.E.F. Leur importance historique est considérable car leur auteur est alors au sommet de sa gloire littéraire.

d'ethnographie; un certain nombre d'informations essentielles concernant la royauté — et notamment la règle du régicide au terme de la 7ᵉ ou 8ᵉ année de règne — ainsi que les rituels de l'initiation et des funérailles sont données avec des précisions suffisantes pour que le chercheur d'aujourd'hui en fasse son profit. Nous n'avons donc pas trouvé absolument table rase lorsque nous avons commencé notre enquête sur les Moundang. En dépit des nombreuses erreurs qu'il contient et de cet étonnant oubli qui laisse ignorer au lecteur dans quels lieux et avec quelles personnes l'auteur a conduit ses recherches, le texte de Frobenius a fortement stimulé notre travail à ses débuts, aiguillé maintes de nos questions et il n'était que justice que nous lui rendions hommage au seuil d'un ouvrage sur la royauté sacrée à Léré.

Il est temps maintenant de donner la parole aux Moundang eux-mêmes et de lire leur acte de naissance dans le seul document qu'ils mettent à notre disposition : le mythe du chasseur Damba. S'il est vrai qu'une ethnie est inséparable de son nom, il nous faut dire que l'appellation moundang s'applique d'abord aux clans royaux, les *ban-moundang* ([5]) par opposition aux autres clans qu'on appelle simplement les « gens de la terre » (*za-seri*). Nous trouvons là une raison valable pour affirmer que tout commence pour les Moundang avec l'arrivée du fondateur de la dynastie régnante de Léré. Nous allons donc présenter ce récit connu de tous, y compris des enfants bien que ce soit sous une forme quelque peu succincte; nous donnons la version longue que nous pouvons dire « savante » car nous la tenons de Mangay, le savant vieillard qui guida nos recherches tout au long de nos séjours à Léré. C'est lui qui nous fit comprendre que ce récit contient dans ses moindres détails, souvent négligés sinon oubliés par les autres, la charte des institutions et des rites royaux des Moundang.

Auparavant, il est quand même indispensable de dire quelques mots du cadre géographique et humain dans lequel s'inscrit la population Moundang (cf. carte n° 1, p. 30).

Le pays moundang est situé entre les 9ᵉ et 10ᵉ parallèles, à l'extrémité occidentale du département du Mayo-Kébi qui s'enfonce comme un coin dans le Cameroun septentrional. Le partage colonial entre la France et

---

([5]) Nous ne savons rien de sûr concernant le mot moundang. Les Moundang eux-mêmes s'appellent de ce nom et désignent ainsi leur langue : *za-mun-dan*, « la bouche moundang ». Des étymologies selon nous fantaisistes sont proposées par certains. Les uns rattachent, on ne sait comment, le mot à Mandara, pays d'origine supposé de Damba. D'autres suivent l'opinion de Brusseaux (*loc. cit.*) qui écrit : « On admet que Léré fut fondé il y a 120 ans et Binder il y a 100 ans. En parlant de ceux qui arrivèrent les derniers, on les appela les Mounta-Manori (les retardataires, ceux qui arrivèrent les derniers), d'où l'on pourrait peut-être tirer l'étymologie de Moundan ». Nos informateurs contestent cette étymologie et certains en proposent une autre, guère plus sûre mais idéologiquement significative : les Moundang seraient des rassembleurs, ceux qui ont poussé ensemble les *za-seri* (*mu* = pousser, *dan* = tous).

l'Allemagne a fixé cette frontière au tracé capricieux qui sépare les Moundang camerounais de la sous-préfecture de Kaélé de ceux du Tchad qui, d'autre part, se répartissent entre la sous-préfecture de Léré et celle de Pala. Bien que la totalité du groupe ethnique moundang occupe une aire géographique d'un seul tenant, il faut distinguer 3 fractions que l'histoire et les vicissitudes de la politique moderne ont éloignées les unes des autres :

1) Au Nord, dans la plaine du Diamaré parsemée d'inselbergs, les *za-sin* (ceux d'en haut) dont les principaux centres sont Kaélé, Lara et Boboyo et auxquels on peut ajouter les Moundang ou les Mbana de Midjivin qui se sont assimilés aux Guiziga. Les Peuls des principautés de Binder et de Doumrou ainsi que des gens d'origine Guider, récemment immigrés au Tchad, séparent les *za-sin* des Moundang de Léré.

2) A l'Est, les Moundang de Torrock qui sont également des *za-sin*. Ils ont été chassés de la région de Lara dans les années 1880, à la suite des guerres avec les Peuls de Kalfou. Ils habitent au Nord de Pala, à proximité du grand axe routier Pala-Fianga, sur des terres jadis occupées par des populations dites Kado (païens en langue peule).

3) A l'Ouest et au Sud, les Moundang *ka-bi* (ceux de l'eau) qui peuplent les trois cantons modernes de Léré, Guégou et Lagon. Un peu plus à l'Est, les Kizéré de Bissi-Mafu qui ont fui Léré lorsque Damba s'empara de la royauté.

Le district tchadien de Léré couvre une superficie approximative de 5 000 km². Il est constitué, pour l'essentiel, par l'axe orographique de la rivière Mayo-Kébi (⁶) et de ses principaux affluents, le Mayo-Binder sur sa rive droite et les mayo Elwaya et Ndalla sur sa rive gauche. Seul cours d'eau permanent, le Mayo-Kébi traverse le pays d'Est en Ouest et le partage en deux parties à peu près égales. Il alimente les lacs de Tréné et de Léré après avoir franchi le seuil rocheux des Chutes Gauthiot. Ces chutes qui forment l'accident de terrain le plus remarquable de la région sont un haut lieu le plus redouté des Moundang : ils y voient le séjour des âmes des morts du clan royal. Ce centre géographique du pays moundang, jadis fort peuplé, nous a-t-on dit, est aujourd'hui désertique et infesté par la « simulie », la mouche porteuse de l'onchocercose responsable de la cécité.

Bien que le relief ne soit pas très fortement marqué, il faut néanmoins distinguer deux types de terrain : 1) sur le pourtour des lacs notamment, des collines rocheuses et caillouteuses où domine le palmier doum, 2) des

---

(⁶) Le mot *mayo* signifie « cours d'eau » en langue peule et *ke-bi* est une expression moundang qui signifie « près de l'eau ». Il y a là une sorte de pléonasme dont la toponymie africaine moderne est coutumière. Pour les Moundang, le Mayo-Kébi reste une désignation étrangère dont ils ne font guère usage ; il n'y a pas de nom unique pour tous les riverains mais des lieux-dits qui ont un rapport avec tel caractère particulier du site. Ces lieux-dits, on le verra, sont liés à des clans qui possèdent des droits de pêche sur des parties définies du cours de la rivière.

Carte 1.

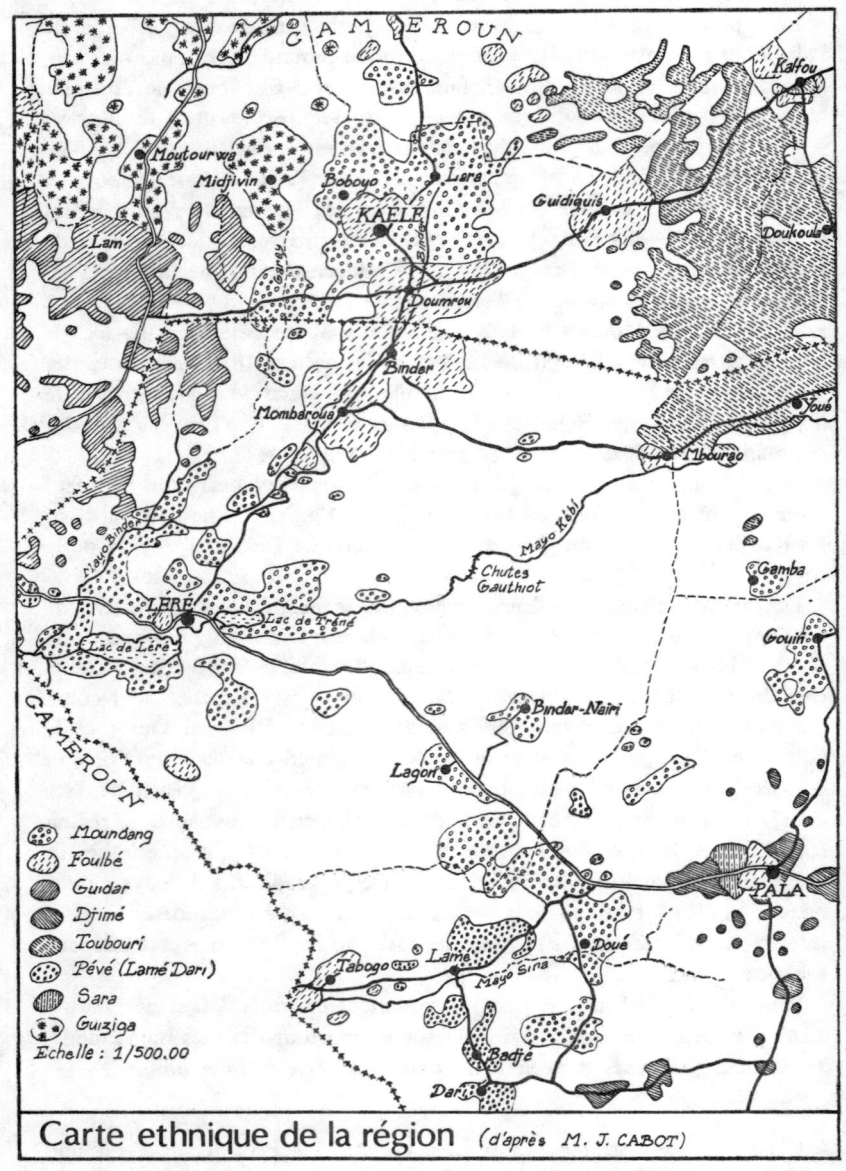

Carte ethnique de la région (d'après M. J. CABOT)

grands plateaux argileux, sablonneux et cailouteux également et couverts de palmiers doum ainsi que d'une maigre végétation d'épineux, typiques de la savane arbustive claire. Les sols sont constitués par des roches cristallines et cristallophylliennes (schistes, granits, gneiss, mécachistes), recouverts par endroits d'un épais dépôt sédimentaire sableux. Les terres sont peu fertiles, à l'exception de celles qui s'étendent en bordure des lacs et dans les vallées des rivières où se trouve la seule eau disponible en saison sèche.

Le climat est celui de la savane sèche soudano-sahélienne et comporte deux saisons bien tranchées : une saison sèche de novembre à mai et une saison pluvieuse de juin à octobre. La moyenne des précipitations annuelles est de 847 mm à Léré (J. Cabot, 1965).

L'ensemble de l'ethnie moundang compte environ 100 000 personnes qui se répartissent de la manière suivante : 30 000 *za-sin* au Cameroun, 20 000 dans la région de Pala et 50 000 *ka-bi* dans la région de Léré. Ces 50 000 Moundang-kabi peuplent de façon quasi exclusive les trois cantons de Léré, Guégou et Lagon et sont mêlés aux Peuls et aux Guider dans le canton de Binder.

Les densités de population sont extrêmement variables. Si l'on se reporte à la carte publiée par Cabot (*op. cit.*), on est frappé par le vide de la zone centrale : Près de 300 km² environ, entourant les Chutes Gauthiot, portent moins d'un habitant au km². En revanche, la partie la plus peuplée (de 50 à 75 hab./km²) est celle de Binder et Kaélé où Moundang, Peuls et Guider vivent ensemble. La zone des lacs avec Léré et, plus au Nord, la zone frontalière, ont une densité de 35 à 50 hab./km². Enfin dans le Sud du pays, dans le canton de Lagon, nous retrouvons de faibles densités avec 5 à 10 hab./km². Dans les cantons de Lamé et de Doué nous remontons à des 35 à 50 hab./km² mais là, nous sommes au milieu des Pévé parmi lesquels on ne rencontre que quelques villages moundang de formation récente.

La population moundang est une population villageoise dont la taille moyenne oscille entre 350 personnes et 695. Seuls les chefs-lieux de canton et le village de Tréné dépassent le millier d'habitants.

Le recensement administratif de 1964 dont nous extrayons ces chiffres fait un sort à part à la « ville » de Léré qui est le siège de la sous-préfecture et abrite de ce fait des fonctionnaires et des commerçants d'origines diverses :

Léré-étrangers : 461.

Léré-Moundang : 2 196 (en 1901 le Lieutenant Faure que nous citions tout à l'heure évaluait à 10 000 habitants le village de Léré [7], ce même

---

[7] Il est tout à fait improbable que cette estimation de la seule population du village de Léré soit exacte. Brusseaux, qui visite le pays en 1901 également, écrit (*loc. cit.*) : « La population Moundang, à la suite des épidémies et des dernières années de disette, ne doit pas dépasser actuellement 25 000 personnes ». L'auteur fait ici

chiffre de 10 000 était aussi la population qu'il attribuait à Binder qui, d'après de nombreux témoignages, était alors une agglomération beaucoup plus importante que Léré).

Taille moyenne des villages du canton de Léré : 450 habitants.
Taille moyenne des villages du canton de Guégou : 350 habitants.
Taille moyenne des villages du canton de Lagon : 695 habitants.

Le village de Binder est le centre le plus peuplé de la région avec ses 3 500 habitants. La taille moyenne des villages de ce canton est de 550 personnes.

---

allusion à la terrible sécheresse des années 1899-1900 qui a laissé des traces très profondes dans la mémoire des Moundang d'aujourd'hui. Il n'empêche qu'à son tour, ce chiffre nous paraît exagérément bas pour l'ensemble des Moundang dépendant de l'autorité de souverain de Léré. Il est vrai que pour Brusseaux comme pour de Delevoye, une telle autorité n'existe pas.

CHAPITRE PREMIER

LE MYTHE

LÉGENDE DE FONDATION DU ROYAUME MOUNDANG DE LÉRÉ
(récit recueilli de la bouche de Mangay, grand notable du roi de Léré)

Damba, un des fils cadets du Chef de Libé, était l'enfant choyé de son père qui le préférait à son frère aîné, successeur désigné à la chefferie. Chasseur adroit dont la flèche empoisonnée ne manquait jamais le but, il rapportait beaucoup de gibier à son père qui aimait, en retour, lui prodiguer ses conseils et lui transmettre ses « médicaments » (*syiñri*). Voyant cela, les grands du village s'inquiétaient, craignant que ce fils cadet ne cherche au moyen de ses « médicaments » à évincer son frère aîné pour s'emparer de la chefferie à la mort de son père. « Il faut tuer Damba dès que notre chef sera mort », disaient en cachette ces notables. Une vieille esclave du chef entendit un jour ces paroles menaçantes qu'elle rapporta à Damba; celui-ci, en échange, lui donna de la viande.

Quand mourut le chef de Libé, la vieille esclave lui dit : « Il ne faut pas que tu perdes la tête, les Anciens vont tenir un conseil où ils décideront de te tuer. Sois prêt et attache ton corps de garçon (sois courageux et viril) ». Le jeune homme écouta la vieille femme et ne se mêla plus aux autres. Ceux qui l'appelaient pour qu'il vienne partager leur nourriture ou prendre part à leurs causeries, il les évitaient car il se méfiait de leurs poisons et de leurs fétiches. Damba vivait ainsi loin de ses frères passant son temps en brousse à chasser et échangeant, à l'occasion, des pièces de gibier contre d'autres nourritures. Parfois il rentrait la nuit donner de la viande à la vieille femme. Mais un jour il quitta définitivement le pays de Libé et se retrouva sans le savoir dans le pays commandé par les Kizere, près du village de Moukréan.

La terre des Moundang était alors très peu peuplée et ne comptait que quelques clans. Avec les Kizere dont le sous-clan Kize-bal-hin (les Kizere aux jambes grêles) détenait la chefferie, vivaient les *ban-se* (le clan du buffle), les Teure (clan d'origine Toupouri, lié aux génies de l'eau), les *ban-ju* (le clan des oiseaux et plus particulièrement le sous-clan des pélicans) et d'autres clans aujourd'hui disparus comme les *ban-bale* (les lions) et les *ban-mafali* (ceux de la grande chose, c'est-à-dire du rhombe de l'initiation).

Un jour, pendant la saison sèche, Damba rencontra en brousse deux jeunes filles qui puisaient de l'eau en faisant un trou dans le sable. Comme il était assoiffé, il leur demanda de l'eau. L'une des jeunes filles était du clan du Buffle, l'autre était Teuré. Cette dernière eut peur et se sauva car Damba apparaissait repoussant avec sa chevelure abondante et sale que l'on voit souvent chez les chasseurs. La fille du clan du Buffle en fut fâchée et cria à sa compagne : « Pourquoi refuses-tu de l'eau à cet homme, n'est-il pas une personne comme toi ? ». Parlant ainsi, elle puisa de l'eau et en donna une pleine calebasse à Damba. Celui-ci but et remercia la jeune fille en lui offrant des morceaux de viande cuits et il ajouta : « Attends-moi demain ici car je reviendrai ». La jeune fille retrouva sa compagne, lui donna un peu de viande et rapporta le reste au village. Elle dit à sa mère en lui présentant la viande : « Chez nous, nous ne connaissons pas cette sauce ». Sa mère alla montrer la viande à son mari, l'homme du clan *ban-se* qui appela sa fille pour l'interroger. Celle-ci lui raconta l'histoire qui lui était arrivée au bord de la rivière et lui dit que le chasseur inconnu leur avait demandé de revenir.

Le lendemain, les deux jeunes filles retournèrent à l'endroit convenu, emportant chacune une calebasse de farine de mil comme cadeau pour le chasseur. Damba les attendait ; il refusa la calebasse offerte par la fille du clan Teuré en lui disant : « Pourquoi m'as-tu refusé l'eau que je te demandais hier ? » Il prit la calebasse de la fille du clan *ban-se*, ajouta de l'eau et avala la bouillie. Puis, pour faire quand même plaisir à la fille Teuré, il prit une bouchée de farine dans sa calebasse. Celle-ci lui dit : « Hier, j'ai eu peur de toi, je t'ai pris pour un sorcier, voilà pourquoi je t'ai refusé de l'eau ». Damba lui répondit : « C'est bien, j'ai compris, maintenant je t'aime bien toi aussi et je te donnerai de la viande que tu rapporteras à tes parents. » Et il distribua à l'une et à l'autre de nombreux morceaux de viande séchée cuite et non cuite en disant : « Au revoir, les jeunes filles, désormais vous êtes mes fiancées ». Les jeunes filles se déclarèrent d'accord et rentrèrent au village. Leurs pères se concertèrent et décidèrent d'aller trouver le chasseur. Ils marchèrent en brousse dans la direction indiquée par leurs filles et virent l'abri de Damba. Des quantités de viande y étaient suspendues et un feu brûlait pour que la fumée éloigne les insectes. Voyant approcher les deux hommes, Damba se leva et leur dit de venir auprès de lui. « Depuis deux jours, dirent-ils, nos filles rapportent de la viande à la maison, c'est pourquoi nous sommes venus te voir ». Damba leur répondit : « Je suis le fils du chef de Libé et je ne m'entends pas avec mes frères ; je les ai quittés pour toujours et suis devenu chasseur : je tue le gibier et distribue la viande aux hommes que je

rencontre ». Et il leur montra la viande séchée en leur demandant de l'emporter chez eux. Les deux hommes le remercièrent et lui annoncèrent qu'ils reviendraient le lendemain pour le ramener au village. Ils firent comme ils avaient dit et le lendemain Damba les accompagnait pour s'installer dans leur village. Il continua à chasser et à distribuer de la viande aux habitants qui ne savaient pas comment lui exprimer leur gratitude.

Et il arriva que la jeune fille du clan du Buffle eut ses premières règles. Son père dit à Damba : « Ta fiancée a ses premières règles ». La même chose se produisit peu après pour la jeune fille du clan Teuré. Ainsi le chasseur eut ses deux premières épouses et bientôt une troisième, la fille du chef *kize-bal-hin*.

Damba continuait à chasser et ses trois femmes préparaient de grosses boules avec la sauce de viande qu'il offrait à la population du village. Un jour l'homme du clan du Buffle fit appeler l'homme du clan Teuré pour avoir une conversation avec lui. « Notre chef, lui dit-il, est avare et nous donne seulement la sauce de haricots mais n'avons-nous pas maintenant un nouveau chef qui nous donne à manger de la viande en abondance ? Damba est chasseur et il est aussi le fils du chef de Libé. Remplaçons par ce grand prince (*yerima*) notre vieux chef *kize-bal-hin* ». Et ils allèrent trouver Damba pour lui demander d'être leur chef. Il les accueillit d'abord par ces paroles : « Comment puis-je être votre chef, ce n'est pas ma terre ici. » Mais il se souvint alors des derniers mots que son père lui avait adressés avant de mourir : « Tu ne me succéderas pas à Libé, tu seras chef ailleurs, toute cette terre est pour moi ». Il demanda donc à l'homme du clan du Buffle et à l'homme de Teuré d'attendre quelque temps sa réponse.

Un jour il partit à la chasse et tua une antilope-cheval. Il partagea la viande de l'animal entre ses trois épouses et leur ordonna de bien la faire bouillir. Elles préparèrent ainsi trois grandes marmites de sauce que Damba fit déposer dans la hutte qui abrite ses carquois et ses flèches (*tal-guu*). Dans le *tal-guu*, les femmes qui ont leurs règles n'entrent pas et les hommes n'y viennent que lorsque le propriétaire les convoque. Damba fit appeler l'homme du clan *ban-se* ainsi que deux autres grands des clans Teuré et *ban-ju marzwalo* (pélican). Il les fit entrer dans son *tal-guu* où personne ne pouvait les déranger. « Je vous donne cette viande, leur dit-il, pour que vous mangiez jusqu'à en être rassasiés et quant au reste emportez-le chez vous dans vos sacoches de cuir (*pe-dae*). Maintenant, si ce que vous voulez faire est possible, c'est bien, je suis d'accord ». Les grands des clans mangèrent, mangèrent jusqu'à être rassasiés et ils burent la bière de mil apportée par les épouses de Damba.

Cette invitation fut répétée à trois reprises et c'est au matin du troisième festin que les grands sortirent du *tal-guu* et allèrent menacer le chef *kize-bal-hin*. De ce jour date la formule : *za-sae petalé* (« les excellents », c'est-à-dire les grands des clans, sont dans le *tal-guu*, ce qui signifie que les maî-

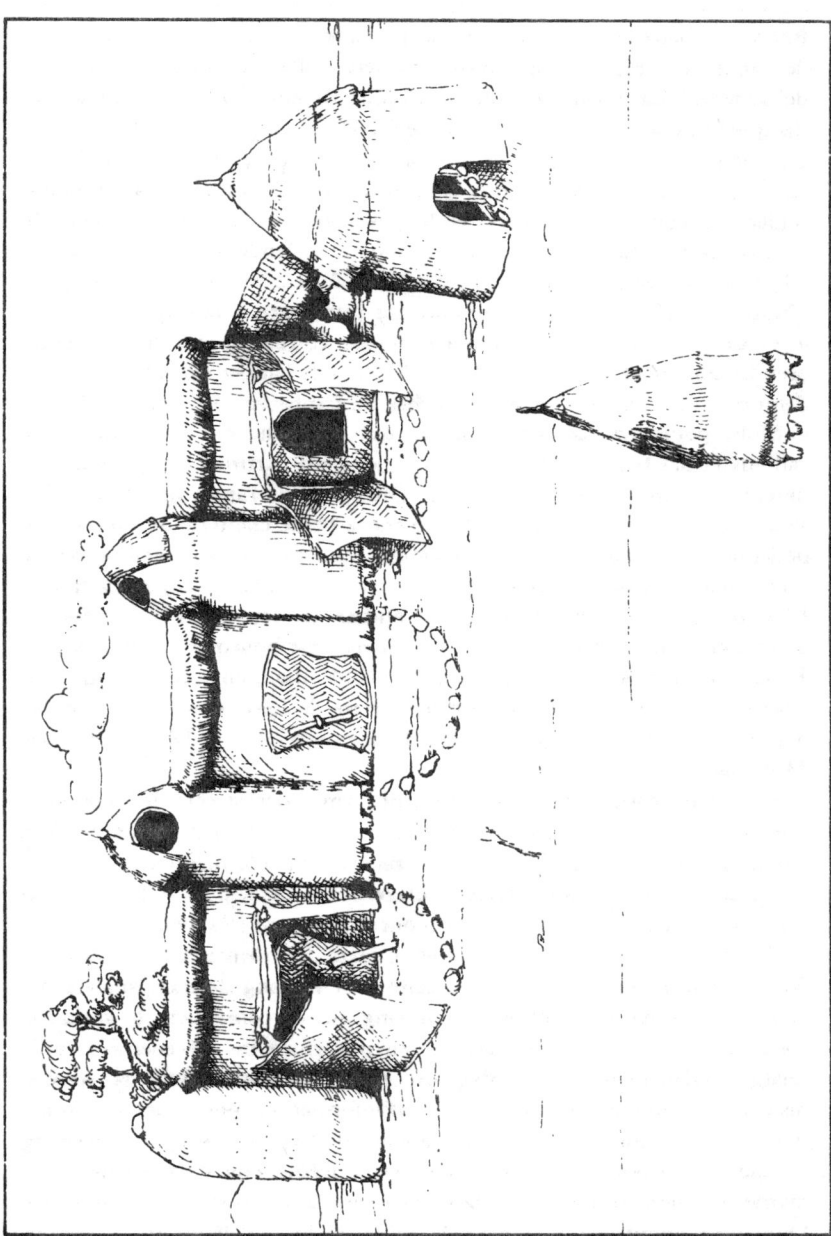

tres de la terre sont réunis en conclave secret). Avant de mettre leur menace à exécution les grands décidèrent de consulter le devin (*jō-kendam*). Fallait-il frapper le vieux chef avec un bâton, lui transpercer la poitrine d'un coup de lance, ou bien quelle autre manière fallait-il choisir pour s'en débarrasser ? La réponse fut qu'il convenait de faire appel à un enfant, le fils que Damba avait eu de son épouse *kizéré*, pour qu'il coupe la corde de l'arc de son grand-père. « Nous voulons chasser ton grand-père, dirent les Anciens à l'enfant, il faut que tu coupes la corde de son arc, mais à moitié seulement afin qu'il ne s'en rende pas compte ». Le petit garçon fit pendant la nuit ce qu'on lui avait ordonné et le lendemain matin tous les villageois se rassemblèrent devant la maison de leur vieux chef et crièrent : « Nous ne voulons plus de ta présence sur cette terre, il faut que tu quittes le village ». Le chef *kizéré* refusa de céder et rentra dans sa case pour prendre son arc et ses flèches. Quand il essaya de bander son arc la corde à demi coupée se cassa, l'arc et les flèches lui tombèrent des mains. Alors il s'enfuit, poursuivi par les villageois qui hurlaient en lui lançant des cailloux et des bâtons. Le chef *kizéré* et les siens partirent vers le Sud ; ils livrèrent encore une bataille près de Dising où ils furent défaits puis ils s'éloignèrent vers le Sud-Est et fondèrent la petite chefferie de Bissi qu'ils détiennent jusqu'aujourd'hui. Quelques vieillards *kizéré* étaient restés cachés dans le village ; quand on les trouva on décida d'épargner leur vie. L'un d'entre eux demeuré sans toit alluma un feu qu'on lui demanda d'entretenir en l'honneur du nouveau chef ; c'est pourquoi on donna aux Kizéré la fonction rituelle de *puliã-za-wi*, de dignitaire du feu qui a la charge d'allumer le feu devant le palais du roi de Léré pour ouvrir le cycle des sacrifices qui préparent la fête de *fing-mundang,* le Nouvel An des Moundang.

Voilà donc, conclut Mangay, comment Damba devint chef de Léré (Gõ-Léré). Les Anciens l'intronisèrent sous le nom nouveau de Daba et c'est Gõ-Daba, la racine des Gõ-Léré qui règnent jusqu'à maintenant. Il prit la chefferie à Moukréan, l'ancien village des Kizéré, puis il quitta cette place pour s'installer à Zalbi où il mourut à un âge très avancé.

Il n'est pas question de commenter ce texte dès maintenant : ce sont, en fait, les références que j'aurai à y faire tout au long de mon analyse du système politique et rituel des Moundang qui en constituent le véritable commentaire. Ce récit est placé ici en ouverture car l'événement qu'il relate, l'avènement de Damba, est aussi l'avènement de la société historique moundang et tout élément d'information concernant la formation de l'ethnie moundang ne peut recevoir de signification qu'à l'intérieur du cadre qu'il nous offre. On trouve assez fréquemment en Afrique des mythes d'origine qui sont à la fois des récits de création de la terre et de l'humanité primitive qui l'a peuplée ou des récits qui décrivent le passage d'un mode de vie à un autre considéré comme supérieur. L'histoire de Damba qui se présente sous des apparences anecdotiques a, en définitive, les mêmes fonctions. Le héros ne crée point ex nihilo mais donne forme — une forme supérieure, plus achevée — à ce qui existe déjà. Damba devient le roi d'une population organisée en clans patrilinéaires et porteurs de noms de type « totémique » mais numériquement faible, pauvre en ressources et dotée d'une organisation politique rudimentaire, c'est-à-dire seulement clanique. Dans une vaste zone allant approximativement des Chutes Gauthiot aux montagnes de Figuil (l'actuelle frontière entre le Tchad et le Cameroun), il n'y aurait eu que quelques villages occupés par des gens appartenant à un petit nombre de clans (4 ou 5 selon les versions les plus courantes) d'origines diverses (les Teuré associés aux génies de l'eau sont des Toupouri dont les huttes auraient été emportées par les inondations) et déjà unis par leur commune reconnaissance de la prééminence des Kizéré « aux jambes grêles ». Damba le fondateur est un chasseur étranger et présenté comme tel en raison des attributs tout à fait inconnus des Moundang dont il est revêtu : sa naissance royale et ses qualités exceptionnelles de chasseur possédant le secret des poisons pour les flèches. Mais ce caractère d'être étranger est à prendre comme une fonction mythique et non comme le fait d'une non-appartenance, d'une absence totale de relation avec le stock moundang « primitif ». Si les chefs de Libé dont il est issu sont des Guidar (*gwere* en langue moundang) du clan Moukdara ([1]), on trouve également, selon la tradition moundang, des

---

([1]) Dans sa thèse de 3ᵉ cycle non publiée, Chantal Collard évoque très brièvement un mythe qui est une sorte de doublet du récit qu'on vient de lire. Elle écrit : « Pour expliquer qu'ils détiennent la chefferie en pays guidar, les Moukdara racontent l'histoire suivante :
Deux frères vivaient de la chasse. Un jour qu'ils avaient soif, ils demandèrent à boire à deux jeunes filles d'un village qui puisaient de l'eau avec leurs calebasses, et en échange leur donnèrent de la viande qu'elles rapportèrent chez elles. La nuit les deux frères sortaient pour aller à la chasse et ensuite distribuaient généreusement la viande autour d'eux. Comme les anciens chefs ne donnaient que des haricots à leurs gens, ces derniers les déposèrent et attribuèrent la chefferie aux Moukdara. »
L'auteur poursuit en retraçant la migration des Moukdara vers le Sud où elle aboutit à Léré. « De Goudour, où ils auraient séjourné quatre ans, disent certains, ils seraient descendus jusqu'à Libé. De Libé, ils seraient allés à Guider. De Guider, une partie serait descendue plus au sud jusqu'à Lamé. Un autre mouvement se serait effectué en direction de Léré, ce qui fait qu'une partie non négligeable de ce rameau autrefois Moukdara se trouve actuellement en territoire moundang. A Léré, c'est un descendant du chef moukdara de Libé qui détient le pouvoir » (C. Collard, 1977, pp. 96-97). A cette dernière phrase, l'auteur ajoute une note dans laquelle elle affirme avoir obtenu confirmation de cette donnée à Léré même. Assurément, les Moundang sont unanimes pour faire de Damba un rejeton du chef régnant à Libé, donc un Moukdara, mais ce nom est, à ma connaissance, ignoré à Léré où l'on ne connaît que les différents sous-clans des Gwère (Guidar) qui constituent un clan moundang parmi les autres. Quant à Damba, le chasseur, on le dit seulement fils de roi. Le caractère quasiment identique des deux récits de fondation et le contraste entre la pauvreté de celui que donnent les Guidar et le luxe de détails entourant l'avènement de Damba laisseraient penser qu'il s'agit non seulement du même schème mythique mais du même référent, autrement dit du même « évènement » rapporté à deux étapes du même processus de constitution de la royauté qui s'est conservée jusqu'aujourd'hui à Léré.

clans *gwere* parmi les premiers détenteurs de la fonction de chef de terre (*pah-seri*) en pays moundang. Pour tenter de démêler l'écheveau de cette formation ethnique dont les clans sont les fils, il nous faut donc parler d'éléments non encodés dans la charte mythique qu'on vient de lire et adopter provisoirement une perspective extérieure à celle dans laquelle les Moundang eux-mêmes nous enferment.

Une première question s'impose : que pouvons-nous apprendre du côté des Guidar, leurs voisins du Nord auxquels les Moundang attribuent non seulement la fondation de leur royauté mais d'autres institutions importantes comme la divination par les cailloux et le culte des jumeaux ? Les enquêtes menées par Chantal Collard auprès des Guidar nous fournissent des indications du plus grand intérêt. Elles nous font savoir d'abord que le nom de Damba appartient au système des « noms-numéros » (C. Collard, 1973, a) qui régit l'attribution des noms aux enfants selon l'ordre des naissances. Dans une série qui en comprend dix, Damba occupe le huitième rang et se trouve donc parmi les derniers des cadets ; le mot « *damba'a* » signifie « toujours dans le dos » (sous-entendu : de sa mère). On donne, d'autre part, le nom de Tizi (de *tizia* « elle — la mère — a versé mon premier sang » — c'est le père qui parle faisant allusion au meurtre de son premier né qui est aussi son rival) au fils aîné. Or, il est possible, selon le moundang parlé à Lara, de rapprocher le nom des Kizéré de celui de Tizi et c'est ce qui a conduit Chantal Collard, dans une communication personnelle, à me suggérer une interprétation de la prise de pouvoir par Damba en termes de rivalité entre un aîné et un cadet. « Chez les Guidar, écrit-elle, c'est l'aîné qui hérite des biens, mais c'est à un cadet, à un fils au choix que le père transmet ses secrets (donc éventuellement à un Damba...) ». Cette hypothèse que je n'ai pu vérifier est séduisante car elle permettrait de répondre à une question sur laquelle les Moundang font le silence le plus complet : qui sont les Kizéré, d'où vient leur prééminence dans l'organisation clanique qui préexistait au royaume de Léré ? On pourrait, en effet, imaginer que les Kizéré en tant que groupe issu d'un lignage de chef, aient conduit les premières migrations de Guidar partis vers le Sud s'installer dans la région comprise entre les lacs de Léré et de Tréné et les montagnes de Figuil et de Bidzar, région déjà occupée par des groupes d'origine Mboum et d'autres, d'origine Toupouri. Deux arguments décisifs plaident en faveur d'un tel schéma de formation de l'ethnie moundang :

1) Les Moundang parlent une langue étroitement apparentée à celle des Mboum et à celle des Toupouri alors que le Guidar appartient à une toute autre famille linguistique, celle du tchado-hamitique, selon Greenberg. Il est donc logique de considérer les rameaux d'origine Mboum et Toupouri comme le stock « primitif » du groupe Moundang, en entendant par primitif une période bien antérieure au XVIIe siècle.

2) Les repères chronologiques retenus par Chantal Collard dans son

Carte 2. Périple de migration *moukdara*.

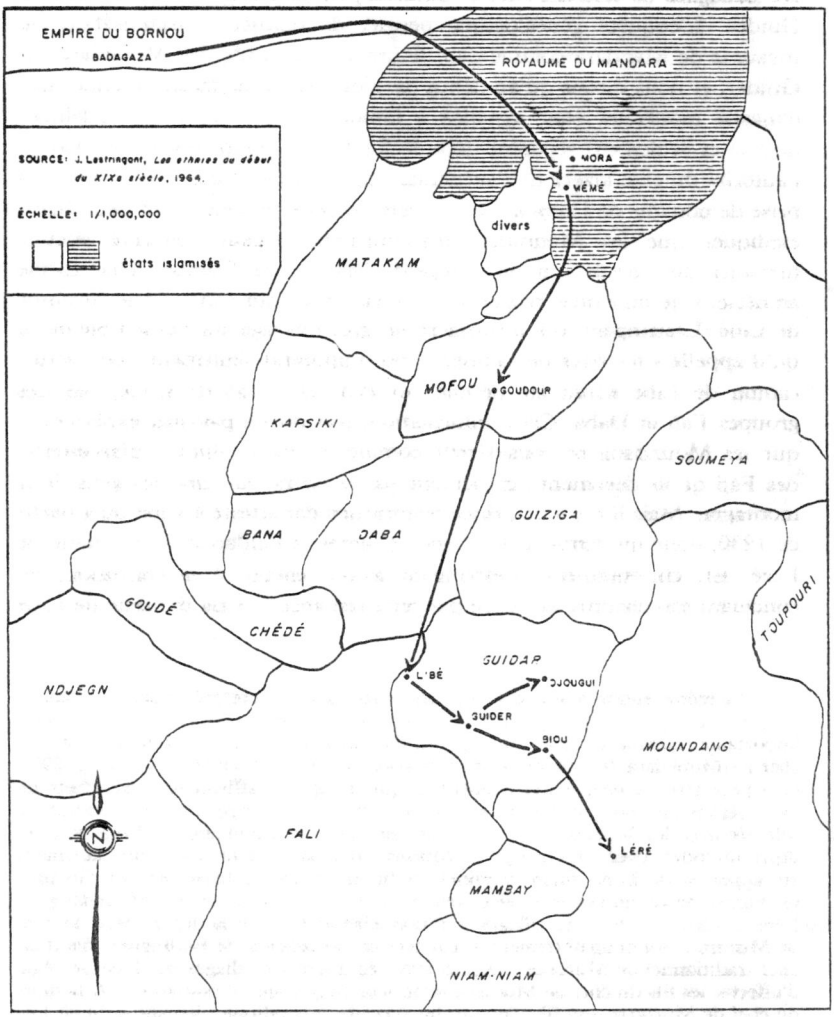

étude sur les traditions orales des Guidar (C. Collard, 1973, b ([2])) font remonter à la fin du XVIIe siècle les premières migrations des Guidar vers le Sud. Les Moukdara situent leur origine dans le pays Mandara, dans ce royaume aux franges méridionales du Bornou qui s'islamisa vers l'an 1715. De Badagaza ils seraient allés à Goudour, de Goudour à Libé et enfin, à Guider. L'enquête généalogique permet de donner « l'islamisation du royaume de Mandara comme date limite à la descente des Moukdara sur Guider, et nous dirons qu'au début du XVIIIe siècle de façon certaine, une dynastie moukdara était installée à Guider » (*loc. cit.*, p. 5). Quelques décennies seulement séparent donc la formation moundang reconnaissant l'autorité du clan kizéré de l'avènement de la dynastie des Gõ-Léré par la prise de pouvoir de Damba. La brièveté de cette période suffit peut-être à expliquer que les Moundang d'aujourd'hui n'aient conservé aucune mémoire des temps qui ont précédé l'arrivée de Damba. Une même amnésie, si je puis dire, frappe les Guidar en ce qui concerne le royaume de Libé. Lestringant, qui a consacré un gros ouvrage sur l'ensemble de ce qu'il appelle « les pays de Guider », nous apprend seulement que l'actuel canton de Libé aurait été peuplé, au XVIIe et au XVIIIe siècle, par des groupes Fali et Daba. Cette information, soit dit en passant, expliquerait que les Moundang se considèrent comme les *guru* (alliés à plaisanterie) des Fali qu'ils désignent simplement par le terme *za-ware*, les gens de la montagne. Mais il n'y a de prince historiquement attesté à Libé qu'à partir de 1830, donc un demi-siècle au moins, après la fondation du royaume de Léré. Et, curieusement, Lestringant ajoute encore à la confusion, en concluant son chapitre sur Libé par cette remarque : « La dynastie de Libé

([2]) Le même auteur ajoute dans sa thèse citée dans la note précédente : « Dans la zone est (du pays Guider), il n'y a jamais eu de pouvoir centralisé, de chefferie importante, comme chez les Guiziga ou Moundang voisins, ou comme peut-être chez les Moukdara de Guider, avant l'invasion peule » (C. Collard, *loc. cit.*, p. 295). Ce « peut-être » à propos des Moukdara, qui corrige les affirmations tranchées de 1973, semblerait indiquer qu'une simple ébauche de royauté relativement centralisée soit née avec les Moukdara, se soit épanouie chez les Moundang de Léré et, à un degré moindre, chez les Guiziga de Muturua où, on le verra, elle a probablement été apportée de Léré, selon certaines traditions. Dans sa thèse sur les Guiziga, G. Pontié décrit un système effectivement fort proche de celui des Moundang de Léré. Il écrit : « ... tous les villages traditionnellement... sous la dépendance du chef de Muturua, ont obligatoirement à leur tête un descendant de Bildinguer, fils d'un chef traditionnel de Muturua ». Après avoir énuméré six villages où il est de règle d'affecter les fils du chef de Muturua selon leur rang d'âge, il poursuit : « A la mort du chef de Muturua, son fils aîné qui lui succède, à condition bien sûr qu'il ait lui-même suffisamment d'enfants, démet de leurs fonctions tous les chefs de villages — c'est-à-dire ses frères et ses oncles — et les remplace par ses propres fils. Toute possibilité de création au niveau d'un village d'une chefferie durable susceptible d'entrer en conflit avec le pouvoir central est ainsi écartée : le chef de village n'est pas chef à vie, son fils ne peut jamais lui succéder, seul peut le remplacer l'un de ses frères ou de ses neveux » (G. Pontié, 1973, p. 163). Cette dernière règle, on s'en rendra compte plus loin, est encore plus draconienne que celle qui prévaut dans le royaume de Léré.

demeure rattachée à celle de Léré au Tchad par une tradition selon laquelle les fondateurs Guidar de Guider — au XVIIIe siècle ou antérieurement encore — auraient pris pied à Léré et à Guégou avant les Moundang et auraient joué ainsi le rôle de prêtres de la terre. Des rites d'intronisation du Chef de Léré par le Chef de Libé ont pu de la sorte se perpétuer » (Lestringant, 1964 : 322). Si ce propos confirme en un sens notre récit mythique, il donne une image si embrouillée des relations entre Guidar et Moundang que l'idée même d'identité ethnique se trouve ébranlée et force est de constater qu'avant les conquêtes peules commencées en 1804 (date de fondation de Yola par Modibo Adama), il n'est d'histoire de cette région de l'Afrique que purement conjecturale. Chantal Collard en convient bien qui résume toutes les connaissances acquises sur l'Etat guidar d'avant 1830 par ces quelques lignes : « Tout ce que l'on sait de certain, c'est que le roi de Guider administrait les villages par l'intermédiaire de ses fils ou de ses frères, selon un système probablement voisin de celui des Etats guiziga ou moundang ; n'oublions pas cependant que les Moukdara ont été en contact prolongé avec les Mandara et qu'ils ont pu copier certains principes de commandement » (C. Collard, 1973, b).

La seule certitude, en effet, à laquelle nous puissions nous tenir est que les systèmes politiques — qu'on y voie des Etats embryonnaires ou de simples chefferies — qu'ont édifiés des peuples tels les Guiziga, les Guidar et les Moundang vers la moitié du XVIIIe siècle ne sont pas sans rapport avec les formations étatiques du Soudan central (Mandara, Kotoko, Jukun, Mboum, Hausa) qui toutes, à des degrés divers, procèdent de l'Empire du Bornou. Celui-ci connut son son apogée à la fin du XVIe siècle sous le règne du Maï Idriss Alawoma et commença à décliner sous le règne de Ali b. Dunama (1751-1791). La plupart des vassaux secouèrent alors la tutelle du Bornou et notamment le Mandara et le Baguirmi ; le premier détruisit pratiquement l'armée bornouane et l'on rapporte que le Mbang de Massénya Muhammad al Amin ravagea le Kanem, les pays du Logone et jusqu'aux marches méridionales du Bornou. Ces troubles entraînèrent de considérables mouvements de populations et il n'est pas déraisonnable de penser qu'il existe aussi un lien entre l'apparition dans cette région de petites royautés païennes telles Libé, Léré et Muturua et l'effondrement, à la même époque, de l'immense puissance des Sefouwa.

Une autre indication sur la « préhistoire » des Moundang nous est donnée par une tradition peule recueillie par Eldridge Mohammadou (1970, p. 170). Un informateur de Maroua (l'ancien Marva des Guiziga) lui tint ce discours : « D'autres disent que ce sont les Mbana qui ont succédé aux Saw avant que les Mofou ne viennent ici à leur tour. Les Mbana sont les gens de Léré, ce peuple qu'on appelle actuellement les Moundang. Mais les Mbana sont les ancêtres des Moundang. Lorsque les Mbana se divisèrent, ils donnèrent naissance aux Moundang Jessing (*zasin*) et Kabi, aux Guidar, aux Guiziga et aux Zoumaya. En résumé, les premiers à commander ce pays furent les Saw, puis les Mbana, ensuite les Mofou, puis les Guiziga et les Zoumaya et c'est après ces derniers que les Peuls arrivèrent et prirent possession de ce pays. C'est en quittant la région de Maroua que les Mbana se dirigèrent vers la rivière Kabi, essaimèrent sur Bindir, Tréné, Léré et jusqu'à Lamé et Jâloumé respectivement dans les territoires de Ray et de Bibémi ». Ce texte nous pose d'abord le problème de l'existence même d'une telle tradition en milieu foulbé. Les Peuls, derniers venus parmi les conquérants, sont assurément dans la région bien avant le XIXe siècle (depuis le XVe siècle, selon E. Mohammadou). Mais la vie en marge des populations locales dont ils dépendaient plus ou moins, ne semble guère désigner ces pasteurs nomades au rôle de gardiens de la mémoire la plus lointaine des ethnies qui, elles, en ont perdu toute trace. Une hypothèse plausible est qu'à la faveur de relations matrimoniales privilégiées avec des familles de chefs sédentaires, certaines grandes familles peules auraient pu se faire les dépositaires d'une tradition telle que celle-ci qui rattache dans une chaîne continue les kirdi actuels aux premiers occupants du pays, les Sao auxquels aujourd'hui seuls les Kotoko se rattachent directement. Les clans peuls de l'Adamawa qui retracent leur origine au Mali dont ils sont partis au XIIIe siècle et, au-delà, remontent jusqu'au Prophète lui-même, nous apparaissent comme de grands obsédés, si je puis dire, par le problème des origines, répugnant à dominer une contrée sans assigner à ses occupants une histoire et un commencement. En outre, on ne peut s'empêcher de penser que cette énumération d'ethnies qui se seraient succédées comme maîtres du pays, légitime, en définitive, la suprématie peule qui n'est plus, dès lors, que la dernière venue mais aussi la mieux fondée de toutes celles qui l'ont précédée puisqu'elle résulte du Jihad. Il reste qu'une fois faite la part de son aspect idéologique, cette tradition qui fait succéder les Mbana aux Sao éclaire peut-être un trait essentiel des coutumes royales moundang : le dépôt du cadavre du souverain dans une urne funéraire. Les Moundang, qui expliquent cette pratique exclusivement réservée au Gõ-Léré par l'interdiction d'inhumer un corps dont le contact avec la terre constituerait une souillure et provoquerait des épidémies, affirment aussi qu'elle était la règle commune dans des temps très anciens. Un rapprochement s'impose à cet égard avec les Fali (alliés à plaisanterie des Moundang) dont Gauthier (1973) nous dit que parmi leurs sépultures les plus anciennes « les plus dignes d'intérêt relèvent du style sao : de grandes jarres en terre cuite fermées soit par une autre jarre opposée bord à bord à la précédente, soit par des couvercles également en terre cuite... ». Mais, il faut bien le dire, nous sommes ici en pleine conjecture, n'ayant ni document archéologique comme chez les Fali ni tradition moundang se rapportant aux Sao, pour étayer ces affirmations.

De toute façon, il est vain de chercher une succession linéaire de groupes ethniques, un ordre chronologique dans leurs migrations. A supposer même qu'on fasse des Mbana l'ethnie-mère non seulement des Moundang *za-sin* et *kabi* mais des Guidar, des Guiziga et des Zoumaya, comment comprendre que soient exclus de cette filiation les Fali et surtout les Mboum et les Toupouri qui seuls appartiennent à la même famille linguistique que les Moundang? L'enchevêtrement des groupes est tel qu'on est en droit de se demander ce que nous mettons au juste derrière les ethnonymes. Des Zoumaya, par exemple, nous savons fort peu de choses sinon qu'ils sont mentionnés par quiconque étudie le peuplement de la région, qu'il s'agisse des administrateurs ou des chercheurs. Mais tantôt on en fait un groupe distinct dont des rameaux se composent avec d'autres, tantôt des Moundang, tantôt des Guziga, tantôt des Toupouri et tantôt même des Massa : en somme, un opérateur général dans la formation des ethnies locales. E. Mohammadou (1970, p. 355) passe soigneusement en revue tous ces points de vue sur les Zoumaya dont nous, de l'étroit point de vue moundang qui est le nôtre, nous pouvons seulement dire qu'ils constituaient un groupe à côté des Guiziga avec lesquels ils combattirent les Moundang lorsque ceux-ci s'installèrent dans le Diamaré, à Lara d'abord puis à Kaélé. Plus net, en revanche, est le lien entre Moundang et Guiziga. J. C. Zeltner (1953, pp. 5-18) nous dit que le premier roi de Marva est un nommé Léta, d'origine moundang de Léré et il ajoute : « La tradition guiziga qui fait venir les premiers chefs guiziga de la région de Léré est confirmée par une tradition recueillie à Maroua par le Moddibo Bakari. Les Guiziga seraient venus de Gon (sic), lac de Léré. A l'origine ils formaient la tribu des Bana. A leur arrivée à Marva ils auraient trouvé les Mofou qu'ils refoulèrent dans la montagne ».

Ces quelques lignes contiennent pourtant une équivoque; car une chose est de dire que Léta est originaire de la région de Léré et autre chose que les Guiziga se sont formés à partir des Mbana. Nous reviendrons sur ce terme de Mbana que Barth emploie dans le récit de son voyage à Yola en 1851. Ce qui est sûr c'est que les Guiziga appellent ainsi les Moundang de Midjivin, village proche de Moutouroua. Sur ces Moundang à peu près complètement assimilés aux Guiziga, nous sommes renseignés par un rapport administratif (Cournarie, Cédille et Fourneau, 1937) dans lequel nous lisons ceci : « Les premiers Moundang arrivés dans le pays se fixèrent dans la région de Midjivin il y a environ 250 ans. La tradition rapporte que 4 frères, fils du Chef de Léré, quittèrent leur pays pour monter vers le Nord. En passant par Sokoye, ils arrivèrent à Mijil où l'un des frères s'arrêta; à Taoudé, un deuxième lâcha ses compagnons. Baldawar Metchafîhou, le seul dont le nom nous soit parvenu, s'installa à Midjivin. (Pour marquer l'origine du chef de Midjivin, la coutume veut qu'au décès de chaque chef, on porte sa sagaie au Chef de Léré.) Le quatrième enfin continua son chemin jusqu'à Maroua où le Chef guiziga le prit comme ministre. » D'où ces administrateurs tirent-ils le chiffre de 250 ans qui nous fait remonter aux dernières années du XVIIe siècle?, Dieu seul le sait.

Mais, peu soucieux de cohérence, ils nous racontent que sous le règne du second chef, Mindir-Guidaï, qui fonde le village de Masfai au Nord de Mindif, l'envahisseur peul fait son apparition. « Les Moundang de Masfai, lisons-nous, s'allièrent avec les Guiziga de Maroua contre l'ennemi commun. Les alliés kirdi furent battus et se réfugièrent dans le massif de Dougour. Dans la lutte, la fuite et l'exil Moundang et Guiziga se mélangèrent de plus en plus. Le souvenir des ancêtres moundang s'est cependant conservé intact dans la région de Kaliaou, de Djabé et de Sakidjébé Dougour où les habitants actuels se disent Bana. Or Bana veut tout simplement dire moundang en langue guiziga, exactement comme Loumbéli veut dire guiziga en moundang ». Que l'on nous fasse sauter de deux siècles en l'espace de deux générations montre bien, en dehors de la légèreté de nos auteurs, que la mémoire historique des peuples de cette région remonte difficilement en deçà des conquêtes peules au début du XIXe siècle.

En résumé, un chef Guidar fonde la royauté chez les Moundang, un chef moundang fonde la royauté chez les Guiziga, un Mandara, sans doute, fonde la royauté chez les Guidar et quant aux ethnies, elles n'apparaissent sur la scène de l'histoire que constituées par les systèmes politiques que nous leur connaissons. Toutes, cependant, se seraient formées à partir d'une souche commune : les Mbana qui sont et ne sont pas des Moundang. Que pouvons-nous dire sur cette appellation? Barth (1965, 173) parle de Léré : « c'est-à-dire, le pays des Mbana », mais plus loin, il donne aux Moundang leur véritable nom et ne s'explique nulle part sur cette double dénomination. Kurt Strümpell identifie ce nom au mot foulfouldé « mbana » qui signifie buffle et explique que les Peuls auraient ainsi désigné les Moundang en raison de leur bravoure et de leur remarquable combativité. E. Mohammadou s'inscrit en faux contre une telle interprétation et lui préfère la tradition selon laquelle Mbana serait le nom d'un clan moundang habitant la région de Binder. Les Moundang eux-mêmes ignorent tout simplement cette appellation mais en la soumettant à la discussion avec nos informateurs nous avons pu en retirer deux suggestions : 1) Les Peuls auraient effectivement désigné le clan *ban-se* (les Buffles) par le terme correspondant dans leur langue. 2) Mbana serait un équivalent « foulfouldéisé » du mot *bane* (clan) et voudrait dire « les gens », « les peuples » au milieu desquels les Peuls vivaient alors. Si nous n'avons aucune raison de trancher en faveur de l'une ou l'autre hypothèse nous observerons que les deux présentent un certain intérêt. La première, en identifiant les Moundang à partir des *ban-se* et non des Kizéré, nous aiderait peut-être à comprendre l'importance de ce clan des Buffles que le mythe de Damba, on s'en souvient, justifie par le comportement de la jeune fille qui offre une calebasse d'eau au chasseur alors que la fille du clan Teuré s'enfuit effrayée. La seconde, beaucoup plus douteuse, témoignerait seulement de la grande ancienneté des relations entre les pasteurs peuls et le groupe « proto-moundang », c'est-à-dire l'ensemble des populations qui se constitueront en chefferies et royaumes au cours du XVIIIe siècle.

Un autre témoignage en est apporté par le même auteur dans un travail consacré à Rey-Bouba. Nous apprenons (Hamadjoda Abdoulaye et E. Mohammadou, 1972, 254) que sous le règne du 15e souverain Bouba Mbôndi Lamallé (1694-1725) les Yllaga migrèrent du Diamaré vers le Sud et qu'ils « traversèrent tout le pays moundang en passant par Guelaw (Guélo) et Bindir-Nayéri et vinrent s'établir au pied de la montagne d'Oumaté en pays Lamé ». Le texte de la chronique peule de Rey ne permet pas de savoir s'il s'agit des villages moundang de Guélo et Bindir-Nayéri qui auraient déjà existé à la fin du XVIIe siècle ou si elle désigne simplement des lieux géographiques sur l'itinéraire des Yllaga. Reste le fait capital pour l'histoire des Moundang que les Pévé de Lamé, Dari et Badjé sont dès cette époque en contact étroit avec les Peuls; or, comme nous le verrons, un certain nombre de clans moundang sont d'origine Pévé et, d'autre part, les relations culturelles et politiques entre le royaume de Léré et la chefferie de Lamé ont toujours été des plus intenses. Il est donc vraisemblable qu'à travers ces clans se soient également transmises des pratiques aussi fondamentales que la circoncision que les Moundang attribuent aux Pévé mais qui portent la marque de l'influence peule.

Pour conclure cette revue des traditions étrangères mentionnant les Moundang, citons enfin ce mythe d'origine des Mboum, également recueilli par E. Mohammadou en 1970 lors de ses enquêtes à Ngaoundéré et où nous lisons ceci : « Les ancêtres des Mboum habitaient le Yemen avant l'avènement de l'Islam. Lorsque Mahomet voulut les convertir, ils s'opposèrent à lui. Ils furent vaincus et durent s'enfuir. Ils traversèrent la Mer Rouge, puis vinrent séjourner dans le pays du Nil. Puis, ils se dirigèrent vers l'Ouest et gagnèrent le lac Tchad. Là, le grand peuple qu'ils formaient éclata en plusieurs autres peuples qui chacun alla s'établir sur de nouvelles terres : les Kanouri demeurèrent dans le pays et créèrent le royaume du Bornou; les ancêtres des Wandala descendirent chez les Gamergu qu'ils soumirent pour créer le royaume du Mandara; les Laka, Moundang et Toupouri descendirent plus loin pour occuper les rives du Logone et du Kabi... » (E. Mohammadou, 1972, 505). Ce document qui place les ancêtres des Mboum dans une position similaire à celle que la tradition peule accorde aux Mbana constitue certes une manifestation du sentiment d'unité, de commune appartenance qu'ont les divers groupes qui peuplent cette région d'Afrique centrale. A ce titre il fait utilement contrepoids à l'impression d'atomisation que nous donne le tableau ethnique considéré du point de vue des affinités culturelles et linguistiques. Mais, sans revenir sur le fort penchant idéologique de notre auteur à unifier immodérément un divers parfois rebelle, il faut reconnaître, en tout état de cause, qu'entre l'unité mythique des temps antérieurs à l'Islam et la formation historique de l'entité culturelle et politique du royaume de Léré nous rencontrons un abîme infranchissable. Nous avons mentionné tous les indices, même les plus ténus, qui annoncent, si l'on peut dire, l'apparition des Moundang sur la scène historique, mais nous devons renoncer à une reconstitution qui devrait plus à notre imagination qu'aux connaissances dont nous disposons. La simple mise en ordre de ces indices a rendu indispensable la présentation du mythe de Damba à quoi tout se rapporte quand il s'agit de l'identité des Moundang. Nous allons maintenant laisser le mythe auquel nous reviendrons pour interpréter les institutions et raconter l'histoire de la dynastie issue de ce fondateur. Nous allons glisser du mythe à la légende, au milieu du chemin nous trouverons l'histoire grâce à Barth pour arriver enfin à l'ère de la colonisation où notre histoire devient la leur à leur corps défendant et où celle des Moundang devient une partie de la nôtre, à notre insu.

ANNEXE
UNE VARIANTE DU MYTHE DE DAMBA, RÉCIT DE LEINÉ

« Damba était un chasseur (*gauw*); il était parti de la maison de son père avec son arc et ses flèches pour chasser en brousse. Il avait installé son campement au bord d'une rivière.

C'est lui qui inventa la façon de fabriquer la bière de mil. Il n'avait pas de femme pour écraser les grains sur la meule, il gardait le mil dans une calebasse contenant de l'eau. Il mangea et quand il fut rassasié, il laissa le reste dans la calebasse. Le mil mouillé commença à germer. Il étala les grains au soleil pour les faire sécher puis il écrasa ces grains pour en faire de la bouillie. Il en mangea et, une fois rassasié, il garda le reste de la bouillie qui devint un peu aigre. Il pressa cette bouillie (avec ses mains en guise de filtre en vannerie dont se servent les femmes) afin de séparer le son du mil, la saleté du liquide. Il but un peu de ce liquide et laissa le reste. Voyant qu'il devenait encore aigre, il le fit bouillir à nouveau. Il but et conserva un reste. Il partit à la chasse et, quand il fut de retour, il but la boisson qui était alors complètement fermentée. Il but beaucoup jusqu'à s'enivrer.

Il ne se rasait pas la tête et ses cheveux étaient très crépus et sales. Il faisait sécher la viande du gibier tué sur une branche de l'arbre à l'abri duquel il campait.

Une fille du clan du Buffle, déjà grande car ses seins avaient poussé et une fille du clan Teuré encore petite, étaient venues à la rivière pour puiser de l'eau. Damba leur demanda à boire. La première refusa et la petite accepta et tendit une calebasse pleine d'eau à Damba. Voyant cela, la fille du clan du Buffle eut honte et se hâta de porter à son tour de l'eau à l'inconnu. Les deux filles s'agenouillèrent devant le chasseur pour lui offrir l'eau. Damba prit l'une des calebasses avec sa main droite, l'autre avec sa main gauche et but quelques gorgées de l'une et de l'autre. Puis il leur demanda : « Vous venez puiser l'eau ici ? » (c'est-à-dire, c'est votre habitude de le faire ici). Elles répondirent que oui ; alors il leur dit : « J'ai besoin de vous comme femmes, voulez-vous être mes épouses ? » Elles répondirent aussi oui. A chacune d'elles il donna des morceaux de viande. »

La suite du récit de Leiné est identique à celui de Mangay, à ce détail près que le mariage du chasseur avec les deux jeunes filles fut « sanctionné » par le rasage de ses cheveux.

En plus de ce détail on aura noté une précision supplémentaire sur la différence d'âge des deux jeunes filles et l'interversion des comportements face à la demande de l'inconnu assoiffé. Ces divergences peuvent être mises au compte de deux manières d'expliquer l'équivalence ou la quasi-équivalence du clan du Buffle et du clan Teuré comme « chef » des *za-sae*. L'aînée est Buffle et, si l'on suit Leiné, c'est sa pudeur de jeune fille nubile qui lui fait d'abord refuser de donner à boire à cet inconnu hirsute, alors que cette pudeur n'est pas de mise chez une fillette qui n'a pas encore eu ses premières règles. La relative prééminence des *ban-se* et l'alternance possible de ces deux clans à la tête des *za-sae* se justifient donc au choix, si l'on peut dire, la différence d'âge primant pour Leiné, celle du comportement, selon Mangay. Dans les deux cas c'est bien la fille du clan du Buffle qui est désignée comme la première épouse du fondateur de la royauté moundang.

Reste la question essentielle de « l'invention » de la bière de mil. Mangay n'y fait même pas allusion. S'il fallait qualifier la démarche générale de son récit — récit officiel qu'il me fit devant le roi et sa cour — on dira qu'elle a un caractère nettement « historiciste » car c'est la filiation de Damba avec le Chef ou le roi de Libé qui est mise en vedette et qu'elle est, d'autre part, ritualiste dans la mesure où presque tous les épisodes du mythe sont mis en relation avec des rôles et des actes des grandes cérémonies et des sacrifices dont nous parlerons plus loin. A cet égard, l'apport de la version de Leiné semble combler une lacune dont il est difficile de dire s'il a trait plutôt au chasseur comme tel qu'à ce qui qualifie Damba moins comme fondateur d'un ordre nouveau que comme héros culturel aux attributs ambigus.

Damba est un chasseur solitaire et hirsute qui vit en brousse et échange avec des villageois de rencontre de la viande contre du mil. Il n'a ni femme ni grenier et son mode de conservation du grain l'amène à inventer la boisson fermentée dont il finit par s'enivrer. Dans la vie sociale normale c'est l'épouse qui prépare de la bière de mil qui n'est jamais destinée au mari seulement. Soit elle en prépare en grande quantité pour « faire cabaret », comme on dit communément en Afrique francophone, c'est-à-dire qu'elle vend pour son propre compte le produit de son travail à des voisins et des gens de passage. Soit elle fabrique de la bière pour des circonstances rituelles où son mari et différentes catégories de parents consomment cette boisson sacrificielle. C'est donc parce qu'il est sans épouse pour lui faire la boule de mil que Damba découvre la bière et fait ainsi un travail exclusivement féminin mais dont le destinataire n'est pas l'époux mais une partie de la collectivité. Le futur roi est femme mais pas épouse.

Puiser de l'eau, en revanche, est un travail d'épouse dont le destinataire premier est le mari comme chef de la maisonnée. D'où le second épisode de la rencontre du chasseur avec les deux jeunes puiseuses qui deviennent du fait même de leur geste les épouses de l'homme à qui elles ont donné de l'eau. Le chasseur solitaire se livrant à l'activité virile par excellence est aussi femme du fait de sa solitude. Mais, une fois marié et roi — si grand polygame soit-il —, il restera encore sous un autre mode, et solitaire et femme, dans un sens que nous éluciderons plus loin.

Carte 3.
Léré et les principaux villages moundang-kabi

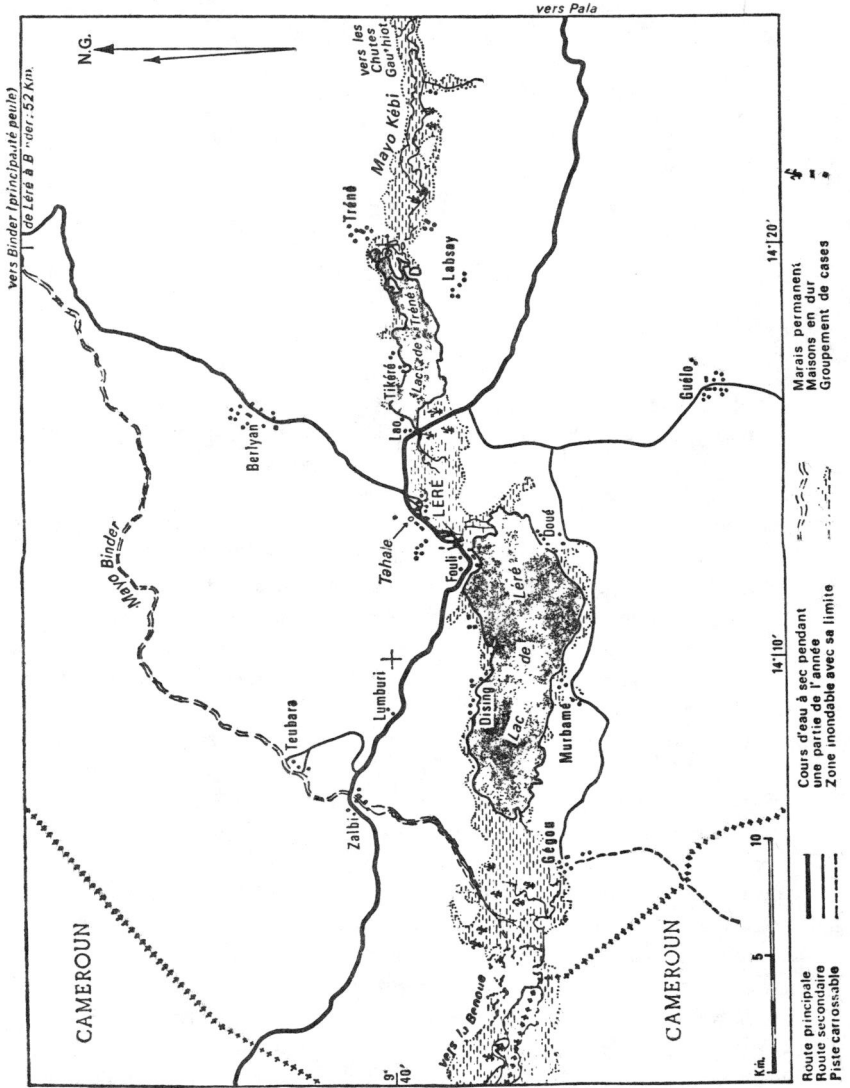

CHAPITRE 2

L'HISTOIRE DYNASTIQUE

Tel est donc le frêle arbre généalogique des rois de Léré qui nous permettra d'enchaîner vaille que vaille le mythe et l'histoire. Il a le mérite de faire l'accord unanime de tous nos informateurs et écarte ainsi le spectre de la manipulation des généalogies à des fins politiques. La seule inspection du regard attire l'attention sur deux caractéristiques formelles du tableau dynastique : certains noms de souverains ont été inscrits à droite de l'axe généalogique d'autres à gauche et, d'autre part, à partir de Gõ-Čomé Ier, les noms situés à droite reviennent selon un ordre constant de succession. La raison de cette disposition qu'offre le tableau est à chercher dans la notion de légitimité royale en vigueur à Léré et codifiée sous le règne de Gõ-Čomé Ier.

L'ordre régulier de succession des noms royaux qui s'instaure au milieu du siècle dernier est le suivant : en tête, Gõ-Daba qui est le nom du premier roi succédant à Damba et dont le porteur est censé renouveler la royauté par identification avec l'aîné issu du fondateur. Puis vient Gõ-Čomé — mot à mot, le roi-soleil — dont un mythe que rappelle la devise royale explique le sens. Résumons-le pour l'instant : un roi eut d'une épouse, détestée de ses rivales, un enfant que celles-ci abandonnèrent en brousse. La devise chante : « roi-soleil, le soleil t'a trouvé, la lune t'a nourri ». La suite du récit nous apprend que l'enfant miraculeusement sauvé par les astres fut rendu à son père et lui succéda par la suite. Enfin, Gõ-Kajonka — le roi qui s'est enrichi?? — mais dont nous n'avons pu éclaircir avec certitude l'étymologie. Un des sens probables serait que ce dernier venu profiterait et gaspillerait tout à la fois l'acquis des deux précédents, d'où la nécessité d'un prompt renouvellement.

Nous avons donc à droite les noms des souverains légitimes ([1]), c'est-à-dire des fils aînés, et à gauche les noms des usurpateurs mais qui ne peuvent être que des fils cadets de rois qui ont régné. Gõ-de et Gõ-sie, respectivement chef des bœufs et chef de la limite, sont les noms que

L'HISTOIRE DYNASTIQUE 53

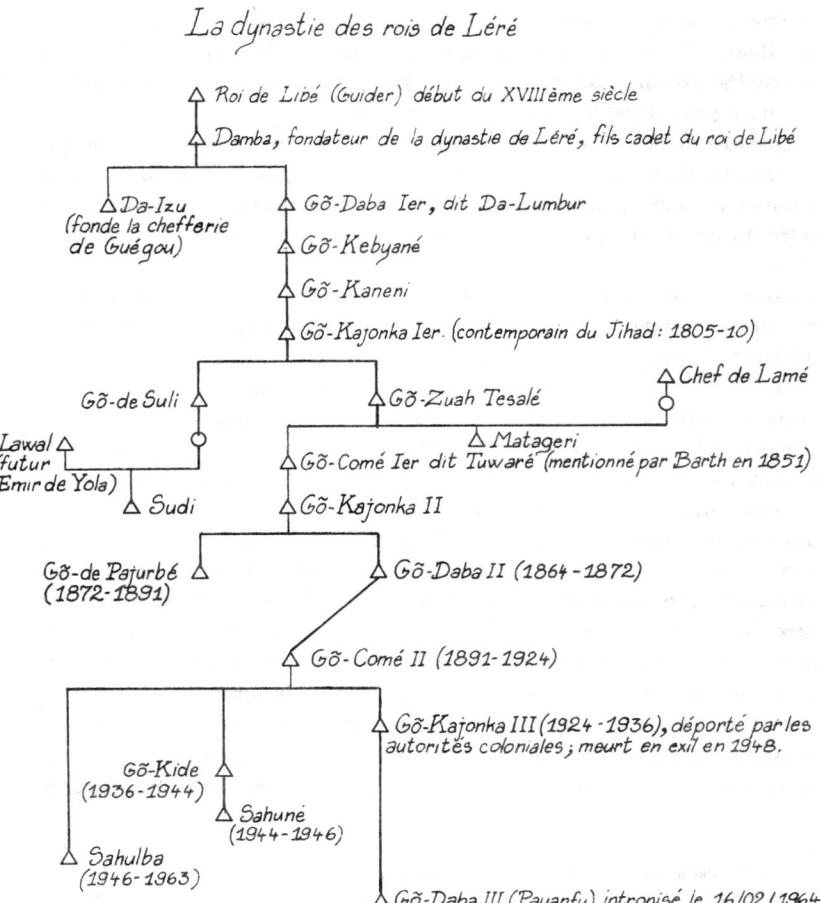

La dynastie des rois de Léré

N.B. Les « souverains légitimes », Gõ Zuah et Matãgeri, ne régnèrent jamais.

doivent porter les frères puînés : en principe, ils ne peuvent être intronisés rois de Léré et on leur assigne le commandement de villages de brousse bien déterminés comme Murbamé et Gebané. On voit que sur les cinq usurpateurs, trois sont des Gõ-de et les deux autres ont gardé leur nom de naissance car ils n'ont dû leur accès au trône de Léré qu'à l'intervention directe du pouvoir colonial. Mais on constate également qu'avant l'arrivée des Blancs il y eut les deux grands règnes de Gõ-de Suli et plus tard de Gõ-de Pajurbé qui prouvent que l'intrigue et l'assassinat pouvaient assurer des triomphes durables dans le royaume de Léré.

Que savons-nous des premiers règnes ? Sur Damba tout ne se réduit pas au récit mythique qu'on a lu mais tout est imprégné de mythisme : nous sommes à l'aube d'un ordre nouveau, les mouvements, les gestes et les actes du héros ont une valeur instauratrice, ils font œuvre de fondation. Damba arrive à Moukréan d'où il chasse les Kizéré et plus tard il se déplace encore vers l'Est, à Zalbi où il meurt : il inaugure ainsi le mouvement irréversible de la royauté qui, en cinq étapes d'Ouest en Est, déplacera la résidence des Gõ-Léré de Moukréan jusqu'au site actuel de Léré ([2]). C'est pourquoi aussi, dans toute grande célébration rituelle qui exige une sortie du roi, celui-ci quitte son palais en se dirigeant vers l'Est et y revient par la direction opposée, décrivant ainsi par rapport au centre du monde que représente sa demeure, un mouvement qui l'apparente au soleil. Damba inaugure la royauté mais lui-même est extérieur à la série des rois qui vont lui succéder puisque son fils aîné porte le nom de Daba — titre premier du cycle ternaire — que les Moundang expliquent comme une « naturalisation » du nom Guidar Damba. Daba l'aîné est le même que son père mais il n'est plus l'étranger ; il s'enfonce davantage vers l'Est, donc vers le cœur historique du pays moundang et s'installe dans le village de Lumburi qui donnera son nom au lignage royal : Da-lumbur.

De l'œuvre de ce Gõ-Daba Ier la mémoire des Moundang n'a rien conservé sinon son entêtement qui fut la cause de la première scission dans le lignage royal. Le récit de l'origine de Guégou commence par signaler

---

([2]) Les résidences successives des Gõ-Léré sont :
Moukréan, Zalbi, Lumburi, Te-tesal-célé, Fouli (résidence de la mère du souverain) et enfin Léré. C'est un mouvement régulier d'ouest en est. L'étymologie que l'on donne le plus souvent du mot Léré est *leeré*, « terre natronnée ». Et, effectivement, l'emplacement actuel de la capitale des Moundang est situé (surtout en ce qui concerne le quartier appelé Murpili) sur un terrain où existent des sources natronnées.
Mais, selon le roi lui-même, le nom de Léré est à rapprocher du verbe *lee* et la localité aurait été appelée *lee-su*, ce qui brûle le corps ou ce qui brûle la chair. Comme on le verra dans la devise royale, le Gõ-Léré est celui qui brûle, qui consume, qui consomme tout ce qu'il trouve. Ce nom aurait été donné jadis par les *za-lu-seri*, les « Grands » à Damba. Tout lieu où réside le souverain moundang est Léré. Il est juste de dire, par conséquent, que c'est à Léré que Damba est venu s'emparer de la royauté. Toutes ses résidences successives et même les futures, s'il pouvait y en avoir, seraient appelées Léré.

que c'est Damba qui envoya son fils aîné résider à Lumburi (village situé à 6 km à l'Est de Zalbi) comme il envoya son fils cadet résider à Izu. D'emblée est ainsi instituée la règle qui exige que tous les fils du souverain régnant soient affectés au commandement des villages de brousse. Damba était donc extrêmement malade et savait qu'il allait mourir. Il appela un serviteur et lui dit d'aller chercher Da-lumbur au plus vite. Celui-ci tarda à obéir et préféra s'enivrer de bière de mil. A plusieurs reprises son père fit savoir à Daba qu'il le voulait auprès de lui pour lui dire ses dernières paroles, mais en vain; le fils aîné était assuré de son droit d'héritage et n'avait que faire des paroles du mourant. Cependant Da-Izu le cadet était près de son père et attendait. Lorsque Damba sur le point d'expirer se rendit compte qu'il ne verrait plus Da-lumbur, il demanda à Da-Izu de s'approcher et lui dit : « Tu sais que tu ne peux pas hériter et tu es venu quand même auprès de moi. Prends cet objet (il s'agit d'une muserolle d'or que les Moundang désignent d'un terme énigmatique : *gematakré*) et cache-le. Quand je serai mort pars avec cette chose et là où tu t'arrêteras tu seras chef. Da-lumbur qui est déjà chef n'est pas venu et je vais mourir ».

Lorsque le fils aîné revint et apprit ce qui s'était passé il était trop tard. Il fit chercher partout le *gematakré* mais la chose restait introuvable. Au bout de trois mois le deuil de Damba prit fin et Da-Izu, répétant à sa manière l'aventure de son père, s'en alla fonder sa propre chefferie. Là où était le *gematakré*, de l'autre côté de l'eau, le village de Guégou fut construit et, à cause de cet objet, il y eut une limite qui sépara pour toujours Guégou de Léré. Et jusqu'aujourd'hui encore, commente le narrateur, les gens de Guégou refusent de montrer la chose aux gens Léré de peur qu'ils ne s'en emparent. Ceux-ci revendiquent sans cesse le trésor en vertu de leur droit d'aînesse et firent souvent la guerre pour tenter de se l'approprier. Mais le Chef de Guégou conserve jalousement la muserolle d'or dans le grenier de sa première épouse et ce n'est qu'à l'occasion de ses funérailles que ses notables la font sortir. Le cheval qui la porte est destiné à mourir dans l'année et son cadavre est jeté dans le bosquet sacré qui sert de cimetière aux successeurs de Da-Izu.

Ce *gematakré* dont il nous faut bien dire quelques mots, est une sorte de fétiche qui joue un rôle analogue à celui des objets sacrés qui constituent les regalia du souverain de Léré. Pourquoi cette muserolle d'or trouvée en brousse par un esclave de Damba, selon les uns, par un chasseur qui l'aurait appelée excrément de lune, selon les autres, porte-t-elle le nom de *gematakré?* La traduction littérale est : ce qui est entre le vagin et l'anus, autrement dit, commente notre informateur, la chose la plus précieuse du monde. Dans un article consacré à la notion de fétiche en ethnologie (Adler, 1970) nous avions tenté d'appliquer un schème psychanalytique pour interpréter cette « interprétation » moundang du fétiche royal contenue dans l'appellation *gematakré*. Comment ne pas voir, en effet, que la possession du fétiche, la chose précieuse entre toutes, confère un pouvoir ou le pouvoir à son détenteur dans la mesure où elle le place au-delà de la différence des sexes ? Mais ceci ne peut prendre de signification que lorsque nous aurons analysé les principes et les notions qui sont au fondement de la royauté de Léré. Nous y reviendrons donc longuement dans la troisième partie de cet ouvrage.

Reprenons le fil de notre récit. Ainsi, le deuil de Damba n'est pas encore levé que les deux processus politiques sont déjà à l'œuvre : l'expansion territoriale par l'envoi des princes (nous traduisons le mot *yerima* que les Moundang ont emprunté aux Peuls pour désigner les fils du roi) prendre le commandement des villages de brousse et la scission avec l'apparition de la chefferie de Guégou. A Gõ-Daba Ier succède d'abord Gõ-Kebyané dont on nous dit seulement qu'il était « avare »(³) — tare rédhibitoire pour un souverain — et qu'il fut déchu en conséquence ; puis Gõ-Kaneni qui fut également déchu sans que la raison nous en soit donnée. Certains disent qu'il fut exilé de Léré, qu'il partit dans la zone des Chutes Gauthiot où ses descendants s'installèrent et qu'il disparut sans que son corps fût jamais retrouvé. Ces deux rois eurent leur postérité écartée pour toujours du pouvoir et sont réduits au statut d'ancêtres éponymes des deux clans royaux « cadets » du clan Moundang-Gõ-Daba constitué par les descendants des rois régnants.

Quelle fut la durée de ces quatre premiers règnes, quels indices ou repères chronologiques possédons-nous pour nous en faire une idée ?, il faut

---

(³) A propos de cette avarice de Gõ-Kebyané fils de Gõ-Daba Ier dit Da-Lumbur, un petit commentaire que nous devons à Gomena, un de nos principaux informateurs, dit ceci : Gõ-Kebyané fut le premier roi de Léré à être circoncis. Son père avait reçu un étranger venu du Bornou et l'aurait fait dormir dans une case appartenant à un membre du clan du Singe. Comme Gõ-Kebyané qui alors n'était que Yerima souffrait d'une blennorragie, l'étranger (peut-être un commerçant musulman d'origine Kanuri) proposa, à titre de remède — comme médecine magico-religieuse — de le faire circoncire. Son père Da-Lumbur accepta la suggestion et l'opération fut réalisée en présence de l'homme du clan du Singe qui devint pour le roi l'un des « maîtres » du couteau de la circoncision. Nous verrons qu'il existe une autre version de l'appropriation du rituel initiatique par les « Singes ».

Gõ-Kebyané fut donc le premier circoncis et ses épouses moquèrent leur beau-père Da-Lumbur en lui chantant qu'il n'était qu'un *ga-yan*, un incirconcis. Lorsque Gõ-Kebyané monta sur le trône, il hérita, selon l'usage, des femmes de son père. Celles-ci avaient gardé une grande rancune contre les premières femmes de Kebyané à cause des moqueries contre Da-Lumbur.

Aussi, quand à la fête de *fing-moundang*, le roi fit preuve d'avarice en gardant pour lui la viande du bœuf du sacrifice et en ne laissant que des os à sucer à la population, la haine des épouses héritées de Da-Lumbur se manifesta avec virulence. Elles dénoncèrent le souverain avare en rappelant la générosité dont faisait preuve Gõ-Daba Ier qui n'hésitait pas à faire immoler beaucoup d'animaux pour satisfaire la population. C'est pourquoi Kebyané fut chassé du trône. Son fils Kaneni ne pouvant lui succéder de son vivant, la royauté fut donnée à son petit-fils, Gõ-Kajonka Ier. Néanmoins, comme on vient de le voir, les Moundang comptent dans la liste des rois légitimes qui ont succédé à Damba, aussi bien Kebyané le déchu que Kaneni qui n'accéda jamais au trône. Il en sera également ainsi le Gõ-Zuah Tessalé, victime de son frère Gõ-de Suli.

bien dire qu'aucun élément de réponse ne s'offre à nous. Le règne suivant est celui de Gõ-Kajonka Ier dont nos informateurs s'accordent pour le déclarer contemporain des débuts de la conquête peule, c'est-à-dire la première décennie du XIXe siècle. Or nous avons vu qu'en tout état de cause, il est impossible de remonter au-delà du XVIIIe siècle pour situer l'avènement de la dynastie de Léré, il nous reste donc un peu plus qu'un demi-siècle pour « caser » les quatre règnes initiaux. Un chercheur moundang du nom de Wasseré, dont malheureusement nous n'avons pu retrouver les sources, prétend qu'après Damba dont le règne aurait duré plus de trente ans les quatre rois suivants — en y incluant donc Gõ-Kajonka — auraient eu des règnes « canoniques » de sept ans au terme desquels ils étaient mis à mort. Sa chronologie se présente ainsi :

Damba : 1729-1762; Gõ-Daba Ier, Gõ-Kebyané, Gõ-Kaneni et Gõ-Kajonka Ier règnent chacun 7 ans entre 1762 et 1790, puis vient Gõ-de Suli qui règne 20 ans. A Gõ-Comé Ier il accorde un règne de plus de 30 ans et le fait mourir en 1845, en ne tenant aucun compte de Barth qui apprend en 1851 que Gõ-Comé « est le puissant roi de Léré ».

Certes, comme Wasseré et comme Frobenius dans son texte d'*Atlantis*, nous croyons que la royauté sacrée des Moundang comportait la règle du régicide rituel (avec une durée « canonique » variant de 7 à 10 ans) et que, par conséquent, il n'est pas invraisemblable qu'elle ait été appliquée dès les débuts de la monarchie à Léré. Nous verrons plus loin qu'on peut, grâce précisément au repère chronologique fourni par le texte de Barth, inférer des durées de règne de cet ordre dans la seconde moitié du XIXe siècle. Mais les dates retenues par Wasseré ne sauraient nous satisfaire car elles procèdent d'un choix trop manifestement idéologique ou plutôt, pour être plus exact, d'un choix partisan en référence à un titre royal. Damba le fondateur et les deux Gõ-Comé (dont le dernier est mort en 1924) ont des règnes de plus de trente ans, les deux Gõ-Kide ont des règnes de vingt ans et les autres — de la période précoloniale — sont bons pour la durée rituelle de sept ans. Reconnaissons qu'un tel esprit de système a davantage de chance de se trouver dans la tête de notre auteur que dans l'histoire de la dynastie de Léré.

Nous allons retrouver des certitudes avec les événements qui font suite au règne de Gõ-Kajonka Ier. A sa mort la succession doit échoir à son fils aîné Gõ-Zuah qui commande alors le village de Tesalé. Mais son frère cadet Gõ-de, dit Gõ-de Suli (Gõ-de le Gros), l'accuse d'avoir voulu empoisonner leur père et le fait mettre à mort. Une autre version des faits impute à Gõ-Kajonka lui-même l'assassinat de son fils Gõ-Zuah, mais c'est de toute façon souillé du sang de son frère que l'usurpateur arrive au pouvoir. Les Moundang épris de légitimité mentionnent dans la liste de leurs rois le nom de Matageri, l'héritier présomptif de Gõ-Zuah. Celui-ci avait eu ce fils de son mariage avec une fille du Chef de Lamé, mariage qui représentait une alliance politique de grande importance. Après le meurtre de son père Matageri se réfugia avec sa mère chez son puissant grand-père qui refusa de le laisser retourner à Léré de peur qu'il ne subisse le sort malheureux de son père. Lorsque Gō-de Suli quitta le pouvoir (en mourant de sa belle mort, selon les uns, en étant chassé par les habitants de Léré, selon les autres) c'était trop tard et ce fut encore un cadet, Gō-Čomé Ier qui fut intronisé à Léré. Encore une fois donc, la règle de primogéniture n'est pas respectée à Léré et après Gō-Daba Ier et Gō-Kajonka Ier c'est comme un troisième état de la légitimité qui s'instaure avec le règne de Gō-Čomé Ier dont le nom occupera cependant la deuxième position dans le cycle des trois titres portés par les souverains légitimes.

Avec Gō-de Suli nous abordons déjà aux rives de la période historique. Les conquérants peuls exercent alors une forte pression sur tous les groupes païens et la chronique du royaume de Léré ne se rapporte plus qu'aux guerres presque incessantes et aux alliances plutôt rares de ses souverains avec les Princes peuls et plus particulièrement ceux de Yola. Guerres, razzias, alliances, ces mots appartiennent au langage des Moundang qui, sur les plans politique et militaire, se considèrent comme des partenaires égaux des Peuls. Comme preuve de ces rapports d'égalité les Anciens évoquent des faits qui ne sont guère négligeables : le mariage d'une fille de Gō-de Suli avec Lawal, alors prince héritier de Yola, des ambassades de *mallum* (des docteurs du Coran) de l'Emir que son successeur Gō-Čomé Ier reçut et qui, s'ils ne réussirent point à le convertir à l'Islam, lui firent accepter la construction d'une mosquée à Léré; enfin la présence dans le palais du roi de trois drapeaux blancs couronnés de plumes d'autruche que l'on exhibe à l'occasion des grandes cérémonies publiques. Mais l'origine de ces *tutuwal* (ou étendard blanc des dignitaires peuls) est sujet à controverse : pour les uns, Lawal aurait ainsi remercié Gō-Čomé pour avoir infligé le châtiment suprême aux Moundang coupables d'avoir assassiné un prince peul originaire de Yola; pour les autres, c'est Gō-Čomé qui se serait emparé de ces trophées après avoir défait les armées de Yola au cours d'une bataille dont nous allons bientôt parler (⁴).

(⁴) Selon Kebzabo, le kaïgamma de Léré, cette controverse importe peu car l'essentiel est dans la signification qu'il faut donner à la possession de ces tutuwal par le Gō-Léré. Ces trois drapeaux — le père, la mère et l'enfant — dont la véritable provenance est tout simplement La Mecque, placent Léré, nous dit-il, au nombre des sept cités du Soudan Central que reconnaissent les Autorités supérieures de l'Islam. En premier lieu vient Sokoto puis Kano, Kouka, la capitale du Bornou, Yola et en cinquième position Léré, puis Kalfou et Tchébua (au Sud-Ouest de Garoua). Ainsi, du fait de sa puissance militaire et de ses alliances, Léré aurait été partie prenante d'un système international musulman, bien que sa population et son chef fussent restés païens. La caractéristique de cette hiérarchie qu'aucun informateur peul de la région n'a accepté de confirmer, est de placer Léré immédiatement après Yola dont l'Emir avait — théoriquement — la prééminence religieuse et politique sur tous les lamidats de l'Adamawa. Mais nous savons que

Si nous lisons maintenant les quelques textes d'auteurs européens consacrés à ce sujet nous constatons qu'ils expriment plutôt un point de vue peu et qu'ils tiennent un tout autre langage qui est celui de la conquête, de la domination d'une nation civilisée sur un groupe païen parmi d'autres. L'Administrateur britannique Kirk-Greene (K. G., 1958) termine ainsi un chapitre décrivant le règne de Modibbo Adama : « A sa mort (en 1847) il régnait sur un empire deux fois grand comme le pays de Galles, s'étendant de Banyo au Sud jusqu'à Maroua au Nord et de Léré au Mayo Iné dans sa largeur ». Ces frontières, quelque théoriques qu'elles fussent, étaient au demeurant bien précaires puisque quelques lignes plus loin, s'intéressant à Lawal le successeur d'Adama, l'auteur commence par nous parler des guerres incessantes contre les Fali, les Moundang de Léré, les Bata, etc. Cela ne l'empêche pas de poursuivre en écrivant : « Les expéditions (de Lawal) contre Léré ajoutèrent de nouveaux territoires (à l'empire de Yola) et le pays moundang fut transformé en quartier général d'une nouvelle province confiée à un fils de Lawal, d'une mère concubine venue de Léré, Sulei ». Ce ne serait pas faire preuve de trop d'exigence que de demander à Kirk-Greene de nous dire ce qu'il entend par empire. Mais sans doute s'appuie-t-il ici sur Strümpell (cf. biblio.) qui écrit : « Lawal soumit aussi définitivement Léré qui avait toujours réussi à secouer chaque année la domination de Binder. Il céda le commandement du pays moundang à son fils, le Yerima Soudi dont la mère était de Léré ». Or jamais il n'y eut de « gouverneur » peul à Léré, fût-il de mère moundang, et encore moins peut-on affirmer que Lawal réussit à soumettre définitivement les Moundang à sa loi. Si par exemple il faut entendre une domination fortement assise, durable et s'étendant sur un territoire bien délimité, alors il faut, croyons-nous, prendre le parti des Moundang et dire qu'il n'y a pas d'empire peul. Ni Modibbo Adama ni son fils Lawal ne réussirent à l'asseoir véritablement. Qu'en est-il donc de la conquête peule en pays moundang ?

Une chose est certaine, le premier choc de l'envahisseur peul fut subi par les Moundang-Za-sin, ceux de Lara et de Binder. La chronologie et l'ordre de succession des événements ne sont pas très clairs mais on peut, en se fondant sur le texte de Strümpell déjà cité, retracer les choses de la manière suivante. Evoquant les migrations des Peuls antérieurement au Jihad, il écrit : « Les Yllaga qui suivaient (les Vollarbé) trouvèrent donc

---

Binder et Rei-Bouba n'ont jamais admis cette subordination à Yola en dépit de la volonté du Séhu de Sokoto. L'argument de Kebzabo pour justifier sa thèse est le fait (non confirmé par les intéressés) que jadis le successeur du Sultan de Binder devait d'abord se présenter au Gõ-Léré pour approbation avant de se rendre avec une suite de notables auprès de l'Emir de Yola pour se faire consacrer. Seul le Gõ-Léré, dit Kebzabo, ne reçoit son investiture que du chef de terre de Léré et ensuite, « il envoie la bouche » (le message sous forme de cadeaux) aux princes de Libé (son ancêtre) de Rei-Bouba et de Yola. Notre enquête ne nous a pas permis de démêler le vrai du faux ou de l'exagéré des propos du kaïgamma.

occupé le riche pays des pâturages du nord de la Bénoué, jusqu'à environ la hauteur de Moubi. Ils tournèrent alors par Moubi vers l'Est dans la montagne et s'établirent en partie chez les païens Fali... Ils pacagèrent longtemps à Gazaowa dans le pays païen Guiziga. Des différends entre eux et les Badawa, accueillis également par les Guiziga, obligèrent les Yllaga à se mettre en route vers l'Est. Ils arrivèrent ainsi dans le pays de païens de Binder, traversèrent le Toubouri et pacagèrent parmi les Moundang... A Lara dans le pays de Binder, les Yllaga avaient été rejoints par une partie des Foulbé jadis émigrés au Baguirmi et d'où les Sultans les avaient chassés... » A la fin du XVIIIe siècle les pasteurs Yllaga vivent au milieu des Moundang auxquels ils sont plus ou moins soumis comme les Badawa le sont aux chefs Guiziga. La grande puissance qui domine la région — mais là encore on ne saurait parler sans abus d'empire — est le royaume du Mandara. Certains auteurs n'hésitent pas à étendre la domination du Mandara jusqu'au pays moundang. Ainsi nous lisons sous la plume de Vossart (*Etudes camerounaises*, 1953) : « Cette décadence du Bornou permit au Mandara d'atteindre son apogée qui se situe sous le règne de Maî Boukar Guima (1773-1828). Le Maî contrôlait plus ou moins les pays s'étendant du Marghi et du Kargha (Bama) au Mayo-Kebbi (Lara et Binder) ».

Quoi qu'il en soit de cette domination dont l'idée est repoussée avec véhémence par nos informateurs de Lara, le fait est que lorsque les Peuls se soulèvent à l'appel d'Ousman dan Fodio, le Mandara apparaît comme le grand obstacle à la conquête. L'Administrateur Prestat cité par Eldridge Mohammadou (E. M., 1970) écrit : « Mais à l'appel du Chéhou de Sokoto, Ousman dans Fodio, les Yllaga Bouba Birowa, le fondateur de Mindif et Modibo Bouba, fondateur de Binder, commencèrent la guerre avec les Moundang. Les Yllaga de Gazawa refusèrent aussi de payer tribut aux Guiziga. Les Moundang et les Guiziga demandèrent de l'aide à leur suzerain, le sultan du Mandara. Les Foulbé de Maroua se joignirent aux Yllaga. Moundang et Mandara furent battus à Lara et Torrock ». Strümpell (*loc. cit.*) nous donne de ces événements une version qui n'est pas très différente lorsqu'il écrit : « Plus sérieux que ces combats (contre les Fali) furent ceux qui durent être livrés dans le Nord-Est de l'Adamawa, nommé aussi Foumangué, où très rapidement s'opposa aux Foulbé un adversaire de valeur égale, le sultan de Mandara dont la sphère d'intérêt atteignait alors jusqu'au Mayo-Kebbi. Il a été dit que les Yllaga, à cause de querelles avec les Foulbé Badawa qui étaient soumis au chef des Guiziga de Marba, avaient été obligés d'abandonner leurs pâturages de Gazawa et que par Léré où ils repoussèrent déjà une attaque des troupes du sultan du Mandara, et Binder, ils étaient venus dans le pays des Moundang au sud du Toubouri. Là, leur chef le modibo Bouba reçut des païens du Nord de Binder une demande de secours contre le chef de Binder. Bouba consentit à cette demande, traversa le Toubouri, se dirigeant vers le Nord, se réunit à

Bidang aux païens de Léré, Doumourou, Torrock et conquit Binder (1805, selon d'autres 1812) dont le chef Gonjoué fut tué. Une tribu moundang habitant à l'Ouest, les Jassing, se soumit à Léré qui fut conquis. Il est vrai que le fils de Bouba, Adama, placé là comme administrateur fut peu après expulsé par les Moundang ».

Le lecteur nous pardonnera cette fort longue citation mais elle nous donne une idée des plus vraisemblables du processus de la conquête entreprise par les Peuls au cours du XIXe siècle. Une alliance ici, là une guerre ou de simples coups de main, ici une victoire plus ou moins précaire, là un succès durable. Lara et Binder sont deux villages qui tombent sous la coupe des Yllaga. Lara résiste et reconquiert ses terres, les gens de Binder s'enfuient et vont fonder dans la zone peu accueillante des Chutes Gauthiot le village de Binder Naïri où ils sont encore aujourd'hui. Pourquoi en fut-il ainsi, pourquoi Lara sut-il aménager une forme pacifique de cohabitation avec les Peuls et créer avec eux des liens d'alliance matrimoniale tandis que le Binder moundang faisait place nette pour un Binder peul au commerce prospère et à l'Islam influent?, nous ne le savons pas. Dans les commentaires accompagnant la Chronique des Peuls de Bindir (C. Seignobos et H. Tourneux, 1978) on peut lire : « Les gens de Modibbo Buuba restèrent un an près de Bindir avec leurs troupeaux, puis ils séjournèrent quatre ans à Mbatnga, à l'est de Laara. A Bindir, parmi la population engagée dans la lutte pour la succession du vieux chef Madana, une fraction leur était favorable et réclamait leur appui... au cours d'une compétition pour la chefferie, la rivalité entre les fils du chef aurait été attisée par les Ful'be qui soutenaient un prétendant énuclée. La grande confusion qui régnait alors à Bindir leur permit de prendre la ville ». Le chroniqueur peul ne donne aucun de ces détails et nous ignorons de qui Seignobos les tient, mais il est intéressant de noter que la chute de Bindir est provoquée par ou coïncide avec une crise de succession, selon cette version des faits. Les Moundang de Binder Naïri sont en effet les seuls à admettre que leur coutume exigeait que leur chef fût mis à mort rituellement au terme d'un règne de 7 ans; on peut donc penser que dans un tel système où toute succession se fait dans un état de crise, les cavaliers de Bouba n'aient pas eu d'énormes difficultés à s'emparer du pouvoir. On comprend aussi, d'autre part, que Lara qui appartenait incontestablement à la mouvance du royaume islamisé du Mandara et était donc quelque peu acculturé, ait pu se maintenir comme communauté autonome au milieu des principautés peules.

Mais qu'en est-il de Léré? Les textes qu'on vient de lire représentent assurément un point de vue peul, mais les intéressés eux-mêmes reconnaissent que la capitale des Moundang a subi cette domination à éclipse qui a même pu, à l'occasion, servir les intérêts du souverain de Léré en butte à l'hostilité de son peuple. Le récit que nous fit « le premier ministre » (Kaigamma) du roi de Léré d'un des épisodes fameux des guerres avec Yola, révèle bien la dimension de politique intérieure du conflit avec les Peuls : « Modibbo Adama était venu, raconte Kebzabo, piller Léré accompagné de son fils Lawal. A cette époque, Léré était commandé par Gõ-Kide qu'on avait surnommé Gõ-de Suli. C'était un roi illégitime et après des années on décida de le chasser du pouvoir pour mettre à sa place Gõ-Comé dit Tuwaré qui habitait alors le village de Fouli. Chassé du pouvoir, Gõ-de Suli donna une de ses filles à Modibbo Adama qui, à son tour, la donna à son fils Lawal comme épouse. Ce don était fait dans l'intention d'obtenir l'aide du puissant Emir de Yola pour reprendre le trône de Léré. Modibbo accepta la demande et se tint avec ses cavaliers sur la colline de Wade en face de Léré. Gõ-Comé se réfugia avec toute sa suite sur un îlot du lac à proximité de Fouli et ses guerriers s'installèrent dans la plaine inondable au milieu des arbres aquatiques épineux. C'est pourquoi nous avons appelé cette guerre *sal-za-tané* (la guerre des mimosas asperata). Les forces étaient à peu près égales chez les Foulbé et chez nous, six mois durant les combats eurent lieu sans qu'il y ait de vainqueur. Les vivres commencèrent à manquer et on alla même jusqu'à manger des chevaux, ce qui est abominable pour un Moundang. Un jour les gens de Léré eurent l'idée d'une ruse. Ils coupèrent de l'herbe pour nourrir les chevaux des Peuls dont ils voulaient récompenser la bravoure. Ils s'approchèrent de leur camp, déposèrent des tas de foin près des chevaux et se mirent à danser devant l'Emir; ses guerriers se réjouissaient et ne portaient pas leurs armes, ils croyaient que les Moundang se soumettaient. Ceux-ci se jetèrent alors sur eux et ce fut un carnage. Beaucoup furent tués, les autres, l'Emir et son fils s'enfuirent. Gõ-Čomé regagna Léré et fit construire son palais à l'emplacement où il se trouve encore aujourd'hui ». Après cette guerre ou ce match décisif entre Yola et Léré, l'indépendance politique du royaume moundang est définitivement acquise; l'état de guerre avec les voisins, qu'ils soient Peuls (Bindir au Nord, Rei Bouba au Sud), Guider ou Guiziga, sera permanent et ne prendra fin qu'avec l'arrivée des Européens.

Venons-en maintenant au principal sinon au seul témoignage absolument irrécusable que nous possédions sur cette époque du règne de Gõ-Čomé Ier, celui de Heinrich Barth. Il n'a, malheureusement pour nous, pas de connaissance directe du pays moundang car l'itinéraire de son voyage de Koukawa (alors capitale du Bornou) à Yola le fait passer loin à l'Ouest de Léré. Il tient donc ses renseignements d'informateurs peuls. La première mention qu'il fait des Moundang est une simple note de carnet de route. Le 18 juin 1851, approchant de Yola, le but de son voyage, il franchit une grande rivière appelée Faro. Il poursuit son chemin à travers une vaste plaine où il observe : « Les côtés du sentier étaient jonchés de squelettes de chevaux marquant le trajet suivi par la dernière expédition du gouverneur de Yola, à son retour de Léré, c'est-à-dire du pays des Mbana ». Cette notation nous laisse quelque peu perplexes car on est en droit de se demander à qui ont appartenu ces chevaux morts rencontrés à proximité du Faro, donc à près de 200 km à l'Ouest de Léré. S'il s'agit de cavaliers moundang ils témoigneraient d'une singulière audace, mais on peut aussi imaginer qu'il a vu les chevaux des Peuls morts d'épuisement en rentrant d'une très dure campagne.

Quelques pages plus loin (Barth, Tome II, p. 196), passant en revue les populations qu'on lui signale comme les principaux groupes indigènes de l'Adamawa, Barth les énumère ainsi : « La tribu qui vient après (les Batta du confluent de la Bénoué et du Faro) en nombre et en importance est celle des Fali qui est installée entre le cours supérieur de la Bénoué et les provinces méridionales du Baguirmi et dont j'ai appris que les familles et les territoires (le même nom se rapporte généralement aux deux) étaient nommés ainsi : Safalawa, Yam Yam (probablement pas leur nom propre), Gider, Debba; Mundam avec leur capitale Léré, la résidence du puissant chef païen (kowa) Gonshomé; Mambay, Dama, Lamé, Duru, Namigi, pas très loin à l'Est des Chamba et les Boka ». Dans cette énumération de populations, mises on ne sait trop pourquoi sous l'étiquette Fali (⁵), on ne peut manquer d'être frappé par la place privilégiée que l'informateur de Barth accorde aux Moundang : leur capitale et leur roi doivent jouir à Yola d'une grande renommée pour qu'ils soient mentionnés dans une simple liste. Plus décisive encore, à bien des égards, est la note que l'explorateur allemand consacre à Léré dans l'appendice où sont consignés les différents itinéraires joignant les localités importantes dont il a entendu parler au cours de ses voyages. On y lit ceci (Barth, Tome I, p. 637) : « Léré, la grande localité païenne des Mbana, est la résidence du puissant chef Gonshomé qui est grandement redouté tant des Foulbé que des Kanuri. Au début de l'année 1851, peu de temps avant mon voyage à Yola, à la suite d'une expédition d'une grande envergure (on a large scale) entreprise contre lui, il a été obligé de reconnaître, dans une certaine mesure, la suprématie des Foulbé; mais peu de temps après, il a de nouveau secoué le joug de toute espèce d'allégeance. La situation de cette localité semble

---

(⁵) Dans son enquête sur l'origine des Fali, J. P. Lebeuf, s'appuyant sur les traditions orales et des textes de Passarge et de Rathjens, fait venir ce peuple du Gobir d'où il migre vers le Mandara. « Ils se réfugièrent alors, écrit-il, dans les monts du Mandara qu'ils durent quitter au milieu du XVIIIe siècle, en même temps que les actuels Bata et Moundang, à la suite, peut-être, d'une lutte opposant périodiquement les dynasties du Bornou et du Mandara, dont ils subirent les contrecoups... Les migrants se scindèrent en deux groupes (les uns allant vers Moubi, Holma et Yola). La seconde fraction, partie vers l'est-sud-est, atteint Libé, Guider, les vallées du Mayo Kébi et du Mayo Woulo, la région de Léré où la plupart d'entre eux s'établirent... De ces émigrants qui se scindèrent encore, se réclament plusieurs populations actuelles de la contrée : certains Fali, les Moundang qui sont établis dans la région du lac de Léré et du Mayo Kébi... » (J. P. Lebeuf, 1961, pages 24 à 28). Nous savons que les Moundang se considèrent comme les *guru*, « les parents à plaisanterie » des Fali, « les gens de la montagne » (*za-waré*), mais il est étrange, à lire ces lignes de migrations, qu'aucun des clans existant chez les Moundang ne se réclame d'une origine Fali.

très forte en raison de sa position dans une vallée marécageuse et boisée qui, d'après toutes mes informations, a une étendue immense... Les Mbana constituent une tribu très nombreuse dont les limites vont jusqu'à Guider, direction dans laquelle Bizer (Bidzar), Jaberi et Lam sont les trois principales localités frontières ».

Certains détails qu'on vient de lire nous étonnent : comment les Kanuri qui sont au moins à 300 km au Nord de Léré peuvent-ils craindre un roi moundang, si puissant soit-il. D'autre part, il est difficile d'imaginer la vallée de Léré marécageuse (sauf la plaine inondable d'octobre à décembre) et boisée (les seuls bois qu'on y voit ayant été plantés par l'Administration coloniale) mais on peut admettre que le paysage a changé en un siècle. En revanche, les renseignements politiques donnés par ce texte sont tout à fait éclairants : un argument solide nous est fourni pour ajouter foi à la tradition recueillie auprès des Anciens de Léré qui voient dans le règne de Gõ-Čomé Ier comme l'apogée du royaume moundang dont les frontières au Nord auraient précisément coïncidé avec celles qui viennent d'être indiquées tandis qu'au Sud c'est Lamé qui aurait fait « la sentinelle », comme le dit une devise clanique (cf. *infra*), face aux Peuls de Rei-Bouba. Quelques lignes plus loin, Barth nous comble encore une fois en nous apportant une confirmation indirecte de la généalogie royale que nous avons donnée et en nous permettant de préciser la chronologie des règnes précoloniaux. Décrivant l'itinéraire qui conduit de Rey-Bouba à Léré, il écrit : « ... (on atteint) alors Bifara (Biparé), une localité considérable située au Nord et à une distance de trois courtes journées de Binder, la première nous amenant à Zabeli, la seconde à Midang, un village moundang qui a été pillé par Mohammed Lowel, pour arriver le lendemain à Binder. Si vous passez la nuit à Bifara le jour suivant vous atteignez Gego (Guégou) dans la partie méridionale de la vallée et plus loin Gonguduk, le village natal du père du fameux Gonshomé ». D'après la position décrite, le village qu'il appelle Gonguduk ne peut être que le village de Murbamé. S'il en est ainsi, la méprise de Barth tient à la confusion entre un nom de lieu et un nom de personne, à quoi s'ajoute une déformation du titre de Gõ-Kide en un Goguduk entendu par une oreille allemande venant d'une bouche peule. Ainsi, ce qu'il prend pour le nom du village du père de Gõ-Čomé est en réalité celui du prédécesseur (oncle paternel) et non point du père (qui est le malheureux Gõ-Zuah assassiné) de ce roi, décidément toujours puissant sous la plume de Barth. Ajoutons que Murbamé n'est pas le village natal de Gõ-de Suli mais le village où les princes deuxièmes nés (Gõ-de et Gõ-sĩe) doivent s'installer comme chefs.

Si maintenant nous rapprochons ces informations de Barth du texte moundang relatant la reconquête de Léré par Gõ-Comé Ier, nous sommes en mesure de préciser davantage la période pendant laquelle règne ce souverain. Il arrive, en effet, sur le trône lorsque l'Emir Adama de Yola (qui mourra en 1847) est encore capable de mener lui-même ses cavaliers au combat et lorsque le fils de ce dernier, Mohammad Lawal (qui mourra en 1873), est en position de le seconder dans sa tâche ; on peut donc affirmer que Gõ-Comé Ier règne entre 1840 et 1860 et attribuer au règne de son prédécesseur Gõ-de Suli, qui, rappelons-le, a donné sa fille à Adama, les deux décennies précédentes. En remontant encore d'une tranche de 20 ans, nous arrivons à Gõ-Kajonka Ier dont le règne, de l'avis de tous les Anciens de Léré, est contemporain du Jihad. Comme, d'autre part, il y a également accord pour fixer à 8 ans le règne de Gõ-Daba II et à 19 ans celui de son successeur, le deuxième grand usurpateur Gõ-de Pajurbé, après quoi nous entrons dans l'ère de la conquête coloniale, il reste pour Gõ-Kajonka II une courte durée de règne comprise entre + ou — 1860 et 1864.

Récapitulons donc la chronologie des règnes des Gõ-Léré au XIXe siècle précolonial :

Gõ-Kajonka Ier :	entre 1800 et 1820
Gõ-de Suli :	entre 1820 et 1840
Gõ-Comé Ier :	entre 1840 et 1860
Gõ-Kajonka II :	entre 1860 et 1864
Gõ-Daba II :	1864-1872

Cette chronologie résulte de la confrontation des données de Barth et des traditions que nous avons recueillies à Léré et il nous faut dire qu'elle est contredite par des textes qui nous viennent des Peuls de Binder. Dans l'ouvrage déjà cité (C. Seignobos et H. Tourneux, 1978), le chroniqueur peul, après nous avoir appris que Modibbo Buba avait battu les gens de Léré et nommé « son fils Yerima Aadama Kabi à la chefferie de Léré », nous fait le récit suivant : « Il y avait douze ans que Modibbo Buba était au pouvoir (quand) Coome Taawaaye fomenta une révolte dans cette région de Leere. (Coome) fit la guerre à Yuusufa et à Yerima Aadama Kabi. Il reprit le pays de Leere, de Lamtaw et de Duwoy. Yuusufa et Yerima Kabi se replièrent à Bindir chez leur père Moodibbo Buuba ». Ce texte appelle plusieurs commentaires et d'abord à propos du nom de Gõ-Comé dit Tuwaré en moundang et ici Taawaaye. Seignobos explique ainsi l'étymologie (*loc. cit.*, p. 68) : « taawaaye est une révolte en hawsa. Le narrateur de cette chronique et son scribe pensaient que ce dernier mot était d'origine moundang, et qu'il était synonyme du fulfulde (la langue peule) fitina (révolte)... ». Affirmant que ce sont sans doute les gens de Bindir qui ont surnommé Gõ-Comé Ier « le rebelle », l'auteur nous rapporte la tradition peule : « Coome, fils du Gong de Leere tué par les Ful'be lors des premiers affrontements, avait grandi dans la concession de Moodibbo Buuba qui le fit circoncire avec ses enfants. Il rentra à Leere auprès de Yerima Aadama Kabi, où il resta un an. Sous l'influence de sa famille, il prit la brousse et disparut, travaillant clandestinement à un soulèvement général... Tous les Moundang de Leere, Gegu, Tireene, Boboyo, jusqu'aux

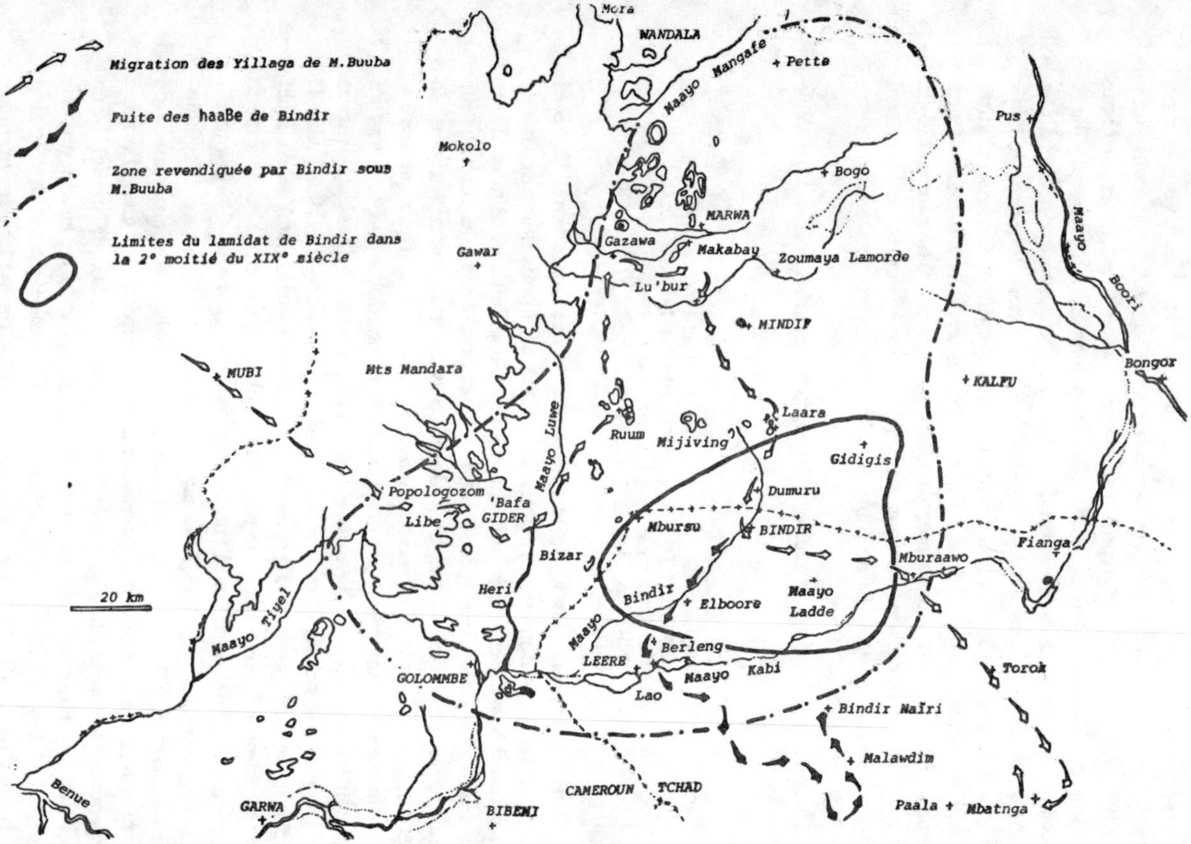

Carte 4 (d'après Seignobos).

Moundang « gizigaïsés » de Mijiving et des confins de Mindif se révoltèrent ensemble. Les petites colonies peules qui étaient à leurs portes furent massacrées, à Mijiving en particulier. L'amorce du soulèvement eut lieu à Leere lors des corvées de fourrage pour les chevaux des Ful'be ».

Nous reconnaissons à ce dernier détail qu'il s'agit du même épisode qui conclut le récit du Kaigamma, à ceci près que pour les Moundang il n'est pas question de corvées mais d'une ruse destinée à surprendre les guerriers de l'Emir de Yola désarmés. Ces deux versions, au demeurant, ne sont pas contradictoires mais par contre, en remplaçant Adama et Lawal par Buba et ses fils, on se heurte à des problèmes de dates insolubles. Buba est mort en 1832, il conquit Binder entre 1805 et 1810 et la chronique peule date la perte de Léré de 1817 ou 1822 (c'est-à-dire 12 ans après la prise de Binder); s'il fallait retenir ces dates, c'est un Lawal enfant qui aurait participé à la guerre contre Gõ-Comé Ier et aurait épousé la fille de Gõ-de Suli et d'autre part, il faudrait accorder à Gõ-Čomé un règne de plus de 40 ans. Les choses deviennent plus vraisemblables si au lieu de Modibbo Buba on place son successeur Youssoufa dans le rôle de conquérant de Léré, un Youssoufa dont nous apprenons par Barth qu'il est en 1851 « le pieux vieillard qui gouverne Binder » (Barth, *loc. cit.*, p. 195). Son règne dure de 1832 à 1842, d'après la chronique peule et l'on peut supposer que Barth ignore qu'il mentionne un lamido de Binder déjà mort, encore qu'à Yola il serait étonnant qu'on se trompe sur les grands chefs en place. La concordance entre les traditions de Léré et de Binder réapparaît avec le troisième chef de Binder, Oumarou Guimbo (1842 à 1863) dont on nous dit « qu'il participa aux expéditions de l'Emir Lawal contre Léré et Hina et qu'ensuite il fut déposé en 1862. Il mourut à Yola, où il était banni ».

Reste l'affirmation, au premier abord étrange, que Gõ-Čomé avait grandi dans la concession de Buba qui le fit circoncire avec ses enfants. Les Moundang ne la contestent pas et ils ajoutent même que c'était la coutume de faire élever les héritiers présomptifs du roi de Léré chez les Foulbé de Binder où ils recevaient une éducation de prince (n'oublions pas la supériorité de civilisation que les Moundang reconnaissent aux Peuls) et où leur sécurité était relativement garantie. Quant au surnom « Tuwaré » qui viendrait du hausa « taawaaye » le rebelle, nous n'avons pu éclaircir cette étymologie mais, selon nos informateurs, si Gõ-Čomé fut un « rebelle » pour les Peuls, cela n'a de sens qu'en regard de l'Islam qu'il refusa d'embrasser et non de son comportement de chef de guerre qui est le moins que les Moundang puissent attendre de leur roi. Des règnes de Gõ-Kajonka II et de Gõ-Daba II nous ne savons rien. Ce sont des règnes relativement courts et la tentation est forte d'en faire des exemples de durées « canoniques » puisqu'on aimerait bien qu'à la règle du régicide rituel exécuté au terme d'une période de 7 à 10 ans correspondent des cas historiques. Certes, la tradition veut que Gõ-Daba II soit mort empoisonné mais elle dit aussi que l'auteur de ce forfait fut Gõ-de Pajurbé : « Un

Carte 5.

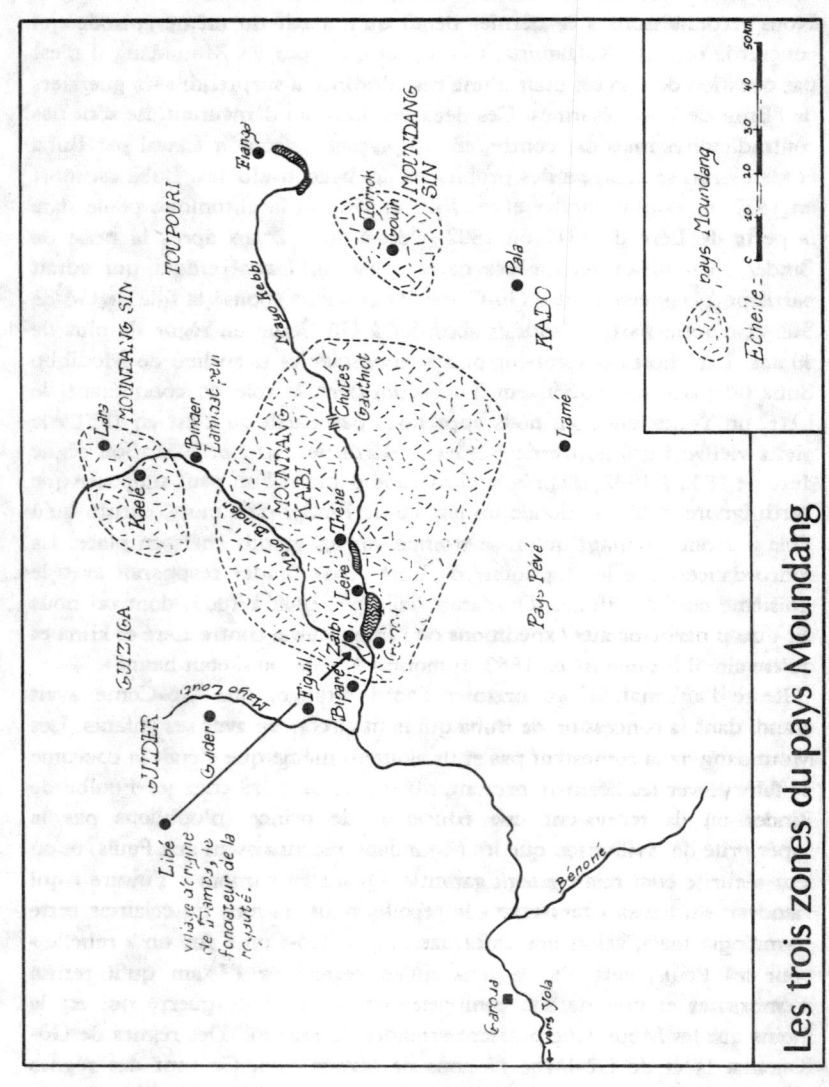

Les trois zones du pays Moundang

jour que le roi de Léré s'était assis au pied de l'arbre où il avait l'habitude de se reposer, un fil de son boubou noir resta accroché à une tige de mil cassée qui se dressait à proximité. Pajurbé prit ce fil et le porta à un marabout peul qui s'en servit pour confectionner un objet maléfique. Peu après Gõ-Daba II mourut, il n'avait régné que huit ans ». Un tel crime d'usurpateur n'a pas grand-chose à voir avec un meurtre rituel, et en serait même en un sens le contraire dans la mesure où le caractère rituel du régicide est lié à la régularité et à la légitimité de la succession.

Venons-en donc à notre deuxième grand usurpateur de l'histoire dynastique de Léré. Avec ce roi qui a laissé le souvenir d'un grand homme de guerre, habile et cruel, revient le temps des intrigues et des complots qui ont fait dire à Frobenius que Léré était une sorte de petite Florence africaine — génie politique en moins —, selon son aimable formule. Il guerroie contre l'Emir de Yola Sanda qui vient de succéder à Lawal et surtout contre le Sultan de Rei-Bouba qui se plaisait à piller les Pévé de Lamé et les villages moundang situés au sud de Léré. Il fait construire un grand mur de protection tout autour de sa capitale et quelques autres grands centres comme Tréné et Tezoko (où les ruines de l'ouvrage — des entassements de pierres sèches sur plusieurs centaines de mètres — sont encore visibles aujourd'hui) font de même. Gõ-de Pajurbé organise sa cour en nommant des notables porteurs de titres semblables à ceux des cours peules même si les fonctions ne sont pas tout à fait identiques. Il organise son armée qu'il confie à un *Kaïgamma* assisté de plusieurs dignitaires. Les uns s'occupent des chevaux, de leur harnachement et de leurs « médicaments », les autres des fantassins, archers et porteurs de bouclier, pour l'essentiel, et aussi de leurs « médicaments » faute desquels leurs armes manqueraient d'efficacité. Les grandes processions rituelles qui sortent du palais du roi de Léré à chacune des trois fêtes du calendrier agraire permettent de voir le dispositif militaire qui donne tant de panache aux cortèges royaux.

Une très curieuse anecdote explique comment le Gõ-Léré parvint à un état de paix stable avec Rei-Bouba. Comme les cavaliers Peuls subissaient des pertes nombreuses lors de leurs expéditions en pays moundang, on consulta un *mallum* (un sage musulman) de la cour pour qu'il révèle la cause de ces insuccès. Celui-ci proposa au lamido Bouba-Djida d'élever séparément deux béliers nés un même jour puis de les faire se combattre quand ils auront atteint la taille voulue. Lorsque ce jour arriva les deux béliers furent placés face à face; celui qui avait reçu le nom de Léré vainquit « Rei » et le lamido profita de ce mauvais présage pour faire la paix avec Gõ-de Pajurbé.

Mais les rois de Léré ne faisaient pas la guerre aux Peuls seulement. Ils s'attaquaient volontiers aux tribus voisines comme les Guider et les Guiziga et ils n'hésitaient pas à se livrer au pillage jusque dans les villages moundang. Contre les Peuls il y va de la vie et du prestige, c'est un ennemi à qui il faut d'abord résister pour exister et le transformer en partenaire politique. Les autres, ceux qui portent la peau de chèvre autour des reins et dont les femmes n'ont que le cache-sexe pour tout vêtement, ne sont bons qu'à être soumis, ils ne sont en aucun cas des partenaires politiques. Quant aux razzias à l'intérieur du pays moundang, nous verrons plus loin comment elles peuvent s'expliquer par l'idée qu'on se faisait de la puissance royale. Des guerres ou des coups de main un peu partout et très souvent, telle est la situation en cette période. Frobenius qui observe très justement que les interrègnes sont les rares moments de paix (ajoutons aussi le temps pendant lequel les garçons sont dans les camps d'initiation) écrit (*op. cit.*) : « Le roi régnant, chez les Moundang, c'est l'époque des guerres ininterrompues jusqu'à ce qu'il meurt. D'après toutes les descriptions qu'on nous fait, ces rois sont plutôt des brigands que des rois. Ils sont en guerre avec tout le monde et cherchent tout le temps à s'emparer du bétail de telle famille ou de ravir telle jolie fille. Ils pillent et saccagent l'intérieur du pays comme ils le font à l'extérieur ». Ce tableau plutôt sombre et assurément peu flatteur de la politique à Léré n'est nullement contesté par les Moundang; ils forceraient même le trait quand ils racontent ce que Wasseré appelle « l'horrible massacre de Poudoué » qui fut perpétré par les hommes de Gõ-de Pajurbé.

Le commencement de cette histoire est une expédition entreprise par les guerriers de Tréné contre les villages de Berliang et de Ganli. Battus et pillés, les habitants firent appel à leur voisin, le chef du village de Guebané, un certain Waju qui se trouvait être le frère cadet de Gõ-de Pajurbé. Celui-ci se porta à leur secours avec quelques cavaliers mais par malchance il fut tué par les hommes de Tréné. Le roi de Léré fut immédiatement informé de la mort de son frère et fit savoir au Chef de Tréné, Payan-Gade, qu'il réclamait le prix du sang de Waju. Payan-Gade accueillit avec terreur cette demande car quelle autre mort que la sienne pouvait venger la mort d'un frère du souverain. Il temporisa aussi longtemps qu'il put mais les menaces venant de Léré se firent si pressantes qu'il promit à Gõ-de de lui livrer ses guerriers pour prix du sang de son frère. Un accord secret fut conclu entre les deux chefs et les choses se passèrent de la façon suivante, d'après le récit de Wasseré (Wasseré, 1974, p. 8) : « Le village de Poudoué fut choisi comme lieu de rendez-vous des guerriers des deux armées, par Gong-Kede qui y envoya sept taureaux pour le ravitaillement des troupes. Le chef de Tréné livra donc ses hommes au roi de Léré, tel que cela avait été accordé, mais ceux-ci ne se doutaient pas de leur sort. Seul Gondje, le Kaigamma (chef de la cavalerie) de Tréné était averti du traquenard et rebroussa chemin en abandonnant les autres à leur sort. Les guerriers de Tréné arrivèrent à Poudoué et se rendirent chez le chef de village. Avant de pénétrer dans la vaste case préparée pour eux ils reçurent l'ordre de déposer leurs armes. Or les guerriers de Léré qui les avaient précédés gardèrent leurs couteaux et leurs

Carte 6.

Le royaume Moundang de Léré

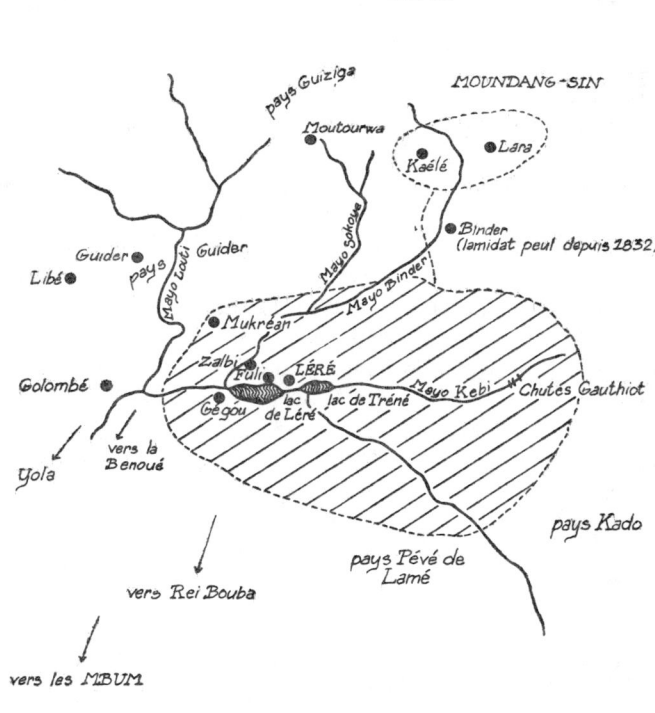

Echelle : 1 - 1 000 000
Superficie approximative du pays Moundang : 2 000 km²

épées sous leur ample vêtement. Après un repas pris ensemble, ils se jetèrent sur les guerriers désarmés de Tréné qui furent tous passés au fil de l'épée, à l'exception d'un seul qui réussit à s'enfuir par une lucarne ».

Le petit commentaire ajouté par l'auteur comme pour atténuer l'horreur de ce guet-apens et de la trahison qui y a conduit, mérite d'être cité. Ayant d'abord parlé de la peur et de la lâcheté du Chef de Tréné, Wasseré conclut : « Il importe de noter que Payan-Gade n'avait pas livré ses hommes parce qu'il avait peur. A mon avis c'était plutôt par respect de l'alliance ancestrale qui unissait les Chefs très étroitement. L'alliance conclue en faveur de la famille noble était très importante : on se gardait de tuer les membres de cette famille dans les batailles ». La contradiction dans laquelle tombe notre historien moundang n'est pas seulement imputable à l'étourderie, elle signale une faiblesse ou une espèce d'indécision du système politique pour trancher en matière de justice vindicatoire. Nous verrons en étudiant ce problème que le pouvoir royal paraît hésiter entre intervenir dans le processus de la vengeance clanique ou seulement superposer, sans l'entamer, une force et une instance d'un autre ordre. Dans le récit qu'on vient de lire, Gõ-de Pajurbé et Payan-Gade semblent d'abord adopter un comportement de vengeurs ayant à assumer la compensation pour le sang versé d'un frère puis, comme si cette démarche était incompatible avec la royauté ou la chefferie, ils optent d'un commun accord pour le massacre d'une piétaille qui suffit à laver la honte pour l'un et, pour l'autre, à se tirer d'affaire à un prix qui n'est pas jugé trop exorbitant.

La fin du règne de Gõ-de Pajurbé ressemble à s'y méprendre à celle de son jumeau en usurpation Gõ-de Suli : il est chassé de Léré après y avoir exercé le pouvoir pendant 19 ans, il est envoyé à Murbamé pour y mourir quelques années plus tard, empoisonné, dit-on [6]. Cependant arrive sur le

---

[6] Ce n'est pas l'avis de Leiné qui était le chef des *za-sae* en 1969 et qui nous donna la version suivante des faits. « Quand Gõ-Comé, le fils aîné de Gõ-Daba, était encore petit, Gõ-de Pajurbé avait pris comme cuisinière la mère de celui-ci. Un jour qu'elle avait préparé le repas le roi lui demanda qu'elle lui montre la part destinée à son fils. La femme obéit et quand elle se fut retirée il mit des *syinri* mortels dans la nourriture que devait prendre le futur Gõ-Comé. Il rappela la cuisinière et lui ordonna de porter le plat empoisonné à son fils. Elle déposa la nourriture dans un canari qu'elle couvrit soigneusement. Lorsque Gõ-Comé se présenta pour manger, sa mère découvrit le pot et s'aperçut que la boule de mil avait démesurément gonflé. Elle fit chercher trois des grands notables appartenant aux *za-sae* et leur fit constater que Pajurbé avait tenté d'empoisonner son fils. Les *za-sae* décidèrent d'envoyer sur-le-champ le jeune Gõ-Comé se réfugier à Binder. Le *lamido* de Binder le prit en charge comme son aïeul avait jadis pris en charge le premier Gõ-Comé. Le prince grandit et atteignit l'âge de dix-sept ans. Les *za-sae* et les *za-lu-seri*, tous les Grands de Léré se réunirent et jugèrent que le temps était venu de chasser Gõ-de Pajurbé et de ramener à Léré l'héritier légitime de Gõ-Daba. Profitant du rituel de *fing-luo*, la « fête de la pintade », ils frappèrent et maltraitèrent l'usurpateur qui s'enfuit dans le village de Murbamé dont il devint le chef. Les femmes excitèrent la

trône un nouveau restaurateur de légitimité portant le titre de Gõ-Comé II et qui, lui aussi, avait été élevé chez les Peuls de Binder comme son arrière-grand-père Gõ-Comé Ier. Tour à tour ennemi et allié de Zubeiru, l'Emir de Yola qui succède à Sanda, il accepte à la suite de missions répétées de Mallum cherchant à le convertir à l'Islam, la construction d'une mosquée ou plutôt d'un modeste édifice pour la prière qu'on voit encore aujourd'hui à Léré, juste devant le palais. Comme Gõ-Comé Ier il passe quelque temps pour musulman mais il retourne également très vite aux croyances ancestrales qui sont au fondement de la royauté moundang. Beaucoup de traits et de faits sont communs aux deux Gõ-Comé et la similitude des images que les Moundang ont gardées de l'un comme de l'autre est si troublante, de même que la similitude des séquences Gõ-de Suli puis Gõ-Comé Ier et Gõ-de Pajurbé puis Gõ-Comé II, que l'esprit le moins critique ne peut s'empêcher de regarder la première séquence comme une projection plus ou moins mythologisée de la seconde.

Pour les Moundang, et nombreux sont nos informateurs qui l'ont connu personnellement, Gõ-Čomé II est le dernier grand roi de Léré, le dernier témoin d'une gloire et d'une puissance auxquelles ils s'identifient sans réserve bien qu'eux ou leurs pères eussent eu plus à en souffrir qu'à en jouir. Ce roi qui pourtant n'opposa pratiquement aucune résistance à l'occupation coloniale, réunit aux yeux de ses sujets toutes les qualités qui font un souverain moundang : ardeur guerrière et lâcheté, cruauté et fourberie, richesse et simplicité. Nous verrons qu'elles constituent à certains égards des attributs structuraux de la royauté. Mais le réel colonial est sans pitié. Gõ-Comé, dont nous avons vu certains Européens lui dénier presque tout pouvoir, est d'abord considéré à l'égal d'un lamido fulbé ; très vite, la terminologie administrative qui ne connaît que des cantons et des chefs de canton rend caduc et ridicule le terme de roi. Mais ce changement dans le signifiot ne fait que précéder le véritable dépeçage que va subir le royaume de Léré. A l'apogée du système colonial (entre 1925 et 1930) il sera émietté en 16 minuscules cantons dépourvus de toute signification historique. Avant de mourir, en 1924, Gõ-Comé aura conscience d'un risque d'effacement des traces non pas seulement de la grandeur passée mais de l'existence de la singularité culturelle et politique contenue dans l'histoire du peuple moundang. Il décide de rassembler les Anciens dans le bois sacré des Masques (*mor-yãne*) et de les faire parler chacun selon son clan de toutes les choses qui « touchent la terre de nos ancêtres ». Un tout jeune homme du nom de Mangay assiste avec son père à ces réunions et en

---

colère de Gõ-Comé pour qu'il le fasse mettre à mort mais il refusa, estimant que la vengeance était chose mauvaise.
Des années plus tard, poursuit Leiné, le roi dit à son fils héritier Gõ-Kajonka qu'on l'avait incité à tuer Gõ-de et que cette histoire était devenue un objet de moquerie contre lui. Il conseilla à son fils de laisser Gõ-de en paix et c'est ainsi que le malheur s'abattit sur le pauvre Gõ-Kajonka (comme on le verra plus loin) ».

retient les paroles; c'est à lui, et indirectement à Gō-Čomé II, que nous devons l'essentiel de la matière contenue dans ce livre.

Nous nous étendrons peu sur l'histoire coloniale de Léré. Seuls quelques événements qui ont affecté profondément le cours de l'histoire dynastique feront l'objet d'une brève relation. Lorsque Gō-Čomé II meurt en 1924, son successeur est, conformément à la coutume, son fils aîné qui prend le titre de Gō-Kajonka III. Il hérite en apparence d'un royaume et possède la souveraineté territoriale; Gō-Čomé n'a-t-il pas quelques années auparavant autorisé des pasteurs peuls (des Mbororo par opposition aux Foulbé sédentarisés qui détiennent le pouvoir politique) à s'installer sur « ses » terres, à y faire leur village et à devenir comme leurs voisins Moundang ses sujets? Mais Gō-Kajonka va apprendre très vite que ces temps sont révolus et que l'action d'un chef, fût-il roi de Léré, est soumise au contrôle tatillon de l'Administrateur local et aux intérêts supérieurs de la Colonie. Sitôt intronisé il est noté : il a bon esprit (ce n'est pas un rebelle), il est bienveillant envers les hommes mais aime trop la bière de mil. Fait beaucoup plus grave, malgré son immense prestige de roi « il manque naturellement de qualités de commandement ». On n'ose pas le remplacer brutalement mais on décide dès 1925 de mettre en avant son frère cadet qui sera donc le troisième Gō-Kide. Dans un feuillet des archives locales on lit : « ... Wankidé (Gō-Kide) serait chef officiel pour les Blancs et le Gadianka (sic) demeurerait chef pour les cérémonies et les fêtes annuelles des Moundang ». Cette décision ne peut être immédiatement appliquée et l'on préfère une solution moyenne qui consiste à partager le pouvoir entre eux : Kajonka reste maître à Léré et Gō-Kide se voit attribuer le reste du canton. Le résultat de cette politique est que deux partis rivaux se forment à Léré : le légitimiste, fortement majoritaire, qui soutient Kajonka et, comme le dit le rapport d'archives déjà mentionné : « un parti beaucoup moins nombreux et fait de gens peu recommandables qui formèrent la suite immédiate du wankidé ». Ce duo bancal ne va pas durer car des faits d'une extrême gravité vont amener la déchéance totale du souverain légitime.

C'est Wajiri Inene, témoin et, dans une certaine mesure, acteur de ces événements qui nous en fit le récit que nous résumons. En 1927, à Lam, au cœur du pays Guidar, apparut un prophète du nom de Tezilam. Un certain Ladamde, esclave de Gō-Kajonka, avait fait un voyage là-bas et rapporta à son maître les prodiges qu'il avait vus. Du fond d'une grotte où il était retiré, Tezilam s'adressait aux foules ; ses paroles étaient incompréhensibles mais un homme bizarrement accoutré se tenait près de l'entrée de la grotte et traduisait en clair le discours du prophète. Parfois, celui-ci s'exprimait directement et on l'entendait parler aussi bien en Guidar qu'en fulfulde ou qu'en moundang. On pouvait l'enchaîner aussi solidement qu'on voulait, il réussissait toujours à défaire ses liens. La prophétie que Ladamde entendit et transmit à Gō-Kajonka disait : « Les Blancs maintenant ne comptent plus pour nous, ils n'ont plus la force. Il y aura de nouvelles vaches, de nouvelles chèvres. Il faut tuer les vaches, il faut tuer les chèvres. Il faut vider les greniers de leur mil. Que le roi tue un bœuf, recueille son sang dans une calebasse et en asperge les gens pour qu'il y ait abondance car trois jours après l'aspersion des richesses plus grandes encore reviendront; des vaches, des chèvres, du mil en abondance... » Gō-Kajonka qui se sentait humilié par les Blancs prêta l'oreille à ces propos de celui qui se faisait appeler Gō-Masin, « le Dieu des rois » et accomplit le rite prescrit. Inene, notre narrateur, un peu espion du Commandant blanc dont il était le cuisinier, mit en garde le roi en lui faisant savoir qu'un « faux prophète » de la région de Ngaoundéré venait d'être arrêté et croupissait au fond d'une prison de Douala et qu'un tel sort attendait Tezilam et ceux qui le suivraient.

Mais il était trop tard car déjà en brousse on avait abattu beaucoup de bétail. Kajonka put limiter le carnage à Léré mais Gō-Kide le dénonça au Commandant comme l'instigateur de la rébellion. Kajonka, son esclave Ladamde et quelques notables fidèles furent arrêtés et libérés au bout de quelques mois. C'est alors que les véritables prérogatives du pouvoir tombèrent définitivement entre les mains de Gō-Kide. Tout en laissant Kajonka résider à Léré, l'administration se livra à une enquête très longue sur les événements des années 1927-1928 et finalement se décida, après les harcèlements du parti de Gō-Kide, de l'arrêter à nouveau. C'était en 1936, on ne se contenta pas d'une arrestation, on le déporta, d'abord à Moundou (à 300 km au Sud) puis à Kyabé, localité située à 700 km de Léré. Il revint au pays en 1946 pour se voir interdire Léré par le Chef régnant Sahoulba, il se retira à Pala où il mourut en 1947, suivi de près dans la tombe par son fils aîné et héritier légitime, Tchinbibé.

Gō-Kide essaya de racheter aux yeux des Moundang une trahison qui, après tout, était dans son rôle de vilain cadet, en se montrant un souverain très fidèle aux coutumes, mais déjà, lui aussi, était bousculé par un usurpateur d'une tout autre envergure, le fameux Sahoulba qui sera même, pour quelques semaines, Premier Ministre de la République du Tchad à peine née. Gō-Kide meurt en 1944 et, après un an d'intérim confié à son fils Sahuné, Sahoulba, 8e fils de Gō-Comé, accède au trône de Léré. Pur produit de la conjonction entre l'intrigue locale de partisans avides de tous les avantages matériels qu'offre le service des puissants et l'intrigue à l'échelon supérieur, de politiciens coloniaux en quête du soutien électoral des indigènes, Sahoulba est plus un gauleiter qu'un roi moundang et si l'histoire de son règne mérite assurément d'être contée ce n'est peut-être pas un ouvrage d'ethnographie qui constitue le cadre le plus approprié pour le faire. Sa conversion à l'Islam s'est accompagnée d'un mépris pour la culture de son peuple, il a cherché dans l'alibi du modernisme une justification à sa tyrannie sans négliger pour autant ce qui dans la tradition et les manières de ses prédécesseurs en autorisait l'exercice le plus impitoyable. Au travers de ce qu'en disent les Anciens de Léré, son règne apparaît comme une sorte de mise entre parenthèses de la royauté moundang. Combien de fois nos informateurs ne nous ont-ils pas fait savoir que nos recherches auraient été bien plus difficiles sinon impossibles du temps de Sahoulba! Ainsi, par chance, et aussi par une ironie de la petite histoire, avoir attendu 1967 pour venir travailler à Léré nous permit d'être accueilli par un roi pleinement légitime et soucieux de respecter une coutume dont l'effacement avait, aux yeux de tous les Moundang, causé tant de malheurs, climatiques et politiques.

Sahoulba mourut à Fort-Lamy en 1963. A la fin de sa vie il n'était plus que très rarement à Léré où il était représenté par son frère aîné Ouro qu'il avait installé dans le palais de son père Gõ-Comé. Pour choisir le nouveau Gõ-Léré, l'Administration tchadienne décida de procéder à des élections. Il y eut 9 candidats dont deux sérieux : Ouro, précisément, qui était déjà en place et Payanfu, le fils de Gõ-Kajonka et son aîné après la mort de Tchinbibé. A nouveau donc, il y avait deux partis à Léré et il était clair que la légitimité était d'un côté et d'un côté seulement. Le Préfet de Bongor convoqua les électeurs du canton sur le terrain de sport de Fouli et leur demanda de « voter » en allant se placer en file derrière leur candidat debout, un drapeau tchadien à la main. Ouro obtint quelque 900 voix et Payanfu un peu plus de 1000. Le fils de Gõ-Kajonka fut intronisé sous le nom de Gõ-Daba III, conformément à la règle. C'était alors un homme d'une quarantaine d'années, parlant un peu le français et d'esprit moderne tout en incarnant une restauration de la tradition; son avènement symbolisait bien le double visage d'une indépandance africaine fraîchement recouvrée que deux mots, aujourd'hui bien défraîchis, traduisaient : modernité et tradition.

Au fil des années nous avons pu voir ce que signifiaient ces deux termes que la phraséologie des politiciens et de certains théoriciens du développement a prétendu allier dans une belle dialectique. D'un côté, un chef de canton, rouage de l'Administration chargé de veiller à ce que les villageois respectent les impératifs de la culture du coton (calendrier, surfaces et les divers traitements anti-parasites), à la rentrée normale de l'impôt, à ce que les obligations scolaires soient remplies et les corvées exigibles accomplies. De l'autre côté, un roi chargé des plus hautes responsabilités rituelles, assujetti à un calendrier aussi contraignant que celui de l'Administration mais forcément décalé et par conséquent en conflit avec lui. Les deux fonctions qui incombent au Gõ-Léré ne sont pas en conflit en raison d'un défaut d'harmonisation entre le modernisme de la première et le caractère traditionnel de la seconde. Ce sont les forces qui se manifestent en elles qui sont antinomiques. La force ou, ce qui revient au même, l'économie politique qui accompagne les pouvoirs rituels et la sacralité du souverain est liée à la guerre, au pillage, à un mode violent d'acquisition des richesses dont il a le privilège exclusif et dont la réussite est la preuve de sa puissance. L'économie politique de l'Etat colonial ou indépendant peut garantir au Chef de canton une richesse sans commune mesure avec les revenus de tous les autres administrés (notamment, grâce à une solde fixe et des ristournes variables sur le montant de l'impôt rentré ou du coton vendu), mais cette richesse octroyée par l'Autorité supérieure et non extorquée par ses propres moyens est en quelque sorte vidée de son énergie intérieure. Paradoxe à nos yeux, le revenu légal perçu par le Gõ-Léré apparaît injustement élevé en tant que travail ou service du Gouvernement alors que ce qu'il conserve de ses prérogatives traditionnelles : taxe sur les troupeaux pâturant dans la plaine du Mayo-Kébbi, prestations sur les produits de la chasse et de la pêche, corvées pour la réfection du palais, etc., et dont la valeur en monnaie est énorme, va de soi pour tout Moundang. Nous aurons l'occasion de montrer, en analysant la fonction de sacrifiant du souverain de Léré, que cette situation en porte à faux est ressentie de façon très aiguë par Gõ-Daba III ; chacune des fêtes du cycle cérémoniel de l'année qui exige qu'il fasse preuve d'une générosité royale en dépensant sans compter pour régaler son peuple, fait naître chez lui une tension, une angoisse, à la limite du supportable. Différer, en retarder autant que possible l'échéance est son souci constant comme s'il demandait un sursis pour une royauté condamnée à terme et dont le sort est en jeu en chacune de ces occasions sacrificielles.

Pour conclure cette histoire de la dynastie de Léré, nous donnerons un bref aperçu de cette économie politique précoloniale à laquelle elle est intimement liée. Nous verrons plus loin dans quelle mesure la notion d'économie palatiale peut s'appliquer à l'ancien royaume de Léré ; ce qui est certain c'est que la guerre, sans cesse présente dans les pages qu'on vient de lire, est à tous égards le milieu dans lequel baigne, dont se nourrit la royauté moundang. Un mode de production domestique strictement familial avec des échanges les plus réduits empêchait une ponction de richesse d'une quelque importance par le pouvoir politique. Celui-ci ne pouvait percevoir de tribut de ses sujets et il n'y avait pas de marché permettant de prélever des taxes. Il n'existait pas d'échanges commerciaux régulièrement institués chez les Moundang ni d'utilisation de monnaie comme équivalent généralisé de marchandises. Les fers de houes et les bovins circulaient dans les transactions matrimoniales, les chèvres et les bœufs servaient en outre au paiement des amendes graves infligées par les chefs, les masques et autres instances religieuses.

L'existence des marchés hebdomadaires dans les grands villages du pays moundang date de la période coloniale et l'importance de la monnaie européenne dans l'économie locale remonte exactement à l'introduction dans les années 1930-32 de la culture obligatoire du coton commercialisé par les Blancs. Quand on demande à un vieux Moundang ce qu'était le commerce avant la colonisation, il s'étonne de tant de naïveté et déclare : « L'habitude (*yalla,* manière de faire, conception, mode d'être) des

Moundang c'était la guerre, la rapine, le pillage. Nous n'avions pas la (ou les) bonne manière(s) ». Assurément, mais la guerre elle-même, quoique son objectif soit le pillage, n'empêche pas certaines formes d'échanges étroitement spécialisées sur lesquelles nous possédons quelques maigres renseignements.

1) Les esclaves. Ils faisaient l'objet d'un trafic limité puisqu'ils constituaient une part essentielle des butins de guerre et qu'ils étaient destinés à fournir de la main-d'œuvre agricole au palais ou à être redistribués — avec parcimonie — aux notables de la cour. Seuls les Peuls et beaucoup plus rarement les Hausa, achetaient des esclaves aux Moundang ou plus exactement les échangeaient contre des chevaux. Lorsque des Peuls étaient capturés — des vrais Peuls (*zumaï siê*, des « rouges »), précise-t-on —, on les tuait car les Peuls n'achetaient jamais leurs frères comme esclaves. Un auteur allemand qui visite le pays en 1893-1894, Passarge, note : « Léré est un Etat puissant qui oppose une résistance victorieuse aux Foulbé. Ce succès est dû au fait que les Moundang ont une forte cavalerie, armée comme celle des Foulbé de lances et d'épées. Leurs chevaux sont achetés à Maroua ». Cette dernière information est corroborée par les vieux Moundang, à cette précision près, qu'en fait d'achat il s'agissait d'un troc où il fallait parfois dix hommes ou plus pour un cheval.

Il faut savoir que chez les Moundang, tous les échanges effectués avec un partenaire étranger en vue d'obtenir un bien éminemment valorisé, sont placés sous le contrôle direct et exclusif du souverain de Léré. Celui-ci est, par exemple, le propriétaire unique de tous les chevaux qu'il redistribue ensuite à ses notables et à ses cavaliers qui en prennent soin sous la haute surveillance de dignitaires du palais affectés à cette tâche. Il en va de même, on vient de le dire, pour les esclaves ; nous verrons plus loin que ce monopole trouve sa raison d'être dans la règle de formation du clan Moundang-Léré où s'intègrent les descendants de captifs.

2) Les tissus et les cauris. Les Moundang ont toujours connu le tissage mais avec leurs métiers, ils n'obtenaient que des bandes de coton très étroites et qu'il fallait coudre pièce à pièce pour confectionner une grossière tunique. Infiniment plus appréciée était la qualité du tissu à larges bandes apporté dans le pays par les Hausa. Les Moundang appellent ces vêtements aux coutures presque invisibles *gyak-ma-tevare*, « la chose comme une coquille d'œuf de tourterelle ». Seul le roi de Léré portait de tels vêtements et l'on raconte que la population aimait à se rassembler devant le palais pour admirer la merveille qu'était le costume royal.

Ce sont également les Hausa qui ont introduit les cauris dans le pays. En échange d'un esclave, ils donnaient deux rangées de cauris enfilés sur une corde de la longueur de l'homme. On dit aussi qu'ils échangeaient l'équivalent d'un mètre cinquante de corde de cauris contre un bœuf et de 50 cm contre une chèvre. Les cauris (*pezala*) ne jouèrent jamais un rôle de monnaie mais servaient, comme aujourd'hui, d'ornements et de parures pour les femmes et les fillettes et parfois d'objets rituels. Le contrôle absolu qu'exerçait le souverain de Léré sur ce « commerce » des biens de prestige s'explique et se justifie par la guerre endémique qui règne alors et, d'une manière générale, l'état d'insécurité permanent qui empêche une circulation normale des personnes. Les Hausa que les Moundang appellent Kacela, « les braves », sont bien les seuls à oser affronter les dangers de la vie de colporteur en ces temps de coupeurs de route; mais ne dit-on pas qu'ils ont le corps bardé des talismans les plus forts, ceux qui rendent invulnérables ? Ils venaient à cheval, parfois sur des ânes comme les marchands du Bornou (appelés pour cette raison *zumaï meri*, les Peuls crottés). Avant de pénétrer sur le territoire du Gō-Léré ils envoyaient un émissaire au roi. Une fois annoncés, ils présentaient au palais leur marchandise et comblaient leur hôte de cadeaux. Ayant ainsi prélevé une espèce de taxe ou de droit de péage, celui-ci leur donnait un guide et une petite escorte qui assuraient leur sécurité dans leurs déplacements.

Monopole des esclaves, monopole des chevaux, exclusivité presque totale sur les biens précieux, ceux qui viennent de l'extérieur comme les tissus et les cauris et ceux qui sont produits par les bijoutiers locaux comme les anneaux et bracelets de cuivre fondus à la cire perdue, la puissance économique et politique du souverain de Léré s'appuyait encore sur une composante qui, elle, ne devait rien à la guerre et à l'état d'insécurité, le droit illimité de prendre des femmes sans verser de compensation matrimoniale. De quel prix des privilèges aussi exorbitants (⁷) étaient payés par celui qui en avait la jouissance?, c'est ce que nous apprendra l'analyse des notions qui fondent la royauté sacrée. Mais avant d'aborder cette question il nous faut décrire le sol sur lequel se dresse l'édifice de la royauté : le système clanique.

ANNEXE

Dans le concept moundang de royauté, la richesse du roi n'est pas seulement justifiée par la nécessité des dépenses considérables auxquelles sa fonction l'oblige à faire face mais elle est considérée — en tant qu'attribut structural de la personne du souverain — comme une condition de la prospérité générale du royaume. Le roi de Léré est et doit être riche pour le plus grand bien de tous, cela est entendu; toutefois, il est aussi intéressant de noter que cette prospérité de principe s'est souvent accompagnée d'une très grande pauvreté dont un de nos très bons informateurs nous a fait un tableau qui se passe de commentaires. C'est

---

(⁷) Voir Annexe ci-dessous.

une véritable philosophie sociale que Moussa Wajan a développée devant nous :

« Un pauvre, on dit qu'un tel est pauvre (*pa-sak-yo*). Devant Dieu, personne n'est pauvre sur terre, nous sommes tous pareils. Le vrai pauvre est celui qui n'a pas d'ami. Celui qui manque de mil pendant deux ou trois jours, celui-là est pauvre. Celui qui n'a pas de verge parce que nos pères ont couché avec nos mères pour nous mettre au monde.

Si un étranger vient chez vous sans avoir mangé et si vous le questionnez, il ne pourra pas vous répondre, vous devez d'abord lui donner à manger. Si vous avez les choses que je viens de mentionner (votre membre viril et de la nourriture) vous êtes semblable au Chef. Même si vous n'êtes pas le mari, si vous avez une verge on vous appellera « père d'un tel ».

Si le roi de Léré épouse une toute jeune fille et si avant qu'il couche avec elle il la trouve enceinte, il la frappe et la coupable avoue : « C'est Moussa qui m'a engrossée ». Qu'on l'emprisonne, qu'on la tue, la femme du roi accouchera et l'enfant sera de moi, Moussa. C'est cela être riche, avoir la verge et pouvoir nourrir son étranger.

Jadis, les noix de kola n'étaient pas croquées par n'importe qui mais seulement par les Chefs. Pour nos ancêtres il n'y avait pas un Dieu qui est au ciel — bien sûr, ils connaissaient Masîn — mais seul Gõ-Léré comptait vraiment. S'il le voulait, il pouvait te tuer ou te vendre; ceux qui possédaient des choses ne pouvaient longtemps les conserver car dès que le roi l'apprenait, il envoyait ses esclaves et ses notables faire main basse sur ces richesses. Qui portera plainte contre le roi ?

Jadis, peu d'années après son intronisation, le roi (faisait en sorte) qu'il y ait une famine; personne ne trouvait de mil mais le roi pouvait envoyer chercher du mil dans des régions plus favorisées. Il demandait aux commerçants Hausa ou Bornouans dont il garantissait la sécurité d'apporter des sacs de mil qu'il payait avec des esclaves. Pour un sac pendant sur un flanc de l'âne porteur, il donnait un homme. Le roi voulait la famine qui rendait les pauvres plus pauvres et lui-même plus riche, qui rendait les pauvres encore plus asservis et lui-même plus maître.

L'année de la famine, afin que les gens soient pauvres et soient entre ses mains, le roi sème au début de la saison des pluies quand le mil commence à bien pousser. Les gens font les sarclages et à ce moment le grain vient à manquer; les gens se louent chez les autres pour avoir autre chose à manger que des feuilles et des racines qu'on trouve en brousse. Après ces premières pluies qui trompent les gens c'est la sécheresse ou alors ce sont des essaims de sauterelles qui en volant cachent le soleil. L'année où de telles calamités s'abattent sur le pays moundang, le Gõ-Léré devient riche (Gõ kĩ-ne-ko). Les hommes sont des marchandises qui se vendent et s'achètent. Si ma femme a deux enfants elle vient me trouver pendant la nuit pour me dire : « Mon époux, vends un de tes enfants pour du mil, sinon tous mourront de faim. Ils ne peuvent tenir longtemps en ne mangeant que des racines ». Ainsi nous étions obligés de vendre des enfants pour survivre. Aujourd'hui Dieu a détaché (a défait le lien maléfique qui nous attachait au roi), il a fait venir le Blanc ».

ANNEXES SUR L'HISTOIRE DES MOUNDANG

Document n° 1 : Les Foulbés (rapport administratif de 1944).

« Modibo Bouba, né en 1758 au Bornou, marche vers Binder et Léré. A la tête de deux ou trois cents Foulbés, il traverse le pays moundang jusqu'aux environs de Pala, mais décide de rebrousser chemin, probablement parce que les troupeaux souffrent des atteintes de la tsé-tsé et revient se fixer à Binder en 1808. Les tribus Moundang-Za-Sin et les Kirdi du Nord-Cameroun, en rivalité constante, sans chevaux, sans bétail, sans chefs énergiques, éparpillés dans de petits villages hostiles les uns aux autres, sont facilement refoulés ou se soumettent au conquérant, habile d'ailleurs et qui pratique en même temps que la politique « diviser pour régner », une dure politique d'assimilation. Attirées par l'appât du gain que représentent les razzias d'esclaves, de vastes bandes d'autres Foulbés, de Hausa et de Bornouans viennent se joindre aux autres premiers arrivés. Modibo Bouba, chef religieux et chef militaire, distribue le commandement des régions entre ses fidèles lieutenants et, consolidant ses premières conquêtes, étend considérablement son empire sur tout le pays moundang et bien au-delà.

Les Moundang réfractaires descendent jusqu'à Binder Naîri, là où se trouve actuellement le seul groupe Za-Sin de la subdivision ; les Moundang purs cèdent contre quelques cadeaux le droit de pâturage et semblent s'accommoder de l'occupation. Les Kirdis du Cameroun se soumettent bon gré mal gré et l'empire Foulbé de Binder couvre en 1841, à la mort de Modibo Bouba, non seulement le territoire de Léré, mais une partie de Pala et de Fianga avec le pays Kirdi de Guider et de Kaélé.

Yusufa, fils aîné de Modibo Bouba, lui succède. Cependant les Moundang de Léré, appelés à la révolte contre l'envahisseur par leur chef Gon-Tchomé, se soulèvent et reprennent tout le centre et l'ouest du pays ; Yusufa bat en retraite jusqu'à Binder et fait appel aux forces armées du Sultan de Yola ; ce dernier envoie des renforts en cavaliers qui reprennent l'offensive et les Moundang sont de nouveau refoulés jusqu'au bord du lac de Léré. Gon-Tchomé, au cours d'une bataille de 8 jours, est blessé d'une flèche empoisonnée au poignet pendant que ses fidèles l'emportaient en pirogue et meurt après avoir vu la déroute complète de ses troupes. Les Foulbés brûlent le pays, rasent les villages et consentent à accepter la soumission des Moundang moyennant une rançon de mille captifs (six cents Moundang et quatre cents Kizéré). Ceci est la version Foulbé; on voit dans la légende moundang que les choses se seraient passées différemment. Yusufa se retire à Binder où il meurt en 1851. »

Document n° 2 : Note sur les Mundan de la Subdivision de Pala par l'Administrateur-adjoint Lami (rédigée en 1938).

« Au nombre de 12 425 individus, les Mundan habitent le pourtour Nord de la Subdivision de Pala, dans les cantons administratifs de Torrock, Doué et Lamé. Il est certain que les Mundan de Torrock et de Gouin sont arrivés à une date très récente qui peut se placer aux environs de 1870/1880. Tous nos informateurs ont été témoins de l'invasion mundan, et en particulier le Chef Badika dont le père commandait le village de Leng qui est actuellement Torrock. Vers 1870 ou 1880 un Mundan nommé Daoda habitait chez les Tupuri de Tikem. Il était chasseur, originaire de Lara et s'en alla dans la région de Leng pour chasser la girafe et l'éléphant. En retournant, il a dit à ses amis Tupuri : « Venez avec moi, j'ai trouvé de bonnes terres en chassant ». Le Chef de Leng, Koumaitupa, père de Badika, habitait alors le village de Leng, fortifié avec des épineux. Il repoussa l'attaque des Tupuri alliés aux Mundan, une première fois.

Daoda alla alors à Binder Naîri demander aide à Senbi qui désigna son fils Vunpa pour attaquer Leng et s'en emparer. Kumaitupa fut averti à temps par un nommé Katchalla et crut plus prudent de s'enfuir, l'attaque devant cette fois se faire en force. Quand Daoda et Vunpa arrivèrent, ils trouvèrent le village vide. Vunpa s'installa à Leng qu'il baptisa Torrock du nom d'un quartier de Lara. Daoda s'installa d'abord à Ful-Gouin. Mais les débuts furent difficiles, il fallait payer tribut au Chef de Doré, grand Chef des Tupuri qui d'alliés devinrent bientôt des ennemis. Daoda alla fonder le village actuel de Gouin dans un endroit désert. Le fils de Daoda, Pajoré, mourut chef de Gouin en 1928. Le fils de Pajoré, Magai, mourut en 1931 et le Chef de canton actuel, Daoda, est le fils de Magai.

Les autres villages Malami-Gomé, Mbibon, Gouaîgudum essaimèrent de Torrock. Le chef de Torrock actuel est le petit-fils de Vunpa ».

DEUXIÈME PARTIE

L'ORGANISATION CLANIQUE DANS LE ROYAUME DE LÉRÉ

INTRODUCTION :
LA NOTION DE CLAN

Un des traits marquants du récit de fondation de la royauté de Léré est qu'il nous montre face au chasseur solitaire Damba non pas des hommes représentant une communauté locale mais des clans qui sont les seuls protagonistes des événements et des actions qu'il rapporte. L'état social nouveau qu'instaure la prise de pouvoir de Damba est l'œuvre des clans qui apparaissent ainsi comme les unités constituantes, si l'on peut dire, du système politique moundang. Une telle construction n'est possible que parce que les clans sont aussi et avant tout les unités constitutives de la population moundang considérée dans sa totalité comme ethnie et indépendamment de ses divisions territoriales. L'Afrique Noire offre, certes, de très nombreux exemples de systèmes sociaux et politiques dans lesquels le clan ou une unité sociale ainsi dénommée occupe une place prépondérante; pourtant, il n'est pas nécessaire de procéder à un inventaire très long de la documentation disponible à cet égard pour se rendre compte que ce terme de clan est devenu d'un usage très lâche, pour ne pas dire flou, sous la plume de la plupart des ethnologues d'aujourd'hui. Tous les anciens critères qui en faisaient un outil de description rigoureux — trop rigoureux — ont, petit à petit, été abandonnés pour laisser place à une notion quasi amorphe, sans spécialisation bien définie sinon pour désigner une unité sociale de type intermédiaire entre le lignage (unité se référant à l'extension sociale des liens de parenté unilinéaire) et, d'autre part, la tribu (unité renvoyant à une communauté d'origine territoriale et/ou culturelle de groupes divers se reconnaissant unis par l'un ou l'autre de ces traits). Le clan moundang dans lequel nous retrouvons certains des caractères les plus classiques de l'ancienne notion ne nous amène assurément pas à la restituer telle quelle mais du moins à reconsidérer de façon critique un emploi qui ne lui laisserait qu'une simple valeur de commodité dans le vocabulaire déjà si contesté de l'anthropologie.

Le cadre que nous avons fixé à notre recherche nous conduit à centrer notre réflexion sur les rapports entre l'organisation clanique et le système de gouvernement; ces rapports font, en effet, problème dans une société où l'autorité est concentrée entre les mains d'un souverain qui, pour être lui-même un personnage hors clan, ne l'exerce pas moins par le truchement d'un appareil d'Etat formé pour l'essentiel par des représentants de l'ordre clanique. La littérature africaniste, et particulièrement celle de langue anglaise (depuis la parution en 1940 du célèbre recueil *African Political Systems*), nous a habitués à considérer les organisations claniques comme des parties intégrantes des systèmes politiques traditionnels ([1]). Mais il est frappant de constater que les études les plus approfondies ont été consacrées à des sociétés sans pouvoir centralisé, qu'elles soient segmentaires comme les Nuer du Soudan qui sont rigoureusement acéphales ou comme les Tallensi du Ghana qui reconnaissent des autorités lignagères et des pouvoirs liés à la maîtrise rituelle de la terre. Qu'il n'existe, à notre connaissance, rien d'équivalent aux ouvrages classiques d'Evans-Pritchard et de Meyer Fortes dans la bibliographie des travaux sur les royaumes africains, nous paraît révélateur de la persistance d'obstacles épistémologiques considérables. Certes, on ne trouvera personne pour revenir sur la critique déjà fort ancienne de Lowie à l'encontre des schémas évolutionnistes liant la notion de clan aux formes les plus primitives de l'organisation sociale; personne pour penser qu'il y ait contradiction entre l'existence de clans et d'un pouvoir centralisé, monarchique ou non. Mais si les faits ethnographiques ont imposé la confrontation, au sein d'une même structure socio-politique, d'un ordre clanique et d'un ordre étatique unitaire, on a l'impression que l'analyse théorique n'a guère été à même de dépasser l'idée d'une superposition de deux systèmes d'âge différent, la survivance du premier étant toujours condamnée à terme par le développement du second. Qu'on accorde volontiers que ce qu'on appelle équilibre politique ne soit qu'une formation de compromis ne doit pas empêcher de rechercher le lien interne, organique, qui unit les forces en équilibre. Et, en effet, le problème reste entier de comprendre comment s'articulent des formes sociales et des pouvoirs de nature hétérogène car cette hétérogénéité n'est pas une abstraction introduite de l'extérieur par l'observateur mais une donnée de fait, une coupure effective sur laquelle est construit l'édifice politique et sur laquelle réfléchit la pensée indigène. Ceci est, en tout cas, manifeste chez les Moundang pour lesquels clans et souverain constituent les termes d'un dualisme que l'on retrouve dans maints aspects

---

([1]) Meyer Fortes illustre avec clarté ce point de vue dans sa thèse sur les Tallensi : « Among the Tallensi the web of clanship and the web of ritual relationships take the place, as mechanisms of social integration, of a constituted governmental framework in politically centralized societies. Tale political relations are dominated by the factors of genealogical connexion on the one hand, and by the bonds of ritual interdependence on the other. » *The Dynamics of clanship among the Tallensi*, Oxford U.P., 1945, p. 233.

de leurs institutions et qui imprègne toute leur conception du monde. Faisant étrangement écho à une série de dualismes classiques dans l'histoire de la pensée politique de l'Occident — sujets-monarque, peuple-souverain, nation-Etat —, il nous invite à nous interroger de nouveau sur le concept de légitimité dans les sociétés tribales (la légitimité ne saurait se réduire à une propriété inhérente à toute sanction socialement reconnue, comme le veulent les fonctionnalistes) et sur les conditions dans lesquelles apparaissent certaines formes minimales de l'Etat. Si point n'est besoin, tant s'en faut, d'une dissolution ni même d'un déclin de l'organisation clanique pour que se développe l'Etat, il est probable que certaines formes ou certains types seulement de l'une et de l'autre sont compatibles.

Les Moundang du Tchad offrent, en effet, à l'observateur l'image très nette et très vivante encore malgré les bouleversements historiques consécutifs à la colonisation et à l'indépendance, d'une société dont le fonctionnement interne repose, dans une mesure non négligeable, sur son organisation clanique [2]. Tout Moundang naît et demeure membre d'un clan patrilinéaire et exogame. Avant d'en examiner chacun des attributs avec précision, présentons en quelques lignes le type de clan qu'on trouve dans cette société. Un clan moundang (*bane*) se définit par un nom propre — parfois d'allure totémique (buffle, singe, ficus, serpent, etc.) — un certain nombre d'interdits, généralement alimentaires mais pas exclusivement et plusieurs autres traits distinctifs dont tous ne sont pas nécessairement réunis en chacun. Ainsi, les masques sont, par nature, propriété clanique, quel que soit leur rôle dans la vie religieuse du royaume, mais il existe des petits clans qui n'en possèdent pas : on dit que tel de leurs « fétiches » (un instrument de musique, par exemple) leur en tient lieu. La plupart des fonctions rituelles dans les cérémonies publiques, la responsabilité de la plupart des institutions dans la communauté villageoise sont réparties entre les clans mais tous ne sont pas également pourvus. Néanmoins, si grands que puissent être les écarts entre les différents clans à l'endroit des fonctions qu'ils remplissent — ce que nous pourrions appeler

---

[2] Ce fait est d'autant plus remarquable qu'il est relativement isolé dans la région. Parlant des populations voisines du Cameroun septentrional (Mofu, Guiziga, etc.), Lembezat écrit, non sans raison : « Il semble que l'état actuel de ces populations corresponde à une sorte d'effritement, d'oubli de leur état premier, suite des bouleversements qu'amenèrent les guerres et les migrations successives, les invasions, le contact avec des gens différents ; mais que cet état premier correspondait bien à une société clanique avec ses caractères connus : reconnaissance d'une parenté par descendance d'un ancêtre dont tous portent le nom... exogamie et totémisme assortis d'intérêts variés touchant l'animal totem ». B. Lembezat, « Kirdi, les populations païennes du Nord-Cameroun », *Mémoires de l'I.F.A.N.*, 1950, p. 40.
Les recherches actuelles confirment cet effacement du clan dans des sociétés qui, par ailleurs, ne connurent jamais la centralisation du pouvoir politique telle qu'elle existe à Léré. Voir Bibliographie.

leur rendement social — ils sont tous formellement équivalents. La
« citoyenneté » moundang est obtenue par l'appartenance à un clan et cette
appartenance confère à chacun, quel que soit son clan, l'égalité des droits,
sur le plan de la justice comme sur celui de l'accès aux ressources et, d'une
manière générale, celui de la participation à tous les aspects de la vie
collective. Deux traits essentiels du système clanique illustrent cette
philosophie politique des Moundang. Quand on faisait un captif à la
guerre, celui-ci appartenait d'abord au souverain de Léré et était appelé,
par dérision, membre du clan des hyènes. Le roi lui-même ou le chef de
famille auquel il pouvait en faire don, fournissait une épouse au captif
et l'enfant qui naissait de cette union était dès lors intégré dans le clan
dit des « Moundang-Léré » qui est un clan comme les autres, doté comme
chacun de fonctions et de prérogatives spécifiques. A cette clanification
(ou naturalisation des captifs quelle qu'en soit l'origine) correspond,
d'autre part, un processus de « roturisation » des clans royaux ou issus de
rois.

Ainsi, par équivalence formelle, il faut entendre que tous les clans
moundang sont logés à la même enseigne et ce, essentiellement par rapport
au souverain qui est le seul personnage hors clan ; le système ne connaît
que l'égalité dans la différence, c'est sa loi. On comprendra mieux la portée
de ce nivellement sur le plan formel où nous nous plaçons pour le moment
si nous esquissons seulement une comparaison du type de clan moundang avec celui qu'a étudié Evans-Pritchard chez les Nilotiques du
Soudan méridional, les Luo et surtout, bien sûr, les Nuer. Chez
ceux-ci la caractéristique fondamentale du clan est sa détermination
du point de vue généalogique. Du lignage minimal (généralement d'une
profondeur de 4 à 5 générations) jusqu'au clan (dont l'ancêtre éponyme
remonte rarement au-dessus de 12 générations) nous avons affaire à
une série continue de groupes de descendance emboîtés les uns dans
les autres et reliés par la filiation agnatique. Entre le lignage maximal
et le clan la différence est parfois si ténue que l'auteur s'interroge
sur le bien-fondé de sa distinction terminologique. En revanche, du clan
géographiquement dispersé à sa tribu territorialement définie, il y a
solution de continuité. Leur lien généalogique est perdu et leur connexion
s'établit sur un autre plan : à chaque territoire tribal est associé un clan
dominant (théoriquement tout clan vraiment nuer est dominant quelque
part) dont les ancêtres furent les premiers occupants. Bien que l'appartenance à un tel clan « aristocratique » confère à ses membres « du prestige
plutôt qu'un rang social et de l'influence plutôt que du pouvoir » (E. P.,
1940), elle permet cependant à un individu de jouir au sein de sa
communauté territoriale d'un statut indépendant de sa situation dans sa
parenté. Dans cette « anarchie ordonnée » que constitue le système
segmentaire des Nuer, l'ordonnance des parties résulte précisément de ce
principe hiérarchique qui arrime, si l'on peut dire, les segments lignagers

aux divisions territoriales. Ce principe formel nous apparaît comme la condition même de discernabilité de ces différentes unités équivalentes entre elles. Dans un vocabulaire quelque peu différent, Evans-Pritchard ne dit pas autre chose. Qu'on nous permette de citer complètement le passage où il s'interroge sur le pourquoi de ce principe : « Comment peut-on expliquer que dans un peuple aux sentiments si démocratiques et si prompt à les exprimer par la violence, un clan reçoive un statut supérieur dans chacune des tribus ? Nous croyons que les faits que nous avons rapportés fournissent une réponse en termes de structure tribale. Bien des tribus Nuer ont une population nombreuse et occupent de vastes régions — certaines même très vastes — et elles constituent davantage que des expressions territoriales car nous avons montré qu'elles possèdent une structure segmentaire complexe que les Nuer eux-mêmes perçoivent comme un système. Comme il n'y a pas de chefs ou de conseils tribaux ni aucune autre forme de gouvernement tribal, nous devons chercher ailleurs le principe organisateur qui, à l'intérieur de la structure, lui donne sa cohérence conceptuelle et un certain degré de cohésion effective. Nous le trouvons dans le statut aristocratique. En l'absence d'institutions politiques apportant à la tribu une administration centrale et une coordination de ses segments c'est le système de lignages de ses clans dominants qui lui donne ses distinctions (ou sa discernabilité) structurales (« structural distinctness) et son unité en associant à l'intérieur d'une structure agnatique commune, les valeurs lignagères aux segments du système territorial. En l'absence de chef ou de roi qui pourrait symboliser une tribu, son unité est exprimée dans l'idiome de l'affiliation lignagère et clanique » (Evans-Pritchard, 1940, pp. 235-236). On ne saurait formuler avec plus de clarté et plus de profondeur la solution de l'apparente contradiction que présente la société politique Nuer. Somme toute, la notion de clan dominant répond à une exigence logique propre à un système de part en part segmentaire. Dans une telle nébuleuse où toutes les positions sont relatives, où les solidarités et les oppositions entre deux segments — qu'ils soient lignagers ou territoriaux — sont déterminées ou levées en fonction d'un troisième, lequel, à son tour, est inclus dans un ensemble lui-même segmentaire, un principe formel de différenciation est requis. L'autochtonie ou la priorité dans l'occupation du pays fournit ce principe de différenciation et de synthèse en même temps qui suture divisions lignagères et sections territoriales. Comme on vient de le lire, ce sont « la cohérence conceptuelle et un certain degré de cohésion effective » qui sont le résultat de ce principe organisateur mais pas le pouvoir, pas même un corps — personne ou institution — qui en esquisserait la forme. Ce n'est donc pas malgré leur égalitarisme et comme par un effet de retour des inégalités réelles impossible à méconnaître que les Nuer se trouvent dotés de clans aristocratiques mais plutôt à cause de lui, pour en garantir le maintien contre les menaces qui pourraient surgir de toute force extérieure au système lignager et clanique (³). Si le paradoxe de la société Nuer est l'existence d'une hiérarchie clanique au sein d'un ordre égalitaire, on serait enclin à voir le paradoxe inverse chez les Moundang; en parodiant la formule qu'on vient de lire d'Evans-Pritchard, il faudrait se demander pourquoi une société aux sentiments si monarchiques et si prompte à les exprimer par la violence en réprimant sans merci toute atteinte aux prérogatives royales, ne reconnaît dans ses clans, y compris ceux de souche royale, que des unités équivalentes. La question est de savoir si une démarche analogue à celle qui a été suivie pour le paradoxe Nuer peut convenir ici. On a invoqué une propriété de la structure des sociétés segmentaires (la fonction de « structural distinctness ») pour rendre compte de l'ébauche de hiérarchie entre les clans Nuer et, en définitive, cette hiérarchie consiste dans la reconnaissance d'un écart de statut minimal entre le clan représentant éminent de la tribu dont dépend son territoire et le reste des clans occupant le même territoire. Ce dualisme Nuer dont les termes sont les segments lignagers et claniques d'une part, et les divisions territoriales d'autre part, n'existe pas chez les Moundang où il est remplacé par celui du roi et des clans. Des clans dépourvus de structure généalogique (qu'on ne retrouve qu'au niveau de ses sections qui forment les noyaux des unités résidentielles) et un territoire sans division puisqu'il est défini comme l'espace dans lequel s'exerce la souveraineté du roi de Léré.

Le modèle non généalogique du clan moundang serait donc à décrire comme un élément constitutif, générateur de la tribu ou de l'ethnie. Nous n'avons pas affaire à une division en clans de la population moundang, division qui procéderait d'une lointaine unité originaire, mais à l'intégration sous la forme du clan de groupes allogènes dans un ensemble territorialement défini par la souveraineté du roi de Léré. Bien que certains d'entre eux aient une commune provenance géographique ou ethnique, tous les clans moundang ont, comme tels, une origine distincte rarement localisable

---

(³) On peut considérer comme une confirmation indirecte de cette thèse le rôle que jouèrent les prophètes Nuer au début de l'époque coloniale. Ceux-ci, simples agents rituels dans le système traditionnel, en vinrent à incarner l'unité tribale, voire, pour certains, inter-tribale et une volonté collective de résistance lorsque les Arabes et les Anglais menacèrent les peuples du Soudan méridional. Le jeu politique de l'anarchie ordonnée n'est, en effet, possible que dans le contexte global (nilotique) où la violence (raids de rapine, vengeances, etc.) ne conduit jamais à une domination, même temporaire, sur les hommes ou leur territoire. Ce jeu est faussé quand apparaît une puissance dont la visée est de conserver et même d'accroître ses conquêtes en vue d'en tirer des profits de toutes sortes. L'impuissance des sociétés segmentaires face à un ennemi de cette nature nous paraît explicable mais nous avons dit qu'il en a été de même à Léré où il fallut aussi un prophète pour traduire le désir de révolte des paysans contre l'oppression coloniale. La déportation de Gõ-Kajonka montre néanmoins que dans l'esprit du gouverneur un souverain légitime ne pouvait qu'appuyer sinon inspirer une rébellion qui l'aurait rétabli dans sa toute-puissance.

avec précision mais suffisamment définie par rapport aux axes Nord-Sud et Est-Ouest. Ni le lieu d'origine ni l'ancienneté relative, telle qu'elle peut être fixée grâce au repère fourni par la date approximative de la fondation de la dynastie régnante, ne confère à un clan quelconque prééminence ou prérogatives autres que relatives. La mémoire qui est conservée des origines n'est pas une mémoire historique justifiant des statuts ou des rangs mais un système de références qui permet de rendre compte et de valider des spécialisations et des rôles rituels. L'ethnie est une formation historique, bien sûr, et nous avons essayé d'apporter quelques lueurs sur les commencements du peuple moundang. Ceci étant dit, l'analyse exige que l'on parle plutôt en terme de diachronie et que l'on se représente cette formation comme celle d'un ensemble, théoriquement toujours ouvert, constitué par la réunion des groupes d'origines diverses qui y sont successivement entrés en recevant le statut de clan. Du point de vue de l'histoire du peuplement, les clans sont évidemment antérieurs à l'ethnie mais cette antériorité n'a guère de sens pour nous car nous ne savons rien du groupe clanique en lui-même, en dehors de ce qui précisément en fait un clan moundang. Il faut donc concevoir l'organisation clanique comme un système synchronique au sein duquel chaque clan avec ses particularités est par rapport à l'ethnie comme la variété est à l'espèce. L'extension de l'espèce peut changer, des variétés nouvelles pouvant apparaître du dehors, ou par fission, d'autres disparaître par extinction ou par absorption, mais le système des différences spécifiques reste constant.

Avant d'aborder la description de ce système, une remarque nous paraît nécessaire pour prévenir un malentendu éventuel sur la notion d'équivalence. On nous dira que l'on peut comprendre comment dans le modèle que nous proposons les clans sont équivalents de par leur mode de formation ou d'entrée dans le système mais qu'il est plus difficile d'admettre qu'avec le temps ils ne se soient pas hiérarchisés, soit en raison de l'importance particulière des fonctions remplies par tel clan, soit en raison du poids démographique de tel autre. Nous ne négligerons pas les problèmes posés par l'évolution de l'organisation clanique dont les tendances sont effectivement décelables à certains indices (présence ou absence de sous-clans, taux d'endogamie des clans de souche royale) mais nous écartons l'objection qui réduirait à une construction idéologique la notion d'équivalence. C'est nous, ce sont les Africains acculturés qui peuvent projeter une telle construction sur la société moundang traditionnelle mais il faut en faire la critique. Tous les sociologues ont observé que lorsque l'économie et la politique coloniales ont permis un début de stratification sociale, ceux qui en ont été les bénéficiaires se sont retrouvés relativement en porte à faux par rapport aux valeurs traditionnelles. Les avantages qu'ils avaient acquis (grade et solde, par exemple) jouissaient d'un prestige ambigu au village parce que, croyons-nous, ils représentaient des différences inintégrables dans le système. Souvent nous avons rencontré des « notables » du secteur moderniste (militaires, infirmiers, fonctionnaires de l'Administration, etc.) nous disant de façon ou mensongère ou contradictoire qu'ils étaient des descendants de chef, donc (sic) nobles, puis niant que l'appartenance clanique ait une quelconque importance dans la vie du citoyen moundang d'aujourd'hui. Face à des attitudes qui se partagent entre l'affirmation d'une hiérarchie imaginaire qui satisfait la vanité et la dénégation pure et simple des aspects « totémiques » de l'organisation clanique qui répond à l'esprit moderniste, il y aurait une pointe de racisme ou, à tout le moins, d'esprit rétrograde, à demander à quelqu'un ayant un pied dans le secteur administratif ou technique, s'il est du clan du Chien, de la Grue couronnée ou du Singe. Qu'on nous pardonne la banalité de ces remarques mais peut-être ne sont-elles pas inutiles pour comprendre que ce n'est pas l'archaïsme de l'organisation clanique qui la rend incompatible avec les statuts sociaux modernes (au contraire, il est des prestiges qui trouvent dans l'archaïsme un éclat supplémentaire) mais ses principes et sa finalité. Le pouvoir royal qui est, par sa constitution, si intimement articulé avec les clans n'a, lui, guère eu à pâtir de l'évolution moderne : son archaïsme n'a pas empêché, il s'en faut, l'autorité coloniale puis celle qui lui a succédé, de se servir de lui comme d'une courroie de transmission commode (parfois indispensable) pour faire régner l'ordre, rentrer l'impôt et veiller aux travaux de la culture commerciale du coton. Presque partout en Afrique Noire, les pouvoirs locaux anciens ont été utilisés comme une sorte de petite monnaie du pouvoir de l'Etat alors que l'organisation clanique a toujours été inutilisable et jugée plutôt contrariante. Et, en effet, les différences qu'elle institue dans le corps social à la naissance de chacun de ses membres sont tout à fait comparables (quand elles ne sont pas substantiellement identiques) aux marques visibles inscrites sur le visage du jeune garçon lors des rites d'initiation. Nous avons évoqué ailleurs (Adler, 1966) le malaise ressenti par la fraction scolarisée de la jeunesse Sara du Tchad devant le maintien de la pratique des scarifications : pourquoi, semblaient se dire ces garçons, exhiber sur la figure ces signes jadis portés avec fierté quand il faut entrer dans un monde où ils sont démonétisés, réduits à l'état de traces d'une socialisation particularisante, sans ouverture sur la vie à laquelle notre scolarité nous promet? Une dépréciation semblable atteint le nom clanique, plus radicalement peut-être, dans la mesure où celui-ci s'inscrit dans un système de classification des espèces sociales qui dessine un univers culturel clos, juxtaposé sinon opposé à celui des autres groupes tribaux composant l'ensemble national. On peut chercher de multiples explications de l'incompatibilité entre les principes de l'organisation clanique et ceux du nouveau régime économique et politique imposé du dehors par la colonisation; nous allons voir que la société moundang a cependant réussi à préserver vivantes certaines fonctions des clans faute desquelles la royauté, puissant mais dernier rempart de son identité ethnique et culturelle, ne serait plus qu'un *caput mortuum*.

CHAPITRE PREMIER

LES CLANS MOUNDANG, L'ETHNIE ET L'ORDRE DU MONDE

Les connaissances que nous possédons sur les clans moundang proviennent d'observations et de documents de nature variée que nous allons analyser dans ce chapitre; le suivant sera consacré aux clans pris individuellement. Il nous faut prévenir dès maintenant le lecteur qu'il n'y sera pas question de la totalité des clans dont nous avons entendu parler. Un certain nombre ont laissé seulement un nom surgi de la mémoire des informateurs au détour d'une question mais rien de plus. Le premier chef de terre de Léré était du clan de la Genette, il y avait dans le village de Zalbi des *ban-mafali* (des gens de la « grande chose », c.-à-d. du rhombe) mais plus personne n'est là pour nous dire la moindre chose sur eux. D'autres ne sont pas complètement éteints mais les quelques familles qui ont conservé l'appellation clanique n'ont plus l'usage, si l'on peut dire, de leur appartenance de clan : elles en portent le nom comme un simple nom de famille. Les Laré, par exemple, sont un clan lié au cheval mais ils ne savent plus pourquoi. Dans le village de Lara au Cameroun dont ils sont originaires, on dit qu'il y avait un clan La-cēcē (onomatopée pour désigner les Laré des oiseaux mange-mil) qui avait la charge de sacrifier un cheval sur la tombe du Chef après avoir enduit son corps d'un mélange d'huile et de terre rouge. A Léré, c'est une autre version qui nous a été donnée : leurs ancêtres de Lara seraient arrivés nombreux et menaçants; « ces gens-là, on ne sait pas quel est leur clan, peut-être nous cherchent-ils querelle » (*lah-su* signifie provoquer quelqu'un, chercher noise, d'où le nom Lah-ré), auraient déclaré leurs hôtes peu empressés. Dans le village de Berlyan, il y a une famille de Laré dont le chef est forgeron et, selon lui, le cheval est simplement l'interdit alimentaire de son clan [1].

---

[1] Il est vrai que le cheval est l'interdit alimentaire de tous les Moundang et que le cadavre même de l'animal est l'objet d'un traitement spécial : on le traîne par une corde en brousse où on l'abandonne aux bêtes sauvages après avoir coupé la queue

Les épidémies, les guerres avec les Peuls qui faisaient de nombreux captifs comme les guerres intestines qui faisaient beaucoup de tués sont les causes invoquées de l'effacement des clans les plus faibles. Il importe de préciser que l'extinction d'un clan n'a pas obligatoirement des conséquences catastrophiques pour les quelques survivants. Jadis, quand la sécurité des individus dépendait de la solidarité entre membres d'un même clan (solidarité dont les règles, nous allons le voir, étaient plus souvent tournées ou violées que mises en application), l'intégration dans un autre clan par le moyen d'une sorte de pacte ou de relation personnelle d'amitié avec un chef de famille, pouvait, sans gros inconvénient, pallier la disparition de son clan. Ajoutons que, du point de vue de la communauté ou même de l'ensemble du royaume de Léré, les extinctions qui ont pu se produire étaient sans grande portée : il s'agissait soit de petits clans dont l'existence fonctionnelle (attributs rituels, rôle dans les institutions) était à peine affirmée et qui étaient, par conséquent, quantités négligeables, soit de clans possédant des fonctions importantes et qui sont automatiquement transmises aux neveux utérins et ne laissent donc aucun vide. Ce n'est par hasard que les clans à fonctions multiples — à haut rendement social, comme nous disions — sont des ensembles nombreux souvent divisés en sous-clans également spécialisés. Les Kizéré, les Teuré (Génies de l'eau), les *ban-ju* (Oiseaux) en sont de bons exemples et il est évident que leur disparition ne serait autre chose en définitive que la disparition de l'ethnie et de la culture moundang.

Ainsi donc il ne faut pas attendre une liste complète des clans et, de plus, même ceux qui sont mentionnés ne sont pas tous traités de la même façon en raison de la disparité des informations recueillies sur chacun d'eux. Ces informations parfois très brèves, parfois beaucoup plus substantielles ne relèvent pas, pour l'essentiel, de traditions orales relatives à l'histoire du clan mais sont données par les éléments structurels composés de traits différentiels pour chaque clan. En rassemblant ces traits il est possible de dresser la fiche signalétique du clan.

— Un clan c'est d'abord un nom de type totémique ou non.

— Associé à ce nom ou à tel autre attribut du clan un interdit alimentaire ou touchant à un usage quelconque de « l'objet totémique ».

— Des relations à plaisanterie (*guru*) avec un ou deux autres clans qui créent une alliance spécifique se manifestant à l'occasion des funérailles dans l'institution du *gõ-beï*, le purificateur de la maison.

— Des masques, parfois un seul, parfois un emblème rituel.

— Une devise (*cworé*) qui souvent constitue le commentaire de certains des traits qui viennent d'être mentionnés.

---

qu'on apporte à son propriétaire, le roi de Léré ou un chef de village. Mais certains précisent que les gens du clan Laré avaient en outre l'interdit de marcher sur la trace que laissait le cheval traîné en brousse. On ajoute aussi qu'ils ne devaient pas boire dans un marigot (et, à plus forte raison, dans un récipient) où un cheval a bu.

— Des usages particuliers dans les rites funéraires; des rôles particuliers dans les cérémonies publiques.

— Enfin, des droits liés aux relations que les clans, quelle que soit leur origine géographique, entretiennent avec certains lieux du territoire ethnique. Ces relations sont conçues sous la forme d'un pacte conclu par les premiers occupants (ceux qui ont « coupé les bois de construction ») avec les *čok-šyīri*, les génies de lieu qui sont les possesseurs et maîtres invisibles de la terre.

L'interdit. Le lien entre le nom et l'interdit est direct quand il s'agit d'un nom d'animal et anecdotique dans les autres cas. En réalité, cette proposition n'a de pertinence que si l'on distingue les trois espèces d'interdits qu'un Moundang doit respecter : 1) Les interdits communs à tous les membres de l'ethnie et qui les différencient des tribus voisines. Ils ne consomment pas les herbivores qui n'ont pas le sabot fourchu, tels l'âne et le cheval. On ne mange pas le chien contrairement à certains groupes montagnards de la région du Mandara. Enfin et surtout, les Moundang ne mangent aucun serpent et par-dessus tout ils craignent le python (*mah-suo*, la mère des serpents) qui est le génie responsable des ictères. *Mah-suo* est l'une des principales catégories des *syiñri* (génies-maladies) qui affectent les femmes et dont la cure relève des associations féminines qui organisent les danses de possession. 2) Les interdits individuels qui sont énoncés par le devin lors de consultations demandées pour une maladie. Le patient apprend que son traitement exige qu'il s'abstienne de consommer de la chair de mouton, par exemple, pour garantir l'efficacité des rites thérapeutiques; pour le reste de ses jours le mouton sera son interdit. 3) Les interdits claniques. Nous les examinerons en discutant la question du « totémisme » moundang.

Les relations à plaisanterie. L'élément principal de la relation que les Moundang appellent *guru* est l'institution du *gō-bei*, l'allié cathartique dont nous parlerons à propos des rites funéraires. Un autre aspect de la relation entre clans *guru* concerne les problèmes du mariage : il n'existe pas, à notre connaissance, d'unions préférentielles chez les Moundang mais ceux-ci considèrent d'un très bon œil qu'on choisisse le conjoint dans un clan *guru*. Parmi les non-parents, parmi « ceux qui ne vous sont rien », comme ils disent, ce sont les *guru* qui sont les plus proches. Alliance cathartique et alliance matrimoniale ne s'excluent donc pas comme chez les Dogon, par exemple, mais se renforcent pour des raisons que nous examinerons plus loin.

Quant à l'échange de plaisanteries à proprement parler, il nous a semblé qu'il avait surtout lieu, à l'occasion des fêtes et des cérémonies funéraires, entre les clans de la terre (*zah-seri*) et le roi ainsi que les trois clans issus de Damba. Le thème dominant en est : que serait le roi sans ce que nous avons apporté : les pierres de pluie, les masques, l'ocre jaune, le sifflet d'herbes, etc. (sauf avec les Kizéré car la viande et les haricots s'excluent) et la réplique est : oui, mais sans moi, vous n'êtes rien non plus. Entre membres des autres clans la seule plaisanterie que nous avons entendue fait allusion au rôle de *gō-bei* : quel beau boubou tu as, quelles belles sandales, quand vas-tu enfin crever pour que je ramasse tout cela ? Pour réel que soit le droit évoqué par la plaisanterie elle n'en est pas moins accueillie de bonne humeur par le destinataire qui ne manquera pas la première occasion pour la retourner à l'envoyeur.

La devise. *Cworé* (on dit aussi *buri*) est la devise ou le compliment récité en l'honneur d'un clan. Le récitant est toujours une femme et, de préférence, une épouse — par conséquent, une personne qui n'est pas du clan — qui exprime sa joie ou sa reconnaissance à son mari en exaltant son clan. La récitante n'est jamais seule car il lui faut à ses côtés une ou deux compagnes pour pousser le you-you initial puis scander par les mêmes you-you les strophes composant le poème ; ces strophes sont parfois nombreuses et certaines reviennent comme de véritables refrains. Le texte des devises est en principe fixe et contient des formules stéréotypées qu'on retrouve dans celles de plusieurs clans ayant des caractères communs : par exemple, une fonction rituelle dans l'initiation ou des vertus guerrières nées des contacts permanents avec les cavaliers pillards de Yola, Rei-Bouba ou quelque autre principauté des Peuls voisins. Nous avons cependant observé des variations locales et aussi de brusques improvisations (créant pour la circonstance une variante) de femmes obligées, de mon fait, de combler un trou de mémoire explicable s'il s'agit d'une jeune mariée.

Tous les clans mais les clans seulement possèdent une devise. Les sous-clans, aussi différenciés soient-ils par leurs fonctions, n'en créent pas de nouvelles. C'est ainsi que nous avions appris que les gens de la Pirogue n'étaient qu'une subdivision du clan du Serpent. Les circonstances dans lesquelles cette récitation a lieu sont variées. La fête des prémices (*fing-moundang*) et la fête de la Pintade (*fing-luo*) s'achèvent par des banquets familiaux où les femmes un peu ivres font éclater leur joie en déclamant le *cworé* dont le succès auprès des hommes est évidemment garanti. Toutes les occasions où dans le quartier la bière de mil a suffisamment coulé pour faire naître la gaieté sont bonnes pour que les femmes l'expriment par le *cworé* et il n'est pas rare alors d'entendre une parente, une sœur ou une tante le déclamer au même titre qu'une épouse. Mais la circonstance où la récitation de la devise est une obligation rituelle est le *ye-wuli*, la cérémonie funéraire au cours de laquelle l'épouse ou les épouses du défunt s'avancent en la hurlant plutôt qu'en la disant à l'adresse de l'héritier qui est au centre du rituel de lever de deuil. Mais auparavant, les femmes ont pu réciter le *cworé* au mort lui-même, au moment de son enterrement devant le seuil de sa maison. Les grandes femmes (c'est-à-dire celles qui ont pu arriver à un âge avancé et laisser une nombreuse postérité) ont droit à des cérémonies funéraires semblables au *ye-wuli* des hommes ; elles sont également honorées par la devise de leur clan que récite une co-épouse (qui ne la traite donc pas comme co-épouse mais comme un époux) ou, à défaut, une tante paternelle.

Que dit une devise ? Dans la plupart des cas, elle se présente d'abord comme une glorification du masque unique ou du masque principal du clan. La raison en est évidente compte tenu des circonstances de récitation que nous venons d'énumérer et qui sont aussi celles où les masques sortent dans le village pour danser. Le texte retient un trait remarquable du costume (la hache du *muyu*, masque femelle qui parle, réprimande et prélève des amendes, appartenant aux Kizéré ou la plume de celui des *banju* ou clan des Oiseaux), il peut développer une métaphore à partir du nom (le masque Soleil des Moundang-Léré qui brûle les corps des non-circoncis). Lorsque le clan a d'importantes fonctions rituelles, celles-ci sont chantées ou, à tout le moins, mentionnées à côté du masque. La hache des « maîtres de la brousse », c'est-à-dire des responsables de la circoncision, l'arbre sacré du chef de terre, tel autre emblème représentant la charge rituelle d'un clan même dépourvu de masque, sont nommés et exaltés par la devise.

La manière dont le masque est présenté offre une particularité intéressante : la récitante énonce dans le texte sa position d'épouse et proclame en même temps une espèce de participation substantielle au clan de son mari en appelant le masque : « Celui qui se couche sur le lit d'une telle » et elle fait entendre le nom d'une ou de plusieurs épouses du maître du masque et, parfois, le sien propre. Une grande femme est plus une grande sœur qu'une épouse et, peut-être, autant un homme qu'une femme ; ce qu'est le masque n'est plus secret pour elle.

De nombreuses devises mentionnent également comme un élément capital de l'identité clanique les noms des génies de lieu (*čok-syĩnri*) sur lesquels les membres du clan prêtent serment ([2]). Ces génies de lieu sont

---

([2]) Ce type de serment est aujourd'hui tombé en désuétude en raison du caractère moderne des tribunaux dits coutumiers (et reconnus par l'Administration) que président des Alkali tous plus ou moins influencés par la religion musulmane et préférant par conséquent faire référence au Coran. Mais l'idée même de jurer sur les Génies de lieu du clan provoque le scepticisme d'un homme comme Moussa Wajan qui nous fit le commentaire suivant : « Ce n'est pas à l'homme de tel clan mais à n'importe qui que les *čok-šyĩnri* peuvent s'attaquer. Je ne connais moi que les Génies de lieu qui s'attaquent aux personnes. Ce qu'en disent les devins qui font le *kendani*, ce que disent ceux qui jurent, je ne le connais pas. Les prodiges des *čok-šyĩnri* peuvent apparaître à tout le monde et même à toi le Blanc. Ce n'est pas une affaire de clan, c'est une affaire « compliquée » (dit-il en français). Quand les hommes jurent sur les Génies de lieu des clans, c'est à la suite d'une réunion des Anciens qui choisissent tel ou tel des Génies mais c'est une tromperie, ils « couillonnent les gens ». Bien sûr, les devins regardent tous les *čok-šyĩnri* mais c'est pour le village et la terre qui entoure le village où il n'y a pas seulement un clan, tu le sais bien. Avant l'arrivée des Blancs, c'est vrai, on jurait sur les Génies d'un clan mais parce que pour nos aïeux ces Génies étaient comme Dieu. *Masin*, c'était seulement un nom mais ils craignaient surtout les *čok-šyĩnri* ». Et, se laissant aller à ces considérations métaphysiques, Moussa poursuit : « A la vérité,

aussi en étroite relation avec des droits de propriété éminents : ainsi, les Kizéré prêtent serment en proférant le nom *bi-gẽré* « je ne mangerai pas du poisson pêché à *bi-gẽré*, je ne mettrai pas les pieds à *bi-gẽré* » (sous-entendu : sans quoi je mourrais si j'ai menti) et ce lieu-dit désigne une mare non loin du village de Gétalé dont les droits de pêche appartiennent à leur clan. Ces droits définissent moins, en réalité, un système foncier stable et ayant une grande portée sociale et économique qu'un partage des responsabilités rituelles sur différentes portions du territoire moundang. Le clan des *ban-mundéré* a apporté les premiers masques au roi de Léré. Lorsque des Anciens du clan vinrent rendre visite au souverain ils durent s'arrêter au lieu-dit Sohaya où il n'y avait pas de village en ce temps. Trouvant que l'endroit était bon ils demandèrent l'autorisation de défricher la terre ; en échange des masques cela leur fut accordé et depuis lors ils sont les chefs de terre de cette zone qu'aujourd'hui encore nul ne peut cultiver sans leur permission. Un bon exemple du mode de territorialisation des clans moundang nous est donné par les *ban-mundéré* puisque, venant de Lerka en pays Pévé et jurant sur ce nom de lieu comme origine des masques, ils jurent aussi sur le bois sacré de *mah-gu* qui est le sanctuaire des masques que le clan garde à Sohaya. Les génies de lieu, les masques, l'animal éponyme sont des attributs propres du clan qui s'appliquent à chacun de ses membres individuellement ; l'épouse qui déclame la devise s'adresse donc bien à son mari en tant que personne et nous verrons plus loin que la notion même de personne est inséparable de l'appartenance clanique. Mais quand il s'agit de fonctions rituelles (chef de terre, musiciens royaux, circonciseurs, etc.) qui relèvent du clan comme groupe, la devise traite le clan comme une personne. Elle chantera, par exemple, l'action du sacrifiant : « Le chef qui se trouve dans l'enclos de paille du roi de Léré. »

« Le fils de l'homme qui proclame l'ouverture de la Fête des prémices avant que le roi le fasse » (il s'agit des Moundang-Sin qui sont chef de

---

nos ancêtres ne connaissaient pas Dieu mais seulement le roi de Léré. Selon sa volonté, celui-ci pouvait vous faire égorger, pendre ou empaler sur un pieu dans l'anus. Avant Dieu — celui qui vous donne la mort — il y a le roi. Oui, on prononçait le nom de *Masin byan-bé*, le dieu qui m'a fait naître, si l'on trébuchait sur une pierre, si l'on était piqué par un serpent. Et si l'on réchappait du malheur on le remerciait. Mais le respect, la peur, on l'éprouvait devant le Gõ-Léré, l'ami et l'égal des sultans de Yola et de Rei-Bouba. On prononce le nom de *Masin* car il ne tue pas vite, il vous envoie d'abord les maladies mais le roi vous tue dans l'instant. Nos vieux parents prononçaient le nom de Dieu mais ils ne l'adoraient pas dans leur cœur ».

Mangay à qui nous rapportâmes ces propos de Moussa exprima son accord le plus complet aussi bien sur le peu de valeur des serments prononcés sur le nom des Génies de lieu des clans que sur la prééminence des pouvoirs du roi de Léré sur ceux d'un Dieu lointain invoqué seulement pour éloigner les maladies. « On dit *Masin kal syñn-be, Masin puli*, Dieu est plus fort que les *syñri*, Dieu est grand, mais ce n'étaient que des paroles. Le tout-puissant, c'était le Gõ-Léré. »

terre de Léré); ou bien encore, elle identifiera le clan à la jeune fille que le souverain doit obligatoirement prendre comme première épouse, c'est le cas des Moundang-Yèré. Cette espèce de réciprocité de perspective entre clan et personne qu'établit la devise trouve son illustration la plus frappante dans le cas des clans royaux. Nous avons dit et nous le montrerons plus loin que ces clans sont logés à la même enseigne que les autres et qu'ils ne forment pas une noblesse; toutefois, ils n'en sont pas moins royaux pour autant et leurs signes distinctifs, leurs symboles spécifiques sont constitués par des attributs appartenant au roi. Leurs masques sont ceux que s'est approprié le Gõ-Léré, leur génie de lieu est *zah-su* (les Chutes Gauthiot) où séjournent les âmes des souverains, enfin leur devise n'est autre que celle du roi dont elle glorifie la personne et où, bien entendu, toute référence au clan serait dépourvue de signification.

L'importance de la devise à la fois comme élément du système clanique et comme moyen de connaissance de chacun des différents clans qui le composent justifie donc que nous citions en abondance des extraits qui permettront aussi au lecteur de se faire une idée d'un genre particulièrement prisé par les Moundang.

Le totémisme. Peut-on parler de totémisme moundang? La question est épineuse et ne saurait être esquivée, peut-être même présente-t-elle un certain intérêt théorique dans la mesure où la société moundang offre l'exemple d'un mélange déconcertant de traits totémiques très classiques, de prime abord, et de traits fonctionnels qui font du clan une unité politico-rituelle de même nature que le lignage. Il nous faut constater d'abord que, sur la vingtaine de clans existant aujourd'hui dans ce qui fut le royaume de Léré, seul un quart porte des noms d'animaux, les autres étant soit des clans dits « moundang » qui, hormis l'interdit alimentaire, sont dépourvus de toute liaison avec un animal ou un objet emblématique quelconque, soit des clans qui possèdent ces liaisons mais dont les noms présentent des étymologies douteuses et sont plutôt conçus par les intéressés comme de simples noms propres. Cette hétérogénéité qu'on ne doit attribuer ni à l'origine géographique ou ethnique de divers clans ni à la plus ou moins grande ancienneté de leur formation n'empêche nullement l'ensemble des clans de former un tout cohérent, un système au sens formel du terme et qui, incontestablement, porte la marque du totémisme. Faudrait-il imaginer un processus quasi mécanique d'extension des attributs totémiques du sous-ensemble de 5 à l'ensemble des 20 et poser, par exemple, que les Moundang-Sin sont par rapport au trait spécifique retenu (certains aspects de leurs fonctions de chef de terre) comme les hommes du clan du Singe sont, non par rapport à l'animal du même nom mais aux fonctions subsumées sous la catégorie singe? Cette hypothèse n'est pas satisfaisante car elle réduit les appellations animales à de simples métaphores et ôte du même coup toute justification à une relation quelconque entre l'animal et la règle de conduite imposée aux membres du clan qui porte son nom, qu'il s'agisse d'interdit alimentaire ou non. On n'a plus affaire qu'à un jeu gratuit et le système bascule dans le vide. Plus conforme à la logique de ce type d'organisation sociale nous paraît l'hypothèse suivante : les Moundang auraient édifié un système clanique pour assurer une certaine forme de division du travail (rituel et artisanal) fondée sur ou articulée avec une certaine forme d'appropriation des puissances du monde. Il en résulte que, quel que soit son nom, le clan détient en vertu de ses attributs un pouvoir spécialisé (forger le fer, couper le bois pour tailler une pirogue, chasser l'hippopotame ou faire les « médicaments » pour la culture de telle variété de mil) dont le fondement est d'ordre cosmique.

Présenter un à un les clans moundang dans leur singularité revient ainsi à décrire par fragments, parfois minuscules, les composantes de l'univers moundang dans sa réalité sensible aussi bien que dans sa réalité invisible. Entre la chose ou la force dont l'homme s'assure la maîtrise et le clan il existe un rapport ontologique ; il n'est pas possible de concevoir comment la chose ou la force ont pu être appropriées et utilisées par la société sinon par la médiation d'un clan, premier signataire, si j'ose dire, d'un pacte avec le monde. De même que l'individu « brut » se voit conférer la personnalité juridique, c'est-à-dire l'existence sociale légitime par son appartenance clanique, les éléments, la matière — sous certaines formes remarquables —, nombre de techniques et de pratiques rituelles n'ont d'usage légitime et par conséquent efficace que par le truchement d'un clan qui possède le secret de leur origine. Le clan engendre, met au monde, disent les Moundang, la chose dont il est propriétaire. Cette relation de filiation ne renvoie pas à des théories étranges ou abstruses de la conception mais à une philosophie sociale de la causalité. Il serait absurde de penser que le mil ou toute autre espèce végétale ou animale est de tel clan. Que l'on y reconnaisse ou non une influence de l'Islam, la culture moundang affirme l'existence d'un Dieu céleste (*Ma-sin*, celui qui est en haut) créateur de l'homme et de toute vie. Le mil, pour prendre cet exemple, est donc l'œuvre de Dieu qui en a fait don aux hommes. Mais si les religions révélées conçoivent l'homme comme fait à l'image de Dieu et opposé au reste de la création dont il doit se rendre maître et possesseur, elles impliquent une relation à l'univers qui s'écarte totalement de la pensée moundang et rendrait inintelligible la fonction clanique d'appropriation. Le mil est la nourriture de l'homme, il est aussi sa substance et comme lui possède une âme dont la destinée est prise en charge par un grand rite royal ; il en existe une variété dite *gebana* — un mil jaune — qui est associée au clan Moundang-Gwoï et, par ailleurs, il est l'objet d'une coutume pour les Dué dits *ban-sworé* — clan du mil — qui jettent quelques poignées de mil sur la tombe de leurs morts. Le mil n'est pas un bienfait de Dieu dont l'homme s'acquitte par son travail et la gratitude envers son créateur, il n'est pas non plus un totem. Il est rattaché au système social par trois prises, si l'on peut dire, un rite solennel de régénération, la connexion d'une variété avec un clan et d'un usage funéraire avec un autre qui sont autant de modalités de son appropriation conceptuelle et pratique. Le caractère « totémique » de cette appropriation est à retenir simplement parce qu'elle s'intègre dans un ensemble qui constitue un système. Il nous faut maintenant nous demander : quel type de système ?

Considérons d'abord les clans qui portent des noms d'animaux. Les Buffles (*ban-se*) et les Oiseaux (*ban-ju*) font partie des quatre clans fondateurs de la royauté et l'on serait en droit d'attendre d'eux qu'ils nous livrent la clé du totémisme moundang. Or le nom de ces Buffles qui disent être les premiers à avoir cohabité avec les Kizéré n'est peut-être que la traduction de Mbana, surnom donné par les Peuls aux Moundang ou proto-Moundang qui leur apparaissaient comme de farouches guerriers. Certes, leur interdit alimentaire est l'animal dont ils portent le nom (encore que certains disent que l'interdit n'est pas obligatoirement alimentaire mais peut consister à s'abstenir d'utiliser la peau du buffle pour en faire un siège) mais il n'est pas plus pertinent quant à la relation que le groupe entretient avec l'animal totémique que l'interdit du chien pour le clan du Chien (*ban-guo*) quand on se souvient que cet animal est une viande prohibée pour tout Moundang. On dit bien que chaque membre du clan est parent (*zumi*) de l'animal désigné par son nom mais cette « parenté » n'est pas loin d'évoquer une forme de parenté à plaisanterie. Si quelque individu appartenant au clan des Oiseaux est vu en train de manger un oiseau et si on lui demande ce qu'il fait, il répond : « j'enterre mon frère ». En revanche, si un oiseau de l'espèce de mon sous-clan (grue couronnée, corbeau, passereau ou pélican) est aperçu perché sur mon toit ou tournoyant autour de ma maison, le fait sera considéré comme un signe néfaste et annonciateur d'une mort prochaine, la mienne ou celle d'un des miens. La devise du clan exalte métaphoriquement la plume dont est coiffé le masque *Mayahe*, il n'en reste pas moins un certain degré de réalité irréductible dans la relation de l'homme à l'animal éponyme.

Un aspect partiellement mais plus classiquement totémique se révèle dans la relation que le clan du Serpent (*ban-suo*) entretient avec son animal. Le python est considéré comme une incarnation d'un des principes vitaux (*mah-zwẽ-su*) du chef du village de Tezoko qui est aussi le chef de la terre d'où sont sortis les Serpents. Lors des funérailles de ce chef, des libations de bière de mil sont versées en l'honneur du python qui est son double : il est censé tout au long du règne résider sous le grenier central du palais et son apparition dans la cour est le signe de la fin prochaine. On est frappé de constater que la devise ne fait que quelques allusions au serpent présenté comme une métaphore de la puissance du chef : on a peur de sa présence, quand il sort chacun demeure chez soi comme à l'heure du soleil brûlant de midi. Par contre, la fonction de forgeron est exaltée comme l'attribut essentiel du clan et possède pour lui une valeur emblématique qui dépasse celle de son nom. On se souvient, par ailleurs, que le serpent est l'interdit alimentaire majeur de tous les Moundang.

L'exemple du clan du Singe offre encore un autre modèle de la relation du groupe social au nom qui le désigne. Plusieurs explications sont fournies pour l'origine de cette appellation : les ancêtres de ce clan sont venus de Mambay dans le pays moundang en portant, posés sur la tête, des melons qu'ils tenaient à deux mains. Ils marchaient donc comme des cynocéphales qu'on rencontre en brousse dans cette posture et, d'ailleurs, précise-t-on, ces singes « font le travail des hommes »; non pas qu'ils imitent les hommes mais parce que ceux-ci ont pris de ceux-là certaines techniques fondamentales comme l'art de la sage-femme et celui d'opérer la circoncision. On ne postule donc aucune sorte d'identité entre l'homme et l'animal dont il porte le nom mais, sur le fond d'une ressemblance entre cette espèce et l'espèce humaine, que des qualités appartenant à la première sont transférées à la seconde par le truchement de ce clan justement dénommé singe. L'interdit alimentaire de ses membres sera bien entendu le singe mais, cette fois encore, il est des Anciens pour affirmer que si d'aventure un homme du clan trouvait de la viande de singe bonne à manger il pourrait le faire mais, en tout cas, il lui est strictement interdit de consommer des fruits touchés par un singe.

Cinq appellations animales, cinq relations de nature différente : la ressemblance comme allégorie morale (le buffle) ou motif de plaisanterie (les oiseaux), l'analogie fonctionnelle (les cynocéphales sont parmi les singes comme les Singes dans la société moundang), enfin l'incarnation d'un principe spirituel (le python est le *mah-zwẽ-su* du chef de Tezoko). Quant aux Chiens qui sont un clan de forgerons, ils nous refusent toute indication sur la relation qu'ils entretiennent avec leur nom. Seule une petite phrase de leur devise parle des « chiennes aux gueules rouges » pour décrire la face menaçante des tueurs de Peuls qu'étaient leurs ancêtres : on a donc affaire à une ressemblance de même type que celle du buffle avec les guerriers farouches. Avec une nuance cependant : entre le buffle et le guerrier la relation est métaphorique globalement et directement tandis que le tueur et la chienne n'ont qu'un trait commun, la gueule rouge qui fait peur. Le buffle est hautement valorisé et le chien ne l'est pas du tout. Mais tout rapprochement avec la fonction de forgerons des hommes de ce clan est à écarter car, comme nous le verrons, ils ne sont nullement gens de caste et, au contraire, les Moundang les placent sur le même rang que les maîtres des masques et ceux de l'initiation. Il n'en reste pas moins que les deux appellations totémiques des clans forgerons, le serpent et le chien, correspondent à deux interdits majeurs de toute l'ethnie.

Le caractère quelque peu fantaisiste de ce totémisme moundang sera corrigé si nous prenons en considération l'ensemble des données qui comprend les noms des clans et des sous-clans et les diverses façons selon lesquelles ils font jouer ce que Lévi-Strauss appelle « l'opérateur totémique » (Lévi-Strauss, 1962, 201). A ne considérer d'abord que nos 5 noms, on constate qu'il n'y a pas 5 types de relations mais une opposition fondamentale entre un nominalisme construit sur différentes modalités de ressemblance et un substantialisme affirmant une identité dans la personne entre le désigné et le signifiant. Dans la voie du nominalisme l'opérateur permet de démultiplier l'espèce en recourant aux sous-espèces et aux variétés pour désigner les sous-clans. Nous avons mentionné plus haut 4 espèces d'oiseaux; il est intéressant de noter qu'il existe un cinquième sous-clan nommé *ban-ju-mweviki*, oiseau-*mweviki* qui désigne non une espèce mais un sifflet confectionné avec des herbes que les Moundang rangent au nombre des masques au même titre que les rhombes et une autre catégorie de sifflets en terre cuite. Il est clair qu'aux yeux des intéressés *mweviki* n'est pas un terme hétérogène dans la série des oiseaux car il est lié doublement à cette espèce en tant que siffleur et en tant que masque, c'est-à-dire un objet qui, par sa forme ou l'un de ses aspects, est rattaché à la gent ailée. Dans le même ordre d'idées, l'exemple du clan des masques précisément (les *ban-mundéré*) illustre bien ce procédé qui permet d'insérer dans une même série des termes d'ordre différent mais équivalents moyennant un changement de l'axe syntagmatique à l'axe associatif (cf. Lévi-Strauss, 1962, 197). Dans les villages de Mapapalé et de Guélo il existe un clan apparenté aux *ban-mundéré* qui porte le nom de *ban-su*, le clan du fil ou, plus exactement, de la fibre du cannabis avec laquelle sont fabriqués les masques. L'interdit des *ban-mundéré* est de se chauffer avec des graines de cannabis, l'interdit des *ban-su* est de faire du feu avec les tiges; ils doivent même s'éloigner au plus vite à la simple vue d'un tel feu.

Un jeu très pur de signifiant nous est offert par un clan allié à plaisanterie des *ban-su*, celui des *ban-wẽ* du village de Guélo. Ce clan est issu d'un fils du Chef de Lamé nommé Gumbaï; une petite anecdote nous explique l'origine de son nom. Une des épouses de ce chef était enceinte et sur le point d'accoucher. Son mari fit demander si l'enfant était né et quel était son sexe. La mère, craignant que le père ne vît en ce fils un rival, mentit et déclara qu'elle avait eu une fille. Une autre femme qui avait accouché en même temps osa dire qu'elle avait eu un garçon; le roi fit frapper le grand tambour (*damé*) et le proclama son héritier. Mais quand il apprit qu'il avait eu un autre fils, il fit aussi frapper le *damé* et dit à la mère qui avait menti : « Voilà, j'ai fait frapper le grand tambour et maintenant c'est à toi d'inscrire (le verbe *wẽ* signifie tracer des signes sur le sable, inciser une calebasse ou une poterie) le nom de ton fils. » De honte, elle s'enfuit de Lamé et son fils reçut le nom de *wẽ* qu'il transmit à toute sa descendance. L'interdit des *ban-wẽ* est, comme on peut s'y attendre, de manger dans des calebasses pyrogravées. Mais comme, d'autre part, *wẽré* désigne une espèce de mouche piquante, il leur est aussi interdit d'avaler une nourriture si l'on a chassé avec les mains les mouches qui s'y étaient posées. Leur devise en plaisante : « (gens de Guélo) mettez vos doigts dans le nez, les mouches sont sorties, elles vont pénétrer dans vos narines. »

Le côté substantialiste du totémisme moundang ne se rencontre sous une forme très accusée que dans deux cas : chez les *ban-mundéré* dont nous venons de parler et chez les Teuré qui sont un clan lié à des génies aquatiques. Les rites funéraires de l'un et l'autre clan comportent une séquence au cours de laquelle l'âme du décédé est censée prendre la forme de l'objet totémique : un masque de fibres, dans le premier cas, une pierre-génie de l'eau, dans le second, avant de disparaître à jamais dans le royaume des *mwē-zuwūnri*, esprits ancestraux mais aussi esprits errants qui viennent parfois hanter les rêves des vivants. Chez les Teuré, on le verra, ce rite est suivi d'une consommation par tous les hommes du clan d'un gâteau de mil accompagné d'une sauce faite avec les déchets de poissons et l'eau sale qui a servi à les laver. Cette nourriture est comme la chair du clan et celui qui la vomirait révélerait du même coup sa bâtardise. Nous n'avons pas affaire à une croyance dans la réincarnation qui serait propre à deux ou trois clans seulement et étrangère au reste de l'ethnie mais plutôt à une sorte de mise en acte de quelque chose d'implicite dans toutes les représentations qui se rapportent au clan et à la personne. A la vérité, tous les éléments que nous avons retenus dans la fiche signalétique du clan sont autant de traits qui définissent la personne ; l'élément totémique est sans doute le plus apte à servir de support ou de véhicule pour le départ de l'âme du défunt dans la mesure où il est pur signe. La pierre ornée des Teuré, le costume de fibres noircies des *ban-mundéré* et aussi le python du Chef de Tézoko ont en commun de réunir des attributs contradictoires qui les motivent comme signes de l'immortalité. La pierre « vit » sous l'eau et en sort sans changer d'état, éternellement pourrissante et éternellement vivante, comme nous l'apprend l'étymologie du mot Teuré. Le masque est une forme animée, dansante et parfois parlante qui peut brûler mais renaîtra de ses cendres, toujours le même. Quant au serpent, bien qu'il se rencontre souvent (en Afrique et ailleurs) comme symbole de l'immortalité de l'âme, il est cependant frappant de le voir ici représenté blotti en permanence sous le grenier du Chef comme un animal domestique attendant l'heure ultime pour sortir et faire son office pour rentrer dans son trou jusqu'à la fois suivante. Fortes (Meyer Fortes, 1945, 145) avait noté dans sa conclusion sur le totémisme des Tallensi que les « animaux sont des symboles particulièrement appropriés du caractère vivant (livingness) des ancêtres, de leur immortalité... Ils symbolisent en particulier l'agressivité potentielle des ancêtres comme sanction suprême des valeurs culturelles Tale... » La culture moundang nous présente une situation bien différente où les animaux n'ont pas l'exclusivité de la communication avec le monde des ancêtres et où la communication n'est pas le fait de la projection d'un monde sur l'autre (c'est du moins ce que dit l'interprétation fonctionnaliste de Fortes) mais de signes construits pour représenter l'immortalité qui est le passage d'un monde à l'autre.

Les catégories d'esprits qui apportent le désordre et les maladies (les šyīnri des femmes et les tegwari des hommes, cf. Adler et Zempléni, op. cit.) sont essentiellement constituées par des espèces animales, gibier de brousse ou gibier d'eau — antilopes, hippopotames, lamantins —, les grands oiseaux — l'autruche et l'outarde —, des poissons — certaines variétés de silures, le capitaine, etc. — qui sont évidemment dans une relation d'agressivité avec les hommes et/ou avec les femmes. Mais dans le registre du totémisme il en va tout autrement. Nous venons de l'indiquer pour le serpent, nous pouvons en dire de même pour les oiseaux, pour le buffle, le singe, la gazelle et le chien. Ces animaux éponymes sont, entre autres, des interdits (pas nécessairement alimentaires) pour les clans ou sous-clans qu'ils désignent mais l'aspect métaphorique (trait de ressemblance) est au moins aussi décisif dans cette désignation qui porte la marque de l'ambivalence : identification partielle et plaisanterie. Eminemment positive est la relation que certains clans entretiennent avec leur animal emblématique. Les clans Teuré et Tezun (variété d'un grand ficus) sont associés comme « maîtres de l'eau » et ont conjointement la responsabilité rituelle de la chasse aux mammifères aquatiques, l'hippopotame et le lamantin que les Moundang classent dans une même catégorie : gō woki « la chair froide, de l'eau ([3]) » qui inclut le crocodile, la salamandre et la tortue. Les šyīnri ou les « âmes » de ces bêtes sont porteurs de dangers mais ces clans responsables rendent certains d'entre eux consommables. Le clan Gwèré est un clan de chasseurs et deux de ses sous-clans portent des noms de gibier : les Gwé-mabélé, « Gwèré de la mangouste » et les Gwè ban-nemini, « Gwèré de la biche », qu'ils chassent mais ne peuvent consommer eux-mêmes. Cependant, l'ensemble de ce clan est associé à l'antilope-cheval, animal noble et dangereux à chasser; son contact est susceptible de provoquer de graves céphalées et aussi la cécité. Si toutes les précautions rituelles sont prises, on peut en manger la chair à l'exception de la tête, comme pour toutes les espèces porteuses du te-gwari.

Ce n'est sans doute pas malgré mais à cause de ces dangers que la devise des Gwèré chante l'antilope-cheval comme le « bœuf avec lequel on ne peut doter aucune femme, le bœuf qu'on ne peut attraper avec une corde ». Les Teuré et les Tezun exaltent dans les mêmes termes l'hippopotame qu'ils décrivent comme « la vache sans bosse, la princesse de l'eau » avec laquelle aucune femme ne vaut qu'on l'obtienne. Etrange opposition (surtout quand elle sort de la bouche d'une épouse du clan) que font ici les devises entre l'animal noble que l'on est habilité à capturer et à tuer et auquel l'on s'identifie et le vil bovin (« vil » comme l'argent) que l'on échange contre une femme ou que l'on reçoit quand on donne sa fille ou sa

---

([3]) gō-ni, la chair de l'animal vivant s'oppose à ne, la viande prête à cuire.

sœur. Cette figure de rhétorique semble évoquer un échange d'un autre ordre, plus noble, plus glorieux que l'échange des femmes. L'antilope-cheval ou l'hippopotame que les techniques et les rites appropriés accomplis par les clans chasseurs rendent aptes à la consommation pour tous les Moundang sont pour ces clans qui en font leur emblème comme des interdits inverses. Si l'on peut définir l'interdit totémique par la transformation d'une espèce non interdite pour tous en un interdit possédant une valeur diacritique pour un clan, l'inverse dont nous parlons consistera dans la transformation d'une espèce interdite (ou du moins si dangereuse que cela revient au même) pour tous en une viande consommable par tous moyennant le travail et les rites de quelques-uns. Les devises des chasseurs glissent ainsi de l'interdit clanique représenté par l'animal qui symbolise l'exogamie de clan à l'animal qui, au contraire, symbolise le don que le clan fait au reste de la communauté ethnique. Sous-jacente à ce glissement rhétorique est l'idée d'un passage du clan totémique équivalent aux autres et s'en distinguant grâce au trait spécifique constitué par une forme quelconque d'interdit au groupe fonctionnel dont l'équivalence avec les autres devient plus problématique car la différence est chargée d'un contenu qui n'est plus, si l'on ose dire, indifférent. En des termes plus abstraits que nous utilisions plus haut, nous parlerions d'un effacement du nominalisme prédominant dans le totémisme moundang au profit d'un substantialisme de la fonction. Cette tendance de certains clans, notamment ceux qui sont particulièrement liés à la chasse, à la forge et aux masques, à faire prévaloir la fonction — donc leur contribution au bien commun — sur le trait distinctif comme tel n'infirme nullement ce que nous disions des caractères formels du système clanique moundang. Elle rend compte de ce fait que nous avons signalé dans l'introduction à cette seconde partie : certains écarts entre les fonctions remplies par certains clans conduisent à une différence dans « leur rendement social » sans pour autant entamer le principe « du nivellement » de tous vis-à-vis de la royauté extérieure au système. *La Pensée sauvage* (Lévi-Strauss, 1962, 144 et sq.) avait déjà montré de façon tout à fait convaincante que « totem et caste », pour reprendre le titre d'un chapitre, ne sont pas absolument exclusifs, qu'ils constituent des systèmes qui s'appellent l'un l'autre et que l'ethnographie offre toute une gamme d'états intermédiaires entre un totémisme qualifié de classique et un système de castes pur, du type indien. On rencontre en Afrique occidentale de beaux exemples d'organisations sociales « mixtes » à cet égard mais, chez les Moundang, nous n'avons fait qu'évoquer une tendance qui travaille, croyons-nous, toutes les formes de totémisme dans la mesure où elles sont irréductibles à un simple nominalisme.

Le symbolisme des animaux chez les Moundang

Les clans	Nom totémique et/ou interdit	Emblème	Maladie
Kizéré	Lion		Panthère
	Panthère		($\check{s}y\bar{\imath}nri$)
Buffle	Buffle		
	Rhinocéros		
Teuré		Hippopotame, lamantin	$\check{s}y\bar{\imath}nri$ te-gwari
Tezun	Sauterelle	idem	crocodile
Oiseaux	Pélican		autruche
	Grue couronnée		outarde
	Corbeau		(te-gwari)
	Vautour		
	Calao		
	Passereau		
Gwère	Biche		
	Mangouste	Antilope-Cheval	te-gwari céphalophe
Singe	Singe (cynocéphale)		$\check{s}y\bar{\imath}nri$
Serpent	Serpent		python ($\check{s}y\bar{\imath}nri$)
Chien	Chien		
Laré	Cheval		
Genette	Genette		
Dué	Ane		
Clans royaux	Silure rouge	Eléphant Lion	silure noir capitaine ($\check{s}y\bar{\imath}nri$) te-gwari : porc-épic phacochère $\check{s}y\bar{\imath}nri$: tortue varan salamandre

Remarque : Aucun animal domestique, à l'exception du mouton, ne peut faire l'objet d'un interdit alimentaire parmi ceux qui sont tués et consommés dans le cadre d'un rite sacrificiel. La pintade a une place à part : c'est un oiseau de brousse et en même temps un volatile de ferme. Il fait l'objet d'une grande chasse rituelle à l'occasion de laquelle il est sacrifié et distribué entre différents chefs de terre chargés des rites de propitiation pour la pluie.

Aucun des oiseaux « totémiques » ne représente une catégorie de maladie. Il faut noter que ceux qui sont te-gwari sont des oiseaux très lourds qui ne volent pas.

Tous les animaux classés gō-woki, sans aucune exception, sont susceptibles de donner la maladie aux femmes ($\check{s}y\bar{\imath}nri$). Le lamantin (que les Moundang considèrent aussi comme une espèce de sirène) est dangereux pour les hommes : la vue du sexe féminin de ce mammifère est censée rendre l'homme impuissant.

CHAPITRE 2

LA DESCRIPTION DES CLANS MOUNDANG

Nous allons maintenant présenter chacun des clans moundang en nous efforçant de suivre, dans la mesure du possible, un ordre constant dans la description des traits distinctifs et un ordre logique sinon historique dans leur succession. Une énumération évite difficilement le risque d'apparaître fastidieuse au lecteur mais on en comprendra la nécessité en songeant qu'il s'agit là d'informations indispensables à l'analyse du système que constitue l'ensemble clanique coiffé d'une royauté qui lui donne toute son originalité par rapport aux groupes ethniques voisins.

Au commencement donc étaient les Kizéré.

Les Kizéré, le mythe et le rituel le disent et le répètent, sont les premiers détenteurs de l'autorité politique et leur déchéance est due à un soulèvement des Anciens des clans du pays consécutif à l'arrivée du chasseur Damba. De quelle manière s'exerçait cette autorité, sur quel principe elle était fondée ?, nous n'en savons rien et ces questions ont toujours paru futiles à nos informateurs : comment parler sérieusement du pouvoir de ces « pauvres aux jambes grêles tout juste bons à donner aux gens de la sauce de haricots » ? Pourtant nous n'avons aucune raison de mettre en doute la réalité historique d'une chefferie Kizéré — si petite et si faible qu'elle ait été — dominant une société que nous pouvons définir comme proto-moundang. Si le combat et le triomphe du chasseur sur le vieux chef dont l'arc eut la corde à moitié coupée par un enfant relèvent assurément du mythe, il n'en va pas de même quand on considère les suites de cette défaite. Tout le monde, en effet, s'accorde pour expliquer la formation de l'importante et toujours vivante chefferie des Kizéré de Bissi-Mafu (à 60 km de Léré et non loin de Lamé) par la fuite de leurs ancêtres vaincus par Damba. Certains parlent également d'un combat malheureux à Dissing au bord du lac de Léré puis d'une marche constante vers le Sud-Est pour aboutir à Bissi où les Kizéré purent, pour un temps, être indépendants de Léré aussi bien que de Lamé.

Un autre témoignage du statut éminent qu'avait ce clan nous est fourni par les noms totémiques que portaient ses deux sous-clans et qui, presque partout en Afrique Noire, sont associés au pouvoir du chef : les Kizé-*banpin* ou les Kizéré du clan de la panthère et les Kizé-*ban-balé* ou les Kizéré du clan du lion. Ces deux fauves « royaux » constituent des interdits alimentaires que nous avons entendu mentionner à Bissi-Mafu mais à Léré les interdits des Kizéré ne relèvent que du code institué par le mythe fondateur, c'est-à-dire de celui dans lequel seule leur défaite est signifiée. Ainsi, il leur est interdit de se coucher ou même de s'asseoir sur une peau de cabri et, d'autre part, ils ne peuvent allumer de feu avec des cosses de haricots sous peine de voir leurs pieds se fendiller et se couvrir de plaies. Le haricot n'est d'aucune façon une espèce totémique (et nous avons vu qu'une espèce animale consommable n'est pas obligatoirement l'interdit alimentaire du clan qui porte son nom) mais il possède une valeur de sobriquet totémique car il rappelle la cause de la perte du pouvoir par les Kizéré. Toutes les charges rituelles dévolues à ce clan ont un rapport proche ou lointain, évoquent de façon métonymique ou métaphorique, cette perte qui est constitutive de leur être dans la société moundang.

Ainsi, la plus importante des fonctions qui leur sont confiées est remplie par un dignitaire portant le titre de *puliã-za-wi* ou dignitaire qui a la charge du feu. A ce propos on raconte que lorsque les Kizéré s'étaient enfuis de Zalbi un vieillard presque impotent était resté caché dans une case. A l'aube, il sortit de sa retraite et alluma un feu devant l'enclos du nouveau roi. Les villageois l'aperçurent et allèrent dire à Damba qu'un homme de Kizéré était assis là auprès d'un feu. Le roi répondit : « Les Kizéré sont tous partis et lui seul reste; gardons-le et qu'il soit désormais l'ami du roi (*paliã-gõ-ae*) ». Les Moundang, d'ailleurs, ne se font pas faute de jouer sur les mots presque homophones : *paliã* qui signifie ami et *puliã* qui est littéralement intraduisible mais dont l'acception dans la titulature de cour est claire : celui qui, ayant perdu le pouvoir, travaille comme notable du roi de Léré. Ce premier *paliã-gõ-ae* fut donc le premier *puliã* responsable du feu. Sa tâche est d'allumer devant le seuil du palais le feu qui marquera dans l'année moundang le début de la période rituelle qui s'achèvera avec la fête des Prémices ou *fing-moundang* (la lune moundang) à la fin de la saison des pluies. En allumant ce feu au petit matin le vieillard Kizéré avait agi comme un fils qui apprête un chauffage à l'attention de son père et c'est pour récompenser ce geste de soumission filiale que le roi en fit le premier de ses grands dignitaires.

Le feu rituel allumé par *puliã-za-wi* sert de signal pour un autre rite incombant à un clan frère, les Tezun dont nous parlerons plus loin. Mais le soin de marquage du temps confié aux Kizéré donne aussi lieu à un autre petit rituel qui se déroule vers la mi-août, c'est-à-dire au plus fort de la saison des pluies sous cette latitude. Ce rite porte le nom de *da-deletetakré* (littéralement : sauter haut, danser-vagin) qui est donné à l'instrument que *puliã-za-wi* et quelques grands de son clan confectionnent : un sifflet d'argile qui a exactement la forme — si la taille est quelque peu exagérée — d'un pénis et qui donne un son extrêmement strident. Pour l'ouverture du rite, ils se rendent vers trois heures du matin devant le seuil du palais et commencent à siffler très doucement. Quand il fait grand jour, accourus des quartiers, les garçons de 5 ou 6 et jusqu'à 12 ans prennent le relais et s'en vont par tout le village siffler à l'arrière-train des femmes mais en évitant, bien sûr, leurs mères et leurs sœurs. Des moqueries, des quolibets et des obscénités surtout fusent de toute part : « Ton vagin a beaucoup de trous ; ton clitoris (le nez du vagin) est gros et sale ; ta vulve est rouge et puante, etc. ». Cette licence rituelle dure quatre jours, elle est censée activer les travaux, rappeler à l'ordre les paresseux et aussi, et peut-être surtout, agir sur le temps atmosphérique pour que les pluies soient favorables, ni trop faibles ou trop espacées et ni trop fortes.

D'autres tâches lient très directement *puliã-za-wi* à la maison du roi. Lors d'une intronisation c'est lui qui commande au bijoutier (le *pah-čok-fa-šie*, le forgeron du fer rouge, c'est-à-dire celui qui travaille le cuivre par la technique de la fonte à la cire perdue) les 3 clochettes qu'il posera sur l'un des piliers soutenant le portail de l'entrée du palais. Mais surtout il doit égorger un mouton et verser le sang de ce sacrifice sur le seuil du palais avant que le roi qui vient d'être oint par le chef de terre puisse le franchir. *Puliã-za-wi* purifie le sol avec le sang et écarte les mauvais esprits de la porte (*tegwari pe-yan*) comme il purifie ensuite le corps du roi en versant une calebassée d'eau et une calebassée de bière de mil sur ses pieds. Il fait office d'intermédiaire entre le souverain et le chef de terre et il est aussi intermédiaire entre le souverain et le reste du corps des notables auquel il appartient : les *we-puliã-gõ-ae* (les enfants, les dignitaires qui servent le roi), institution que nous étudierons plus loin en tant qu'organe du gouvernement royal de Léré.

Les Kizéré remplissent aussi une fonction d'une tout autre nature en fournissant au roi son *puliã-mwena* ou *puliã* des piétons. L'armée du roi de Léré est, en effet, divisée en deux grands groupes : les piétons ou, disons plutôt, les fantassins comprenant les archers et les porteurs de boucliers et les cavaliers parmi lesquels il faut distinguer les lanciers montant à cru et les guerriers d'élite dont les chevaux sont caparaçonnés à la manière peule. Chacun des deux groupes est, non pas commandé au sens militaire du terme, mais placé sous la responsabilité rituelle et magique d'un *puliã*. La paix coloniale a certes mis fin aux guerres et aux fonctions des *puliã* dans le combat mais leurs fonctions rituelles sont toujours en activité et se manifestent lors de deux des trois grandes fêtes du calendrier agraire : celle des Prémices déjà évoquée et celle de la Pintade (*fing-luo*) qui est marquée par une grande chasse collective suivie d'un sacrifice de pintades. *Puliã-mwena* est le maître des tambours royaux : à la veille des cérémonies des Prémices il fait rafraîchir les peintures qui ornent le bois des *yuni* (tambour oblong d'environ un mètre qui accompagne les danses funéraires et les danses initiatiques) et remet une peau neuve au *damé*, le tambour géant de plus de deux mètres de haut que l'on frappait jadis pour rassembler les guerriers de Léré et des villages à l'entour ; aujourd'hui il ne résonne qu'à *fing-moundang* et, en cette occasion, les enfants ont pour mission de s'acharner à le frapper jusqu'à ce que la peau soit complètement mise en pièces et bonne à jeter. Lors de la fête de la Pintade *puliã-mwena* a pour tâche de préparer les remèdes magiques qui assureront le succès de la chasse rituelle à laquelle le roi lui-même participe. Les Kizéré ne sont pas spécialement réputés pour leurs talents de chasseurs — qu'on nous passe cet euphémisme — mais le *puliã* des fantassins est avant tout le responsable des archers (qui ne sont autres que les *gauw* — les purs chasseurs) et, à ce titre, il possède la connaissance des poisons et des pratiques de la magie imitative faute desquelles la flèche du plus habile ne saurait atteindre son but.

La devise des Kizéré.

Nous allons transcrire intégralement cette première devise comme exemple de ce genre littéraire dont nous avons dit combien rigide était la forme mais souple la composition tant par le nombre des parties que par les thèmes traités. En tout état de cause, la devise permet de préciser et de compléter fort utilement les renseignements que nous possédons sur un clan. Nous venons de présenter les Kizéré comme ceux qui ont perdu la chefferie et dont les fonctions rituelles, au palais et dans les cérémonies royales, expriment cette perte et la sujétion qui en est résultée. On va voir que la devise n'évoque pour ainsi dire pas cette position des Kizéré et qu'elle n'insiste que sur les aspects structuraux de leur personnalité clanique : Masque, Génie de lieu et individualité ou caractère psychologique distinctif ou prétendu tel. Cette absence de toute référence à l'histoire n'est nullement une règle du genre ; chez les Kizéré ce sont les rites qui prennent en charge leur histoire mais avec les clans forgerons du Sud on aura la situation inverse : la devise évoque le passé guerrier alors que leurs fonctions rituelles sont uniquement liées à leur spécialisation technique.

1re strophe : le masque Mayahe dont le maître habite Fouli.

« Il attaque les hommes avec sa hache » (il s'agit d'un *Muyu*, masque femelle qui raille et frappe avec son arme — hache, casse-tête ou flèche — les villageois dont la conduite est jugée mauvaise et à qui il peut aussi infliger des amendes).

« Celui que sa hache aura coupé, on ne verra même pas sa blessure » (les coups qu'il porte sont si terribles que la victime meurt sans cicatrice apparente).

« Le masque de l'homme qui est chauve ».

« Le masque dont les fibres ne sont jamais très noires » (il s'agit d'un interdit portant sur l'usage de la teinture : le *pah-yāne*, le maître du *Muyu*, doit veiller sous peine de maladie grave à ce que les fibres demeurent plutôt grisâtres).

2ᵉ strophe : les Génies de lieu (*čok-šyĩnri*).

« Sur le sable de Waki » (il s'agit d'un lieu-dit proche de Gétalé où les Génies de lieu accueillent les âmes des morts du clan. Un informateur rappelle que lorsqu'ils furent chassés de Léré les Kizéré s'arrêtèrent à Gétalé avant de s'installer à Bissi-Mafu).

« Le sable de Waki au pied de la colline du bois touffu (*geré*) ».

« Les (autres) *čok-šyĩnri* pardonnent mais pas le *geré* de Waki ».

« Ils sortent de l'eau en marchant à reculons ». C'est une plaisanterie pour dire que les Kizéré ont des droits éminents sur une partie du cours du Mayo-Kébi proche de Gétalé : ils sortent à reculons pour veiller à ce que tout pêcheur d'un autre clan donne sa part rituelle du poisson pris au maître de l'eau de leur clan. Les Génies de lieu sont innombrables et de toute sorte ; ceux qui sont liés à un clan donnent à celui-ci des droits particuliers (sur l'eau, des arbres, des animaux de brousse).

« Les (autres) habitants de Gétalé jurent sur la clairière ».

« Les Kizéré jurent sur le bois touffu ».

3ᵉ strophe : retour au masque.

« La plume qui est sur la tête de Mayahe de Fouli ».

« Le masque qui repose sur la couche de Yapora », etc. : cette phrase est suivie de répétitions sur la hache du Muyu et sur la calvitie du maître.

« Masque de l'homme de Juru, masque de l'homme de Golé ».

« Masque de l'homme de Lebu ». Les Kizéré se présentent comme un clan « inventeur » de masques, ils sont donc comme les *ban-mundéré* qui demeurent pourtant les véritables « géniteurs » des masques de fibres. La formule de la devise énonce cette analogie sous la figure d'un chiasme : comme les *ban-mundéré* sont venus de Juru avec les masques, nous venons nous aussi de Lebu (lieu d'origine mythique des Kizéré) avec des masques.

4ᵉ strophe : le caractère clanique.

« Le village où les (autres) Moundang ne restent pas » (tant nous sommes colériques et leur faisons peur).

« Les Kizéré restent là avec leurs six orteils » (ils sont terrifiants).

« Les fils de ceux qui se sont installés par le mensonge ».

« Les fils de ceux qui se sont installés par le vol ».

« Les crocodiles à la queue coupée ».

« La race de ceux qui ne respectent pas leurs belles-mères ».

Cette plaisanterie peut nous paraître familière, elle évoque néanmoins une particularité effectivement attribuée aux Kizéré qui se dispenseraient de respecter le fameux tabou de la belle-mère.

Tous ces « défauts » complaisamment énumérés par la devise font écho aux moqueries venant de leurs alliés *guru* et les transforment en autant de qualités. Ainsi, la devise n'est pas le contradictoire de la plaisanterie mais un contraire autorisant certains états intermédiaires entre les deux pôles.

Teuré : le clan des génies de l'eau.

Les Teuré sont un des clans moundang qui portent les plus lourdes charges rituelles. Appartenant à titre éminent aux clans fondateurs de la royauté car leur fille fut la seconde épouse de Damba, ils occupent la seconde place après les Buffles dans le collège des *za-sae*. Mais ils ont donné davantage au roi en apportant de leur pays d'origine le *gbwē*, la poudre d'ocre jaune avec laquelle on oint le front du Gō-Léré lors de son intronisation. Leur devise le rappelle : « Les Teuré ont d'abord fait le *gbwē* puis on a mis le *gbwē* au front du roi ».

Ils partagent avec les Buffles, les Singes et les Ban-mundéré (le clan des Masques) les responsabilités de l'initiation, donc de la circoncision; d'où leur nom de « maîtres de la hache » (*pah-kelabé*), c.à.d. du couteau de la circoncision. Ensuite, nous y reviendrons, ils partagent avec le clan Tezun la charge de chasser les grands gibiers d'eau : l'hippopotame et le lamantin.

Ils sont les maîtres (*pah-yãné*) de quelques-uns des grands masques moundang :

Géré (anogeissus leocarpus), masque très dur comme l'arbre dont il porte le nom et qui travaille de conserve avec le masque Nuage dont la garde a été confiée aux Singes. Ces deux masques royaux (ce sont des dons du roi qui lui-même ne saurait toucher aux masques) sortent à Léré pour la grande fête des prémices et sont attachés respectivement à la partie nord et à la partie sud du pays effectivement divisé en deux zones à peu près égales par le cours du Mayo-Kébi.

Da-maju (la danse de l'oiseau), masque coiffé d'une plume blanche d'aigrette. La plupart des masques moundang ont le chef rehaussé de piquants de porc-épic, seuls les Teuré ont un masque à plume.

Malyaké (engoulevent), c'est un masque femelle (*muyu*) qui vient au village pour faire peur aux petits et aux femmes : il frappe les fortes têtes avec sa petite chicote et peut infliger des amendes.

Les Teuré sont assimilés aux clans des masques presque au même titre que les *ban-mundéré* puisque leur seul interdit spécifique est de se frapper avec des baguettes de *su*, le chanvre à partir duquel sont confectionnées les fibres des masques. Celui qui romperait cet interdit verrait son corps se couvrir de boutons.

Leur principal allié à plaisanterie (*guru*) est le clan des Buffles. Teuré et *ban-se* avaient eu jadis de violentes querelles qui les avaient séparés, ils se sont réconciliés en faisant l'alliance *guru*. Que dit-on des origines des Teuré et d'où vient qu'on les désigne comme génies de l'eau ?

Les Teuré sont des gens venus de l'Est. Ce sont des Tupuri, dit-on, mais eux-mêmes se refusent à admettre qu'ils appartenaient à une ethnie que les Moundang méprisent parce qu'elle ne pratique pas la circoncision. Ils vivaient seulement au milieu de ce peuple, dans la région du lac de Fianga et c'est de là qu'ils ont été « emportés par l'inondation », comme le dit la légende. L'étymologie de leur nom clanique voudrait, selon certains informateurs, que Teuré vienne de *tebé*, mot signifiant : chose pourrissante, en état de décomposition. On les aurait appelés ainsi parce qu'un grand nombre d'entre eux périrent noyés dans les eaux débordantes du Mayo-Kébi. Ils fuyaient vers l'Ouest pour aller chercher refuge dans les collines du pays Mambay. Certains furent sauvés grâce aux toitures de paille qui leur permirent de flotter jusqu'à la terre ferme : on les appela Teu-*sol-talé* (les Teuré sur les toitures); d'autres arrivèrent jusqu'aux collines : on les appela Teu-Mambay. Par la suite, le clan se subdivisa encore et les divers sous-clans reçurent les noms des localités où ils se fixaient, à l'exception d'un seul, les Teu-*fa-šiẽ* (les Teuré du fer rouge). En réalité, il ne s'agit pas de fer rouge mais de cuivre et ce sous-clan est celui des bijoutiers fabriquant bracelets et anneaux en utilisant la technique de la fonte à la cire perdue acquise à la suite d'une alliance avec les véritables clans de forgerons dont je parlerai plus loin.

Comment faut-il comprendre l'assimilation des Teuré à des « génies de l'eau » ? Si l'on s'interroge sur l'étymologie qui vient d'être mentionnée, on est confronté au problème de l'identification des vivants et des morts par noyade dont les corps décomposés semblent annoncer leur transfiguration en puissances aquatiques. Les informateurs avec lesquels j'essayais de trouver la logique de ces représentations ne se montraient guère loquaces mais un aspect des rites funéraires propres aux Teuré éclaire leur pensée à cet égard.

Il est un objet tout à fait singulier qui joue un rôle central dans les funérailles d'un grand du clan : il s'agit d'une pierre qu'on désigne simplement comme « la pierre des Teuré » (*tesal*-Teuré). Au deuxième jour des cérémonies, lorsque tous les Anciens du clan sont rassemblés pour honorer leur frère mort, le gardien de la pierre se met brusquement à crier : « Hommes de Teuré, partons, allons pêcher la pierre des Teuré ». Tous partent et pendant plus d'une heure, jusque vers la tombée de la nuit, font semblant de pêcher une pierre décidément introuvable ou qui s'ingénie à déchirer le filet de celui qui va l'attraper. Enfin, le gardien la retire de l'endroit où il l'avait caché dans le lit de la rivière et quand son cri se fait entendre, tout le monde sort de l'eau. On trace un cercle sur le sol, on le recouvre de sable et on l'entoure d'une petite haie d'épineux. En son milieu, apparaît soudainement la pierre des Teuré. Quiconque appartient au clan doit avoir vu la pierre en de telles circonstances. Elle reste exposée trois jours puis le gardien la reprend au cours de la nuit pour la remettre dans sa cachette aquatique connue de lui seul. On dit : *tesal ru kalbe* : la pierre est redevenue invisible. Pendant les trois jours que dure l'exposition il n'y a pas de sacrifice mais on peut dire que la pierre invisible est l'objet d'un culte, ou peut-être plus précisément, s'intègre dans le culte des morts tel que le pratiquent les Teuré.

Au cours de la pêche de « *tesal*-Teuré », les hommes se livrent également à une pêche effective, dont ils ne gardent que les poissons avec écailles, les carpes surtout. Les femmes suivent les pêcheurs avec une grande calebasse à demi remplie d'eau où les poissons sont jetés et gardés vivants un certain temps. La porteuse de la calebasse remue avec une tige de mil la masse des poissons jusqu'à ce que les écailles et la matière visqueuse se détachent et tombent. L'eau de la calebasse est alors sale et gluante : on la mélange avec de la farine de mil rouge. Le « *bisumi* des Teuré », le gâteau des Teuré fait de mil rouge écrasé dans cette sauce avec le poisson cru, est offert à tous les deuilleurs du clan. Celui qui vomit cette nourriture n'est pas un véritable Teuré, on l'appelle « *sorom* », bâtard et tout le déshonneur est pour sa mère adultère.

Si le défunt que l'on célèbre dans ces funérailles avait une fille mariée, l'époux, autrement dit le gendre, doit donner de la farine de mil blanc mélangée à des arachides et un bouc castré au gardien de la pierre qui en fera l'offrande à l'esprit de l'eau en faisant partager cette nourriture par tous les grands du clan.

Quelle est cette pierre que les alliés honorent par un sacrifice et que les membres du clan doivent en quelque sorte avaler comme dans une ordalie pour se faire reconnaître comme tels ? On a refusé de me la laisser voir mais j'ai pu, grâce à Watai qui est le gardien de la pierre à Léré, m'en faire l'image suivante :

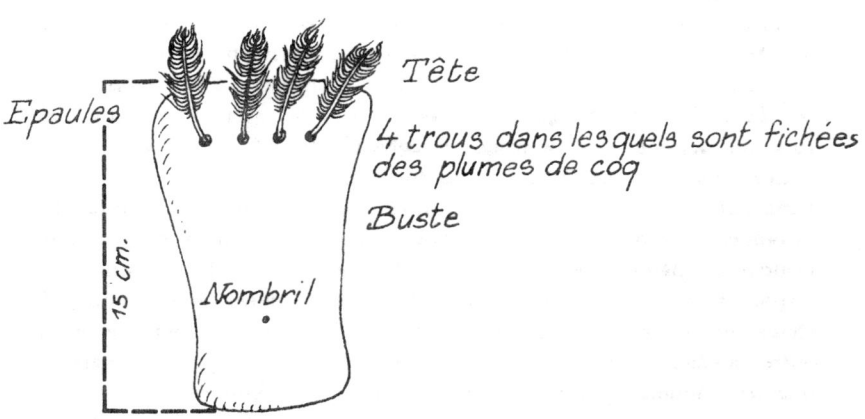

La « tête » de la pierre est recouverte d'une matière jaune (kaolin et poudre d'ocre jaune, ce même *gbwẽ* que les Teuré ont apporté au roi de Léré). Le reste du « corps » est enduit de kaolin seulement. A propos des plumes qui contredisent le symbolisme du poisson, Watai me fit le commentaire suivant : « *tesal*-Teuré n'a pas de plumes dans l'eau mais quand il sort nous les mettons pour la beauté, c'est comme les masques, nos masques *da-maju*. La pierre elle-même c'est l'âme, c'est quelque chose venu des ancêtres, ce n'est pas œuvre humaine ». L'analogie avec le masque est d'ailleurs soulignée par la devise du clan :

> « Masque qui se promène toujours dans les plaines humides.
> Pierre qui permet de mettre fin à toute querelle. »

Mais la pierre c'est l'âme même des Teuré, elle vient de l'eau et retourne à l'eau. « Les Teuré, poursuit Watai, sont comme des poissons, le gâteau de mil qu'ils doivent manger avec l'eau sale où sont lavés les poissons de la pêche rituelle est comme leur propre corps ». Cette théorie de la chair ou de la substance commune à tous les membres d'un clan qui reçoivent en la partageant leur identité spirituelle et sociale rappelle les conceptions les plus classiques (pas tellement en Afrique, d'ailleurs) du totémisme de clan. Elle n'est professée chez les Moundang que par les Teuré et le clan auquel on attribue l'invention des masques, les *ban-mundéré*. Nous y reviendrons.

L'âme des Teuré retourne donc dans l'eau. A la fin des rites de lever de deuil les femmes préparent une boule de mil rouge qu'elles vont déposer sur la tombe du mort. La nuit, l'âme qui est dans l'eau sort chercher cette nourriture qui servira de viatique à l'âme du défunt. A la place de la boule les hommes placent une pierre sur la tombe et partent à la rivière ; ils en reviennent en sifflant — ce sont les morts eux-mêmes qui sortent de l'eau et les femmes doivent se cacher au plus vite — et rapportent une calebasse d'eau et de sable pour la tombe. Au matin, quand les deuilleurs se sont rasé le crâne, on met les cheveux des Teuré seulement et pas ceux des alliés dans la calebasse et on les jette dans la rivière. « Tous les sacrifices des Teuré, dit encore Watai, sont pour l'eau. Se raser les cheveux c'est aussi un sacrifice, c'est pourquoi ils doivent être jetés dans l'eau ».

Les Teuré sont des êtres de l'eau mais aussi des maîtres de l'eau car ils partagent avec le clan Tezun (cf. infra) les responsabilités rituelles qui incombent à ceux qui ont le monopole d'une activité : la chasse aux deux principaux mammifères aquatiques, l'hippopotame et le lamantin. Ces responsabilités sont lourdes à un double titre. D'abord les techniques de chasse au harpon en pirogue sont réputées difficiles et dangereuses et en outre, la chair de ces animaux est porteuse de cette catégorie de maladies que les Moundang appellent les « ʃyĩnri » des femmes (cf. Adler et Zempleni, 1972). C'est pourquoi il est interdit de faire entrer au village la viande crue de ces gibiers.

« Viande qu'on ne peut faire cuire sur un feu de tiges de mil », dit la devise pour signifier à la fois l'interdit et qu'on ne saurait cuire de tels morceaux sur un petit feu de village. Mais surtout, la devise chante poétiquement cette association prestigieuse des hommes de Teuré avec ces grands animaux du fleuve et des lacs. Il est à remarquer cependant que l'hippopotame a nettement la préférence sur le lamantin. Cette « viande de l'eau » (*ne-bi*) inspire davantage la crainte que l'admiration ; on dit que celui qui mordrait un os de lamantin perdrait toutes ses dents et qu'un jeune qu'exciterait le sexe de cette espèce de sirène qui ressemble à un vagin, en deviendrait à jamais impuissant. Mais rien n'est assez beau pour exalter l'hippopotame.

> « Princesse de l'eau, vache sans bosse.
> Vache que l'on ne peut attacher.
> Elle s'asseoit à la surface de l'eau.
> Vache qui ne permet pas de payer une vilaine femme.
> Vache qu'on ne saurait prendre à crédit ».

L'argument est limpide, si j'ose dire, car comme cette « vache » merveilleuse doit son éclat au milieu aquatique qui est le sien, les Teuré, êtres de l'eau... Je citerai enfin un dernier vers qui unifie leur identité substantielle et leur flatteuse association :

« Vous (les hommes de Teuré) qui sortez de l'eau avec le puissant bouclier de guerre ». C'est avec la peau de l'hippopotame que les tanneurs moundang fabriquent les meilleurs boucliers.

Tezun : le clan du ficus.

Ce clan vient de l'Est, c'est-à-dire du pays Tupuri, comme les Teuré avec lesquels, on l'a vu, il est étroitement associé. A l'origine il appartenait au clan Kizéré dont il s'est détaché à la suite d'un refus de participer à une guerre de vengeance. Les Tezun reçoivent un nom différent selon la région du pays moundang qu'ils occupent mais il ne s'agit pas de sous-clans car tous les hommes peuvent hériter les uns des autres. Les habitants de Lamé les appellent *ban-matakalé* (le clan qui s'occupe de la saison sèche, selon les termes de leur devise) ; à Lagon, ils sont *ban-daši*, le clan des sauterelles — il s'agit d'un sobriquet lié à une histoire oubliée d'ancêtre chasseur d'acridiens ; enfin, vers l'Ouest, du côté de Kabi, ils sont des Mokulku.

C'est un clan chasseur d'hippopotames et le ficus, son arbre éponyme, est le bois qu'ils utilisent pour tailler les grands harpons dont ils ont l'exclusivité. Cette arme se présente comme un fer de lance fortement barbelé fiché dans un bois très dur ; au fer est attachée une longue corde de façon à ce que lorsqu'il pénètre la peau du pachyderme où le bois ne manque pas de se casser, le chasseur puisse le récupérer. La pointe de fer est évidemment empoisonnée. Comme le dit la devise : « Cette lance qui tue comme le venin du serpent, cette lance qui tue la sauterelle qui seulement l'effleure, cette lance qui tue le lézard même s'il la touche à peine ».

J'ai évoqué plus haut les dangers que la chair de cet animal fait courir aux femmes : ajoutons qu'il est interdit aux femmes enceintes de la consommer. Les hommes aussi sont astreints à des règles strictes en la matière : partager la viande avec les grands de leur clan et ceux des différents sous-clans Teuré, donner son dû au roi de Léré ainsi qu'à ses notables, étant entendu que les morceaux qui reviennent à chacun sont prescrits comme s'il s'agissait d'un code sacrificiel.

La chasse elle-même est précédée de grandes précautions rituelles. Avant de partir en campagne, les hommes piquent leur harpon dans leur grenier : si le fer se plante c'est un signe favorable. Mais la pirogue surtout requiert tous leurs soins et seuls les Tezun et les *ban-dahé* précisément (le clan de la pirogue, issu du clan du serpent) ont le droit d'abattre les arbres dans lesquels on taille les embarcations. Le caïlcédrat, par exemple, est hanté par les « génies de lieu » (*čok-šyĩnri*) qu'il faut savoir propitier si l'on veut le couper sans encourir les pires dangers. Un ancien du clan s'approche de l'arbre les mains pleines de toutes les graines comestibles et de tabac qu'il jette en direction du tronc en implorant les génies pour qu'ils ne refusent pas la pirogue aux hommes. En outre, tous les arbres, indistinctement, relèvent d'un maître de la brousse (*pah-čuki*) dont l'autorisation est indispensable pour effectuer une coupe.

Les Tezun possèdent donc, en propre, la technique de fabrication du harpon, ils partagent avec les Teuré les techniques de chasse aux mammifères de l'eau et avec les *ban-dahé* celles qui ont trait à la fabrication des pirogues. Tout à fait exclusive est leur fonction rituelle auprès du roi de Léré, fonction dont les instruments leur donnent l'équivalent de ce que sont les masques pour tous ou la pierre pour les Teuré. Les Tezun ont la charge de musiciens royaux ; ils constituent un orchestre comprenant un tambour oblong de faible diamètre (*bulum*), un sifflet de corne (*tesolé*), une trompe-calebasse (*wu*), une flûte droite à 4 trous (*jaklé*) et des calebasses-gourdes qu'ils agitent comme des maracas. La calebasse longue utilisée comme une trompe est l'instrument le plus spécifique qu'on ne retrouve que dans les orchestres qui accompagnent les danses des collèges de femmes possédées (*we-šyĩnri*). Les interventions de cet orchestre dans la vie rituelle du palais de Léré sont multiples mais pour l'essentiel il s'agit d'une fonction de marquage du temps.

« Ils annoncent, dit leur devise, la saison sèche pour le roi de Léré ». Nous n'allons pas nous étendre sur ce point qui fera l'objet d'un développement ultérieur et nous nous contenterons de suivre leur devise qui se présente comme un catalogue des charges qui leur incombent dans le service du Gō-Léré.

« Les *jak-fa-huni* (l'orchestre des Tezun) enferment le nouveau chef dans la hutte ». Quand un fils du roi de Léré doit partir prendre le commandement d'un village il est intronisé avec le *gbwẽ* et doit passer la nuit dans une case du chef de terre. Les *jak-fa-huni* l'accompagnent et sont ses gardiens dans cette retraite où le nouvel oint est exposé à la menace de ses rivaux.

« Ils annoncent que la saison sèche est proche ». Avant la lune de la fête des prémices (*fing-moundang*), entre la deuxième quinzaine de septembre et le début octobre, les *jak-fa-huni* s'installent devant le seuil du palais et jouent au lever et au coucher du soleil. Comme lors des sorties de masques, les querelles et les rixes sont interdites sous peine d'amendes graves ; les paysans savent que les grandes pluies touchent à leur fin, qu'il leur faut surveiller les nouvelles récoltes contre les nombreux prédateurs qui les menacent et se préparer à fêter dignement *fing-moundang*. On verra plus loin que la musique des *jak-fa-huni* accompagne les rites de cette fête qui dure quatre jours.

« Les *jak-fa-huni* emmènent les Gõ-Léré à Tréné ». De même qu'ils intronisent les « chefs de brousse » (*gõ-za-lalé*), les musiciens Tezun conduisent le nouveau souverain de Léré au village de Tréné où il reçoit une vierge qui sera l'épouse principale du palais (*mah-mur-yã*), la maîtresse et, nous le verrons, la prêtresse de la maison du roi de Léré. Ajoutons que de l'intronisation aux funérailles du roi les *jak-fa-huni* sont toujours présents. Nous essaierons d'éclaircir la fonction de cette musique dans les rites royaux ; dans la devise, on trouve une évocation tout à fait curieuse de la gourde-maracas (*gbélé*) :

« La femme est dans le dos de son mari » (sous-entendu : comme le bébé dans le pagne de sa mère). Ce vers fait allusion à la peau de mouton qui enveloppe la gourde : l'homme est la peau et la femme la gourde. Cette image énigmatique prend sens si l'on sait que ladite peau est recouverte d'un mélange d'huile et de kaolin qui la consacre comme un vêtement rituel qu'on ne saurait toucher sans le rendre et se rendre soi-même impur. Le texte insiste : « Chose qu'une femme sale ne peut toucher », « Chose que celui qui est vêtu de blanc (habit du deuil) ne saurait approcher », « Chose qu'on ne peut toucher avec des mains sales ». On pourrait être tenté de comparer le rôle de la gourde et de la peau qui l'enveloppe à celui de la pierre des Teuré mais, à ma connaissance, elle n'intervient pas dans les cérémonies funéraires et ne semble pas faire l'objet de croyances animistes. Quand un Tezun meurt c'est la pirogue et la chasse à l'hippopotame qui sont exaltées et censées fournir le viatique à l'âme du défunt.

La seule hypothèse qui me paraisse acceptable pour rendre compte du symbolisme sexuel de la gourde et la peau est d'y voir une expression de la relation entre le souverain de Léré et le clan Tezun. La calebasse-gourde est la royauté comme femme et la peau est le clan-mâle qui sert de protection. Cette hypothèse n'a de valeur, bien entendu, qu'à condition d'expliquer en quoi peut bien consister la féminité du roi. C'est ce que nous verrons dans la deuxième partie de cet ouvrage.

Ban-ju : le clan des Oiseaux.

Les *ban-ju* sont originaires des montagnes du pays Guidar, ils viennent donc de la même région que Damba mais on ne nous dit pas qu'ils sont Guider. Ils arrivèrent auprès des Kizéré après les Buffles et les Teuré et prirent part au complot qui amena Damba sur le trône : à ce titre, ils jouent un rôle éminent dans le collège des *za-sae*.

Les Oiseaux se répartissent en plusieurs sous-clans qui n'ont pas tous la même origine mais ils forment un ensemble uni car chacun peut hériter de l'autre. Trois sous-clans constituent le stock primitif venu de Guidar : les *ban-ju jõ* ou les Grues couronnées, les *ma-te-zwalo* ou les Pélicans et les Mewiki qui ne portent pas un nom d'oiseau mais d'un sifflet d'herbe qui fait fonction de masque dans les rites de sortie des funérailles. Les autres sous-clans viennent du Sud et l'on peut supposer, bien qu'il ait aujourd'hui disparu, qu'il existait là-bas un système clanique comprenant les mêmes espèces de sorte que, dans le cas où il venait à migrer, le même soit adopté ou absorbé par le même. On raconte, ainsi, que les *ban-ju weširi* (les passereaux ou franciscains ignicolores) fuyaient le pays de Lamé à cause d'un meurtre commis par l'un de leurs frères. Ils traversèrent le lac de Léré et rencontrèrent une « Grue couronnée » en train de pêcher. Celui-ci leur demanda où ils allaient et qui ils étaient et apprenant qu'ils étaient des « Oiseaux » et qu'ils fuyaient, il leur dit : « Vous êtes mes frères de clan et vous pouvez rester avec moi dans le pays du roi de Léré ». Il en fut de même pour les « Calao d'Abyssinie » et les « Corbeaux » qui firent désormais partie intégrante du clan des Oiseaux du pays moundang.

Leurs alliés à plaisanterie sont les Tezun mais aussi les clans issus de Damba car la légende veut que ce soit eux qui aient introduit le cheval en pays moundang. D'autres disent qu'ils ont seulement apporté le mors du cheval qu'ils auraient eu des Peuls. Il faut noter que l'interdit clanique des *ban-ju* est de passer sur un endroit où un cheval s'est couché. L'on se souvient d'autre part que c'est à un *ban-ju* que revient la fonction de *puliã-puri* qui veille surtout à la protection magique des chevaux du roi.

Parmi les tâches confiées au sous-clan du Pélican qui siège dans le collège des *za-sae*, il y a celle de tueur du roi. Si ce dernier veut châtier un homme qui l'a trahi soit en commettant l'adultère avec une femme du palais, soit par l'acquisition d'une richesse provocante, soit par un mensonge quelconque, il lui envoie le « lancier de la nuit » (*ze-suuni*) pour l'éliminer. Le Pélican exécute aussi ce qu'on peut appeler la justice du roi : si un homme commet un meurtre il doit aller fermer le grenier du coupable. Désormais le contenu de ce grenier appartient au roi et le meurtrier devient son esclave.

La devise du clan ne fait pas la moindre allusion à ces aspects du « travail » des Pélicans et exalte surtout le masque Mayahe qui, comme celui des Teuré, porte une plume sur la tête. Quelques vers évoquent, cependant, deux grands rois de Léré qui eurent pour épouse principale (*mah-mur-yā*) une fille du clan des Oiseaux.

> « La belle femme de Gō-de Pah-jurbé, la grande *mah-mur-yā*.
> La belle femme qui parle avant que le roi parle. »

Cette dernière phrase est une allusion au rôle rituel de cette prêtresse lors des cérémonies de la fête des prémices.

Ban-se : le clan du Buffle.

Ban-se est le premier des quatre clans fondateurs de la royauté. On se souvient que dans le récit de la rencontre des jeunes filles avec le chasseur à l'apparence peu engageante, la fille des Buffles accepta immédiatement de puiser de l'eau pour l'inconnu tandis que sa compagne s'enfuyait. C'est la raison pour laquelle l'Ancien du clan des Buffles a la prééminence au sein du collège des *za-sae* (les « Excellents ») constitué par l'ensemble des « Grands de la terre », c'est-à-dire les représentants non seulement des 4 clans primitifs mais de tous les clans du pays moundang.

L'origine géographique ou ethnique des *ban-se* n'est pas donnée par les intéressés eux-mêmes qui se contentent d'affirmer qu'ils sont les premiers arrivés auprès des Kizéré. On verra plus loin qu'ils sont étroitement associés aux Teuré, gens de l'Est qui prétendent être leurs frères de clan. L'alliance à plaisanterie (*guru*) qui les lie est expliquée par les Buffles de la façon suivante : « Un de nos ancêtres était mort laissant une veuve et des enfants mais n'ayant point d'héritier. Un homme de Teuré coucha avec la veuve dont il eut un enfant. Dès lors les enfants de cette femme étaient *na-mwe* (frères utérins) et pouvaient hériter les uns des autres. Depuis ce temps, à la mort d'un *ban-se*, l'héritage ne peut être partagé sans la présence d'un Teuré qui recevra des houes et des vêtements et, à la mort d'un Teuré réciproquement, un *ban-se* doit être présent.

Les *ban-se* eux-mêmes sont divisés en deux groupes principaux : ceux de Léré et des villages directement soumis à l'autorité des fils du Gō-Léré et les Moundang-Seka qui habitent le village de Kabi et quelques hameaux alentour et ont un chef issu de leur clan. La scission, comme c'est le cas le plus fréquent chez les Moundang, a pour cause un meurtre et le refus de l'un des partenaires de se solidariser dans la guerre de vengeance du reste du clan. Les partants demandèrent au roi de Léré un village pour s'y installer loin de leurs frères ; ils l'obtinrent et purent vivre sous leur propre loi.

Revenons à la relation que ce clan entretient avec le souverain. La position de première épouse de Damba que la fille des Buffles se voit assignée par le récit mythique ne correspond à aucun statut particulier dont elle jouirait dans le gynécée royal. Mais par ailleurs, et rien ne permet d'établir un lien entre les deux choses, une des « grandes filles » (gõ-li) du roi, c'est-à-dire une des quatre princesses titrées doit prendre pour mari un homme de ban-se. La devise des Buffles évoque cette règle dans le style qui lui est propre :

« Le fiancé de la fille du Gõ-Léré. »
« La feuille avec laquelle Nai (l'aînée des princesses) essuie sa couche. »
« Le masque qui repose sur la couche de Gamenai (la seconde). »
« Le masque qui repose sur la couche de Bewuka (la troisième). »

Ces formules qui reviennent dans toutes les devises font l'éloge de l'épouse dont l'intimité avec le clan du mari est arrivée au point que le secret de ses masques est levé pour cette femme seule dont la couche symbolise non plus l'union avec un homme mais avec le clan lui-même qui désormais l'intègre en son sein.

Cette règle matrimoniale concernant les princesses titrées sort tout à fait du régime ordinaire de l'alliance et, par ailleurs, ne comporte aucune conséquence particulière — politique, notamment — pour le clan. C'est un attribut rituel que les *ban-se* partagent avec un autre grand clan des masques, les *ban-mundéré*. Ces deux clans, avec en plus celui des Teuré et des Singes, sont dits clans des masques (*ban-zuwũnri*). La devise des Buffles leur en fait gloire en proclamant :

« L'homme qui est venu de Golé, l'homme qui est venu de Juru », autrement dit les lieux d'où viennent les *ban-mundéré* qui sont les inventeurs des masques moundang. Ces 4 clans sont appelés aussi *pah-kelabé* « les maîtres de la hache » pour dire les maîtres du couteau de la circoncision. C'est pourquoi la devise dit aussi :

« Les hommes qui ne craignent pas *sã-jõré* », c'est-à-dire les remèdes, les médecines magiques qui menacent et protègent tout à la fois les garçons dans le camp d'initiation.

En cette circonstance, une autre charge incombe à une femme du clan : pratiquer des incisions, des scarifications rituelles sur le ventre des femmes stériles tandis que les garçons sont en brousse pour la circoncision.

« La lame tranchante qui fait les cicatrices aux femmes.
La lame qui fait les cicatrices l'année de la circoncision ».

Gweré : les gens d'origine Guidar, les gens du Nord.

Expliquons d'abord notre traduction. Les Moundang appellent l'Est et l'Ouest soleil levant et soleil couchant mais donnent des noms de pays aux deux autres points cardinaux : *za-ke-Lamé* (vers Lamé, centre coutumier des Pévé) pour le Sud et *za-Gweré* (Pays Guider) pour le Nord. Le clan Gweré a pour origine géographique le Nord et, sans doute, bien que certains le contestent, est issu de l'ethnie Guidar. En tout cas, bien des traits l'assimilent aux Guidar, du moins tels que les voient les Moundang car tout ce que ceux-ci attribuent à leurs voisins du Nord : le culte des jumeaux, la divination par les cailloux et la chasse aux grands gibiers de brousse, est placé sous la responsabilité rituelle d'un Ancien du clan Gweré. Bien que Damba soit, lui, sans contestation possible, un pur Guidar, fils du roi de Libé, aucune trace du lien ethnique unissant ce clan à la lignée royale n'est conservée par les Moundang. Ce fait est d'ailleurs tout à fait caractéristique du système que nous étudions : l'origine ethnique d'un clan, qu'elle soit admise ou rejetée, peut servir d'explication à tel aspect ou fonction valant comme trait distinctif, jamais elle ne constitue un lien réel doué de la moindre efficacité.

Les Gweré sont divisés en sous-clans qui se disent tous issus des Gweré, les Gwé de la mangouste (*kabélé*) qui, aujourd'hui encore, sont localisés, pour la plupart, dans les villages frontaliers du Cameroun, c'est-à-dire au voisinage des Guidar. Une anecdote originale, car elle ne parle pas de vengeance, explique une première scission qui donna naissance aux Gwé-Mboka. Un homme avait promis sa fille à son ami intime mais celle-ci répugnait à ce mariage. Son père la conduisit de force chez son mari mais elle s'enfuit et fit de même chaque fois que son père la ramena au foyer conjugal. Désespéré de voir trahi le serment fait à son ami, le père décida « de ne pas toucher » (la bonne traduction est « bouffer ») la compensation matrimoniale qu'il avait reçue. Il s'empara de sa fille qui l'avait déconsidéré et l'enterra vivante. Et jusqu'à maintenant on appelle ce sous-clan : « Ceux qui ne mangent pas la dot d'une fille. » L'interdit de ses membres est précisément de toucher à la « dot » de leur fille, chose qui, en tout état de cause, n'est recommandable pour personne.

Un autre sous-clan a également droit à une anecdote pour justifier son sobriquet : les Gwé-Munjiri (les Gweré des feuilles de haricot). C'était du temps des guerres avec les Peuls. Des hommes dirent à leurs frères de clan : « Pourquoi nous laissons-nous massacrer par les Peuls ? Faisons quelque chose pour nous venger ». Ils se couchèrent sur le sol et demandèrent aux autres de ramasser des feuilles de haricot et d'en recouvrir complètement leurs corps. Quand les cavaliers peuls vinrent, ils s'approchèrent sans méfiance de ce qu'ils croyaient être un champ de haricots et ils subirent ainsi la pluie de flèches décochées par les Gweré brusquement jaillis de dessous les feuilles.

Enfin, un dernier sous-clan également spécialisé dans la chasse est appelé Gwé-ban-nemini, les Gweré du clan de la biche. « Mangoustes et Biches » sont leurs totems mais les Gweré chantent dans leur devise un gibier plus prestigieux, l'antilope-cheval qu'ils traitent comme les Teuré l'hippopotame.

« Le bœuf avec lequel on ne peut payer aucune femme. »

« L'homme qui possède deux enclos, l'un est au village, l'autre est en brousse. »

« L'animal que les célibataires ne peuvent tuer » (allusion à l'interdit fait au célibataire de tuer un vieux mâle hippotrague sous peine de ne jamais pouvoir se marier).

« Le bœuf qu'on ne peut attraper avec aucune corde. »

« La viande qu'admire seulement des yeux l'homme qui n'a que des filles; la viande que possède l'homme riche en garçons. »

Les différents sous-clans Gweré sont les chefs de terre et partant les premiers occupants de nombreux villages du Nord-ouest du pays moundang. Leur devise le rappelle en exaltant une sorte d'indépendance farouche par rapport au roi de Léré qui tranche sur le ton des autres devises.

« Est-ce avec la hache du roi que j'ai coupé les bois ? »

« Ce n'est pas avec la bouche (l'autorisation) du roi que les Gweré se sont installés. »

« Ils ont coupé les bois pour faire le village sans la bouche de personne. »

« Avons-nous une hache de roi dans nos mains ? »

Enfin, la devise s'achève sur l'évocation des Génies de lieu du clan (cok-šyĩnri) :

> « Sous la montagne de Dam-Soko, le fer de houe gravé.
> Dans l'eau noire de la mare, la chose est descendue. »

Ce lieu où le fer gravé a marché est le séjour des âmes des morts du clan. Nos questions sur cet étrange phénomène sont restées sans réponse.

Ban-pingni : le clan des Singes.

Comme les Dué, les Singes viennent du pays Mambay, la tradition précise même : de la montagne de Katcheo. Ils se sont installés dans les villages de Zalbi, Tessalé, Yanli et surtout Gebané où ils sont chefs de terre et où ils sont les plus nombreux. Leur interdit alimentaire est, bien sûr, le singe et les fruits touchés par un singe. D'où leur vient ce nom ? A cette question, un Ancien du clan s'étonne : « C'est avec ce nom que nos ancêtres sont arrivés ici, comment donc saurions-nous de qui ils le tiennent ? Peut-être l'un de nos aïeux avait-il élevé un singe, peut-être en avait-il tué un, nous ne le savons pas. Mais il faut dire que nous sommes parents (*zumi*) des singes puisque nous portons leur nom. Les singes font le travail des hommes; tu peux les voir en brousse prendre un melon et le porter sur la tête en le tenant des deux mains. Ils s'occupent de leurs enfants, ils les châtient, parfois même, ils s'amusent ».

C'est en vertu de cette proximité ou parenté des hommes de ce clan avec les Singes qu'on leur attribue des techniques comme celle de l'accouchement permettant de sauver la mère en même temps que l'enfant et celle de la circoncision.

Leur devise reprend, si l'on peut dire, toute l'information que l'on possède sur ce clan.

« Les hommes venus de Katchéo, les hommes venus de l'Ouest, de la montagne de Mambay. »
« Ils ouvrent le bois sacré du roi de Léré, les fils de ceux qui ont apporté la hache de la circoncision. »
« Ils balaient le bois sacré de leurs semelles de bois » (car le roi les honore avec des souliers de noble).
« Ils entrent dans le bois sacré sans ôter leur coiffure ».
« Ils ont des terrasses qui ne prennent jamais feu » (allusion aux rochers où vivent les singes).
« Où pourriez-vous aller sans rencontrer des Singes ? »
« Ils sont partout. »

Ban-mundéré : le clan des Masques mundéré.

Ce clan vient du Sud, d'une région qui dépendait de Lamé et située non loin de Rei-Bouba. La tradition nous donne même le nom d'une localité : Lerka, dont on ne trouve mention sur aucune carte. Sa devise parle de « l'homme qui vient de Mbaïmba, l'homme qui vient de Juru » et, selon certains Anciens du clan, Juru serait le nom à peine déformé des Duru, une ethnie vivant au Cameroun, dans le voisinage des Mbum de Ngaoundéré.

Vue de Léré, l'histoire des Ban-mundéré est celle de gens qui pratiquaient la circoncision et avaient inventé le masque de fibres qui permet de donner toute sa force à l'institution initiatique. Ayant appris qu'un camp d'initiés était ouvert à Lerka, le roi de Léré décida d'y envoyer des observateurs ; ceux-ci furent emmenés avec les autres enfants et subirent comme eux la circoncision. Auparavant, les Singes avaient montré aux Moundang les bienfaits de la circoncision mais leur couteau était un simple éclat tranchant de tige de mil et l'opération n'était faite que sur les garçons frappés par la blennorragie. A Lerka, zone de minerai où vivent plusieurs clans de forgerons, le couteau pour circoncire est en métal et l'on peut dire qu'on y pratique la vraie circoncision, celle qui s'inscrit dans une initiation périodique destinée à tous les garçons. Les envoyés du roi de Léré rapportèrent à leur maître tout ce qu'ils avaient vu et subi à Lerka et il en fut très satisfait. Il « envoya la bouche » pour que viennent auprès de lui des gens de Lerka avec leurs masques et leurs couteaux métalliques. Les Ban-mundéré se déplacèrent et installèrent leur village à Poudoué dont, aujourd'hui encore, ils sont les chefs de terre. De là, ils s'avancèrent vers Léré ; le roi marcha à leur rencontre jusqu'à Kawade (la colline des bœufs) où, depuis lors, les enfants de Léré sont circoncis. Arrêtés là, sur la rive sud du Mayo-Kébi, les Ban-mundéré sont maîtres de la brousse (*pah-cŭki*, c.à.d. maîtres des masques et de l'initiation) de la moitié sud du pays moundang, le Nord restant, comme on l'a vu, du ressort des Ban-pingni.

La relation des hommes de ce clan avec les objets masques est comparable à celle que les Teuré entretiennent avec leur pierre de l'eau. Elle se manifeste à tous, à l'occasion des rites funéraires. Au soir du quatrième jour des cérémonies, quand la nuit est sur le point de tomber, une dizaine d'hommes accompagnés par un masque *Muyu* (masque femelle et informe qui s'oppose au *mundéré*) se rend près de la tombe du défunt. Une marmite de viande de bouc et des calebasses de boule de mil ont été préparées pour le viatique. C'est alors qu'un frère très proche du mort ramasse sur la tombe une pleine calebasse de terre et la plaque sur sa poitrine de la main gauche tandis qu'avec la main droite il tient un bâton dont il frappe avec force le sol damé de la tombe. Les femmes apprennent ainsi que le défunt sort de terre et part en brousse rejoindre les génies de son clan. Elles se cachent et les hommes suivis par le *Muyu* s'en vont en brousse, vers le lieu-dit *bi-dan* (« l'eau de l'écureuil ») que hantent les *čok-šyũnri* du clan et là, se partagent la nourriture avec des représentants d'autres clans de masques : les Teuré, les Kizéré du Lion et de la Panthère. Au petit matin, *Zuwũn-fu,* un masque nouveau, représente le mort sorti de la tombe sous forme d'un esprit. Le nouveau masque ne porte pas le costume complet mais les « jupes » seulement qui laissent découverts le torse et les bras qui sont peints à l'ocre rouge. Le nouvel esprit ainsi vêtu et muni d'un gros bâton s'en va vers le bois sacré de son clan. Toute la journée il se promène, il rôde plutôt car il ne peut s'approcher des deuilleurs qui, épouvantés, fuiraient la place mortuaire. Mais le soir, il peut partir vers le bois sacré et là, il disparaît à jamais : le porteur du nouveau masque a alors déposé son précieux costume à la place qui lui convient dans la hutte du bois sacré. L'identification de l'homme du clan à son masque est soulignée par certains qui racontent que jadis les Ban-mundéré naissaient avec de très longs poils noirs sur tout le corps ; c'est ce qui leur donna l'idée de créer les Mundéré aux longues fibres teintes en noir.

La devise du clan chante évidemment cette prodigieuse identité.

« Le veau qu'un riche pasteur préfère. »

« La carpe que se réserve le propriétaire du filet. »

« Il passe, orgueilleux, devant tout le monde. »

« Le grand oiseau (le rapace) sait que sa chair est amère. »

« L'homme qui vient de Mbaïmba, l'homme qui vient de Juru. »

« Race pure, vraie race qui met au monde » (les **Ban-mundéré** ne s'accroissent pas par des esclaves ou des étrangers).

« Les Moundang l'ont acheté (le masque) avec des bœufs. »

« La chenille (le masque en dansant ondule comme une chenille) qu'aucun oiseau ne peut attraper. »

« Le mari de Naïteuré (la première des princesses qui doit épouser un homme de ce clan ou du clan des oiseaux). »

« **Le masque** qui se repose sur la couche de la princesse. »

Dué.

Clan Dué, dont le nom est aussi celui du village qu'il occupe. Les Dué viennent de l'Ouest, des collines de Mambay et se divisent en deux grandes branches qui depuis longtemps n'entretiennent plus aucun rapport : celle dont la « capitale » est Duéli (Dué le grand) et qui est constituée en chefferie autonome ; ils sont indépendants de Léré comme de Lamé mais parlent la langue des Pévé de Lamé. Les autres sont des Moundang concentrés pour une grande part dans le village de Dué perché sur les petites collines qui surplombent le lac de Léré qu'on appelle *ma-bi-Dué*, le lac (la grande eau) de Dué.

Comme Tézoko commandé par le clan du Serpent, comme Yanli commandé par le clan Gweré, le village de Dué était, jusqu'au temps de Sahulba, commandé par un homme de la lignée des Chefs Dué et conserve encore une certaine autonomie rituelle. Leur devise le rappelle : « Un Moundang (c'est-à-dire un fils ou un envoyé du roi de Léré) ne peut approcher de la colline des « fétiches » (*wa-za-šyĩnri*) sans risquer la mort. » Ce particularisme est expliqué par une anecdote que rapporte ainsi le chef de terre du village : « Quand les gens de Dué se sont installés ici, au bord du lac en face de Léré, le roi leur a confié un *damé*, tambour géant que les chefs faisaient battre jadis pour appeler les hommes à la guerre. Il fit dire à mon ancêtre : « Quand vous entendrez battre le *damé* de Léré vous battrez aussi le vôtre ». Un jour les villageois entendirent le *damé* de Léré et ils firent comme il leur avait été ordonné. Les jeunes hommes qui étaient alors à la pêche entendirent aussi et ne purent capturer aucun poisson. Rentrés bredouilles, ils accusèrent les Anciens de leur avoir porté malchance en frappant le *damé*. Très mécontents, ceux-ci décidèrent de jeter dans l'eau le tambour venu de Léré. Les gens de Dué n'admettent pas non plus dans leur village les chevaux dont les hennissements éloignent les poissons si bien que pour la chasse rituelle à la pintade le Chef doit faire venir un cheval du village voisin. C'est en raison de toutes ces discordances que le roi de Léré dit un jour aux gens de Dué : « Quand nous avons fini de fêter *fing-moundang* vous pouvez faire ce que vous voulez ». Dué fête donc le Nouvel An selon sa coutume, la lunaison suivant celle de *fing-moundang* et qu'on appelle *fing-Dué*, la lune (ou la fête) de Dué.

Le clan est divisé en une dizaine de sous-clans : les Dué de l'Ane qui viennent de Dué-li et détiennent la chefferie, les Dué « des eaux croupissantes » qui sont leurs anciens esclaves ; ceux de la forge et ceux, dispersés dans le pays, qui portent des noms de lieux-dits, de quartiers ou de villages.

Tous les Dué sont dits Dué du mil et leur interdit commun est de consommer du mil grillé. Un petit récit explique l'association de ce clan avec le mil. Une nuit où il avait beaucoup plu, un homme du clan était mort. Au matin, ses frères virent son corps sans vie et se demandèrent ce qu'ils devaient faire. « Laissons-le, dirent certains, et allons d'abord semer le mil puisqu'il est tombé une bonne pluie ». Quand le soir venu ils rentrèrent au village, leurs voisins se moquèrent d'eux : « Vous abandonnez votre frère mort et vous allez semer; vous semez sur votre frère mort. » C'est pourquoi, depuis ce jour, les Dué enterrent leurs morts avec du mil qu'ils versent sur les tombes.

Leur devise chante le mil que seule la femme pure, la femme courageuse peut écraser sur sa meule.

« *Weri* (variété de mil jaune) que la femme souillée ne peut écraser. »

« *Weri* que l'homme qui a de gros testicules (il s'agit de la maladie d'éléphantiasis) ne peut manger sans perdre toutes ses forces. »

« La femme sans force ne peut écraser le mil des Dué. »

« Seules les grandes femmes de Dué (c.à.d. les épouses déjà mûres) ont la force d'écraser; les jeunes femmes font seulement une bouillie » (leur cuisine est bonne pour les bébés, pas pour leurs maris).

« Poisson qui reste dans les eaux profondes » (il s'agit du grand masque du clan Ma-bi-Dué, la mère de l'eau des Dué, du lac de Léré).

« Les Moundang qui ont peur ne viennent pas sur ces collines. »

« Jamais un Moundang ne se tiendra sur la colline de Panaï. »

Ces phrases rappellent l'autonomie rituelle dont jouit le village dont le chef politiquement assujetti à Léré garde des liens symboliques avec la dynastie régnante de Dué-li dont il est issu.

Le roi de Léré est l'allié *guru* du clan Dué et le thème de la plaisanterie est énoncé ainsi :

« *bam-kuli Dué Moundang ine ne de* »

(Les oignons-médicaments de la pluie appartenaient aux Dué, les Moundang (c.à.d. le roi de Léré) l'ont arraché (l'ont acheté) avec un bœuf).

ban-suo : le clan du Serpent.

Les Serpents, les Chiens et les Lamguru sont les trois clans de « purs » forgerons qui viennent du Sud, du côté de Lamé. Les Moundang appellent les *ban-suo* des Mweke, c.à.d. des Kado (païens, en langue fulfuldé) de la région de Badjé. Les membres de ce clan, dispersé comme tous les clans dans l'ensemble du pays moundang, sont originaires du village de Tezoko où, aujourd'hui encore, ils constituent la majorité de la population et où le chef lui-même est Serpent. Le caractère totémique de l'appellation du clan se manifeste essentiellement en relation avec la personne du chef. Les Anciens de Tezoko disent que si *suo-sworé* (le serpent du mil qui est une espèce de python se plaisant à vivre sous les greniers) apparaît au chef et abandonne son abri familier, c'est l'annonce de sa mort prochaine car ce ptile incarne quelque chose de sa force vitale, son *mah-zwẽ-su*. Il est censé ne pas quitter l'enclos de la maison du chef; il ne faut pas chercher à le voir et il faut lui laisser de la nourriture et de la boisson. Quand on récolte le premier mil il est interdit de faire brûler le déchet des épis et, de même qu'on sacrifie aux ancêtres en faisant des libations de bière de mil, on verse à terre près du grenier, de la boisson fermentée à l'intention du python. L'oubli de ce devoir pourrait conduire le serpent à coucher avec une femme du chef. Tous les membres du clan sont associés à l'animal éponyme (notamment, ils prêtent serment en prononçant le nom de *suo-sworé*) mais c'est par l'intermédiaire du chef de Tezoko qu'un lien substantiel les unit à une espèce qui, rappelons-le, est l'interdit majeur de tous les Moundang.

La devise clanique évoque, bien sûr, le serpent mais c'est surtout la fonction et le caractère particulier du forgeron qui sont exaltés. Avant d'en citer d'importants extraits, il n'est pas inutile de donner quelques informations sur le forgeron et la métallurgie dans le pays moundang. Le *pah-čoke* (père de la forge) jouit d'une grande considération sociale chez les Moundang qui le respectent à l'égal d'un chef. La déférence dont on l'entoure est justifiée par l'utilité éminente de sa profession et, s'il est craint, ce n'est pas que son état l'isolerait du reste des villageois pour l'inscrire dans une catégorie particulière mais parce que les outils dont il se sert, le lieu dans lequel il travaille sont, dans une certaine mesure, sacralisés et, par conséquent, porteurs de danger. La relation au sacré qu'entretiennent la forge et les outils (nous ne saurions traduire autrement le fait qu'ils sont désignés comme des *za-šyīnri*) est certes très chargée mais elle ne diffère pas foncièrement de celle que l'on rencontre dans les autres techniques qui se définissent par le travail d'une matière ou l'usage d'instruments (bois des tailleurs de pirogues, harpons de pêche, filet de chasse, teinture d'indigo, etc.) toujours porteurs de danger. On ne « s'amuse pas », comme disent aussi les Moundang, avec les pierres de divination, pas plus qu'avec la pirogue des Tezun ou les armes du chasseur. Rien, dans le cas de la forge, n'ajoute quoi que ce soit qui la ferait sortir d'une attribution clanique comparable aux autres. Comme tous les arts et toutes les techniques elle a une origine, « elle a été engendrée, elle a été mise au monde » par un clan qui en est le géniteur et le légitime propriétaire. Cela n'implique, d'ailleurs, aucune exclusivité : un pur forgeron peut, s'il n'a pas de fils, transmettre son art à son neveu utérin qui à son tour le transmettra à son fils et ainsi pourra naître une lignée de forgerons dans un clan où il n'y en avait jamais eu jusque-là. Nous avons vu que tel était le cas chez les Dué (Dué-coke et Mungwo) et les Teuré bijoutiers du cuivre (*pah-čok-vam-sīē*, les forgerons du fer rouge qui employaient la technique de la fonte à la cire perdue).

L'origine de la métallurgie dans cette région est donc le Sud, la zone de Lamé, Dari et Badjé dont le sol est riche en minerai. Les gens du pays et notamment les *ban-suo* creusaient la terre dont ils extrayaient des petits blocs de minerai qu'ils faisaient fondre au moyen de très grands soufflets qui nécessitaient deux personnes pour les actionner. Lorsque les morceaux étaient rougis, ils déposaient le métal dans l'écorce du fruit *dakuluki* (sorte de pamplemousse sauvage) où le fer durcissait sous forme de boule. Ce travail exigeait du temps et une main-d'œuvre nombreuse : les *ban-suo* payaient en bière de mil les gens qui les aidaient; à ceux qui travaillaient à l'extraction ils donnaient quelques boules de fer dont le cours était très élevé. Un vieillard se souvient qu'une boule valait un poulet, qu'il en fallait deux pour obtenir un fer de houe et qu'on pouvait aussi échanger une boule contre 24 coudées de bande de coton (*za võ žim gwa* : 1 nez de tissu 2 fois). « Les gens achetaient des boules de fer qu'ils enterraient dans leur case car, pour avoir un outil ou une arme, il fallait apporter son métal au forgeron. Le forgeron moundang, ajoute le vieillard, ne se déplaçait pas, ne faisait pas le commerce : il attendait qu'on lui donne le fer à travailler et qu'on le paie avec des boulettes de tabac ».

Un des aspects du prestige dont jouit le forgeron est le fait qu'il est hors d'atteinte des voleurs; le voler, c'est comme voler le roi, c'est-à-dire prendre des risques démesurés. Le respect dû à la forge et aux outils a pour cause les puissants *syĩnri* (il faut traduire ici : le mal et son remède, la magie et sa contre-magie) qui leur sont attachés. La maladie de la forge peut attaquer les hommes (et même le forgeron s'il vient dans sa forge après avoir eu des rapports sexuels) et les femmes; ces dernières ne peuvent en guérir qu'en participant aux groupes rituels qui organisent des danses de possession. Le *šyĩnri* de la forge a son siège dans l'embouchure de la poterie allongée qui sert de tuyère au soufflet. Lorsqu'il attaque une personne il fait gonfler son ventre et provoque des plaies purulentes. D'autres *šyĩnri* sont destinés à protéger la toiture de paille (*talé*) de la forge; on appelle ce remède « la rosée du feu » (*man-ẅi*), il est censé écarter tout risque d'incendie. Si un incendie se déclare néanmoins, le forgeron ne doit pas quitter sa forge au risque d'y brûler vif. Tous les villageois se précipitent pour éteindre ou aider à éteindre le feu, mais s'ils échouent et laissent brûler le forgeron, cette mort est conçue comme une apothéose : il rejoint les ancêtres de son clan qui sont censés être présents dans la forge et se ma ifester dans le crépitement des flammes activées par le soufflet.

Le feu des forgerons est le même que celui que font les garçons en brousse (en allumant par frottement de baguettes de la bourre de kapok ou en frottant des silex) et dont le maître est le masque du feu appelé Kazae. Il porte une espèce de ceinture à laquelle sont fixés des bâtonnets au bout rougeoyant comme des tisons et ne sort que lors de la grande initiation quand les garçons viennent d'être circoncis. C'est Kazae qui donne le feu domestique par l'intermédiaire du forgeron qui est donc à la fois du côté des *pah-yãné*, les maîtres des masques — et ceux de brousse en particulier — et du côté du foyer de la cuisine. « A la vérité, comme le dit le vieux Mawulyambé, le forgeron n'est exclu d'aucune des activités auxquelles se livrent les Moundang grâce aux outils que nous faisons. Si des gens sont en train de tailler le bois pour une pirogue, il peut rester parmi eux et boire avec eux. S'il trouve des femmes en train de danser leurs danses de possession, il peut venir près d'elles et boire la bière autant qu'il voudra. N'est-ce pas lui qui a fabriqué la hache des coupeurs, n'est-ce pas lui qui a fabriqué les petites sagaies et les petits couteaux que les possédées ont à la main ou portent en sautoir ? Le forgeron est deux avec le roi (c'est-à-dire, lui et le roi ne font qu'un, ils sont pareils), ils sont l'un et l'autre riches et respectés. Le voleur n'entre pas chez le forgeron et on ne peut pas l'accuser, les femmes du chef n'iraient pas mettre sa case sens dessus dessous comme elles font quand quelqu'un est soupçonné de vol. Le forgeron est un grand parmi les grands de la terre ».

La devise du clan du Serpent :

« Le fiancé des fillettes » (comme le roi le forgeron peut épouser des filles d'âge très tendre et nul n'ose se poser en rival).

« Serpent qui dort sous le grand ficus. »

« Le fer qui ne se brise jamais, le marteau qu'on ne peut prendre comme créance » (car c'est un objet dangereux qui ne saurait circuler).

« Celui qui forge les lances que le roi donne à ses notables. »

« Celui qui donne à sa fiancée la houe ornée d'incisions. »

« Celui dont le cri imite le cri de l'oiseau (allusion au bruit du marteau sur l'enclume), celui qui imite le cri de l'oiseau rouge. »

« Celui qui est assis en vagin avec son marteau » (la position du forgeron qui frappe avec son marteau, assis les jambes écartées, est comparée à celle des femmes qui pêchent dans le marigot en saison sèche : elles s'assoient dans l'eau et attrapent le poisson en rabattant leurs mains vers l'entrejambe comme si leur vagin était une nasse. La métaphore porte sur les postures et non pas sur les outils, le poisson et le vagin).

« Le serpent qui ne sort en présence de personne. »

« Le serpent qui sort quand le soleil est brûlant. »

« Celui qui prend ton fer pour forger la houe et garde la houe. »

« Le chef qui se tient sous le grand ficus du serpent. »

Tous les clans forgerons et non seulement les Serpents ou les Lamguru ont en commun cette brève et éloquente devise :

« Forgeron, tu manges la chose d'un homme qui attend avec ses larmes. »

« Les deux sur la terre qui mangent, le forgeron et le roi. »

Le clan de la Pirogue (*Ban-dahé*) est un clan frère de celui du Serpent : leur devise est commune et ils peuvent hériter l'un de l'autre bien qu'ils aient perdu tout souvenir du temps et des motifs de leur séparation. Les *Ban-dahé* partagent avec les Teuré la légende selon laquelle leurs ancêtres auraient été emportés par l'inondation : mais eux, ce ne sont pas les toitures de paille mais la pirogue qui les a sauvés. Ils se sont d'abord installés à Tréné dont ils sont les chefs de terre puis à Getalé où ils sont les plus nombreux.

Ils partagent avec les Tezun qui sont leurs principaux alliés à plaisanterie les « médicaments » attachés à la coupe et à la taille du bois pour fabriquer les pirogues. Aux funérailles des grands des deux clans les hommes miment la construction d'une pirogue et sa mise à l'eau pour une campagne de chasse aux hippopotames avec des harpons. Mais les Pirogues sont d'abord des Serpents et lors des funérailles on assiste aussi à la sortie d'un serpent pour lequel on dépose de la farine de petit mil et du gâteau d'arachides sur la tombe du mort.

La devise du clan Lamguru.

Ce clan de forgerons est celui qui, d'après la tradition, a apporté le premier les bienfaits de son art au roi de Léré. C'est de lui que les Moundang disent · « *bian čoké* », il a engendré la forge. Les très larges extraits de leur devise qu'on va lire maintenant évoquent leur spécialité mais leur intérêt tient davantage au témoignage historique et politique qu'ils apportent : sur l'état de guerre quasi permanent avec les Peuls, et ceux de Rei-Bouba en particulier, et le rôle de garde-frontière, de sentinelles méridionales du roi de Léré que les Lamguru et quelques autres clans voisins ont joué pendant presque tout le XIXe siècle.

« Le village où les pleutres ne peuvent pas demeurer. »

« Le village où ne s'aventure pas celui qui craint les Peuls. »

« La haie d'épineux qui garde le pâturage du roi de Léré. »

« Le roi de Léré a fait sa clôture au village de Lawe. »

« L'ami du roi de Léré, il boit l'eau le jour de la viande » (cette innocente image signifie : les Lamguru s'enivrent quand vient le jour de combattre les Peuls, leur « viande »).

« L'homme qui capture la femme peule en même temps que son enfant. »

« Celui qui pile la femme peule dans le mortier. »

« Le bois de *geuré* qu'on ne peut couper avec la hache. »

« Le bois de *geuré* que les veuves coupent en pleurant. »

« Fer noir des Lamguru qui rend rugueuses les meules des femmes. »

« Le village de ceux qu'on n'adoucit pas avec des cadeaux. »

« Celui qui ferme le grenier avec une ceinture de perles. »

« Celui qui entre dans la demeure du roi de Léré avec la ceinture de perles » (ce que seules les épouses du roi ont le droit de faire).

« Celui qui entre dans la demeure du roi avec le grand anneau de cheville. »

« Les gardiens du pâturage du roi de Léré au couteau sur la poitrine. »

« Les grands qui font la limite de la terre des Moundang. »

« Ceux qui font la guerre avec des couteaux de jet » (arme inconnue des Moundang mais qu'utilisent les chasseurs au sud de Lamé).
« La grande termitière qui fait la limite de la terre. »
« Ceux qui gardent les esclaves enchaînés. »
« Celui qui tient la limite avec Rei-Bouba. »
« Celui qui met la graisse d'un homme dans un petit pot. »

ANNEXE 1

LES OUTILS DU FORGERON MOUNDANG : ÉTUDE DE VOCABULAIRE

Enclume : *dadakila* (mot peul préféré aujourd'hui au moundang : *bik-te-kpu*, qui signifie marteau ou masse fichée dans un bois).
Masse : *bik-far-de* (marteau-verge de taureau)
   Biki : le marteau léger
   Té-fyéré : la petite pince
   Cele : le ciseau qui coupe le fer rougeoyant
   Yi mundéré : (l'aile du masque mundéré) large marteau plat à manche pointu pour faire l'emmanchure du fer de houe.
   Fazebwi : fer recourbé pour activer le feu de la forge
   Dae-wi : (la peau du feu) le soufflet
   Za-siare : le foyer et *za-coké* : la bouche de la forge, l'embouchure de la tuyère du soufflet
   za-čin : les cornes, les deux bouts du soufflet qui pénètrent dans la tuyère
   tekpel-bi-čoke : la cuvette d'eau de trempe du métal
   fan-gye-ker-kpāe : la grosse pointe de fer pour percer le trou du manche de la houe.

Moundang-Gé-Rumaï (les Moundang au milieu — dans le quartier — des Peuls).

Ce clan dont nous n'avons trouvé aucun représentant, pas plus à Léré que dans les villages de brousse, pose une énigme. De nombreux informateurs en font un des tout premiers clans, au même titre que les Buffles, les Oiseaux, les Teuré et, bien sûr, les Kizéré. Il témoigne, en tout état de cause, non seulement de relations très anciennes entre Moundang et Peuls mais d'une influence certaine des seconds sur les premiers, à l'aube même du royaume de Léré. D'après Waseré, ce clan serait aussi à l'origine de l'institution des *za-sae*. Un homme ayant vécu parmi les Peuls avait appris les rites selon lesquels ceux-ci ensevelissaient leurs morts. Pour cette raison, ses descendants reçurent le nom de clan qui est le leur. Cet homme avait été accueilli par des gens appartenant au clan Teuré.

Jadis, dit-on, les Moundang enterraient leurs morts nus, le sexe et l'anus étant seulement recouverts d'une peau de chèvre (nous verrons plus loin que cette coutume a laissé une trace dans le rite appelé *re-da-za-mori*, « couvrir l'anus d'une peau »). Ils plaçaient les cadavres dans de grandes urnes funéraires (style Sao??) qu'ils enfouissaient dans des fosses circulaires. Les Peuls « civilisés » enveloppent le corps du défunt d'un linceul blanc et l'enterrent dans une grande fosse rectangulaire.

« Un jour, raconte Waseré, comme l'une des épouses du roi de Léré était morte, l'homme venant de chez les Peuls eut l'occasion d'accompagner son ami du clan Teuré à la place mortuaire et d'assister à l'enterrement, selon la coutume des Moundang. Surpris et choqué par ces usages qu'il jugeait grossiers, il demanda, par l'intermédiaire de son ami Teuré, un grand boubou blanc au roi de Léré. On lui donna ce qu'il demandait et il en enveloppa le corps de la défunte puis il fit creuser une large fosse rectangulaire pour l'ensevelir. Le roi de Léré se montra très satisfait de cette nouvelle manière de faire et pria l'étranger de demeurer auprès de lui. Il en fit son ami (*paliã-gõ-ae*) et le couvrit de cadeaux.

Désormais, à l'occasion des fêtes, quand le Gõ-Léré invite la population à consommer les nourritures et les boissons préparées au palais, il demande au Moundang-Gé-Rumaï et à son ami du clan Teuré de prendre part aux festivités et pour leur faire honneur, il les invite à part, dans la demeure, le « *pe-wul-li* de sa quatrième épouse ». C'est de cette réunion des experts en pompes funèbres que serait née la coutume du « conclave » des *za-sae* précédant l'ouverture des cérémonies de *fing-moundang*.

On attribue également aux Moundang-Gé-Rumaï l'origine de l'institution des *pa-fae*, les représentants ou les « ambassadeurs » auprès du Gõ-Léré des chefs et des villageois de brousse. Le même *pa-fae* est commissionnaire du souverain qui l'envoie en brousse lorsqu'il a un message (administratif ou personnel) à transmettre au chef ou aux notables du village dont il est le représentant. Cette institution du *missus dominicus* serait également d'origine peule.

Moundang-Yèré.

Ce clan occupe une place tout à fait particulière dans le système politique et rituel des Moundang de Léré. Les tâches et les prestations qu'il doit au souverain sont, en effet, d'une nature tout autre que celles que nous avons rencontrées jusqu'à maintenant. Différents clans ont donné ou, selon la formule chère aux Moundang, se sont « fait arracher avec des bœufs » des choses, des forces qui étaient leur propriété, qu'ils avaient emmenées avec eux depuis leur lointaine migration et qui font partie de leur substance clanique d'où elles tirent leur vertu. Ainsi, pour rappeler quelques exemples, les Teuré sont venus avec le *gbwẽ*, les Dué avec les oignons-fétiches de la pluie, les Ban-mundéré avec les masques, les Ban-pingni avec la connaissance de la circoncision. Mais les Moundang-Yèré n'ont rien apporté en propre car ils se sont formés en tant que clan, nous allons le voir, au sein de l'ethnie moundang. Leur « travail » est de donner une femme au roi, la *mah-mor-yã* déjà mentionnée, qui est la maîtresse du palais, première épouse aussi bien que prêtresse des rites qui s'y accomplissent. Ils ont la charge, dans le village de Labsay, de circoncire les fils du roi pour les protéger des grands masques de *jõ-kawade* (c'est un autre indice du caractère femme de la royauté) qui pourraient les tuer. Enfin, ils enterrent la dépouille royale en se conformant à des règles très spéciales qui ne sont pas sans rapport avec le régicide rituel qui nous occupera plus tard. Cet énoncé très succinct des trois fonctions de ce clan suffit à faire comprendre qu'elles correspondent à des actes concrets dont les effets pratiques débordent, si je puis dire, le contenu symbolique. Ils semblent impliquer une relation effective d'alliance entre un clan et le roi alors que, par ailleurs, le système est construit de façon à en exclure la possibilité. Peut-être la légende ou l'histoire de la formation de ce clan nous livrera-t-elle la solution de ce problème.

Yèré vient de Yéra, nom d'un village de la région de Guider. Ce village jadis prospère avait été attaqué et pillé par les guerriers du roi de Léré qui partirent en emmenant les femmes en captivité. L'une des femmes avait un fils qui gardait les bœufs en brousse. Lorsqu'il rentra et apprit ce qui s'était passé, il décida de retrouver coûte que coûte sa mère. Il partit dans la direction d'où étaient venus les pillards et suivit la trace de leurs chevaux jusqu'à Léré. Il se présenta devant le palais du roi où les notables le saisirent et l'interrogèrent. L'enfant expliqua la raison de sa démarche téméraire et le roi, averti de l'affaire, eut pitié de lui. Il donna ordre qu'on fît sortir une à une les captives enfermées dans un enclos et quand la mère et le fils se reconnurent en pleurant, il décida de les garder tous deux auprès de lui. De la femme, il fit son épouse et, du jeune homme dont il admirait l'amour filial et le caractère intrépide, il fit son berger. Celui-ci fit d'abord paître ses troupeaux non loin de Léré puis, trouvant que la terre de la plaine était bonne pour les pâturages comme pour les cultures, il alla plus à l'Est en remontant la vallée du Mayo-Kébi le long des rives du lac de Tréné. Il s'installa dans le village de Labsay où il se maria et laissa beaucoup d'enfants et, plus tard, passant sur l'autre rive du lac, il se fixa définitivement à Tréné. La richesse des terres et un lac poissonneux attirèrent une population nombreuse qui vint habiter avec les Moundang-Yèré.

Cependant, le roi de Léré avait eu un fils avec la mère du berger et c'est ce fils qui lui succéda quand il mourut. Le nouveau roi envoyait de nombreux cadeaux au berger son demi-frère utérin et, comme celui-ci était désormais à la tête d'un grand village, il lui conféra le titre de chef : il le nomma non pas *gõ*-Tréné mais *pah-yã* Tréné, c'est-à-dire seulement « père du village » car il n'était pas de lignée royale. L'entente entre les deux frères était grande et il semble, quoique la tradition ne le dise pas expressément, que c'est alors que le roi de Léré adopta l'usage de venir prendre à Tréné une jeune vierge pour en faire sa *mah-mur-yã*. Pourquoi l'ancien berger devait-il une femme au roi de Léré son ancien maître ? S'agissait-il de verser une compensation pour sa propre émancipation ou, par une sorte d'inversion du circuit matrimonial, de rendre une femme pour le bétail reçu?

Rappelons d'abord que *pah-yã* Tréné ne donne pas sa propre fille ni même une fille de son clan mais, alternativement, une fille du clan des Oiseaux et une fille Ban-mundéré. Il s'agit donc d'une prestation qui concerne le village en tant qu'unité politique et, peut-être, si l'on inclut la fonction initiatrice des *pah-čuki* (maîtres de la brousse) de Labsay, s'agit-il, plus largement, de la « chefferie » des Moundang-Yèré. On est donc bien aux antipodes de la relation d'échange symbolique qui lie les clans à la royauté. Dans les relations entre Léré et Tréné les rapports de force font partie intégrante de l'institution qui les unit. Les guerres, légendaires et historiques, qui les ont sans cesse opposés ont leur source, disent les Moundang, dans l'affaire de *mah-mur-yã*. « Gõ-Léré, explique notre narrateur, était parti à Tréné pour chercher *mah-mur-yã* et il devait prendre un bœuf pour faire le sacrifice. Il vit un bœuf qui paissait dans la plaine, non loin du village, et il ordonna à ses serviteurs de s'en emparer. Ses gens firent ainsi mais l'animal appartenait à une vieille veuve qui se mit à hurler : « N'y a-t-il donc pas d'hommes à Tréné pour me défendre quand on me vole mon bien? ». Les guerriers de *pah-yã* Tréné se portèrent au secours de la vieille et ce fut le commencement de la guerre entre Léré et Tréné. Le roi Gõ-Daba ne comprenait pas que son bœuf pour le sacrifice lui soit refusé. Il prit la jeune vierge et partit fort mécontent, décidé à se venger. Il pensait que jadis, quand le Gõ-Léré rendait visite à *pah-yã* Tréné, celui-ci portait sous sa tunique une corde attachée autour des reins pour dire : « Je ne suis pas un chef, je suis ton berger ». Les gens de Tréné, conclut le narrateur, sont des esclaves, ils disent qu'ils veulent se battre contre Léré à cause des bœufs mais eux-mêmes, sont-ils autre chose que des bœufs pour le Gõ-Léré? Ils sont forts et braves à la guerre mais des esclaves ont-ils vraiment la force? ».

La suite de ce récit évoque les guerres récentes (fin du XIXe et début du XXe siècle) entre les deux villages et n'a pas sa place ici, mais il est bon de noter que dans l'esprit de notre informateur, il n'y a pas la moindre rupture de trame entre l'affaire de *mah-mur-yã* et la bataille de 1902 qui se déroula sous les yeux d'observateurs européens. Quoi qu'il en soit du départ entre légende et histoire, les bouts de récit qu'on vient de lire semblent manifester un conflit, voire une contradiction entre une relation d'alliance et un pacte rituel. « La guerre du bœuf » c'est pour *pah-yã* Tréné l'affirmation de l'alliance : je donne *mah-mor-yã* mais tu apportes l'animal du sacrifice, équivalent symbolique de la compensation matrimoniale; pour le roi de Léré, *mah-mor-yã* est un élément de sa puissance royale qui relève du même ordre que le *gbwē* ou les médicaments de la pluie, il peut dire à son ancien berger qu'il l'a aussi « arrachée avec des bœufs » et que, par conséquent, il ne lui doit rien; de façon tout à fait fondamentale, le roi est hors échange. L'impossible alliance est la formule qui nous paraît le mieux résumer les belliqueux rapports nécessaires entre Léré et Tréné. La devise des Moundang-Yèré sonne comme un défi à un rival, puissant, certes, mais pas un maître.

« Ils sont deux grands dans la plaine » (c.à.d. Léré et Tréné).
« L'homme qui se couche sur la peau de la vache. »
« La génisse du propriétaire de grands troupeaux. »
« Moundang au cou fort comme celui des taureaux. »
« Race des gens qu'on ne peut provoquer. »
« Le petit de l'éléphant dans le bosquet d'épineux. »
« Le petit du lion à l'Est de la plaine. »
« Les Moundang qui entassent les corps des Peuls comme des tiges de mil dans les champs. »
« Les Moundang qui pilent les enfants des Peuls dans le mortier. »
« Les Moundang que les Peuls n'ont jamais fait fuir. »
« L'aiguille de Hausa (dure et résistante), le village où le pleutre ne demeure qu'en pleurant. »

Moundang-sìn : les Moundang de l'Ouest.

Ce clan est venu, comme son nom l'indique, du pays moundang situé au Cameroun, de la région de Lara exactement; il a succédé au clan de la Genette comme chef de terre de Léré où il a apporté « la barre à mine », dit-on, et certains bijoux en cuivre inconnus à Léré. Les informateurs parlent de barre à mine pour expliquer que les Moundang-sin ont introduit la technique des terrassiers qui permet de creuser (¹) le sol profondément de façon à obtenir de véritables carrières d'où extraire l'argile pour la construction des maisons. Ces barres étaient-elles en fer ou en bois très dur?, nous ne le savons pas; la tradition attribue seulement à ce clan l'art si typique de la construction moundang qui la distingue de ce qu'on trouve dans les ethnies voisines qui se contentent de la hutte circulaire au toit de chaume.

La devise qu'on va lire ne fait que des allusions à cet apport

---

(¹) Lorsque le Gõ-Léré s'installa non loin de l'emplacement actuel de la résidence royale (à Bareki, non loin de la sous-préfecture), il trouva une terre encore très boisée (cf. Barth, loc. cit.) et très buissonneuse. Un homme du clan Moundang-sin, originaire de Lara, habitait cet endroit jugé peu hospitalier. Mais il avait fait des trous pour fabriquer le banco à partir de la boue, *vu-yã* (de l'argile sans cesse humidifiée) et édifier des murs et un toit terrasse solides. Contemplant cette maison en pisé, belle et solide, le roi dit à l'homme : « Comment as-tu pu creuser la terre pour fabriquer ces murs ? Ne dit-on pas que celui qui creuse la terre creuse sa propre tombe ? ». L'homme répondit : « Nous, les gens de notre clan, nous avons les « médicaments », les *fa-sané* qui nous permettent de creuser la terre sans risquer d'en mourir. Nous faisions déjà ainsi, chez nous, à Lara ».
Le roi décida alors de remplacer les anciens chefs de terre du clan de la genette et de donner la fonction de *pah-seri* de Léré aux Moundang-sin qui ont vraiment rendu ces lieux habitables.

technologique qui apparaît pourtant considérable et magnifie surtout la fonction de chef de terre et celle qui lui est associée de *gõ-pe-kworé*, de chef de l'enclos de paille (cf. infra), c'est-à-dire de purificateur du roi de Léré lors du rituel d'ouverture de la fête des récoltes.

« L'arbre de cette terre » (il s'agit du balanites aegyptiaca — vulgairement le savonnier — qui est l'arbre sacré près de la demeure de *pah-seri* de Léré et où sont accomplis un certain nombre de sacrifices). « Le jujubier près de la mare de Pagere » (autre lieu sacrificiel d'un chef de terre de jadis).

« Les épines qui entourent les choses du roi de Léré ».

Les *šyiñri*, les sacrifices accomplis par le chef de terre, font comme une barrière qui protège les richesses du roi de Léré.

« Bois de construction du chef Bouba » (c'est-à-dire des Peuls de Binder qui sont les voisins des Moundang de Lara).

« Le commencement du village moundang » (de la construction typique des Moundang).

« L'ami du roi de Léré, la poule qui demeure sous le grenier du roi ».

« Le chef qui se trouve dans l'enclos de paille » (*gõ-pe-kworé*).

« L'enfant de celui qui porte des colliers de perles dans le grand grenier du roi ».

« Celui qui proclame l'ouverture de *fing-moundang* avant que le roi la proclame » (rite de *gõ-pe-kworé*).

« Le masque qui ne comprend pas le moundang, le masque qui parle la langue de Kolé » (allusion aux Mbum qui seraient les premiers occupants de la terre de Léré, donc comme les véritables chefs de terre).

« La race qui ne craint aucune face humaine ».

« La race qui ne dévoile jamais ses secrets ».

« Ceux qui ferment leurs greniers avec un bouclier en peau de bœuf ».

Ces trois derniers vers composent un refrain guerrier que nous avons déjà rencontré dans plusieurs devises.

CHAPITRE 3

ESCLAVES ET PRINCES

Le système clanique moundang ne connaît que l'égalité dans la différence, disions-nous en commençant cette analyse, tous les clans sont comme nivelés pour être logés à la même enseigne par rapport au roi de Léré qui détient le monopole de l'autorité politique et de la richesse. Nous allons maintenant essayer de montrer comment et pourquoi il en est ainsi. Un chapitre distinct nous a paru nécessaire pour traiter de ces clans d'origine serve et royale car il ne s'agit plus d'énumérer des traits particuliers ayant une valeur fonctionnelle à ou par l'entrée dans le système que nous décrivons, mais d'étudier les règles qui président en permanence à leur formation. Et puisque ces règles existent et qu'elles sont appliquées, il faut non seulement les énoncer et scruter les conséquences qu'à la longue elles entraînent, mais aussi chercher la finalité que le système leur assigne.

Les Moundang-Léré.

Les Moundang-Léré sont des descendants d'esclaves et non des esclaves eux-mêmes. Jadis, quand un homme d'une ethnie voisine ou même d'un village moundang mais qui ne dépendait pas de Léré était fait prisonnier, l'auteur de la capture était tenu d'amener sa prise au roi de Léré. Celui-ci avait le choix entre plusieurs usages des captifs. Certains devenaient *biak-gõ-ae*, des esclaves du roi : ils restaient au palais où ils remplissaient un certain nombre de fonctions rituelles et quelques-uns jouaient aussi le rôle d'eunuques veillant, dans la mesure du possible, à la bonne tenue des 200 à 300 épouses qui composaient le gynécée royal. D'autres qu'on appelait les « hyènes du roi » (*mungeri-gõ-ae*) avaient la charge d'exécuter les basses œuvres d'un roi excessivement jaloux de ses prérogatives. Mais l'expression « hyène du roi » s'appliquait à tous les captifs comme un nom de clan donné par dérision : un captif n'est pas membre d'une famille, d'une région, d'une ethnie, mais un être de brousse qui sera resocialisé après être devenu la chose du roi ([1]).

Le roi ne garde pas à son service tous les captifs qu'on lui amène. Il peut récompenser un notable ou même simplement le confier à celui qui l'a capturé. Mais qu'il le garde à son service ou qu'il en fasse don, l'esclave recevra une femme et de cette union naîtra un membre du clan Moundang-Léré. Une manière, à la fois simple et suggestive, de représenter ce processus est de suivre la généalogie d'un Moundang-Léré à travers les noms individuels qui sont autant de messages que le maître ou le géniteur adresse à ses proches.

Les Moundang-Léré du village de Léré se répartissent en 6 lignages dont le plus ancien a une profondeur de 5 générations. Pasamé, un de nos informateurs dont la mère était issue de ce lignage et qui était très lié à ses maternels, avait en mémoire une série significative de ces noms-messages qui avaient été donnés dans la famille de sa mère et me fit le « récit » suivant. Un homme appelé Pabamé et venant de « *pedeki* » (c'est-à-dire de loin ou plutôt d'on ne sait où) avait été capturé par un habitant de Léré qui reçut du roi l'autorisation de le garder chez lui. Il était gros, dit-on, et l'on n'en voulait pas au palais. Après quelque temps son « propriétaire » lui procura une épouse conformément à la règle : il versa une compensation matrimoniale avec l'assurance de recevoir en retour celle qui sera payée pour une fille à naître de cette union. Lorsque Pabamé eut son premier fils ce fut le maître qui lui donna son nom : *bwo-ne-kaaba*, « il sera augmenté de côté », c'est-à-dire : une nouvelle lignée sortira de moi. Mais déjà il s'agissait non plus d'une personne dépendant de lui mais d'un membre du clan Moundang-Léré. Aussi, quand l'ancien maître eut lui-même un nouveau fils, il l'appela : *nge-kibé*, « déjà séparé », signifiant ainsi que les deux garçons qui auraient pu être frères appartenaient à deux clans différents. *Bwo-ne-kaaba* eut à son tour un fils auquel il donna le nom de « *pwe-mo-né* », puis-je (ou dois-je) encore te vénérer ? et fit savoir de cette manière à celui qui avait été son protecteur que désormais il était complètement affranchi et libre (*tetel-su-ae*, sa tête est pour lui). Ce curieux dialogue par échange de messages onomastiques aurait pu se poursuivre, imagine Pasamé, l'ancien patron appelant un enfant : *hin-kané*, « si j'avais su je n'aurais pas « arraché » un captif (car c'est en pure perte) » et l'autre répondant : *nan-ge-kilibé*, « désormais nous sommes séparés pour toujours ».

Il est donc clair qu'il n'existe chez les Moundang que des esclaves du roi assumant des tâches rituelles au service du palais ou des travaux de basse

---

[1] L'hyène est pour les Moundang un animal possédant des qualités et surtout des défauts semblables à ceux de Kazaye, le trickster des contes moundang. Il est avide, glouton, prêt à toutes les ruses, mensonges et tromperies pour arriver à satisfaire son appétit. C'est un symbole de l'anomie sociale.

police; les captifs redistribués aux notables ou aux auteurs d'exploits guerriers ont un statut qui ressemble davantage à un mode d'adoption qu'à une forme de servitude (²). Certes, ils travaillent pour l'homme qui est à la fois leur hôte et leur père, ils contribuent à la production domestique mais on ne saurait dire qu'ils accroissent substantiellement la richesse du maître de maison. Ils lui apportent un certain prestige mais pas de puissance supplémentaire qui, en tout état de cause, serait jugée intolérable par le souverain. L'essentiel de cette relation de dépendance semble bien constitué par le lien contractuel qui oblige le maître à fournir une femme à son « captif » qui la restituera sous la forme d'un droit sur une fille à naître. Cette sorte d'échange différé qui se rencontre dans un certain nombre de sociétés africaines n'a pas d'importance déterminante dans le système matrimonial moundang et concerne surtout, comme nous le verrons, le roi de Léré qui l'utilise à des fins rituelles mais aussi politiques.

En dehors donc du palais qui seul, d'ailleurs, le pratique sur une vaste échelle, l'échange différé a pour effet de permettre l'intégration des captifs en tant qu'individus dans la société moundang. Il pallie l'absence de famille résultant de la capture en substituant aux deux groupes qui, dans toute alliance, se constituent comme partenaires d'un échange à peu près synchrone d'une femme contre du bétail, un personnage unique qui sera successivement et par rapport au même individu, à la fois donneur et preneur de femme — à condition, bien sûr, que le mariage réalisé soit fécond. En tant que catégorie ou classe sociale, les captifs sont intégrés par le moyen de la « clanification ». Que cette « mise en clan » se fasse par l'attribution du nom de Moundang-Léré, de Moundang du village du roi, doit être compris comme une forme d'assimilation de cette catégorie de Moundang à celle qui compose les 3 clans de souche royale. Deux faits témoignent de cette assimilation dans les deux sens. 1) Parmi les 6 lignages Moundang-Léré que nous avons déjà mentionnés, il en est un qui est

---

(²) A cet égard, une observation faite par Brusseaux en 1901, quand l'esclavage est encore florissant, est du plus haut intérêt. Il note en effet : « Les esclaves sont tous d'anciens prisonniers de guerre, ordinairement de race Laka. Il n'y a pas de Moundang esclaves dans leur pays ». Soit dit en passant, on ne saurait mieux corroborer la théorie de la « clanification » qui fait des Moundang-Léré un clan logé à la même enseigne que les autres. Et l'auteur poursuit : « La situation de l'esclave n'est pas pénible. Comme chez la plupart des peuples agriculteurs ou pasteurs, ils mènent la vie de famille, sans différence aucune. Ils deviennent souvent les amis du maître et quelquefois ses conseillers et ses confidents. Ils se marient même avec des femmes libres et je crois que tous refuseraient de reprendre leur liberté, car ils n'ont jamais été aussi heureux. Il est très rare qu'un Moundang se sépare d'un de ses esclaves, surtout si celui-ci a séjourné quelque temps chez lui. La différence entre l'esclave Moundang et l'esclave Foulbé est complète. Chez les Foulbé de l'Adamaoua, l'esclave est mené à la baguette, il travaille de force, ne mangeant jamais à sa faim, gardé à vue, souvent enchaîné, c'est un vrai prisonnier, de plus c'est la marchandise d'échange. L'esclave Moundang est simplement un ouvrier agricole, avec cet avantage qu'il est toujours sûr d'être nourri et entretenu par son maître qui le considère comme faisant partie de sa famille » (Brusseaux, 1922).

d'origine royale. L'aîné de ce lignage, un dénommé Kazu, nous a retracé ainsi l'histoire de son ancêtre. Un roi de Léré était malade et songea à désigner son successeur. Son fils aîné et son cadet étaient rivaux (nous verrons qu'en dépit de la règle de primogéniture les jeux ne sont jamais faits) et le cadet décida d'agir pour perdre son frère aux yeux de leur père. Une nuit, il emporta les poteaux du portail d'entrée du palais et les cacha dans la brousse non loin du village de Gémouh dont le chef était alors son frère aîné. Celui-ci fut aussitôt accusé de ce grave méfait et le roi malade entra dans une terrible colère; il fit venir un *pah-šyĩnri* (un sorcier-guérisseur, « un maître des médicaments ») pour qu'il accable de maux le coupable en donnant de l'efficacité à sa malédiction et c'est ainsi que l'héritier légitime devint lépreux. Mais bientôt les Anciens firent savoir au roi de Léré qu'il avait été trompé et qu'il devait lever sa malédiction. Il était trop tard et quand il demanda à voir son fils celui-ci ne put même pas se déplacer. Le roi ordonna qu'on le transporte en litière; quand les porteurs arrivèrent près de Léré le fils lépreux succomba à son mal et on l'enterra à cet endroit, non loin de l'actuelle Mission Protestante. A ses descendants qui ne pouvaient « toucher la chefferie » on donna le nom de Moundang-Léré et ils se fondirent en un même clan avec les descendants de captifs intégrés dans la société de la façon que nous avons dite.

2) Moursiané est un important village situé à une quinzaine de kilomètres au sud-est de Léré. Il fut fondé par les *ban-guo*, des hommes du clan du Chien. Lorsque le village était devenu suffisamment peuplé les habitants avaient demandé un chef au roi de Léré, espérant que celui-ci désignerait un de leurs Anciens comme il l'avait fait à Ganli et à Tézoko par exemple. Mais le roi Gõ-Daba n'en fit rien et envoya un homme du clan Moundang-Léré et, chose plus grave encore, le fit partir sans qu'il soit accompagné par un joueur de tambour (*bulum*). En guise de tambour l'envoyé du roi de Léré se frappa la poitrine pour célébrer son intronisation. Ce chef de village tout à fait singulier ne fut pas à l'origine d'une lignée de chefs car c'eût été faire vraiment trop violence à la règle qui interdit que la chefferie de village se conserve dans la même lignée au-delà de deux générations. En souvenir de la manière cocasse dont il prit son commandement on appela ses descendants des Moundang-Tebi, les Moundang de la poitrine. Une partie de ceux-ci s'installa dans le village voisin de Pudué où ils occupent la fonction de chef de terre : on leur a donné le nom de Moundang-Pudué. Plusieurs lignages ou rameaux du clan Moundang-Léré ont ainsi pris le nom du village où ils se sont fixés. C'est qu'au même titre que les clans et lignages de souche royale ils sont des Moundang-yã, des Moundang de village et leur ancien statut de captifs est ni plus ni moins effacé dans la communauté villageoise que l'est celui des « nobles » descendants d'un souverain régnant. On n'oublie jamais vraiment l'origine des gens — nos deux petits récits en sont la preuve — mais l'organisation de la société est agencée de façon à niveler ces

différences pour la plus grande gloire du roi mais aussi pour la plus grande gloire des clans.

Les captifs « utiles » sont ceux qui sont entre les mains du roi et qui constituent au palais une part essentielle de ce que l'on peut appeler l'appareil d'Etat. Quant aux autres, leur statut ambigu d'êtres à la fois dangereux mais anomiques et sans lieu est en quelque sorte stérilisé par la clanification. Il en va exactement de même avec les enfants de sang royal : ils sont « utiles » quand on les envoie prendre un commandement de village mais leurs descendants, les lignages issus d'eux doivent être écartés et perdre toute prétention au pouvoir. Ils sont clanifiés comme le sont les enfants de captifs.

La devise des Moundang-Léré.

La plus grande partie du texte est consacrée au masque du clan qui porte le nom de *čom-puliã-gewah*, le soleil de *puliã-gewah* qui fut jadis un grand maître de la brousse. Une seule allusion est faite à l'origine des membres de ce clan dans la formule : « Masque des gens sans terre, Masque du pays moundang ». Le clan comme tel, on l'a vu, est aussi lié à la terre moundang et à ses génies de lieu que les autres clans ; il ne s'agit donc nullement d'un trait actuel de leur statut clanique mais d'un rappel de l'origine des individus dont les aïeux sont, pour ainsi dire, venus de « nulle part ». Une autre formule de la devise : « Masque de l'homme maudit » (*deb-zayé* : l'homme dont la bouche est mauvaise) que les informateurs ont interprétée de façon métaphorique en disant que les Moundang-Léré sont des gens têtus comme ceux qui sont maudits nous semblerait plutôt relever d'une explication réaliste. « Nous sommes, dirait la phrase, des enfants de captifs, de gens qui ont été maudits pour être arrachés à leur famille et à leur terre. » D'où la force, la cruauté de ce masque solaire qui impose sa loi aux néophytes qui arrivent au camp de circoncision.

« Celui qui brûle le non-circoncis ».

« L'enfant qui se tient sur la colline de Kabi ».

« L'amant secret des jeunes filles ».

« Le magnifique boubou noir (*mogodi*) comme celui dont les Peuls enveloppent leur Livre sacré ».

« Masque de l'homme maudit, masque de la terre moundang ».

« Il (le soleil) se lève rouge et se couche rouge ».

« Il se couche au milieu des rôniers sans épines ».

« Les gens de Dué (clan *guru* des Moundang-Léré) mangent le fruit du rônier avec le noyau, avec les fruits d'une seule branche ils ont échappé à la famine » (la plaisanterie *guru* porte sur la pauvreté des Dué qui les conduit à manger n'importe quoi et à se satisfaire de rien).

« Masque du village moundang, Soleil qui brûle le corps de l'incirconcis. »

« Soleil qui entre à reculons dans les eaux du lac » (allusion au coucher du soleil dans le lac de Léré vers l'endroit où sont les génies de lieu du clan).

« Masque qui brûle les hommes de Dué, il donne de gros testicules à Gbwẽ-goje, il rend chauve Tonei ».

« Celui qui monte sur la couche de Gam, celui qui est l'amant secret des épouses du roi ».

Les ban-Moundang-Gõ-ae ou clans issus de Damba.

Nous allons parler des « princes », comme se plaisent à dire les Moundang qui s'expriment en français, des *yérima* qui sont, selon l'usage que les Peuls de l'Adamawa ont fait de ce terme emprunté au Bornou, des fils de souverains qui ont régné et qui sont eux-mêmes destinés à recevoir un commandement. Mais auparavant, il nous faut présenter les trois clans que l'on dit royaux parce qu'ils sont issus de Damba. Nous avons vu que Gõ-Kebyané et Gõ-Kaneni, les successeurs de Gõ-Daba Ier de Lumburi, avaient été écartés du pouvoir, le premier pour avoir manifesté une avarice incompatible avec la fonction royale, le second pour d'obscures raisons (la maladie ou peut-être la folie?) qui l'ont amené à disparaître non loin des Chutes Gauthiot (*zah-su*), endroit hanté par les Génies de lieu, les *čoksyĩnri* que les Moundang révèrent et redoutent le plus. Ces deux rois sont les ancêtres éponymes de deux clans, les Moundang-Gõ-Kebyané et les Moundang-wé (enfants de) — Gõ-Kāneni qui sont respectivement fils et petit-fils du clan demeuré propriétaire de la royauté : les Moundang-Gõ-Daba. Les premiers constituent un clan nombreux, représenté dans une dizaine de villages dont Léré, Lao, Berlyan et Guebané, les seconds sont plutôt en voie d'extinction et on ne les trouve plus qu'à Léré et deux autres villages. En dehors de l'ordre généalogique dont la hiérarchie est toute symbolique entre clans, rien ne distingue ces trois clans qui partagent la même devise — celle du roi —, ont les mêmes masques et font un ensemble, une sorte de bloc face au reste des clans dits « *za-seri* », les gens de la terre. On ne saurait cependant les considérer comme un clan unique divisé en trois lignages ou trois sous-clans. Chacun est pleinement clan en vertu de deux critères fondamentaux : l'exogamie qui permet à tout homme de l'un de prendre femme dans les deux autres comme dans n'importe quel autre et le devoir de vengeance qui oblige les frères de clan, mais seulement eux, à chercher réparation pour l'un des leurs, victime d'un crime de sang. Ces deux mécanismes sociaux ne contredisent nullement l'unité symbolique de l'ensemble des « enfants de Damba », bien au contraire : en autorisant l'intermariage et en limitant les obligations de la vengeance, ils en renforcent l'unité et tendent à en augmenter globalement les effectifs. Dans le cas des clans de la terre le fonctionnement de ces mécanismes entraîne des conséquences exactement inverses, comme nous le verrons bientôt.

De cette dynamique de l'ensemble des Moundang-Gõ-ae, les deux clans cadets ne sont pas responsables mais seulement les Moundang-Gõ-Daba sur lesquels s'exercent directement les règles de transmission, de distribution et d'annulation du pouvoir. Les deux autres sont inertes à cet égard et leur commune disparition ne changerait rien aux effets, à la longue, de la dynamique du clan royal. Celle-ci est régie par un petit nombre de principes qui sont la primogéniture pour l'accès au trône de Léré, l'envoi en brousse des autres *yérima* pour qu'ils prennent le commandement d'un village et l'envoi, après deux ou trois générations, d'un nouveau *yérima* de Léré dans le même village qui ne peut conserver la lignée régnante au-delà de ce terme, selon le code de la chefferie moundang.

Le principe de primogéniture, malgré les deux graves entorses qu'il a subies avec les règnes de Gõ-de Suli et de Gõ-de Pajurbé, a toujours joué son rôle essentiel dans l'organisation politique du royaume en désignant un successeur et un seul au souverain en place. Il frappe ainsi de nullité toute prétention d'un quelconque frère rival de faire acte de candidature et empêche la formation de partis ou de factions au sein des diverses catégories de notables et des « grands de la terre » (*za-lu-seri*) pour soutenir leur champion respectif. C'est la ruse et le meurtre qui ont amené au pouvoir les Gõ-de qui mériteraient d'être appelés les usurpateurs attitrés et non des partisans qu'ils n'ont eus qu'après qu'ils aient eu des moyens de se faire des fidèles en les comblant de cadeaux. En revanche, il existait pendant ces règnes des partisans du retour à l'ordre légitime par la restitution du pouvoir au fils aîné du souverain précédent. Ces restaurations ont effectivement eu lieu et jamais, avant l'intervention du colonisateur, les Gõ-Kide n'ont eu comme successeur un de leurs propres fils. L'intrigue, le complot, l'assassinat, bref ce qu'on appelle la vie politique, existent assurément à Léré mais contenus, limités par un principe conçu pour éviter — et qui a historiquement réussi à éviter — toute rupture dans la dynastie au pouvoir depuis Damba. Une lignée agnatique s'est donc maintenue sur le trône tout au long des douze générations qu'a comptées la dynastie tandis que la masse des descendants allaient grossir le clan des Moundang-Gõ-Daba selon une procédure que l'on va maintenant examiner.

Nous donnerons tout son tranchant à la règle fondamentale en la formulant ainsi : du roi régnant il n'y a aucune filiation à l'exception du successeur qui, en vertu du cycle ternaire des titres royaux, est à la fois le même et autre que son prédécesseur. Du côté de la filiation utérine, l'application de la règle est tout à fait remarquable. Les filles du roi (*gõ-li*, chef grand), les princesses sont d'un rang égal sinon supérieur à celui de leurs frères même lorsqu'ils exercent la fonction de chef de village. Elles épousent, de préférence mais pas obligatoirement, des hommes appartenant à l'un des clans fondateurs ou au clan des masques tout en conservant, dans le mariage, un statut supérieur à celui de leurs maris. Une *gõ-li* est à la fois maîtresse et maître de maison et son mari, tout comme une simple épouse dans un ménage polygame, ne peut l'empêcher de prendre autant d'amants qu'elle le désire. Mais sa progéniture appartient, bien sûr, au clan paternel et ne tire aucune espèce d'avantage du fait de son statut à elle, sauf son fils aîné qui reçoit le titre de *wajiiri* qui est attaché à une fonction éminente parmi les notables de la cour du roi de Léré. Nul ne peut se dire vraiment le neveu utérin du Gõ-Léré mais l'un de ces neveux est choisi pour tenir le rôle de *Wajiiri*. Nous verrons que cette fonction politique et rituelle garde quelque chose de la relation au souverain impliquée par la catégorie de parenté dont provient son détenteur mais il est clair qu'elle l'abolit comme telle; les rapports de parenté et ceux qui possèdent un caractère politique sont exclusifs les uns des autres et les Moundang paraissent surtout soucieux d'écarter de l'entourage royal tout ce qui relève des premiers comme si une menace pour le souverain ne pouvait manquer de s'y cacher, prête à surgir à la première occasion. La disposition qui prévoit d'envoyer les *yérima* commander les villages de brousse est ainsi tout autant une mesure positive assurant l'emprise de Léré sur le reste du pays qu'une mesure négative de prévention contre des rapports filiaux qui ne peuvent qu'empoisonner la vie au palais. C'est pourquoi on n'attend guère que l'âge du sevrage soit dépassé pour éloigner les fils de Léré, de leur père qui ne les reverra qu'à l'occasion des fêtes ou des circonstances rituelles qui exigent leur présence comme chefs de village, comme elles exigent la présence de l'ensemble des dignitaires constituant l'appareil de l'état.

Il est bien connu que le problème des « princes » dans maint royaume africain traditionnel se pose en des termes qui souvent se ramènent à un « comment s'en débarrasser », question à laquelle la liquidation physique ou un équivalent guère plus enviable est parfois la réponse aussi brutale que sommaire. Les Moundang résolvent ce problème par un procédé qui ressemble à une élimination en douceur sur plusieurs générations.

Quand un fils de *Gõ-Léré* inaugure une chefferie villageoise, soit que la localité tombe sous la coupe de Léré, soit qu'il s'agisse de renouveler une lignée avec un enfant né des œuvres du roi, celui-ci prend sa fonction avec le titre de *gõ-gbwẽ*, c'est-à-dire chef intronisé avec l'onction sur le front d'un mélange d'huile et d'ocre jaune (*gbwẽ*). C'est un chef sacré que les villageois accueillent comme tel; ils rénovent une demeure ou lui en construisent une nouvelle et sur le montant du pilier droit de la porte d'entrée de son enclos ils disposent trois clochettes (*teron*). Au *gõ-gbwẽ* succède normalement son fils aîné : il n'aura plus que deux clochettes à son portail et on lui donnera le titre de *gõ-ze*, le chef à la lance, pour lui signifier que c'est sur sa propre force qu'il doit surtout compter. Les frères de *gõ-ze* sont simplement des *Moundang-yã*, c'est-à-dire des Moundang de village, ils constituent un segment du lignage de tel village du clan Moundang-Gõ-Daba. Leur sort est de devenir des villageois parmi d'autres, appartenant à un clan parmi d'autres, ou bien ils peuvent être envoyés à Léré où ils formeront une catégorie de jeunes serviteurs du palais, les *wê-za-talé*, « les enfants du toit de chaume » (ceux que le roi loge dans de petites huttes circulaires disposées autour de son palais). Le fils aîné de *gõ-ze* ne doit plus, en principe, commander le village de son père. Il ne garde qu'une clochette et reçoit le titre de *teingaï*, « celui qui rassemble les gens de son père ». Il n'a plus la responsabilité du village qui va échoir à un nouveau *gõ-gbwẽ* mais il est le chef des siens, le *pah-yã*, le maître non de sa maison seulement mais des Moundang-Gõ-Daba du village et, à ce titre, il conserve une position éminente : il représente le Chef vis-à-vis des étrangers en visite, il les reçoit chez lui, en son nom, et joue un rôle semblable à celui de *Wajiiri* à la cour de Léré. Il a en outre le privilège de répéter, lors de la fête des Prémices (*fing moundang*), les paroles qu'il a entendues à Léré de la bouche du roi. Il est arrivé, exceptionnellement, qu'un *teingaï* accède à la chefferie à la demande pressante de villageois qui durent payer cette entorse à la règle par d'importants cadeaux au souverain de Léré. C'est qu'une telle règle, on le voit bien, n'est pas faite pour répondre aux besoins ou aux désirs des administrés mais pour libérer Léré de la pression que les *yérima* peuvent exercer sur le palais ; et plus la rotation est rapide dans les villages, moins il y a de risques que des *yérima* restés sans affectation soient tentés de se laisser prendre dans les rets de faiseurs d'intrigues. On raconte même qu'il y eut des grands dignitaires pour conseiller au roi de Léré un certain contrôle des naissances afin d'éviter un dangereux surnombre des *yérima* qui n'aurait pas manquer d'ébranler l'ordre dynastique régnant.

L'usage qui est fait des princes dans le système politique des Moundang répond assurément à des objectifs immédiats : écarter du palais des fauteurs de troubles potentiels, créer entre les villages et Léré des liens d'allégeance en contrepartie de la garantie de sécurité offerte par *gõ-gbwẽ* ou *gõ-ze*, mais sa finalité profonde se révèle dans ses effets à long terme. Ces effets se résument en ceci que le processus qu'on vient de définir aboutit par le moyen de la « clanification » à intégrer l'énorme masse des agnats de souche royale dans les communautés villageoises en lui faisant perdre tout caractère politique distinctif ([3]). Qu'on nous pardonne d'y

---

([3]) Si le principe de clanification des Moundang-Gõ-Daba est absolu, il semble toutefois que la perte de tout caractère politique distinctif le soit beaucoup moins. Selon certains grands du clan résidant à Léré il arrivait qu'il soit nécessaire à un *gõ-gbwẽ* d'avoir un fort soutien des hommes du clan Moundang-Gõ-Daba pour jouir pleinement de sa fonction. La position du *gõ-gbwẽ* à ses commencements était souvent difficile et il avait de la peine à s'imposer, ce qui signifie être le plus riche et le plus fort. Une telle situation se conquiert, et parfois non sans mal, s'il y a dans ce village des grands (*deb-li*), riches en bétail et possédant de nombreuses épouses. C'est alors le *gõ-gbwẽ* qui est un pauvre (*sakhré*) et qui risque bien d'être objet de

insister mais devenir un clan moundang signifie toujours nivellement, égalité dans la différence, même si cette différence porte précisément la marque de l'origine royale du clan en question. L'intégration des Moundang-Gõ-Daba de tel village dans leur communauté n'offre pas de degré dans son achèvement ou sa réussite, elle n'a aucun caractère approximatif (comme c'est le cas quand il s'agit dans notre société, par exemple, de groupes d'immigrants ou d'allogènes d'origines diverses); la clanification, c'est-à-dire la mise en œuvre de l'ensemble de ce que nous appelons « les opérateurs claniques », la réalise complètement et d'un seul coup. Si ce processus entraîne néanmoins des effets politiques, ceux-ci sont, comme nous le signalions, d'ordre démographique et tiennent à trois facteurs : d'abord, les deux que nous avons déjà mentionnés — règles restrictives en matière de vengeance et exogamie de chacun des trois clans — et un troisième qui est la dissémination.

Tous les clans moundang sont dispersés mais de façon aléatoire, au gré des scissions et des migrations de petits segments allant s'agréger à telle autre section locale du même clan ou cohabiter avec une section locale d'un autre clan. Il n'en va pas du tout de même avec les Moundang-Gõ-Daba dont la dissémination est un phénomène régulier et aboutit à une présence de sections locales de ce clan dans tous les villages, soit à partir de l'installation d'un *gõ-gbwẽ*, soit dans le tout petit nombre de villages que Léré a laissés sous l'autorité d'un chef issu d'un « clan de la terre », à partir d'une migration d'une section quelconque des Moundang-Gõ-Daba de tel village. Non seulement donc ce clan est omniprésent dans le royaume de Léré mais partout il est toujours en force du fait de sa puissance initiale, le *gõ-gbwẽ* étant grand polygame ainsi que ses successeurs, accroissant d'autant, par conséquent, les chances d'avoir une descendance plus

---

moquerie de la part de la population. Dans ces conditions, le recours du malheureux chef était d'envoyer dans le plus grand secret un émissaire auprès des Anciens des Moundang-Gõ-Daba habitant Léré. Ceux-ci tenaient une conférence « en brousse » (c.à.d. à côté de la case de leur masque) et décidaient de se rendre nuitamment chez le roi.

Au portail ils agitaient les trois clochettes et Gõ-Léré était averti qu'une affaire grave allait lui être soumise. Il ordonnait qu'on apporte de la nourriture et de la boisson dans le vestibule d'entrée du palais et que ses visiteurs nocturnes mangent d'abord. Ensuite venait la causerie que le roi concluait en leur disant : « Partez, vous aurez ma réponse quand le soleil se lèvera ».

Peu de temps après, la réponse venait : le Gõ-Léré envoyait ses *we-za-talé*, ses esclaves et des *wê-puliã-gõ-ae* — une espèce de commando qui partait en expédition pour intimider les villageois arrogants et les piller aussi un peu pour que la leçon ait des effets durables. Si les riches en brousse ne respectent pas le chef (« après tout, commente notre informateur, *gõ-zalalé* n'est qu'un goumier de Gõ-Léré »), il faut simplement supprimer ces riches. Cette procédure de consolidation du pouvoir local par les forces du roi de Léré témoigne d'une certaine « conscience politique » des Moundang-Gõ-Daba en tant que clan du roi. Son rôle demeure minime et ne peut dépasser celui d'intermédiaire; même ainsi réduit, il peut être mis en échec, comme on verra, par le collège des très puissants *za-sae*.

nombreuse que la moyenne des autres sections claniques. C'est si vrai que le sondage que nous avons fait dans une dizaine de villages pour évaluer la taille respective des sections claniques représentées (en dénombrant les chefs de famille) a toujours donné l'avantage au clan royal, à quoi il faut ajouter un autre fait de caractère politique : le retour à Léré de fils de chef qui doivent venir au palais au titre de *we-za-talé*. Un exemple donnera la portée de cette obligation qu'ont les *gō-za-lalé* (« les chefs de brousse » comme les appellent les Anciens) vis-à-vis de leur souverain de Léré.

Gomena fils de Lagré est un Moundang-Gō-Daba habitant Léré où il est né en 1916. Il est le descendant en ligne agnatique directe de Dayaré, le premier *gō-gbwē* envoyé de Léré pour commander le village de Moursiané. Son fils aîné Paguh lui succéda comme *gō-ze* mais le fils de ce dernier, Kagoné, le grand-père paternel de Gomena, retourna à Léré avec d'autres frères pour servir comme *wê-za-talé*. Son fils Lagré, notable de Gō-Comé, eut quatre épouses et de nombreux fils. Gomena est l'aîné et joue le rôle d'Ancien des Moundang-Gō-Daba de Moursiané qui peuplent le quartier gé-Joré de Léré avec les Moundang de Poudoué ainsi que quelques autres clans. Mais à Moursiané même la lignée de Dayaré est aussi nombreuse, à quoi il faut ajouter l'ensemble des descendants de Bilebé, le *gō-gbwē* qui a succédé à Paguh et ceux de Yahémo, fils de Gō-Comé et dernier *gō-gbwē* nommé en 1949. Si on multiplie ce cas simplement par la trentaine de villages où furent envoyés des fils du roi de Léré, on s'aperçoit que la progression démographique du clan royal est complètement déséquilibrée par rapport au reste de la population. Un dicton moundang proclame : « Les Ban-Moundang se multiplient toujours alors que les autres clans se divisent par la lance de la vengeance ». Cette cause est décisive, nous le verrons, mais il est non moins sûr que la règle qui pourvoit au commandement local est le facteur principal de cette multiplication. Du coup, nous nous trouvons devant un paradoxe sinon une contradiction que la brève histoire du royaume de Léré n'a pas laissé se développer jusqu'au point de rupture. D'une part, on constate que les Moundang ont mis en œuvre une organisation territoriale du pouvoir qui, tout en manifestant l'omniprésence du pouvoir central de Léré, ne va pas à l'encontre de l'organisation clanique mais au contraire la renforce en y intégrant les Moundang-Gō-ae pour les soumettre à la règle commune. Nous avons noté la similitude qu'offre ce processus avec celui qui fait des descendants des esclaves « utiles pour le roi », le clan des Moundang-Léré. Mais il est difficile, d'autre part, de ne pas considérer qu'un gonflement continu de la masse, partout répandue dans le pays, des membres du clan royal créait les conditions d'un développement vers l'état unitaire en minant la base de l'échange symbolique entre souverain et clans dotés de spécialisations fonctionnelles. C'est aussi comme un symptôme de ce déséquilibre structurel que nous lisons ce phénomène qui ne se réduit pas à une imitation forcenée des Peuls, du gonflement également continu des effectifs de « l'appareil d'Etat » par l'allongement de la liste des titres de cour et la création d'une clientèle à partir des *we-za-talé* et d'une relation de dépendance personnelle avec le souverain. Plus les clans perdent leurs forces — numériques aussi bien que mystiques — et plus le roi échappe à l'emprise de leur pouvoir lié à la terre et paye de l'hypertrophie d'un corps parasite de dépendants l'ébranlement des fondements de sa légitimité.

Nous essaierons de mettre en pleine lumière ces contradictions de l'état clanique dans la troisième partie de cet ouvrage mais nous allons voir tout de suite en étudiant le problème de la vengeance comment, dans les rapports entre la violence et la loi, elles apparaissent crûment mais pour être figées dans un « ou bien ou bien » de la coexistence entre deux ordres non incompatibles pour un temps.

La devise du roi, la devise des Moundang-Gõ-Daba et de tous les enfants du roi.

« Le fils de Gõ-Kajonka a le cou joli comme celui d'un oiseau. »

« Le fils de Gõ-Kajonka a le cou joli comme celui d'une antilope. »

« Fils de Gõ-Kajonka, fils d'un grand roi. »

« Toi qui sais recevoir les femmes quand elles t'apportent de l'eau » (métaphore érotique : l'eau c'est l'huile avec laquelle on oint le corps de l'aimé pour lui signifier son désir).

« Toi le fils d'une femme vénérée, le fils d'une femme qui a la honte. »

(On honore le roi en magnifiant sa mère, parangon de pudeur.)

« L'enfant dont une femme honteuse n'aurait pas accouché. »

(Il y a, semble-t-il, une contradiction avec la phrase précédente, mais il faut comprendre que la pudeur, la « honte » ne doit pas empêcher une épouse de se faire désirer par son mari.)

« Toi, l'oiseau qui suit toujours les bœufs » (allusion au fait que le roi est riche en troupeaux; il ne manque jamais de bœufs pour nourrir les gens).

« Toi, l'oiseau qui danse seulement avec sa queue » (le roi n'a pas le droit de danser en se mêlant aux groupes de villageois, il danse intérieurement, il danse de façon invisible comme un oiseau dont la queue seule remuerait).

« Le fils du roi est Worzei, c'est le soleil qui l'a trouvé, c'est la lune qui l'a élevé » (nous avons commenté ces mots dans le chapitre sur les jumeaux, c'est le mythe d'origine du nom Gõ-Comé; cf. *infra*, p. 249).

« Oiseau gulo qui fait son nid au bord de l'eau » (si on veut l'attraper, on tombe dans l'eau et l'on risque de se noyer. Ainsi, qui attaque le roi ou cherche à lui nuire se nuit, en fait, à lui-même).

« Toi l'enfant qui est dans le grenier de Manaï Zuah » (tu es riche en mil que tu distribues généreusement à la population).

« Toi l'enfant d'une femme aimée de son mari. »

« Une femme qui n'est pas rusée (qui a trop de honte) ne donne pas d'enfants au roi. »

« Toi, le lézard à deux queues » (être compliqué qu'on aime et qu'on craint).

« Toi le masque qui est près du tambour géant (*mor-damé*) » (comme lui, tu es beau, comme lui, tu fais peur).

« Cendres encore brûlantes des excréments de chèvres » (comme ces cendres qu'on croit pouvoir toucher sans risque, qui t'approche se brûle).

« Le feu qui brûle les bosquets les plus touffus. »

« Le feu qui brûle les incirconcis » (le soleil qui brûle l'insensé qui croit pouvoir l'approcher sans risque).

« Le grand roi qui ne commande pas seulement les Moundang. »

« Le grenier qui nourrit les célibataires. »

« La jarre d'eau qui désaltère l'orphelin. »

« Le fils de celui qui donne tout sauf ses yeux. »

« Le roi dont les punitions sont terribles. »

« Le roi qui ne peut entendre le beuglement des vaches. »

(Le roi qui est fort et ne tolère aucune force qui se dresse devant lui, aucune richesse qui soit comparable à la sienne. Cette phrase de la devise est devenue une formule proverbiale : toute richesse qui ne vient pas de lui fait ombrage à sa gloire et les hommes à son service — cf. infra — ne tardent pas à ramener, par la manière forte, l'insolent à sa pauvreté.)

TABLEAU RÉCAPITULATIF DES PRINCIPALES FONCTIONS CLANIQUES

1) Les Kizéré du sous-clan « des jambes grêles » ont deux *puliã* titrés : celui du feu qui est un des agents rituels qui a pour fonction de « marquer le temps »; celui des « piétons » qui outre ses fonctions à la guerre est responsable des rites de chasse de la fête de la Pintade.

2) Les Tezun, qui sont un clan issu des Kizéré, forment l'orchestre des *jak-fa-humi* qui est, d'une part, « un des principaux marqueurs du temps », étroitement associé au cycle sacrificiel du palais. Par ailleurs, ils partagent avec les Teuré la maîtrise rituelle des mammifères aquatiques.

3) Les *ban-se* (les Buffles) : ils ont la prééminence parmi les quatre clans fondateurs de royauté instaurée par Damba. Ils sont également parmi les quatre clans « maîtres de la hache » (le couteau de la circoncision) et pratiquent les scarifications sur le ventre des femmes stériles.

Ces trois clans ont une origine géographique mal précisée (peut-être constituent-ils une première vague venue du pays Guider au Nord) mais ils se proclament les premiers occupants du territoire qui deviendra le royaume du Gõ-Léré.

4) Les Teuré (« les Génies de l'eau ») : ils partagent avec les Tezun la maîtrise rituelle des mammifères aquatiques. Ils ont le rang second après les Buffles comme clan fondateur. Ils viennent du Nord-Est, du pays

Toupouri et ont apporté le *gbwē* avec lequel on intrônise le roi et les chefs de brousse.

5) Le clan des Oiseaux dont le sous-clan des Pélicans appartient aux quatre clans fondateurs. Ils ont la fonction de *puliã* des chevaux car on leur attribue l'introduction du mors du cheval en pays moundang. Leur origine géographique est le Nord-Ouest, le pays des Guidar.

6) Les Moundang-ge-Rumaï, le dernier des quatre ; ce clan issu d'un « familier » des Peuls aurait apporté la coutume « plus civilisée » pour inhumer les morts et, d'autre part, l'institution du *pa-fae*, ambassadeur du village de brousse auprès de Gõ-Léré et commissionnaire de ce dernier auprès des villageois qu'il représente dans la capitale.

7) Les Gwèré, dont le nom est le même que celui qui sert à désigner les Guidar. Ils sont les maîtres des rites de chasse du gibier de brousse (notamment, le sous-clan de la Biche) ; on leur attribue l'introduction de de la technique divinatoire du *kendani* et des rites accomplis lors d'une naissance gémellaire. Ils se subdivisent en nombreux sous-clans et ont la fonction de chef de terre dans de nombreux villages du Nord du pays (ils se commandent eux-mêmes dans le village de Yanli où Léré n'envoie pas de fils du roi) mais n'ont rien à voir avec le clan royal de Libé dont est issu Damba.

8) Les *ban-ping-ni* (les Singes) originaires du pays Mambay ; on leur attribue l'introduction du couteau (taillé dans une tige de mil) de la circoncision, ils partagent pour cette raison avec les Buffles et les Teuré la fonction de « maîtres de la hache ». Nous verrons dans le chapitre consacré aux jumeaux, que le mythe les présente comme les « inventeurs » des techniques d'accouchement. C'est un petit clan principalement localisé dans le village de Gebané.

9) Les Moundang-Yèré : nous avons raconté l'histoire de la formation de ce clan issu d'un enfant captif devenu le berger des troupeaux du roi de Léré. Ils possèdent leur chefferie à Tréné dont dépend un petit nombre de villages où Léré n'envoie aucun chef. Trois fonctions essentielles les lient à la royauté : a) Le don de la vierge qui sera *mah-mor-yã*. b) La circoncision des *yérima* par les Anciens du village de Labsay dépendant de Tréné. c) L'un des leurs est fossoyeur du Gõ-Léré.

10) Les Moundang-sin : ils viennent de Lara et de Boboyo. On leur attribue la technique de construction si caractéristique des Moundang. Ils ont la fonction de chef de terre du roi de Léré.

11) Les *ban-mundéré*, le clan des masques. Leur origine est Lerka en pays Pévé (Lamé). Ils sont les maîtres des masques et constituent le quatrième des clans « maîtres de la hache ». C'est un clan originaire du Sud, comme les clans forgerons que nous allons énumérer maintenant.

12) Les *ban-suo* (les Serpents), auxquels il faut rattacher les *ban-dahé* (le clan de la Pirogue) ainsi que les *ban-guo* (le clan du Chien) et les Lamguru, viennent du Sud, du pays de Lamé, Badjé et Dari. Ils sont non seulement

forgerons mais extracteurs du minerai, comme on l'a vu. Les Serpents ont leur village autonome de Tezoko, allié de Léré.

13) Les Dué constituent également un clan autonome et avant Sahulba c'est un des leurs qui commandait le village de ce nom. Il y a parmi eux des forgerons et l'on dit que « c'est avec leurs oignons *kuli* que le roi a acheté les médicaments de la pluie ». Ils possèdent aussi une autonomie culturelle qui explique qu'un nom de mois — celui qui suit la fête des prémices (*fing-moundang*) célébrée à Léré — soit désigné par ce clan. On leur attribue l'origine de certains des mils que cultivent les Moundang.

14) Les moundang Gwoï : on les dit venir du pays Toupouri comme les Teuré. On divise ce clan en « rouges » et « noirs » (allusion sans doute à un métissage avec les Peuls dont naissent les rouges (à peau claire). Ils sont les véritables fossoyeurs des chefs moundang.

Les Teuré, les Oiseaux, les Dué et les Gwère se subdivisent en de nombreux sous-clans souvent spécialisés, les autres sont de petites unités inégalement réparties dans certaines zones du territoire qui constituait jadis le royaume de Léré.

Avec les trois clans issus de Damba et les Moundang-Léré nous n'avons plus affaire à des clans fonctionnels ; on entre dans l'ordre de la structure sur laquelle nous venons de nous expliquer.

RÉSUMÉ DES PRINCIPALES FONCTIONS DES CLANS DU ROYAUME DE LÉRÉ

Ban-se	
Teuré	Clans fondateurs de la royauté de Damba
Ban-ju	Ancêtres des *za-sae*
Moundang-ge-Rumaî	
Kizéré	« Marqueurs du temps ritualisé »
Tezun	clan déchu de la chefferie précédant Damba
Teuré	
Tezun	Clans de l'eau (mammifères aquatiques)
Gwèré	Chasse, divination et culte des jumeaux
Moundang-Yèré	Rites touchant la personne du Gō-Léré
Ban-se	
Teuré	Clans maîtres des rites de la circoncision
Ban-mundéré	(« maîtres de la hache »)
Ban-pingni	
Moundang-sin	Clan des chefs de terre du roi de Léré
Moundang-Gwoî	
Dué	Clans du mil
Ban-suo	
Ban-dahé	
Ban-guo	Clans forgerons
Lamguru	

Les Ban-dahé, clan de la pirogue, sont aussi, à ce titre, associés aux clans de l'eau, les Teuré et les Tezun.

Les Moundang-Yèré et les Moundang-Gwoï sont associés en tant que

clans dont les ancêtres furent esclaves du Gõ-Léré ; les premiers étant les
« fossoyeurs du roi exclusivement », les seconds, les fossoyeurs des chefs de
brousse.

Les Ban-se et les Teuré sont également associés par leur relation à
l'animal dont la chasse leur est réservée. Chacun des deux clans a un sous-
clan auquel est donné le nom de *či-furmi*, « le canari pour le feu de bois ».
Il est, en effet, interdit de rapporter au village la viande d'un lamantin ou
d'un buffle qui vient d'être tué ; les chasseurs doivent d'abord faire griller
au feu de charbon de bois la viande de ces animaux éminemment
dangereux. Le nom *či-furmi* contient une plaisanterie : « Qu'avez-vous à
transporter si souvent vos canaris à charbon alors qu'on voit si rarement de
la viande de lamantin ou de buffle au village ? »

CHAPITRE 4

LES CLANS ET LA DYNAMIQUE DE LA VENGEANCE

Partout où elle existe comme institution sociale, la vengeance peut être définie comme l'obligation faite à un groupe déterminé — famille, lignage, clan ou sous-clan — d'obtenir, d'une façon ou d'une autre, une compensation ou une réparation pour le sang versé de l'un de ses membres. Le groupe homologue auquel appartient le responsable du sang versé est l'objet dans la personne de ce dernier ou, à défaut, de tout autre jugé équivalent, des représailles obligées dont, par principe, il admet le bien-fondé. Rien ne le force pourtant à se laisser faire : la vengeance n'est pas l'application d'une peine mais l'exercice d'un droit qui n'a d'existence effective que dans la mesure où l'on est capable de le faire valoir. Sous sa forme pure et simple, la vengeance consiste à verser le sang pour le sang, à prendre une vie pour une vie. Mais cette égalisation des pertes qui apparaît comme l'objectif immédiat de la vengeance n'est qu'une modalité et, sans doute, pas la plus probable si l'on songe aux aléas des situations concrètes, de l'accomplissement par le groupe de ses obligations vindicatoires. Même si le coup pour coup était d'une réalisation facile, se poserait encore le problème de la commune mesure dans l'appréciation de l'équivalence entre le meurtrier ou son alter et la victime. Le risque demeure que l'une des parties ne soit pas satisfaite, jugeant insuffisante la réparation obtenue ou, au contraire, trop fort le prix payé et qu'il s'ensuive des meurtres en chaîne mettant en péril l'existence même de chacune des parties. C'est pourquoi, dès l'origine, il ne s'agit pas dans la vengeance d'une pulsion de meurtre en réaction à un autre meurtre mais d'une règle enjoignant d'agir soit pour rendre la pareille — ce qui ne constituera qu'un moment dans le règlement —, soit en vue d'aboutir à un règlement acceptable par les partenaires en présence. La violence vindicatoire et vindicative répond, bien sûr, à la violence première qui la motive, elle n'est pas de même nature cependant, car elle relève de la loi. Elle constitue l'une des modalités d'application de la règle, dans un ensemble qui comprend des procédures rituelles et judiciaires permettant de substituer au talion telle ou telle compensation dont le paiement vaudra pour l'accomplissement de la vengeance. A travers la violence ou la transaction par lesquelles elle s'effectue, la vengeance est d'abord, comme le mariage, une relation par le truchement d'individus — une victime et un meurtrier — entre les groupes auxquels ils appartiennent respectivement. Quelle est la nature de ce groupe qui donne à l'individu identité et sécurité en lui reconnaissant un droit à la vengeance, quels liens unissent ceux qui partagent les mêmes droits au sein du groupe, quelles relations enfin entretiennent les différents groupes de même nature qui composent la société globale, telles sont les questions auxquelles une analyse d'un système vindicatoire doit répondre.

I) LE CLAN COMME GARANT DE L'IDENTITÉ ET DE LA SÉCURITÉ

Les contradictions de l'état clanique ne doivent pas être imputées à la fatalité d'une histoire qui ferait passer les sociétés d'une phase inférieure (l'organisation clanique) à une phase supérieure (l'Etat) en traversant des périodes de transition où les caractères opposés des deux phases coexisteraient, leur conflit étant même nécessaire au passage de l'une à l'autre. Cette théorie du devenir social, dégradée aujourd'hui en phraséologie, n'a jamais été, même à son origine, qu'un évolutionnisme habillé d'un langage dialectique dont ni l'histoire ni l'ethnologie n'ont tiré le moindre parti si ce n'est l'avantage douteux de l'embrigadement idéologique. Il n'y a de contradiction que logique — entre des propositions, entre des discours — et sa solution ou sa résolution n'a rien d'un bond vers une étape plus avancée du procès historique. Quand nous parlons d'état clanique, il est évident qu'il n'y a pas pour nous contradiction dans les termes, nous l'avons rappelé en commençant notre analyse. Nous définissons le royaume moundang de Léré par cette formule parce qu'il se caractérise par une série de dualismes qui se ramènent tous à celui du roi comme être hors-clan (et ce n'est que petit à petit que toutes les implications de cette position se dégageront) et des clans maîtres de la terre. L'histoire dynastique nous a montré un roi de Léré chef politique et militaire tenant sa légitimité de sa naissance, l'analyse de l'ordre clanique nous a laissé deviner un roi sacré détenteur de fonctions rituelles et de pouvoirs magiques consécutifs à son intronisation et à sa sacralisation par les Anciens des clans de la terre. Disons dès maintenant que ces deux catégories d'attributs ne s'additionnent pas pour faire surgir une espèce de souveraineté totale et absolue mais sont comme deux pôles opposés, entre lesquels existe une tension qui ne prend fin qu'avec sa mort, et jadis le régicide rituel.

La souveraineté du roi de Léré est, à la vérité, doublement divisée : divisée à l'intérieur de sa personne barrée par l'ordre clanique et, d'autre part, entre l'appareil qui procède de lui et ceux qui procèdent des clans. Mais antérieurement à cet appareil gouvernemental que nous étudierons plus loin, la division et le partage de la souveraineté entre le roi et les clans se manifestent de la façon la plus nette dans ce que l'on pourrait appeler le régime mixte d'administration de la justice sous lequel vit — ou plutôt vivait — la société moundang traditionnelle. Nous garderons néanmoins le présent au cours de cette analyse, car pour un Moundang, même aujourd'hui et malgré les gendarmes, le meurtre d'un homme est vengé par ses frères de clan qui doivent chercher à tuer le coupable ou l'un de ses frères et imposer la loi du silence aux éventuels délateurs. Ce droit de vengeance qui est un fait de souveraineté clanique fonctionne en principe comme si aucun pouvoir d'une autre nature n'existait concurremment. Le pouvoir royal — jusqu'à ce que les Autorités coloniales le dotent d'un « tribunal coutumier » chargé de régler toutes les affaires à l'exception des crimes de sang qui ne relèvent que d'elles-mêmes — n'exerçait aucune fonction judiciaire à proprement parler. Point de cour pour y tenir des palabres ni de représentant quelconque pour dire la loi du prince mais une force et un espace — au sens le plus concret du terme — extérieurs au système de la vengeance entre les clans. Ainsi, la maison royale, ses entours, le village de Léré pour ceux qui habitent ailleurs, les demeures des chefs de village sont autant de sanctuaires qui permettent à un meurtrier d'échapper à la vindicte de ses poursuivants. Le criminel n'est pas lavé de son crime, il n'est pas contraint d'expier sa faute d'une autre manière, il passe simplement, par le contact avec la sacralité du pouvoir royal, d'un système de forces à un autre. Les deux systèmes communiquent et même très largement mais ils demeurent radicalement hétérogènes et l'on peut dire, sans chercher à soutenir un paradoxe, que l'élément proprement juridique, celui qui contient la légitimité formelle, se trouve du côté de la vengeance, c'est-à-dire de la loi du clan.

Pas plus que l'agressivité ne suffit à rendre compte du désir de vengeance et de l'action vindicatoire qui en découle, le besoin de protection et les sentiments qu'il fait naître ne peuvent, à eux seuls, assurer les liens de solidarité qui doivent unir les membres du clan entre eux. Les motivations du comportement du vengeur sont, au contraire, induites par la loi à laquelle son appartenance clanique le soumet et c'est ce qui explique qu'il peut tout aussi bien s'en détourner ou, en tout cas, chercher à s'y dérober. Comment cette appartenance à un clan détermine-t-elle donc l'identité de la personne pour la faire agir — ou ne pas agir — conformément à sa loi ? On peut répondre que ce qui vaut pour le tout vaut pour chacun de ses membres. Tous les attributs du clan que nous avons passés en revue en commençant cette analyse, le nom, le ou les masques, les interdits, les relations à plaisanterie, les droits éminents et les devoirs qui tiennent à l'association avec les Génies de lieu (čok-syĩnri) de tel point du territoire ethnique, sont autant de composantes de la personne née dans ce clan. Ils lui donnent une existence de droit ou ce qu'on pourrait appeler la personnalité juridique, en lui assignant une place dans l'univers comme dans la société où toute chose importante, tout savoir-faire ou tout art caché sont conçus comme la propriété d'un clan, ainsi que nous l'avons vu. L'identité personnelle est en définitive le résultat d'une série d'actions rituelles fondamentales qui sont l'œuvre d'opérateurs claniques, des masques essentiellement. De l'initiation à la mort en passant par l'accession à la position d'héritier lors des funérailles du père, le changement de statut et l'accomplissement du destin individuel sont le travail des masques, c'est-à-dire des Ancêtres du clan. Ils prennent en charge les grandes étapes du cycle de vie jusqu'à l'étape suprême où la personne elle-même transformée en masque rendra aux générations suivantes ce qu'elle a reçu des précédentes.

Les notions de *čok-syĩnri* (Génies de lieu, esprits de la brousse, à la fois invisibles et susceptibles d'apparaître à la vue d'un marcheur nocturne et même de prendre possession de lui) et de *me-zuvuñri* (terme qui désigne le masque mais aussi un esprit ancestral — du père, de la mère et des grands-parents — et, dans les contes, un esprit-femme cannibale) constituent, sous la forme d'entités claniques, des instances judiciaires dont la validité est reconnue par tout Moundang. C'est sur le nom des Génies de lieu du clan que l'on prête serment pour se disculper d'une accusation grave et ce serment a valeur d'ordalie. Il peut d'ailleurs s'accompagner d'une ordalie véritable où l'accusé doit absorber un liquide obtenu à partir de la sève du *jiē*, l'euphorbe-candélabre. Pour le rituel de conciliation, comme on le verra, c'est dans le bosquet sacré (*mor-yãne*) où se trouve la hutte des masques que les hommes du clan de la victime consomment la viande du bœuf immolé pour le sacrifice final de purification. La conception moundang de la vengeance, autrement dit, du droit, ne prête pas à équivoque : le clan et lui seul possède le cadre conceptuel ([1]) et seul il

---

([1]) Les *čok-syĩnri* et les *me-zuvũnri* sont des puissances multiformes qui peuvent prendre possession du corps du vivant mais elles se caractérisent par leur extériorité au corps, celui de l'homme comme de tout être incarné. Elles hantent des lieux mais ne les « habitent » pas, elles sont errantes. La relation qu'elles entretiennent avec les principes spirituels internes de la personne, la grande et la petite âme, le dieu de la naissance (*masin-byãne*) et la force vitale (*ma-zwē-su*) (cf. Adler et Zempléni, 1972, pp. 23 à 39) s'inscrit dans une théorie du cycle des âmes. Les âmes sont gardées sous une forme encore indifférenciée par les puissances qui agissent pour le compte de dieu mais en même temps le tiennent à distance des hommes qui peuvent invoquer son nom mais pas l'infléchir par des sacrifices. Ceux-ci ne s'adressent qu'aux *čok-syĩnri* ou aux *me-zuvũnri* qui sont des puissances qui menacent les âmes qui procèdent d'elles.

Quand une personne meurt les *me-zuvũnri* de la terre s'emparent de son âme qui se transforme en *mezun* qu'il faut traduire par âme de défunt ou esprit errant, ce qui revient au même. Nous verrons en étudiant les rites funéraires comment s'opère le passage de cette errance dangereuse de l'âme à l'état d'ancestralité (le terme abstrait est préférable à celui d'ancêtre car les Moundang n'invoquent jamais les *mezun-pamé* ou *mamé* (du père ou la mère) comme des personnes qu'il faudrait

recèle les forces visibles et invisibles capables d'assurer et de protéger l'existence sociale et juridique des personnes. Mais la sécurité effective dépend concrètement de ceux de vos proches qui sont près de vous, elle est liée, par conséquent, à la structure de la communauté résidentielle.

Le village est une communauté qui forme l'unité politique de base du royaume de Léré comme des autres chefferies moundang. L'autorité appartient, comme on l'a vu, soit à un fils du roi de Léré (*gō-gbwê* ou *gō-ze*), soit à un chef issu d'une lignée du clan fondateur du village comme à Tezoko (clan du Serpent), à Dué et à Yanli (clan des chasseurs Gwèré), pour citer les principaux exemples de pouvoirs locaux concédés par Léré aux autochtones. Qu'elle procède ou non du pouvoir central, la fonction de *gō-zalalé* (chef de brousse) reproduit celle du Gō-Léré, à l'échelon local : elle est sacralisée et possède, en réduction et incomplètement, les attributs politico-rituels de la souveraineté. En principe, la création d'une chefferie villageoise n'est jamais le fruit d'une conquête ou d'une soumission impossible à éviter sous peine de destruction mais le résultat d'une demande faite par les intéressés eux-mêmes.

Au départ les gens de Guélo (quelques familles de clans venus de Lamé) n'étaient pas fixés dans l'emplacement qui est le leur aujourd'hui mais vivaient à moitié nomades dans la brousse, entre Dué et Murbamé. Ces voisins leur menaient la vie dure, ils chapardaient leurs volailles et razziaient même parfois leurs troupeaux. Excédés, les gens de Guélo s'en allèrent trouver le roi de Léré pour qu'il leur donne un chef. Les yérima étaient encore en bas âge et ils ne purent ramener qu'un tout jeune homme qui s'occupait des chevaux de son père. Ils l'appelèrent *gō-rumaï ma-lané* (le petit chef peul) car c'est la coutume des Peuls d'investir un héritier encore jeune dans la fonction de lamido. Mais ce petit yérima ne suffit pas à assurer la protection des villageois qui eurent alors à subir les exactions des habitants de Lampto. Mais Léré put leur envoyer un véritable *gō-gbwê*, le fils de Gō-Čomé Ier, un certain Syé-gbwê qui les conduisit sur le site actuel de Guélo où ils purent vivre en paix.

Cet exemple en apparence fort édifiant des bienfaits du pouvoir central ne manque pas de piquant si l'on songe que les villages voisins dont les

---

nommer). La fécondité de la femme, d'autre part, est dite œuvre de Dieu (*Ma-sin*) mais ce sont les *čok-syīnri* qui « libèrent » l'âme pour qu'elle vienne habiter le nouvel être de la matrice « ouverte » par Dieu.

Entre la personne et les puissances invisibles il y a le clan qui est lié par un pacte aux *čok-syīnri*, les véritables maîtres de la terre. Sous la forme des masques, les *me-zuwūnri* sont la propriété du clan; par leurs fonctions dans la perpétuation et le renouvellement de l'ordre cosmique et social, ils doivent être considérés, comme nous essaierons de le montrer, comme les maîtres du temps. C'est pour autant qu'il assume une certaine maîtrise de l'espace et du temps que le clan possède cette part de souveraineté qui se manifeste dans la loi de la vengeance et non comme extension d'une unité de parenté qui serait naturellement dotée de cet attribut.

gens de Guélo avaient tant à souffrir, dépendaient étroitement de Léré et que Lampto était même considéré comme un « quartier » de la capitale royale. On ne se tromperait donc pas tellement en voyant une forme de conquête dans la création de cette chefferie ; elle est une condition première non pas de sécurité — le sabre de Léré peut aussi bien défendre que pourfendre les habitants soumis à sa loi — mais d'un droit à la protection. Le village sort ainsi d'un état d'anomie presque totale et peut entrer dans un jeu d'alliances qui permettra de garantir effectivement sa sécurité : on ne se défend de l'autre que si l'on peut être une menace pour lui. Mais ce qui est vrai du village comme communauté politique ne vaut pas pour les individus dont la sécurité est du seul ressort du clan. L'espace habité est organisé conformément à des impératifs qui découlent de cette loi.

A l'exception de Léré, la capitale, qui est une espèce de petite ville (plus de deux mille personnes y étaient recensées en 1964) dont les quartiers sont groupés en un habitat compact tout autour du palais royal et de quelques petits villages qui sont d'anciens quartiers devenus autonomes, les villages moundang sont composés de trois à six quartiers (*dagbili*) qui peuvent être éloignés les uns des autres de quelques centaines de mètres à plusieurs kilomètres. Le quartier est l'unité résidentielle de base et le noyau de sa population est une section de clan. Aujourd'hui encore, plus d'un demi-siècle après l'instauration de la « paix coloniale », le quartier est peuplé aux 3/4 au moins de chefs de famille appartenant au même clan. Jadis, quand la vengeance était l'unique moyen de répondre à l'agression, la cohabitation de familles de clans différents ne pouvait être que l'exception car on ne voulait pas courir le risque d'un déchirement intérieur de la communauté résidentielle à cause d'un affrontement qui aurait mis aux prises des hommes appartenant à ces mêmes clans. Mais les mêmes causes qui jouaient en faveur du regroupement quasi exclusif des hommes d'un même clan dans un quartier de village provoquaient également l'éclatement des clans entre différents villages aux quatre coins du pays moundang.

Le peuplement du royaume de Léré tel qu'il est expliqué par les Moundang (notre historique de la dynastie de Léré et notre analyse de la composition clanique du royaume ne le démentent pas, tant s'en faut), se présente comme une réponse aux problèmes de sécurité dans une région que nous avons vue sans cesse ravagée et razziée par les guerriers du Mandara au Nord, ceux de Yola et Rei-Bouba à l'Ouest et au Sud, sans parler des guerres intestines où les ethnies païennes s'entre-détruisaient ou même s'auto-détruisaient. Les premiers rois de Léré n'ont sous leur autorité qu'une petite population rassemblant quelques clans, ainsi que le raconte la légende de Damba. Nous avons interprété son avènement à la suite du complot fomenté par les Anciens des quatre clans primitifs comme l'apparition d'une structure nouvelle : une véritable royauté succède à une espèce de chefferie de caractère purement clanique et donc incapable de concentrer ni pouvoir ni richesse. Le pouvoir royal, d'une essence supérieure, est capable de rassembler autour de lui des gens venus de toutes les directions car il attire les faibles par son rayonnement de pouvoir magique et sacralisé, propre à assurer la sécurité et la prospérité de ceux qui s'y soumettent. Au départ, on a donc un royaume aux dimensions fort modestes mais déjà tout armé, tout équipé dans sa structure pour accueillir un peuple nombreux. Des groupes arrivent dans cet espace politique de Léré et vont connaître ce processus de « clanification » qui transforme un agrégat de parents proches ou lointains unis seulement par leur errance commune à la recherche d'une terre d'accueil, en un élément fonctionnel d'un ensemble organisé que nous appelons royaume. Ces groupes s'intègrent dans l'ensemble en y apportant « quelque chose qui est dans leur main », comme disent les Moundang : le masque de fibre, le mors de cheval ou telle variété de mil. Un morceau de la terre de Léré et donc des bienfaits de la magie et de la puissance guerrière de son roi contre « les fétiches et les médicaments » transmis par les ancêtres, tel est l'échange inaugural d'où sortit cette espèce d'état clanique que constitue le système politique moundang. Le clan n'est pas un élément conservé dans une forme d'Etat encore à un stade primitif mais une institution rigoureusement synchrone de la royauté. La ruse de l'histoire, si l'on nous passe cette expression galvaudée, c'est que le champ libre laissé à l'exercice de la souveraineté clanique dans l'institution de la vengeance apparaît, en définitive, comme un facteur essentiel d'intégration de la population dans les structures de commandement mises en place par le pouvoir central. Si les frères de clan ont, en effet, l'obligation sociale et religieuse de venger celui des leurs dont on a versé le sang, aucune loi ne peut empêcher un homme ou un groupe d'hommes de rompre — ou, à tout le moins, de distendre — le lien clanique et de se libérer des devoirs qu'il impose en quittant le village pour en fonder un autre ou s'installer auprès de familles alliées. L'histoire de l'implantation et de la croissance des villages moundang est pleine de récits de sécessions suivies de migrations plus ou moins importantes au terme desquelles on trouve un nouveau clan. Le groupe qui fait sécession garde ou ne garde pas le même nom, mais on dira que c'est la lance de la vengeance qui l'a séparé du reste. Les Dahé (clan de la Pirogue) sont des *ban-Suo* (Serpent) mais la lance les a séparés comme les Tezun (clan du ficus platyphylla — ils avaient reçu ce nom parce que certains de leurs ancêtres s'étaient cachés sous cet arbre pendant leur fuite) s'étaient séparés des Kizéré; mais il en va de même entre les Teuré-Mambay et les *teu-sol-tale*, les Dué Koro et les Dué-*coké*, etc., qui ont conservé la même appellation clanique. L'essentiel est que soit respecté le principe de désolidarisation que les Moundang formulent ainsi : « Quand on tue quelqu'un chez toi, tu ne cours pas après n'importe qui »; en termes positifs, c'est le nom du clan ou, s'il y a lieu, du sous-clan qui t'indique qui tu dois poursuivre. Au bout d'un certain nombre de générations, la rupture des obligations de vengeance conduit à une fission totale et rend caduque la règle d'exogamie et aussi, par conséquent, toute prétention d'un membre de l'une des parties séparées à l'héritage d'un défunt de l'autre.

On comprend mieux la facilité et la très grande fréquence de ces phénomènes de fission et de sécession si l'on sait que l'obligation de vengeance chez les Moundang ne s'accompagne pas comme, par exemple, dans les tribus arabes d'une éthique des valeurs viriles telles que l'honneur, le courage et le mépris du danger. On apprécie la bravoure, assurément et rien n'est plus émouvant que les chants de femmes pleurant le guerrier valeureux tombé dans un combat. Mais rien n'est plus prisé que la ruse, l'intelligence à tendre une embuscade et l'art de tuer l'ennemi en prenant le moins de risque possible. La vengeance incombe aux garçons, ce sont les frères qui prennent la lance et partent en expédition mais l'aspect viril de cette obligation n'est, si l'on peut dire, nullement surcodé. Par définition, il est marqué dans la division sexuelle des tâches quotidiennes, il est marqué plus radicalement dans l'ordre initiatique et la relation aux masques, mais dans les rôles de vengeur et de guerrier on a simplement affaire à la division sexuelle des tâches (les rapports amoureux ou le contact avec une femme menstruée risquent de rendre inopérante la magie — fétiches et médicaments spéciaux — des armes préparées par le guerrier ou le chasseur) et aux conduites d'éloignement qui en découlent parfois. Ce n'est pas dans l'usage des armes que les Moundang trouvent à exalter la virilité qui semble chez eux avoir des exigences plus hautes. Répugner à affronter les dangers mortels de la guerre de vengeance, tenter d'échapper à l'engrenage des représailles et contre-représailles dont le terme ne peut être que l'extermination ou le déplacement du clan, n'a donc rien de honteux. Ceux que la lance a séparés ne sont plus tout à fait frères, ils portent des noms de clan ou de sous-clan différents et ne peuvent plus hériter les uns des autres : autant de conflits que l'on s'épargne, pensent les Moundang. Les mariages sont devenus licites entre eux et l'on y voit aussi un grand avantage social car les unions avec les plus proches des non-parents sont considérées d'un très bon œil dans cette société dont le système de parenté et d'alliance est de type Omaha.

Nous sommes donc en présence d'un mécanisme régulier de fission et de dispersion des clans qui explique le caractère nécessairement composite de la population qui constitue la communauté villageoise. Mais celle-ci n'est pas faite d'une juxtaposition de sections claniques d'origine différente dont l'unité ne viendrait que de l'extérieur par l'envoi d'un chef issu du lignage royal de Léré. Le lien politique est aussi un lien de solidarité entre des villageois qui sont en droit de bénéficier ensemble de la protection que peut leur apporter le chef; en outre et surtout, face au chef qui porte en lui une parcelle de la sacralité du souverain de Léré, les sections des divers clans peuplant le village sont tenues à une coopération rituelle indispensable au bon fonctionnement de l'institution politique locale.

Les effets de l'obligation de vengeance sont autres, nous l'avons dit, dans le cas des clans de souche royale. Les devoirs de solidarité entre frères sont aussi rigoureux que pour les autres mais l'extension en est limitée à la section locale des Moundang-yã. Si un Moundang-Gõ-Daba de Guélo est tué, l'obligation de vengeance ne concerne que les Moundang-yã de Guélo et nullement l'ensemble des Moundang-Gõ-Daba, ce qui signifierait que l'on remonte à leur ancêtre commun le roi de Léré. Or celui-ci est extérieur au système vindicatoire et, nous avons beaucoup insisté sur ce point, la « clanification » de l'ensemble de ses descendants est un détachement de leur lieu d'origine. Il en reste pourtant quelque chose ; ainsi, on ne change pas de nom quand le clan porte le nom du roi (à l'exception, on s'en souvient, des Moundang-Léré issus d'un *yérima* lépreux) et, comme le proclame le dicton déjà cité : « les clans de la terre se divisent mais Moundang-Gõ-Daba s'accroît toujours ». La « roturisation » des clans d'origine royale que nous évoquions plus haut, en parallèle avec la « clanification » des captifs, trouve ici sa limite : bien qu'il n'y ait pas d'ordre hiérarchique entre les clans mais seulement des fonctions rituelles spécifiques, on n'efface pas le nom qui signifie l'emprise territoriale du souverain de Léré.

Il est très remarquable que le dicton qui oppose les clans de la terre aux clans royaux s'applique également à la différence entre agnats et utérins. On dit, en effet : « La parenté par la verge (*zum-faré*) sépare, la parenté par le vagin (*zum-tétakré*) rassemble ou renforce ». On l'évoque aujourd'hui à propos des querelles d'héritage ou de droit d'usage sur le bétail des compensations matrimoniales mais il s'agit aussi, et jadis surtout, des implications du devoir de vengeance. On peut s'étonner, soit dit en passant, que les analyses que font les ethnologues [2] des relations entre la

---

[2] Faisons une exception pour Françoise Champion dont la thèse de 3e cycle, « Recherches sur l'organisation sociale des Massa (région de Koumi) », nous intéresse d'autant plus qu'il s'agit d'une ethnie voisine des Moundang. On ne saurait imaginer contraste plus marqué entre deux formes d'organisation sociale et politique. Les Massa n'ont ni roi ni aucune sorte, même minimale, de chefferie ; la notion de clan, d'autre part, leur est tout à fait étrangère. L'unité sociale fondamentale est le *djaf* (le mot signifie semence, race) qui désigne le lignage agnatique dans sa plus grande extension. Le *djaf* comprend un certain nombre de *farana* qui sont des unités résidentielles regroupant plusieurs enclos, possédant une organisation commune de gardiennage du bétail et constituant ce que l'auteur appelle « la cellule politique élémentaire » car c'est à ce niveau que sont réglés les problèmes relevant de la seule autorité politique reconnue : celle des chefs d'enclos les plus âgés. Le *farana* est, en principe, un segment de djaf mais souvent il comprend des chefs d'enclos de *djaf* différents. Le *farana* ne se conçoit donc pas seulement comme une unité agnatique mais comme une unité politique et militaire. C'est en fonction de cette dimension que les Massa distinguent les « unités de combat » :

1) *zugulla* (bâton). Entre membres d'un même *djaf* on se bat au bâton ; selon qu'un ou plusieurs *farana* sont impliqués dans la bataille on verra les combattants

terminologie de parenté et les règles qui régissent les comportements entre les diverses catégories de parents fassent souvent peu de cas de ces règles qui mettent en cause, au premier chef, les rapports de fraternité. Le frère de clan est désigné en moundang par le terme *delaané* qui signifie petit père et s'applique d'abord au frère cadet de mon père. Ce terme réciproque fils d'aîné/cadet de père est donc trans-générationnel et rassemble tous les agnats mâles placés sur un pied d'égalité. Les *delaane* peuvent hériter les uns des autres et Ego appelle les épouses de ses cousins et oncles patrilatéraux parallèles *nyene*, c'est-à-dire celle que l'on plaisante et que l'on est en droit de reprendre lévirratiquement. Quand on interroge un Moundang sur les rapports qu'entretiennent les *delaane*, la réponse est catégorique : « *delaane* secoue, secoue tes racines (*sẽ*) jusqu'à les arracher ». Cette formule vise directement le mécanisme de désolidarisation dont nous parlons. *Delaane* tue quelqu'un et vous n'avez qu'à fuir au plus vite si vous ne voulez pas être la cible des vengeurs car vous savez qu'il ferait la même chose au cas où vous-même auriez tué. « Avoir la même racine ce n'est pas avoir le même sang » : c'est la litote qu'emploient les Moundang pour parler de la haine que peuvent nourrir les *delaane* les uns pour les autres. Rien n'illustre mieux ces rapports de fraternité que la coutume encore en vigueur de s'emparer du frère qui a « une mauvaise tête », qui « provoque les histoires » et de le conduire sous bonne escorte à *mor-yãne*, le bosquet sacré des masques où les Anciens du clan le « jugeront ». Aujourd'hui, la sentence peut se traduire par une sévère correction à laquelle s'ajoute une amende, mais jadis il était possible de livrer le perturbateur au roi de Léré qui en faisait son esclave, le vendait ou encore, si décidément il était, comme disait notre informateur, « trop crapule », le livrait à ses bourreaux, les *zah-ze-suni* (les hommes des lances de la nuit). Contre ce service, les Anciens du clan payaient au roi la valeur d'un bœuf.

---

s'unir par *della* (vagin), le groupe des germains issus d'une même mère ou bien par *yuna* (pénis), le groupe des germains issus d'un même père. On voit qu'ici aussi, mais en un autre sens, la parenté par la verge peut séparer.

2) *voknà* (front). Les Massa se battent à la lance contre les étrangers (*sum-sagawna*, les hommes de querelle), ceux dont ils peuvent obtenir des épouses ; on dit alors qu'ils « font front ». Tous les membres d'une même *zugulla* appartiennent au même *vokna* ; le même « corps qui se battait contre lui-même » au bâton, affronte les autres à la lance. La finalité du combat au bâton est de désigner un vainqueur, la lance est faite pour écraser l'adversaire : piller le bétail, faire des prisonniers ou tuer. Mais la paix revenue, on contracte des alliances matrimoniales car « on ne peut obtenir d'épouses que des groupes à qui l'on fait la guerre ». Alors que chez les Moundang la pratique de la vengeance s'oppose à la guerre dont le roi seul peut être l'entrepreneur, il n'existe chez les Massa qu'une forme de guerre dont la fonction est d'affirmer l'unité et l'autonomie des groupes de parenté. Le bâton n'est pas une arme de guerre mais presque un signe diacritique à l'usage des unités élémentaires qui composent les groupes de parenté. La germanité, en terme neutre, la fraternité, en terme connotant des valeurs morales et affectives, ne peuvent être vraiment élucidées sans le recours à la logique qui régit les rapports de violence.

Zumbo mawul bo yo, nane zumbo ma-sae.

« Tes frères c'est ta mort, ton oncle maternel c'est le vrai (le bon) parent ». Le commentaire de cette éloquente formule est tout aussi net : « Si tu tues quelqu'un c'est ton *nane* qui te cachera chez lui alors que *delaane* t'abandonnera aux sagaies des vengeurs ». Le terme *nane* désigne précisément le frère cadet de ma mère (le frère aîné, comme les aînés de mon père est *deli*, grand-père) et tous ses descendants mâles en ligne agnatique ; les filles sont des mères ou des « petites mères », autrement dit, on a affaire à une terminologie Omaha. L'épouse de *nane* est plaisantée comme celle de *delaane,* elle est *nhyèné* mais elle ne saurait être héritée. En principe, il n'y a pas matière à conflit avec ses utérins car il n'y a avec eux aucun problème de propriété, qu'il s'agisse de biens, de femmes ou de droits claniques. Lors des funérailles qui rassemblent autour de l'héritier-sacrifiant tous les parents claniques et les alliés du défunt, le *nane* reçoit le cou du bœuf sacrifié pour les *mõ-zuwũnri* du clan en deuil et quelques flèches : il part ainsi avec la partie noble de la viande partagée et les symboles de sa participation aux expéditions de vengeance aux côtés des enfants de sa grande sœur. Un neveu utérin qui se joint à ses oncles pour venger un de leurs frères tait le nom de son propre clan et se présente seulement comme membre du clan de sa mère. « *Nane,* c'est ma mère », disent les Moundang.

C'est, assurément, en regard des règles qui gouvernent les obligations de vengeance que l'opposition entre *delaane* et *nane* apparaît avec la plus grande acuité. A l'intérieur du clan, Ego est soumis à la loi de l'identité numérique : il y acquiert une existence de droit qui, nous y avons fortement insisté, ne saurait lui venir de nulle part ailleurs mais s'accompagne d'une espèce d'annulation de la singularité. L'obligation entre égaux de payer le prix du sang en exerçant ou en subissant le droit de vengeance se traduit pour l'individu par un ou bien ou bien (ou bien c'est lui ou bien c'est moi) en quoi nous verrions volontiers la formule canonique de ce que Durkheim appelle la solidarité mécanique. Mais cette solidarité par similitude n'implique pas, comme le pensait Durkheim, un défaut de personnalité qui caractériserait l'état social primitif mais bien plutôt une double polarité dans l'identification de l'individu. Dans le clan il obtient la reconnaissance de sa légitimité formelle qu'il échange contre la nécessité ou le Fatum de la vengeance ; du côté des utérins, de la parenté extra-clanique, pour parler comme Goody, il reçoit quelque chose d'autre du fait de sa mère, quelque chose qui le singularise et qui ne se réduit pas à une simple conséquence logique de la règle d'exogamie clanique. Il n'est nullement question ici d'évoquer les classiques et interminables débats sur l'avunculat mais il nous semble incontestable qu'il y manque souvent cette pièce essentielle au dossier qui touche aux implications structurales du système de la vengeance car, bien qu'elles aient une priorité logique dans les régimes d'unifiliation, les règles d'héritage et de mariage n'épuisent pas le tout du statut juridique — et ontologique, ce qui est tout un — du sujet. Ce sont les mêmes opérateurs claniques (les rites initiatiques, les masques et l'ensemble des *me-zuwũnri*) qui rendent apte à entrer dans l'alliance, apte à perpétuer la lignée qui vous confèrent une existence de droit assortie de modalités particulières. Seule une étude comparative encore jamais faite pourrait nous apprendre si ces modalités ont des rapports nécessaires avec les structures de la parenté. Le problème nous paraît d'autant plus intéressant chez les Moundang que le rapport parenté/vengeance s'insère dans le contexte politique d'un royaume centralisé qui bien loin d'en pâtir s'en est trouvé conforté.

II) LE RITUEL DE CONCILIATION (*de za-noae*, « BANDAGE DE LA PLAIE »)

Le sang versé libère des forces dangereuses que seul le clan a pouvoir de maîtriser. La terre sur laquelle le sang est répandu porte la souillure, « devient mauvaise », les Génies de lieu et les *me-zuwũnri* (esprits ancestraux qui sont aussi les Esprits de la Terre : *mezũn-seri*) demandent réparation. Tel est le fondement du rituel de conciliation qui met un terme au processus de la vengeance. Si un homme est tué dans la brousse sauvage c'est la vengeance par elle-même ou le sacrifice du bœuf qui apaise le sang versé. Si la mort est donnée sur un champ cultivé ou sur une terre appropriée de façon permanente (cultures de plaine en période où la zone est exondée : haricots, pois de terre, gombo, tabac, etc.) par un clan, la récolte dans le cas du champ de brousse, la terre elle-même dans le second cas, deviennent propriété du clan de la victime. Il suffit d'ailleurs que le sang coule même d'une blessure non mortelle pour que la règle s'applique. Une femme du clan Moundang-Gõ-Daba avait été blessée dans une mare appartenant aux Kizéré par un poisson dont la piqûre est généralement mortelle mais elle avait survécu : il fut cependant décidé que désormais les Moundang-Gõ-Daba auraient également un droit sur cette variété de poissons vivant dans cette mare et qu'à chaque fois que les Kizéré en pêcheraient ils devraient en apporter une part aux parents de la victime.

Si l'on demande pourquoi le sang versé crée pour le clan un droit de propriété il n'est d'autre réponse, croyons-nous, que cette apparente tautologie : la propriété comme telle est un attribut essentiel du clan. Si quelque chose a été « gâté », la propriété légitime en revient à celui qui est capable de la restaurer dans son état d'intégrité. Le sang est le support d'une des âmes (*masin-byāne* : dieu de ma naissance) qui constituent la personne et aussi d'une force plus indifférenciée qu'on peut désigner comme la force vitale et que les Moundang appellent *ma-zwẽ-su* (esprit ou génie du corps). C'est la libération de ces principes — le premier, plus individualisé, le second, plus général — qui excite, chauffe la terre (alors que le sacrifice « rafraîchit ») en rendant furieux les *me-zunwūnri* qui l'habitent et en sont les véritables propriétaires. Et c'est le sang de l'animal sacrifié qui contient également le *ma-zwē-su* qui a le pouvoir d'apaiser les *me-zuwūnri*. Le prix du sang payé en bétail ne consiste donc pas seulement en un transfert de richesse, comme dans l'échange matrimonial, mais dans le sang sacrificiel grâce auquel les deux parties recouvreront leur intégrité.

Lorsqu'un crime est commis, le clan de la victime dispose de 2 jours pour exercer la loi du talion : tuer le meurtrier ou l'un de ses frères. Ce délai passé sans que la vengeance violente ait été assouvie, les Anciens du clan vont consulter le devin (*pah-kindani*) qui peut leur désigner un homme du clan du meurtrier qu'ils devront tuer pour venger leur frère. Ce recours à la divination pour sélectionner la victime expiatoire est présenté par les Moundang comme un moyen de circonscrire la guerre de vengeance pour qu'elle ne dégénère précisément pas en guerre tout court. Un délai également de deux jours suit la consultation et si rien ne se passe, l'affaire doit alors connaître une conclusion rituelle. Jadis, les Anciens des deux clans en cause parvenaient eux-mêmes à un accord mais, depuis l'époque coloniale, c'est le roi de Léré qui fait office de médiateur.

Avant tout paiement ([3]), la famille du meurtrier apporte un bœuf que l'on mène au bord de la rivière, au lieu-dit Zakire, où les épouses du roi viennent tirer de l'eau. Avant que le sacrificateur égorge l'animal, un esclave du roi lui fait avaler en secret un poison dont on dit « qu'il paralyse la main » des parties en présence, qu'il rend la violence impossible. Puis l'on tue *de za-noae* (le bœuf « qui bande la plaie ») et l'on recueille le sang dans une poterie. Les grands (*za-luri*) de chacun des deux clans plongent leurs mains dans le sang. C'est alors que le roi ou son représentant prononce l'amende, ou plutôt le montant à payer en bétail comme compensation aux frères de la victime. Une partie (2 ou 3 têtes) de ces bêtes est donnée au roi pour prix de sa justice.

Le bœuf sacrifié est dépecé sur place et l'on fait déjà cuire quelques morceaux de viande. Une boulette de cette viande est approchée de la bouche d'un tout petit enfant choisi parmi les enfants de la sœur sibling de la victime, c'est-à-dire les véritables neveux utérins. Si l'enfant, au lieu de lécher et de chercher à avaler la viande, détourne la tête et s'obstine dans le refus, c'est un signe néfaste : les *me-zuwūnri* n'acceptent pas la réparation, il faut de nouveau recourir à la violence. Si, au contraire, l'enfant lèche la boulette, on approche deux fois la viande de sa bouche et, à la troisième, on la lui fait avaler. Ce rite de l'avalement (*kik-zae*) appartient au rituel initiatique et a valeur d'ordalie. On y soumet les enfants — parfois en très

---

([3]) C'est la même expression *su vale*, « rembourser une dette » (payer l'amende de l'adultère), qui s'applique à la vengeance. On ajoute *su* ou *fan val-wuli* pour dire « payer la dette pour un mort ».

bas âge — dès que la circoncision a été faite et si un petit détourne la tête, on sait que des circoncis mourront avant que la session soit achevée. La circoncision est comme un sacrifice et le *kik-zae* indique s'il a été agréé ou non. Dans tous les cas, c'est *nane* (le neveu ou l'oncle utérin) qui joue le rôle de médium entre les puissances invoquées et le sacrifiant qui a versé le sang d'une victime.

Si l'ordalie est favorable, les bœufs de la compensation servent ensuite à l'un des frères du défunt pour payer le prix d'une épouse. Dans certains cas, d'ailleurs, le roi peut directement fixer comme « amende » pour un crime une femme qui sera attribuée à un *delaane* de la victime comme s'il s'agissait d'une veuve reçue en vertu de la règle du lévirat. Mais quand cette femme aura mis au monde un garçon, on considérera que réparation a été faite complètement et le mari devra rembourser une compensation matrimoniale à ses beaux-parents.

Le fait que le prix du sang équivaut au prix d'une fiancée implique que l'on peut substituer à la règle : un homme pour un homme, cette autre règle : à la place d'un homme mort, une femme apte à procréer. Cette « inéquation » socialement et biologiquement fondée entre l'homme et la femme se manifeste tout à fait clairement dans la coutume. Supposons qu'une femme tue — volontairement ou non — son mari, elle n'encourt aucune poursuite, il n'y a ni vengeance ni compensation d'aucune sorte.

« La vache donne des coups de pied à son veau, la vache donne des coups de pied à son propriétaire », dit un proverbe moundang qui traduit ainsi la notion d'irresponsabilité civile de la femme ; pas plus que la vache, l'épouse n'est punissable. Mais si l'inverse se produit, si un mari tue son épouse, la sanction est terrible. Non seulement la « dot » doit être remboursée et une lourde amende versée aux Anciens du clan de sa femme, mais une sanction mystique le menace. Un tel crime peut rendre fou le criminel et pour échapper à ce destin le mari doit faire lui-même des travaux de femme : cuisiner, puiser de l'eau, aller en brousse pour ramasser des fagots. Il semble que la folie sanctionne ici la véritable impasse à laquelle conduit le meurtre d'une femme ; quelque chose d'irréparable a été commis car la femme n'est pas remplaçable et c'est ce que souligne le comportement préventif qui est prescrit au mari coupable. Il a des chances d'échapper à la folie s'il endosse, en quelque sorte, l'absurdité sociale de son geste criminel.

Ajoutons que la mort violente d'une femme est doublement absurde car on perd non seulement un pouvoir de procréation, un objet de jouissance (qui rend des services sexuels, comme disent les anthropologues, avec leur sérieux habituel) mais un bien qui s'échappe et qui, par conséquent, n'est pas chose d'un clan. C'est, en effet, l'une et l'autre partie, le clan donneur comme le clan preneur, qui sont lésés par le meurtre d'une femme. Dans cette perspective, l'homme a droit à la vengeance, on paie sa mort d'une mort équivalente parce qu'il transcende toute notion de valeur d'utilité et aussi, il faut le dire, parce qu'il n'a pas la valeur d'utilité que possède la femme non en tant qu'elle-même est marchandise mais en tant que ce qui la valorise est un bien absolu. La convertibilité d'un homme mort en une femme vivante n'a pas d'autre signification que cette reconnaissance de la suprématie des valeurs de vie sur les valeurs de pur prestige.

Nous avons dit plus haut que les valeurs viriles liées à la guerre, l'honneur affirmé dans la bravoure face à la mort sont des choses étrangères à l'esprit clanique moundang et ne commandent nullement son comportement vindicatoire. L'honneur et le prestige s'acquièrent en vieillissant et trouvent leur couronnement dans la nombreuse progéniture qui mettra pour longtemps le nom du « grand » à l'abri de l'oubli. L'homme qui meurt ainsi a droit à des cérémonies funéraires (*ye-wuli*), comme d'ailleurs les vieilles femmes qui ont eu beaucoup de fils et de petits-enfants. Par contre, ceux qui sont morts de mort violente n'ont pas droit aux funérailles quelles que soient les circonstances. Un suicidé, par exemple, ne peut même pas être enterré (en règle générale, on enterre les gens dans les minutes qui suivent la constatation du décès) : il faut d'abord chercher à savoir à cause de qui le malheureux en est arrivé à une telle extrémité et quand on découvre le responsable on lui inflige une amende comme s'il était un meurtrier. Ensuite les parents du suicidé paient le prix d'un bœuf au chef de village et n'ont droit de l'enterrer qu'en brousse. Quand la mort est due à un crime, on enterre normalement la victime mais il n'y a pas de *ye-wuli*, c'est le sacrifice qui met un terme au processus de conciliation entre les clans qui en tient lieu.

Nous eûmes l'occasion d'assister à un tel sacrifice à la fin de l'année 1972. Un homme du clan Moundang-Gō-Daba du grand village de Berlyan était mort des suites d'une morsure que lui avait faite un chien enragé appartenant à un homme du clan Tenini. La famille du coupable accepta de payer au père de la victime 4 bœufs, un bélier, un boubou blanc neuf et une vache pour le sacrifice *de za-noae*. Celui-ci eut lieu au petit matin dans le bois sacré du village où se trouve le hutte du grand masque Wōlei du clan Moundang-Gō-Daba. On nettoya très soigneusement l'aire d'abattage et le sacrifice commença en présence d'une trentaine d'hommes du clan, des Anciens mais aussi des jeunes qui certes n'étaient pas mécontents de recevoir de la viande mais étaient surtout curieux d'une coutume qui se fait de plus en plus rare. On égorgea l'animal et le sang, recueilli dans une calebasse, fut donné à un chien. On procéda ensuite au dépeçage et l'on disposa les morceaux de viande sur des sékos étalés sur le sol. L'intérêt pour nous fut alors de noter l'ordre hiérarchique dans la distribution des parts aux différents ayant-droit.

C'est d'abord la mère de la victime qui est servie : la tête et les intestins ; ces bons morceaux, dit-on, l'empêcheront de se suicider. Ensuite, on donne le cou au *nane* (en l'occurrence, on partagea le cou en quatre car la mère avait encore quatre frères cadets). Le père, enfin, a droit à la peau qui va normalement au sacrifiant. Tout le reste est partagé entre les grands du clan du pays moundang dans son entier. A *mor-yãne*, dans le bois sacré du masque Wõlei, tous les Moundang-Gõ-Daba sont symboliquement présents ; les vieux qui sont effectivement assis là rivalisent de mémoire pour qu'aucun de leurs frères ne soit oublié. Un oubli pourrait en droit provoquer une poursuite de la vengeance, et donc frapper de nullité le sacrifice. Avoir sa part de la viande sacrificielle équivaut à « tremper sa main dans le sang » selon le rite que nous évoquions plus haut, c'est-à-dire à paralyser la main de la vengeance. Lorsque tout le monde tomba d'accord que le partage avait été correctement effectué et qu'aucun oubli fâcheux n'était à craindre, le sacrificateur découpa en petits morceaux des viscères qu'il avait gardés : foie, poumons, cœur et tripes et les fit griller. Tous les assistants consommèrent cette cuisine des hommes (cuisine pour les maîtres et porteurs des masques) et se séparèrent en emportant leur viande crue dans leur bonnet moundang, leur besace à double poche ou un papier d'emballage tout simplement. Ainsi prit fin ce rite de partage qui fut pour nous l'occasion de vérifier que c'était bien le clan dans son entier, dénombré dans son compte le plus exact, qui constituait l'unité sociale engagée dans le processus de la vengeance.

III) LE POUVOIR ROYAL ET SES SANCTIONS

Nous parlions en commençant cette analyse de systèmes de forces pour désigner le caractère commun à l'institution clanique de la vengeance et aux aspects spécifiques de l'intervention du roi de Léré et de ses hommes dans les affaires des villageois. Nous avons utilisé cette notion pour écarter toute référence d'ordre juridique et, plus encore, éthique dans la confrontation entre pouvoir royal et droit clanique que nous allons examiner maintenant. La royauté ne représente pas une instance de rang supérieur, elle n'apporte pas des principes plus élevés que le clan et elle n'a, d'ailleurs, aucune prétention de ce genre. Elle est une force et elle dispose d'une puissance qui est étrangère à l'univers clanique bien que tout ce qui la compose vienne de lui à l'exception du principe de la royauté, il va sans dire. Cette puissance est faite d'hommes assujettis à sa personne, d'épouses en très grand nombre et de « fétiches » (ce que les clans ont dans la main) qui constituent ses regalia. Chacun de ces trois éléments qu'on peut désigner comme les composantes fondamentales de l'institution royale moundang ont subi une transformation en entrant dans cette « composition » : les hommes ont perdu leur personnalité clanique telle qu'elle se définit dans le système de la vengeance, ils tuent, ils peuvent être tués mais toute notion de compensation a disparu. Les femmes, épousées sans « dot », ne sont plus des liens vivants entre les clans, elles sont hors-échange et destinées à des fonctions de production pour créer les richesses indispensables à la vie cérémonielle du palais. Les fétiches enfin, rassemblés dans les mains d'un seul sous la forme de regalia, ont perdu leur valeur différentielle relative pour incarner la différence absolue entre la personne du souverain et l'homme du clan.

Ce bref rappel de la conception moundang de la royauté est la prémisse indispensable pour comprendre comment ce système de forces communique avec le système clanique de la vengeance et en tire parti. Il n'existe pas de politique de la royauté visant à exercer une influence, à peser d'une façon quelconque sur ce système car c'est le fait même de la coexistence d'institutions de sens contraire (mais nullement contradictoires) qui détermine l'action de l'une sur l'autre. L'extraction de la royauté du circuit des échanges, l'exterritorialité qui en résulte permettent d'expliquer le pouvoir suspensif, le pouvoir de forclusion qu'elle possède sur le libre jeu des échanges entre partenaires claniques. Nous laissions entendre, évoquant plus haut le rôle de refuge, de sanctuaire que remplissent les espaces royaux pour les fugitifs, que la sacralité du pouvoir était la raison de leur inviolabilité. Assurément, mais cela n'est pas suffisant car il faut aussi tenir compte de la différence dans le mode d'action de deux espèces de sacralité. Un petit récit mythique sur un masque moundang illustrera notre propos.

Jadis, quand les masques sortaient pour danser, à l'écart toutefois des femmes et des garçons non initiés, la jeune fille que ses parents voulaient contraindre à épouser un homme qu'elle n'aimait pas, pouvait aller s'agenouiller devant un masque. On dit alors que la fille voulait épouser le masque et on la confiait au *pah-yãne,* le maître du masque qui en faisait sa femme. Il y avait une jeune fille du nom de Sarko qui refusait tous les maris que son père lui proposait. Un jour, elle décida que c'en était trop ; elle prit une calebasse dans la main, mit ses colliers et ses bracelets les plus beaux et s'en alla danser, ainsi parée, à *mor-yãne* (le bois sacré). De nombreux jeunes gens étaient là en train de préparer des fibres nouvelles pour réparer un masque. En la voyant, ils furent étonnés et envoyèrent la commission à *pah-yãne* : « Que devons-nous faire de cette fille ? ». La réponse vint immédiatement : il faut la tuer. Ainsi fut fait et les garçons confectionnèrent un nouveau masque. Quelques jours plus tard les parents de Sarko qui pleuraient leur fille vinrent trouver *pah-yãne* qui leur dit que leur fille reviendrait bientôt. Un nouveau masque appelé Mabi (la mère de l'eau, expression qui désigne aussi le lac de Léré) sortit accompagné d'une suite nombreuse et vint danser devant l'enclos des parents de Sarko. *Pah-yãne* dit alors à la mère : « Ta fille est revenue te saluer, Sarkuyo *čin mezũn-be,* Sarkuyo s'est transformée en masque ».

Un autre petit récit dont le thème est symétrique et inverse de celui qu'on vient de lire complète parfaitement sa signification. Il s'agit d'un fils de roi nommé Gando qui s'était rendu à *mor-yãne* pour voir les masques.

Plein d'arrogance, il s'empara d'une jupe de fibres, la ceignit autour des reins et sortit dans le village où il dansa devant les femmes et les incirconcis. Les hommes se saisirent de lui et le roi lui-même ordonna que son fils fût mis à mort. Ainsi, les choses sont claires : les récits nous rapportent deux morts dont les fonctions symboliques sont opposées. La jeune fille qui cherche à échapper à l'époux que son père lui destine trouve auprès du masque une mort qui signifie une impossibilité, mais cette mort est suivie d'une transfiguration qui la magnifie comme « Mère de l'eau », c'est-à-dire comme mère des hommes. Le prince qui prétend jouer avec le masque trouve aussi la mort mais une mort qui sanctionne la séparation de deux souverainetés, de deux espèces de sacré. La jeune fille aurait survécu si, au lieu de tenter l'impossible, elle avait cherché refuge auprès du roi, le roi peut vivre à condition de ne pas empiéter sur l'empire des masques. Le bois sacré du clan est un sanctuaire qui protège la loi clanique et l'en protège du roi. La maison du roi est un sanctuaire pour les fugitifs — hommes cherchant à fuir la loi du talion, femmes refusant la loi de l'échange matrimonial — mais s'ils y conservent la vie, c'est au prix de la transformation dont nous parlions à l'instant. Le pouvoir royal a l'usage, peut-on dire, de ce que le clan ne peut mettre qu'au registre des pertes. Il fait des serviteurs, des hommes de confiance pour les tâches les plus hautes comme pour les basses œuvres, des notables et des tueurs et, de l'autre côté, une armée d'épouses laborieuses pour satisfaire aux exigences de la production somptuaire indispensable à la vie rituelle du palais.

La philosophie politique des Moundang, répétons-le, n'attribue au souverain aucune conception juridique ou morale particulière, elle explique seulement par les faiblesses inhérentes au système de la vindicte clanique, l'origine de la puissance royale. Les morts par vengeance s'additionnent en une suite négative, les hommes que le roi garde aussi bien que ceux qu'il tue s'additionnent positivement, les premiers par la masse de main-d'œuvre et de manœuvre qu'ils représentent, les seconds par la somme des biens qu'ils permettent d'accumuler. Mais cette puissance une fois constituée ne demande qu'à s'accroître et bientôt ne connaît plus d'autre limite que celle que lui impose une autre puissance équivalente ou supérieure. On a affaire ici à une logique universelle qui est celle de la guerre ; ce qui est plus spécifiquement moundang et intéresse notre propos c'est le déploiement de cette puissance dans les limites de la communauté politique formée par le royaume de Léré. Nous allons rapporter quelques règles qui ébauchent une espèce de droit du roi comportant un privilège de Léré comme village de résidence royale.

1) Si un homme né à Léré et habitant à Léré meurt et que son héritier habite un village de brousse, ce dernier ne pourra jouir de l'héritage que s'il vient s'installer à Léré. Les choses, les biens viennent à Léré, elles n'en sortent pas.

2) Si un homme prend ou plutôt ravit une jeune fille ou même une

femme mariée dans un village de brousse et la ramène à Léré, les parents de la fille ou le mari ne peuvent venir les réclamer. Le ravisseur est sous la protection du roi et, comme disent les vieux Moundang, qui osera toucher à ce qui est dans la main du roi de Léré?

3) Si un homme attaque quelqu'un en brousse et lui prend deux ou trois vaches ou commet un vol quelconque puis s'en va chez le roi de Léré, il se place sous la protection de ce dernier. Le propriétaire du bien volé peut se rendre devant le seuil du palais mais il ne peut le franchir. On prévient le roi et celui-ci fait porter au plaignant la tête et le cou des bêtes volées. Dès leur entrée dans la maison du roi on a, en effet, tué le bétail volé et le malheureux propriétaire s'entend dire : « Tiens, voici ce que mes hyènes (*mungeri gōae*) ont apporté et voilà ce qu'elles t'ont laissé ».

4) Si un homme de Léré se voit ravir sa femme par un étranger ou un homme d'un village de brousse, le roi envoie ses hommes se saisir de la femme du père du ravisseur et la garde prisonnière au palais. Si le fils ne rend pas la femme volée c'est donc le père qui est châtié.

Ces coutumes si particulières étaient en vigueur, dit-on, jusque dans les années 1950 et ne furent considérées comme des abus qu'avec le développement de l'influence du parti nationaliste. Mais dans l'esprit d'un Moundang il ne s'agit pas d'abus. « Quand mugit le bœuf du pauvre le roi subit une injure » n'est pas seulement un proverbe mais la règle du comportement royal. Quiconque avait la force et la bravoure plus les « médicaments » requis pour ces tâches, pouvait devenir une « hyène du roi » et aller voler, piller et tuer pour le compte du roi et recevoir des miettes non négligeables du butin. Le roi seul, avec l'aide de ces âmes damnées, pouvait assouvir une vengeance personnelle, c'est-à-dire dépouiller et, au besoin, assassiner celui dont le succès et la richesse — si modeste fût-elle comparée à la sienne — faisaient ombrage à sa personne, ou plutôt, portaient atteinte à son monopole.

L'abus, l'excès qui font du roi une espèce de grand prédateur sont la loi même de la royauté, ils attestent la vigueur du pouvoir et sont, en définitive, en dépit du paradoxe apparent, des garanties de la prospérité des paysans au même titre que la magie de la pluie dont il est le détenteur. Les règles de droit ou, plus exactement, les privilèges de Léré que nous venons de mentionner, n'esquissent nullement un rudiment de système pénal. Il n'y a aucune proportion entre ce qui pourrait constituer la faute du « pauvre » et la punition que lui inflige le roi. Même lorsqu'une mauvaise tête lui est livrée par les Anciens du clan pour s'en débarrasser, ce n'est pas une peine que le roi inflige mais un service qu'il se fait payer. Entre les règles de compensation qui pallient les inconvénients de la loi du talion et les actions punitives que mène le pouvoir royal il y a, si l'on se place sur le plan du droit et de la logique qui en découle, solution de continuité et l'on nous accordera que la notion de légitimité est d'abord, et de façon tout à fait essentielle, du côté de la loi clanique de la vengeance.

Comment a-t-il pu en être ainsi, comment l'existence d'un pouvoir central qu'on ne peut s'empêcher d'assimiler à une forme — aussi rudimentaire fût-elle — de l'Etat n'a-t-elle pas entraîné la création d'un organe judiciaire propre, d'une ébauche, à tout le moins, d'un tel organe ?, c'est la question qu'on se pose à propos d'un système politique tel que celui des Moundang. Plus directement, on peut se demander comment un état clanique — nous avons dit avec insistance que royauté et clans sont des éléments d'un ensemble synchrone — est possible sans que le dualisme qui le constitue n'éclate en d'insurmontables contradictions.

Il est trop tôt pour répondre sur la nature de l'Etat qu'a représenté l'ancien royaume de Léré mais nous pouvons tirer quelques réflexions de ce qui vient d'être dit de sa « justice ». Dans une perspective d'analyse structurale, certains ethnologues ont cherché à opposer le système vindicatoire à la pénalité proprement dite en définissant le premier comme une institution mettant en jeu des relations de réciprocité et d'extériorité entre les groupes partenaires de la vengeance alors que la seconde implique des rapports d'autorité et d'intériorité. En effet, la sanction pénale ne peut émaner que d'une instance qui assujettit le transgresseur à son pouvoir et elle répond à l'exercice d'une autorité particulière. Ces formules que nous empruntons à un texte de séminaire de Raymond Verdier sont d'un grand intérêt pour notre propos. Les deux couples de notions : réciprocité et extériorité appliquées au système vindicatoire et autorité et intériorité appliquées au système pénal, possèdent une incontestable pertinence théorique mais les faits moundang nous conduisent à émettre une certaine réserve sur leur opposition terme à terme. L'extériorité et l'intériorité se rapportent aussi bien l'une que l'autre à la sphère d'appartenance des individus mis en cause par la vengeance ou la punition, et par conséquent à la définition de l'unité politique corrélative d'un pouvoir ou d'une autorité. Dans la vengeance, c'est la loi du clan qui fait autorité mais cette loi est également celle du partenaire. La réciprocité n'est pas première entre des partenaires extérieurs l'un à l'autre et entrant en relation d'échange pour égaliser les morts de part et d'autre mais c'est la loi commune exerçant son autorité sur l'ensemble des clans qui oblige les parties, au sens juridique du terme, à la règle de réciprocité. Autrement dit, il y a un ordre intérieur (un système de valeurs qui est indissolublement religieux, moral et politique) qui assujettit les diverses parties qui ne sont extérieures les unes aux autres qu'en tant que sujets de droits et de certains droits.

Dans un système pénal, la notion de réciprocité semble exclue car l'équivalent de la perte causée par le fautif n'est pas immédiatement donné. Bien sûr, c'est un pouvoir qui fixe des peines à des justiciables qui, par principe, lui en reconnaissent le droit, mais cela ne veut pas dire qu'il en est la source et qu'il reste maître de leur usage. Il peut chercher à utiliser la justice à ses fins et assigner des buts moraux, politiques ou même économiques aux peines infligées, mais celle-ci est avant tout une instance indépendante dont la fonction est d'établir un système d'unités qui rend commensurables la grandeur de la perte et les quantités requises pour sa réparation. La notion de code répond à cette définition et elle exige des organes spécialisés pour en assurer l'application. L'Etat ne doit pas seulement disposer de la force pour rendre effective l'exécution des sanctions qu'il prononce — ce qui est le cas de la royauté moundang — mais il faut encore qu'il se soit approprié le concept de justice dans son essence abstraite et universelle. C'est ce concept qui introduit la proportion (la juste proportion, au sens mathématique) dans la relation de la faute à la sanction qui la réprime. Nous avons pu nous rendre compte qu'il est tout à fait étranger à la conception moundang du pouvoir. Le pouvoir moundang est étatique dans la mesure où il concentre des forces qu'il a extraites de la masse clanique selon des procédures que nous avons commencé d'analyser et qui se dévoileront complètement dans la vie rituelle du palais mais cette force, la sacralité comme telle aussi bien que sa puissance économique et militaire, reste quelque chose de particulier et d'extérieur à la substance dont elle s'est détachée. Il n'y a pas à Léré des sujets et un souverain inscrits dans un même espace et soumis à une loi une. L'espace clanique, celui des *čok-šyĩnri*, celui qui crie vengeance et réclame réparation pour le sang versé s'oppose à un espace indéterminé livré à la force prédatrice d'un pouvoir déterritorialisé. C'est pourquoi le palais du roi est un sanctuaire où le criminel échappe à la loi du clan et le sang que lui-même fait répandre n'a plus de voix.

Ainsi se creuse l'écart qui ira toujours grandissant, entre le monde où une vie vaut une vie dans son unicité comme partie vivante d'un tout et un monde où toutes les vies se valent indifféremment (ou presque) pour le service du roi. On passe alors du règne du droit vindicatoire au règne de la guerre dont le roi seul a l'usage et le profit. Dans le non-Etat, comme chez les Nuer et les Massa que nous avons évoqués, les deux formes de violence sont indiscernables car il n'existe pas de finalité extérieure à l'unité sociale engagée dans le combat. Ce sont des sociétés où les distinctions structurales des parties et la cohésion de l'ensemble reposent sur un principe unique qui n'entame pas la segmentarité du tout. Chez les Moundang, une espèce de clinamen a libéré de l'ordre clanique une force grosse d'un ordre étatique dont ils n'ont réussi qu'à moitié à empêcher l'éclosion.

TROISIÈME PARTIE
PARENTÉ ET RITUEL

CHAPITRE PREMIER
PARENTÉ ET ALLIANCE

L'étude du système clanique nous conduit tout naturellement à celle du pouvoir politique. Nous venons de voir comment les règles de la vengeance telles qu'elles sont appliquées par le clan déterminent positivement l'organisation de la communauté villageoise comme ensemble de segments de plusieurs clans réunis sous l'autorité d'un pouvoir local émanant de Léré et comment, en contrepartie, ces mêmes règles aboutissent à retirer du clan sa substance politique effective. Sa souveraineté formelle est indispensable pour fonder l'obligation de vengeance entre *delaané* mais la souveraineté substantielle est presque complètement aspirée, si l'on peut dire, par la royauté. Les remarques sur l'opposition entre la parenté clanique (et agnatique) et extra-clanique (utérine) ont été nécessaires pour rendre compte du caractère institutionnel de la division du clan en sous-clans, de sa fragmentation dans l'espace ou de la sécession de fractions rompant le lien clanique pour constituer un clan nouveau. Il nous semble donc logique avant d'en venir à l'analyse du pouvoir royal de décrire le système de parenté et d'alliance. C'est lui qui donne chair et sang au système clanique, c'est lui qui, dans une certaine mesure, permet d'atténuer les tensions qu'il fait naître, c'est lui qui en fait la force et la faiblesse en même temps. C'est pour s'en être libérée par une coupure radicale que l'institution royale peut fonctionner comme pouvoir politique possédant une force propre et une volonté autonome.

1) LA NOMENCLATURE DE PARENTÉ ET LES NORMES DE COMPORTEMENT

La nomenclature moundang appartient au type Omaha et correspond à un système semi-complexe dont les caractéristiques les plus importantes sont désormais bien connues grâce aux travaux de Françoise Héritier sur les Samo de Haute-Volta (F. Héritier, 1975). Il y a théoriquement une double exogamie qui interdit aussi bien de se marier dans son propre clan que dans celui de sa mère, mais étant donné le mode de fission du clan, il convient de nuancer et parler plutôt d'un interdit matrimonial touchant le lignage maternel (il peut s'agir d'un clan de taille réduite, d'un sous-clan et dans certains cas très rares d'un lignage local). L'exogamie du clan d'Ego est une règle absolue sauf, nous l'avons dit, dans les clans royaux. Le roi de Léré, les chefs de brousse jouissent même du privilège de l'inceste et peuvent épouser une fille de frère. Un dicton l'énonce sous cette forme imagée : *merve re sē-ki,* « le silure (il s'agit d'une espèce carnivore qui, à la saison sèche, fait des trous dans le sable pour trouver une nourriture très rare) mange la queue de son congénère ».

L'interdit du côté du clan de la mère est donc moins rigoureux. On peut, par exemple, hériter d'une sœur de clan de sa mère mais en aucun cas la proposer soi-même comme épouse ; la règle moundang est nette : une femme du clan de votre mère est aussi votre mère. Non sans humour, Gomena commente : « si j'épouse une fille que j'appelle *na-mwe* (enfant de mère), c'est bien grave car en insultant ma femme — chose courante et normale — j'insulte aussi ma mère, ce qui est une chose honteuse et interdite. » Toutes les cousines matrilatérales, y compris la fille de la sœur cadette de votre mère, sont prohibées. Ce dernier mariage est même une abomination : si un enfant naît il ne peut survivre et il risque aussi de mettre en danger la vie des parents. Il s'agit d'un véritable inceste car cette femme est dite *tetak-vomo,* « vagin un » avec votre mère. »

Voici des tableaux qui récapitulent les interdits matrimoniaux que respectent les Moundang :

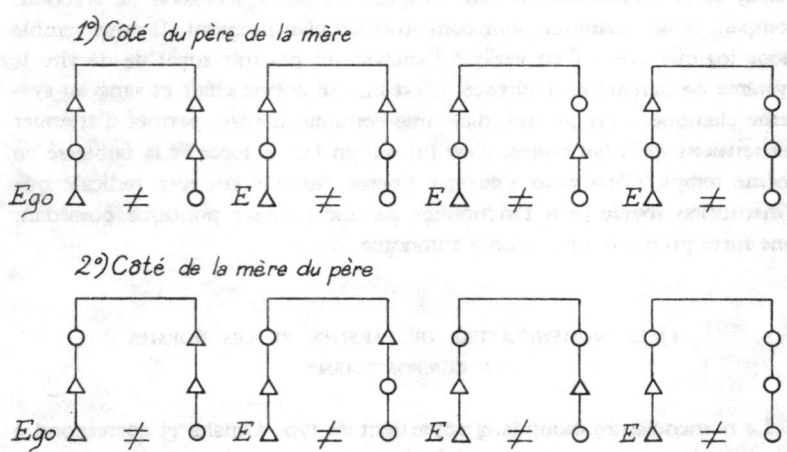

Du côté du père du père les interdits sont bien entendu aussi stricts. Toutes les cousines patrilatérales, les parallèles qui appartiennent au même clan qu'Ego comme les croisées, sont prohibées. La fille du frère du père du père comme la fille de la sœur du père du père sont des *na-mwe* et ne peuvent être épousées. Mais du côté de la mère de la mère les prohibitions n'existent pas : les petites filles dans les deux lignes du frère comme de la sœur de ma grand-mère maternelle sont des épouses permises. Enfin, les Moundang ont pour règle d'éviter le redoublement des alliances : des frères de clan n'épousent pas des sœurs (« ai-je donc à donner toutes mes filles à une seule famille ? », dit-on en ce cas).

La bonne alliance est celle qui unit ceux « qui ne sont rien (en rien apparentés) » *deb kolé ye mo kane,* proclame le dicton. On précise qu'il est bon, par exemple, d'épouser dans un clan allié à plaisanterie (*guru*) : Teuré doit prendre un conjoint dans le clan royal, Dué dans le clan Teuré et Tezun dans le clan Gwèré ou Dahé. S'il est vrai, comme le dit Lévi-Strauss, que le propre des systèmes de type Crow-Omaha est de transformer des alliés en parents, formule qu'assurément les Moundang s'appliqueraient à eux-mêmes, c'est par la diversification qu'on obtient le meilleur usage des alliances. Les lignages ou les clans qui sont alliés par le mariage ont des rapports d'entraide et l'on dit qu'ils sont déjà *zumi,* c'est-à-dire parents. « Si un étranger, explique Gomena, vient s'installer auprès de vous et reste un certain nombre d'années, vous lui donnez votre fille comme épouse. Alors il restera pour toujours et il appellera son enfant *yã-yak-jibé,* « ce village m'aime, m'accepte » (il est donc mien maintenant) ; cet enfant est votre neveu utérin et si son père meurt, il n'a d'autre parent que vous ». Cette façon un peu cynique de vanter les avantages d'avoir un gendre étranger qui augmente votre famille pour ainsi dire, sans contrepartie, n'est faite que pour souligner le caractère positif de l'alliance. Nous avions déjà relevé ce trait en décrivant la devise que l'épouse chante en l'honneur du clan de son mari ; nous y reviendrons à propos des termes d'affinité et surtout quand nous étudierons les rites funéraires. Alliance et parenté sont si étroitement imbriquées qu'il est impossible de comprendre les règles de conduite qui prévalent aussi bien à l'intérieur du groupe de consanguinité qu'entre les alliés sans poser comme principe la mutuelle dépendance dans laquelle elles sont l'une par rapport à l'autre. L'exemple moundang montre, selon nous, que la question d'une éventuelle primauté de la filiation ou de l'alliance dans la détermination de l'ensemble des règles qui régissent les rapports de parenté, est sans objet. Si l'alliance crée de la parenté — ce que nous appelons la positivité de l'alliance —, il faut s'attendre, d'autre part, à ce que cette parenté soit complètement traversée et, sans doute, dominée par la logique de l'alliance ; de là aussi vient le négatif dans la relation entre agnats que la loi de la vengeance nous a déjà fait connaître.

Les termes de parenté.

La terminologie de parenté moundang comporte un vocabulaire extrêmement restreint tant pour les consanguins que pour les affins.

Il existe deux termes pour père : *pah* et *de* et deux termes pour mère : *mah* et *mwe*. Je peux appeler mon père *paï* ou *da-de* (le vocatif père ou papa) mais pour la mère le possessif de la première personne et par conséquent le terme d'appellation ne se forme qu'avec le léxème *mah* (*mah-bé* ou *maï*) et pas avec *mwe*. Si je dis : mon père ou le père de tel, j'utilise le terme *pah*. Si je m'adresse à un homme qui n'est pas mon agnat, en vertu de la règle de teknonymie, je l'interpelle *pah* suivi du nom de son fils aîné (père de tel). La situation est la même dans le cas d'une mère qui n'appartient pas à mon clan.

Le suffixe *lii* (grand) permet de former les termes de référence *de-lii* (grand-père) et *mwe-lii* (grand-mère) mais le sujet en parlant dira : *pah-bé-lii* (mon grand-père ou mon aïeul) et *mah-bé lii* (ma grand-mère ou aïeule), *de-lii* désigne le père de mon père et tous les hommes des générations au-dessus de la sienne et, dans sa génération, tous ses frères aînés ainsi que les fils des frères de son père. Il en va de même du côté maternel : le père de ma mère et ses frères, ses propres frères aînés sont mes *de-lii* bien qu'on ne puisse pas assimiler, comme on verra, frère aîné du père à frère aîné de la mère ; ce dernier est, malgré tout, un oncle utérin malgré sa fonction qui le rapproche davantage d'un père de mère.

Avec le suffixe *laané* (petit) on forme les termes *de-laané* et *mwe-laané* qui désignent les germains cadets parallèles et croisés (à l'exception du frère cadet de la mère) de mes père et mère mais seulement dans la génération de mes parents, et optionnellement dans celle d'Ego. Dans certaines circonstances je peux appeler mes cousins parallèles patrilatéraux (qu'ils soient fils de *de-lii* ou de *de-laané*) *de-laané*.

Il n'existe donc pas de terme spécifique pour la sœur du père qui sera simplement *mwe-lii* ou *mwe-laané* selon qu'elle est plus âgée ou plus jeune que mon père. Mais ses fils seront comme le frère cadet de ma mère des *nané*. Conformément au caractère Omaha de cette terminologie, Ego appelle *nané* le fils, le fils du fils et l'arrière petit-fils de *nané* qui est son véritable oncle utérin. La fille de *nané* est mère (*mwe*) ou « petite mère » (*mwe-laané*) et il en va de même à la génération suivante.

De-lii, mwe-lii, de-laané, mwe-laané et *nané* sont des termes réciproques dans le même sexe mais une grand-mère appellera ses petits-fils « enfants de mon fils » (*wê-nabé*) plutôt que *mwe-lii*.

Enfin, il existe un terme *na* pour fils et un terme *melã* pour fille. Le mot *wë* (1) désigne l'enfant, en général. *na* sert à exprimer la relation de germanité par addition de tous les termes nécessaires pour décrire la relation particulière : de génération, de sexe et d'âge. Mes frères et cousins parallèles patrilatéraux sont *na-pah-bé* (et tantôt, nous l'avons dit, *de-laanê*), mes frères utérins (ceux de même mère ou matrilatéraux parallèles) sont *na-mwe;* les croisés, on vient de le voir, sont *nané*.

Il n'existe donc pas, c'est le cas dans de nombreuses langues africaines, de terme particulier pour énoncer la relation de germanité dont on peut dire, par conséquent, qu'elle ne possède pas de réalité indépendante. Elle est constituée en référence au père ou à la mère, c'est-à-dire qu'elle est dominée par le caractère de linéarité du système : les agnats s'opposent aux utérins et le groupe matricentré s'oppose au reste de l'ensemble patrilatéral. Ce sont là encore des effets de l'alliance et des modalités selon lesquelles s'effectuent les transactions qui la mettent en œuvre.

Les traits spécifiques de la nomenclature moundang apparaîtront avec clarté dans les schémas ci-après. Le diagramme montrant le caractère Omaha du système est repris de celui proposé par Françoise Héritier dans le texte cité (Héritier, 1975).

La relation au père.

Cette manière plutôt abstraite de désigner le premier segment de l'ensemble des relations de parenté vise à remplacer l'habituelle présentation des normes de comportement en termes dyadiques par une notion de caractère analytique permettant de prendre en considération un plus grand nombre de termes et leur détermination par le groupe lignager (la section de clan localisée) au sein duquel ils s'insèrent. La relation au père est, en effet, très différente selon qu'il s'agit du fils aîné ou d'un cadet, selon aussi que le père est doyen ou cadet de lignage. L'ensemble des règles et des usages auxquels obéissent les relations aussi bien d'alliance que de parenté n'est intelligible que si on le rapporte au double flux de l'économie domestique des Moundang : celui de l'échange des femmes et qui se traduit par la circulation des biens matrimoniaux ([1]); celui des biens (en y

---

[1] Nous ne décrirons pas les institutions matrimoniales des Moundang dans cet ouvrage. Il est indispensable toutefois que nous disions quelques mots de la dot (terme impropre mais commode pour désigner la compensation matrimoniale). En principe, et jadis il était pratiquement impossible de s'y soustraire, le père est obligé de verser le montant de la dot pour la première épouse de chacun de ses fils. Le fils aîné est entièrement à la charge de son père dont il héritera les épouses (à l'exception de sa propre mère) et, en contrepartie, il aide celui-ci à verser les dots de ses frères cadets; par conséquent, dès le vivant du père, il est déjà lui-même en position de père vis-à-vis de ses cadets — s'il en a les moyens. Pour un quatrième fils, par exemple, un père ne fait presque rien, l'Aîné aide symboliquement et ce sont les autres frères qui doivent payer la dot pour la femme de leur cadet. Ainsi du père au plus jeune de ses fils un même devoir lie chacun de ces mâles à l'autre par ordre d'âge décroissant, et comme cette chaîne est continue elle donne aussi des fils de trame qui attachent ensemble les lignes collatérales du segment agnatique local, comme on le verra. Même si un homme n'a que des filles il doit utiliser le montant des dots perçues à compléter celles qui sont nécessaires pour marier des agnats

incluant les femmes acquises et les prestations reçues pour les sœurs et les filles) et qui se traduit par la transmission réglée par voie d'héritage. Dans cette perspective, la relation au père comprend : 1) Un rapport strict père/fils s'exprimant par des devoirs moraux et des règles rituelles. 2) Un rapport différentiel avec *de-lii* et *de-laané*, compte tenu, comme il a été dit, de la position personnelle de mon père dans sa lignée agnatique.

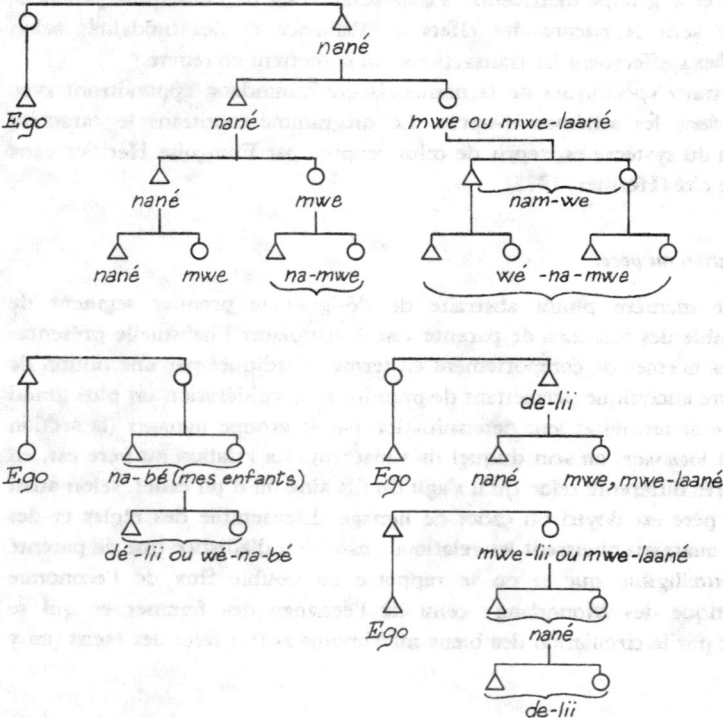

Diagrammes illustrant le caractère Omaha de la terminologie moundang

collatéraux et s'il veut aider un fils de sœur, par exemple, il ne peut le faire que secrètement. Rien n'est plus honteux que de manger, disent les Moundang, la dot de ses filles. Quand un homme que sa mère a aidé à constituer la dot parce que son père en était incapable meurt, ses biens et sa veuve sont donnés en héritage non à son fils mais à *nané*, le frère cadet de sa mère.

En quoi consiste la dot, *lakré*? Au début des années 70, il fallait verser aux beaux-parents : 10 ou 12 bœufs (de 120 000 à 150 000 C.F.A.), 70 ou 80 fers de houe et de 25 à 30 cabris. Toutes sortes de cadeaux (vêtements et pagnes, mouchoirs de tête et objets européens) sont également obligatoires « pour satisfaire » le père et la mère de la fiancée. Le futur beau-père peut aussi exiger des prestations de travail que le futur gendre — s'il en a les moyens — remplacera volontiers par un sac de sel. Le versement de la dot — son montant chez les Moundang est nettement plus élevé que dans les ethnies voisines — se fait généralement en plusieurs années.

Innombrables sont les palabres provoquées par ce processus interminable qu'est le paiement de la dot.

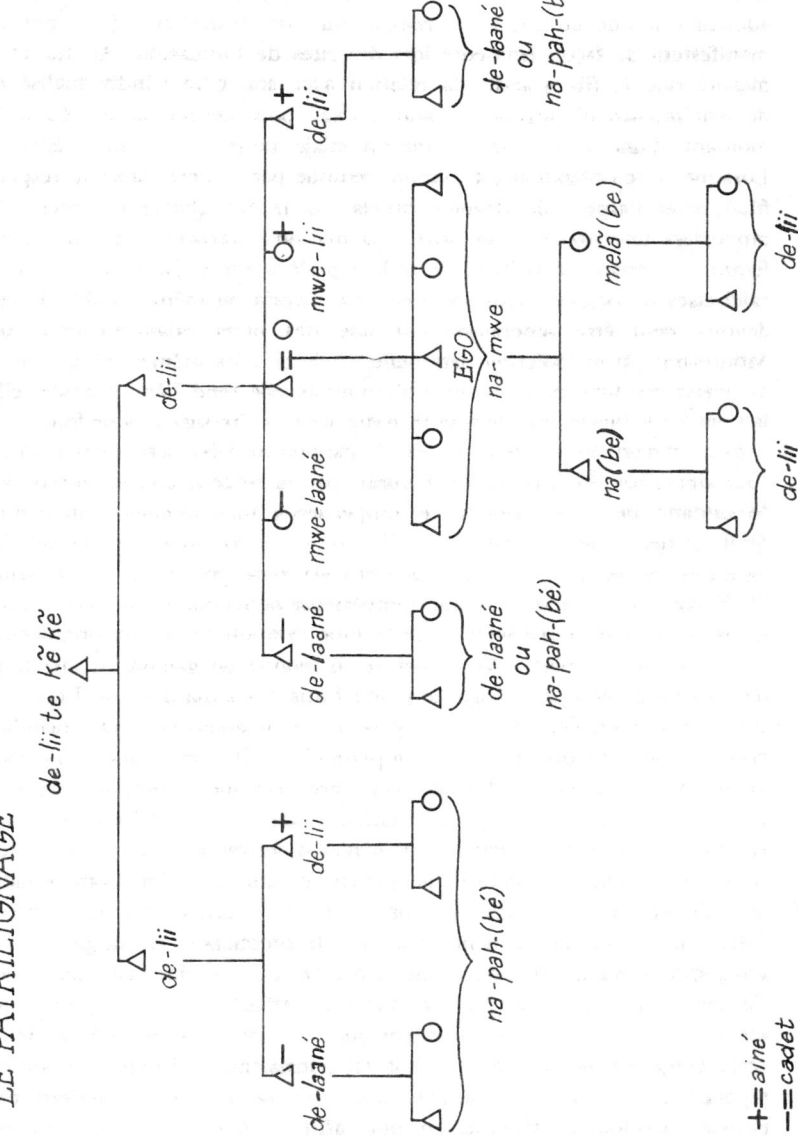

Le respect filial n'a pas pour l'enfant la forme d'un lien personnel avec son géniteur ou son tuteur, il est une attitude exigée vis-à-vis de tous les adultes qui ont un droit de regard sur son éducation, droit qui se manifestera de façon éminente lors des rites de l'initiation. Au fur et à mesure que le fils grandit, la relation avec son père s'individualise et devient un lien d'obligation quand il s'agit pour ce dernier de réunir le montant d'une compensation matrimoniale pour sa première épouse. Lorsque cette obligation est dûment remplie par le père, alors le respect filial revêt l'aspect de devoirs rituels : si le fils chasse ou pêche, il rapportera une partie de sa prise à la maison paternelle. Le jour où sa femme a préparé de la bière de mil, il prélève sur la jarre une ou deux calebasses de boisson pour son père. Le mépris ou même l'oubli de ces devoirs peut être sanctionné par une des pires calamités pour un Moundang : la malédiction paternelle. Celle-ci a les mêmes effets que la mauvaise conduite dans le camp d'initiation, elle rend l'âme malade, elle fait perdre la raison, elle permet la domination de *čié-tegwi*, l'âme folle.

Si le garçon est le fils aîné, les obligations du père sont extrêmement contraignantes. Au cas où « il n'aurait pas la force », comme disent les Moundang, de verser pour lui la compensation matrimoniale, autant dire qu'il est déchu de ses droits et qu'il perd toute considération sociale. Sa lignée est brisée, il a vécu pour rien et c'est *nané*, on l'a vu, qui recueille l'héritage. La contrepartie d'une si impérieuse obligation est le devoir pour le fils de procéder à une sorte de restitution symbolique de son premier-né à celui à qui il le doit. « Vous mettez au monde un garçon ou une fille, nous explique Moussa Wajan, le grand flûtiste des masques de Léré, cet enfant vous devez l'envoyer à votre père. *De-lii*, le grand-père, fait travailler pour lui son petit-fils (ou *mwe-lii* sa petite-fille). Il s'agit d'une loi (le mot loi est dit en français par Moussa) car votre père vous a doté une femme, vous, vous lui devez votre premier enfant quand il arrive à l'âge de 10 ou 12 ans. Si votre père est mort, vous n'avez d'obligations qu'à celui de vos *de-lii* ou *de-laané* qui a donné quelque chose pour votre dot. Comme jadis on habitait toujours à côté de son père (la résidence était strictement patrilocale et non simplement virilocale), le premier-né restait proche de son géniteur, mangeait dans sa cour mais, en tout cas, dormait chez *de-lii*. Cet enfant que vous avez grâce au paiement effectué par votre père, c'est son fils. Vous, vous savez seulement que vous avez couché avec la mère ; votre verge a travaillé mais l'enfant est normalement (Moussa insiste en répétant cet adverbe en français) pour son *de-lii* ». Il ne faudrait pas pousser bien loin ce raisonnement pour affirmer que c'est la force qui est dans la dot qui fait de celui qui l'a constituée le véritable père de l'enfant né de la femme acquise grâce à elle. C'est comme si, pour les Moundang, la paternité légitime n'était jamais donnée immédiatement mais repoussée d'une génération et, à la limite, rejetée hors du champ des vivants, la mort seule pouvant donner accès à une telle position.

L'obligation pour le père de verser la dot ouvre donc un droit sur la génération alterne et, à travers les rapports père/fils aîné, crée une chaîne continue de dettes et de créances entre les générations. Ces dettes et créances, on a coutume de les repérer entre les unités échangistes en laissant entendre que ces rapports appartiennent au domaine de l'échange et l'on réserve, le cas échéant, une notion de dette symbolique pour qualifier les relations entre générations au sein d'un même groupe de parenté. Il est clair que l'organisation sociale moundang offre l'exemple d'un système où la circulation de la dette est aussi importante à l'intérieur du lignage qu'entre les lignages qui échangent des femmes.

Par opposition à *de-lii* vis-à-vis de qui l'on est en dette si l'on considère la triade père/fils aîné/fils aîné du fils, *de-laané*, le frère cadet du père est celui qui est en dette puisque lui-même n'est jamais un ayant droit de plein exercice, si l'on peut dire, venant par définition en second et touchant au patrimoine par défaut d'héritier légitime ou, disons plutôt, préférentiel. Nous allons prendre un exemple concret pour illustrer la position de *de-laané* mais auparavant il est indispensable d'avoir quelque idée de la notion moundang d'héritage, notion centrale s'il en est, dans tout ce qui touche à la relation au père.

Lorsqu'un homme sent sa mort prochaine il sait que le temps est venu d'apurer ses comptes. Il appelle son fils aîné ou, à défaut, la personne dont il veut faire son héritier et lui parle avec solennité : « Je vais t'emmener au camp de circoncision et, d'abord, te fortifier de mes paroles ». Cette manière de déclarer l'héritier n'est nullement arbitraire, on le verra en étudiant les rites funéraires qu'on peut définir comme les rites d'intronisation de l'héritier.

Hériter se dit en moundang *re*, « manger »; *me re yã pah-bé* : « j'hérite (je mange) la maison de mon père ». Il faut disitinguer dans les biens successoraux trois espèces de choses :

1) L'enclos domestique, *yã* (ce mot désigne la maison et la maisonnée, la ferme, pourrait-on dire, et aussi le village). Celui qui en hérite est appelé *pah-kpu-yã*, « père des bois de construction de la maison ». En théorie ce devrait être le fils aîné mais le plus souvent c'est un *de-laané* proche ou lointain du défunt qui est désigné par les Anciens du lignage car l'héritier « normal », pour parler comme Moussa, celui qui « mange la maison » (*pah-re-yã*) doit craindre les dangers mystiques provenant des esprits ancestraux (*mwe-zuwũnri*), des esprits ou génies du seuil de la maison (*tegwari pe-yã*) et des divers « médicaments ou fétiches » que l'ancien propriétaire a pu enterrer. La longue consultation à laquelle le devin procède à la veille du sacrifice des funérailles, permet à l'héritier de savoir quelles précautions il doit prendre pour leur échapper.

2) Les personnes : les femmes et les enfants qui échoient au *pah-re-yã*, à l'exception, bien sûr, de sa propre mère qui peut, comme ses coépouses d'ailleurs, se remarier ou non selon la règle léviratique. Cette règle qui

n'est pas obligatoire désigne seulement les remariages (²) permis à la veuve dans le lignage de son mari : les cadets de ce dernier pour lesquels elle est terminologiquement *nyièné*, « épouse à plaisanterie ». Le *pah-re-yã* n'hérite donc qu'en principe des épouses de son père et si son intérêt le lui commande — ou sa générosité — il gardera une vieille épouse pour lui épargner un veuvage solitaire mais qui accomplira pour lui de nombreuses tâches domestiques. Mais le principe est formel et, sans doute, déterminant pour comprendre le système des appellations : le fils peut, en effet, avoir un enfant d'une jeune femme de son père et, dans ce cas, lui-même ainsi que ses frères sont des *de-laané* du nouveau venu. Evidemment, le père géniteur est *pah* ou *dade,* mais si l'on considère deux garçons issus respectivement du premier et du second lit de la même mère, ils sont *de-laané* (et *na-mwe* en même temps) et peuvent s'estimer de la même génération d'autant plus que l'héritier est de plein droit, en tant que tel, le successeur total du mort. Il est donc le père des enfants à charge laissés par ce dernier — nous avons vu qu'il leur doit une dot, en tout ou en partie — comme il est le père naturel de celui qui est généalogiquement son demi-frère utérin. Dès lors, la réciprocité de l'appellation *de-laané* se justifie par le fait que les frères cadets du père et les fils du frère aîné sont effectivement ramenés au même niveau généalogique. Un des paradoxes de ce système est qu'on n'y trouve des rapports d'égalité qu'entre membres de générations successives ainsi définis terminologiquement alors que dans la même génération le principe de séniorité établit une stricte hiérarchie entre les siblings, qu'ils soient utérins ou seulement agnats.

3) Les biens meubles : le contenu des greniers, le bétail, l'argent et les objets de valeur, à l'exception des effets personnels (vêtements, petit mobilier et, d'autre part, les armes et les outils qui ne sont pas rituellement distribués aux funérailles) qui ont servi au défunt et qui reviennent au *gõ-bei*, l'allié à plaisanterie dont le rôle est de commander la maison du mort tout le temps que durent les rites funéraires. Par ailleurs, et cette obligation est essentielle pour le destin du mort comme le sien propre, l'héritier se doit de rembourser tous les « bons pour », toutes les dettes laissées par son père. Celles-ci sont rappelées à voix haute et solennelle sur la tombe avant qu'elle soit refermée.

Nous pouvons maintenant comprendre la position de *de-laané* telle qu'elle apparaît en relation avec la circulation intérieure de la dette. Donnons-en une illustration que nous offre l'histoire familiale de Payané. Payané est un jeune homme de 25 ans dont le père Swagi mourut

(²) Ces remariages sont évidemment dépourvus de toute obligation de verser une quelconque compensation. Il s'agit bien d'un héritage quoique la veuve soit libre de l'accepter ou non. Cependant, même si elle accepte, le nouveau mari ne possède pas les mêmes droits que son frère défunt. Si, par exemple, de ce remariage naît une fille, la compensation matrimoniale qui sera donnée pour elle devra revenir au fils aîné que la veuve aura eu de son premier mari. En ce sens, on a ici affaire à un lévirat authentique institué pour servir la lignée du défunt.

prématurément. Quand Guzadan son père était mort il était encore très jeune et c'est *de-laané*, le frère cadet de Guzadan, un nommé Gudu, qui hérita et lorsque lui-même mourut, Payané étant un enfant, ce fut Palai, le fils aîné de Gudu, qui hérita, recevant la charge d'élever Payané, précisément. Or il était parti comme maçon dans le village de Guélo et ce fut Gudu, son grand-père, qui prit soin de Payané. Mais Palai revint à Léré et Payané alla avec sa mère habiter chez lui. Normalement, cette dernière aurait dû devenir l'épouse de Palai mais elle refusa car elle s'entendait mal avec les femmes dont elle deviendrait la coépouse. Payané, d'autre part, était très mécontent de son tuteur qui le nourrissait et l'habillait fort mal. La mère et le fils quittèrent donc Palai pour un autre *de-laané* qui s'acquitta mieux de ses devoirs et versa, notamment, une partie de la « dot » de Payané. Mais ce dernier garde une créance dans la lignée de Gudu et sera nécessairement *pah-kpu-yã* ou *pah-re-yã* de Palai ou de l'un de ses frères.

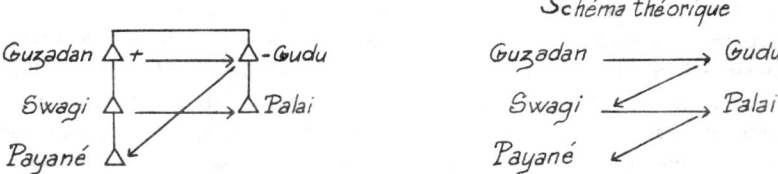

Cette descente en zig-zag du patrimoine le long des générations ne va pas sans conflits et crée entre les *de-laané* une tension aussi forte quoique moins grosse de dangers que celle qui existait quand les obligations de la guerre de vengeance étaient en vigueur. On accuse toujours *de-laané* de convoiter ses biens et, par conséquent, de vouloir du mal au fils puisqu'un tel malheur est la condition pour que l'héritage lui revienne. Même la relation à plaisanterie qui me lie à sa femme (cette épouse est pour moi *nyiêné* (plaisanterie) comme l'est l'épouse de *nané*, comme le sont les épouses de mes frères aînés) est empoisonnée car, bien souvent, il ne manquera pas de m'accuser « de faire fiancée cachée », c'est-à-dire d'être l'amant de sa femme.

Il semble bien que l'on touche ici à un point faible du système qui paraît tiraillé entre la fausse symétrie qu'offrent les couples *de-laané/nyiêné* et *nané/nyiêné* et qui ne tient que si l'on privilégie le clivage entre aînés et cadets (clivage dont dépend l'ordre d'accès à l'héritage) et l'opposition catégorique entre les lignes paternelle et maternelle sans laquelle serait inconcevable l'organisation clanique que nous avons décrite. Moussa, que nous avons déjà cité, évoque non sans amertume les contradictions de la terminologie moundang. « On appelle *nyiên-bé* (ma femme à plaisanterie) aussi bien la femme de son *nané* que la femme de son *de-laané*. On plaisante *nyiêné*, on peut lui demander à manger, la faire rire par quelques grossièretés mais c'est tout. Il est absolument interdit de coucher avec elle. Avec la femme de votre *nané* vous faites *nyiêné* et s'il vous trouve chez lui avec sa femme, il ne vous dit rien, il sait que la plaisanterie est la coutume des Moundang. Oui, c'est pareil avec *de-laané* mais dans son cœur il y a autre chose, il y a la jalousie et la haine et il croit toujours que la plaisanterie cache des rapports sexuels honteux. Si bien que moi, Moussa, je préfère la plaisanterie *guru* (entre clans alliés) à *nyiêné* même si l'une et l'autre sont la loi des Moundang. Le *guru* c'est vraiment innocent et le cœur est toujours bon. Même quand votre *guru* est mort vous pouvez donner un coup de pied dans son cadavre et dire : « cul serré, tu es bien mort ». Je ne veux plus faire *nyiêné* car certains hommes sont commandés par leurs femmes et croient tout ce qu'elles disent, et par conséquent tous leurs mensonges ».

La relation avec le nané.

Le trait le plus marqué de la relation qu'entretiennent un fils de sœur et un frère cadet de mère est l'appartenance de l'épouse de ce dernier à la catégorie des *nyiêné*, c'est-à-dire des femmes dont, en principe, le neveu utérin (fils de la sœur aîné) peut hériter. Le discours de Moussa que l'on vient de lire affirme clairement que la vraie *nyiêné* est la femme de *nané* dans la mesure où la relation de plaisanterie et ses équivoques est parfaitement admise et même appréciée par l'intéressé. On serait enclin à penser qu'il en est ainsi parce que précisément elle n'est pas tout à fait une véritable *nyiêné* puisque, comme on va le voir, le droit d'en hériter soulève de grandes difficultés. A la vérité, dans les deux lignes, l'agnatique comme l'utérine, les deux attributs de *nyiêné* nous mettent au rouet : avec *de-laané*, l'héritage de la veuve ne pose pas de problème mais la plaisanterie est fort mal tolérée; avec *nané*, la plaisanterie est bienvenue mais l'héritage est contesté. Il faut nous demander, avant d'essayer de débrouiller cette question, ce qu'est le *nané* pour son neveu ou, si l'on préfère, quelle forme d'avunculat on trouve chez les Moundang.

Nous avons vu en étudiant la vengeance quelles différences fondamentales opposent *de-laané* et *nané*, c'est-à-dire la parenté clanique et la parenté utérine dans leurs obligations respectives vis-à-vis d'Ego. Mais cette différence ne se traduit pas sur le plan de l'étiquette ou du code de conduite. Ni la plaisanterie ni la moindre familiarité ne sont autorisées entre *nané* car : « *Nané*, disent les Moundang, c'est votre mère et ne doit-on pas respecter sa mère plus que toute autre personne au monde ? » *Nané*, c'est la chose de votre mère, dit-on aussi, pour signifier l'espèce d'identité spirituelle qui les unit face à leur neveu et fils respectivement. Vous craignez votre mère qui ne saurait vous maudire même dans les pires circonstances mais *nané* lui peut prononcer contre vous la plus grave des malédictions qui rendra vaines et stériles toutes vos entreprises. Il vous faudra aller voir le devin qui vous prescrira d'apporter une chèvre et de la bière de mil à votre *nané*. Celui-ci vous accordera son pardon en vous faisant revenir le lendemain de très bonne heure ; il avalera trois gorgées d'eau d'une calebasse blanche et les recrachera sur votre corps en disant : « Je vous ai maudit parce que vous ne m'avez pas respecté mais maintenant je vous rends la liberté, la malédiction est levée ».

Nané le bon parent, le parent par excellence, celui qui vous vient en aide quand vos frères ne cherchent qu'à vous nuire, est donc aussi parent par le pouvoir de maudire. Il ne manquerait plus qu'à cette *avunculi potestas* s'ajoute un droit à l'héritage pour qu'on puisse parler de filiation bilinéaire chez les Moundang. Or, nous savons que c'est précisément ce qui fait question dans le cas de l'épouse de *nané*. Mais avant de discuter ce point il nous faut signaler qu'il est des cas où *nané* peut hériter (en tant que *pah-re-yã*) d'un homme qui a perdu ses héritiers directs s'il est lui-même le payeur ou l'héritier direct du payeur de la compensation matrimoniale qui avait permis au défunt de se marier. On dit alors que l'héritage est perdu (*tekolé* : c'est pour rien ou pour le néant), ce n'est pas *nané* mais *Kazaye* qui a hérité. *Kazaye* c'est le trickster moundang, le trompeur glouton et prêt à bafouer toute loi pour satisfaire ses grossiers appétits. A chaque fois qu'il apparaît comme substitut d'un terme manquant dans la ligne agnatique, *nané* est assimilé à *Kazay*. Un des chants d'initiation les plus populaires est la complainte de l'orphelin de père que son *nané* conduit à la circoncision et ne sait pas ou ne veut pas protéger des maléfices qui menacent les enfants dans le camp. Tout le monde se moque de l'orphelin et le *nané* lui-même n'a que de la pitié pour son neveu ; c'est par amour de sa sœur qu'il agit alors que le père agit par amour de son fils.

Nané a une double nature, identique mais aussi non identique à ma mère dont il est le frère cadet. Cadet, en principe, signifie qu'il s'est marié « derrière » ma mère et grâce à elle, grâce à la dot versée pour elle par mon lignage. La *nyiêné* de mon oncle maternel est donc *nyiêné* au même titre que les femmes de mes frères aînés et *de-laané* car elle a été acquise avec les moyens de paiement de mon lignage et c'est pourquoi je suis fondé à la revendiquer. Mais cette revendication ne peut pas ne pas se heurter à celle des agnats de *nané* dont le droit léviratique prime le mien. En réalité, la coutume tolère qu'une vieille veuve de *nané* soit héritée par le neveu mais en aucun cas une jeune femme encore féconde ; et si le cas se produisait la progéniture reviendrait aux héritiers agnatiques de *nané* et le géniteur n'aurait aucun droit. Cependant, il est un cas dont disputent les Moundang et où les avis demeurent partagés, c'est lorsque *nané* est le vrai frère (de même père et de même mère) de la mère [3] : certains prétendent

---

[3] Les Moundang qui soutiennent ce point de vue distinguent le vrai *nané*, frère cadet de même père et de même mère que ma mère et les autres qu'ils appellent plaisamment *tē-za-mori*, « les plumes de la queue », c'est-à-dire les plumes de la queue de l'oiseau qui s'enlèvent le plus facilement. « Ils sont *nané* en attendant », dit Moussa mais n'auront pas le comportement du vrai *nané*, celui qui vous aide dans la vengeance et vous aide aussi à réunir la compensation matrimoniale ».

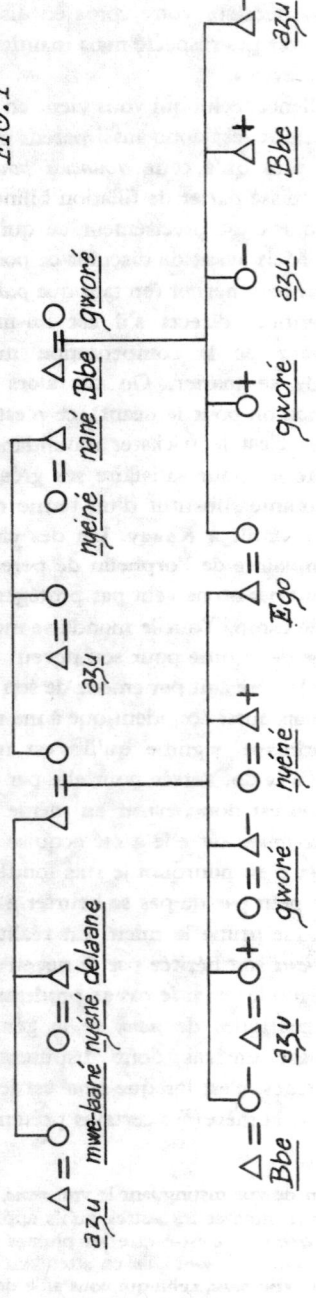

qu'alors le neveu peut hériter d'une *nyiêné* même jeune quoique, là encore, les droits sur les enfants de cette union appartiennent aux agnats. Cette thèse est curieuse car elle semble dire que le droit du neveu ne serait pas opposable parce qu'il s'agirait d'un cas où *nyiêné* aurait réellement été acquise avec la dot de sa mère. Or, et nous y reviendrons, la coutume interdit précisément qu'un sibling se marie avec la dot versée pour sa sœur pour empêcher une union trop étroite entre un frère et une sœur utérins qui pourrait nuire à la cohésion du patrilignage. Le neveu invoquerait donc comme justification de son droit un interdit qu'il est difficile de réduire à sa valeur fonctionnelle au demeurant bien contestable. Comme dans bien d'autres sociétés africaines le neveu moundang soutient sa revendication de l'image d'une union idéale d'un frère et d'une sœur surmontant la division entre parenté clanique et parenté utérine et instituant une filiation sans déchirements.

Cette implication paraît évidente mais il faut bien reconnaître que les Moundang se plaisent davantage à raisonner en termes de circulation de biens matrimoniaux et de biens à transmettre. Pour eux la *nyiêné* agnatique et l'utérine diffèrent essentiellement par le rapport qu'elles gardent avec la dot qui a permis de les acquérir. Si j'ai un droit sur une veuve de mon frère aîné ou de *de-laané*, ou elle devient ma femme ou j'obtiens une compensation de son lignage ou de son nouveau mari. La femme de *nané* n'est liée à moi que symboliquement au moyen de la dot versée pour ma mère (d'où le caractère absolu de la règle qui restitue aux agnats du *nané* les enfants de sa veuve) et le droit d'héritage formellement inscrit dans l'appellation *nyiêné* doit être interprété comme une concession à ce sibling résiduel qu'est le fils de la sœur. En rassemblant sous le terme *nyiêné* les femmes des frères aînés et celles de *nané*, le système moundang transforme en quelque sorte ce dernier en frère aîné de sexe opposé, en frère femelle plutôt que mère mâle comme il est dit expressément dans certaines sociétés de l'Afrique bantou. Une telle assimilation explique la possibilité d'hériter et le fait de ne pas plaisanter qui sont deux aspects d'une même relation qui n'est pas fondée d'abord sur une différence de génération mais sur une différence d'âge.

2) LES TERMES D'AFFINITÉ

En dehors des termes *wor* (mari) et *mawini* (femme) qui ne sauraient d'ailleurs être considérés comme relevant de la terminologie de l'affinité, à proprement parler, il existe quatre termes pour désigner les parents par alliance et ces termes sont réciproques dans le même sexe.

Bbe désigne le rapport gendre/beau-père, il s'applique au père de ma femme ainsi qu'à tous les hommes de sa génération et des générations supérieures appartenant à son lignage. Réciproquement, tous les frères de mon gendre sont mes *Bbe-bé*. Il en va de même du côté féminin : toutes les sœurs ainsi que toutes les femmes de la génération supérieure des père et mère, respectivement, de ma femme sont *gworé*. Une femme appelle le père comme la mère de son mari *ma-gworé* ([4]) ; cette non-symétrie des positions des époux vis-à-vis de leurs beaux-parents respectifs est, assurément, à rattacher aux caractères fondamentaux de l'alliance : 1) Le gendre ou futur gendre verse la dot au père de la fiancée et doit aussi un certain nombre de prestations à la mère, prestations qui se poursuivent après le mariage et qui prennent leur plus grande ampleur à la naissance du premier enfant. Il existe donc une différence fortement marquée entre la relation qu'un gendre entretient avec son beau-père et celle qu'il a avec sa belle-mère. 2) La résidence patrilocale fait cohabiter la bru et ses beaux-parents dans une proximité quotidienne où la bonne entente est indispensable à la survie du ménage. Les parents doivent donc respecter l'épouse de leur fils s'ils ne veulent pas mettre en danger l'alliance dont la rupture serait dommageable au lignage tout autant qu'au mari lui-même. La bru est ainsi dans une position de supériorité relative vis-à-vis de son beau-père et de sa belle-mère indistinctement.

J'appelle également *ma-gwor-bé* la sœur aînée de ma femme comme j'appelle *Bbe-bé* son frère aîné, conformément à la règle moundang qui assimile le germain aîné d'alter à un membre de la génération supérieure. Il faut ajouter que le frère aîné de ma femme n'est pas beau-père que de nom car s'il est l'héritier de son père — potentiel ou réel — il peut effectivement percevoir la compensation matrimoniale pour sa cadette, à charge pour lui de doter ses plus jeunes frères.

Le terme *azu* s'applique au frère et la sœur cadets de mon épouse ; du côté de mon propre lignage, il s'applique aux époux de mes sœurs aînées et des sœurs cadettes de mes père et mère respectivement. On voit que ma femme me donne des *azu* des deux sexes tandis que par mes consanguins je n'ai que des *azu* masculins. La figure n° 1 permet de se rendre compte au premier coup d'œil qu'à la symétrie masculine des alliés croisés de la génération d'Ego s'oppose le couple asymétrique *azu/nyiêné* (sœur cadette d'épouse/épouse de frère aîné) ; la question se pose donc de savoir si à la

---

([4]) Il est intéressant de signaler que chez les Moundang de Lara (dont la langue diffère quelque peu de celle qu'on parle à Léré) la bru appelle sa belle-mère *ma-gworé* mais son beau-père *mana-bé*. Or, curieusement, ce terme *mana* est utilisé à Léré par un homme à l'adresse de l'épouse de son ami et réciproquement. Un ami vous fait venir chez lui, vous entrez dans la case d'une épouse pour boire de la bière et bavarder, vous êtes *mana* l'un pour l'autre. Désormais vous pouvez lui rendre visite, boire chez elle et faire la causerie sans passer par son mari. *Mana* désigne une relation d'amitié sans danger ni équivoque, au dire des gens de Léré. Nous n'irons pas jusqu'à dire que la relation beau-père/bru offre le modèle d'une relation croisée d'alliance, « pure » de toute équivoque ; il nous suffit de constater que la variante terminologique de Lara ne contredit pas l'explication que nous proposons de l'usage en vigueur à Léré (cf. fig. 2 et 3, page 188).

règle léviratique correspond, en dépit du caractère Omaha du système, une certaine forme de sororat. Selon Moussa Wajan, cette *azu* peut devenir votre femme sous certaines conditions : si j'ai versé la totalité de la dot et que ma femme meurt à peine installée chez moi, mon beau-père peut me donner la cadette pour remplacer la défunte. Il n'y est nullement obligé et ce don est un geste d'affection et de pure bonté à l'égard de son gendre. Il est clair qu'il n'existe pas de mariage sororal chez les Moundang ([5]); la norme prescrite à l'égard de la sœur cadette semble relever d'une sorte de compromis entre l'attitude vis-à-vis d'une alliée (mais qu'on ne plaisante pas) et celle vis-à-vis d'une parente (mais sur laquelle on n'exerce qu'une très faible autorité faite surtout de bienveillance). Si votre femme est malade ou en voyage, *azu* peut venir chez vous et vous préparer la nourriture. Si votre beau-père veut obliger votre *azu* à prendre un mari qui lui déplaît, elle peut s'enfuir chez sa grande sœur, c'est-à-dire se réfugier sous votre toit. Alors, vous-même pouvez lui proposer un mari mais, en aucun cas, vous ne percevrez la dot. *Azu* est un peu votre femme, un peu votre fille et l'on ne saurait la confondre avec *nyiêné*.

La relation avec le frère cadet de votre femme est du même ordre qu'avec votre *azu* féminine : il est un peu votre allié, un peu votre fils. La meilleure chose, nous dit Moussa, est de lui donner comme épouse une fille de l'un de vos frères et ainsi vous serez *zumi ɛ̃-ɛ̃*, « parents

---

([5]) Les Moundang proscrivent le sororat et vont même jusqu'à faire des parents de deux hommes qui ont épousé deux sœurs. Ces deux hommes se désignent du terme de « *kam-bé* », c'est-à-dire des homonymes. Plus rarement, ils peuvent par amitié s'appeler « frères » (*na-mwe*). C'est en raison de la similitude de leur position et de la communauté de leurs devoirs envers leur commun beau-père que la coutume les traite comme des êtres identiques. A l'instar des parents de jumeaux qui se doivent de faire montre de la plus scrupuleuse égalité vis-à-vis de chacun d'eux, les cogendres ont intérêt à être également à la hauteur vis-à-vis de leur épouse respective pour éviter les jalousies qui leur empoisonneraient la vie à l'un comme à l'autre. Cependant, comme il se doit chez les Moundang, on fait une distinction entre le mari de la sœur cadette qui est cadet sous ce rapport et le mari de la sœur aînée qui devient par là même l'aîné de son cogendre. Bien entendu, le mariage entre les enfants de ces deux hommes est prohibé puisqu'ils ont le même clan maternel.

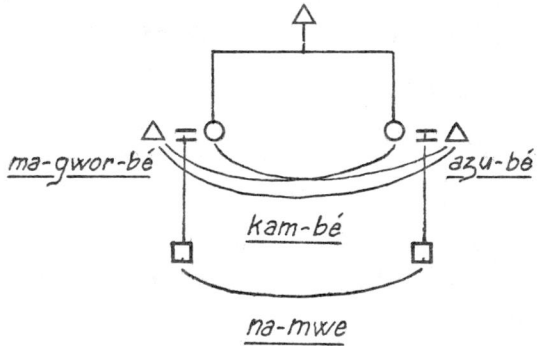

pour toujours ». En pareil cas, il faut que la dot que vous avez reçue pour votre fille soit donnée au frère qui a fourni la fille. Dès lors, vous n'êtes plus *azu* mais *Bbe*. Vous devenez également *Bbe* si votre *azu*, à la suite d'une série de décès, devient le plus âgé des frères de votre femme. C'est lui qui « parle », qui a l'autorité sur sa sœur et qui veille sur elle; vous lui devez le respect comme à votre beau-père. Dans les circonstances normales, *azu* vous rend visite et vous pouvez lui demander des services comme à votre propre fils, vous pouvez aussi, si vous l'aimez beaucoup, lui procurer une partie de la compensation matrimoniale.

Voyons maintenant les alliés de la génération supérieure du côté de mon lignage. Que seuls les époux des sœurs cadettes de chacun de mes deux parents soient des alliés *azu*, cela correspond non seulement au rabaissement à ma génération des cadets de mes père et mère mais, en ce qui concerne le côté agnatique, au maintien d'une relation débiteur/créancier entre nous. L'époux de la sœur cadette de mon père est dans la même situation que l'époux de ma propre sœur aînée. Si, selon le schéma de la circulation intérieure des biens matrimoniaux, mon mariage dépend de la dot versée pour ma grande sœur c'est donc *azu* qui est débiteur à mon égard et je puis exiger de lui qu'il s'acquitte au plus vite de la dot qui nous est due s'il s'avère être la cause de mon incapacité à payer ma propre dot. De manière indirecte la dot à payer pour la sœur cadette de mon père qui est *Bbe* de son « petit » beau-frère peut me donner une créance sur *azu* : s'il est en dette vis-à-vis de mon père qui est en position de donneur de femme, il le restera vis-à-vis des héritiers virtuels dont je suis. C'est pourquoi, disent les Moundang, une sœur non complètement dotée est une plaie dans la famille et peut vous mettre en conflit avec tout le lignage.

Du côté de ma mère il peut paraître curieux que le mari de sa sœur cadette soit *azu* car il n'est pas suffisant de le mettre en parallèle avec la *nyêné* de mon oncle utérin dont nous venons de parler. Il est, certes, possible de faire sa part au jeu mécanique de la symétrie dans une terminologie, surtout s'il s'agit d'une relation sans grande portée sociale, mais il est préférable de trouver une solution qui satisfasse à la logique du système. Que les alliés des alliés de mon père et non plus du lignage soient encore mes alliés, cela requiert un axiome du type : il existe une identité entre Ego et son père du même ordre que celle que nous postulions pour rendre compte de la relation d'Ego avec la *nyiêné* de son oncle utérin : *nané* c'est ma mère. Or, ce que nous avons dit des règles d'héritage et du caractère total de la succession va tout à fait dans le sens de cette identification d'un homme à son héritier, qu'il s'agisse de son fils aîné ou, à défaut, d'un cadet élevé par les circonstances à cette position. On peut se demander pourquoi cette identification du père au fils n'est pas proclamée par les Moundang alors qu'ils ne cessent de répéter la formule : « *nane* c'est ma mère ». La réponse la plus simple est qu'ils ressentent la nécessité d'expliquer par un principe la relation d'Ego avec ses utérins tandis que la relation avec les agnats relève immédiatement du principe qui fonde l'unité du clan et dont nous avons examiné les effets dans l'institution de la vengeance. Du point de vue de la filiation on comprend que le principe de l'identité entre père et fils soit inutile sinon absurde mais il n'en va pas de même du point de vue de l'alliance. Dans cette perspective la relation au père ne se réduit pas à la seule opposition des générations qu'il faut croiser, si j'ose dire, avec celle d'aîné/cadet dans le flux de la dette intérieure.

Nous avons affirmé au début de ce chapitre que le système d'alliance des Moundang comportait les prohibitions de mariage qui accompagnent de façon générale une terminologie de type Omaha, mais que le lignage de la mère de la mère n'était pas interdit. La raison en est peut-être que pour les Moundang une prohibition ne peut se justifier que par les deux identifications fondamentales qui font la personne : le clan qui donne aux hommes une commune substance et la relation frère/sœur qui donne sa substance à la parenté extra-clanique (utérine). A cet égard, le lignage de ma grand-mère maternelle est indépendant des liens primaires qui me définissent à la naissance alors que celui de ma grand-mère paternelle est déjà l'allié de *mon* clan. Cette remarque nous conduit à conclure notre examen de la terminologie de parenté et d'affinité sur les caractères particuliers de l'alliance dans cette société clanique.

Le clan, l'institution de la vengeance nous l'a déjà fait comprendre, est un ensemble mâle. Dans les trois sphères où sa loi s'exerce de façon exclusive ou prépondérante, la vengeance, les cérémonies religieuses où sortent les masques et le mariage, les femmes sont exclues ou constituent l'objet des opérations effectuées. Elles ne vivent pas pour autant, il va sans dire, dans un état d'anomie et il faut nous interroger sur le statut qui est le leur dans le mariage.

Le départ d'une jeune fille de la maison paternelle pour entrer dans le foyer de son mari est souvent décrit comme un transfert de droits et de l'autorité entre deux mâles sur une femme qui a fait l'objet d'une transaction entre les deux groupes échangistes auxquels ils appartiennent respectivement. Une telle formulation peut avoir son utilité et nous savons que les Moundang raisonnent volontiers en termes de circulation de flux; cela ne signifie pas que l'alliance matrimoniale relèverait du registre du droit commercial. La femme ne circule pas entre deux « maisons » qui posséderaient des titres juridiques à la propriété des femmes mais entre deux groupes — les clans, en l'occurrence — au sein desquels et par lesquels une identité d'être et de personne est conférée à chacun de ses membres. Fille, épouse ou veuve, la femme est nécessairement affectée dans son être par le changement d'état qu'elle subit. Quand vient pour le garçon le temps du changement d'état fondamental, le temps de la circoncision initiatique, c'est dans la filiation que le processus est conçu et réalisé et n'a qu'un rapport indirect avec l'entrée dans l'alliance. Pour les filles, au contraire, le rituel de l'initiation, le *wō-sané* (« les premières règles »), coïncide avec la première étape officielle du processus matrimonial. Elles peuvent être fiancées dès leur plus jeune âge — sinon avant leur naissance — à un homme envers qui leur père est lié par un serment. Quoi qu'il en soit, le rituel du *wõ-sané* s'achève obligatoirement sur un paiement que doit faire le fiancé pour « acheter » sa fiancée à la maîtresse des initiées. Mieux vaudrait, en l'occurrence, parler de rachat puisque les frais du rituel ont déjà été acquittés par les parents de la jeune fille nubile. On peut donc comparer ce rachat à celui que fait la mère pour retrouver son fils à la sortie du camp de circoncision. Ces paiements sont symboliques, nous voulons dire faibles par rapport au montant de la compensation matrimoniale et leur fonction est de marquer le changement de statut de l'enfant tel qu'il est déterminé par la relation fondamentale au payeur. Le fils est racheté par sa mère qui n'aura donc pris son deuil au moment du départ en brousse que pour le retrouver fait homme sans que le lien qui les attache ne soit détruit. La fille est rachetée par son mari (futur) qui reconnaît par ce geste la valeur du rituel féminin dont dépend la fécondité de son épouse et dont dépend, par conséquent, son propre destin d'homme. Le caractère commun de ces deux paiements est qu'ils s'effectuent sur les bords des systèmes qui doivent leur existence à la relation qu'ils expriment. Telle est la relation mère/fils dans la filiation patrilinéaire, telle est la relation mari/femme dans une alliance qui engage essentiellement les unités échangistes mâles. Tout se passe, dans cet ordre ou univers théorique mâle, comme s'il fallait un axiome supplémentaire pour affirmer l'existence des femmes dans le système de relations qui le constitue. De fait, l'ethnographie nous apprend qu'entre deux extrêmes, une agnation à la romaine qui abolit les liens de naissance de l'épouse et annule l'autorité paternelle pour assimiler entièrement (religieusement) la femme au groupe lignager et domestique du mari et le système Lakher (tribu de Birmanie étudiée par Parry) où la mère est une espèce d'alliée de son propre fils tant elle demeure liée à son père et reste étrangère chez son mari, la plupart des sociétés ont élaboré des solutions de compromis — ou des pis-aller — pour faire face aux tensions que provoque la double allégeance plus ou moins inscrite dans tout mariage dans les systèmes d'unifiliation.

La société moundang, nous l'avons relevé en analysant le contenu des devises récitées par l'épouse à l'adresse du clan de son mari, reconnaît et magnifie non pas la femme mais ce qu'il faut appeler un « devenir-femme » qui est aussi un devenir-homme. On pleure la fillette qui va avoir ses premières règles (cf. infra) et qui va connaître les souffrances de la séparation (d'avec l'enfance, d'avec la couche maternelle). On exalte l'épouse qui a vieilli auprès de son mari et dont la couche est désormais partagée par le masque du clan. Il ne s'agit pas ici du contenu vécu de la relation conjugale mais du symbolisme de l'alliance; sa spécificité ressort plus nettement si on le compare à celui du mariage Sar (ethnie du sud du

Tchad). Dans la divination, par exemple, il n'est pas possible, contrairement au procédé moundang du *kendani*, de déduire une proposition concernant l'un des époux à partir d'un énoncé concernant l'autre. La femme moundang est enterrée derrière l'enclos domestique de son mari, elle demeure là « présente » comme « esprit maternel » (*mwē-zuwūn-mamé*) de même que son époux, enterré devant le seuil de sa maison, est là comme « esprit paternel » (*mwē-zuwūn-pamé*). Chez les Sara, l'épouse défunte est ramenée dans le cimetière familial où reposent les membres de son patrilignage; son corps est enlevé comme celui d'un frère tombé à l'ennemi. De plus, le veuf ou ses frères doivent verser une ultime prestation pour « couper le sang » (*ja-mose*). Comme si la mort de la femme loin des siens exigeait une compensation du même ordre que le prix du sang substitué à la vengeance en cas de crime.

Précisément, le rituel des funérailles moundang que nous allons étudier maintenant, va nous permettre de développer les différents aspects du symbolisme de l'alliance qui se manifeste de façon éclatante en cette circonstance où le rapport de filiation a à se définir.

CHAPITRE 2

LES RITES FUNÉRAIRES

Dimanche 25 juin 1967.

Je suis réveillé à 5 heures du matin par Umaru. Sa grand-mère Nadeuré qui habite une petite case au toit en terrasse juste en face de ma maison est morte il y a une heure. Quand je me lève, des amis faisant office de fossoyeurs sont déjà au travail et quelques vieilles amies et parentes de la morte sont assises devant sa porte. Elles sont entrées voir le corps pour ressortir aussitôt et rester là. Elles pleurent très discrètement (quel contraste avec les femmes du pays Sara!). De temps en temps l'une d'entre elles pousse un you-you sonore qui n'est pas repris par ses compagnes. C'est comme la plainte solitaire d'une sirène rompant le silence du petit matin. Cependant, à l'arrière de l'enclos de la concession, dans la direction du sud où une ouverture vient d'être pratiquée dans la palissade de paille (séco) pour faire sortir le cadavre, le creusement de la tombe avance. Les hommes arrivent de plus en plus nombreux. Ils s'assoient autour de la fosse et devisent gaiement entre eux, il est question de la pluie, des travaux en cours et des bêtes.

Nadeuré est la veuve du roi Gŏ-Comé et c'est ce qui explique pourquoi la plupart des pleureuses sont des femmes et des filles de Gŏ-Daba. Les *za-sae* arrivent maintenant, ce sont eux qui ont la charge d'enterrer les membres de la famille royale — parmi eux je retrouve Mangay, le sage et l'informateur le plus éminent de Léré. Un esclave du palais les suit, portant le drap-suaire que le roi vient d'acheter à un commerçant arabe du village qui tient boutique à côté du puits.

Quelques-uns des *za-sae* pénètrent dans la case, dénudent le corps de la vieille femme puis l'enveloppent complètement dans le drap. Ils prennent la natte sur laquelle elle dormait, déchirent l'ourlet et y déposent le cadavre. Quand la fosse rectangulaire (longue de 1,80 m, large de 90 cm et d'un mètre de profondeur) est enfin creusée (des hommes de plus en plus nombreux se sont relayés au travail), les *za-sae* amènent le corps qu'ils couchent dans la tombe dans la position suivante : posé sur le flanc droit, le bras gauche en haut et la face tournée vers le nord. Des mottes de terre très dures sont calées entre la morte et la paroi sud pour qu'elle se maintienne dans cette position. Alors, un autre petit-fils de Nadeuré, Pahluo, le frère aîné d'Umaru, s'avance et brise une calebasse dont les morceaux sont distribués à des hommes qui se tiennent sur le bord de la tombe : ils vont s'en servir comme racloirs pour rabattre la terre dans la fosse. On apporte aussi une pelle pour aller plus vite. Avant que la fosse soit comblée, un des *za-sae* prend une calebasse de bière de mil et verse un peu de boisson aux quatre coins de la tombe en priant la défunte de s'en aller en paix. Très vite maintenant la fosse est comblée et les hommes piétinent le sol jusqu'à ce qu'il soit parfaitement damé; les morceaux de calebasse et des débris de poterie sont déposés sur la tombe. L'enterrement est achevé. Hommes et femmes partent chacun de leur côté vers la rivière; ils entreront nus dans l'eau pour se purifier et écarter le *tegwari-deb-fu* (l'esprit de la personne ou du corps) qui menace ceux qui ont été en contact avec un cadavre.

Tel fut mon premier contact avec les rites mortuaires des Moundang. J'avais travaillé jusqu'en 1966 chez les Mbaï de Moïssala dans le Moyen-Chari où l'annonce d'une mort est suivie presque instantanément de pleurs et de hurlements de femmes qui, des heures durant, plongent le quartier et parfois le village dans une atmosphère lugubre; interrompus à intervalles réguliers par les rythmes lents des tambours accompagnant le chant des hommes, ils reprennent inlassablement avec les nouvelles venues qui, toute affaire cessante, se sont hâtées vers la place mortuaire. Ce n'est pas la tristesse mais le sentiment de culpabilité qui s'exprime de façon si bruyante dans la mort Sara qui met l'étranger dans un état d'abattement dont il ne sortira que très lentement.

Les Moundang se montrent très discrets face à la mort et leur comportement comme leur rituel font naître un sentiment de sérénité; la société semble davantage chercher un apaisement des tensions du groupe, en cette occasion, alors que les Sara se plaisent à les exacerber. Une autre différence dans les coutumes de ces deux ethnies me paraît aller dans le même sens. Les Mbaï, comme les Moundang, enveloppent le corps dans des draps mais ensuite ils l'exposent (3 ou 4 jours, selon le sexe du défunt) sur une espèce de haute table en branchages où parents, amis et alliés viendront le voir pour lui faire l'hommage de leurs cris de douleur et de leurs auto-accusations. Chez les Moundang, on peut en être étonné et même choqué, on enterre les morts au plus vite. Nadeuré, décédée à 4 heures du matin, avait sa tombe si bien damée que trois heures plus tard on pouvait à peine savoir où elle était enterrée.

Un jour d'avril 1969 j'assistais aux funérailles (*ye-wuli*) d'une femme du village de Berlyan. Les danseuses déchaînées soulevaient une poussière qui rendait l'air torride irrespirable. On était en fin d'après-midi quand soudain on me signale un incident : une vieille femme est tombée en dansant, elle saigne un peu au front et reste couchée sur le sol, immobile. Elle est inanimée ; quelques instants avant elle était très gaie car elle avait bu beaucoup de bière de mil. Des garçons la transportent dans une case, son corps demeure inerte. L'un d'eux crie alors qu'elle est morte et qu'il faut se dépêcher de l'enterrer. Je m'éloigne un peu pour suivre les évolutions d'un masque de feuilles que je vois pour la première fois (c'est le *muyu* des femmes) et j'aperçois des jeunes gens transporter sur une civière improvisée la vieille qu'ils ramènent chez elle pour l'enterrer derrière sa case, comme le veut la coutume. Je me précipite vers eux et leur demande de vérifier si le cœur de la femme ne bat plus. J'ai l'impression qu'il bat encore faiblement et je dis aux garçons (ce sont ses petits-neveux qui l'ont pris en charge car son fils habite en ville) que je vais la transporter au dispensaire de Léré distant d'une quinzaine de kilomètres. Quand j'arrive l'infirmier lui fait aussitôt une piqûre mais, quelques minutes plus tard, il m'annonce qu'elle est morte. Il ne me reste plus qu'à ramener le corps à Berlyan pour qu'on l'enterre au plus vite. Les petits-neveux sont navrés pour moi.

Ainsi, on escamote presque les cadavres et l'on réduit au minimum les formalités d'inhumation. La matérialité de la mort, le visible de la mort sont absents et l'on cherchera en vain le cimetière ou la sépulture dans un village moundang. Tout le monde, d'ailleurs, n'a pas droit à l'enterrement normal, c'est-à-dire devant le seuil de la maison pour le père de famille, derrière l'enclos pour la mère et dans la maison s'il s'agit d'un enfant en bas âge. Si quelqu'un se suicide, par exemple, on cherche à savoir pour quelle raison il l'a fait ou plutôt qui est le responsable d'une telle décision et le coupable est considéré et traité comme un meurtrier. Mais la famille du suicidé n'a pas le droit de l'enterrer au village ; elle doit donner un bœuf au chef et emmener le corps en brousse. Si une femme meurt enceinte il faut faire appel à un spécialiste qu'on appelle *gyabbé* ([1]) : il ouvre le ventre de la mère et en sort le fœtus puis enterre ensemble les deux corps derrière la concession, aux limites du village. Ni le suicidé, ni la femme enceinte ni l'enfant ([2]) ne peuvent être dignes des sacrifices de lever de deuil. Nous

---

([1]) Le *gyabbé* est un personnage extraordinaire qui se définit par son goût très marqué pour la transgression. Il connaît si peu la sensibilité — ou la sensiblerie — qu'il est capable d'achever quelqu'un dont l'agonie traîne en longueur. Il fait si peu de manières qu'il est capable de manger n'importe quoi, de la viande crue pourrie et grouillante de vers, des insectes réputés incomestibles, « n'importe quelle saloperie », pour parler comme notre informateur. On le dit aussi capable de voler le linceul d'un mort pour s'en faire un vêtement. Un tel spécialiste est nécessaire à la société et on le respecte comme un « docteur ». Il est bien supérieur, dit-on, au *pah-no-ae*, « celui qui guérit les plaies ».

([2]) Si un enfant meurt dans les jours qui suivent sa naissance, on l'enterre assis dans la case de sa mère. Celle-ci doit rester couchée pendant un certain temps sur le sol où son nouveau-né a été enseveli car on croit ou l'on espère que l'esprit du mort viendra s'incarner une seconde fois dans le ventre de sa mère.

verrons que le *ye-wuli* (« pleurer la mort ») n'est réservé qu'aux grands — hommes ou femmes — et qu'en tout cas, toute personne décédée dans des circonstances un tant soit peu extraordinaires, se voit refuser ces honneurs posthumes.

La coutume pour les hommes.

Lorsqu'un homme meurt, son corps est déposé sur une natte et l'on fait reposer sa tête sur la jambe de sa première femme. Le corps est couché sur le côté gauche de façon que la tête soit vers le bras gauche tandis que le bras droit est replié sur le côté droit. Puis la première épouse procède à la toilette du mort en présence de ses coépouses et de tous leurs enfants qui sortent ensuite pour aller pleurer et se lamenter dans une autre case. Seul reste le fils aîné qui se chargera d'ensevelir son père, assisté de parents proches et d'amis. Ceux-ci sont venus dans la case constater, en quelque sorte, la mort. Si l'agonie a duré plusieurs jours certains sont déjà là comme s'ils avaient voulu « accompagner » leur parent ou ami jusqu'au bout du chemin.

On choisit l'endroit convenable à droite de l'entrée de la concession et les fossoyeurs se mettent au travail. Pendant ce temps on amène un bélier donné par l'héritier du défunt (ou, à défaut, s'il n'a pas la force, par un grand du clan du défunt) qui est égorgé devant la tombe ; des filets de viande découpés en lanière sont grillés sur place et distribués aux fossoyeurs. Ce sacrifice qu'on n'accomplit que pour un homme important et pour qui, par conséquent, on fera les cérémonies du *ye-wuli*, est appelé *re-dae-za-mori*, « étaler la peau (du bélier) sur les fesses (du mort) ». Jadis, les Moundang étaient enterrés nus avec pour seul vêtement cette peau destinée à « fermer l'anus », nous a-t-on dit, mais sans que nous puissions obtenir davantage de commentaires sur la signification de cet usage. Il paraît peu douteux que cette peau de l'animal sacrifié — qui n'est pas la chèvre dont la peau, avant que le port du boubou se généralise, ceignait les reins des hommes — puisse être autre chose qu'une protection contre la fuite d'un principe spirituel par cet orifice. Souvenons-nous de la vigoureuse formule que l'allié à plaisanterie (dont l'insulte a des effets bénéfiques sur l'insulté) adresse à son *guru* mort : « Cul serré, tu es bien mort ! ». Nous verrons, d'autre part, qu'à ce sacrifice d'entrée dans le processus funéraire répond le sacrifice de clôture du *ye-wuli* que l'on désigne par l'expression *hin fahli mwē-zuwūnri*, « donner la route aux Esprits » ou, en d'autres termes, marquer le départ (la séparation définitive) des morts et des vivants.

Tandis que les fossoyeurs consomment cette viande sacrificielle, les femmes pleurent et plaignent le sort du malheureux défunt, elles rappellent ses bontés, ses multiples qualités. Des voisines se présentent comme consolatrices pour apaiser la douleur des pleureuses. La tombe est terminée et des volontaires parmi les gendres et les amis transportent le corps ; les femmes et les enfants les accompagnent. Le corps est d'abord posé sur le bord de la fosse et deux ou trois fossoyeurs descendus au fond le reçoivent pour le déposer délicatement, dos appuyé à la paroi et visage tourné vers l'est. Le fils aîné ou un frère du défunt (parfois sa première épouse) prononce quelques paroles : « Va en paix puisque tu ne nous aimes plus, que Dieu t'ouvre la porte de sa maison et que ton âme nous laisse la tranquillité et la santé ». Les enfants, même ceux qui sont en très bas âge, sont présentés devant la tombe et il leur est demandé de ne plus appeler celui qui les a quittés pour toujours.

Si l'on soupçonne quelque ennemi d'être la cause du décès, on place dans la main du cadavre certains « remèdes » qui ne manqueront pas d'entraîner le « meurtrier » dans la mort sous peu. Enfin, le fils aîné jette le premier de la terre sur le corps et toute l' « assistance » imite son geste. Les fossoyeurs ferment la tombe et l'on part à la rivière pour se purifier, hommes et femmes empruntant des chemins différents, comme on l'a vu après l'inhumation de Nadeuré.

Le fils aîné, la fille aînée et la première épouse (*ma-win-malii*, « la grande femme ») ont conjointement la responsabilité rituelle de l'enterrement de leur père et mari. Ils « reçoivent » devant le seuil de la maison mortuaire ceux qui viennent prendre part au deuil puis, pour un certain temps, ils doivent se tenir près de la tombe où ils revêtent les insignes du deuil : une cordelette blanche qu'ils portent autour du cou et une corde tressée avec une paille spéciale qu'ils portent autour des reins comme une ceinture. Il leur est désormais interdit de boire dans une calebasse peinte ou pyrogravée, ils doivent coucher sur une natte très dure appelée *yek-bale*. Cette natte est confectionnée par des gendres du défunt et sera jetée au carrefour après le sacrifice *hin fahli mwe-zuwunri*. Enfin, il leur est interdit de marcher pieds-nus et ils doivent être chaussés de sandales en peau de bœuf.

Si le mort n'a pas droit aux cérémonies du *ye-wuli*, le fils aîné doit consulter le *pah-kendani* (le devin) pour savoir si la maison dont il va hériter lui sera propice. En cette même occasion, le devin interroge ses cailloux au sujet du sacrifice qui « donnera le chemin aux esprits ». Il indique quels animaux doivent être immolés : des chèvres ou des moutons et combien de têtes. Cette nourriture est préparée pendant la nuit et répartie dans plusieurs pots (*tek-pélé*) de tailles diverses. Vers 5 heures du matin, hommes et femmes prennent des tisons ardents au foyer de la cuisine, quelques femmes chargent sur la tête des plats de nourriture sacrificielle et le cortège quitte la concession en brandissant les tisons de tous les côtés. On s'avance « en brousse » (en fait, on ne s'éloigne pas des alentours du village) dans la direction des *čok-syĩnri* du clan du défunt, là où les *mwẽ-zuwũnri* auront, pour un temps, leur séjour. Les deuilleurs déposent à un carrefour les plats et les tisons encore incandescents puis s'en retournent près de la tombe pour consommer le repas sacrificiel. Les séances de rasage des cheveux clôtureront ce rite de sortie dont nous reparlerons à propos du *ye-wuli*.

Les enfants du mort n'ont pas le droit de consommer de la chair de l'animal sacrifié. Cet interdit dont la transgression provoquerait les pires calamités s'explique, selon Wasseré, par la croyance que cette chair dont une partie est abandonnée au carrefour, est aussi le corps du défunt. Peu d'informateurs admettent cette interprétation mais le lecteur se souvient que les rites funéraires propres aux *Teuré* et aux *ban-mundéré* comportent une représentation matérialisée du corps qui se transfigure avant de rejoindre le monde des esprits.

On proclame l'héritier maître de la maison du défunt quand les opérations de rasage des cheveux sont terminées. Il reçoit de ses beaux-frères des fers de houe qui symbolisent leur fidélité à l'alliance qui les unit au mort et à son héritier qui le représente désormais. Permanence de l'alliance mais aussi renouvellement avec le nouveau partenaire car les beaux-frères qu'il faudrait plutôt appeler des gendres (*Bbe* et non plus *azu*) doivent, en outre, donner une chèvre ou un mouton pour « acheter » le droit de ramener chez eux leur épouse. Pour le nouveau chef de famille il y a là, d'ailleurs, une occasion qui lui permet de retenir une sœur ou une nièce dont la dot n'aurait pas été versée ou dont une part importante resterait encore à payer.

On annonce ensuite la liste des choses qui sont à distribuer entre les ayants droit : des armes (couteaux ou flèches) pour le *nané*, ainsi qu'il a été dit, les effets personnels du mort pour l'allié à plaisanterie et, dans un deuxième temps (mais les décisions ont été prises d'avance par les « grands » du lignage), des *de-laané* sont désignés pour prendre en charge tel ou tel des jeunes enfants du défunt. Si ce dernier possédait de l'argent on le partage aussi équitablement que possible entre les tuteurs qui viennent d'être choisis. Une fille mariée ne reçoit absolument rien, ce qui est conforme à la logique de ce système : elle est étroitement associée à son mari et l'on vient de voir que c'est lui qui a à donner, il serait absurde qu'elle reçoive.

Le *ye-wuli*, les cérémonies de lever de deuil.

Tout commence par une longue consultation du devin. En principe, la décision appartient au *kendani* mais l'on s'arrange pour que l'héritier dont c'est le devoir — devoir qui confère aussi du prestige — d'honorer son prédécesseur par un *ye-wuli*, puisse le faire, à condition, bien sûr, que le défunt soit un « grand ». Le minimum requis pour entrer dans cette catégorie est de partir en laissant une nombreuse postérité, ce qui suppose généralement d'avoir eu plusieurs épouses et, par conséquent, d'avoir joui d'une prospérité digne de la considération sociale. Deux frères qui, de toute façon, ne peuvent avoir un statut égal ne peuvent pas non plus avoir droit, l'un et l'autre, à un *ye-wuli*. Ce rite est affaire de lignage ou, plus exactement, de section locale de clan et exclut donc que des lignes adjacentes soient prises en considération.

Nous allons résumer une consultation à laquelle nous avons assisté en 1969 en vue des funérailles d'un grand du clan Teuré du village de Fouli. La démarche du devin procède comme dans le *kendani* des fêtes du calendrier agraire (cf. Adler et Zempleni, 1972); après les questions d'ouverture où la divination se considère elle-même, ce sont les catégories de Génies de lieu énumérés par ordre hiérarchique qui sont envisagées comme conditions d'efficacité et objets, en même temps, du sacrifice de lever de deuil. La Terre en tant qu'elle est représentée par un couple d'Esprits, mâle et femelle, les *mwē-zuwūnri* de la Terre, les bergers de la Terre, les grands arbres (hantés par les *mwē-zuwūnri*) et les personnes qui marchent à leur ombre constituent le premier groupe, celui des puissances universelles qui gouvernent toute chose du monde visible. Ensuite le devin examine un à un l'ensemble des *čok-šyiñri* associés à la terre du village de Fouli. Puis vient la terre ou le terroir de ce village, la démarche des femmes sur cette terre, les enfants, mâles et femelles, les maîtres des concessions et, enfin, les vieillards. Une autre série envisage les différentes maladies qu'on n'attribue ni à la malveillance des gens ni à des causes définies par des catégories animales (cf. A. et Z., op. cit.) : certaines toux, la varicelle, la coqueluche et la diarrhée. Tout à fait à part est la sorcellerie; le devin pose la question en général mais l'interrogation détaillée ne sera faite que pour des cas individuels.

La série suivante concerne les champs : les champs de brousse et les champs de case, les variétés cultivées et les semences. Le devin en a maintenant fini avec le village et il examine la maison du *we-wuli*, « le fils du défunt », l'héritier qu'il convient de considérer comme le sacrifiant dans le rite du *ye-wuli*. Les premières questions s'attachent à la maison comme lieu de rendez-vous des deuilleurs qui viendront de toutes les directions du pays moundang et dont le *kendani* assure la protection mystique.

« La route qui conduit à la maison du défunt. »

« La démarche des hommes sur cette route. »

« La place (où l'on va danser) devant le seuil de la maison. »

« L'allumage du feu sur cette place. »

« Le nombre de personnes qui viendront et leur nourriture. »

« La maison du défunt; le foyer de cette maison; la nourriture qui y est préparée; le nombre des personnes et leur nourriture; le *tegwari* qui menace les visiteurs au seuil de la maison » (le *tegwari* ou « esprit du seuil » se distingue en « esprit du côté droit », le côté de la sépulture et « esprit du côté gauche », le mauvais côté). Les *mwē-zuwūnri* du père et de la mère, les *mwē-zuwūnri* errants et ceux des grands-parents. *Masin byāné*, « le dieu de la naissance », la chance devant la maison et la malchance.

Le devin poursuit en examinant, mais beaucoup plus brièvement, le cas de la première femme du mort puis celui de toutes ses coépouses.

L'importance accordée par la divination à ces femmes ne tient pas à leur statut de veuves du défunt mais à leur fonction dans le rituel qui est de préparer les nourritures et les boissons sacrificielles que consommera la foule des deuilleurs venus honorer le mort. La consultation s'achève sur ce que nous pouvons appeler les entrepreneurs du *ye-wuli* : les *wé-wuli*, bien sûr, mais aussi ses frères siblings qui partagent avec lui les frais du rituel et qu'il faut, par conséquent, définir comme des cosacrifiants. Cependant, on scrute avec plus de détails la personne de l'héritier dont on regarde aussi la femme et les enfants. Les questions particulières portent sur son corps, les paumes de sa main, sa pensée, sa boîte crânienne, ses yeux et sa démarche.

Des prescriptions minutieuses et scrupuleusement observées par les intéressés découlent de cette consultation du *kendani*. Des prescriptions de sacrifices pour les *čok-syĩnri* qui ont montré des dispositions néfastes (ainsi, à Fouli le devin ordonna que du sang du premier bœuf sacrifié fût recueilli dans une calebasse spéciale et aspergé dans les directions des grands Génies de lieu du village), des petites consultations pour les personnes ayant obtenu trop de réponses négatives. Si le *kendani* a signalé que des menaces de violences pesaient sur les assistants au *ye-wuli*, le devin désigne des grands du village qui enterreront des « médicaments » tout autour du quartier afin d'empêcher que les inévitables violences provoquées par l'ivresse ou l'échauffement dans la danse avec les masques ne dégénèrent en tueries. Il choisit aussi l'emplacement pour le *yun-wuli*, « le tambour des funérailles » autour duquel l'essentiel du rituel va se dérouler. Les préparatifs sont achevés, le *ye-wuli* peut commencer.

Revenons à Nadeuré et au récit du premier *ye-wuli* dont nous fûmes témoin. Après son enterrement les devins examinèrent leurs cailloux et ordonnèrent que le rite de lever de deuil se tienne la semaine suivante, donc le dimanche 2 juillet. La veille, les enfants de la défunte ont pris dans sa case les vêtements qu'elle a laissés afin de les laver et de les présenter aux héritières. Normalement une fille aînée hérite de sa mère mais, à défaut, ce peut être une sœur ou la plus proche parente en ligne patrilatérale. Les filles de Nadeuré n'étaient déjà plus de ce monde, aussi fit-on appel à une sœur agnatique qui n'arriva à Léré que le lendemain.

Entre l'enterrement et le *ye-wuli* quelques femmes ont couché dans la case de la morte. Leurs cheveux sont rasés mais les petites brus, les épouses de mon hôte Umaru et de son frère Pah-luo ont seulement une petite surface du crâne rasée. Les femmes alliées ne portent pas non plus le vêtement blanc réservée à la famille cognatique.

Samedi 1er juillet.

Jusqu'ici les deuilleuses se sont montrées très discrètes ; elles ont bu et mangé ce qu'ont apporté les petits-enfants et n'ont manifesté aucun signe extérieur de deuil. Au début de l'après-midi l'agitation commence, des femmes apprêtent la corbeille funéraire ; il s'agit de la grande corbeille moundang qu'on remplit de calebasses neuves, les unes teintes en noir (charbon de bois et huile dans une décoction d'écorce) et les autres naturelles, d'une belle couleur jaune. Par-dessus les 6 calebasses on dépose deux grands autres attributs féminins : un balai et une espèce de long sac étroit servant de filtre dans la préparation du mil pour la boisson fermentée. Des objets de prestige couronnent le tout : une queue de cheval noire qui fait office de chasse mouche et des plats (à nos yeux des dessous de plat) en vannerie de plusieurs teintes (style aéroport) avec lesquels on recouvre des calebasses de bière ou qu'on utilise comme éventails. A côté de cette corbeille on place une grande jarre au col entouré d'une ceinture de perles; elle est remplie de bière de mil qui étanchera la soif des joueurs de tambour.

En fin d'après-midi deux serviteurs du roi de Léré arrivent avec un cabri que leur a donné leur maître. L'un des deux, sacrificateur du roi, égorge aussitôt l'animal, c'est le sacrifice de la nuit que consommeront les femmes dans les heures qui viennent, Le sacrificateur prend une part de viande qu'il fait griller sur un feu à part et il en disperse les morceaux dans toutes les directions, à la manière du chef de terre invoquant les *čok-syīnri*. Il fait ensuite griller les rognons du cabri qu'il mange avec les hommes présents dans la concession.

Dimanche 2 juillet.

Une quinzaine de femmes, des veuves de Gõ-Comé, des parentes et des voisines de la défunte sont réunies dans la concession mortuaire et s'apprêtent à partir. Une vieille épouse du roi vient se joindre à elles, elle appartient à un clan *guru* et sera la *gõ-bei*, « l'alliée à plaisanterie » de ce *ye-wuli*. Elle tient à la main une chicote et a droit à un tabouret alors que toutes ses compagnes sont assises par terre. La *gõ-bei* fait mine de se fâcher, crie quelques ordres, se fait donner du tabac à priser puis se lève pour faire savoir qu'il est temps de partir. La *gõ-bei* en tête, les femmes sortent une à une par l'ouverture où l'on avait passé le corps de la morte et se dirigent vers Zamagaran, la grande place de Léré sur laquelle donne le palais du *Gõ-Léré*. Quoique Nadeuré n'eût plus vécu au palais depuis de longues décennies, elle conservait son statut de *mah-gõ-ae,* de femme du roi et les danses du *ye-wuli* ne pouvaient avoir lieu que devant la demeure de son mari.

Les tambourinaires du roi sont arrivés avec les deux *yun-wuli,* les deux tambours *yuni* qui avec le grand *damé* se trouvent sous un abri spécial, à la droite du seuil du palais. Ils commencent à battre les rythmes du *ye-wuli* et donnent ainsi le signal du rite qui sera répété 4 fois au cours de la journée (pour un homme, on le fait 3 fois) : *ne go či pweré gu-fumi* « allons couper les feuilles du *pweré* ». Les femmes repartent en colonne vers la brousse, la *gõ-bei* marchant à leur tête. Au moment de quitter la grand'route pour un sentier, celle-ci s'assoit et attend le retour de ses compagnes. Les femmes

a) Femmes au grenier

b) Le grand grenier du chef de famille (dame)

II

a) L'orchestre des *jak-fa-uni*

b) Alliés portant des cadeaux aux funérailles

III

a) Mangaï

b) Sacrifice d'un mouton pour les pierres de pluie

IV

a) Vue aérienne du palais du roi de Léré

b) Vue générale du palais et de la plaine du Mayo-Kébi

a) La porte d'honneur du palais un jour de fête

b) Le roi à cheval au milieu de la foule des femmes et des hommes portant leurs armes

VI

a) Masque *mundere*

b) Masques *muyu* à fibres naturelles et noircies

VII

a) Guerriers *yungu* en costume de cérémonie

b) Femme du palais devant son foyer

VIII

a) Le roi chevauchant entouré de ses serviteurs

b) Le roi de Léré trônant au milieu de ses femmes
   et protégé par ses goumiers portant le fusil et ses lanciers

s'égaillent dans les collines pour ramasser le *pweré* : des feuilles de Bauhinia (³) (c'est l'arbuste de la chance pour les Moundang comme il est pour les Peuls celui de la *baraka*) mais aussi d'autres espèces et nous avons vu rapporter de grands rameaux de palmier (*hyphœne thébaïca*). La cueillette faite, elles se rassemblent autour de la *gõ-bei* et retournent à la place mortuaire en agitant leur feuillage et en chantant : « Un homme ne doit pas voir cela, un homme ne doit pas voir notre *pweré*... » C'est une plaisanterie à mon adresse car je suis seul à les suivre et je ne comprendrai que plus tard son sens en participant à un *yé-wuli* pour un homme où les porteurs du *pweré* entourent le ou les masques dont ils protègent l'arrivée sur la place du *yun-wuli*.

Tout au long du chemin les femmes ont chanté et je n'ai capté que quelques bribes : « Qu'avons-nous fait à la Mort pour qu'elle vienne prendre l'une d'entre nous. Mère, ne veux-tu plus que j'apporte ta calebasse (avec un peu de boule)? La Mort ne saisit pas les vagabonds, les pauvres, elle prend les gens qui ont beaucoup... » L'itinéraire du retour n'est pas le même et, comme pour le cortège royal, elles doivent revenir en contournant le palais par l'ouest et arriver sur la place par le côté opposé d'où elles sont parties.

Là, elles se mettent en ligne pour danser en agitant les rameaux. Quatre d'entre elles se détachent du groupe, trois s'en vont prendre chacune une calebasse noire et une jaune dans la corbeille placée devant le tambour; la quatrième prend le filtre pour la bière et le balai. Tenant ainsi un objet dans chaque main, elles font face au reste du groupe. Un véritable petit ballet est offert au public : à quatre reprises les deux groupes, les unes agitant leurs rameaux, les autres leurs calebasses ou le filtre et le balai, avancent l'un vers l'autre d'un pas lent et très souple puis font le même pas à reculons. Le *yun-wuli* résonne avec solennité et, brusquement, c'est le silence complet, les rangs se disloquent. Des femmes venues en grand nombre rejoindre les danseuses font masse autour des tambours. La musique reprend et, cette fois, aux tambourinaires il faut ajouter une femme qui avec une tige de fer frappe une grosse double cloche (cet instrument appartient aux *regalia* qu'on a fait sortir du palais pour honorer une épouse royale) et une autre qui agite une calebasse gourde dont elle joue comme de maracas. Les femmes chantent et dansent en tournant autour de l'orchestre, la *gõ-bei*, maîtresse de la fête, tourne en remuant la queue de cheval noire tandis que derrière elle une « servante » lui rafraîchit la nuque, tenant un plat de vannerie en guise d'éventail. Au bout de quelques minutes, l'orchestre qui s'était déchaîné se tait, les joueurs de *yuni* réclament de la bière. La *gõ-bei* remplit une calebasse de boisson qu'elle tend aux musiciens; ceux-ci se désaltèrent et offrent à boire aux femmes qui les entourent.

(³) Les botanistes l'appellent aussi *Piliostigma reticulatum*. C'est une plante aux usages thérapeutiques multiples.

A côté de la corbeille, le roi, qui n'assiste pas personnellement aux cérémonies, a fait déposer les bijoux que Nadeuré portait comme épouse du roi : deux gros bracelets et deux gros anneaux de cheville en cuivre ainsi que de nombreux colliers de perles blanches. Notons à ce propos qu'aucune deuilleuse ne doit porter de bijoux à l'exception de la *gō-bei;* les femmes doivent être simplement en cache-sexe ou, à la rigueur, avoir un pagne laissant les seins nus.

Après cette pause les femmes repartent pour le second *pweré*, celui de la fin de matinée et le rite se répète rigoureusement identique au premier. Une femme qui passait sur la place portant sur la tête une cuvette pleine de gombo qu'elle allait vendre au marché est arrêtée : elle est mise à l'amende et doit donner deux bonnes poignées de légumes à une vieille qui se réjouit de l'aubaine. Au début de l'après-midi le spectacle du *ye-wuli* commence à attirer une certaine affluence masculine; les hommes s'assoient à distance très respectueuse et seuls les jeunes garçons osent s'approcher. L'esclave chargé des sacrifices vient tranquillement boire une grande calebassée de bière de mil; lui ne craint rien, il n'est pas étranger à l'univers féminin puisqu'il appartient à celui du palais.

Un peu plus tard, des parentes de Nadeuré apportent une boule de tabac pour remercier les chanteuses et celles qui de temps à autres frappent le tambour. La *gō-bei* prend la boule et disperse d'abord quelques brins de tabac sur le sol afin d'éloigner les mauvais esprits (*cok-zwaē*) puis la pose sur le petit plat de vannerie qui couvre la jarre de bière. Tabac et bière jouent un rôle semblable : ils permettent de payer les musiciens et possèdent en même temps une valeur oblatoire tout comme une valeur de monnaie prestigieuse que l'on donne à ceux qui, pour une journée, viennent travailler sur votre champ.

Enfin arrive une jeune femme représentant la fille de la défunte, décédée depuis longtemps. Elle porte sur la tête comme une calotte, une petite calebasse blanche et tient dans sa main gauche une tige de mil. Des femmes la guident vers le tambour de gauche (en regardant depuis le palais) et on lui fait apposer les deux mains sur la peau du *yuni*. Elle s'assoit au pied de l'instrument et on lui fait avaler quelques gorgées de bière de mil. Ensuite, le chef des tambourinaires réclame 50 F C.F.A. pour ôter la calebasse qui coiffe la jeune femme. La musique et les danses reprennent, et de nouveau une longue pause. La corbeille et les bijoux sont déposés non loin de là sous un arbre et l'on transporte les jonchées de *gufumi* (les feuilles du *pweré*) dans un endroit reculé de la place où elles seront brûlées la nuit venue. Tout le monde s'en retourne vaquer à ses affaires, les unes vont au marché (dimanche se dit *lumaléré*, « marché de Léré »), les autres rentrent chez elles préparer le repas du soir. Je reste sur place à bavarder avec Gomena Lagré, il me montre la corbeille et m'explique qu'elle est à la femme comme le masque est à l'homme. Je comprends mal et j'accepte mal cette équivalence — n'est-ce qu'une boutade ? — mais le propos est précis puisqu'il s'agit de la place sous l'arbre où le masque viendrait se reposer s'il s'agissait d'une cérémonie pour un homme. A la vérité, Gomena dit à sa façon un peu provocante ce que le lecteur sait maintenant : l'homme est identifié par son clan tandis que la femme est définie par des objets et des ustensiles du ménage qui la signifient comme épouse. Nous allons voir cependant dans le rite de l'après-midi qu'une certaine forme de reconnaissance clanique de la femme s'exprime aussi dans le *ye-wuli*.

Vers 16 heures, les femmes recommencent à se masser autour de l'orchestre pour danser. Elles s'avancent et se balancent d'avant en arrière tout en brandissant des bijoux ou une calebasse, ou bien encore une cuvette émaillée. Le spectacle est très différent de celui du matin, les danseuses, leur bébé dans le dos et suivies de fillettes sont tellement nombreuses qu'elles ne peuvent plus que piétiner un sol d'où s'élève une poussière rendant l'air irrespirable. Les quelques deuilleuses en cache-sexe fait d'une bande de coton (*gabak*) traditionnel sont complètement perdues au milieu de la foule bariolée de leurs compagnes vêtues de leurs pagnes de fête. Les hommes aussi sont venus très nombreux, ils sont assis sur le pourtour un peu relevé de la place comme des spectateurs sur les gradins d'une arène. Des jeunes gens un peu pris de bière se mêlent aux danseuses dont l'ardeur est plutôt stimulée par l'arrivée de ces intrus.

Nouvelle pause des musiciens, les femmes repartent pour le *pweré*. Elles vont exécuter ce rite deux fois, comme le veut la coutume des femmes, avec la même solennité que le matin qui contraste maintenant avec le laisser-aller de la foule qui semble indifférente. Une petite différence dans le rang des porteuses de calebasses : l'une d'entre elles tient une calebasse entière percée d'un orifice à l'un de ses pôles. Le récipient contient de la graisse de l'animal sacrifié la veille, l'ouverture est bouchée par un morceau de calebasse. C'est Gomena qui me fait observer ce détail dont il souligne l'importance : « pour les hommes, dit-il, c'est le masque qui danse ainsi, la gourde remplie de graisse du sacrifice, c'est le *syĩnri* des femmes ».

Le quatrième et dernier *pweré* est accompli puis l'on met le feu à l'énorme tas de feuilles amassées dans la journée : c'est une précaution contre ceux qui auraient l'idée d'utiliser un rameau pour empoisonner la nourriture d'un parent ou d'une parente de la défunte. Cet usage fait écho à certains chants des femmes qui expriment des souhaits de mort à l'adresse de la famille en deuil. Veut-on dire que la famille est toujours responsable de la mort de l'un des siens ou que la mort de l'un de ses membres — et un membre éminent puisqu'il s'agit d'une personne ayant droit au *ye-wuli* — est comme la mort de la famille entière ? Il est dit, en tout cas, que la perte d'un individu n'a de sens que par l'agressivité et la culpabilité qu'elle fait naître ou renaître chez les parents et alliés, proches ou lointains. Un autre thème des chants féminins est : « Le fils de l'homme d'où vient-il, d'où sort-il (sinon du ventre de la femme) ? ».

A la fin de la soirée, prend place un rite bien fait pour étonner l'observateur étranger. Une très vieille femme apporte quelques poignées de vieux ossements blanchis provenant d'une chèvre. Quatre calebasses noires extraites de la corbeille sont posées en équilibre sur des petits ronds en corde et représentent les marmites (*čiri*) en terre cuite dans lesquelles on fait cuire la boule de mil. Une autre vieille va chercher trois pierres qui font office de foyer sur lequel elle dépose successivement les 4 « marmites ». Une troisième, munie d'un bâton grossier représentant le bâton à sauce (qui est un bel objet orné d'un décor, dans la batterie des cuisinières moundang), touille une boule imaginaire dans le récipient vide. Une quatrième, enfin, tenant à la main une coupelle en calebasse, fait semblant d'arrondir soigneusement la boule. La préparation des 4 plats est achevée et sur chacun on met un os représentant la viande donnée par le roi, mari de la morte. Ensuite, comme le fait normalement toute bonne ménagère, on recouvre les plats d'une calebasse qui protège les aliments de la poussière et des saletés. La *gõ-bei* donne alors l'ordre d'en porter trois vers l'Est, l'Ouest et le Sud pour les *we-pulia-gõ-ae* et le quatrième au Nord, pour le roi lui-même. Quelques minutes plus tard, 4 hommes représentant les serviteurs des notables rapportent la « vaisselle propre » aux femmes. A cette édifiante scène de la vie d'une épouse fait suite une scène de la vie de clan (donc, de la vie d'un mâle, par principe) : Nadeuré était du clan Tezun, on met en scène les activités de ce clan. A grands coups de hache des femmes taillent une pirogue dans un morceau de tronc d'arbre qui traînait par là ; deux branches tiendront lieu de pagaies et une baguette de harpon. Trois femmes sont maintenant dans une pirogue qui glisse au fil de l'eau. Grands gestes ridicules, maladresses comiques et brusquement c'est la bagarre, les cris, les hurlements. Les spectateurs sont en joie, les hommes aussi bien que les femmes. On m'explique que pour le *ye-wuli* d'un homme du clan Tezun, on peut assister à des mimiques semblables mais que l'effet comique n'est pas recherché avant toute chose, « faire rire avec les affaires du clan, ça c'est l'habitude des femmes ».

La nuit est tombée, la cérémonie est arrivée à son terme. La *gõ-bei* fait encore quelques pas éventée par son serviteur puis l'orchestre se tait définitivement. Les deuilleuses emportent la corbeille et les bijoux, elles retournent en file indienne vers la case de la défunte où elles vont encore passer une nuit. Au petit matin elles partent se baigner dans la rivière puis elles rentrent pour se raser le crâne. L'héritage, le pauvre héritage de Nadeuré, va être partagé entre les femmes de sa parenté. La maison qu'elle a habitée restera au propriétaire de la concession, son petit-fils Zuzabé, qui en fera son poulailler.

On a un peu précipité le mouvement et au lieu des 4 jours rituels du *ye-wuli* on a dès lundi préparé le sacrifice final du *hin fahli mwẽ-zuwũnri* pour lequel un proche parent agnatique a donné un cabri. Dans la soirée une femme l'a égorgé et dépecé et des compagnes ont immédiatement commencé à faire cuire la viande. Le lendemain matin les participants du *ye-wuli* consommeront ce sacrifice, à l'exception des descendants directs de la défunte à qui cette nourriture est interdite, comme on l'a vu, et aussi de la *gõ-bei* qui, comme un chef, ne participe pas au repas du sacrifice.

Vers 4 heures du matin, hors de la vue de tout homme que ce spectacle ferait mourir, les femmes prennent une calebasse de sauce de haricots avec de la viande, une autre calebasse de bière et en répandent le contenu sur le sol en s'éloignant de la concession dans la direction de l'Est. La doyenne prononce ces paroles : « Ame de Nadeuré, pars en paix et laisse en paix tes enfants pour qu'ils vivent dans la prospérité et aient de nombreux enfants. » Après le repas de *hin fahli mwē-zuwūnri* la tête du cabri sacrifié ainsi que la calebasse qui la contient sont données à une femme du clan Kizéré car la mère de la défunte était de ce clan. La *gõ-bei*, dont le rôle se termine, part avec le tabouret sur lequel elle a trôné durant toute la fête du *ye-wuli*. Elle prend également une houe sur laquelle elle a posé son pied ; enfin, elle emporte un pagne et une paire de sandales. L'ultime séquence est le retour chez elle de la *gõ-bei* reconduite par un groupe de deuilleuses qu'elle se doit de régaler avec des restes de boule et de la bière de mil.

Cette description des funérailles de Nadeuré est la relation de ce que j'avais vu et noté dans mon journal de terrain après quatre mois de présence à Léré. Bien sûr, de nombreux détails m'avaient échappé et il fallut que j'assiste à quelques autres rites funéraires féminins pour combler les lacunes de cette première observation. J'appris ainsi que lorsque les femmes ramassent les feuilles du *pweré* elles doivent prendre garde de ne pas en laisser choir à terre de peur qu'une autre femme, coépouse ou membre du même clan que la défunte, ne meure à son tour. En outre, les feuilles doivent être tenues dans la main gauche et quand le cortège entre dans le village, les femmes ont à se partager les rameaux de façon à ce qu'il n'y ait aucune différence entre elles et que les deuilleuses restées auprès de la *gõ-bei* aient leur part ([4]). Enfin, j'ignorais que la jeune fille qui est ou représente l'héritière, celle que nous avons vue une calebasse blanche sur la tête et une tige de mil dans la main gauche, est obligée de passer quatre jours devant la porte de la case de la défunte. Lorsqu'elle est assise au pied du tambour, une femme lui tend une petite calebasse de farine mêlée à de l'eau ; 4 fois elle approche la mixture de sa bouche sans qu'elle y touche. Puis la *we-wuli* prend 4 gorgées de bouillie qu'elle recrache aussitôt. C'est

---

([4]) Nous essaierons plus loin de donner une interprétation de ce rituel mais, à propos de l'arbuste du *pweré* (*bauhinia reticulata*), il faut savoir qu'il est non seulement symbole de chance, comme chez les Peuls pasteurs, mais une plante à usage médicinal. L'écorce bouillie sert à soigner les plaies et les feuilles sont mises comme compresses (par exemple, lors de la circoncision) sur des blessures. Avec les fibres on confectionne des cordelettes permettant d'attacher des bandages. On peut aussi enrouler ces fibres en pelote et la chiquer pour en avaler le jus en cas de bronchite.

après ce rite de *kik zahé* (rite initiatique de purification de la bouche sur lequel nous reviendrons) qu'on la conduit à la case de la morte.

Bien qu'elle fût une veuve du roi Gŏ-Comé, Nadeuré avait eu des funérailles plutôt simples, sans transfert spectaculaire de richesses. J'eus l'occasion dans le village de Berlyan de prendre part à un *ye-wuli* pour une femme qui me permit de prendre une plus juste mesure de l'importance des prestations effectuées en cette circonstance. Après le premier rite du *pweré*, je vis arriver sur la place mortuaire des délégations — des cortèges de femmes composés de brus et de sœurs des gendres de la défunte. Chaque cortège marchait avec une bannière en tête et, au milieu, un ou deux porteurs de cuvette ; une cuvette émaillée de grande dimension et généreusement remplie de farine blanche disposée en forme de pyramide et coiffée d'une plume, une autre semblable mais remplie d'une farine beige (un *bisumi* : mélange de farine de mil blanc et d'arachides pilées). Les deux pyramides étaient ornées sur chacune des arêtes de cauris enfilés sur une cordelette et l'une avait, en outre, des petits bâtonnets plantés sur tout le pourtour et dans lesquels étaient fichés à la manière de drapeaux des billets de 500 et de 1 000 F C.F.A., argent prêté seulement pour la circonstance et destiné à la décoration des cuvettes uniquement. Chacun des cortèges faisait des larges cercles autour du *yun-wuli* en dansant et en chantant (des histoires de maris bafoués et qui tuent les amants de leurs femmes) puis allait se reposer à l'ombre où étaient déposées les cuvettes offertes aux *we-wuli*.

C'est lors de ce *ye-wuli* à Berlyan que je vis sortir au milieu des danseuses un masque de feuilles. Il s'agitait, gesticulait et d'une baguette qu'il tenait dans la main frappait au hasard dans la foule, à la manière d'un *muyu* des hommes — *muyu* qui, rappelons-le, est un masque femelle — dont manifestement il est une caricature. J'appris aussi que les femmes poussent parfois l'audace jusqu'à fabriquer des caricatures de *mundéré* où la tête et les « ailes » sont faites de nasses et de filets de pêche recouverts de sacs ou de tissus noirs pour rester dans la couleur du modèle. Ces caricatures grinçantes et dont on s'attendrait qu'elles provoquent la dérision font plutôt peur aux hommes et étouffent toute velléité de moquerie. Ils préfèrent sans doute jouer le jeu : faire croire qu'on croit pour qu'on vous croie. Toutefois, il existe des cas où les véritables *mundéré* et *muyu* sortent pour le *ye-wuli* d'une femme, c'est lorsque celle-ci est la veuve d'un *pah-yāné*, « un maître des masques ». Bien entendu, seuls les masques du clan du mari viennent danser et il est hors de question qu'il y ait participation de masques appartenant à son propre clan. Cette dernière règle, nous le savons maintenant, est tout à fait dans la logique de la conception moundang de l'alliance matrimoniale. Une femme, en accomplissant sa destinée d'épouse, acquiert la plénitude de son statut en vieillissant auprès de son mari après lui avoir assuré une postérité. Le lien de l'alliance glisse sur elle, les objectifs dont elle était le moyen ont été atteints, l'intégration symbolique dans le clan de son mari lui est offerte comme un terme à son devenir ambigu.

Le *ye-wuli* fait d'une épouse royale dont les tâches domestiques et agricoles rendent la vie pareille à celle d'une esclave, une reine que la mort seule intronise; d'une fille de roi, ce qu'elle est, à savoir un roi plutôt qu'une femme; d'une épouse de maître des masques, une sorte de maîtresse des masques, dans les deux sens du terme; enfin, d'une vieille femme qui quitte ce monde en y laissant de nombreux rejetons, un homme du clan de son époux. Dans un seul cas les funérailles d'une femme ont pour fonction, comme chez les hommes, de légitimer une transmission de statut et d'héritage, c'est lorsqu'il s'agit de la mort d'une *mah-swa-šyĩnri*, « une maîtresse des *šyĩnri* » qui a sous sa responsabilité une association de femmes atteintes des maladies identifiées par les catégories spécifiquement féminines de *syĩnri* et dont elle dirige les cures en organisant notamment des danses de possession. Une calebasse remplie de « médicaments » représente ce pouvoir de guérir que les rites du *ye-wuli* permettent de transmettre en même temps que la richesse actuelle et potentielle constituée par le nombre des malades que la *mah-swa-syĩnri* décédée avait sous sa tutelle. A. Zempléni (Nouvelle revue de psychanalyse, n° 8, 1973) qui a observé ce rituel note que les règles ordinaires de dévolution des biens ne jouent pas obligatoirement. « Dans la plupart des cas, la *mah-swa-syĩnri* lègue (sa calebasse) à sa fille préférée qu'elle a initiée de longue date aux secrets de ses médicaments. Mais elle peut aussi exprimer le vœu qu'elle soit transmise à l'une des possédées en raison des services personnels que celle-ci lui a rendus ou, plus généralement, parce qu'elles entretenaient des liens d'amitié et d'affinité. Or, dans le second cas surtout, la légataire est rarement l'ayant droit selon les canons stricts de la parenté ». A cette anomalie s'en ajoute une autre, plus décisive : jamais, chez les Moundang, on n'hérite d'autre chose que de biens meubles ou immeubles. Ni les statuts ni les pouvoirs ni même, disons-le sans paradoxe, le pouvoir royal ne s'héritent, à proprement parler. Le *ye-wuli*, nous allons le voir maintenant, protège les vivants des forces libérées par la mort d'un parent et consacre dans son identité statutaire celui qui succède au défunt mais il n'est pas une intronisation. Il y a, assurément, dans les funérailles d'une *mah-swa-syĩnri* une sorte de transgression dont l'explication est à chercher dans l'impossibilité de légitimer autrement un pouvoir dépourvu de toute légitimité clanique, la seule véritable aux yeux des Moundang, en réservant, bien sûr, le problème de la royauté.

Le *ye-wuli* pour les hommes.

Les funérailles du grand du clan Teuré de Fouli. La grande affaire dans ces cérémonies, la divination nous l'a appris, c'est la sortie des masques qui danseront dans le village pendant toute leur durée. Le premier bœuf égorgé la veille est surtout destiné à la nourriture des *pah-yāné* et de leur suite et il est rigoureusement interdit aux descendants directs du défunt d'en consommer car c'est comme s'ils mangeaient de la chair de ce dernier. Très tôt les masques femelles, les *muyu* sont présents : ils poussent des petits cris suraigus et de leurs voix de faussets demandent aux assistants des dons. Un garçon qui suit le *muyu* Mamaï appartenant aux We-Gô-Kaneni, porte déjà deux belles bottes de paille à toiture qu'il a réussi à extorquer à un vieillard : il pourra les garder ou les échanger contre de l'argent ou des poulets. Naïlao, *muyu* des Moundang-Léré, houspille des femmes qui ont arrêté de danser et de chanter autour du *yun-wuli ;* il suit une porteuse de jarre de bière et espère bien recevoir une pleine calebasse pour se désaltérer.

Les *mundéré* arrivent avec les délégations de deuilleurs cachés derrière les haies mobiles de feuillages formées par les porteurs du *pweré*. Lorsque les délégations attendues sont enfin toutes présentes sur la place mortuaire commence un rite qui se répétera avec le deuxième *pweré*, le *de-palé*, le « piétinement de la tombe ». *Swae*, « Nuage » et *Geré*, « Bois touffu », les deux *mundéré* de Léré envoyés par le roi, s'avancent vers le *yun-wuli*, ils sont suivis par la foule des deuilleurs qui font cercle autour d'eux. Les femmes et les garçons non circoncis s'éloignent et les hommes chantent « la traversée de l'eau », métaphore qui désigne l'opération de la circoncision :

« Voici l'homme de Juru qui a apporté le masque ».

« Connaissez-vous le masque, avez-vous vu le masque ? »

« Qu'ai-je fait pour qu'on me morde ainsi, l'homme de Juru c'est la mort, connais-tu Padana ? »

« La mort de Tau » (nom que l'on donne à l'enfant considéré comme cadet dans un couple de jumeaux et qui représente le garçon tué au camp de circoncision pour avoir déféqué de peur) c'est l'homme de Juru (appelé dans ce chant Padana, le crocodile qui « mord » le prépuce).

« Mbau (le masque de fibres rouges) m'a mordu à Zabi Mogolo » (mare de la circoncision près de Teful Tréné).

« Tu m'as ordonné de chercher le miel des abeilles et maintenant les abeilles furieuses me piquent » (comme les crocodiles me mordent).

« Ceux qui ont trompé les incirconcis, amenez-les-moi, je vais les égorger, amenez-les-moi, je vais les manger. »

Pendant que les hommes chantent ces paroles et dansent sur le rythme du *kane* (*da-kane*, danser la circoncision), le *we-wuli*, l'héritier, pénètre au milieu du cercle, aussitôt suivi par deux hommes vêtus d'un simple cache-sexe. Ce sont les crocodiles qui se mettent à ramper tenant dans la gueule deux couteaux. Leurs évolutions durent quelques longues minutes puis brusquement ils se précipitent sur l'héritier, lui ôtent son pantalon, lui prennent la verge et font mine de la circoncire en passant le couteau sur le gland. Le patient, comme lors de la véritable initiation, est tenu aux hanches par un moniteur (*mweka*) qui l'empêche de vaciller. Le crocodile répète trois fois le geste de trancher, lance le couteau par terre et prend un peu de sable qu'il jette sur le sexe en guise de pansement pour la plaie. La scène est brève mais intense ; nous verrons que chaque fois que les Moundang veulent marquer le temps fort de leurs célébrations rituelles ils ont recours à cette évocation de la scène à la fois traumatique et glorieuse, sans doute parce qu'elle unit dans un seul acte les symboles les plus lourds de la naissance et de la mort.

Le rite du *de-palé* est couplé avec un rite secret de protection du ou des héritiers qui sont les sacrifiants des funérailles. Avant le premier *pweré* du matin, dès la pointe du jour, le *gō-bei* est parti seul en brousse chercher des plantes pour « faire le médicament » qu'il pile et enveloppe dans une feuille du *pweré* qu'il coud ensuite avec du fil blanc de manière à confectionner un petit sachet. Ce *lei* ou talisman est attaché au collier de feuilles que le *wê-wuli* porte autour du cou (si l'aîné du défunt est une fille celle-ci portera le sachet comme son frère cadet) tandis qu'une autre partie du même médicament est conservée par le *gō-bei* qui le cache chez lui jusqu'à la fin du *ye-wuli*.

Lorsque la danse du *de-palé* est achevée, fille aînée et *wê-wuli* sont assis face à face de part et d'autre du seuil de la maison du mort ; la fille aînée est à l'intérieur de la concession, assise sur une natte tressée, le garçon est à l'extérieur, à gauche de la sépulture de son père. Ces postures prennent leur signification si l'on sait que du vivant de leur père ces enfants n'ont pas le droit de se tenir assis au milieu de la cour paternelle, pas plus qu'ils n'ont le droit de monter sur son grenier. Pendant tout le *ye-wuli* ils gardent cette position. Ils sont surveillés par leur *mweka*, leur moniteur respectif. Quand ils mangent, par exemple, ils font attention à ce qu'aucune bouchée de nourriture ne tombe à terre, ils se chargent aussi de laver leur calebasse.

La protection offerte par les sachets fait l'objet d'un rachat. Pour la fille c'est de préférence son mari ou, à défaut, un *nane* qui rachète le talisman en donnant une houe ou un poulet qui sont aussitôt remis au *gō-bei*. Pour le *we-wuli* c'est un ami ou bien *nane* qui procède au rachat. Les sachets sont donnés aux *mweka* qui vont aller les enfouir dans la rivière. Comme pour les feuilles du *pweré* que l'on fait brûler afin que personne ne puisse s'en servir à des fins maléfiques contre l'héritier et sa famille, les sachets doivent être détruits pour que leur fonction de protection ne soit pas détournée. Le paiement à *gō-bei* est une reconnaissance de son statut d'allié purificateur ; il fait pour l'héritier et sa famille ce que les masques font pour la communauté villageoise tout entière. Il endosse la défroque du maître, crie, vitupère, réprime et se fait payer le passage d'un temps à un autre, d'un espace à un autre.

Sous le tas de feuilles du *pweré* qui jonchent le seuil de la demeure mortuaire, à l'emplacement de la sépulture, un autre sachet du médicament a été caché ; son rachat par un *nané* du *wê-wuli* sera aussi payé au *gō-bei* qui partagera l'argent avec les porteurs des masques *mundéré*. Quant aux *muyu*, le lecteur se souvient qu'ils se débrouillent eux-mêmes pour extorquer les paiements qu'ils jugent convenables. La similitude est, en tout cas, clairement affirmée dans les fonctions de l'allié *guru* et celles des masques comme est marquée, en revanche, la différence dans le statut des payeurs : le mari ou *nane* pour la fille, un ami ou *nane* pour le fils : *nane* est bon pour le rachat mais un non-parent c'est encore mieux. Le plus proche d'un non-parent, c'est un ami pour l'homme et c'est le mari pour une femme; dans cette relation, personne ne s'étonnera qu'il n'y ait point réciprocité.

C'est maintenant le tour des femmes. Une forte délégation arrive du village de Dissing et une dizaine de femmes portant chacune sur la tête une jarre ornée pleine de bière se mettent à danser autour du tambour (dans certains cas, on couche un des deux *yun-wuli* pour en faire un siège pour le tambourinaire durant le *de-palé* puis on le redresse pour signaler aux femmes qu'elles peuvent à nouveau s'approcher). Les danseuses sont suivies par les porteuses de cuvettes et de paniers; une cuvette de farine de mil est décorée de petits drapeaux (des billets de 500 et de 1 000 F C.F.A., comme j'en avais vus chez les deuilleuses de Berlyan), les paniers contiennent de 40 à 50 kg de mil chacun et les cuvettes de 6 à 7 kg. Fermant le cortège vient un homme tenant une corde à laquelle sont attachés 3 cabris. Tout cela représente les prestations du mari de la fille aînée du défunt; bien sûr, il n'a pu rassembler à lui tout seul autant de richesses et ses frères l'ont aidé, à charge de revanche. Les porteuses de jarres et de cuvettes sont des amies du village que le gendre a fait venir pour la circonstance : les danses du *ye-wuli*, la nourriture et la boisson les récompenseront largement de leurs peines. Au total, les prestations de ce gendre plutôt exceptionnel représentent, au cours du 11 mai 1969, la somme suivante :

110 kg de farine de mil	2 250 F C.F.A.
10 jarres de bière	750 F C.F.A.
3 cabris	1 500 F C.F.A.
En liquide	10 000 F C.F.A.
1 fer de houe	100 F C.F.A.
Total	14 600 F C.F.A.

Les deux grands paniers de mil à peine déposés devant le seuil de la demeure mortuaire vont servir à l'accomplissement d'un rite important sur la personne à qui ils sont symboliquement destinés, la fille aînée du défunt. On l'assoit sur les cuisses d'une vieille femme à demi couchée entre les deux paniers et d'autres vieilles la lavent complètement avec l'eau d'un seau qu'on vient d'apporter. Pendant ce « bain » rituel les femmes déclament la devise de son clan, celui de son père, les Teuré. Elle est donc, pour l'occasion, entièrement assimilée à un grand de son propre clan et traitée comme si on lui reconnaissait la plénitude du statut d'héritière. On a affaire à un raisonnement familier aux Africains en matière de règles de filiation : si ma fille était un garçon, elle hériterait de mes biens, ses enfants appartiendraient à ma lignée, etc.

Ces ablutions terminées, on apporte un nouveau cadeau du mari : une petite cuvette contenant 1 pagne, 1 camisole pailletée, 1 mouchoir de tête et une paire de sandales. Cette fois, l'épouse est la destinataire réelle des cadeaux de son mari. Toute cette cérémonie entre les deux paniers a été accomplie sur la tombe du mort, c'est pourquoi on répand du sable sur l'eau qui a coulé pendant le bain.

Cet étrange rituel qu'on serait tenté d'interpréter comme un équivalent féminin du *de-palé* est tout crûment expliqué par un vieillard qui se tient auprès de moi comme une imitation de rapports conjugaux idéaux. « Les vieilles, me dit-il, lavent la femme comme celle-ci lave son mari quand elle l'aime beaucoup et le respecte ». A ce moment d'ailleurs, l'éclat joyeux des chants féminins et les danses au son du *bulum* (le tambour oblong et au son clair des femmes) semblent lui donner raison. Il me précise ensuite que c'est l'expression de la gratitude des beaux-frères envers une femme qui soigne si bien son époux, leur frère. En revanche, si les beaux-frères veulent la blâmer, ils couvrent le corps de la femme de cendres et de saletés. L'eau du bain est sacrée et dangereuse et il faut répandre du sable au plus vite pour que personne ne puisse utiliser la terre mouillée à des fins d'agression.

Plusieurs fois, par la suite, j'aurai l'occasion de voir des funérailles de femmes au cours desquelles des rapports sexuels (normaux) sont simulés entre femmes avec un réalisme troublant mais pas sur le lieu de la sépulture. J'avais vu jouer, comme je l'ai relaté plus haut, des scènes de la vie à la cuisine et il n'y avait pas de raison que ne se jouent pas des scènes plus intimes puisque la positivité de la vocation non clanique de la femme est la reproduction, quotidienne ou plus espacée.

Après le bain de la fille aînée, deux veuves et une fille cadette du défunt sortent précipitamment de la concession, elles portent une calebasse blanche sur la tête, un cache-sexe de corde tressée (seul vêtement autorisé aux femmes en deuil) et tiennent dans la main gauche une tige de mil. Des vieilles les font asseoir au pied du *yun-wuli*, les jambes allongées en direction de la jarre ornée de perles. Des femmes donnent 50 F C.F.A. pour qu'on retire à chacune sa calebasse blanche et cette petite somme est redistribuée aux tambourinaires. Les calebasses sont celles qui ont servi pour les repas qu'elles ont pris durant les funérailles, elles seront brisées et jetées dans la rivière après le rite de *hin fahli mezuwunri*. Comme pour toutes les prestations, grandes ou petites, faites au cours du lever de deuil, ce sont les alliés, en l'occurrence les belles-sœurs ou beaux-frères des deuilleuses, qui ont versé l'argent.

Ce rite est à peine achevé que Mamaï, le *muyu* de Léré, surgit à nouveau comme un diable, suivi d'une ribambelle d'enfants. L'un des garçons de sa suite est porteur de deux lances et celui auprès de qui il en dépose une doit payer quelque chose : « Mets ta main à la poche, mon chéri » (en français, bien sûr) est le refrain qu'il ne se lasse jamais de hurler sur tous les airs. Brusquement, Mamaï s'arrête et interpelle les enfants : « voleurs de manioc ! ». Les uns après les autres, à l'appel de leur nom, les enfants viennent se coucher à plat ventre devant le *muyu* qui leur administre sur les reins un coup de manche de sa herminette. Un garçon, « beaucoup têtu », comme disent les écoliers, reçut un coup plus violent que ses compagnons et s'enfuit en pleurant. Le directeur de l'école primaire de Léré, assis sous l'abri des « fonctionnaires » invités par Félix, maréchal des logis à Fort-Lamy et frère cadet de l'héritier, se fait insulter à la grande joie de ses élèves : « Tortue mâle », grogne *Mamaï*, il veut dire animal sans graisse, qui ne donne rien et qui peut fort bien symboliser l'avarice.

Aux heures très chaudes de la mi-journée, les groupes de danseurs et de danseuses prennent quelque repos. Mais sans cesse de nouveaux arrivants prennent le relais ; voici qu'une dizaine de jeunes gens dansent en cercle autour des *yuni*, chacun tient à la main une chicote et brusquement se retourne vers celui qui le suit en esquissant un combat au bâton. C'est un sport que pratiquent de nombreuses populations du sud du Tchad et que les Moundang apprennent dans les camps de circoncision.

Vers 16 heures 30, une animation tout à fait extraordinaire gagne la place mortuaire, *Suwé-gélé*, « la fourmi noire de *Gélé* » (on désigne ainsi les gros testicules résultant de l'éléphantiasis), masque des Teuré du village de Dué, fait irruption dans un nuage de poussière. Ses pas de danse sont très variés car il appartient à une catégorie intermédiaire entre *mundéré* et *muyu*. Sa forme est particulière, elle tient du masque initiatique de brousse *Matekamta* par la disposition de ses jupes de fibres et leur couleur paille, elle tient aussi du *muyu* par son absence d'ailes et de « culotte » rouge, mais elle est aussi *mundéré* par une petite tête que surmonte une coiffure en cône, genre chapeau de médecin de Molière. La danse de *Suwé-gélé* provoque un véritable délire chez les hommes, un déchaînement qui fait penser à une espèce de possession par le masque. Un vieillard m'explique qu'il n'existe rien pour le Moundang que la danse avec le masque pour lui faire ressentir une pareille jubilation. « Même le vieux comme moi se met à danser comme le garçon qu'il était au moment du *jõ-ka-wa-de* (la grande initiation de Léré). Les vrais garçons (les initiés) aiment trop les masques, ils leur permettent tout comme à des femmes qu'on aime ».

Pendant trois jours, les rites du *pweré* et les danses initiatiques vont continuer et dans l'après-midi du troisième jour les deuilleurs vont exécuter un nouveau rite que l'on appelle *sesu*, qui est une longue promenade collective dans la brousse pour retrouver le masque *meviki* et le ramener dans la demeure mortuaire. Nous le décrirons plus loin en analysant les funérailles du chef du village de Lao que nous avons pu suivre plus complètement que les autres. Nous terminerons ce récit du *ye-wuli* de Fouli en présentant les résultats de la discussion entre les grands du clan Teuré présents aux cérémonies et réunis après *hin fahli mwẽzuwunri* pour le *wõ-yã-wuli*, « le partage de la maison du mort ».

Un petit diagramme est nécessaire pour bien suivre la règle qui préside à cette distribution qui met en lumière son fonctionnement dans le contexte social actuel.

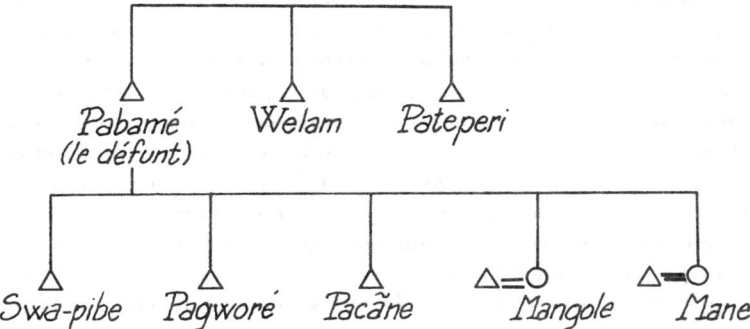

L'héritier légitime de Pabamé est son fils aîné Swa-pibe qui aurait dû remplir le rôle du *wê-wuli* durant les funérailles, fournir le bœuf du premier sacrifice et subir la deuxième « circoncision » du *de-palé*. Il est un protestant de stricte observance et il était hors de question qu'il se trouve en position de sacrificateur et, encore moins, de sacrifiant. Ce sont les frères cadets du mort, Welam et Pateperi, qui se sont partagés les fonctions rituelles du *we-wuli*, au moment du *pweré* et du *de-palé* et pour la consommation des nourritures et boissons sacrificielles. Mangole, la fille aînée, tint normalement le rôle que la coutume lui attribue. Pagworé, le second des fils, a émigré au Nigeria et n'a pu revenir au Tchad et, seul parmi les fils de Pabamé, Pacane Félix, maréchal des logis à Fort-Lamy (N'Djamena), a pu se rendre à la place mortuaire et accomplir ses devoirs filiaux. Ce fut lui le sacrifiant dans la mesure où, grâce à sa solde, il put contribuer le plus largement aux frais de ces funérailles au cours desquelles, rappelons-le, plusieurs centaines de personnes sont nourries et boivent à profusion.

Nous avons vu que le mari de Mangole, avec l'aide de ses frères de Dissing, a été munificent dans ses prestations. Il n'en a pas été de même avec le mari de la cadette qui est militaire dans une garnison lointaine et ne s'est pas dérangé pour faire honneur à son beau-père.

Le partage. La maison de Pabamé a été attribuée à Welam. Pabamé laisse deux veuves qui restent dans la maison et sont, par conséquent, également héritées par Welam. J'apprends que ce dernier va laisser l'usage (gratuit) de sa propre maison à un ami du clan Kizéré. Ce mode de cession n'est nullement obligatoire, on peut vendre sa concession pour deux chèvres, par exemple. Swa-pibé reçoit tout de même son dû : les biens meubles et le bétail de son père.

Tous les cadeaux apportés par les alliés (mil, arachides, bière de mil et cabris) sont partagés entre les sept personnes qui font le deuil.

Les funérailles de Zuwale, chef du village de Lao et appartenant au clan Moundang-Gō-Byané.

Je suis prévenu depuis longtemps que les cérémonies de ce *ye-wuli* d'un « chef de brousse » (*gō-za-lalé*) vont avoir lieu à Lao, tout près de Léré et, le jour dit, j'arrive à l'aube devant la maison mortuaire. Deux *mundéré* et un *muyu* sont déjà là mais, dans un coin de la place, des palabres animés entre des gens que je ne connais pas m'intriguent. J'apprends qu'il s'agit de gens de Tréné qui se lamentent sur l'absence de leurs masques et qui s'accusent mutuellement de carence. « C'est une grande honte pour nous si nos masques ne font pas leur travail, me dit l'un des villageois de Tréné, il faut que nous partions ». Je comprends qu'il s'agit d'un problème de transport — Tréné est à 13 km d'ici — et je leur propose les services de ma Land-Rover. Après un quart d'heure de piste nous nous retrouvons chez les *pah-yāné* de Tréné et je me remets au volant d'un véhicule chargé d'hommes, bien sûr, mais surtout des pièces des costumes des masques que leurs propriétaires gardent jalousement à leurs pieds. J'adopte la conduite la plus douce possible pour éviter toute secousse malencontreuse qui fâcherait les *mwē-zuwūnri*. A un kilomètre de Lao, je reçois l'ordre de m'arrêter à l'ombre d'un énorme *čūni* (espèce de ficus dont le tronc se divise presque au ras du sol et dont les branches sont en quelque sorte réunies par un fouillis de lianes). Bien entendu, il s'agit d'un haut lieu des *čok-syīnri* et il est plus que dangereux de s'y reposer aux alentours de midi. Ce lieu a été choisi comme particulièrement propice pour qu'on y habille les porteurs de masques. Les deux porteurs se mettent complètement nus tandis qu'un des deux *pah-yāné* joue de la flûte (*jak-lé*) pour que les femmes qui d'aventure passeraient par là s'écartent du chemin. La séance d'habillage commence : 5 à 6 jupes de fibres, d'abord, afin qu'aucun de leurs mouvements — sauts, cabrioles et pirouettes — ne découvre leurs jambes. Puis le gilet ou « tricot de corps » en fibres mauves (teintes à l'encre) pour éponger la sueur; ensuite, la ceinture de paille jaune nouée avec une cordelette autour des reins. Enfin, le masque en personne, si l'on peut dire, la cagoule de fibres noircies, partant de la tête et tombant sur la ceinture. Le faîte de la cagoule est surmonté d'un petit cylindre fait d'une paille tressée, très dure, peinte de blanc et d'ocre et piquée de nombreuses pointes de porc-épic (*gu-pibi*). De cette « tête » partent deux grands éventails, ce sont les ailes qui font que l'on compare ces masques à des oiseaux. A l'arrière, vers la nuque, une poignée de piquants de porc-épic fait comme une queue à l'oiseau. Certains porteurs de masques agrémentent leur tête d'ornements originaux : des petits miroirs de poche, des cataphotes de voitures ou de bicyclettes.

Petite arrivée triomphale à Lao où je resterai au milieu des masques et des danseurs « fous des masques » sans être importuné, comme d'habitude, par des demandes d'argent assorties de menaces.

Le rituel des différents *pweré* se déroule exactement comme je l'ai vu à Fouli et ailleurs. J'apprends en cette occasion que le défilé des alliés — en commençant par la femme du *wê-wuli*, puis le mari de la fille aînée, etc. — pour déposer leurs cadeaux sur le seuil de la maison mortuaire, s'appelle *kan-bi-zae*, « venir mettre l'eau à la bouche (des enfants du mort) ». Comme toujours chez les Moundang, on affectionne la litote et l'on dit eau quand on veut dire bière. J'apprends aussi qu'une grande partie des nourritures et des boissons apportées est destinée à *Maviki*.

Le dernier *pweré* du troisième jour apporte un nouveauté : la venue du roi de Léré. Vers la fin de l'après-midi, il arrive précédé de quelques cavaliers et suivi d'un grand nombre de femmes où prédominent ses propres épouses. Un serviteur porte un parasol, derrière lui, d'autres serviteurs et des goumiers mais point de notables. Le chef de Lao n'appartient pas à la lignée régnante, il n'est ni *gō-gbwẽ* ni fils de *gō-gbwẽ*, il est plutôt un chef administratif ou un « manœuvre » du Gō-Léré car, jadis, Lao n'était qu'un quartier de Léré. Les funérailles d'un chef pleinement légitime sont proches de celles du roi lui-même, nous les décrirons plus loin.

Le roi s'assoit à l'écart, sur la terrasse d'un petit bâtiment de la Coton-Tchad; on s'est précipité pour lui apporter une chaise de jardin tandis que ses femmes sont assises à ses pieds. Elles chantent la devise royale et lui contemple de loin les évolutions des masques et des danseurs qui tournent autour des tambours. L'héritier, le nouveau chef de village, offre au roi un mouton et deux jarres de bière; une femme remplit une calebasse de boisson, la tend à une compagne qui s'agenouille pour l'offrir respectueusement à son royal époux. Celui-ci prend le récipient et le redonne à un serviteur car il ne peut ni boire ni manger en public. Il est revêtu de ses plus somptueux habits, une immense cape blanche immaculée l'enveloppe totalement, un turban semblable à celui que portent les grands émirs peuls lui couvre la tête et, derrière de grosses lunettes noires, il regarde maintenant ses cavaliers qui se déchaînent dans une fantasia un peu terne en raison de la faiblesse des effectifs. Selon l'usage, ces cavaliers devraient parader autour de la concession du mort mais ils n'en font rien, ils jugent, me dit-on, trop médiocres les dons faits par la famille du *we-wuli*. La visite du roi aura duré une heure, à peine, elle aura été purement protocolaire et il n'y aura eu aucun mélange entre le genre « tableau oriental » du sultan et de sa suite et le genre purement moundang du *ye-wuli* avec ses masques et leurs ritournelles endiablées ponctuées par les notes mélancoliques égrenées par la flûte du *pah-yānē*.

Le roi parti, c'est la quête de *Maviki* qui commence. *Sesu*, « chercher la corde », encore une image de tromperie pour désigner la recherche du masque qu'il va falloir retrouver et ramener au bercail comme un animal domestique égaré en brousse après s'être détaché de la corde qui le retenait au piquet.

Maviki, nous le savons, est un masque créé par le sous-clan des *ban-ju* dont il est l'éponyme. C'est un masque qui siffle et qui dialogue avec les hommes. Des participants au *ye-wuli* (il n'est nullement nécessaire qu'il y ait parmi eux un membre de ce sous-clan) descendent vers la rive du lac de Tréné que surplombe Lao et vont couper des herbes *teringi* (vetiver n.) dont les tiges sont extrêmement dures ; en les brisant à la hauteur des nœuds, on obtient autant de petits sifflets qu'on va essayer discrètement dans l'enclos du mort où les masques aussi se reposent entre deux apparitions. L'homme qui réussit à confectionner le meilleur *maviki* et à en tirer les notes justes est choisi pour tenir ce rôle. Il lui faut alors disparaître au plus vite et se cacher dans un endroit — sous un arbre touffu, par exemple — dont les deuilleurs sont convenus à ce moment. Le *wê-wuli* fait égorger une chèvre en manière de sacrifice de propitiation pour le retour de *Maviki* qui consommera cette chair avec ses compagnons mais qui est interdite aux descendants directs du défunt.

Il est maintenant plus de 17 heures, quelques hommes dansent autour des *yuni* tandis que des femmes, vêtues du seul cache-sexe de deuil, se mettent en colonne, prêtes au départ. Elles attendent une espèce de « cheftaine » (l'équivalent féminin d'un moniteur initiatique) pour se diriger sur le sentier qui conduit dans les collines au-dessus de Lao. Les hommes ont tôt fait de les rattraper guidés par le *gõ-bei*. Le *wê-wuli* se trouve parmi eux mais il rentre brusquement car des tâches l'attendent à la maison. Le *gõ-bei* marche à la tête d'un interminable cortège qui serpente dans la brousse ; pas un chant, pas un mot, pas même des bruits de pas, tout le monde est pieds nus, seuls des craquements de branches et le souffle un peu court des vieillards se font entendre.

Au bout d'un kilomètre, un premier arrêt, les quelques centaines de personnes qui participent au *sesu* se rassemblent dans un vaste espace dégagé, une sorte de clairière dans la savane d'épineux. Je n'avais pas encore aperçu une vieille femme portant sur la tête une jarre pleine d'eau recouverte d'une calebasse contenant du *bisumi* (mélange de farine de mil et d'arachides pilées). Quelques hommes s'en vont à l'écart et se baissent pour consulter la terre : c'est le premier *kendani* (fictif) qui doit faire croire aux femmes que les devins interrogent leurs cailloux à la recherche d'indications sur la cachette de *Maviki*. De son côté, le *gõ-bei* donne l'ordre à des hommes et à des femmes de casser des petites branches des arbustes et buissons à l'entour pour en faire des houes. Elles serviront à labourer les champs ou plutôt l'immense champ délimité au pas de course par les jeunes gens porteurs de chicotes pour frapper les paresseux. Le « labourage » est aussi exécuté à grande vitesse et, quand l'aller-retour est terminé, les travailleurs apparemment essoufflés viennent s'asseoir autour du *gō-bei*; près de lui se tient la vieille à la jarre. Il lui demande de verser un peu d'eau dans la calebasse de *bisumi* et de distribuer cette bouillie aux laboureurs. C'est comme une offrande sacrificielle que l'on fait à l'occasion de travaux collectifs (des sarclages ou des moissons) organisés par un chef de famille. Cette forme de coopération que les Moundang appellent *valé* (ce terme est aussi d'usage courant pour désigner « le bon pour », la créance que l'on possède chez autrui car le *valé* est conçu comme un cycle et celui qui l'ouvre se met en position de débiteur vis-à-vis des participants) s'accompagne obligatoirement de larges prestations en bière de mil. Le *gō-bei*, organisateur de ce semblant de *valé* où le *bisumi* remplace la bière, est censé vouloir attirer *Maviki* qui est, plus que les autres, un masque gourmand. D'ailleurs, « chercher la corde » se dit aussi « chercher *Kazae* », *Kazae* le trickster et parangon de gloutonnerie pour les Moundang. Et, comme toujours, c'est encore une manière, dit-on, de tromper les femmes.

Le cortège se remet en route et s'enfonce dans une brousse de plus en plus inhospitalière; des bataillons serrés de minuscules moucherons s'acharnent à pénétrer dans les orifices de mon visage, et il semble bien que je le supporte avec moins de patience que mes compagnons. Heureusement, nous débouchons sur une nouvelle clairière où nous nous arrêtons pour un deuxième *kendani*. On réclame le silence absolu et le « devin » demande aux femmes de s'approcher pour qu'elles voient, qu'elles jugent du sérieux de la consultation. Un gribouillis dans la poussière du sol indique la direction dans laquelle il faut continuer la quête et prescrit qu'un jeune homme et une jeune fille doivent marcher en tête. On repart pour une nouvelle étape du rituel après quelques centaines de mètres. C'est le rite du *dang-wah*, « passer sous les épines ». Deux anciens saisissent les branches d'un buisson épineux sous lesquelles tout le monde passera. A chacun l'un des anciens demande avant de le faire passer : « Pour qui passes-tu ? » et l'homme ou la femme répond en donnant le nom de l'un des membres de la famille du *wê-wuli*. Selon que le nom prononcé est celui d'une personne aimée et respectable ou, au contraire, mal vue et faiseuse d'histoires, l'ancien facilite ou rend très pénible le passage sous les épineux. Le rite du *dang-wah* est répété trois fois après de courts intervalles et les difficultés sont chaque fois croissantes. Au troisième passage ceux qui sont maltraités ressortent avec un dos terriblement écorché qui fait peine à voir.

On s'achemine maintenant vers la fin du périple. Les hommes marchent doucement en feignant de repérer les traces de *Maviki* : « tiens, un trou, il a dû passer par là car ce ne peut être que le fait de *Kazae* », quelques instants plus tard : « tiens, encore un trou de *Kazae*, on approche, on est très près ». La nuit est presque complètement tombée et des hommes réclament encore un silence absolu pour une ultime consultation du *kendani*. Comme la fois précédente, les femmes doivent s'approcher et regarder. La séance apparaît longue et sérieuse et finalement le verdict tombe : *Maviki* est retrouvé, il est là-bas, sous le grand arbre, il faut que deux hommes passent devant. Après eux, le cortège se remet tout doucement en marche et soudain, le silence est rompu, on entend un sifflement très faible et puis un autre et un troisième. Les hommes uniquement sont autorisés à s'approcher ; en fait, la plupart des femmes ont disparu, elles se sont égaillées en brousse à la recherche de fagots qu'elles doivent apporter pour *Maviki*. Les hommes donc s'approchent et aussitôt ce sont des hurlements, des cris de joie et de victoire, une énorme bousculade : *Maviki* est là et l'on s'empare de lui. Alors se forme le cortège du retour au village. Les hommes se groupent de façon compacte autour de *Maviki* comme pour le *pweré* où il s'agit de cacher le masque à la vue des femmes ; on entend seulement les sifflements aigrelets du captif. Loin derrière, les femmes se sont regroupées mais deux hommes les précèdent pour éviter tout risque de contact. Les deux cortèges sont extrêmement bruyants, des deux côtés on chante des chants de l'initiation ; « la traversée de l'eau » dont nous avons traduit des extraits et, chez les femmes, le *mahjõré*, « la mère de l'initiation », c'est-à-dire la mère dont le garçon est au camp de circoncision.

« N'entends-tu pas l'appel, le son du tambour du *kané ?* »
« Les enfants du chef rentrent de la brousse, de la souffrance. »
« Je rentre maintenant, trop longtemps nous sommes restés en brousse. »
« Toi la mère qui allaites encore, entends-tu le son du tambour ? »
« Ne touche pas au grenier de ton fils, ce serait son malheur. »
« Rentrons car le *jõ-ré* de beauté du roi est déjà achevé. »
« Le crocodile a déjà pris *Tau* (l'enfant mort pour avoir déféqué de peur), mère, ton enfant n'est pas parmi les autres. »

Les femmes chantent aussi la plainte de l'orphelin :

« Mon père, mon père n'est plus, qui va me conduire maintenant en brousse avec les autres garçons ? »
« N'avez-vous pas entendu les pleurs de l'orphelin ? »
« Il ne faut pas l'abandonner, les autres reçoivent beaucoup de nourriture, moi je n'ai qu'une petite portion. »

Devant l'entrée de la demeure mortuaire un *séco* a été préparé : c'est le parc fermé dans lequel va loger *Maviki*. Il est placé exactement à l'endroit où étaient déposés les objets destinés au *gõ-bei*. Deux compagnons sont parqués avec le masque pour répéter et, au besoin, traduire ses demandes et ses désirs. Les *pah-čuki*, « les maîtres de la brousse », et, en particulier, celui qui appartient au clan *ban-ju maviki*, peuvent tout à fait librement lui rendre visite dans son séco et même prendre leur part des nourritures et boissons qu'on lui apporte. Une partie de chacun des viscères du bœuf sacrifié la veille du *ye-wuli* est donné à *maviki* ainsi qu'un poulet ; cela représente le dû du *wê-wuli*. Le reste, les chèvres et la bière de mil, nous le savons, c'est à chacun des alliés d'en faire don. Le repas de viscères est un repas de masques, il n'est pas cuisiné par les femmes pour accompagner une boule de mil mais grillé sur un feu entretenu par les *pah-yāné* et non sur les pierres du foyer.

Lorsque ce repas est terminé, les femmes sont invitées à chanter. A chaque fois qu'elles font une pause, *Maviki* leur pose des questions de sa voix de fausset : « Pourquoi une partie de votre sexe est-elle rouge ? » Réponse : « Nous faisons le rouge avec le fruit du *čuni*. » « Pourquoi une partie de votre sexe est-elle noire ? » Réponse : « Nous le faisons noircir avec la terre noire qu'on trouve au bord de la rivière. » Mais la curiosité de *Maviki* est insatiable : « Pourquoi, quand un homme couche avec vous, fermez-vous les yeux ? » Réponse : « Parce que son sexe est bon. » Questions et réponses sont répétées au moins trois fois et toutes les variantes sur ce thème unique sont permises. Ce jeu se termine sur des cris aigus poussés par *Maviki* et les autres *muyu* qui rôdent dans la nuit autour de la concession et les femmes, simulant la panique, se dispersent et vont se coucher.

Au moins trois nuits de suite *Maviki* demeure chez le défunt et se livre à ces échanges rituels de chants et de plaisanteries sexuelles qu'il ponctue à intervalles réguliers de demandes de nourriture. Jadis, on pouvait le garder jusqu'à dix jours et c'était une marque d'opulence et de puissance sociale que de le garder le plus longtemps possible. Pour les funérailles du Gō-Léré, deux *Maviki* sont nécessaires et leur séjour au palais dure deux mois. L'importance du temps que passe *Maviki* dans le *yā-wuli* est liée à sa fonction qui apparaît clairement dans le rite de sortie.

Dans la soirée qui précède le sacrifice de *hin fahli mwe-zuwūnri*, lorsque la bière de mil est apportée par les femmes, les Anciens et les maîtres des masques se rassemblent en brousse et refont une dernière fois « la traversée de l'eau » avec le *wê-wuli*. Au retour, les *muyu* se déchaînent et tandis que les hommes rapportent avec des cadeaux les *yun-wuli* à leur place, près du portail d'entrée du palais, ils font régner une véritable terreur sur les femmes et les garçons non circoncis (*ga-yā*). On appelle cette nuit *sun-lalé*, « la nuit dehors » ; c'est une nuit où tout le monde veille car tout le monde doit participer au renvoi de l'âme du mort qui mettra fin aux rites de lever de deuil. C'est vers 4 heures du matin que les *pah-yāné* qui ont apporté trois grosses bottes de paille vont allumer un feu pour chasser les mauvais esprits que *Maviki* est censé emmener avec lui. On égorge les deux chèvres du sacrifice et, tout en poussant des cris, on expulse *Maviki*. A l'arrivée celui-ci avait déjà protesté : « Pourquoi venez-vous me chercher pour me chasser si vite ? » Maintenant il proteste encore : « Pourquoi si vite, laissez-moi prendre mon os (ma viande). » « Plus tard, plus tard, lui répond-on, tu auras ton os. » *Maviki* part et, avec lui part *mwe-zuwūn-fu*, « l'âme de la personne », l'âme du défunt dont il prend la charge. *Maviki* apparaît ainsi comme le masque psychopompe ou, pour prendre une autre image suggérée par un informateur, comme une espèce de charognard servant à nettoyer le village des mortels de la souillure des morts. Plus longtemps il sera resté, plus il aura « bouffé » et mieux il s'acquittera de sa tâche.

La conclusion appartient au *Gõ-bei*, le purificateur qui ordonne aux filles de la maison dont il est encore le maître de bien nettoyer partout. Le nettoyage fait, il demande à l'héritier de faire sortir toutes les affaires de son père et de les déposer devant les anciens du clan qui sont présents. Lui-même, on s'en souvient, reçoit une houe sur laquelle il met son pied et le tabouret sur lequel il a trôné ainsi que la literie et tous les vêtements portés par le défunt. Son discours est prononcé bien haut : « Cet homme est mort, quelqu'un possède-t-il une créance chez lui ? Qu'il se déclare et le *we-wuli* paiera la dette s'il y a des témoins pour la confirmer ». Trois fois ces phrases sont répétées et si aucun créancier ne se présente il ne sera plus question de protestation, tous les « bons pour » sont annulés. Puis l'on procède au partage (*wõ-yã-wuli*) qui se déroule comme nous l'avons décrit pour le *ye-wuli* de Fouli. Des petites différences cependant : une double sacoche en cuir contenant du tabac (*dae-sumi, dae-tepwe*) ainsi qu'un couteau sont donnés pour la mère du défunt ou, à défaut, à l'une de ses sœurs : ce cadeau est fait pour couper le lien du fils à la mère. Paradoxe apparent car tout le rituel est conçu comme une identification de l'héritier au défunt ; du coup, sa propre mère devient presque une alliée tandis que sa grand-mère paternelle occupe, dans cette logique initiatique qui est celle des funérailles, la position de la mère.

Le partage fait, le *gõ-bei* s'éclipse discrètement sans saluer personne. La patte avant du bœuf du sacrifice l'attend à la maison et il le consommera en un ultime banquet avec les anciens du clan du défunt.

Le lendemain matin a lieu le rituel du *ye-ri*, le rasage des cheveux. Les membres de la famille en deuil sont partis dès l'aube se laver complètement dans l'eau de la rivière et ils reviennent en cortège, les femmes chantant *mah-jõré* et les hommes « la traversée de l'eau ». On s'installe devant le seuil de la concession pour exécuter les opérations ; encore une fois, ce sont les alliés qui sont mis à contribution. D'abord des paiements nullement négligeables : le nouveau chef de Lao reçoit un pantalon, un drap, une couverture, des savonnettes et du parfum et un peu d'argent, par-dessus le marché ; son frère reçoit des vêtements blancs (de deuil), du savon, du parfum et deux nattes. Chacune des épouses du *we-wuli* lui a donné 1 000 F C.F.A. représentant symboliquement la houe qui doit être enterrée avec le mort. Il y a réciprocité entre les époux : si le père du mari meurt, l'épouse paie le rasage et inversement. Non seulement les alliés paient mais ils rasent : le beau-frère son beau-frère et la belle-sœur sa belle-sœur. Les enfants échappent à cette règle, les fillettes sont rasées par leur sœur aînée, les garçons par leur grand frère.

Les cheveux sont soigneusement ramassés et jetés sur la tombe du mort. Durant toute l'opération l'atmosphère a été très gaie et on a échangé les plaisanteries rituelles entre *nyèné* et *guru*. Maintenant, c'est la danse et l'on apporte le *yim-so-tételi*, « la bière de mil du rasage de la tête ». Le *gō-bei* fait sa réapparition, pour la circonstance, et je m'aperçois qu'il porte toujours autour du cou la cordelette tenant le sachet du *pweré* qu'il avait retiré au début des funérailles à l'héritier. Il l'ôte maintenant et court la jeter dans la rivière. Il faut aussi que la grande poterie dans laquelle on a cherché l'eau pour mouiller les cheveux avant le rasage soit brisée. Elle a été fournie par le *wê-wuli* et elle est devenue tabou après cet usage ; il en a été de même, on s'en souvient, pour toutes les calebasses qui ont été utilisées comme vaisselle par les enfants et les plus proches parents du défunt.

Tout est désormais fini, le nombre des danseurs et des danseuses diminue progressivement, quelques *muyu* traînent encore pour quémander des cadeaux devenus improbables — le *gō-bei* leur répond en plaisantant qu'ils n'ont pas trop à se plaindre et qu'ils ont « amendé bien des femmes crapules » — et, bientôt, les derniers participants de la fête s'en vont. Tout a été consommé jusqu'à la dernière goutte de bière et il faut retourner à ses occupations habituelles. Pour certains, on peut en être sûr, ce n'est qu'une pause qui ne durera guère car, en cette période de la saison sèche, c'est bien le diable s'il n'y a pas d'autre *yé-wuli* dans quelque autre village moundang où l'on a des parents.

La mort moundang, pour parler à la manière de R. Jaulin, est comme la mort Sara, une mort initiatique. Dans l'une et l'autre culture — comme, sans doute, dans la plupart des cultures africaines — la morbidité réduite à elle-même est quelque chose d'inconcevable. En tant qu'événement la mort d'un individu appelle toujours une recherche des causes (qui l'a voulue, qui l'a provoquée et l'a obtenue par le poison ou la sorcellerie ou telle autre forme de magie), recherche dont le résultat donne son plein sens social à une disparition qui, autrement, troublerait l'ordre social. En tant que destin, la mort d'une personne est assumée par le corps social qui lui donne place dans un ordre conceptuel dont les opérations initiatiques démontrent l'effectivité. La fonction de la mort symbolique dans la transformation initiatique dont les garçons sont l'objet est au fondement de la maîtrise symbolique de la mort telle qu'elle se manifeste dans le rituel des funérailles. Cette maîtrise dont la culture moundang s'avère capable est étroitement liée — dans son origine comme dans ses effets — au trait dominant de l'ordre social dans lequel elle s'inscrit : la filiation patrilinéaire. L'analyse de la terminologie de parenté nous a révélé les particularités de ce mode de filiation chez les Moundang où la distinction entre aînés et cadets contrebalance la distinction des générations et, à certains égards, celle des sexes. Cette dernière est néanmoins la plus marquée, à l'intérieur du groupe de filiation et, bien entendu, dans l'échange matrimonial. Le traitement réservé à l'un et l'autre sexe dans les rites funéraires et l'initiation nous en fournit la meilleure illustration. Le lecteur n'aura pas oublié que les règles de la vengeance supposent un principe qui nous oblige à faire une différence radicale entre la mort d'un garçon qui met en jeu les mécanismes de rétorsion ou de réparation et la mort d'une fille qui est socialement — en cas de meurtre — un non-sens, une absurdité logique et n'entraîne aucune conséquence : c'est un pur déficit, une perte dont personne ne tire profit et que seule une nouvelle naissance pourra combler. Or, nous l'avons noté, l'initiation féminine est entièrement orientée vers l'alliance, elle est la première étape de la marche vers le mariage qui sera vraiment sanctionné par la naissance du premier enfant. Point de mort initiatique dans le *wõ-sané*, sans doute parce que le rituel des « premières règles » est la phase préparatoire d'une séparation sociale effective. En revanche, l'initiation du *jõ-ré* arrache le garçon à sa mère (en se faisant raser les cheveux au moment du départ des enfants en brousse, celle-ci prend le deuil de son fils), le fait mourir à ses parents naturels pour le faire renaître des œuvres des masques après « la traversée de l'eau ». A sa naissance, le premier fils est plutôt l'enfant du père de son père à qui il incombe de lui donner son nom et qui souvent le prend en charge chez lui durant les premières années. Le processus d'affirmation du lien filiatif est entamé par les paiements (en chèvres et en sagaies) qu'effectue le père aux « maîtres de la brousse » qui ont fait la circoncision de son fils. Les descriptions qu'on vient de lire nous ont appris qu'il n'est complètement réalisé que lors de la mort du père, dans les rites du *ye-wuli*. Qu'il faille, à cette occasion, réitérer en grande partie le scénario initiatique, qu'il faille d'autre part réitérer aussi, mais sur un plan essentiellement sacrificiel, des échanges de prestations qui scellent l'alliance matrimoniale, voilà qui demande assurément quelque explication ou quelque ébauche théorique sur la filiation.

Les funérailles s'ouvrent par un sacrifice de lever de deuil dont la consommation est interdite au fils héritier et à ceux qui lui sont assimilés comme « enfants du mort » : ses siblings et les autres agnats les plus proches. Nous avons mentionné le commentaire selon lequel la chair de l'animal immolé est comme le corps du mort et qu'en manger constituerait pour le fils une transgression mortelle. Il n'est pas nécessaire de prendre à la lettre cette assimilation pour imaginer on ne sait quelle anthropophagie rituelle qui ne signifie rien dans la culture moundang. Il s'agit bien plutôt d'un sacrifice de séparation où l'animal représente ce qu'il est : le troupeau du père, la propriété du père. Le bœuf prélevé dans ce troupeau — dans l'héritage du sacrifiant, par conséquent — va donner lieu à un partage que nous rappelons : la tête à la mère, le cou à *nané*, l'une des pattes avant au *gõ-bei*, une patte arrière aux notables du roi ou du chef de village pour « payer » les *yun-wuli*, les sabots aux porteurs des masques, et enfin le reste de la viande aux participants de la cérémonie. Les utérins, le *gõ-bei* et les masques représentent, chacun de manière spécifique, les forces de purification grâce auxquelles la séparation est accomplie entre le père et le fils héritier. L'abstention à laquelle est tenu le *wê-wuli* postule une identité substantielle entre la propriété et son propriétaire décédé et, par une sorte de contamination, entre ce dernier et son héritier ; identité de confusion à quoi va se substituer une identité sociale et statutaire. C'est cette substitution qui s'opère dans le rituel d'installation de l'héritier en quoi tient l'essentiel de l'institution des funérailles. Le *gō-bei*, quant à lui, reçoit de la propriété ce qui est considéré comme irréductiblement attaché à la personne du mort et partant intransmissible : les effets personnels et la literie dont il débarrasse et purifie la maison où il joue le rôle du maître face à l'héritier retourné à l'état d'incirconcis.

La mort d'une personne libère des forces dangereuses contre lesquelles la société — parents, alliés, voisins, village, etc. — se protège en consommant les nourritures et boissons sacrificielles et en aidant par les danses avec les masques et les danses de l'initiation à apaiser puis à éloigner à la bonne distance des vivants, l'âme du défunt. Mais le sujet véritablement mortifié, celui qui subit dans son être le poids de la mort survenue, est celui à qui va échoir la succession. Le deuil, dira-t-on, en reprenant la formule de Freud, c'est son travail mais pas comme travail subjectif pour rendre acceptable la perte d'un objet d'amour et obéir « au commandement du réel ». Ce que le réel commande, nous n'en savons rien sinon que l'ordre social, pour se perpétuer dans l'être, a besoin d'un dispositif symbolique qui non seulement donne un fondement aux obligations des vivants vis-à-vis des morts mais permette, par la transmission d'un certain nombre de traits, la reproduction d'un équivalent du défunt dans la personne de son successeur. Equivalent, cela signifie identique et autre en même temps et, quand il s'agit d'un père et d'un fils, c'est cela qu'on appelle la filiation — patrilinéaire, en l'occurrence. La filiation unilinéaire, qu'on nous permette de le rappeler, est un principe d'inclusion — et, par conséquent, d'exclusion — qui définit les positions de parenté par des termes inscrits dans un ensemble ordonné selon les trois dimensions de la génération, du sexe et de l'âge. On s'autorise généralement, pour compter la filiation, à la considérer comme une grandeur seulement extensive et l'on mesure le degré d'éloignement (le degré de collatéralité) entre deux individus possédant un ancêtre linéaire commun par le nombre des générations qui les en sépare. Nous avons insisté sur le fait que dans un système de parenté tel que celui des Moundang les trois dimensions ne sont pas indépendantes les unes des autres et qu'elles commutent lorsque les écarts tendent vers zéro. Le rituel des funérailles est précisément, et de façon tout à fait essentielle, un moment critique où les positions « tournent » : c'est alors que s'affirme une filiation qu'il faut qualifier d'intensive.

Sur le fils aîné et héritier éminent (par rapport aux autres ayants droit) la répétition de l'acte de la circoncision par les maîtres de la brousse chasse définitivement le *čié-tegwin*, « l'âme folle » (ou déraisonnable) qui habite encore l'homme qui n'est pas parvenu à ce statut : celui de deux fois initié comme l'initié est celui qui est deux fois né. Ce rite que les Moundang désignent par l'expression « damer la tombe », *de-palé*, autrement dit, effacer les traces visibles de la sépulture, oblitérer tout ce qui pourrait rappeler la place du mort parmi les vivants est, assurément, une négation de la mort comme perte, une affirmation de la fonction paternelle comme *mors immortalis*. Sur le plan de la coutume sociale on peut parler de succession « positionnelle » ou de succession « totale », toutes les positions occupées par le défunt (et tous les droits et devoirs attachés à ces positions) devenant celles de l'héritier. C'est pourquoi un dicton moundang proclame que les cadets ne sont jamais orphelins puisqu'ils retrouvent leur père mort dans le fils aîné qui a pris sa place. Les cadets sont d'autant moins orphelins que le successeur de leur père a hérité aussi et surtout de l'obligation de verser pour eux la compensation matrimoniale. Le rituel du *ye-wuli* anticipe en quelque sorte cet aspect du statut de l'héritier en le faisant destinataire des prestations et des diverses marques d'allégeance que ses beaux-frères et belles-sœurs lui doivent désormais en tant qu'il est devenu leur beau-père. Nous trouvons ici une confirmation éclatante de cette « filiation d'alliance » que nous évoquions dans le précédent chapitre. La répétition des signes de l'alliance n'est pas une redondance — l'alliance ne se signifiant qu'elle-même — mais une nécessité de structure impliquée par cette sorte de filiation « perpétuelle » qu'institue le rituel moundang de la succession et de transmission d'héritage.

Les ethnologues africanistes, parfois poussés par les propos de leurs informateurs, sont enclins à suivre les juristes et à voir dans la compensation matrimoniale un moyen de légitimation des droits du père sur la postérité qui lui est donnée par son épouse. La valeur symbolique du bétail comme représentant du groupe preneur n'est pas méconnue mais, somme toute, on aurait affaire à une règle du même type que celle qu'énonce la célèbre formule romaine définissant le père comme celui que « justae nuptiae demonstrant ». Un tel point de vue juridique n'est pas faux mais il est trop étroit car il réduit l'institution à une simple transaction horizontale entre partenaires échangistes dont l'un cède des droits sur une fille ou une sœur tandis que l'autre en acquiert sur une femme et des enfants à naître. La paternité, selon les Moundang, exige une génération supplémentaire : le lien père/fils se réalise dans sa complétude sociale et éthique par le moyen de la compensation matrimoniale versée par le premier au bénéfice du second. Ce dernier tient donc ses droits sur ses enfants non de la transaction par elle-même mais de celui qui l'a effectuée afin, pourrions-nous dire, de faire exister ce lien. Les vertus du bétail qui sert à payer le prix de la fiancée ne sauraient être attribuées au rôle monétaire qu'on lui fait jouer mais à l'efficacité symbolique attachée à la propriété et, plus particulièrement, à celle qui circule sous forme de biens matrimoniaux. Si l'on nous passe un langage quelque peu philosophique, nous dirons que celle-ci est en même temps la substance pour le sujet et la relation; en s'échangeant, en circulant, elle engage le propriétaire et les personnes que son mouvement affecte dans un processus qui est constitutif de l'alliance comme de la filiation. La circulation du bétail et le transfert de la propriété dans les diverses formes d'héritage tissent ainsi les lignes de la chaîne comme les lignes de la trame de l'organisation sociale des Moundang. L'erreur est de penser que l'alliance est seulement relation, ce qui oblige des auteurs comme Fortes et Goody à recourir à la notion bâtarde de « filiation complémentaire » pour rendre compte des caractères singuliers de l'avunculat et, d'autre part, que la filiation est du côté de la substance exclusivement. On en arrive alors, comme le fait Junod à propos des Thonga du Mozambique, à distinguer « une filiation à cause des bœufs » (avec le père qui tient ses droits du bétail versé au titre du *lobola*) d'une filiation « vraie » (avec la mère et le frère de la mère) de caractère mythique. Cette distinction est indispensable pour comprendre l'avunculat, encore faut-il la fonder elle-même et l'auteur échoue à le faire quand il invoque un hypothétique système matrilinéaire qui aurait précédé l'actuel système Thonga et y aurait laissé sa marque (cf. A. Adler, 1976).

S'il est donc vrai que les Moundang conçoivent ainsi l'établissement du lien de filiation en l'étendant sur trois générations, on comprend du même coup que les cérémonies du *ye-wuli* doivent nécessairement sauter une génération. Celui qui fait le sacrifice de lever de deuil pour son père se consacre pour ainsi dire lui-même dans la fonction paternelle; il est inutile qu'à sa mort cette consécration soit renouvelée par son successeur qui, en revanche, ne l'obtiendra de son fils héritier qu'à sa mort. L'initiation en tant que rite de passage est une institution universelle : elle vaut pour tout individu mâle qui lui doit sa qualité d'homme et le plein accès à la « citoyenneté » moundang. Le *ye-wuli* qui pour l'essentiel en est une reduplication n'est pas universel, il est autre chose et plus qu'un rite de passage, la consécration de la pérennité des lignées. L'initiation, nous le verrons, est structurellement articulée avec la royauté et participe du cycle court et toujours menacé par le chaos qui est propre au temps des règnes, temps de la discontinuité. Le *ye-wuli* est l'affirmation du temps continu que revendique la filiation.

Naissance et mariage sont très faiblement marqués sur le plan rituel. Seules les naissances gémellaires qui sont conçues par les Moundang comme l'irruption de puissances dangereuses au sein de l'unité familiale, font l'objet de rites tout à fait spéciaux. L'étude que nous allons en faire servira de transition entre les structures symboliques de la « société civile » et celles de la royauté.

CHAPITRE 3

LES JUMEAUX SONT ROIS [1]

Les jumeaux reçoivent chez les Moundang des noms glorieux : ils sont comme des rois, dit-on ; c'est pourquoi on les appelle *gõ*. Ce terme désigne aussi bien, on l'a vu, le souverain de Léré que les chefs de village mais c'est à la royauté dont ils possèdent certains traits essentiels qu'on assimile les jumeaux et non à la simple qualité de chef.

S'il y a deux garçons, on appelle le premier sorti *gõ-čomé* et le second *tebaï* ou *gõ-too* (« le chef *Too-teli*, celui qui a une tête énorme »). S'il y a deux filles, la première peut également porter le nom masculin de *gõ-čomé* ou bien celui de *gam* (abréviation de Gamenaï, titre donné à la princesse deuxième-née du souverain de Léré) et la seconde *gõ-too* ou bien *mah-rumaï*, c'est-à-dire la femme peule qui est pour les Moundang un modèle de beauté sinon de vertu. En cas de jumeaux mixtes, le garçon est nommé *gõ-čomé* et la fille *mah-rumaï*. Enfin tout enfant, garçon ou fille venant après des jumeaux, est appelé *tigele* et est considéré comme un jumeau mort qui revient.

Cet honneur qu'on fait aux jumeaux est à la mesure de la crainte qu'ils inspirent. Mais c'est peu dire que parler de crainte car une naissance gémellaire contient pour la famille dans laquelle elle se produit une double menace de mort : menace sur l'un des deux jumeaux d'abord, car on ne conçoit pas qu'ils puissent l'un et l'autre survivre ; sur les parents ensuite, ou du moins l'un des deux géniteurs auquel risque de s'attaquer l'enfant de sexe opposé. La venue au monde de jumeaux, disent les Moundang, est une chose mauvaise (*fan-bye*, chose sale ou souillée et, de ce fait, dangereuse comme une faute, une rupture d'interdit) ; c'est un événement qui bouleverse l'ordre normal et ne peut être qu'un signe de Dieu. Car cette forme de reproduction surabondante, quelque peu monstrueuse, est

---

[1] Ce chapitre reprend presque intégralement un article publié sous ce titre dans *L'Homme* XIII (1, 2), 1973, pp. 167-192.

en vérité le contraire de ce qu'elle paraît être, elle est négation, menace d'annulation des forces de vie et de fécondité. Nous essaierons, à la fin de ce chapitre, de montrer que l'assimilation des jumeaux au roi n'est pas seulement une manière de les glorifier en révélant la nature ambiguë de ce *mysterium tremendum* qu'est leur naissance, mais contient également une assimilation en sens contraire, une sorte de « gémellisation » de la royauté, laquelle nous fournit une interprétation ou, à tout le moins, une hypothèse permettant de penser les caractères de stérilité et de mort qui, dans la pensée des Moundang, s'attachent, tout autant que les aspects bénéfiques, à la fonction de souveraineté.

La conception de la gémellité qu'on vient de formuler offre, par son côté plutôt tératologique, un fort contraste avec celle que l'on rencontre dans les grandes cultures de l'Afrique occidentale où elle représente un phénomène pleinement positif, un modèle suprême de complétude et de perfection dans l'ordre humain et cosmique; elle n'est pas cependant exceptionnelle en Afrique [2]. Elle relève chez les Moundang d'explications diverses dont la première est à chercher, croyons-nous, dans leurs représentations relatives à toute naissance en général. Un de leurs mythes raconte comment les femmes, jadis, devaient mourir pour donner le jour à leur enfant. On ne savait alors que leur ouvrir le ventre pour livrer passage au fruit de leurs entrailles. Il en fut ainsi jusqu'au jour où une parturiente, fuyant en brousse le sort tragique qui l'attendait, rencontra un singe qui la prit en pitié. Cette mère-singe lui dit de cueillir différentes variétés de chèvrefeuille (*keba*) et de s'en frotter le ventre. Elle lui donna aussi une mixture de feuilles de *nali* (*grewia mollis*) avec lequel on fait le gluant de la sauce, et d'huile de karité pour qu'elle l'introduise dans son vagin. Elle

---

[2] Et surtout, croyons-nous, parmi les populations voisines des Moundang. Malheureusement, la documentation publiée sur ce sujet est des plus pauvres. Nous avons seulement relevé quelques lignes dans un ouvrage de sociologie du développement consacré aux Toupouri du Cameroun septentrional où ils sont installés à proximité des Moundang de Lara et de Kaélé. Voici le paragraphe que Mme Joany Guillard consacre aux jumeaux dans son livre *Golonpui*, Paris, Mouton, 1965, p. 133 :

« Sous l'influence européenne, la coutume ancienne qui voulait que les jumeaux fussent tués à leur naissance disparaît progressivement. Les Toupouri voient en effet dans la venue de jumeaux un signe divin et prennent un certain nombre de précautions lors d'un tel événement.

L'enfant né le premier est considéré comme le plus âgé car c'est celui qui voit le premier le jour et cette aînesse dure jusqu'à son mariage (c'est le garçon né le premier qui se marie le premier car il bénéficie avant l'autre de la dot de sa sœur).

S'il s'agit de vrais jumeaux les garçons s'appellent le premier Huil Ba (fils de Dieu) et le second Lao, Lahou ou Sonari, les filles May Ba (fille de Dieu) et Lama. Si ce sont de faux jumeaux le garçon se nommera Ouang Ba (chef de Dieu) et la fille May Ching (fille du Ciel) ».

On verra que ces quelques informations, si elles n'autorisent pas une comparaison entre Moundang et Toupouri, sont néanmoins fort éclairantes sur les rapports entre la gémellité et la royauté telle qu'elle se manifeste dans le mythe d'origine du nom de *gō-čomé* que nous rapporterons plus loin.

suivit ces conseils et l'enfant sortit. Cette femme, appartenant au clan des singes, rentra au village saine et sauve, portant son nouveau-né dans les bras. Elle fut la première sage-femme (*mabiãne* « celle qui fait naître ») et ce fut elle qui institua les techniques et les rites qui assurent la protection de la femme enceinte puis du bébé au cours des trois mois que dure, après l'accouchement, la réclusion de la mère et de son enfant.

Les Moundang ont donc appris des singes ([3]) comment conserver en vie l'enfant ainsi que sa mère, mais lorsque se produisait une naissance double ils étaient démunis devant pareille démesure. Alors ils prenaient l'un des jumeaux et le mettaient à mort. En présence de la sage-femme et du père des nouveau-nés, on l'enfermait dans une marmite, recouvrant de cendres le corps sur lequel on versait de l'eau; puis on allait jeter le récipient et son contenu dans la rivière. La sage-femme et le père sortaient ensuite pour déclarer à tout le monde qu'un seul enfant était né. Fort curieusement, aujourd'hui encore, on invective la mère en lui disant : « Est-ce qu'une femme est une souris pour mettre au monde deux enfants en même temps? », comme si les naissances multiples devaient être le fait exclusif du règne animal car il ne s'agit pas ici, bien sûr, de la banale métaphore que nous appliquons vulgairement aux femmes trop prolifiques.

Mais comme le meurtre des jumeaux ne fait qu'ajouter un mal à un autre mal, les Moundang allèrent chercher chez leurs voisins les Guider ([4]) — qui eux, au contraire, fêtent la venue de jumeaux comme l'événement le plus heureux — les « médicaments » et les rites qui permettent de garder les deux enfants, encore que leur chance de survie commune soit des plus faibles, ainsi qu'au dire des anciens l'enseigne l'expérience.

Les rites et les usages que nous allons décrire sont donc, de l'aveu même de nos informateurs, des emprunts faits aux Guider et notre exposé exigerait, en toute rigueur, une connaissance préalable du modèle qu'ils prétendent copier. L'absence de toute documentation publiée à ce sujet nous oblige à traiter les faits moundang isolément, mais l'important n'est-il pas plutôt de comprendre comment des pratiques étrangères ([5]), adoptées

---

([3]) Le clan des singes (*ba-pinni*), introducteur dans la société humaine des techniques apprises auprès des singes (des cynocéphales surtout), a non seulement enseigné aux autres clans les techniques d'accouchement mais aussi celles également qui ont trait à la circoncision. Naissance naturelle et naissance initiatique ont ainsi une source commune et ne sauraient être, du moins dans la pensée moundang, conçues dans les termes d'une opposition entre nature et culture.

([4]) Les Guider sont aux yeux des Moundang les grands connaisseurs des secrets de la chasse et de la brousse et, par conséquent, de la vie et des mœurs des animaux. C'est à ce même titre sans doute que les Moundang leur attribuent une supériorité dans les connaissances relatives aux jumeaux.

([5]) L'adoption de pratiques étrangères n'est pas, dans la culture moundang, un fait exceptionnel. Nous dirions plutôt qu'elle constitue — pour ainsi dire théoriquement — la règle. En effet, la société est composée de clans allogènes dont chacun, ou presque, a apporté de son ethnie d'origine une technique, un usage particuliers dont la charge ou la maîtrise rituelle lui incombe comme sa contribution propre au bien de tous.

comme moyens en vue d'une fin, sont précisément intégrées dans un système de représentations qui peut être en contradiction avec leur contexte d'origine?

L'ensemble des rites effectués à la naissance de jumeaux est placé sous l'autorité directe d'un ancien du village qui a déjà eu plusieurs fois des jumeaux. Ce spécialiste (*pa-jurepin*) ([6]), dont l'efficacité est attestée par le simple fait qu'il a survécu à la répétition d'un pareil événement, est en quelque sorte le prêtre villageois du culte des jumeaux. Il est le détenteur de l'héritage du premier Moundang du clan gwere (c'est-à-dire du clan de chasseurs issu de l'ethnie guider) qui sut trouver auprès des Guider les connaissances nécessaires à la sauvegarde des jumeaux. Dès qu'une femme vient d'accoucher de jumeaux, et quelle que soit l'heure du jour ou de la nuit, on fait appel à lui qui se rend sur les lieux accompagné de sa femme. Les deux nouveau-nés sont déposés à terre et il est interdit d'y toucher en attendant son arrivée. Lorsqu'elle sent qu'elle va avoir des jumeaux, la parturiente, après avoir accouché du premier, se déplace à genoux et met au monde le second un peu plus loin car les jumeaux, à la naissance, ne doivent jamais être placés côte à côte.

Si les jumeaux sont mort-nés, le *pa-jurepin*, aidé de sa femme, les enterre immédiatement avec leurs placentas sans couper les cordons. Il les place sous une fourmilière (*zasuwere*) choisie à proximité de la maison, entre celle-ci et la rivière ou le marigot. Si un seul des jumeaux est mort, on l'enterre pareillement, mais un des gros fruits de l'arbre *vure* (*Kigelia africana*, vulgairement appelé saucissonnier) sera déposé dans la chambre de la mère pour représenter le corps du jumeau mort, sinon l'autre voudrait partir aussi pour rejoindre son frère. Ce n'est que lorsqu'il aura grandi qu'on jettera le fruit, ou plus exactement qu'on ira déposer sur la fourmilière, le recouvrant d'ordures ménagères.

Si les enfants sont vivants, le doyen des pères de jumeaux prend lui-même le premier-né et sa femme le second, lui se tenant à la droite de l'accouchée et elle à la gauche. Ils coupent alors les cordons ombilicaux et déposent chacun des placentas dans une poterie (*čiri*) à col large qu'ils recouvrent d'une poterie plus petite appelée *tekpele*. Ils recueillent également le sang perdu par la parturiente, sang qu'ils mélangent à la poussière du sol de la cour de l'enclos qui désormais ne sera plus balayée jusqu'à la sortie des rites de naissance. Ce n'est qu'à la nuit venue qu'ils iront enterrer le tout sous la fourmilière. Dès que les cordons ont été coupés, le père des nouveau-nés envoie partout des messagers pour annoncer la nouvelle de la naissance gémellaire aux gens de sa famille et de son clan ainsi que de celui de son épouse. Personne, ou presque, ne se

---

([6]) Il nous a été impossible d'élucider l'étymologie du terme *jurepin* « jumeaux ». Nous savons seulement qu'on y trouve le verbe *jur* qui signifie « ressembler ».

soustrayant au devoir de venir saluer et fêter un tel événement, une interminable succession de visiteurs va bientôt se présenter au seuil de la demeure des jumeaux. Mais avant que ce seuil soit franchi, il faut que le doyen ait mis en place ses « médicaments ».

Il dépose d'abord deux grandes calebasses à droite du seuil d'entrée de la maison (*za-te-gebele*). Ces calebasses sont remplies d'eau et couvertes chacune d'une petite calebasse : ce sont les tambours d'eau, seuls instruments de musique utilisés lors des rites de naissance de jumeaux. Puis il part en brousse chercher les plantes qu'il pilera sur une meule de pierre à l'aide d'un caillou — meule et caillou devant rester près des calebasses, à la vue de tous. Ces plantes, ces « *šin-jurepin* » « médecines des jumeaux », il nous a été difficile de les faire énumérer par le doyen, celui-ci jugeant dangereuse la révélation de ses secrets, ou désirant peut-être une rémunération particulière (l'un et l'autre ne sont pas incompatibles).

Au risque donc d'être incomplet, nous pouvons donner la liste suivante :

1. de hautes herbes utilisées comme pailles à tresser les sékos :
● *va-ye* (qui pousse dans les terrains humides et dont on fait aussi les toitures)
● *tigel-bi* (à la tige très dure dont on fait les sifflets qui accompagnent la danse de certains masques et les colliers que portent, comme on le verra, les parents de jumeaux)
● l'herbe appelée *wo*, dont nous ignorons les autres usages ;
2. *ba-ne* ou tiges de *Combretum* sp. ;
3. des racines du gros arbre fruitier *tebeburi* qu'on ne trouve qu'en brousse ;
4. *kul-jurepin* ou « oignons sauvages des jumeaux ». Les *kuli* en général sont des ingrédients de toutes les préparations magico-religieuses des Moundang ;
5. des tiges de la variété de mil qui donne des grains jumeaux (*so-lehin tegwa*, c'est-à-dire « le mil qui a deux yeux », deux grains dans la même enveloppe) ;
6. enfin de la poudre de *gbwē* (ocre jaunâtre qui joue un rôle essentiel dans la vie rituelle des Moundang) et de *tendaare* (roche donnant une poudre blanche).

Sa préparation terminée, le *šin-jurepin* est déposé dans le creux de la meule par le doyen qui prend alors une tige de mil dans chaque main et frappe chacun des deux tambours d'eau quatre fois. Il pose les tiges, plonge ses mains dans chaque calebasse respectivement et s'asperge le visage de l'eau qu'elles contiennent — et ce, un nombre de fois double de celui où lui-même a eu des jumeaux. Ensuite, il trempe sa main dans la mixture des *šin-jurepin* et se passe autant de fois le produit sur les joues.

Quand il a fini, c'est sa femme, la doyenne, qui procède aux mêmes gestes rituels, suivie par chacun des parents qui viennent d'avoir des jumeaux. Alors commencent à arriver les visiteurs qui tous apportent en offrande une calebasse ou un panier de mil, de sésame ou d'arachides et franchiront le seuil d'entrée de la maison après avoir été soumis à la même purification. Ainsi s'ouvrent les trois mois pendant lesquels va durer la réclusion de la mère et des jumeaux nouveau-nés. Si c'est une période de danses et de chants pour les visiteurs qui se succéderont de jour comme de nuit, elle est plutôt difficile pour les parents dans la mesure où la menace que font peser les jumeaux sur eux-mêmes, leurs géniteurs et leurs biens est alors à son maximum et où les précautions à prendre pour y faire face sont des plus rigoureuses. Ces précautions, bien sûr, se traduisent par des interdits.

Commençons par les nouveau-nés eux-mêmes. Contrairement à ce qui est d'usage dans une naissance ordinaire, où la sage-femme baigne le bébé dans l'eau chaude, c'est ici le doyen qui baigne les jumeaux dans l'eau froide et les sort immédiatement, à l'air frais, même s'ils sont encore rouges. A notre demande d'explication, on se contenta de répéter qu'une naissance gémellaire est une « mauvaise chose » (*fabiyo*) et qu'il faut protéger les jumeaux de la maladie : « Chez les Moundang, c'est ainsi, Dieu a fait des *jurepin* une chose difficile comme sont difficiles les *čok-šinri* [les génies de lieu, agents de maladies et d'infortunes diverses]. » Cela ne nous éclaire guère sur le symbolisme de l'eau froide. Une hypothèse très vraisemblable, à notre avis, nous a été suggérée par la lecture de l'excellent travail de B. Juillerat sur les Mouktélé du Cameroun septentrional (⁷). Analysant les rites du mariage dans cette population et considérant l'ensemble du scénario de la cérémonie, l'auteur est amené à y voir la représentation d'une naissance symbolique. Il écrit : « La réitération rituelle de l'origine du monde prend donc la forme d'une naissance qui, pour figurer la perfection primordiale, ne peut être que gémellaire. » Peu importe qu'ici, comme dans les cultures soudanaises de l'ouest de l'Afrique, la gémellité soit un principe exclusivement bénéfique; cela ne modifie en rien, en effet, l'interprétation de l'acte rituel que nous décrivons. Au matin du troisième jour qui fait suite à la consommation du mariage, la nouvelle épousée et sa jumelle symbolique, d'une part, le mari, de l'autre, sont soumis à une toilette à l'eau fraîche. Conduit à opposer immédiatement cette toilette au bain chaud qu'on administre aux nouveau-nés, B. Juillerat observe que les contraires ici en cause sont la fraîcheur de la pluie fécondante (à laquelle on assimile le sperme) et la chaleur du milieu aquatique de la vie intra-utérine. Et il nous expose par un tableau (p. 214) l'ensemble des oppositions qu'il retient :

(⁷) Bernard Juillerat, *Les bases de l'organisation sociale chez les Mouktélé (Nord-Cameroun). Structures lignagères et mariage*, Paris, 1971 (« Mémoires de l'Institut d'Ethnologie » VIII); cf. « Essai d'analyse du rite matrimonial » : 200-220.

	(froid/chaud)	(eau/air)	(chaud/froid)	
eau froide pluie	*eau chaude* (stagnante)	*air chaud* (feu)	*air froid*	
fécondation	grossesse préexistence	premiers jours de la vie	vie terrestre	

Assurément, un tel tableau est des plus intéressants pour nous puisqu'en inversant les valeurs attachées à la gémellité, il nous permet de comprendre que par l'injonction de baigner dans l'eau froide les jumeaux nouveau-nés — ainsi d'ailleurs que leur mère —, les Moundang font face à la menace de mort et plus particulièrement de stérilité qu'une telle naissance fait peser sur les parents. Ainsi l'interdiction faite à la mère comme à quiconque, à l'exception du doyen, de toucher le corps des jumeaux, l'enterrement de leurs placentas sous une fourmilière et enfin leur toilette à l'eau fraîche forment un ensemble cohérent de rites de sauvegarde de la fécondité dans la famille et dans le troupeau. On remarquera que ces rites sont marqués par un caractère négatif de séparation, comme si leur but était d'isoler les enfants de leur essence gémellaire, bénéfique en soi mais mortelle pour ceux qui l'incarnent. Et n'est-ce pas une telle intention qu'il faut lire dans la séparation spatiale des jumeaux à leur sortie du ventre maternel, où d'emblée est niée la réalité gémellaire, comme par une sorte de jugement disjonctif affirmant qu'il y a là un et un, et non pas dualité indissoluble? On ne touche pas le corps des jumeaux, c'est-à-dire on ne se les approprie pas, mais on les laisse aux soins du doyen qui seul peut manipuler ces forces dangereuses; on ne les protège pas par la chaleur de l'air et de l'eau qui maintient un équivalent passager entre le dehors et le milieu intra-utérin, mais on réitère sur eux le geste symbolique de la fécondation; enfin leurs placentas sont enterrés entre la maison et la rivière sous une fourmilière, qui est un symbole collectif de fécondité, et non pas enfouis dans une poterie neuve pour être jetés dans la rivière [8].

Si c'est par la séparation qu'on se protège du danger que représentent les jumeaux par leur excès d'être, en revanche, pour les parents, c'est à un extraordinaire rapprochement que les rites nous font assister, laissant penser que l'alliance entre le père et la mère — du fait des jumeaux

---

[8] Il y a, pensons-nous, une opposition entre deux modalités de la séparation : celle qui conserve une relation entre les termes disjoints (entre lesquels, pour reprendre l'image de Griaule à propos du *nyama* des Dogon, passent encore les charges de potentiel) et celle qui conserve à distance en faisant disparaître l'un des termes du champ où l'autre se maintient. Les jumeaux vivants, jadis, comme les mort-nés, étaient remis dans l'eau d'une poterie, elle-même jetée à l'eau comme le placenta de l'enfant unique. L'eau, semble-t-il, reprenait son bien et la terre restait pure de ces substances. Aujourd'hui, dans le cas où les jumeaux vivent, leurs placentas séparés sont conservés en terre comme puissance fécondante. Les rites de séparation opèrent ici comme une espèce de dissociation chimique qui isole, purifie les éléments d'un mélange en soi néfaste.

engendrés par eux — passe à un plan supérieur, celui non plus d'une simple union mais d'une soudure, comme si le lien de gémellité qu'on venait de desserrer chez leurs enfants était allé se nouer sur eux. Cet appariement du père et de la mère, présent tout au long du rituel, se manifeste dès le premier soir. Il n'y a pas, comme pour une naissance ordinaire, réclusion de la mère seule avec son bébé, mais la mère et le père se couchent l'un près de l'autre, chacun sur une natte étroite réservée à cet effet (*yek-bale*), de part et d'autre du seuil d'entrée de la maison. De même, contrairement à l'usage en temps normal, ils ne mangent pas chacun de leur côté avec les parents et voisins du même sexe, mais l'un près de l'autre, en prenant leur nourriture dans une calebasse blanche, symbole de deuil. C'est ensemble qu'ils sont séparés du reste : ils ne doivent rien toucher, ni les personnes ni les objets leur appartenant. Bien entendu, le père des jumeaux ne saurait approcher durant cette période aucune femme; les rapports sexuels avec ses autres épouses lui sont rigoureusement interdits jusqu'à ce que les jumeaux — ou l'unique survivant — commencent à marcher. En cas de transgression, on dit que sa puissance virile risque de diminuer, sinon de s'éteindre. Il ne pourra reprendre sa liberté sexuelle qu'après avoir d'abord couché avec la mère des jumeaux, leurs fécondités respectives étant désormais l'une à l'autre enchaînées.

Tandis que les parents, comme des initiés ou des deuilleurs, sont soumis à rude épreuve, les visiteurs sont à la fête. Les hommes apportent des offrandes, prennent des nouvelles de la famille, s'assoient un moment dans la maison des jumeaux, mais ne sont là qu'en spectateurs passifs. Les femmes, surtout celles qui sont apparentées à la mère des jumeaux, apportent quatre calebasses blanches (deux grandes et deux petites) avec lesquelles elles puisent d'abord de l'eau. Déposant ces tambours d'eau devant l'entrée de la maison, elles les frappent avec des tiges de mil et l'assistance danse (*da-jurepin*) au rythme lent de cette musique. Quand une nouvelle venue franchit le seuil, elle s'asperge de l'eau de ces calebasses et se purifie, selon le rite que nous avons mentionné, avec les « médicaments » des jumeaux laissés par le doyen. Et toutes les nuits, pendant près de trois mois, après les danses, elles s'installeront dans l'enclos pour chanter. Ces chants sont variés et différent selon les villages mais les thèmes de moquerie sont constants. Voici celui que nous avons recueilli à Léré, de la bouche d'une des épouses du souverain :

« Qu'es-tu venu faire ici, Too, toi qui as une grosse tête (⁹)?
Jumeau, ton père est un pauvre; jumeau qu'es-tu venu faire ici?
Jumeau, ton père n'a pas même un champ à lui

(⁹) Les Moundang croient que les jumeaux ont des traits physiques distinctifs, notamment une tête bien plus grosse que les enfants ordinaires.

Jumeau, tu prends ta tête et la branles de-ci de-là [*diela, diela* est l'onomatopée
exprimant le mouvement d'une tête lourde qui balance sans cesse]
Celui qui n'aime pas rester à l'ombre, il tombe à moitié [tant il travaille]
Mais moi je vais rester un peu à l'ombre
Pressez-vous, les garçons, pressez-vous d'aller aux champs. »

Toute cette partie, répétée à satiété, est chantée par les femmes apparentées à la mère des jumeaux et s'adresse, en guise de moquerie, au père des jumeaux. L'évocation des travaux champêtres est une allusion au fait qu'un mois après la naissance des jumeaux, des hommes des deux familles, paternelle et maternelle, vont travailler sur le champ du père.

« J'ai cultivé pendant deux ans le sésame pour vous
Votre fille n'est-elle capable que de me préparer des cailloux à manger?
Votre fille va-t-elle me préparer un caillou ou des feuilles d'épineux?
Les gens du village de Jumete disent que Magaï est chef
Les gens de Léré disent : si Magaï est chef, il porte donc des sandales. »

Cette strophe, on le voit, est une plaisanterie entre alliés. Les femmes raillent le beau-père à la fois exigeant (il faut lui offrir des paniers de sésame) et avare. Les sandales sont un signe de richesse, la marque du chef. Si quelqu'un est chef, on mange bien chez lui; s'il ne donne rien, c'est qu'il n'est pas chef.

« Jeunes gens de Grei, pressez-vous donc avec vos houes
Le soleil est déjà haut dans le ciel et bientôt il faudra rentrer
Sont-ce là les Gwere du village de Yanli? »

Yanli est le seul village du canton de Léré dont la chefferie appartient au clan gwere. Nous trouvons ici l'allusion directe aux gens dont les Moundang ont adopté les coutumes, les chants et les danses pour fêter les jumeaux.

« Je ne veux pas de mari maudit [dont la bouche est mauvaise]
Le mari maudit couche dans le village [c'est-à-dire avec toutes les femmes et ne parvient pas à nourrir sa famille]
Quand je te verrai porter ton étui pénien, je te le retirerai
Quand je te verrai porter ton cache-sexe [féminin], je te le retirerai. »

Cet échange d'insultes entre les époux ne concerne pas le sexe mais la pauvreté : puisque nous n'avons rien à nous mettre, autant tout enlever et nous promener nus.

« Vous avez mis des jumeaux au monde, c'est pour quémander du mil
Il faut que vous refassiez des jumeaux demain, et après-demain aussi. »

Puis on passe à des insolences à l'égard de la mère des jumeaux :

« La femme qui a de grosses lèvres a eu de la bouillie mais elle n'en a pas donné à son mari
Pourquoi ne lui as-tu rien donné? Tu n'as rien donné car la gourmandise te pousse
La mère des jumeaux a un gros ventre.
Too, toi qui as une grosse tête, tu es venu manger les excréments des bœufs
Toi qui es chef [gō-ae], toi qui as une grosse tête, tu es venu manger les excréments des vaches. »

Ces dernières injures, adressées aux jumeaux eux-mêmes, n'évoquent, on s'en doute, nulle coprophagie mais disent par antiphrase leur qualité de chefs qui prennent tout, à qui tout est dû, et qui aux autres laissent les excréments ([10]).

Ces chants alternés, où tour à tour le père est insulté par les parents de son épouse et la mère par ceux de son mari, sont comparés par les Moundang aux amusements rituels (*keme*) au cours desquels les jeunes gens de Léré, divisés en deux camps (constitués par deux groupes de quartiers du village), échangent des insultes et des coups. Ces bagarres organisées peuvent connaître une extrême violence et certains des participants y risquent leur vie. L'opposition, ici non violente, entre les groupes paternel et maternel des jumeaux nouveau-nés nous semble avoir valeur de catharsis : elle simule et en même temps tourne en ridicule l'opposition qui fait de chacun des jumeaux un danger mortel pour le géniteur de sexe opposé. La croyance en cette menace est profondément ancrée dans l'esprit des Moundang qui considèrent que tôt ou tard elle se réalisera, inéluctablement. Toutefois la coutume veut que lorsque des jumeaux mixtes grandissent, ils aillent chacun attraper une sauterelle. Le garçon coupe la sauterelle en deux et dit : « Il faut que ma mère meure. » La fille fait de même en disant : « Il faut que mon père meure. » On espère, par ces deux gestes opposés et complémentaires, annuler les menaces contraires qu'ils énoncent et actualisent. Mais c'est en vain, nous

---

([10]) L'assimilation qu'on fait ici des jumeaux au roi sur un plan économique revêt une signification qu'on peut saisir à deux niveaux distincts. D'abord, en pratique, les jumeaux pour leurs parents, comme le souverain pour le peuple, représentent une charge très onéreuse. Ils doivent être élevés de la même façon, recevoir même nourriture et mêmes vêtements, des cadeaux identiques, une attention, des soins toujours égaux. C'est pourquoi le chant débute en insistant lourdement sur la pauvreté du père : la richesse symbolique qu'incarnent les jumeaux coûte fort cher. Mais il y a plus. A ce renversement de l'ordre économique normal, qui transforme en pauvres les parents d'enfants riches, correspond un renversement sur le plan statutaire : de même que le souverain est considéré comme le père du peuple au nom d'un pouvoir qu'il tient cependant de ceux qui le représentent (les Zasaye qui, d'après la légende de fondation, écartèrent le vieux chef clanique pour donner la royauté au chasseur Damba), de même les parents de *jurepin* sont comme les enfants de leurs enfants car, on le verra plus loin, leur statut de parents est pour ainsi dire éclipsé par la nouvelle personnalité religieuse que leur confère le fait d'avoir engendré des jumeaux et d'être par conséquent marqués par la gémellité.

dit-on : ou les jumeaux grandissent et l'un des parents meurt, ou l'un des jumeaux meurt et les parents vivent.

Sans remède pour l'un au moins des quatre protagonistes directement impliqués dans une naissance gémellaire, le mal va être transformé en une source de bienfaits possibles pour la communauté villageoise. Telle est la fonction des rites de sortie et de l'édification de l'autel des jumeaux. Ils ont lieu trois mois au plus tard après le jour de la naissance des jumeaux. On attend, en principe, la nouvelle lune du troisième mois pour commencer la préparation de la bière de mil qui sera consommée lors des cérémonies. Cette préparation dure trois jours pendant lesquels le chef de famille doit également faire cuire par les femmes quantité de boules de mil et tenir prêts pour le sacrifice une poule et un coq. Au matin du quatrième jour, il fait venir le doyen des pères de jumeaux qui apporte des cols de poterie. Ce dernier, accompagné de sa femme, se rend derrière la maison (c'est-à-dire le côté où l'on enterre la mère, par opposition au côté du seuil d'entrée, *zargebele,* où l'on ensevelit le père) et choisit l'endroit où seront enfouis à demi les cols de poterie. Tandis qu'il nettoie la place, il envoie les hommes du clan du père des jumeaux chercher du sable. Le père apporte encore deux cabris et tout est prêt pour le sacrifice auquel assisteront tous les parents du père et de son épouse ainsi que les voisins.

Le doyen creuse deux trous avec sa houe, à un peu plus d'un mètre de distance l'un de l'autre et sur un axe nord-sud. Il fait appeler le père et la mère des jumeaux nouveau-nés qui doivent alors se tenir debout de part et d'autre des deux trous et de façon à ce que leur ombre ne se projette pas sur l'emplacement choisi (ce qui n'offre pas de difficulté, étant donné l'heure matinale de la cérémonie). Le doyen et la doyenne élèvent chacun le col de poterie qu'ils ont dans les mains et se tournent en direction du soleil. Répétant quatre fois ce geste d'élévation, le doyen seul, face au soleil, invoque les jumeaux : *jurepin, jurepin me ga ẽ bo* « Jumeaux, jumeaux, je plante ces cols pour vous ».

A la quatrième fois, imité par sa femme, il enfonce les cols dans les trous et remplit de sable la partie du col qui sort de terre. Puis, de chaque côté des trous, on plante dans le sol une petite poterie entière à col double, *dã-jurepin* (sorte de gargoulette qu'on vend sur les marchés), dont seul le col dépasse : ce sont les symboles visibles, les ornements des jumeaux. Cette opération achevée, le doyen, muni d'un silex et toujours tourné en direction du soleil levant, égorge le coq puis la poule. Leur sang est recueilli et un assistant en enduit les cols de poterie tandis que le doyen, jetant à terre les volatiles sacrifiés, attend la fin de leur agonie pour observer leur position. « C'est cela, nous dit un informateur, la véritable divination (*kindani*) pour les jumeaux. » Si les deux bêtes meurent pattes réunies et le bec en direction des cols de poterie, le présage est en général bon. Si le coq tombe sur l'aile droite, le présage est particulièrement favorable au père des jumeaux et si la poule tombe sur l'aile gauche, il en va de même pour la mère. Si les positions sont inverses le présage est évidemment très néfaste ([11]), mais il est également néfaste si l'une ou l'autre bête tombe sur le dos ([12]).

Après cet acte, à la fois divinatoire et sacrificiel, un frère cadet du père des jumeaux égorge un des deux cabris dont le sang est recueilli dans une calebasse pour être, en partie, versé sur les cols de poterie. Tandis que poulets et cabri sont immédiatement dépouillés et vidés à proximité de l'autel des jumeaux et qu'on commence à faire griller les viandes pour les distribuer à tous les membres de l'assistance, qui les consommeront sur place, le doyen verse sur l'autel la bière dite *tedere*. Ce n'est pas la bière de mil telle que la boivent les Moundang (refroidie après trois jours de fermentation), mais une sorte de bouillie trouble, non filtrée, comme aiment à en boire, au dire des Moundang, les Guider. Cette libation consacre définitivement l'autel des jumeaux (*za-ēre* : lieu des cols de poterie, ou *za-ē-jurepin*). C'est alors que le doyen et la doyenne lui présentent, tournés en direction du soleil, les jumeaux nouveau-nés que des femmes ont sortis de la maison. Ce faisant, le doyen adresse une prière à Dieu pour lui demander de conserver en vie et en bonne santé les parents des jumeaux ainsi que leurs enfants et surtout d'empêcher la stérilité de la mère, de faire en sorte que « sa matrice reste ouverte ». On dispose une petite haie d'épineux tout autour du *za-ere* pour en écarter les animaux qui risqueraient de le piétiner, et tout le monde retourne dans la maison. Les femmes nettoient la cour de l'enclos qui, on s'en souvient, n'a plus été balayée depuis le jour de la naissance des enfants, et déposent les ordures dans deux paniers. Avec ces deux paniers et des calebasses de sésame grillé et de graines de melon que portent les parentes de la mère, l'assistance se rend près de la fourmilière (*za-suwere*) où l'on avait enterré les placentas. Là, hommes et femmes se mettent à frapper des mains pour faire sortir les fourmis et, pour qu'elles sortent plus vite, on jette à poignées les graines de sésame et de melon. Quand les premières fourmis sont sorties, on attrape un mâle et une femelle : on écrase le mâle sur le front de la mère des

---

([11]) Si le coq tombe sur le côté gauche, on dit qu'il tombe sur l'âme du père des jumeaux ; de même pour la mère si la poule tombe à droite.

([12]) On pourrait penser que cette position (d'ailleurs rare) devrait être neutre, mais il n'en est rien, en vertu de ce qu'il faut appeler le principe du tiers exclu propre aux systèmes divinatoires, qui ne sont pas des jeux mais des manipulations de forces invisibles. (Pour une discussion de ces problèmes nous nous permettons de renvoyer le lecteur à notre travail sur la divination moundang : A. Adler et A. Zempleni, *Le Bâton de l'aveugle*, Paris, Hermann, 1972, coll. « Savoir ».) Les associations masculin-droite, féminin-gauche utilisées dans la divination par les poulets sont équivalentes aux associations masculin-impair, féminin-pair de la divination par les cailloux. Ajoutons que la méthode des poulets est celle à laquelle les devins guider donnent leur préférence. Il est permis de penser que le sacrifice des poulets — procédé général de divination chez les Guider, transformé en séquence rituelle spécifique du culte des jumeaux chez les Moundang — est la trace la plus nette de l'emprunt que ces derniers ont fait aux premiers.

jumeaux et la femelle sur le front du père, puis on déverse les deux paniers d'ordures sur la fourmilière. Pour cette cérémonie à *za-suwere* les hommes doivent chasser des rats de brousse dont la chair sera mélangée avec les « médicaments des jumeaux » (*fa-jurepin*), du sésame et d'autres ingrédients (sur lesquels nous n'avons pu obtenir de précisions ; sans doute quelques pincées des déchets jonchant la fourmilière) : cette nourriture est donnée aux femmes stériles, à celles qui n'ont eu qu'un enfant unique et aussi aux jeunes filles non mariées, si elles le désirent. La fourmilière, les rats de brousse, le sésame, les graines de melon sont autant de symboles de la fécondité ou plutôt de la surfécondité, du pullulement. Tel est l'excès constitué par le prodige d'une naissance gémellaire que le risque de stérilité qu'il entraîne appelle, pour y parer, l'excès contraire mais bénéfique : celui qui se manifeste par la prolifération dans l'ordre de la nature animale et végétale.

Le rite final consiste dans le bain de purification du père et de la mère des jumeaux. Conduits ensemble au bord de la rivière, ils se déshabillent, et entrent dans l'eau en se tenant par la main. A la sortie du bain, ils ne retrouveront plus leurs anciens habits mais revêtiront des vêtements blancs (*yele*) qu'on leur a apportés. Et, se tenant toujours par la main, ils retourneront ainsi à la maison, habillés comme au lendemain d'une cérémonie de sortie de levée du deuil. Leur commune nudité face aux autres, l'obligation de se tenir par la main sont bien les signes de la « gémellisation » des parents des jumeaux que nous signalions plus haut. Les vieux habits qu'ils jettent, le deuil qu'ils portent sont les marques de leur changement de statut, de leur accession à ce nouvel état que leur confère la possession d'un *za-ē-jurepin*.

Lorsqu'ils arrivent devant leur maison, le doyen les y attend pour leur passer à chacun un collier de l'herbe *tigel-bi* ([13]) autour du cou. Cet ornement leur sera commun, mais seul le père se fait fabriquer par le forgeron un bracelet (*swe-jurepin*) à partir d'une vieille sagaie de son père ou de son grand-père — de préférence une arme ayant tué un homme. Il incombera encore au doyen de passer ce bracelet au poignet du père des jumeaux nouveau-nés. Ce dernier rite accompli, c'est au tour des parents des jumeaux de régaler l'assistance avec des boules de mil et de la bière. Cette bière-là n'est pas non plus le *yimi* ordinaire que consomment les Moundang, mais le *ndaï* qui est un breuvage doux.

Enfin, le lendemain matin, le doyen et la doyenne reviennent une dernière fois dans la maison des jumeaux nouveau-nés, accompagnés alors de tous leurs « collègues » potentiels, c'est-à-dire ceux qui ont également eu plusieurs fois des jumeaux. Tous sont invités à boire le *ndaï*. Le doyen

---

([13]) Cf. *supra* les autres usages de cette herbe dure qui pousse dans les dépressions humides (*bi* signifie eau). Pour confectionner le collier, on brise la tige en menus segments qu'on enfile en longueur sur une cordelette.

reçoit, en partant, des nattes, des vêtements, des sandales du père des jumeaux, et la doyenne des canaris, *ciri*, de la mère des jumeaux. En principe toutes les vieilles affaires qui ont servi au ménage sont données au doyen et à sa femme ; la règle est ici la même que celle qui oblige un héritier, à la fin des sacrifices de levée du deuil, à donner les objets usuels du mort au *gō-baī*, au parent clanique à plaisanterie qui tout au long du rituel du deuil (*yewuli*) a tenu symboliquement le rôle de maître de maison dans la maison du défunt. On ne saurait plus fortement souligner l'identité de la fonction de purification entre l'allié à plaisanterie et le doyen, maître du culte des jumeaux. Cette identité est non seulement substantielle en ce sens qu'il s'agit d'opérer un changement de statut, mais aussi formelle en ce que le doyen représente, rappelons-le, le clan gwere qui des Guider a transmis aux Moundang les rites relatifs aux naissances gémellaires et qui incarne de ce fait une alliance clanique et, au-delà, une alliance entre tribus.

Devenir père ou mère de jumeaux, c'est donc, dans une certaine mesure, tout comme subir la circoncision ou, pour l'héritier, accomplir les sacrifices du deuil paternel, accéder à une nouvelle personnalité religieuse. Les forces dangereuses enterrées dans le *za-ē-jurepin* entraînent pour leurs possesseurs de nouveaux devoirs tant à l'égard de leurs proches que de la communauté villageoise. Quand viennent les premières pluies, la mère des jumeaux prend des grains de mil, prépare de la farine et la verse en offrande sur l'autel des jumeaux avant d'aller ensemencer son champ. Elle ouvre ainsi la période des semailles car, faute de ce rite, sa récolte, mais aussi celle d'autres villageois, pourrait être menacée. De même, pendant la fête de *fin-mundan* qui clôt la période des récoltes du mil rouge et marque le début de la nouvelle année, des offrandes de farine et des libations de bière de mil sont faites sur l'autel des jumeaux ; là encore, l'intérêt familial mais aussi collectif est en jeu. Le manquement au culte des jumeaux provoque non seulement l'impuissance, la stérilité, la pénurie mais également, comme l'indique une croyance africaine très répandue, un risque de cécité ou, à tout le moins, de graves maux d'yeux. Inversement, les mêmes dangers menacent ceux qui portent atteinte à la propriété des parents de jumeaux, voire ceux qui partagent leur nourriture ou se servent de leurs ustensiles. Quand un père de jumeaux est sur le point de donner sa fille à un époux, il la conduit d'abord devant son *za-ē-jurepin* et invoque les jumeaux en ces termes : « Jumeaux, je veux donner ma fille à un mari ; voici, je la laisse partir chez lui, il faut que vous aussi la laissiez partir chez son mari et que sa matrice ne soit pas bouchée. » Si sa fille, malgré tout, tarde à être enceinte, il devra, selon les prescriptions du devin, accomplir pour elle un rite plus ou moins complet. Il présente des offrandes aux jumeaux, fait danser à sa fille, vêtue d'un pagne blanc, le *da-jurepin* et lui passe le collier *tigel-bi* autour du cou. Les mêmes précautions rituelles sont imposées à la jeune femme qu'il prend comme nouvelle épouse, ainsi que la coutume l'autorise, au terme de la période pendant laquelle il se réserve exclusivement à la mère des jumeaux.

Le culte des jumeaux, comme la plupart des actes religieux chez les Moundang, est assujetti à la juridiction de la divination par les cailloux, le *kindani*. Nous avons rapporté l'opinion des Moundang selon laquelle le sacrifice des poulets au moment de l'implantation du *za-ēre* et l'interprétation de leur position après l'agonie était la « véritable » divination pour les jumeaux. « Véritable » signifie en l'occurrence conforme au modèle original du rituel des Guider, et conforme aussi à la nature de la gémellité : le couple de poulets sacrifiés préfigure pour les parents le destin qui les attend. Mais le *za-ere* est aussi un autel permanent et qui peut à tout moment affecter la vie des parents et, par contiguïté, de tous ceux qui les approchent; dans cette perspective, les actes rituels qu'il convient d'y accomplir en telle ou telle circonstance relèvent du *kindani* qui définit les séquences du rituel, envisage les alternatives éventuelles et guide les choix du demandeur. On conçoit, dès lors, que le recueil du protocole d'une séance divinatoire consacrée à un problème de jumeaux offre le plus grand intérêt, car il constitue à la fois une sorte de « fiche de contrôle » des faits observés directement et une source de réflexion sur la signification des objets et des gestes dans le culte des jumeaux.

Nous eûmes la chance, lors de notre dernier séjour à Léré, d'être le témoin d'une telle séance, d'autant plus intéressante qu'il s'agissait de la personne du souverain, le *gõ-lere*. Celui-ci avait eu, quelques mois auparavant, des jumeaux mort-nés et, à la grande consultation solennelle précédant la fête de *fin-mundan* qui venait de s'achever la semaine passée, les devins avaient lu dans les cailloux que son *za-ē-jurepin* était mauvais. Le souverain avait négligé leur avis; aussi, lorsqu'une autre de ses épouses mit au monde un enfant qui mourut quelques jours après sa naissance, cela fut-il immédiatement interprété comme la sanction infligée par les *jurepin* offensés. Et la menace qui pesait sur la maison royale n'était rien moins que de voir toutes les épouses avorter, ou les enfants périr à la naissance ou en bas âge. Etant donné la gravité du cas, la consultation eut lieu non pas sur l'aire de travail personnelle d'un devin choisi par le souverain, mais sur l'emplacement sacré du village où se tiennent les séances préparatoires aux grandes fêtes du calendrier moundang; le *kindani* fut confié, comme dans les grandes occasions, non pas à un seul devin, mais à un collège de devins.

Voici cette consultation qui se déroula le 3 janvier 1972.

Le commencement de la consultation	2-3	(+)[14]
Les chances de succès de cette consultation ...	3-2	(+)
Le lever du soleil	2-3	(+)
Le coucher du soleil	3-3	(—)
La nuit noire	2-2	(—)
Le lendemain matin	3-2	(+)

[14] (+) = favorable; (—) = défavorable. Pour le système de lecture de l'algorithme moundang, cf. Adler et Zempleni, *op. cit.*

Cette première série de questions constitue le début classique de tout *kindani*. La seconde série constitue encore un ensemble de questions classiques qu'examine toute consultation demandée par un chef de famille à l'occasion, par exemple, des préparatifs pour un sacrifice de levée de deuil :

La terre de Léré (*mur-ser-lere*)	2-2	(—)	(pour les femmes)
L'esprit de la terre (*mozum-seri*)	3-3	(—)	(pour les femmes)
Tous les génies de lieu (*čoxšinri*)	2-2	(—)	(pour les femmes)
La maison du souverain de Léré	3-3	(—)	(pour les hommes)
Le foyer des femmes du *gō-lere*	2-3	(+)	(pour les femmes)
La nourriture qu'on y prépare	3-3	(—)	(pour les hommes)
La cour de l'enclos	3-2	(+)	(pour les hommes)
Le nombre de personnes qui s'y tiennent	3-3	(—)	(pour les hommes)
L'esprit qui hante le côté droit du seuil d'entrée (*tegwari-jo-kesai*)	3-2	(+)	(pour les hommes)
L'esprit qui hante le côté gauche du seuil d'entrée (*tegwari-jo-kelabaï*)	2-2	(—)	(pour les femmes)
Les esprits paternels (*mozum pame*)	2-2	(—)	(pour les femmes)
Les esprits des grands-parents (*mozum-deli*)	2-3	(+)	(pour les femmes)
Les esprits errants (*tilim mozumri*)	2-2	(—)	(pour les femmes)
Les esprits maternels (*mozum mame*)	2-3	(+)	(pour les femmes)
Le dieu de la naissance ou esprit gardien (*masen biã-ne*)	3-3	(—)	(pour les hommes)
Toutes les choses, biens, cadeaux qui se présentent devant la porte (*fade-peyã*)	2-3	(+)	(pour les femmes)

On en vient ensuite aux jumeaux eux-mêmes :

L'autel des jumeaux (*ē-jurepin*)	2-3	(+)	(pour les femmes)
L'âme des jumeaux (*čie-jurepin*)	2-2	(—)	(pour les femmes)
La maison du roi (*yã gō-ae*)	2-3	(+)	(pour les femmes)
Le fond de l'enclos royal (*temurya gō-ye*)	2-3	(+)	(pour les femmes)
L'autel des jumeaux édifié en brousse (*ē-jurepin lale*)	2-2	(—)	(pour les femmes)
Le changement d'emplacement du *ē-jurepin*	2-3	(+)	(pour les femmes)
Le poulet qu'on sacrifie	3-2	(+)	(pour les hommes)
La grillade des morceaux du poulet	3-2	(+)	(pour les hommes)
La boisson qu'on verse sur les cols de poterie	2-3	(+)	(pour les femmes)
La farine blanche mêlée d'eau qu'on met dans une calebasse et qu'on donne aux esprits ancestraux (*mozumri*) sur le *za-ẽre*	2-3	(+)	(pour les femmes)

Cette consultation générale a été suivie d'un petit examen des maladies particulières attribuées aux jumeaux, que les devins ont envisagées sous quatre rubriques : les maladies des yeux, celles du ventre et les ictères, celles de la tête (que les Moundang placent dans la catégorie des *tegwari* provoqués par divers animaux), enfin celles de la puissance sexuelle.

Il n'y a pas lieu ici d'entrer dans les détails techniques de cette consultation; nous l'avons transcrite simplement pour montrer qu'aux yeux des Moundang les affaires de jumeaux entrent dans le cadre général de la maladie et plus spécialement des maladies traitées par la méthode du *za-ẽre*, c'est-à-dire le rite par lequel on enterre dans des cols de poterie l'âme, ou les âmes (*čie*), des agents maléfiques. C'est essentiellement la méthode qu'utilisent les collèges de possédées (congrégations exclusivement féminines) pour traiter les âmes des maladies féminines (čie-šynri). Dans la consultation ci-dessus, on remarque dans la partie consacrée aux jumeaux que deux questions ont reçu une réponse négative : l'âme des jumeaux et l'autel des jumeaux édifié en brousse. Les devins en conclurent qu'il fallait détruire le *za-ēre* de brousse et faire de nouveaux sacrifices pour implanter le *za-ēre* à l'intérieur de l'enclos royal, au fond de la cour, près de la petite ouverture (*temuryā*) par laquelle, à la mort du souverain, on fait sortir son cadavre. Ces prescriptions furent exécutées sans tarder, avec la participation personnelle du souverain dont la négligence avait été jugée coupable. C'est qu'en effet, contrairement aux autres activités rituelles dont l'accomplissement, pour le compte du roi, est abandonné à des esclaves ou à des « fonctionnaires » du palais, il ne doit ni ne peut se soustraire aux obligations du culte des jumeaux qui mettent en jeu, comme nous le suggérions en commençant, des forces égales à celles dont il est le dépositaire en tant que souverain et qui le menacent directement en tant que personne. On raconte que le roi *Gõ-comé*, qui régnait au moment de l'arrivée des Blancs, avait eu des jumeaux dont il confia le soin à son esclave Kadane, pensant qu'un tel travail ne convenait pas à un roi. Il se retrouva impuissant. Cherchant désespérément la cause de cette infortune, il consulta un devin qui lui ordonna de s'adresser directement aux Guider eux-mêmes pour renouveler son *za-ē-jurepin*. Et la force lui revint.

« Un roi n'est pas au-dessus des jumeaux », disent avec insistance les Moundang. Peut-être pouvons-nous maintenant comprendre cette phrase obscure, qui semble contenir la réponse à notre interrogation initiale sur les noms royaux donnés aux jumeaux. Elle signifie d'abord, sur le plan pratique et nous venons de le mentionner, qu'à l'occasion d'une naissance gémellaire se produisant chez lui, le roi ne délègue pas ses obligations rituelles mais, pour une fois, est lui-même et sacrifiant et sacrificateur. Alors que dans l'ensemble des actes religieux où sa personne est mise en cause — qu'il s'agisse des cérémonies publiques au cours des fêtes du calendrier agricole ou des cultes domestiques — le souverain s'exposerait à des dangers mortels s'il manipulait lui-même les objets rituels, et se mettrait en contact direct avec les forces invisibles sur lesquelles ils agissent, la situation est inverse dans le cas du rituel pour les jumeaux. Rendre compte de cette différence en termes de supériorité ou d'égalité entre une personne, quel que soit son statut, et ces forces invisibles, quelle que soit la puissance qu'on leur attribue, nous paraît trompeur ou, à tout le moins, inapproprié [15], et nous serions plus près du fait religieux en

---

[15] La possibilité de substituer au roi sacrifiant un serviteur sacrificateur voué à une mort plus ou moins prochaine est un effet de l'ordre social qui sélectionne, pour ainsi dire, les victimes destinées à payer le prix aux forces religieuses qui le soutiennent, et non quelque chose qui tiendrait à une inconcevable relation hiérarchique entre la personne du souverain et ces mêmes forces. Que les

rappelant que l'existence d'un péril mortel pour un agent rituel est liée à l'état d'intégrité, de complétude ou d'incomplétude de son être, ce que nous pouvons aussi nommer la pureté ou l'impureté dans laquelle il se trouve. Si le roi doit et donc peut, sans mettre en danger l'intégrité de sa personne — la mort est, pour les Moundang comme pour maintes populations africaines, une dissociation des principes spirituels qui constituent la personne —, « toucher » aux jumeaux, s'il n'y a pas incompatibilité entre ceux-ci et son être, il faut aller plus loin : postuler une espèce d'affinité paradoxale entre la nature du souverain, être unique s'il en est, et la nature des jumeaux. Pour étayer une telle hypothèse, il est nécessaire de revenir sur certains points du rituel que nous avons décrit, mais nous voudrions d'abord nous arrêter sur l'aspect plus général du paradoxe qui nous fait rapprocher le roi des jumeaux.

Le roi est unique de par son statut de fils aîné et de par les rites d'intronisation qui le coupent radicalement du reste de ses frères (qui doivent quitter Léré, la capitale, pour aller prendre un commandement dans un village de « brousse ») comme de toute relation avec ses consanguins. Il est hors famille, comme il est hors clan. Mais, indépendamment de l'unicité propre à la fonction royale, il y a l'unicité que confère à tout un chacun le système de parenté moundang et qui se révèle immédiatement dans la terminologie de référence. Le fameux principe d'équivalence des siblings cher à Radcliffe-Brown ici battu en brèche : un Moundang n'a pas de frère ou de sœur mais seulement un frère aîné ou cadet, une sœur aînée ou cadette. L'ordre des naissances n'est pas un principe particulier régissant les rapports entre siblings et parents de même niveau généalogique mais le trait dominant du système. Ainsi le statut d'Ego par rapport à chacun de ses parents des deux lignes paternelle et maternelle est déterminé non pas simplement par l'ordre des générations, mais en fonction du rang de naissance de chacun d'eux par rapport à ses père et mère respectivement. Ego n'a pas d'oncle paternel mais un frère aîné ou cadet de son père, il n'a pas d'oncle maternel mais un frère aîné ou cadet de sa mère, et ainsi de suite : ses droits d'héritage et de succession, ses droits d'accès aux femmes suivent ces lignes brisées entre et à l'intérieur de chacun des niveaux généalogiques. Le besoin de certitude quant au rang des naissances revêt, dans ces conditions, la plus grande importance pour l'individu et le groupe social et l'on conçoit qu'en dépit de la règle énonçant qui est premier (le dernier sorti) et qui est second de deux jumeaux, ceux-ci, en venant au monde, provoquent un certain « brouillage » dans le système. Aussi, quitte à nous répéter, ne nous étonnerons-nous pas de trouver, chez les Moundang, la certitude

---

Moundang, dans leur langage courant, ne s'embarrassent pas d'une confusion entre hiérarchie politique et ordre cosmique (si fréquente dans les sociétés étatiques africaines) ne nous oblige pas, dans cette analyse, à les suivre.

corrélative que les deux jumeaux ne sauraient l'un et l'autre survivre longtemps ([16]) et que, dans le réel, l'unicité normale ainsi niée sera sous peu rétablie. Mais tout autre, nous le savons déjà, est l'unicité de la personne du souverain, fondée non sur la disjonction aîné/cadet mais sur une coupure plus radicale qui l'isole du reste des hommes et en fait un être à part comme les jumeaux sont des êtres à part. Fermons donc cette parenthèse sur les jumeaux et les rapports de parenté et considérons cette commune singularité en revenant à l'analyse du rituel.

Deux traits fondamentaux définissent, pensons-nous, ce qu'il y a de plus spécifique dans le culte des jumeaux : le traitement du placenta et la présentation au soleil des cols de poterie qui renfermeront les deux âmes des *jurepin*.

Commençons par ce dernier trait. Lorsque le doyen élève les cols de poterie en direction du soleil et invoque le nom des *jurepin* pour que les âmes jumelles veuillent bien gagner ce réceptacle, lorsqu'il présente ensuite les enfants eux-mêmes au soleil et prie Dieu qu'il veuille bien les conserver en vie ainsi que leurs parents et rendre sa fécondité à la mère, il semble — et nos informateurs nous laissent croire — qu'il s'agit simplement d'une identification du soleil à Dieu. Rien, pourtant, dans les représentations religieuses des Moundang ni dans leurs autres rites, rien dans leurs mythes ou leurs contes ne nous permet d'établir une relation métaphorique ou métonymique entre le soleil et Dieu. Rien, si ce n'est la liste des maladies féminines dont les âmes sont également, on l'a vu, enfermées dans un *za-ēre* et parmi lesquelles on trouve une triade de termes que le devin examine sous la rubrique *masen* « Dieu ». Ces trois maladies sont : *masen-li* « Dieu-grand », *masen-suwere* « Dieu-fourmi », *masen-čome* « Dieu-soleil ». Le seul fait que fourmi et soleil soient en position identique dans la nomenclature nous interdit d'en faire des attributs divins et nous invite plutôt à les considérer comme des agents de maladie comparables par leur puissance, dont la mesure nous est donnée par leur attribut commun : *masen*. De l'existence de cette sous-classe de *šinri* féminins, nous

---

([16]) Signalons au lecteur qu'il pourra trouver de semblables remarques sur la parenté et la gémellité chez les Nzakara dans l'ouvrage d'Eric de Dampierre, *Un Ancien royaume Bandia du Haut-Oubangui*, Paris, Plon, 1967 : 248. Que cet auteur nous permette de dire notre surprise quand nous lisons : « La naissance des jumeaux n'apporte aucun présage aux yeux nzakara. » Si l'un des jumeaux doit mourir, on s'étonne qu'une société ne fasse aucun sort dans l'ordre symbolique à la perte de l'un de ses membres, même et surtout s'il s'écarte de la norme. Mais Dampierre nous apporte un éclairage intéressant sur l'idéologie de la gémellité chez les Nzakara quand il nous apprend comment ceux-ci s'expliquent la domination du colonisateur blanc en faisant — dans leur version du texte de la Genèse sur l'héritage d'Isaac — de Jacob, intelligent et tricheur, le Blanc et d'Esaü, l'authentique détenteur du droit d'aînesse usurpé, le Noir. Nous avons nous-mêmes rapporté (cf. Adler et Zempleni, *op. cit.*) comment, dans le mythe d'origine de la divination, les Moundang expliquent la manière dont le jumeau maigre (le Peul musulman) se fit, grâce à une ruse, attribuer par Dieu la connaissance de l'écriture tandis que le jumeau corpulent (le Noir) n'avait pour lot que la divination imparfaite par les cailloux.

ne saurions tirer aucune conclusion intéressant le culte des jumeaux. Un indice, toutefois, dans le rituel que nous venons de décrire retient notre attention : lorsque le doyen est en train d'enterrer les cols de poterie, les parents des jumeaux qui se tiennent debout près de lui ne doivent pas projeter leur ombre (qui se dit čie, comme l'âme) sur l'emplacement du za-ēre. Nous pouvons interpréter cette règle non seulement comme un interdit protégeant l'âme des parents, mais comme l'exigence d'une relation directe, immédiate, entre le soleil et les jumeaux. Et c'est cette idée de relation directe qu'il nous faut rapprocher de la croyance moundang que les jumeaux sont œuvre de Dieu ([17]), c'est-à-dire non pas comme dans une naissance ordinaire où l'union des sexes est cause matérielle, Dieu étant cause efficiente, pour parler la langue d'Aristote, mais en tant que Dieu est alors, à la fois, cause matérielle et cause efficiente. « C'est Dieu qui a voulu les jumeaux et a déposé les âmes jumelles dans leur sang. »

Etres en filiation directe avec le ciel, notion englobante de Dieu et du soleil, êtres dotés d'âmes différentes, séparables, qu'on enterre comme les âmes des maladies, tels sont les jumeaux qu'on présente à leur protecteur le soleil, astre qui n'est pas pour les Moundang un élément particulièrement bienfaisant et dont on retient surtout les caractères desséchant et brûlant. Et cette remarque nous conduit au problème que soulève le nom royal donné à l'aîné des jumeaux : gō-čome « roi-soleil ». Une petite strophe de la devise (čwore) que les femmes déclament pour faire honneur à leur souverain nous éclaire :

> « Il est le fils du roi Worzei
> C'est le soleil qui l'a trouvé
> C'est la lune qui l'a élevé. »

Pour tout commentaire, nous transcrirons le récit que nous fit la chanteuse de la devise.

« Il était une femme du roi qui n'était pas aimée par ses co-épouses. Cette femme fut enceinte. Elle partit un jour, en brousse, avec ses voisines [ses co-épouses] et accoucha là-bas. Celles-ci qui la jalousaient lui volèrent son bébé [un garçon] et le cachèrent sous les feuilles de l'arbre *gumelāra* [arbre épineux à feuilles caduques]. Elles rentrèrent au village et déclarèrent au roi leur époux que la femme qui était enceinte n'avait pas mis au monde un enfant mais un fruit de *vure* [*Kigelia africana*, le saucissonier([18])]. La mère essaya de protester, mais en vain : son mari ni personne ne la crut parce qu'elle était à part des autres femmes.

([17]) Chez les Toupouri, comme nous l'avons signalé à propos des noms donnés aux jumeaux, et aussi chez les Mouktélé on trouve de semblables croyances. Ainsi, Juillerat écrit (*op. cit.* : 199) : « Les jumeaux, enfants du ciel, sont, en effet, associés au soleil et toute infraction aux rites entraîne la cécité des coupables (mais pas des jumeaux) [...] D'une façon générale, les jumeaux restent toute leur vie les protégés de Dieu et sont à l'abri des sorciers. »

([18]) On se souvient que si l'un des jumeaux est mort-né, on prend ce même fruit qu'on dépose dans la chambre de la mère et que l'on enterre plus tard sous la fourmilière.

Le soleil avait vu l'enfant couché sous les feuilles, qui était en train de pleurer. Il s'approcha de lui, voulut le toucher mais le brûla et l'enfant pleura de plus belle. Il tenta plusieurs fois de le prendre, sans succès; il brûlait et l'enfant pleurait. Le soleil décida alors d'aller voir la lune. Il lui dit : « J'ai trouvé un enfant en brousse et quand j'ai essayé de le toucher il a pleuré à cause des brûlures. Il faut que toi tu ailles le chercher. » La lune prit l'enfant, l'emmena chez elle, le nourrit, l'éleva et l'enfant grandit. Il devint berger. Tout en gardant son troupeau il jouait de la flûte et chantait : « Je suis l'enfant du roi Worzei, je suis l'enfant du roi Worzei. C'est le soleil qui m'a trouvé, c'est la lune qui m'a élevé. J'étais sous les feuilles du *gumelãra*. » Un jour qu'il chantait ces paroles, un fils du roi, également berger, qui se trouvait avec ses bêtes non loin de lui, l'entendit. Il l'écouta attentivement et, rentré à la maison, il se présenta à son père pour lui demander : « Père, quel est ton nom ? » Le roi lui répondit : « Si tu veux savoir mon nom il faut dire à ta mère qu'elle prépare de la bière de mil, qu'elle tue un bouc pour accompagner la boule et alors tu pourras savoir mon nom. » La mère prépara la boisson et la nourriture, le roi mangea et but. Et dans un renvoi de bière de mil, il proféra son nom. Son fils très attentif réussit à saisir son nom et lui dit : « J'ai rencontré en brousse un enfant, un berger, qui sans arrêt chante ton nom : Je suis le fils de Worzei, le soleil m'a trouvé, la lune m'a élevé... » Le roi dit : « C'est bon » et il fit battre le grand tambour [*dame* qu'on ne frappe qu'aux grandes occasions : *fin-mundan*, guerre, mort du souverain] pour rassembler les habitants du village. A la population il dit : « Le soleil a trouvé mon fils. C'est vrai et je sais que sa mère était haïe des autres femmes qui m'avaient raconté qu'elle n'avait pas accouché d'un enfant mais d'un fruit de *vure*. Je vais voir ces femmes. »

Le roi fit alors creuser un grand trou devant la porte de sa demeure et ordonna qu'on ramasse tous les fagots qui se trouvaient dans sa cour et qu'on les dépose dans le trou. Il y fit mettre le feu. On fit sortir toutes ses épouses et il leur dit : « Chacune d'entre vous va sauter par-dessus ce trou; celle qui a dit que ma femme avait accouché d'un fruit de *vure* et non d'un enfant, celle-là tombera dans le trou et brûlera. » Ainsi fut fait et les coupables moururent sur ce bûcher. Mais avant que toutes les femmes aient pu subir l'épreuve, les villageois demandèrent qu'on l'arrête car toutes auraient péri. Le roi accepta la demande des habitants. Il rassembla une grande quantité de bœufs et de chèvres qu'il donna à la lune et celle-ci rendit l'enfant à son père. Telle est l'histoire du fils de Worzei, telle est l'explication du nom *gö-čome*. »

Il n'est pas question ici de tenter une analyse complète de ce récit et nous retiendrons seulement les traits qui vont, croyons-nous, dans le sens de notre hypothèse sur la gémellité. Nous avons rappelé en note le rôle que l'on fait jouer au fruit du *Kigelia africana* dans le rituel des jumeaux. Il est évident pour tout auditeur moundang que les femmes du chef se conduisent comme si leur rivale détestée avait mis au monde des jumeaux. Nous avons alors, dans la première séquence du texte, une épreuve qui évoque la coutume d'exposition du ou des jumeaux qu'on pratique dans certaines sociétés africaines. Que cette épreuve soit imposée à un futur roi, cela pourrait constituer la forme archaïque de l'épreuve réelle à laquelle sont soumis les héritiers du *gö-lere*, d'abord envoyés en brousse comme bergers, comme serviteurs, fils de personne auxquels tout peut arriver.

La brûlante sollicitude du soleil dont les rayons traversent la jonchée de feuilles qui cache le nourrisson est assurément la manifestation d'un père qui par sa trop grande proximité consume son fils. Mais il serait tout à fait erroné de faire du soleil la métaphore paternelle au sens où il serait porteur des authentiques attributs du père par opposition au géniteur. Le ressort de cette histoire est que le futur *gō-čome* sait le véritable nom de son père alors que son frère l'ignore et doit payer pour l'apprendre. Il y a donc dualité : d'une part un roi trompé qui se vengera et rétablira dans ses droits légitimes son fils qu'il croyait perdu, d'autre part un père de rencontre (« le soleil m'a trouvé ») qui sauve la vie de l'enfant mais ne peut le garder ni l'élever. Filiation ordonnée, d'un côté, mais épreuve pour restaurer le lien perdu ; filiation directe, intense, de l'autre, mais le temps d'un instant, d'une rencontre que le contact brûlant menace. *Gō-čome* « roi-soleil », ce n'est pas le nom du père porté par le fils miraculé, c'est le nom qui perpétue la trace de cette rencontre, le nom qui marque dans l'être, dans le corps, le signe de cette singulière élection. *Gō-čome* roi, *gō-čome* jumeau, c'est un même destin solaire qui s'inscrit dans l'un comme dans l'autre : moins la splendeur de la lumière que l'ardeur d'un rayon destructeur.

Des corps précieux et fragiles, assurément voués à une vie brève, tels sont les caractères communs que leur nature solaire confère aux jumeaux comme aux rois. Peut-être pourrons-nous les comprendre mieux en considérant le sort qui est fait au corps à travers les rites liés au placenta.

Nous avons présenté l'enterrement des placentas des jumeaux vivants sous la fourmilière comme un rite de séparation et de conservation contrastant avec la mise à l'écart et la restitution à l'eau, qui sont le lot du placenta de l'enfant né unique. Cette différence de traitement n'implique pas seulement la reconnaissance de la nature spécifique des jumeaux, elle nous conduit à nous demander, plus généralement, sur quelle conception des rapports entre corps et placenta les Moundang fondent une telle opposition. Ils n'affirment pas, comme le font par exemple les Mbaï du Moyen-Chari pour lesquels toute naissance est par essence gémellaire et s'accompagne d'une implantation, près du seuil de la maison de la mère, d'un autel de jumeaux (*ndingage*), que le placenta est le jumeau de l'enfant nouveau-né. Ils disent seulement que c'est une substance dangereuse dont il faut s'éloigner, se débarrasser, dans un cas, et qu'il faut conserver, dans l'autre. Mais la nature du danger que cette substance recèle ne nous est-elle pas indiquée par le rite qui exige que l'on enterre les placentas avec le sang perdu par la parturiente et des déchets domestiques ? N'est-il pas justifié de voir dans ce mélange une assimilation du placenta aux matières rejetées par le corps maternel (sang) ou l'activité maternelle (la cuisine essentiellement) et qui, comme telles, sont la contrepartie, l'envers du corps vivant de l'enfant ? Et puisque les placentas des jumeaux qui, eux, sont enterrés, enfermés dans une poterie (réintégrés dans un ventre) sous une fourmilière (symbole de la prolificité et du pullulement naturels) le sont précisément pour conserver, au bénéfice de la mère et des autres femmes du groupe, les pouvoirs de fécondité qu'on isole ainsi dans la gémellité, on est amené à conclure que pour les Moundang aussi, le placenta est un double. Double négatif, substance de vie arrêtée, nourricière du corps de l'enfant dans le ventre maternel, mais déchet mortel qu'on détache à la naissance et que l'on met, si l'on peut dire, hors circuit quand il s'agit d'un nouveau-né unique. Placenta et corps sont dans la vie extra-utérine exclusifs l'un de l'autre (comme l'étaient, dans le mythe que nous avons rapporté au début de ce travail, la mère et l'enfant) et l'enterrement des placentas des jumeaux (la réitération dans la terre du processus de fécondation) a pour contrepartie la croyance que les corps ne survivront guère. Quand bien même ceux-ci survivent, cela ne modifie pas le destin des jumeaux d'être des personnes dont le potentiel de vie est partiellement détaché d'elles-mêmes et maintenu dans la dépendance, d'une part du placenta enterré sous la fourmilière, d'autre part des âmes doubles enterrées dans le *za-ē-jurepin*.

C'est cette séparation du corps des jumeaux de certaines de leurs composantes essentielles de vie, leur aliénation, dirons-nous, à une substance qui conserve une force autre, et par conséquent leur irrémédiable vulnérabilité, qui nous apparaît comme le trait commun décisif apparentant les jumeaux au souverain. Mais du placenta de ce dernier il ne sera pas question, seulement de son corps. Lorsque vient au monde le futur roi, aucun rite particulier qui le distinguerait des autres enfants n'est accompli pour lui : un prince, fût-il l'aîné, n'est jamais sûr de régner et ne possède donc pas d'attributs royaux. Pourtant, quand le temps de la circoncision viendra, il ne partira pas avec les garçons de sa classe d'âge au camp d'initiation où viennent les grands masques. Le roi est femme ([19]), disent les Moundang, et les princes non plus ne peuvent subir cet arrachement à toute féminité que réalise la présentation aux grands masques : ils sont circoncis dans un camp spécial près du village de Labsay par les anciens du clan moundang-yéré, clan auquel appartiennent également les fossoyeurs et gardiens des reliques du corps du roi. Mais ce n'est qu'une fois le rituel d'intronisation achevé, quand il succède à son père mort, que les attributs de la royauté s'attachent au nouveau souverain. Ce qui concerne son corps est alors l'objet d'un traitement spécial. Il mange toujours seul, à l'abri de tous les regards ([20]), ses urines et

---

([19]) La féminité, ainsi que certains autres attributs qui définissent le souverain moundang, le *gō-lere*, ont fait l'objet d'une analyse schématique dans un article auquel nous nous permettons de renvoyer le lecteur : A. Adler, « Essai sur la signification des relations de dépendance personnelle dans l'ancien système politique des Moundang du Tchad », *Cahiers d'Etudes africaines*, 1969, IX (3), 35 : 441-466.

Nous ajouterons seulement ici qu'au moment de l'initiation seuls les enfants de roi d'une part et les femmes stériles de l'autre subissent des scarifications. C'est le clan du Buffle, le clan du maître de l'initiation, qui a la charge de ces rites.

([20]) Dans un ouvrage tout récent, Luc de Heusch, relevant le même trait dans des royaumes bantous, l'interprète comme un trait distinctif de la nouvelle royauté sacrée qu'instaure le héros dont le mythe narre l'épopée. Aux usages grossiers du chef précédent il oppose les nouvelles « manières de table », la « culture raffinée » du

ses excréments sont « protégés » de tout contact; un esclave verse de l'eau purificatrice sur l'endroit mouillé par sa miction si le roi se trouve à ce moment en dehors du palais, ses excréments sont recueillis dans une poterie quand il est malade, pour éviter qu'un « féticheur » en fasse usage contre sa personne. Enfin et surtout, lorsqu'il meurt (et jadis les Moundang pratiquaient le régicide rituel [21] au terme d'un règne de sept à dix ans), son cadavre est transporté secrètement [22] hors du palais par la petite porte dérobée au fond de l'enceinte, *temuryã* (déjà mentionnée dans le récit de la séance de divination). Avant la période coloniale, on décapitait ensuite le corps pour conserver le crâne (non comme objet de culte mais comme instrument magique du meurtre de son successeur) et le reste était enfoui dans une urne qu'on jetait, après un certain temps, à la rivière qui coule au pied de la montagne de Dam Soko, premier haut lieu du périple de Damba, le fondateur de la royauté moundang [23].

La solitude, la permanente vulnérabilité, la vie brève sont le destin du roi et, pour finir, son corps est emporté par les eaux, car sa mise en terre provoquerait la stérilité et une épidémie de lèpre dans le pays. Cet interdit de la terre qui frappe le corps du souverain est à rattacher, pour nos informateurs, au mythe d'origine qui raconte comment Damba, l'ancêtre des *gõ-lere*, fut d'abord un chasseur qui, venu du pays guider, s'empara, à la faveur d'un complot des anciens, maîtres de la terre, puis grâce à une ruse de guerre, du commandement de ce qui allait devenir le pays moundang. Maître du territoire, Damba reste un étranger sans terre (et les moqueries qu'on lui lance lors de la fête de l'Ame du mil sont là pour le lui rappeler) et, gendre des maîtres de la terre qui lui donnèrent leurs filles

---

roi sacré. Il y a là, nous semble-t-il, un structuralisme un peu léger, car manifestement ce n'est pas de l'opposition de coutumes et de règles de politesse qu'il s'agit, mais de quelque chose qui la fonde, qui touche au statut du corps et de ses orifices, de l'intérieur et de l'extérieur, et qui ne se réduit pas au couple nature/culture. Cf. L. de Heusch, *Le Roi ivre ou l'origine de l'Etat*, Paris, Gallimard, 1972.

[21] Cette coutume, déjà signalée par Frobenius en 1925 dans *Atlantis,* est parfois contestée aujourd'hui à Léré. Mais des informateurs nous en ont fait des descriptions précises et nous avons par ailleurs un argument de poids : dans le système traditionnel, il ne peut pas y avoir deux initiations sous un même règne et la périodicité de l'initiation est de dix ans minimum. Chaque promotion est désignée par le nom du souverain régnant qui doit proclamer l' « ouverture » du camp dans un délai de moins de deux ans suivant son avènement.

[22] La mort du roi est tenue secrète pendant trois mois, période durant laquelle un parent à plaisanterie (*gõ-baï*) est désigné comme tenant lieu de roi, revêt ses habits, réside au palais, etc.

[23] Il existe, à proximité de Léré, un cimetière royal qui est le lieu des sépultures fictive des souverains. Y sont en réalité enterrés les deux enfants, un garçonnet et une fillette, qu'on sacrifie à la mort du *gõ-lere*. Nous n'avons obtenu aucune interprétation officielle du sens de cette substitution. Il est difficile cependant de s'empêcher de penser à un pseudo-couple de jumeaux mixtes tenant lieu d'un corps que la terre ne peut pas recueillir et comblant un vide pour donner réalité à la sépulture.

comme premières épouses, du fait de cette nouvelle alliance il est leur débiteur.

Certes, cette très brève référence au mythe ne nous éclaire guère sur la raison qui interdit la mise en terre du corps du roi mort. Mais le seul fait que les Moundang nous renvoient au mythe suffit à montrer que pour eux les périls de son corps (ceux qu'il encourt et ceux dont il est cause) sont la conséquence du changement radical que l'avènement de la royauté produisit dans les rapports de la société ou, plus précisément, de ce qu'on nomme si bien le corps politique, avec la terre. Ce corps fait de clans et de lignages fut soumis à un processus de « déterritorialisation », pour reprendre un terme forgé par Deleuze et Guattari [24] qui désignent par là le processus fondateur des formations étatiques. En effet, à la terre clanique, à la terre des ancêtres se superpose un territoire, une étendue dont le roi seul est maître, à laquelle sa légitimité seule s'impose. C'est cela le nouveau pacte qu'ont conclu les Anciens, les grands de la terre (*za-lu-seri*) avec le chasseur Damba. Ils lui ont tout donné, pouvoir et richesses, et, par un singulier retournement, ont fait de lui la source de ce pouvoir et de ces richesses, mais au prix d'une transformation de son être. Car l'ancienne légitimité, la force refoulée de la terre est non seulement maintenue à côté de la nouvelle (notamment dans la fonction de chef de terre au plan de la communauté villageoise) mais elle vient, si l'on peut dire, occuper le corps du souverain qu'elle investit comme une autre terre. C'est à cette condition de « territorialisation » de son corps (et quelle autre signification peut-on donner à cet être-femme qu'on lui attribue?) que le souverain peut devenir le garant de l'ordre et de la prospérité de la société ; c'est en elle qu'il faut chercher la raison de la sacralité comme de l'aspect cosmique de sa personne, traits qu'il partage avec tant d'autres monarques africains. De là résulte son ambivalence : source de vie et de fécondité, corps-terre en soi stérile et impur qui doit s'effacer de la terre ancestrale comme un placenta d'enfant unique ou, comme jadis, les jumeaux quand on ne savait pas encore enterrer leurs âmes pour conserver les forces de renouveau qui sont en eux.

« Lézard à deux queues ; Mort », proclame la devise du roi : ces noms évoquent une ambivalence, une monstruosité qui ne sont pas moindres que celles des jumeaux. Mais disons, pour conclure, que ce ne sont pas là, sans doute, les notions qui permettent de rapprocher de la façon la plus décisive royauté et gémellité. En prenant un peu de recul par rapport aux matériaux présentés ici, on s'aperçoit que l'essentiel de ce qu'elles ont en commun tient à la dimension du temps. Nous avons répété que la vie brève était le lot commun des jumeaux comme du souverain, mais ce n'est pas là,

---

[24] G. Deleuze et F. Guattari, *Capitalisme et schizophrénie. L'Anti-Œdipe*, Paris, Ed. de Minuit, 1972 ; cf. chap. III (*passim*).

comme peut-être nous l'avons donné à penser, une conséquence parmi d'autres de leur nature : elle désigne leur nature même.

La naissance de jumeaux est l'irruption dans le cycle vital normal d'une intensité de vie si forte que les corps qu'elle anime se consument vite, non d'ailleurs sans menacer l'existence de leurs procréateurs. Tous les rites, on l'a vu, ont pour but de « rouvrir » la matrice de la mère, d'ouvrir la voie à *tigele* qui marquera le retour du mort et, par là, le retour à l'ordre normal des naissances. La durée de vie des jumeaux se compare ainsi à une usure, usure qui contraste avec la succession ordonnée des âges conduisant l'individu, par étapes, vers une plénitude toujours plus grande que la mort couronne mais ne détruit pas.

Plus saisissante, parce que dramatisée par la solennité des cérémonies publiques, est l'usure du souverain. L'initiation qui suit de peu son avènement est déjà le commencement de la fin et, chaque année, la fête de l'Ame du mil, au cours de laquelle l'esclave qui engrange son mil risque de mourir pour lui, c'est-à-dire à sa place, est un pas de plus vers le terme proche de son règne. A la différence de l'usure des jumeaux qui se mesure au cycle humain de vie, celle du souverain se mesure au cycle cosmique des saisons, mais l'une et l'autre sont comme la restitution à la source qui garantit leur perpétuel renouvellement, de l'énergie concentrée qu'ils y ont, pour un temps, prélevée.

ANNEXE I :
LA GÉMELLITÉ ET LE MYTHE DE LA CRÉATION

« Dieu a créé la terre et la terre était glissante; on ne pouvait marcher qu'avec peine, les pieds s'enfonçaient dans la terre molle. Dieu avait pensé aux créatures qu'il installerait sur cette terre et il y envoya le caméléon pour savoir s'il pourrait marcher ou s'il s'enfoncerait dans le sol. Dieu envoya ensuite la grenouille pour qu'elle saute sur la terre et savoir aussi si elle s'enfoncerait ou non.

Une querelle s'engagea entre le caméléon et la grenouille qui prétendaient l'un et l'autre au titre de premier occupant lorsque des créatures nombreuses peupleront la terre. Le caméléon dit : « Je suis le premier sur cette terre qui était inhabitée car elle était légère et glissante. Grenouille, tu es mon cadet, vois ma démarche, je glisse et quand j'aurai des enfants ils glisseront comme moi. » La grenouille répondit : C'est vrai ce que tu dis mais lorsque je suis arrivée, j'ai trouvé que la terre était déjà un peu plus dure, je saute, comme tu le vois ».

Comme la terre devenait de plus en plus dure, Dieu y envoya des animaux sauvages et un homme. L'homme, mâle solitaire, se plaignit à Dieu : « Pourquoi m'as-tu laissé seul parmi des animaux, ceux-ci ne me ressemblent pas. » Une nuit, pendant que l'homme dormait, Dieu lui retira une côte et celle-ci devint une femme couchée près de l'homme. Dieu dit à l'homme : « Je n'ai pas envoyé sur la terre une femme en même temps que toi. La femme vient de ton corps et puisqu'elle est née d'une de tes côtes, c'est toi qui la commanderas, tu en auras la charge ».

La femme mit alors au monde une paire de jumeaux mixtes. Quand les enfants furent grands, le jumeau épousa sa jumelle. La première femme fut encore grosse et de nouveau mit au monde un couple de jumeaux mixtes. Les jumeaux épousaient leurs sœurs jumelles et ainsi les êtres humains se multiplièrent sur la terre. Les hommes ne surent plus distinguer qui étaient les frères et qui étaient les sœurs. Alors ils se séparèrent. Sur la terre entière Dieu envoya des couples de jumeaux mixtes d'où viennent les races qui existent aujourd'hui. Chacune des races eut sa terre, chacune des races reçut de Dieu son « travail » (sa spécialité).

Malgré l'influence tout à fait évidente du récit de la Genèse sur la création d'Eve à partir d'une côte de l'homme, le thème de la querelle du caméléon et de la grenouille sur la terre non encore durcie [25] est purement africain, comme l'idée que les premières naissances humaines étaient gémellaires est d'origine soudanaise. Le mot « race » est équivoque : il désigne aussi bien les diverses ethnies qui sont sur la terre que les différents clans (chacun avec sa spécialité) dont la réunion a formé le peuple moundang.

ANNEXE II :
LE RITUEL D'IMPLANTATION D'UN NOUVEL AUTEL POUR LES JUMEAUX.

J'ai assisté à ce rituel le 1er décembre 1975, dans le village de Fouli, où il avait été prescrit par le *kendani* à deux mères de jumeaux. Le père de jumeaux (*pah jurepin*) responsable du rituel était Pah-Gobi et la mère de jumeaux ayant la fonction symétrique était l'une de ses épouses.

Les deux jeunes mères de jumeaux vêtues d'un cache-sexe blanc étaient flanquées chacune d'une vieille mère qui avait eu des jumeaux.

1er acte : Pah-Gobi pile sur une meule des oignons sauvages (*kuli*) et des épis de mil « à deux yeux » ainsi que du kaolin. Ces « fétiches des jumeaux » demeurent sur la meule, ils ne serviront que plus tard. Il y a aussi un coq et un poulet attachés près de la meule qui attendent d'être sacrifiés.

2e acte : les deux vieilles mères de jumeaux déterrent les anciens cols de

---

[25] Selon les bribes de cosmologie moundang que nous avons pu recueillir, la terre une fois durcie et habitée par les hommes est immobile et repose sur les cornes d'un taureau. Au-dessus du ciel il y a encore une autre terre sur laquelle se trouvent des cases, mais nous ne savons rien de ses habitants.

poterie qu'elles jettent au loin et creusent les trous pour les nouveaux *ẽre*, c'est-à-dire quatre trous puisque c'est un autel double pour les deux jeunes mères. Les trous creusés, la vieille et Pah-Gobi plantent les nouveaux *ẽre* de la manière que l'on sait : trois fois le geste d'enfoncer est mimé et, la quatrième fois, on plante vraiment les cols de poterie qu'on enfonce dans les trous en laissant dépasser les bords. Pendant cette opération chacune des deux jeunes mères se tient devant son autel propre de façon à ce que son ombre se projette sur son *ẽre*; elles sont donc debout, tournant le dos au soleil levant.

Cet « enterrement (*gah-ẽre*) » terminé, Pah-Gobi et la vieille prennent le sable des calebasses pleines apportées par les deux jeunes et le versent dans un seau; c'est avec ce récipient qu'ils répandront le sable sur les autels des *ẽre*. On verse de la façon rituelle qui nous est maintenant familière : trois gestes pour rien et le quatrième pour répandre le sable dans la partie des cols qui dépasse.

3e acte : « verser l'eau (geste toujours accompli de la main gauche) sur les autels ». L'eau utilisée vient des calebasses pleines qui servent de tambour d'eau. Les deux vieilles, avec un morceau de tige de mil en guise de baguette qu'elles tiennent dans chaque main, frappent leur tambour. Puis, à quelques centimètres des *ẽre*, on fait un trou dans lequel on enterre un oignon sauvage. En enterrant chacune leur *kuli*, les vieilles disent : « Voilà, j'enterre ce *kuli*, puissent les mères des jumeaux enfanter encore, avoir des enfants nombreux comme les grains de sable de ces autels ». Les *kuli* sont recouverts de terre et elles déposent chacune une petite poterie à double col. Sur la terre recouvrant les *kuli*, elles versent l'eau des calebasses tambour mêlée à un peu de farine blanche.

4e acte : Pah-Gobi égorge un coq sur le *za-ẽre* (pour la réfection des autels, l'agonie des volailles n'a aucune signification divinatoire) et fait couler le sang sur le sable des autels et sur les poteries à double col. Le coq tué est immédiatement ramassé par les femmes qui le plument et le feront griller plus tard. Après le coq, Pah-Gobi égorge le poulet dont la destination sacrificielle est la même que celle du coq.

5e acte : Deux femmes apportent deux petites jarres de bière de mil et une calebasse de sésame. La première mère des jumeaux fait un mélange de farine blanche et de sésame auquel elle ajoute un peu de bière et d'eau des calebasses-tambour qu'elle verse sur son autel et les poteries à col double. Ce faisant elle adresse une prière : « Je demande la santé, *ẽre*, je demande des chèvres, des bœufs, de l'argent et la santé pour mes enfants ». La seconde fait la même chose sur son autel de jumeaux et prononce une prière semblable.

6e acte : Toutes les personnes qui participent au sacrifice, Pah-Gobi d'abord, les vieilles ensuite, puis les deux jeunes mères se lavent les mains et le visage avec l'eau des calebasses tambour. Cette ablution faite, Pah-Gobi le premier prend dans sa main un peu du mélange pilé au tout début de ce rituel et s'en marque le front ainsi que le pourtour de son visage. Un petit garçon se trouve sur les lieux, c'est un Tigélé (un enfant né, on l'a dit, après une naissance gémellaire); Pah-Gobi le marque avec le mélange qu'il vient d'utiliser pour lui-même. Puis tous les assistants boivent d'une calebasse de bière dans laquelle flottent certaines herbes aquatiques qu'on désigne comme le « médicament » des jumeaux. Ensuite, les femmes préparent un repas avec la sauce de viande des volatiles qui ont été sacrifiés. Avant de consommer cette nourriture, Pah-Gobi prend quelques morceaux grillés de coq et de poulet avec un peu de boule qu'il jette dans les quatre directions cardinales en offrande aux Génies de lieu du village de Fouli.

LIVRE II

L'ORGANISATION POLITIQUE ET RITUELLE DU ROYAUME DE LÉRÉ

INTRODUCTION

ROYAUTÉ SACRÉE, ROYAUTÉ DIVINE

Le rapprochement entre gémellité et royauté que nous imposent la pensée et le rituel moundang nous dévoile quelque chose d'essentiel dans les représentations qui sont au fondement du pouvoir royal à Léré. De toute évidence il s'agit d'une royauté sacrée mais comme ni l'un ni l'autre de ces deux termes ne vont de soi il est bon de s'interroger sur cette notion comme nous l'avions fait plus haut à propos de la notion de clan.

La royauté sacrée telle que l'ont connue les peuples de l'Antiquité et ceux qu'étudient les ethnographes est l'un des thèmes les plus classiques tant de l'histoire comparée des religions que de la littérature anthropologique. Les spécialistes de l'Afrique noire et, plus particulièrement, les auteurs britanniques, ont accumulé sur ce sujet une documentation impressionnante et pourtant, malgré l'abondance des monographies et des ouvrages généraux dont nous disposons aujourd'hui, l'analyse théorique de cette institution reste encore à faire. Dans une conférence prononcée naguère sur la royauté divine chez les Bemba de Zambie, Audrey Richards (1968, J.R.A.I.) faisait observer qu'il n'existe aucune typologie des formes traditionnelles de la royauté, qu'elle soit fondée sur les caractéristiques de l'organisation socio-politique ou sur les aspects symboliques du pouvoir. Quant à la royauté dite « divine » — qu'on la considérât ou non comme une forme primitive de la royauté sacrée —, elle déplorait qu'il n'y eût même pas d'étude vraiment complète d'un seul cas qui permît de se faire une opinion sur la validité d'une telle notion.

La notion de roi divin fut introduite par Frazer en 1890 pour rendre compte de la légende du Rameau d'Or dans la Rome archaïque; il en développa la théorie au fil des éditions successives de son œuvre monumentale qu'il enrichit par des illustrations puisées, pour une large part, dans le domaine africain. On aurait pu penser que cet apport considérable à la connaissance de la royauté aurait au moins imposé une distinction fondamentale que j'énoncerais ainsi : en admettant que la royauté a partout et toujours été — à des degrés variables — une charge sacrée, c'est-à-dire liée à des puissances invisibles (dieux, ancêtres, animaux ou éléments), deux grandes catégories apparaissent immédiatement :

1) Les royautés dans lesquelles les aspects proprement politiques (répression, guerre, distribution d'avantages, etc.) et les aspects sacrés seraient, sinon rigoureusement séparés, du moins parfaitement discernables et donc analysables séparément comme des composantes de l'appareil du pouvoir. 2) des royautés divines dans lesquelles politique et religieux ou magico-religieux seraient indiscernables, la personne du détenteur du pouvoir étant à la fois humaine et divine (divinisée selon une procédure rituelle déterminée), autrement dit, davantage une incarnation de la puissance dont procède le pouvoir que le produit d'un système de forces. Or, cette distinction forte et apparemment facile à repérer, bien loin d'avoir constitué un point de départ pour une classification des monarchies traditionnelles, a fait, au contraire, l'objet de contestations et même de dénis, comme on va le voir. A vrai dire, à mesure que les recherches sur le terrain se multipliaient et que croissait en même temps l'influence sur le plan méthodologique comme sur le plan de l'interprétation des faits, des idées fonctionnalistes, l'intérêt pour les croyances et les pratiques rituelles liées à la royauté — surtout mises bout à bout sans comparatisme un tant soit peu rigoureux —, se relâcha. Les efforts se portèrent sur le problème sociologique fondamental des caractères spécifiques du fait politique dans les sociétés primitives. On chercha à déterminer les critères qui permettent de distinguer les systèmes étatiques des systèmes non étatiques, la présence ou l'absence de l'Etat étant jugée comme le trait le plus décisif de l'ordre politique. Dès lors, l'apport frazérien qui ne comporte aucune référence aux structures sociales et qui traite d'une royauté dont les manifestations sont indépendantes du critère étatique, fut considéré comme caduc. Certes, l'importance des valeurs religieuses et mystiques associées à la fonction d'autorité ne fut jamais méconnue mais la sacralité comme telle fut ravalée au rang de moyen parmi d'autres pour imposer et affirmer un pouvoir dépendant essentiellement de facteurs plus contraignants, de toute évidence : l'écologie, la démographie, la morphologie sociale, l'économie et les structures lignagères et familiales. Dans cette perspective annonçant déjà la « science politique » appliquée à l'ethnologie, la notion de roi divin fut rejetée moins en raison du cadre théorique où elle prenait place pour Frazer (sa conception intellectualiste des rapports entre magie, religion et science, sa tendance à donner une vision évolutionniste d'une filiation conduisant du devin ou du faiseur de pluie au souverain de l'âge de la Religion) qu'à cause du critère retenu pour y inclure tous les exemples choisis : le régicide rituel dont le récit d'ouverture du *Rameau d'Or*, le meurtre par son successeur du roi-prêtre de Diane dans le bois sacré de Nemi, offre le modèle primitif.

Manifestement, on assiste depuis peu à un renversement de tendance chez les anthropologues. L'attention aux aspects symboliques du pouvoir s'est accrue et l'analyse des systèmes de représentations qui sous-tendent la pratique du régicide rituel est revenue au premier plan des recherches sur les formes primitives de l'Etat. Néanmoins, la véritable dénégation dont cette coutume a fait l'objet de la part d'auteurs aussi peu négligeables qu'Evans-Pritchard mérite qu'on s'y arrête et qu'on s'interroge sur les arguments que celui-ci avança dans sa célèbre *Frazer lecture* (1948) consacrée à la royauté divine chez les Shilluk du Soudan nilotique. Cet exemple africain tenait une place de choix dans la troisième édition du *Rameau d'Or* et avait offert à l'auteur l'occasion de nous donner l'expression la plus claire de sa notion de royauté divine qui se résume dans les trois points suivants :

1) Le roi divin est censé posséder dans son être physique et spirituel un pouvoir sur la nature, pouvoir qu'il exerce volontairement ou malgré lui.

2) Il est considéré comme le « centre dynamique de l'univers » et de ce fait, ses actes et le déroulement même de son existence affectent le cours du monde et son équilibre et, par conséquent, doivent être étroitement contrôlés, soumis à un strict protocole.

3) Enfin, il doit être mis à mort lorsque, d'une manière ou d'une autre, ses forces le quittent afin que l'ordre du monde dont il est le support ne subisse pas les effets de son propre déclin. Les formes cérémonielles ou les méthodes rituelles du régicide peuvent varier et le moment du meurtre peut dépendre des circonstances. Parfois on en décide quand les signes de sénescence font leur apparition; il n'est pas rare non plus qu'il suive des insuccès graves qu'on impute au roi — sécheresse, famine ou désastre militaire —, il existe aussi des systèmes où ce moment est fixé au terme d'une période qui lui est assignée à l'avance (7 ou 10 ans par exemple).

Ainsi chez les Shilluk le souverain, appelé *Reth*, était étranglé (car il est interdit de verser le sang royal) quand ses forces physiques le trahissaient au point de le rendre incapable de donner la moindre satisfaction à ses épouses. Son impuissance était alors interprétée comme le signe d'un danger menaçant la fécondité tant chez les humains que chez les animaux domestiques et les plantes cultivées. Frazer pensait que ce type de régicide s'expliquait fort bien par ce qu'il nommait : « l'élément principal de la religion Shilluk, le culte national de l'esprit Nyikang, l'ancêtre historico-légendaire fondateur de la dynastie royale ». C'est parce que les *Reth* sont considérés, une fois intronisés, comme des réincarnations de l'Esprit Nyikang garant de toute fertilité qu'ils sont mis à mort dès qu'ils montrent des signes de faiblesse et de déclin. De cette façon sont assurés l'éternelle vigueur et le pouvoir incorruptible de l'Esprit Nyikang périodiquement réinstallé dans un corps en pleine force. Tel est le principe à la fois théologique et cosmologique qui rend intelligible l'étrange procédé auquel les Shilluk, comme d'autres peuples africains, ont recours pour clore un règne sous les meilleurs auspices.

La critique d'Evans-Pritchard est d'abord l'expression d'un doute : le meurtre rituel des Reth n'a jamais pu être prouvé faute de témoins ou de témoignages historiques incontestables. Par ailleurs, l'argument cosmologique ou théologique lui paraît controuvé parce que ce n'est pas le roi qui est divin mais la royauté symbolisée par l'Esprit Nyikang. La royauté divine est une institution politique tout autant qu'un fait religieux et partant on peut considérer le régicide rituel comme un discours ou une fiction dont les justifications sont à chercher dans les particularités de la structure sociale et politique des Shilluk. Voyons l'argument.

Nyikang, l'ancêtre fondateur, n'est pas à proprement parler un dieu mais un intermédiaire, un médium entre dieu et les hommes car *Juok*, l'Etre suprême, est une Puissance lointaine qui ne saurait être invoquée directement. On invoque Nyikang ou, mieux encore, sa présence ici telle qu'elle est incarnée dans la personne de tout souverain régnant. Le *Reth* « saisi » par l'Esprit Nyikang est ainsi comme le pivot de deux ordres : l'ensemble des communautés locales dont il est officiellement le chef politique et le culte national dont il est le centre et le vivant foyer. Le caractère segmentaire de la structure sociale, l'organisation en clans et lignages patrilinéaires dispersés dans des hameaux où l'autorité est assurée par des maîtres de la terre appartenant à un clan dominant, le fait surtout que le *Reth* est appelé à confirmer seulement les chefs locaux mais ne les nomme pas et ne dispose d'aucun appareil administratif pour les contrôler, ces traits décisifs du système politique Shilluk sont là pour attester que le roi règne mais ne gouverne pas. Régner signifie dès lors que le *Reth* est essentiellement un symbole du tout de la communauté nationale et qu'il ne saurait être identifié avec aucun de ses segments particuliers. C'est la raison pour laquelle la charge royale est élevée à un plan mystique. Que la succession au trône doive échoir tour à tour à l'une ou l'autre des branches du lignage royal, que ces branches soient liées à des sections territoriales, qu'elles soient rivales entre elles, cela est conforme à la logique de l'organisation segmentaire. Mais ces segments opposés sont aussi unis dans et par leur commune reconnaissance de la valeur suprême incarnée par la royauté. Le meurtre rituel est, dans cette perspective, une fiction religieuse — ou un discours idéologique — dont l'affirmation s'explique par la double personnalité du roi, à la fois lui-même et Nyikang, à la fois individu visible et institution transcendante. Et, s'il est vrai que les données historiques indiquent une grande fréquence du régicide, on peut penser que ce fait résulte de la compétition « structurelle » entre branches rivales dont l'une met à profit quelque malheur national et l'impopularité qui retombe alors sur le roi, pour entrer en rébellion et s'employer à restaurer la grandeur de la royauté au dépens du roi défaillant. En définitive, la royauté divine et sa légitimation en termes de meurtre rituel apparaissent, nous dit

Evans-Pritchard, « comme une institution typique, quoique non exclusive, des sociétés possédant une forte structure lignagère dans laquelle les segments politiques constituent les parties d'un système faiblement organisé et dépourvu de fonctions gouvernementales... dans des sociétés de ce type, l'organisation politique revêt une forme rituelle et symbolique ». Citons encore les dernières lignes de sa conclusion : « La royauté divine enveloppe une contradiction entre le dogme et les faits sociaux (et, en un sens, entre la charge et l'individu qui la détient) qui est le produit d'une combinaison entre les tendances centripètes et les tendances centrifuges à l'œuvre dans la structure de l'ensemble national et cette contradiction est résolue par la coutume du régicide » — traduisons : par l'assassinat politique travesti en meurtre rituel.

Si cette réfutation de la thèse de Frazer en appelle d'abord au jugement du tribunal des faits, il faut dire seulement que la plupart des ethnologues s'accordent aujourd'hui pour estimer que le scepticisme dont elle procède est totalement injustifié. Mais la démonstration d'Evans-Pritchard, si solide en apparence, exige un commentaire d'un autre ordre. Contester des faits mal établis, opposer un doute radical à ce qui peut cacher une complaisance morbide pour des coutumes barbares plus aptes à alimenter des préjugés qu'à servir à une connaissance objective des cultures traditionnelles, rien de plus salubre. Mais en l'occurrence, il ne fait ici que déplacer le problème. Il est vrai que l'assassinat politique est un fait d'histoire ancienne et contemporaine qui nous est plus que familier et donc, si l'on ose dire, dans l'ordre des choses, voire de la rationalité politique, tandis que le meurtre rituel peut, en tant que tel, nous faire horreur en raison justement de son exclusion de la — ou notre — rationalité politique. Mais ce scrupule éthique — le même qui a conduit Evans-Pritchard à laver les Zandé du soupçon de cannibalisme parce que là aussi aucun témoignage n'est tout à fait irrécusable — contamine son argument sociologique et met en lumière l'arbitraire de sa conception du rapport entre politique et rituel. Il n'admet de pouvoir que politique et réduit le politique à la compétition pour le pouvoir (et les avantages de toute sorte qui s'y attachent) entre les individus et les groupes dans le cadre d'un système social déterminé. Le sacré n'est pour lui qu'une forme, une ritualisation de l'autorité d'autant plus marquée et intense que les organes proprement politiques du corps social sont faiblement différenciés ou même à peine existants.

Michaël Young, qui a repris la question de la royauté divine chez les Jukun du Nigeria (1966), adresse de semblables critiques à Evans-Pritchard, non sans humour il note que son interprétation « structurale » a pour effet de supprimer avec élégance le problème du régicide rituel en même temps que son inventeur. Encore faut-il s'entendre sur les mots : une interprétation structurale ne consiste pas à réduire un niveau de la réalité sociale à un autre supposé le rendre intelligible. Or, c'est bien ce que fait Evans-Pritchard lorsqu'en termes très durkheimiens il donne le primat à la base morphologique. Ainsi, il écrit : « La densité morale (chez les Shilluk) est assez grande pour que les segments soient représentés par un symbole commun dans la royauté mais insuffisante pour éliminer les puissantes tendances à la fission dans la structure totale qu'ils composent ». Une telle proposition expliquerait à la rigueur la faiblesse ou la légèreté de l'emprise du pouvoir dans une structure sociale de ce type — encore qu'on pourrait n'y voir qu'une simple tautologie — mais laisse, à coup sûr, dans l'obscurité la plus complète la question de l'efficacité symbolique de la royauté. En disant que celle-ci est inversement proportionnelle à l'emprise effective des institutions politiques au sens strict du terme, on n'en donne pas la mesure mais bien plutôt on la déréalise. C'est ce qui explique, sans doute, que la réalité du meurtre rituel — le fait qu'un acte rituel entraîne pour le fonctionnement du système des conséquences du même ordre que celles résultant de l'événement que constitue un assassinat politique — soit, aux yeux d'Evans-Pritchard, quelque chose d'incompatible avec la fonction purement expressive qu'il reconnaît au symbole.

De manière incontestable, les faits africains donnent raison à Frazer quand il affirme que les caractères spécifiques de la royauté divine sont indépendants de l'étendue des pouvoirs temporels qu'exercent ceux qui l'incarnent. Le *Citimukulu* des Bemba, l'*Aku* des Jukun ou le *Gõ-Léré* des Moundang qui sont des souverains plutôt absolutistes ne sont pas moins des rois divins au sens frazérien que les *Reth* des Shilluk ou l'*Utu* des Rukuba (Muller, 1975). Bien qu'elle ne soit pas sans influence sur le déroulement et la tournure des conflits et des luttes intestines d'une dynastie, l'institution du régicide rituel relève donc d'une logique autre que celle du combat politique ou de la compétition pour le pouvoir dans l'acception ordinaire de ce mot. Cette autre logique est celle qui sous-tend le système de représentations et de pratiques rituelles au moyen desquelles une société, par le truchement d'un roi, prétend s'arroger un pouvoir sur la nature et consent à en payer le prix. Les données de l'histoire locale, nous l'avons constaté, ne nous permettent pas de nous prononcer sur la fréquence du régicide rituel à Léré ni même, si nous nous laissons gagner par l'esprit du doute radical, sur son existence puisque nous n'avons pu signaler que des assassinats ou des tentatives d'assassinat. Mais l'accord est général pour dire que le chef de Binder Naïri était mis à mort au terme d'un règne de 7 à 10 ans et nous avons aussi et surtout le texte de Frobenius qui fut le point de départ de notre enquête. Sous la rubrique d'ouverture de son chapitre Moundang : « Royauté, Mort du Roi, Funérailles », il écrit (*op. cit.*, p. 76) : « Les Moundang, à l'exemple de tous leurs voisins méridionaux, célèbrent avec enthousiasme la circoncision, le *Djang-ré*. Celle-ci ne peut avoir lieu qu'à la mort d'un roi (*Gong*), mais aussi, chaque roi, qu'il s'agisse d'un souverain puissant régnant sur

Léré ou d'un chef ne commandant qu'un village, « doit » mourir au terme de la 7ᵉ ou de la 8ᵉ année de son règne, il « doit » mourir, qu'il le veuille ou non. La personne à qui il incombe de forcer une éventuelle résistance du roi n'est nul autre que son *pulian*, autrement dit le frère de sa mère. En effet, si le roi ne meurt pas de lui-même après 8 ans de règne, il faut que le *pulian* traîne au bout d'une corde, enveloppé dans la peau d'une vache blanche, le crâne du père défunt du roi — son prédécesseur — et qu'il se promène ainsi devant la place où se tient le roi « excédentaire » pour qu'il y voie son *memento mori*. Quand le roi voit cela il meurt infailliblement la nuit suivante. Une fois que c'est chose faite, une deuxième charge incombe au *pulian* : il doit couper la tête du roi qui vient de mourir. La tête fraîchement coupée est cousue dans la peau de la vache blanche et, ainsi cachée, elle est introduite dans une grande poterie. L'urne funéraire est portée avec beaucoup de soin vers une montagne où se trouve une caverne faisant fonction de mausolée des crânes royaux. Mais le tronc est jeté dans une rivière et nul ne se soucie du cadavre du roi. » A l'exception du rôle imputé au *pulian*, défini comme l'oncle maternel du roi, tous les détails fournis par cette description sont confirmés, comme nous le verrons, par les Anciens de Léré. Ceux-ci mettent ainsi le chercheur au rouet en niant le régicide rituel et en racontant l'histoire dynastique sans laisser de place à cette coutume qu'ils décrivent, par ailleurs, comme s'ils y avaient assisté. Il serait vain de chercher une explication sociologique ou psychologique à cette attitude contradictoire et d'y voir un effet des changements dans les pratiques politiques et les idées morales dus à la colonisation. La tradition orale est muette sur ce sujet mais elle n'exclut nullement la possibilité du régicide comme usage rituel. Evans-Pritchard voulait y voir la fiction d'un discours idéologique, mais peut-être serait-il plus juste de noter qu'un tel usage n'entre jamais dans la narration historique dans la mesure où il est un non-événement. En revanche, le rituel *post mortem* exécuté sur le corps du souverain est une coutume secrète — comme est secrète la mort initiatique — mais ne fait l'objet d'aucun déni. C'est la loi des Moundang, dit Mangay, elle est aussi nécessaire au bon fonctionnement de la royauté que le *ye-wuli* à la perpétuation du lignage.

Que ce soit la magie — celle du crâne du père mort — ou le poison (nous verrons que ce ne sont pas les *pulian* mais les *za-sae* qui sont impliqués dans cette affaire) ou l'assassinat pour le compte d'un Gŏ-Kide, usurpateur par vocation, la cause de la mort du souverain de Léré relève de l'ordre de la structure et c'est la perspective frazérienne du roi divin qui nous semble la plus appropriée pour mettre en place toutes les pièces du dispositif qui en assure le fonctionnement. On peut parler de machine gouvernementale, d'appareil étatique et nous ne nous interdirons pas d'avoir recours à ce vocabulaire, mais il faut toujours avoir présent à l'esprit qu'il s'agit d'analogies, dans le meilleur des cas et, le plus souvent, de métaphores pour les commodités de l'écriture. Les dignitaires et les notables que nous allons présenter sous la rubrique des collèges qui assistent l'autorité royale sont des éléments de l'appareil du « pouvoir » : mais nous n'aurons, si j'ose dire, que des fonctions rituelles à nous mettre sous la dent. Faire respecter le calendrier agricole et le calendrier des sacrifices et festivités qui lui est associé, veiller à ce que tous les acteurs de ces rites accomplissent leurs tâches, depuis le roi jusqu'au plus humble chef de famille, surveiller la maison du roi où afflue le surplus de richesse qui retournera à la population sous forme de nourriture et de boissons sacrificielles, tel est l'essentiel des attributions de ces dignitaires, notables et serviteurs qu'on peut bien appeler ministres.

Nous allons donc étudier la royauté moundang de Léré comme une organisation politico-rituelle dans laquelle nous distinguons trois éléments fondamentaux dont nous dirons qu'ils composent l'appareil d'Etat :

1) Le collège des *za-sae* (« les excellents »), sorte de conseil des Anciens représentant les principaux clans du royaume. Ils sont les maîtres de la terre et les « faiseurs de roi » conformément au mythe de fondation qu'on a lu au début de cet ouvrage.

2) Le collège des *wê-puliã-gõ-ae* (« les enfants de ceux qui ont perdu la chefferie et qui appartiennent au souverain »). Ils ne représentent pas les clans mais, comme leur nom l'indique, l'ensemble des hommes comme sujets du *gõ-Léré* dont ils sont, pour une part, le bras séculier.

3) Le roi lui-même tel qu'il se définit dans la relation qu'il entretient avec chacun de ces deux collèges respectivement.

Ensuite nous étudierons le deuxième volet de cet appareil d'Etat qui est constitué encore une fois par le roi mais envisagé dans sa relation avec les institutions qui, contrairement aux deux collèges, procèdent de lui :

1) le palais, centre de l'espace politique et rituel moundang, avec ses épouses et ses serviteurs qui sont les instruments de la production somptuaire exigée par sa charge.

2) la lignée agnatique royale dans laquelle sont nommés les chefs de village (*gõ-zalalé*) placés sous l'autorité directe de Léré.

PREMIÈRE PARTIE
L'APPAREIL DE L'ÉTAT

CHAPITRE PREMIER

« LES FAISEURS DE ROI »

Le collège des *za-sae* naquit du complot qui permit l'instauration de la royauté à Léré. Les Anciens des quatre clans voulaient, on s'en souvient, que Damba, le généreux chasseur, devienne leur roi à la place du chef Kizéré. Mais quand ils lui en firent la demande celui-ci leur répondit : « Je suis un étranger sur cette terre, comment pourrais-je être votre roi ? ». Certes, le roi de Libé, son père, lui avait dit avant de mourir qu'il régnerait un jour sur une terre étrangère mais il fallut pour que cette prédiction se réalise que se produisît la série d'événements que raconte le mythe : qu'il rencontre les deux jeunes puiseuses, qu'il devienne leur mari, et qu'une fois installé dans le village, ses beaux-pères ourdissent un complot pour chasser leur chef. C'est le rituel décrit dans le récit des préparatifs du complot qui a valeur d'acte de fondation du collège des *za-sae* ; un retour au texte le manifestera clairement.

Lorsque les comploteurs et Damba se furent mis d'accord pour agir, le chasseur partit en brousse et tua une antilope-cheval dont il fit apprêter la viande par ses épouses. Il ordonna que la nourriture répartie dans trois grandes marmites fût déposée dans le *tal-guu*, la hutte sacrée où il garde son arc et ses flèches. « Il appela l'homme du clan du Buffle et lui dit d'aller chercher ses amis et qu'ils se réunissent dans le *tal-guu* où personne ne viendrait les déranger. Quand les Anciens se furent enfermés dans la hutte, Damba leur parla ainsi : « Cette viande, je vous la donne, mangez et quand vous serez rassasiés mettez le reste dans vos besaces et rapportez-le chez vous. Si ce que vous voulez faire on peut le faire alors c'est bien, faisons-le ». Les Anciens mangèrent, mangèrent jusqu'à ce qu'ils fussent rassasiés, ils burent, burent de la bière jusqu'à ce que leurs ventres fussent gonflés comme des outres. Ils mangèrent et burent ainsi jusqu'au soir, Damba avait posté un jeune homme près de la hutte afin de veiller sur les Grands, que personne ne puisse entrer ni même approcher du lieu de leur conciliabule. Cette invitation fut répétée trois fois et c'est à la troisième fois que les Grands sortirent menacer Kizéré. Depuis ce jour on dit : *za-sae pe talé*, « les *za-sae* sont dans le *tal-guu* », « voilà le commencement des *za-sae* ».

Le rituel des préparatifs du complot est donc un repas communiel où les Anciens consomment la viande fournie par le roi et cuisinée par ses épouses. Cette séquence du récit est reproduite dans les préparatifs et la clôture des cérémonies de *fing-moundang*, la fête des prémices. Les *za-sae* tiennent conciliabule par deux fois en se réunissant non pas dans la hutte sacrée des flèches mais dans la demeure de l'épouse du roi qui est située en quatrième place vers la gauche quand on regarde le seuil du palais depuis l'intérieur. Une première fois, dans l'heure qui précède la proclamation de l'ouverture de la fête, et la seconde avant les discours de clôture trois jours plus tard. Les nourritures et les boissons qui leur sont servies en cette occasion sont expressément désignées comme sacrificielles : les devins ont consulté la terre pour le choix du village qui doit donner le bœuf destiné aux *za-sae*, ils l'ont fait également pour le choix des épouses royales qui doivent préparer le *yim-syînri*, « la bière de mil des fétiches ». Comme leurs ancêtres dans le *tal-guu* de Damba, les *za-sae* sont invités à faire bombance et à s'enivrer mais ils ne sont pas réunis pour cela seulement. Ils sont là pour parler des affaires du pays et pour donner des conseils au roi ; celui-ci se présente devant eux à la fin du banquet, il les écoute et prononce quelques mots avant de sortir et monter sur son « trône » (une pirogue renversée) pour s'adresser au peuple moundang en armes rassemblé devant le palais.

Lors de la fête de *fing-moundang* qui eut lieu en 1969 puis de celle de 1975, j'ai obtenu des *za-sae* qu'ils m'accueillent — moyennant le prix d'un bœuf (12 000 F C.F.A. plus une bouteille de whisky) — dans leur « conclave » et ai même eu l'autorisation d'enregistrer leur conversation au magnétophone. Je ne crois pas qu'il soit possible de donner au lecteur une idée plus juste de ce que sont ces « excellents » qu'en les laissant se présenter dans les discours où ils se montrent tels qu'en eux-mêmes cette circonstance solennelle les change. Le fait que dans la bouche de certains il y ait une allusion à ma présence n'implique pas que celle-ci les ait gênés ; elle a plutôt poussé quelques-uns à tenir un langage plus explicite et, pour ainsi dire, plus pédagogique à l'intention de l'étranger qui se faisait le scribe de leur institution.

Avant de donner la parole à ses membres, quelques précisions sur la composition de ce collège sont nécessaires. En principe, il doit comprendre au moins dix personnes et avoir à sa tête l'Ancien du clan du Buffle. Le second est, conformément à l'ordre des préséances donné par le récit du mythe, l'Ancien du clan Teuré. Le troisième devrait être le représentant du clan Moundang-ge-Rumaï mais il n'y a plus personne de ce clan dans le canton de Léré. Pour expliquer son rang dans la hiérarchie des *za-sae*, on raconte qu'une femme du chef ayant été enlevée par un étranger, ce fut un Moundang-ge-Rumaï qui en retrouva la trace et permit de la ramener à son mari. Par ailleurs, nous avions mentionné plus haut l'existence d'une tradition attribuant à ce clan l'introduction de coutumes funéraires peules (l'ensevelissement du cadavre avec un suaire) destinées à la famille du roi seulement. Le quatrième rang est occupé par l'Ancien du clan des Oiseaux (sous-clan du Pélican). Son ancêtre avait apporté à Damba une pointe de lance enduite de poison qu'il avait mise dans une gourde. C'est cette arme qui servit à venger l'outrage subi par le roi à cause du rapt de l'une de ses épouses; nous allons voir que pour cette raison, le représentant du sous-clan du Pélican est jusqu'aujourd'hui « l'homme de la lance », le maître-vengeur, si l'on peut dire, du roi de Léré. En dehors de ces quatre premiers dignitaires qui représentent le noyau initial du peuple moundang, tous les autres *za-sae*, quelle que soit la spécialisation de leur clan, sont logés à la même enseigne. Parmi eux cependant, doit se trouver un Grand du clan Moundang-Gõ-Daba qui est là en tant qu'homme du roi. Certes, sa présence dans une instance d'ordre clanique témoigne de ce que nous avons désigné du terme de clanification — qui vaut autant pour les lignages issus du roi que pour les descendants d'esclaves — mais en même temps il est là comme représentant le côté du roi et joue un rôle d'intermédiaire entre celui-ci et ses collègues, les hommes de la terre, *za-seri*. Un tel rôle attribué à un membre du clan royal (rôle qu'il partage aujourd'hui avec le *wajiiri*, notable nommé parmi les fils de fille du roi) suppose que la relation de complicité — donnée par le récit de fondation — coexiste avec une relation d'opposition et de méfiance entre les *za-sae* et le Gõ-Léré. Cette ambiguïté est inscrite dans la position de « faiseurs de roi », à la fois souverains et soumis, et nous allons voir à quel point elle est encore sensible dans le contexte actuel où elle prend une tournure nettement politique en raison de la politisation de la fonction de chef de canton depuis la période coloniale et jusqu'à maintenant où elle est soumise à élections.

Le « conclave » de 1969.

A cette époque le collège était présidé par Leiné, le doyen du clan du Buffle, un homme affable et ouvert avec lequel j'entretenais les meilleures relations. Quand Mangay, qui parraina ma démarche, lui fit part de mon désir d'assister à la réunion des *za-sae*, il ne souleva pas la moindre objection. A l'heure convenue, je m'installai comme je pus dans la pièce sombre et exiguë où la douzaine des grands dignitaires attendait les marmites de bœuf bouilli et les jarres de bière de mil pour commencer la discussion. Les épouses et les serviteurs du palais s'affairaient dans la ruelle faisant un passage entre les vestibules de réception et les appartements féminins et bientôt les plats et les boissons arrivèrent. Ecrasé par mes voisins qui s'étalaient de plus en plus à mesure que le banquet avançait, tenant à grand-peine le magnétophone sur mes genoux serrés pour résister aux pressions de sens contraire, j'essayais d'orienter le mieux possible mon micro pour ne rien perdre de ces paroles d'ivresse et de haute sagesse politique. Plaisanteries, rots sonores et mouvements précipités pour aller uriner, dehors ou dans une pièce voisine, devaient ponctuer les discours jusqu'à la fin de la séance. Se faisant le plus petit qu'il pouvait, impuissant à surmonter la crainte que lui inspirait une telle assemblée, mon interprète était accroupi à mes côtés et me relayait de temps en temps pour tenir le micro. L'ordre et la discipline ne semblaient pas les traits dominants de ce colloque.

Mangay, l'homme du roi : « Pourquoi vous querellez-vous ainsi ? Si quelque chose ne va pas c'est moi que vous venez voir et je transmets au Gõ-Léré car vous ne pouvez pas lui parler directement. Celui qui veut boire seulement n'a qu'à le faire chez lui. Il n'est pas bon de venir chez le roi pour bavarder comme au marché ».

Leiné : « Tu as bien parlé, je te remercie ».

Mangay : « Chacun doit se taire maintenant et attendre le roi pour parler ».

L'un des *za-sae* : « Quand le roi vient, vous avez peur de lui parler et quand il n'est pas là vous bavardez beaucoup. Mais si vous avez de bonnes paroles ou de mauvaises paroles il faut aussi les dire devant lui ».

Leiné : « Bon, si nous parlons, c'est toi, *wajüri* ou toi Mangay qui vas transmettre au roi que ce soit quelque chose de bon ou de mauvais. Les *za-sae* sont autrement, ce sont des gens à part. Un homme important, un notable peut être aimé du roi, il peut même être l'amant d'une femme du roi mais quand quelque chose ne va pas sur la terre de Léré, c'est seulement aux *za-sae* de s'en occuper. Je suis votre chef, si l'un d'entre vous veut parler qu'il le fasse ici, devant Mangay et *wajüri* et qu'il n'aille pas murmurer dans les quartiers. Les singes qui vivent en brousse se mangent entre eux; quand l'un meurt, l'autre vient dévorer son cadavre avant qu'il ne soit mangé par les vers. Les choses sont gâtées entre nous, et aussi entre nous et les *wê-puliã-gõ-ae*. Si quelqu'un ne veut plus suivre la loi des *za-sae*, qu'il se sépare de nous mais qu'il nous donne son fils et je continuerai le travail avec lui. Voilà, aujourd'hui nous sommes ensemble à manger et à boire chez le roi et, une fois sortis d'ici, nous ne nous connaissons plus et c'est moi seul qui supporte les difficultés qui se présentent à nous. C'est tout ce que j'ai à dire, mes paroles, c'est peu ».

Des cris de mécontentement, des protestations s'entrecroisent, un brouhaha de voix passablement éméchées d'où surgit celle du chef des *wê-puliã-gõ-ae*, grave et réprobatrice.

Pabam-Gulo : « Les *za-sae*, vous êtes des grands, des personnes que l'on craint et vous vous conduisez comme des enfants. Pourquoi donc ne vous respectez-vous pas vous-mêmes ? Jadis les choses allaient beaucoup mieux. Même parmi les *wê-puliã-gõ-ae* je n'ai jamais vu un tel désordre, surtout lorsque nous sommes chez le roi. »

Mangay : « Ce que dit Pabam-Gulo c'est la vérité ». Njama, *puliã-za-wi* du clan Kizéré, l'interrompt : « Quelle vérité, quelle vérité ? » Les autres essayent de le faire taire mais il est trop parti pour se laisser intimider et se met à gronder Leiné : « Pourquoi es-tu assis au seuil du *pe-pae* (il s'agit de la chambrette du fond où la maîtresse des lieux a sa couche), cela n'est pas convenable, il faut que tu te rapproches de nous, il n'y a pas deux maîtres dans une demeure (Njama veut dire que seul le mari peut s'asseoir sur le muret qu'il faut enjamber pour passer du salon — *pe-deuré* — où la femme reçoit ses visiteurs au *pe-pae*) ».

Mangay (s'adressant à Pabam-Gulo) : « Tu vois que les *za-sae* ne se respectent pas. Cela vient-il seulement de nous-mêmes ou bien y a-t-il quelque chose entre les *za-sae* et les *wê-puliã-gõ-ae ?* (s'adressant à Leiné) Pabam-Gulo est le seul qui puisse se joindre à nous quand nous sommes chez le roi mais il doit s'en aller quand le roi arrive. Aucun autre *wê-puliã-gõ-ae* ne peut entrer ici sauf s'il en a reçu l'ordre pour faire un travail (allusion à quelqu'un qui a apporté une jarre de bière à la demande de Pabam-Gulo). Celui qui permet à n'importe qui de venir, celui-là doit payer une amende d'une chèvre. Ces bêtises, ces mélanges entre nous et les *wê-puliã-gõ-ae*, c'est maintenant que cela existe mais même au temps de Sahulba on n'aurait pu voir une telle chose. Chaque tâche est donnée à un clan et chacun continue le travail de son père. On n'achète pas son rôle ».

Une voix de *za-sae* : « Le roi ne s'occupe pas de nous. S'il ne veut plus être roi il n'a qu'à donner le canton à l'un de ses frères ».

Une autre voix : « Oui, il faut qu'on en parle aujourd'hui, il faut vider notre sac (cette expression traduit exactement celle utilisée en moundang) et cesser nos querelles ».

Mangay : « Les histoires qui nous regardent, nous les *za-seri*, c'est à part ; celles qui regardent les enfants du Gõ-Léré, c'est à part. *Wajiiri* et moi, nous sommes des enfants de Gõ-Daba. Cette histoire, c'est pour vous les *za-sae*, c'est pour vous, les deux chefs (Leiné et Pabam-Gulo). Voilà, un Blanc enregistre ce que vous dites. Est-ce que c'est bon qu'il parte avec cela en France ? »

De nouveau un tumulte de voix, des altercations et c'est le silence le plus complet, Gõ-Daba III vient de faire son entrée ou plutôt, dans un ample mouvement destiné à éviter que son magnifique boubou ne soit trop froissé, il s'assoit au seuil du *pe-deuré* sans entrer tout à fait. Leiné le salue : « Que Dieu te bénisse, continue toujours à travailler comme avant le travail des Blancs (*yeb-nasara*). Merci, merci, tu nous as donné à boire, tu as donné à manger, il n'y a aucune mauvaise parole contre ta personne ». Et Barama, un autre grand parmi les *za-sae* — son ancêtre a apporté à Damba le mors du cheval —, enchaîne : « C'est depuis les Ancêtres — ce n'est pas toi qui as commencé la royauté — tu as trouvé ce que tes ancêtres ont laissé. Tu vis aux dépens des autres, les autres vivent à tes dépens. Toi, tu es comme l'hippopotame, tu décides de faire quelque chose et tu le fais, personne ne peut t'en empêcher. Si quelqu'un de dehors te veut du mal il ne peut rien contre toi. La terre t'appartient, tu as le droit de faire tout ce qui te plaît. Une mouche, un bœuf, une personne, tu as tous les droits sur eux. Jamais un pauvre ne pourra te dépasser. Tu es toujours roi, tu fais ton travail et ce n'est pas ta faute si les criquets verts mangent notre mil car c'est quelqu'un qui a été cherché le médicament à Lamé pour te faire du mal. Mais cela ne nous fera pas mal. C'est ta santé que nous demandons. Que Dieu te garde parmi nous. Ici, c'est ta concession. Tu ne l'as pas achetée car ton père te l'a laissée. Rien ne t'arrivera ».

Kazu (l'un des *za-sae* qui siège pour le clan des Moundang-Léré) : « Il y a une chose que le roi ne doit pas tolérer, ce sont les feux de brousse qui menacent les récoltes des autres. Que celui qui agit inconsidérément reçoive une très lourde amende. De même doit être puni celui qui provoque des querelles durant les jours de fête. Gõ-Léré ne peut pas accepter non plus que quelqu'un refuse de se rendre à une convocation de la sous-préfecture. C'est cela le travail du Chef de canton ».

Pabam Mabulo : « Tu es un bon chef. Tu deviendras vieux et rien ne t'arrivera. Ton père a grandi chez mon père. *Masin* (Dieu) est là, toi-même tu es *Masin*. Celui qui refuse de travailler pour toi doit être grondé par le chef de quartier (il s'agit d'une institution coloniale créée pour quadriller la population et faciliter la rentrée de l'impôt et l'exécution des corvées). Les chefs de quartier sont faibles aujourd'hui, leur autorité n'existe presque plus, tu ne peux pas laisser les choses ainsi. Il y a des routes en brousse encore non refaites (dès le début de la saison sèche les villageois doivent réparer les pistes pour les camions qui font la tournée de ramassage du coton). Il faut que les chefs de quartier viennent te voir et que tu punisses les gens têtus ».

Gõ-Daba : « On ne m'a encore jamais soumis de pareils cas. Quelqu'un qui est sur cette terre et qui refuse de travailler, cela n'existe pas. Les chefs de quartier ne viennent pas me raconter ces histoires. Celui qui dit qu'il ne veut pas travailler, j'ai le pouvoir de l'emprisonner ».

Mangay : « Ce n'est pas l'enfant qui montre à son père comment il faut vivre mais le père à l'enfant. Le fils va voir son père de très bonne heure afin de lui parler, de lui demander telle ou telle chose. Wajiiri et moi nous sommes à part des autres *za-sae*, ce sont les affaires du roi qui nous concernent. Quand les *za-seri* commandaient (c'est-à-dire au moment du complot contre le chef Kizéré) le roi n'avait pas encore d'enfant. Puis il eut deux enfants, un garçon et une fille. Je suis l'enfant de ce garçon et toi, *wajiiri*, tu es l'enfant de la fille. Moi je suis le frère de la mère de *wajiiri*. Auparavant, c'est mon grand-père qui avait ce travail et maintenant, c'est à moi que le roi l'a confié. Mon grand-père a perdu ses clochettes (la chefferie de brousse), il avait beaucoup travaillé pour le roi. Désormais nous sommes ici, les affaires du roi sont entre nos mains; *wajiiri* et moi sommes les commissionnaires du roi ».

Njama (plus que jamais en état d'ébriété) : « Le roi ne respecte pas les gens. Lui seul connaît-il tout pour être au-dessus de tous ? Chacun a son lieu, nous aussi nous sommes chez nous. Tout le monde peut parler au roi et ce n'est pas l'affaire d'une ou deux personnes seulement ».

Gō-Daba : « Si chacun veut ainsi m'accuser, qu'il vienne me voir un jour ordinaire mais qu'il ne parle pas ainsi dans cette réunion ». Un chœur d'approbations salue cette phrase.

Mangay : « Même quand le roi est endormi je peux aller le réveiller. A n'importe quelle heure du jour ou de la nuit je peux lui parler. Je lui dis que ce sont les *za-sae* qui sont les Grands de cette terre, que ce sont eux qui doivent faire le partage dans la maison du roi (il s'agit du partage de la viande sacrificielle entre les *za-sae* et les *we-puliã-gō-ae* et, plus généralement, du partage des fonctions et des avantages entre ces deux collèges qui, visiblement, fait problème à Léré en cet an de grâce 1969). Quand les *za-sae* ne sont pas respectés, il en va de même pour les *we-puliã-gō-ae*. Il faut qu'ils veillent à conseiller le roi et qu'ils ne dorment point. Qu'ils ne m'accusent pas non plus car je fais mon travail. Le roi est là, demandez-le lui et vous verrez ».

Leiné : « Le roi ne s'occupe pas de nous mais seulement des *we-puliã-gō-ae* car ils sont nombreux et forts ».

Gō-Daba : « J'ai à dire, pas un peu mais beaucoup. *Masin* a créé la terre sur laquelle il n'y avait rien. Ensuite, il a créé les hommes. Si les hommes sont comme les arbres qui sont en brousse, ils ne s'entendront pas entre eux. Dieu a disposé les hommes en quartiers (*teg-bili* qui est, on l'a vu, l'unité résidentielle concrète) et, dans ces quartiers, il a placé des Grands pour les commander. *Masin* a fait le roi et derrière le roi il a placé les Grands de la terre. Quand le roi parle avec les *za-lu-seri* il faut qu'ils se comprennent entre eux. La terre n'est pas quelque chose qui doit rester seule, je m'adresse à vous, *za-lu-seri*. Je suis déjà dans la royauté de Léré depuis des années ; peut-on rester cinq jours avec une personne et ne rien connaître de son caractère ? Depuis que je suis là, lequel parmi vous est venu me voir pour me conseiller, s'il y en a un qu'il se montre ! Est-il venu à l'aube, à midi ou bien à une autre heure ? Barama l'interrompt : « Ta face fait peur, Gō-Léré » (mais on lui impose silence immédiatement).

Le roi reprend : « Depuis quand ai-je défendu à quelqu'un de venir me voir ? Ai-je injurié une femme, un enfant ou un homme venu me parler ? Peut-être est-ce moi qui pense faussement. Il n'y a pas cinq personnes dans une même maison sans que l'une d'elles ne pense mieux que les autres. Je n'ai jamais entendu de conseil de votre part. Vous m'avez laissé tout le pouvoir mais un homme seul peut-il garder tout le pouvoir sur une terre pareille ? Ce sont les *za-lu-seri* qui soutiennent la terre et, avec eux, les grands des quartiers. Ensuite vient le roi, il intervient quand cela va mal mais ce sont les Grands qui règlent les affaires et si vous continuez à dormir, nos voisins se moqueront de nous ».

Les *za-sae* en chœur : « C'est bien, tu as bien parlé, *soko* (merci). » Njama : « Le roi a parlé, personne ne peut mieux parler, ne vous fatiguez pas. Soko, Gõ-Léré, tout sur terre est à toi, tu as le droit de tout faire et personne ne dira rien ».

Gõ-Daba sort, il va monter sur le *da-hé* (sa pirogue renversée) pour s'adresser à toute la population mâle rassemblée devant le palais. Tels sont, allégés des nombreuses répétitions qu'ils contiennent, les discours tenus par les *za-sae* à ce conclave et la réponse du roi de Léré. Ils n'appellent pas de longs commentaires car ils expriment clairement une situation qui doit déjà être quelque peu familière au lecteur. Le roi n'ignore évidemment rien de ce que représente pour tous les Moundang, mais avant tout pour les *za-sae*, la royauté dont il porte la charge. Cela affleure seulement dans ses paroles mais lui-même s'affirme surtout comme un chef administratif qui n'aurait qu'à tenir le langage de raison exigé d'un haut responsable. La peur qu'il inspire, celle qu'il peut éprouver en face de ces vieillards qui sont un peu comme la Haute Cour du royaume, ne relève pas de ce registre et il n'en veut rien savoir. Du côté des *za-sae* le contraste est frappant entre « les enfants du roi » qui, par la bouche de Mangay, énoncent les règles du bon fonctionnement des institutions postulant l'harmonie entre le roi et leur collège et les autres qui tiennent le discours de la récrimination. Nous aurons, bien sûr, à revenir sur l'opposition insistante avec l'autre collège accusé de leur manquer de respect et de recevoir davantage de faveurs de la part du roi. Nous verrons que ce que les *za-sae* dénoncent comme un renversement des hiérarchies légitimes — un symptôme du dérèglement du système — révèle plutôt des tensions inhérentes au dualisme constitutionnel de la royauté moundang dont nous parlions à propos de l'organisation clanique.

Avant de passer à l'étude du conclave de 1975, un compte rendu de la brève rencontre du roi et des *za-sae* qui précède les cérémonies de clôture de *fing-moundang* nous donnera une image des préoccupations concrètes de cette instance « gouvernementale ». A la demande générale, le roi revient sur la question des feux de brousse.

Gõ-Daba : « Si quelqu'un a quelque chose à dire il n'a qu'à parler. Quant à moi, je serai bref. Il faut tout faire pour protéger les plantations contre les feux de brousse. Certains n'ont pas encore fait le deuxième sarclage et je veux aussi dire quelques mots sur le travail. Demain personne n'ira aux champs à cause de la vaccination (antivariolique) mais après, tout le monde partira travailler. Certains vont récolter leur mil, d'autres vont faire des travaux différents ; cette année nous avons beaucoup de bœufs d'attelage. Celui qui incendie la brousse appelle le malheur sur ces bêtes [1]. Je répète qu'il faut faire très attention aux feux de brousse car

---

[1] Les bœufs d'attelage sont évidemment gardés par les paysans de Léré (les troupeaux sont confiés aux bergers peuls) et ont besoin des herbages de la brousse autour du village. Quand on brûle la brousse, les bœufs pâturent dans la plaine du

les herbes sont déjà sèches et l'incendie provoquerait la famine ». Mangay interrompt le roi pour signaler qu'un certain nombre d'incendies ont déjà compromis les récoltes de quelques cultivateurs de Léré.

Gō-Daba reprend : « Cette année on peut s'attendre à de bonnes récoltes dans la plaine mais la réussite n'est pas assurée. Jadis, quand le roi parlait on pouvait être sûr du succès. Je ne sais pas si on a fait des « médicaments » (*šyĩnri*) dans la plaine. Peut-être les gens ne travaillent-ils pas correctement, peut-être y a-t-il d'autres raisons, je l'ignore. Mais peu importe, il faut travailler dans la plaine et si l'on n'a pas de fruits on mangera les feuilles ».

Leiné : « Même si les résultats de la plaine sont mauvais il faut que le roi parle car cela encourage les habitants à cultiver ».

Barama : « On prend une femme pour qu'elle aille nous chercher de l'eau et, par chance, elle nous donne des enfants. Dans la plaine c'est pareil, on veut des feuilles mais la chance peut aussi nous donner des fruits. Jadis, à la fin de *fing-moundang*, on voyait des cortèges de femmes de Léré revenir des champs avec des haricots. Pendant la saison sèche nous mangions les légumes de la plaine ».

Leiné : « Il n'y a pas d'autre médicament pour la plaine que tes paroles; les paroles du Gō-Léré sont des médicaments pour les cultures ».

Barama : « Si le roi parle mais si quelqu'un contredit ses paroles alors celui-ci est coupable car il gaspille nos récoltes ».

L'intérêt pour la plaine inondable qui s'étend entre le lac de Tréné et le village de Fouli s'explique par l'apport alimentaire considérable fourni par les cultures intensives qu'y pratiquent les villageois de Léré : haricots, oseille, pois de terre, courges, gombo. Ajoutons que certains s'y livrent aussi à la culture (traditionnelle) du tabac, produit valorisé qui sert de monnaie au même titre que le sel. Pourquoi est-il question de la magie des paroles royales pour attirer le succès sur ces cultures plus particulièrement?, voilà un problème qui n'est pas facile à résoudre. Une interprétation qui ne vient pas de nos informateurs mais que ceux-ci ne rejettent point, nous paraît plausible : contrairement à ce qui se passe dans le cas des champs cultivés en brousse, les parcelles de la plaine sont la propriété des familles et l'ensemble est partagé en zones qui relèvent de chefs de terre appartenant aux clans qui en ont la maîtrise. Ce régime juridico-rituel met les voisins de culture dans une situation de propriétaires méfiants les uns des autres. Chacun cherche le « médicament » pour se protéger du « mauvais œil » et soupçonne les autres d'intentions malignes. La magie du

---

Mayo-Kébbi mais en novembre celle-ci est encore inondée — les dernières pluies sont en octobre — et donc impraticable. Il faut attendre le mois de janvier pour y conduire les troupeaux. L'introduction massive des animaux d'attelage à la fin des années 60 a bouleversé les habitudes de ces paysans peu enclins à l'élevage. L'importance des feux de brousse n'est pas seulement agricole, elle est liée à la chasse.

roi apparaît ainsi comme une contre-magie faisant échec aux maléfices des jaloux. Nous n'avons jamais vu de médicament contre le mauvais œil (certains os d'animaux domestiques, par exemple) en bordure des champs de brousse. Ceux-ci n'ont pas à être protégés contre cette forme de danger constituée par la malveillance des proches (voisins ou parents) mais contre les intempéries et, le cas échéant, contre la sorcellerie d'ethnies voisines comme les Pévé de Lamé que mentionnait Barama pour innocenter le roi du fléau des criquets.

Le « conclave » de 1975.

Désordonnée, parfois tumultueuse, la réunion de 1969 apparaît presque bon enfant, d'un fonctionnement de routine comparée à celle de 1975 qui se déroula dans un tout autre climat. J'y fus invité avant même que j'eusse demandé à y assister mais je dus, néanmoins, payer, comme la première fois, le prix d'un bœuf — ma manière de faire le sacrifice — pour écarter les dangers que ma présence dans leur assemblée solennelle leur faisait courir à eux comme à moi. Sans doute cette présence était-elle souhaitée par Mangay et quelques autres afin que l'enregistrement de leurs paroles constituât comme le document officiel permettant de connaître leur institution qu'ils pensaient condamnée à brève échéance. Nous parlions tout à l'heure de symptôme de dérèglement du système en raison du conflit entre les deux collèges, mais cette année, c'était la crise interne, le chef des *za-sae*, Leiné, ayant dû se démettre de sa charge parce qu'il était l'objet de la suspicion générale de la part de ses collègues. On le disait un homme à part, au caractère ombrageux, capable de colères aussi violentes que subites, on l'accusait d'être un empoisonneur. Au début du conclave les conversations roulaient sur ce sujet encore brûlant, on ironisait sur Kalzu — l'ennemi de toujours de Leiné — en lui lançant des propos du genre : « Maintenant tu es fort puisque Leiné n'est plus là, maintenant tu peux parler comme un chef ». Peu après, d'autres signes, plus bénins apparemment, manifestaient également le désordre institutionnel.

Pabam-Gulo, le chef des *wé-puliã-gō-ae* qui siège de plein droit parmi les *za-sae*, s'en prend durement à l'esclave responsable du partage des nourritures sacrificielles préparées dans le palais (il s'agit d'Alhaji Juldé qui porte le titre de Galedimah) : « N'y a-t-il que des filles du clan des Oiseaux pour être esclaves du roi (*biakh-gō-ae*), ne serait-ce pas plutôt ta sœur qui devrait servir ici comme esclave ? »

Juldé : « Tu n'as qu'à parler au roi si tu es mécontent ».

Pabam-Gulo : « Non, je ne veux pas en parler au roi ». En effet, sa querelle, quoique justifiée, est difficile à plaider car tous ses collègues se plaignent « de la viande pourrie » apportée par les deux vieilles esclaves qui se trouvent appartenir au même sous-clan que Pabam-Gulo. Prenant le parti de Juldé, Wajiiri lui reproche de prendre leur défense pour cette seule raison : « Mais nous tous, n'avons-nous pas des parents (*zumi*) ici, au palais ? » Autrement dit, tout le monde sait que le temps des captures d'esclaves est depuis longtemps révolu et que le travail exigé par le rituel des fêtes du palais peut être accompli par ceux ou celles qui en acceptent la charge. Pabam-Gulo ne l'ignore pas qui rétorque par une plaisanterie : « Eh bien, Wajiiri, si tu as une sœur, tu n'as qu'à l'amener ici comme esclave du roi ». De l'échange de répliques il s'ensuit que les *za-sae* s'accordent pour retenir un critère de recrutement à la fonction d'esclaves rituelles du palais : que ces femmes soient des sœurs proches ou classificatoires de ceux qui portent ou ont porté le titre de Galedimah. Mangay met un terme à cette discussion en annonçant à l'assemblée qu'il va s'adresser à moi. Il formule d'abord la conclusion qu'il me faut tirer de cette affaire : « Tu vois que Gõ-Léré lui-même a peur de Galedimah, sinon il aurait pu exiger de Juldé que sa sœur vienne servir ici comme esclave. Les vrais *za-šyĩnri* pour les Moundang, enchaîne-t-il, ce sont les *za-luseri*. Nous tous qui sommes ici, nous sommes depuis le commencement, nous sommes les clans de la terre. (Interruption de certains : *ma kal mae keka*, « rien ne dépasse cela ».) Je t'ai fait venir parmi nous moyennant un droit d'entrée : une peau (métonymie pour dire un bœuf dont lui-même va garder la peau). Quand nous sommes ici, personne n'ose seulement approcher de la porte. (Montrant mon interprète, il précise : « Quant à lui, il est aussi ton corps ».) Les clans, tu les connais déjà : Le clan du Buffle, celui des Génies de l'eau, tu les vois assis au fond, comme il convient; les autres, tu les connais aussi, l'homme de *ban-dahe*, le clan de la Pirogue, chargé de verser l'eau sur le seuil de la maison du roi, l'homme du sous-clan du Pélican, *pah-ze-suni,* le maître de la lance de la nuit (celui qui exécute en pleine nuit les ennemis du roi en les entraînant à *zah-jyaké,* le bosquet sacré où sont pratiqués les rites pour faire venir la pluie). Et tous les autres ». Comme je l'interromps pour le questionner sur d'autres clans que personne ne représente dans cette assemblée, je me fais gronder : « Combien de fois t'ai-je raconté que lorsque Damba arriva dans la terre moundang il n'y avait que peu de clans. Quand le roi est devenu puissant, d'autres clans sont venus, venus jusqu'à être très nombreux ».

La leçon qui m'est faite est coupée par l'arrivée du roi saluée par Pabamé, le doyen d'âge qui tient le rôle de Leiné : « Soko, *gõ-ae,* Salut, roi, tu fêteras bien, tu ne trébucheras pas sur une pierre, tu marcheras en paix sur le chemin. Nous, les *za-lu-seri,* nous travaillons pour toi, il n'y a plus l'inimitié (allusion à Leiné), tu ne trébucheras jamais, jamais. Ce que j'ai à dire est peu. Dieu m'a accordé des enfants, notre famille est augmentée ».

Mangay : « La femme stérile est une malédiction. Quand une femme met au monde un enfant, elle rit. Elle a beaucoup pleuré devant le roi et le roi a fait qu'elle a eu des enfants ».

Wajiiri : « *Masin se-ko ye gõ-lere,* Dieu c'est Gõ-Léré ».

Mangay : « Nous tous avons de nombreux enfants, notre succession est assurée. *Gõ bera-yã*, le roi est la poutre maîtresse de la maison ». Après ces remerciements, Mangay reprend la leçon qu'il destine à travers moi aux jeunes gens du village : « Mon ancêtre Gõ-Kaneni était un roi faible et peureux ; les villageois ne voulurent plus de lui et il partit au loin pour mourir. Il fut remplacé par Gõ-Kajonka et à Gõ-Kajonka succéda Gõ-Čomé (volontairement il omet de mentionner l'usurpateur Gõ-de Suli). Gõ-Čomé le premier fut un roi terrible, il provoqua beaucoup de désordres. Il pilla et saccagea les villages qui étaient incapables de lui résister. Il faisait les choses comme le soleil, chacun sentait sa brûlure. Il fit périr beaucoup de monde ; d'abord il provoquait une famine et la famine était encore là qu'il provoquait des épidémies de variole. Gõ-Čomé savait aussi enterrer le « remède » *marere* (sorte de sève sucrée qui recouvre les feuilles du mil — on le trouve communément sur les feuilles de berbéré — et qui risque de gâter les épis de certaines variétés) afin de détruire les récoltes des habitants. Il enterra également le « remède » de la bronchite et un grand nombre de villageois mourut ». A ce portrait du roi cruel, mais en aucune façon infamant, dans la bouche du narrateur, fait suite une petite scène presque vaudevillesque où l'on voit le roi qui succède à Gõ-Čomé — Gõ-Kajonka II — se faire construire une tour pour surveiller ses épouses parties au loin puiser de l'eau. « Même si, déposant sa jarre, elle entrait dans le village de Sohaya, de l'autre côté de la plaine, Gõ-Kajonka pouvait encore apercevoir la femme infidèle ».

Cette apparente digression sur la folie des rois — écoutée avec la plus grande attention par Gõ-Daba III — conduit Mangay à préciser le rôle des *za-sae* face au roi. Il rappelle que le jour où le souverain actuel est entré en fonction, il lui a fait cette demande : « Tu m'as demandé qui sont les *za-sae* et je t'ai répondu : *na pah jõ syin*, « le fils de celui qui possède le remède pour le poisson, celui qui possède le remède pour les haricots, celui qui possède le remède pour telle variété de mil, quiconque a le remède pour telle chose comme, par exemple, *te-lwahle* (remède contre la stérilité qui consiste à copuler avec une fillette impubère), que tous ces spécialistes se présentent devant le roi avec ce qu'ils ont dans la main. Les *za-sae*, ce sont les grands du pays, les esclaves du palais, c'est une chose à part (entendons : bien que leur coopération rituelle soit indispensable).

» Hier nous avons souffert jusqu'à souhaiter en mourir pour Gõ-Kajonka (le malheureux roi qui fut déporté par les autorités coloniales), aujourd'hui nous avons de la chance car nous avons trouvé le Chef que nous souhaitons. *Fa keka*, « il n'y a pas quelque chose », tout est pour le mieux. Aujourd'hui, que tu sois un ancien ou un jeune ou bien encore un *nané* (un maternel), ces choses-là (les remèdes en question) sont perdues. Les remèdes qui se transmettaient jadis de père en fils, maintenant, plus personne ne s'en occupe. Mais il faut malgré tout que « nous attachions la bouche » (qu'il y ait une parole commune entre nous), que nous ayons même cœur et même pensée. Hier, il y avait beaucoup de choses exigées par les Blancs (culture obligatoire du coton et diverses corvées imposées par le pouvoir colonial) et les Blancs ont « mélangé toutes les paroles », ont tout dérangé. Mais ce qui gâte tout, c'est la famine ».

La tournure de cette phrase est plutôt obscure mais le sens n'est pas douteux : comme on l'a vu à propos de Gō-Comé, la famine c'est le travail des anciens rois qui agissaient selon leur bon plaisir ou leur mauvais vouloir. Tout a changé avec l'arrivée des Blancs et quand la famine est là, nous ne savons plus à qui l'attribuer. Et Mangay poursuit sa méditation sur le changement de sens de la royauté : « Aujourd'hui, le père meurt sans instruire son fils de toutes les choses qu'il connaît. Les hommes qui n'ont pas de fils ne veulent rien montrer aux enfants de *de-laané*. Toutes ces choses sont perdues et le roi habite désormais une ruine (*Bwori*, maison ou case abandonnée, laissée en ruine). Si les Blancs ne montraient pas de la bonne volonté, est-ce que le roi pouvait donner quelque chose à la population, égorger des bœufs ou faire quoi ? Tout ce que le roi fait désormais il le fait avec l'argent de sa solde et non avec sa force. Est-il possible d'avoir la richesse avant d'avoir hérité de son père ? (Mangay fait allusion au fait que Gō-Daba III n'a pas reçu l'héritage de son père, ses frères Gō-de et Sahulba l'ayant spolié de son légitime héritage.) Que possède donc notre roi ? Il cultive lui-même (l'orateur veut dire qu'il n'a, si l'on ose dire, que ses femmes et quelques serviteurs pour travailler sur ses champs et non, comme on le verra, l'armée d'esclaves et de jeunes pages que ses prédécesseurs avaient à leur service). Il prépare la boule avec le mil qu'il cultive lui-même pour nourrir la population (les jours de fête). Le roi travaille avec la solde mensuelle des Européens (Nasara — Mangay se moque de savoir que les Nasara sont remplacés par des Africains), est-ce ainsi que travaillent les Gō-Léré ? Le roi est aujourd'hui *fa-he* [2], il ne

[2] Le mot *fa-he* n'a pas d'équivalent en français et nous n'avons pu que donner par une formule abstraite sa signification. *Fa-he* s'applique à la personne qui reçoit et se trouve dans l'impossibilité de rendre non par mauvaise volonté mais du fait d'une asymétrie dans la structure de la relation d'échange. Un nom propre moundang créé avec ce terme fera mieux comprendre de quoi il s'agit. Quand un père de famille a eu la chance d'avoir beaucoup d'enfants et de les voir grandir et prospérer, et qu'ainsi comblé, la grâce lui est accordée d'avoir encore un fils, il remercie Dieu en appelant ce rejeton inespéré *fa-he-noné*, question qui signifie : quel échange est-ce donc ? L'heureux père se dit : Dieu m'a beaucoup donné et voici qu'il me donne encore, peut-il me demander des comptes, peut-il attendre de moi quelque chose en retour ? C'est la question que les Moundang adressent communément à celui qui fait un cadeau comme pour se défendre contre la demande implicite de réciprocité. On anticipe cette demande en reprochant au donateur de donner pour recevoir de la même manière que le père comblé se prémunit contre l'excès de chance qui le menace en feignant de ravaler Dieu au rang de simple donateur. Le roi moundang est semblable à Dieu, il donne, il reçoit — il est impliqué de par son être dans une structure d'échange — mais il y a incommensurabilité entre le don et le contre-don, entre les choses qui viennent à lui et celles qui procèdent de lui. La puissance royale mesurée aux chiffres inscrits au bas du bulletin de salaire du Chef de canton ne peut que déchoir et l'échange incommensurable liant le souverain à la population se voir ravaler à l'échange mesurable où s'abolissent les valeurs propres des choses échangées.

respecte pas la règle de l'échange. Nous devons nous couvrir de nos mains et ne pas dévoyer les secrets de nos bois sacrés (*yã-né*, où sont déposés les masques et où l'on fait la sépulture des chefs de brousse) ».

Le doyen des *za-sae*, Pah-bamé, du clan Teuré : « Lorsque commence la saison pluvieuse les *za-sae* doivent se réunir chez le roi (il s'agit des spécialistes que vient d'évoquer Mangay) mais maintenant on ne le fait plus ». La pluie nous vient de Dieu, *Masin ko ye gõ-ta,* « Dieu, c'est aussi le roi. Le roi doit faire la pluie et, s'il ne pleut pas, les *za-sae* se réunissent et s'en vont trouver le roi. Ceux qui savent fabriquer le manche de la houe apportent des manches, ceux qui savent tresser la vannerie qui sert de fermeture au grenier apportent des vanneries, tous viennent parler au roi, ils viennent quémander la pluie auprès de lui. Mais qui se soucie de cela aujourd'hui ? »

Mangay reprend la parole pour gronder ses collègues : « Toi, Pah-bamé, le chef des *za-sae*, qu'attends-tu pour faire ton travail et rassembler tes gens ? Et toi, l'homme du Pélican, ton ancêtre était déjà avec le mien (Damba) à Moukréan et vous tous ? Vos pères sont morts, est-ce qu'ils vont sortir de leurs tombes ? Vous n'apportez plus les manches de houe ni les fermetures de grenier. Vos aïeux ne vous ont-ils pas expliqué que jusqu'aujourd'hui c'est le Gõ-Léré qui continue à faire la pluie ? Car notre roi c'est aussi l'ancien roi. Est-il possible que nous demandions la pluie à quelqu'un d'autre, pouvons-nous faire autrement que nos aïeux ? *Gõ te jõ bamé, bam gõ-yo,* « Le roi fait la pluie, la pluie du roi » et vous les pauvres n'avez pas apporté le manche de la houe ni la fermeture des greniers ».

L'un des *za-sae* : « Il faut conseiller aux jeunes gens de bien travailler sur les champs de coton, c'est cela l'impôt; on ne peut le payer qu'avec l'argent du coton ». Kalzu l'interrompt pour observer qu'on n'a pas fait les sacrifices pour la pluie prescrits par les devins. Mangay renchérit contre l'interrupteur : « Ce sont là paroles nouvelles, il n'y a qu'à laisser dire. Seuls les Anciens disent les vraies paroles. Est-ce qu'un pauvre peut dépasser le roi ? »

Wajiiri : « Assez, maintenant il est temps que le roi parle ».

Gõ-Daba III : « Quelles paroles ai-je à vous dire ? je vous salue tous. Les anciennes paroles que j'ai dites, je ne les répéterai pas. Mes paroles sont celles de votre bouche. Vous dites : les Moundang sont bons, ils comprennent ce qu'on leur dit, jamais leur parole ne se détache (ce que disent les *za-sae* reste entre eux) mais je vois que vous détachez vos paroles et que personne ne pense dans son ventre (ne garde profondément les paroles qu'il reçoit). Même si le roi parle on ne l'écoute pas, même si le Nasara (l'autorité administrative) parle on ne l'écoute pas. On ramasse les mensonges proférés. Il n'y a pas deux terres, il n'y a qu'une terre (*ser vano*, une terre ou un monde qui est celui d'aujourd'hui et qui nous est commun avec les Blancs). Les grands pour nous ce sont les Nasara (c'est-à-dire ceux que nous cherchons à imiter) mais, à la vérité, les Nasara entre eux parlent et font ce qu'ils disent. Les Moundang ont l'habitude de tirer les oreilles au fils aîné, les Peuls le font à leurs enfants. Est-ce qu'aujourd'hui, si vous tirez les oreilles de vos enfants, ils vous entendront ? (Non, répondent unanimement les *za-sae*.) Moi je dis que je saurai m'y prendre avec celui qui n'obéit pas. S'il faut arrêter quelqu'un, je le ferai, s'il faut frapper quelqu'un, je le ferai. Vous tous, vous ne voulez pas comprendre. Bonnes paroles, mauvaises paroles, vous refusez tout. Je ne sais pas si vous me considérez comme un fou ou comme si je n'étais pas votre roi. Il faut que tout le monde sache bien quelle est la force du Gō-Léré. Vous allez bien fêter *fing-moundang*, celui qui provoquera des troubles je le saisirai et le punirai. Allez, je veux être bref, je vous laisse ».

Dans les vieilles outres mettons le vin nouveau, tel est l'adage qui semble bien résumer la philosophie politique du roi de Léré. Que les *za-sae* soient ce qu'ils doivent être, qu'ils fassent leur travail comme les Anciens le faisaient mais qu'ils sachent que je ne saurais outrepasser le cadre de mes attributions qui sont celles d'un Chef de canton assujetti aux Autorités administratives. Bien sûr, les *za-sae* savent cela parfaitement mais on a l'impression que chacune des deux parties demande à l'autre de faire un effort supplémentaire — être un petit peu plus un roi à l'ancienne, être un petit peu plus une assemblée moderniste — pour que leur jeu institutionnel ne soit pas la caricature de lui-même. Cette situation impossible n'a rien d'exceptionnel dans l'Afrique contemporaine, tant s'en faut. Mais au lecteur qui craindrait que nous allions piétiner sur les sentiers battus de la sociologie ou de la psychologie du changement que subissent les sociétés traditionnelles, nous dirons qu'il nous fallait bien livrer le matériel, comme disent les analystes, dans lequel et grâce auquel nous avons accès aux structures institutionnelles que nous recherchons. La reconstitution, puisque, dans une large mesure, reconstitution il y a, n'est pas d'ordre historique, à strictement parler. Nous ignorons à quelle époque, sous quel roi, et aussi dans quelles conditions, l'institution des *za-sae* — ou telle autre — a pu fonctionner de façon normale et régulière, comme nous disons quand il est question de nos propres institutions. La seule méthode qui soit ici à notre disposition est celle d'un va-et-vient entre l'état présent que nous observons et le mythe ou la charte mythique à quoi les acteurs se réfèrent constamment. Nous ne voyons les *za-sae* intervenir et agir que dans des circonstances rituelles : les réunions que nous venons de décrire, la préparation de certaines fêtes, les funérailles des membres de la famille royale — nous verrons plus loin le rôle capital qui est le leur quand meurt le souverain —, dans l'investiture des *gō-gbwē*, ces fils du roi qu'on envoie de Léré prendre le commandement d'un village de brousse. Leur rôle politique tel qu'il peut apparaître à l'observateur de la société moundang actuelle consiste surtout à exercer une pression morale sur le Chef de canton. Celle-ci est d'autant plus forte que le Chef sait que son crédit auprès des Autorités supérieures dépend du respect qu'il inspire à son peuple, c'est-à-dire de l'aptitude qu'il possède à incarner les valeurs attachées à la royauté traditionnelle dont eux, *za-sae,* sont partie intégrante.

Les *za-sae,* ce sont les clans comme source de la légitimité royale. Le récit mythique qui en constitue la charte nous décrit les différents actes fondateurs de l'alliance dans laquelle elle s'inscrit. En premier lieu, consécutive à l'échange d'eau et de viande entre les deux jeunes filles et le chasseur, nous avons l'alliance matrimoniale qui justifie la prééminence des représentants des clans du Buffle et des Génies de l'eau parmi les *za-sae.* Nous verrons qu'elle inaugure une modalité tout à fait particulière de l'échange des femmes puisqu'en fait d' « échange », il s'agit d'un don sans contrepartie : le roi épouse sans dot. Néanmoins, les *za-sae* sont à considérer symboliquement comme les beaux-pères du roi avec ce que cela implique de distance et de mutuel respect. En second lieu, l'alliance comporte cette cession de puissance dont Mangay vient de nous parler. Les différents détenteurs de « médicaments » nécessaires pour telle culture ou telle technique ont donné au souverain ce qu'ils ont dans la main et l'ont investi ainsi d'un pouvoir sur la nature dont ils sont les possesseurs originaires. Mais ce que les clans avaient chacun séparément est désormais concentré entre les mains d'un seul : le pouvoir sur la pluie dont il est crédité ramasse en quelque sorte et transcende les pouvoirs parcellaires qu'il a acquis. Pour tout Moundang il représente le trait distinctif le plus essentiel du pouvoir souverain. Il marque la coupure radicale entre lui et ceux qui l'ont fait roi; les *za-sae* donateurs sont maintenant devenus demandeurs, ils doivent « quémander (avec le manche de la houe et la fermeture du grenier) la pluie du roi de Léré.

Mais il y a aussi un troisième aspect dans l'alliance entre les clans et le roi qui ne se manifeste que sous une forme rituelle et dont le récit mythique ne porte pas trace. Nous avons vu à l'instant s'affronter la raison administrative alléguée par Gõ-Daba III à la demande insistante que lui faisaient les *za-sae* d'occuper pleinement la position des anciens rois moundang dont la parole agit sur les cultures et la face fait peur. Ils omettaient de rappeler que la crainte que le roi leur fait éprouver n'est pas moindre que celle qu'eux-mêmes lui inspirent. Car ces excellents sont aussi des redoutables. Ils possédaient — et, dans une certaine mesure, à les en croire, possèdent encore — le droit de vie et de mort sur les personnes qui leur manquaient d'égard, y compris sur les épouses du roi. Au roi lui-même, explique Mangay, ils pouvaient dire : « Si tu fais le fou (*mo te jõètegwin*) on peut te remplacer par une *gõ-li,* une princesse, fille de ton père. Si tu fais le fou, si tu gâtes le pays (*beb-čuki*) de façon à dresser la population contre toi, on te conduira en brousse pour te chicoter (une trace de ces privautés des gens de la terre est conservée dans la chasse rituelle de la fête de la pintade), pour ne pas dire plus ». Ce plus, on le devine, c'est la mise à mort « rituelle » du roi dont l'affirmation est implicite dans les propos de Mangay. On conçoit mal, en effet, comment le droit de châtier et d'humilier le souverain que s'arrogent les *za-sae*, pourrait connaître d'autre limite que celle de la sanction suprême. Nous avons déjà dit qu'il est impossible d'établir l'existence historique de cette pratique ([3]) : penser comme Wasseré, le chercheur moundang que nous avons cité, qu'elle aurait été en vigueur dans la période des premiers règnes (dont nous ne savons à peu près rien) ou, comme nous l'avons suggéré, dans la seconde moitié du XIXe siècle où des règnes courts se suivent, est pure spéculation. Il nous faut donc abandonner une fois pour toutes le terrain des conjectures sur cette question du régicide et nous placer sur celui de l'observation et de l'analyse ethnologiques. Dans cette perspective, notre argumentation en faveur de ce que nous appellerons un régicide « constitutionnel », doit prendre appui sur deux considérations :

1) Le collège des *za-sae* (et non des *puliã*, comme l'a écrit Frobenius) se détermine en permanence comme une instance capable de juger la validité et d'apprécier l'efficacité des actes du souverain et de le condamner en conséquence s'il est jugé défaillant ou mauvais.

2) L'analyse du cycle rituel de l'année agricole et l'analyse des rites royaux en eux-mêmes — qui feront l'objet des prochains chapitres — mettent en évidence l'existence, dans la culture moundang, d'une articulation entre l'idée de mesure du temps (comme réalité sociale et cosmique) et celle d'une limite imposée aux durées de règne des rois de Léré. Ces deux points sont logiquement indépendants mais ils sont sociologiquement liés car ce sont les *za-sae*, les maîtres de la terre, qui sont aussi les maîtres du temps rituel. C'est ainsi qu'il faut entendre la formule énoncée plus haut selon laquelle la mort du roi appartient au temps structural. Dans l'ordre de l'organisation des pouvoirs, il en résulte que la relation entre les *za-sae* et le souverain est foncièrement antinomique et l'on comprend qu'une relation de type opposé vienne lui faire contrepoids. Ainsi se justifie l'existence du groupe des *wé-puliã-gõ-ae* (nous désignerons désormais ce collège par ses initiales : w.p.g.) : aux faiseurs de roi font équilibre les gens qui procèdent de la puissance royale.

([3]) Sauf, bien entendu, à Binder Naïri. La décision du régicide est prise par les *za-sae* conjointement avec un ou plusieurs oncles paternels du roi (ce qui expliquerait la confusion faite par Frobenius). Deux méthodes sont signalées ; la plus courante consiste à empoisonner le roi avec la complicité d'une *mah-jõ-bi gõ-ae*, l'une des cuisinières en titre parmi les épouses du palais. L'autre, à l'assassiner à coups de casse-tête, l'une des armes dont le Moundang se servent lors de la chasse rituelle aux pintades. Quand le successeur est intronisé, il donne un ou plusieurs béliers aux *za-sae* et une jeune fille à leur chef. Comme à Léré, on n'enterre pas le roi mort — la sépulture est vide — et l'esclave qui pendant l'interrègne tient le rôle de doublure doit se sauver à jamais en emmenant avec lui l'une des épouses du roi. On dit qu'il est condamné à errer en brousse où il ne tardera pas à sombrer dans la folie. Le roi et sa doublure apparaissent ainsi comme deux victimes expiatoires.

CHAPITRE 2

LES HOMMES DU ROI

Les *puliã* sont des dignitaires qui se définissent avant tout par un caractère négatif : ce sont des hommes qui appartiennent aux clans qui ont perdu le pouvoir. Aussi bien, nous le savons déjà, les deux premiers personnages qui portèrent ce titre furent-ils des membres du clan Kizéré, le *puliã za-wi* (le *puliã* du feu) dont nous avons énuméré les attributions et le *puliã mwena* (le *puliã* des piétons ou fantassins) qui est responsable du grand tambour royal ainsi que des rites magiques pour la chasse rituelle à la pintade. Un troisième *puliã* est chargé de s'occuper des chevaux, il appartient au clan des Oiseaux (sous-clan de la Grue couronnée). Une légende nous dit que lorsque Damba se déplaça de Moukréan à Zalbi, il rencontra sur sa route un homme de ce clan, originaire de Mambay. Il était en train de réparer la toiture de sa hutte quand il interrompit son travail pour demander aux gens de la suite de Damba où ils allaient si nombreux. On lui répondit : « Le roi se déplace et nous suivons le roi ». L'homme leur dit : « Il faut vous reposer et je vous donnerai de la bouillie de mil ». Il ordonna à sa femme d'aller chercher deux grandes calebasses de bouillie et les gens du roi burent. Tandis qu'ils allaient se remettre en marche, l'homme décida de les suivre mais, voyant que le roi marchait à pied, il demande aux gens comment ils pouvaient laisser un roi aller de la sorte. Il possédait un petit cheval qu'il donna au roi. C'est pour avoir fourni le premier cheval au roi de Léré que l'homme de la Grue couronnée reçut la dignité de *puliã puri*.

Le *puliã* des chevaux comme celui des piétons s'adressent à la population en armes massée devant le palais pour l'ouverture de *fing-moundang*; leur brève exhortation guerrière précède le discours du roi. C'est pourquoi ils sont admis, ainsi que leur chef, le *swa we-puliã-gõ-ae*, à se joindre aux *za-sae* au moment où le roi vient leur rendre visite. Ils ont également droit à une part rituelle du bœuf sacrifié (la patte arrière) pour le conclave et peuvent boire le *yim-šyiñri*, la bière des *za-sae*.

L'opposition entre les deux collèges, quoique fondamentale, n'est pas exclusive pour autant : les *puliã* titrés constituent, en quelque sorte, le trait d'union entre les deux parties d'un même appareil. Mais tandis que les *zasae* se reproduisent identiques à eux-mêmes, le fils reprenant le travail du père pour représenter son clan, les w.p.g. connaissent un mode de recrutement tout à fait particulier, les *puliã* titrés ayant seuls une charge héréditaire.

Les hommes du roi sont d'abord des hommes du service du roi, ils sont recrutés parmi des jeunes gens qui ont effectivement un statut de serviteurs attachés au palais, les *we-za-talé*, « les enfants de la toiture de chaume », c'est-à-dire des petites huttes où leur maître les loge. Ces garçons arrivent chez le roi par des voies diverses.

Une première voie est ouverte par un père désireux de devenir « l'ami du roi » (*paliã-gõ-ae*) en donnant son fils au palais. La relation d'amitié qui se noue entre le donateur et le roi est un moyen pour le premier de marquer son allégeance personnelle au second dont il attend en retour protection et divers avantages. C'est une forme de relation de dépendance que l'on peut comparer à celle qui unit un homme à un agnat de rang supérieur (père ou oncle paternel) à qui il confie son fils à des fins d'éducation et à qui il laisse aussi le soin de lui fournir une épouse. Amitié et allégeance personnelle sont ainsi des manières de soumission filiale. Pour entrer dans cette relation avec le roi, un chef de famille doit se rendre chez un des notables de la cour, le *wajiiri*, de préférence, qui se chargera de transmettre son offre. Si l'homme est jugé digne de devenir « l'ami du roi », il va faire porter au palais une ou deux jarres de bière de mil que boiront les notables. Ensuite, Galedimah, le chef des esclaves, ou *swa wepuliã-gõ-ae*, vient chercher le garçon (âgé d'une dizaine d'années), lui met une faucille dans une main et une houe dans l'autre et le conduit ainsi au palais.

Le garçon devient alors un « enfant du toit de chaume ». La faucille et la houe ne sont pas des objets symboliques mais les outils du nouveau serviteur qui coupera l'herbe pour nourrir les chevaux du roi et labourera ses champs. Les *wé-za-talé* sont donc logés dans des petites huttes disposées en demi-cercle devant l'entrée du palais royal ; ils sont répartis entre les jeunes épouses du roi qui préparent leur nourriture. Le lien entre les garçons et leurs « gouvernantes » est quelque chose de tout à fait spécial et fait l'objet de plaisanteries peu plaisantes pour le maître de maison.

Les pères perdent toute autorité sur les enfants qu'ils donnent au roi. Mais, indépendamment du prestige et de la sécurité qu'ils gagnent en accédant à la position de *paliã-gõ-ae*, ils sont libérés de la responsabilité et du fardeau du paiement des prestations matrimoniales pour leur fils arrivé à l'âge du mariage. C'est le roi qui en prend la charge, peu onéreuse pour lui, d'ailleurs, puisque, de même qu'il épouse sans dot, il marie ses *wéza-talé* en ne versant qu'une contrepartie purement symbolique aux parents de la fille. Néanmoins, il garde tous ses droits sur les enfants qui naissent de ces unions. Il peut prendre lui-même pour épouse ou donner à qui il veut — notamment à d'autres grands chefs mais aussi à des notables — les filles ; de même il dispose à sa guise des garçons qu'il peut garder au palais comme *wé-za-talé*, donner en cadeau à d'autres chefs ou enfin les libérer complètement, auquel cas ces enfants retournent vivre auprès des leurs, dans le village paternel.

Les « amis du roi » réalisent donc une opération de sens inverse de celle qui transforme un captif en un homme libre du clan Moundang-Léré. Non pas qu'ils « déclanifient », à proprement parler, l'enfant qu'ils donnent au palais — qu'il devienne ou non membre des w.p.g., le garçon ayant atteint l'âge adulte est de toute façon complètement libre après son stage au service du roi — mais parce qu'ils mettent à la disposition du souverain une certaine quantité renouvelable de force qui est prélevée et détachée de l'ordre clanique. Un simple chef de famille qui reçoit du roi un captif a recours, comme on l'a vu, à la pratique de l'échange différé pour le libérer et s'en séparer par le moyen de la clanification ; le roi se sert de l'échange différé — si tant est que l'on puisse parler d'échange — pour conserver à son service un contingent d'hommes qui constitueront une partie de sa puissance politique.

Une seconde modalité d'intégration dans le groupe des *we-za-talé* a été signalée dans le chapitre consacré à la vengeance : un jeune homme qui s'est sauvé de son village pour échapper à la punition dont il est menacé par les grands de son clan ou à la vengeance qu'il encourt pour cause de crime de sang ou de faute grave (adultère, viol d'une fille nubile ou vol) peut chercher refuge chez le roi. Le palais est pour le fugitif un sanctuaire inviolable. Cependant, malgré son statut qui lui assure l'impunité, il n'est pas tout à fait l'égal de ses compagnons, fils de *paliã-gõ-ae* ; il est traité avec beaucoup plus de dureté par ses supérieurs, il ne partage pas ses repas avec eux et, surtout, il a peu de chances de devenir membre des w.p.g. car il lui faut vraiment mériter cet honneur.

Enfin une troisième catégorie de *wé-za-talé* est constituée par les enfants des *gõ-za-lalé*. Les principaux d'entre eux, ceux qui sont à la tête des plus gros villages comme Berlyan et Murbamé, ainsi que les princesses titrées, sont tenus d'envoyer dans la capitale un ou deux de leurs enfants qui seront élevés et éduqués comme *wé-za-talé*. Cette règle s'applique aussi bien aux filles qu'aux garçons. Elles ne sont pas logées comme leurs frères dans des huttes mais dans la maison des épouses royales qui leur servent de mères. Ces filles qui appartiennent évidemment au clan de leur père sont considérées comme des princesses de sang royal, on les appelle *gõ-li* et, quand elles se marient, elles ont droit, à ce titre, à une cérémonie spéciale. Le contraste est ainsi marqué entre les filles issues du roi, en ligne masculine ou utérine et leurs frères qui perdent tout privilège du sang. Le sens de l'obligation faite à ceux-ci est aussi bien l'assimilation des fils de *paliã-gõ-ae* aux fils des chefs de brousse que sa réciproque, à savoir que ces fils de souche royale ne sont rien de plus que des hommes au service du souverain de Léré.

Qu'en est-il dès lors du statut des *wé-za-talé* ? Ils appartiennent au roi, certes, ce sont des serviteurs mais leur condition n'est pas celle de la servitude. Ils travaillent durement, sont soumis à une discipline des plus sévères sous la férule du Chef des w.p.g. qui est l'un des personnages les plus redoutés de la hiérarchie politico-religieuse de Léré. Mais ce rude traitement a pour justification de servir à l'éducation et à la formation de futurs dignitaires sur lesquels reposera, pour une part, la puissance royale qui garantit l'ordre social. On peut s'interroger sur l'importance économique qu'il faut accorder à cette troupe de manœuvres dont dispose ainsi le palais. D'après Gõ-Daba III lui-même, il y avait environ une centaine de *wé-za-talé* à Léré du temps de son père (l'institution tomba en désuétude après la seconde guerre mondiale, les autorités coloniales ne voyant pas d'un bon œil ce qui était, selon eux, un vestige de l'esclavage). Il n'est pas douteux qu'une telle cohorte de garçons s'intègre à ce que nous appelons la machine de production palatiale, mais il ne faut pas oublier que le roi possède — ou plutôt possédait — de très nombreux esclaves et un gynécée considérable ; il n'est donc nullement en peine de main-d'œuvre. L'objectif n'est pas l'augmentation de la production — leur tâche principale est de bien nourrir les chevaux — c'est l'apprentissage dans la familiarité du roi ou plutôt de l'organisation domestique du palais, des hommes de confiance qui le serviront. Ils sont comme les fils du roi et nous avons vu dans quel sens il faut prendre cette assimilation à la lettre.

Comment « l'enfant du toit de chaume » entre-t-il dans le collège des w.p.g. ? C'est un véritable rite de passage — comportant aussi, comme le *ye-wuli,* une répétition de la circoncision initiatique — que doit subir le candidat lors de l'une des trois cérémonies du cycle annuel. A la fin du mois de janvier (*fing-yuru,* neuvième mois du calendrier moundang) se tient à Léré, et à Léré seulement car cette fête est liée à la personne du roi, la cérémonie appelée *čié-sworé,* « l'Ame du mil ». A cette occasion qui marque la fin de la rentrée au village des récoltes de mil laissées jusque-là en tas dans les champs, on engrange une énorme gerbe de mil dans le grenier central (*čel-damé*) du palais. La gerbe transportée est composée avec les plus beaux épis des principales variétés de mil cultivées par les Moundang, c'est le *tešeēré,* les semences pour la prochaine année.

Nous donnerons plus loin la description complète du rituel de l'Ame du mil. Pour l'instant, il nous suffit de savoir qu'il est placé sous la responsabilité des *puliã* titrés qui ont notamment la charge de désigner celui parmi les *wé-za-talé* qui portera le fardeau du *teseeré.* Le choix est arrêté dans le plus grand secret car l'élu doit ignorer jusqu'à la dernière minute l'honneur redoutable qui lui est fait. Le long parcours qu'il fera depuis le champ jusqu'au grenier royal est, en effet, plein de dangers car malgré la lourde charge qu'il porte sur sa tête il doit aller vite et, s'il venait à trébucher, la mort serait la seule sanction de sa faute. L'âme du mil incarnée dans la gerbe restait en brousse sous la protection des masques et c'est le roi qui prend sur lui la charge de la faire entrer dans le village. Plus exactement, l'enfant du toit de chaume va être promu *puliã* en prenant, au sens propre, le fardeau sur sa tête, en lieu et place du souverain. Il vient, en quelque sorte, occuper la place d'un fils qui se sacrifierait pour son père. Le modèle de la relation père/fils semble ici d'autant plus pertinent que le rituel du *čié-sworé* est, de par son origine, une amplification à la mesure de la royauté d'une coutume familiale selon laquelle le fils aîné doit faire entrer la gerbe de semences dans le grenier de son père (chacune des épouses, par ailleurs, transportant dans son grenier personnel les grains destinés à la consommation quotidienne du foyer). Dans la cérémonie royale nous avons affaire à une transformation radicale de ce modèle qui tient précisément au passage du domaine de la parenté à celui des relations politiques. La relation père/fils, on l'a vu, est déjà marquée très négativement dans le système social moundang : à une *patria potestas* extrêmement lourde s'oppose le droit du fils aîné, héritier qui recueille, en principe, la succession totale de la maison paternelle. C'est ce qui explique l'usage ou même la règle d'éloigner son fils aîné en le faisant élever par un *delaané*, un frère de clan. Sur le plan de la royauté, c'est le lien social de parenté entre père et enfants qui est pratiquement aboli au profit de l'institution politique. Dès qu'ils commencent à grandir, parfois dès le moment du sevrage passé, tous les enfants du roi sont éloignés du palais pour ne pas dire de Léré. Là où les autres hommes sont servis par leurs fils, le roi a besoin d'enfants adoptifs, ou plutôt, selon l'expression que nous avons retenue, d'un appareil créé à cette fin. De même que la maison (la ferme) du roi est, par sa constitution comme par ses buts, une machine de production sans commune mesure avec la concession ordinaire, la famille « naturelle » est remplacée par une institution spécifiquement politique (et rituelle) fondée sur l'allégeance-amitié ou l'alliance qui attache certaines personnes à la personne du souverain. Inversement, la famille « naturelle » du souverain forme une partie intégrante de l'appareil de l'Etat.

Le travail des w.p.g. doit être vu en parallèle et en contraste avec celui des *za-sae*. Tout ce que ces derniers font, les premiers y sont, à leur manière, associés et ils ont en plus des tâches matérielles qui sont leur lot propre. Quand on demande aux intéressés de bien marquer la distinction qui existe entre les deux collèges (des réflexions entendues pendant le conclave nous ont appris que le problème ne se pose pas seulement à l'observateur étranger), c'est la question des femmes du roi qui revient toujours au premier plan. Les *za-sae* ont donné ces femmes ; ce sont leurs filles et ils ont avec elles des rapports de complicité, par leur entremise ils peuvent agir contre le roi. Au contraire, les w.p.g. sont du côté du roi pour surveiller ses épouses. Ils ont droit, à ce titre, s'ils surprennent quelque amant, de s'emparer de la plupart de ses biens (au profit de leur maître, bien sûr) et de lui infliger un châtiment corporel. Leur fonction est, en partie, celle d'eunuques, mais leur intégrité physique peut laisser planer un doute sur leur loyauté. A cet égard, les chansons et les plaisanteries ne les épargnent guère.

A un niveau supérieur, pour des tâches plus symboliques, plus nobles : remettre des poteaux neufs pour soutenir le portail d'entrée du palais, renouveler le chaume de la toiture des vestibules de réception, accompagner à cheval en grand apparat les villageois se rendant sur les champs du roi pour commencer les récoltes — ou, aujourd'hui, allant remettre en état les pistes pour les camions de ramassage du coton —, ils se définissent comme les *wé-za-talé* qu'ils ont été, ils sont les manœuvres et la police du souverain de Léré. Mais, par ailleurs, ils sont associés aux *za-sae* dans la plupart des grandes manifestations cérémonielles et, principalement, dans les rites accomplis lors des funérailles et de l'investiture du Gō-Léré comme des *gō-gbwē* où ils représentent le côté du roi. Contre les *za-sae* dont « la bouche est mauvaise » car leurs paroles sont dangereuses et dont les poisons sont redoutés, ils assurent une certaine protection à leur maître et l'on dit qu'ils possèdent de puissants contrepoisons. Le plus connu de ceux-ci, fait à partir de certains oignons sauvages, est appelé *ma-bur-hwoy*, « estomac de gros silure ». Ce poisson, nous a-t-on expliqué, a pour habitude de faire sortir, une fois ses aliments digérés, son estomac par la bouche pour le nettoyer et de le rentrer ensuite dans son ventre. Une dose de son du mil obtenu pendant la préparation de la bière ajoutée à la poudre d'oignon produirait cet émétique particulièrement efficace.

Antagonisme et complémentarité caractérisent donc les relations entre les deux collèges. Cependant, malgré leur antagonisme et la différence clairement marquée de leur origine, ils semblent parfois se confondre quelque peu, tant sont indécises les limites de leurs attributions respectives. Comme pour surmonter cette difficulté de fonctionnement, les Autorités moundang (les Anciens ne peuvent préciser s'il s'agit d'une initiative du roi seul ou du roi et des *za-sae*) ont créé un troisième collège qui réalise une sorte de fusion des deux autres. Ce collège — ou cette société, car elle se définit par un secret — comprend aujourd'hui une vingtaine de personnes (c'est à peu près le nombre que compte chacune des deux autres) : elles représentent la plupart des clans du pays, soit une quinzaine à quoi il faut ajouter un Moundang-Gō-Daba pour représenter le roi, comme chez les *za-sae* et les *puliã* titrés ; leur responsable est un grand du clan des Oiseaux *Maviki*. Cette composition rappelle celle des *za-sae* mais toute hiérarchie clanique en est absente, son travail se rapproche davantage de celui des w.p.g. mais ne se manifeste qu'en deux occasions seulement.

On donne aux membres de cette société le nom de *za-tchou-tchou* (la seule étymologie que nous avons recueillie le fait dériver d'un verbe signifiant « plumer », en lui donnant le sens du français argotique : plumer la volaille). Le secret de cette société est la possession par chacun de ses membres d'un sifflet d'argile en forme de pénis (donc comparable à celui qu'ont les enfants pour *da-dele-tetakré*) qui ne doit être vu de personne, y compris de l'utilisateur, aussi étrange que cela paraisse. Tous les sifflets sont, en effet, enfouis dans une espèce de grand sac en vannerie (*wõ*) que le responsable tient caché dans son grenier personnel. Lorsque les *za-tchou-tchou* doivent se produire en public, ils se réunissent d'abord dans un lieu dont personne ne peut s'approcher et *Maviki* distribue à chacun son instrument qu'il prend sans même le regarder pour le glisser immédiatement sous son ample boubou de couleur sombre (noir ou indigo). Les *tchou-tchou* avec leur danse et leur musique sont assimilés à des masques, on dit que ce sont les masques du roi de Léré. C'est pourquoi la sortie des sifflets doit être précédée d'un sacrifice : l'animal, un bélier ou un bouc, est donné par le roi et l'immolation se fait devant le sac sur lequel se répand une partie du sang versé. Lorsque les cérémonies sont terminées, la restitution des sifflets s'opère avec la même discrétion, les utilisateurs les déposent dans le *wõ* sans les regarder. Celui qui est jugé mauvais siffleur est exclu de la société et se voit, en outre, infliger une lourde amende.

La sortie de ces « masques du roi » a lieu lors des funérailles du Gõ-Léré ou d'un *gõ-gbwẽ* (certains prétendent que c'est pour établir une distinction absolue entre le *ye-wuli* royal et celui des gens de la terre que cette société a été créée) et après la clôture de la fête de *fing-moundang*. En ce dernier cas, selon le sexe du premier né du roi, la sortie se fait trois (pour un garçon) ou quatre jours après la fête. Dès lors, et pendant huit jours, le pays moundang est placé sous la loi des *za-tchou-tchou* : les quatre premiers, ils dansent à Léré et surveillent Léré, les quatre suivants, ils parcourent les villages de brousse où ils répandent la crainte. Les femmes querelleuses, les femmes adultères ainsi que leurs amants sont « taxés » sans pitié car ils n'hésitent pas à réclamer un bœuf et il n'est pas question de se soustraire à leurs injonctions.

Le temps des *tchou-tchou* marque également une date du calendrier agraire. Aussi longtemps qu'ils n'ont pas sifflé, il est interdit de couper l'herbe *yelè* avec laquelle on tresse les nouveaux sécos. On ne fait pas entrer des haricots dans le village et il est aussi interdit de couper le *tendeni*, l'herbe avec laquelle on pétrit l'argile pour faire des briques.

Un interdit général pèse sur les jeux, les réjouissances, les danses au son du tambour qui sont autant d'occasions de désordre — palabres, disputes, rixes, violences de toute sorte. Le roi lui-même n'est pas épargné s'il transgresse cette loi : Sahulba dut payer un bœuf aux *za-tchou-tchou* pour avoir tiré un coup de fusil qui avait « cassé » les sifflets, Gõ-Daba III leur versa 4 000 F C.F.A. pour avoir frappé durement l'une de ses épouses. J'ai vu à plusieurs reprises comment dansent et comment travaillent ces personnages pleins de mystère mais qui tiennent aussi du croquemitaine.

Je les ai vus seul car mon interprète avait refusé de m'accompagner sur la place immense qui s'étend devant le palais où, avant que le jour ne soit levé, ils évoluaient, formes à peine visibles, au rythme d'une musique étrange faite du battement sourd du tam-tam et des sons plaintifs de leurs sifflets.

Le scénario est toujours le même; à la tombée de la nuit, quand la place du palais (lieu-dit *zamagarā*, l'un des *cok-syĩnri* de Léré) est déjà complètement désertée, ils se rassemblent et s'assoient autour du tambour *yuni*. Leur responsable Pabam-Gulo, qui cumule cette fonction avec celle de chef des w.p.g. car il est l'Ancien des *ban-ju maviki*, entre chez le roi pour lui faire un compte rendu des incidents qui sont survenus dans les quartiers et qui ont provoqué l'intervention des *za-tchou-tchou*. Il sort du palais suivi du roi qui va s'installer sur sa pirogue pour contempler le spectacle et du tambourinaire; la danse peut commencer. Sur un rythme extrêmement lent, les dix-huit *tchou-tchou* se mettent à tourner, le visage enfoui dans leur boubou dans les plis duquel le sifflet reste caché. Ils ne sifflent pas à l'unisson : les trois ou quatre meilleurs modulent quelques notes tandis que les autres émettent toujours le même son. Les pas sont tantôt dans un sens, tantôt dans l'autre, mais la danse ne dépasse pas cinq minutes. Après une longue interruption, ils reprennent et recommencent ainsi six fois. A la fin de la sixième, ils rétrécissent le cercle autour du *yuni* — on dirait de noirs oiseaux de proie s'approchant de leur victime — puis se dirigent vers le sac déposé au pied du grand tambour royal (*mur-damé*) pour y cacher leurs instruments. Pendant ce temps, *puliã mwena*, resté à quelque distance derrière eux, hurle la devise du roi :

« La Mort est le masque du roi, la Mort, la Mort (*Mawuli*). »
« La Mort rentre à la maison avec un bœuf. »
« La Mort, celle qui ne parle pas (mais siffle seulement). »
« Le lézard qui possède deux queues. »

Le lecteur est maintenant suffisamment familiarisé avec la pratique et la rhétorique des Moundang pour que tout commentaire soit superflu. Les *za-tchou-tchou* fatigués par leur performance s'installent confortablement et attendent la bière de mil et de la boule avec de la sauce de viande qu'une épouse du roi ne tarde guère à leur apporter. L'aube point à peine qu'ils recommencent à siffler. Vers six heures, l'un des danseurs sort du cercle, disparaît dans une ruelle et revient bientôt avec un petit garçon dans les bras hurlant de terreur. L'un de ses collègues fait la même chose et revient avec une fillette hurlant pareillement. Les danseurs s'immobilisent et les deux « ravisseurs » déposent les enfants à terre et leur font faire quelques pas au rythme du *tchou-tchou* et, très vite, libèrent leurs innocentes victimes qui s'enfuient aussi rapidement que leurs petites jambes le permettent. C'est la fin, après avoir bu et mangé, ils disparaissent jusqu'au soir. Le rite de capture des enfants est présenté comme une manifestation de la puissance de leurs *šyĩnri*. Le responsable *maviki* prépare un « médicament » qu'il étale sur le *yuni ;* quand les enfants entrent de leur cercle, ils sont « pris » par l'effet de ce *šyiñri*. En rentrant dans leur quartier ils en propagent le maléfice et provoquent querelles dans les ménages et rixes entre les voisins : autant d'aubaines pour les *za-tchou-tchou* qui récolteront ce qu'ils auront semé.

En 1971, je fus témoin d'un incident qui révélait la permanence du malaise qui règne entre le souverain et ses dignitaires. Une nuit, alors que Gõ-Daba III semblait contempler en toute quiétude leur danse hiératique, il se mit soudain à leur adresser la parole d'une voix sourde que je ne lui connaissais pas. Je sentais qu'il contenait mal sa fureur mais, étant seul, je comprenais mal ses propos. J'appris dans la journée qu'il avait tenu, à peu près, ce discours : « Je sais que certains d'entre vous (et il cita quatre noms) ne sont pas contents de moi, qu'ils veulent un autre roi. Qu'ils sortent de parmi vous, je ne veux pas qu'ils sifflent, qu'ils aillent siffler pour le roi qu'ils désirent mais pas pour moi ».

De quoi s'agissait-il au juste? De quelques anciens qui avaient été les notables de Gõ-Kidé et qui, aux élections à la chefferie de canton en 1964, avaient voté contre l'actuel souverain et pris le parti de Palaï, nommé depuis chef du village de Zazéré. Celui-ci, disait-on, couvrait de cadeaux ses partisans pour qu'ils dénigrent le roi. L'affaire avait éclaté à ce moment parce que les *za-tchou-tchou* murmuraient, reprochant à Gõ-Daba III sa mollesse (c'est-à-dire son modernisme et sa modération dans l'exercice des droits coutumiers, en l'occurrence, leurs privilèges d'user et d'abuser de leur pouvoir d'exaction). Gomena, un fidèle du roi régnant, me faisait observer qu'une telle situation n'a rien d'extraordinaire dans l'histoire des Moundang mais que, dans le passé, les deux rebelles chassés de la danse n'auraient guère survécu longtemps.

L'incident apporte une preuve supplémentaire, si besoin en était, qu'il n'y a pas de solution de continuité entre les deux collèges et cette société qui en constitue la synthèse dans les moments où la souveraineté des clans se substitue à celle du Gõ-Léré. La sortie des *tchou-tchou*, c'est, en effet, l'éclipse du pouvoir royal venant scander aussi bien le temps cyclique de l'année que le temps historique, mais également cyclique, des règnes successifs. Nous étudierons plus loin cette structure temporelle dans laquelle s'inscrit l'exercice du pouvoir tel que le conçoivent les Moundang. Pour l'instant, il nous faut tenter de présenter un modèle de l'appareil que nous venons de décrire en rassemblant en un tableau cohérent les traits qui nous semblent pertinents.

La hiérarchie politico-rituelle, selon les devins moundang.

Le *kendani* de *fing-moundang* (cf. Adler et Zempléni, 1972) nous offre un premier modèle grâce à un texte qui décrit ou plutôt « balaye » le champ politique en faisant la liste des acteurs qui interviennent dans le rite. Ce texte de la consultation divinatoire présente l'avantage d'être aisément lisible en raison de deux principes qui commandent son développement :

1) Il est linéaire en ce sens qu'il envisage toutes les catégories (êtres invisibles, éléments, choses et personnes) les unes après les autres selon une succession dont l'ordre n'est pas commandé par l'exigence de savoir mais par leurs liaisons « réelles » au sein d'un tout qu'on peut désigner comme « l'univers » moundang soumis à l'interrogation des devins.

2) Le déroulement syntagmatique complet est divisé en séquences paradigmatiques matérialisées sur l'aire de divination (un espacement sépare les cailloux correspondant à deux classes distinctes). Ces séquences sont construites selon un ordre hiérarchique — toutes les suites ne sont pas hiérarchisables —, conformément à la logique, ou mieux, à l'économie du système d'interprétation du *kendani*. Il est donc possible, sans les expliciter en eux-mêmes puisque leur succession est déjà par elle-même explicitation, d'exposer la liste des termes dans laquelle les parties de notre appareil gouvernemental viennent s'inscrire.

Citons d'abord : les Esprits de la terre (*me-zuwūn-seri*), les puissances universelles qui commandent la terre ; les points cardinaux ; l'ensemble des Génies de lieu de la terre de Léré ; les maladies et la sorcellerie ; la terre de Léré, les personnes, les chemins, l'eau, les cultures de la plaine qui borde le village ; la brousse et les cultures de brousse ; les quartiers du village de Léré et leurs habitants considérés selon le sexe et l'âge. A cette description de l'espace cosmique et humain fait suite celle des personnes et de la hiérarchie des rôles dans l'organisation de la fête. Cette série des responsables ou des « entrepreneurs » de la fête se présente ainsi :

Les *za-sae* que le devin examine un par un, leur chef d'abord et les autres qui se succèdent par ordre d'ancienneté.

Wajiiri qui est à la fois, on l'a vu, au-dedans et au-dehors du collège des *za-sae*. Homme du roi parmi eux, mais pas par le sang.

Les *zak-fa-uni*, les musiciens formant l'orchestre rituel fourni par le clan Tezun.

Les *wé-pulia-gō-ae* dont les six premiers seulement sont nommés.

Les esclaves du palais (*biak-gō-ae*) chargés d'immoler les animaux sacrifiés et de distribuer les nourritures et les boissons à la population.

C'est immédiatement à la suite de cette séquence que les devins examinent la personne du souverain, dans ses principes spirituels d'abord, puis dans ses composantes structurelles : l'espace du palais, les épouses et leurs fonctions rituelles. Nous avons affaire à un ordre qui va du conditionnant au conditionné. Si c'est la capacité religieuse du souverain en tant que sacrifiant de la fête des prémices qui est examinée par le *kendani*, on comprend que soit d'abord envisagé l'ensemble des dignitaires et des exécutants qui rendent possible et efficace son exercice. Mais les 5 termes de cette liste ne constituent un tout significatif que si l'on considère, comme le système moundang nous y invite, les deux collèges comme les termes polaires de la série. On s'aperçoit alors que chacun d'eux est suivi par une catégorie qui le complète, les *zak-fa-uni* restant en position centrale, indépendants des deux couples extrêmes. Le couple supérieur représente l'instance religieuse garante et gardienne du rite, elle veille sur le roi mais aussi le surveille, tandis que le couple inférieur représente les agents du service rituel assujettis au roi. Entre les deux pôles de la maîtrise religieuse et du service rituel, les *zak-fa-uni* offrent au souverain la contribution d'un clan moundang qui agit, en la circonstance, au moyen de ce qui est précisément son « totem », la trompe-calebasse (l'instrument du chef de cet orchestre), le *wu* dont, à l'exception des musiciens qui accompagnent les danses féminines de possession, ils sont les seuls à jouer.

A l'intérieur de chaque couple, le terme complémentaire a une signification qui détermine moins le terme polaire auquel il est associé que la relation entre les deux termes polaires. *Za-sae* et w.p.g. sont conçus comme alliés et enfants du roi, respectivement. En associant aux premiers *wajiiri* et aux seconds les esclaves du palais, la divination semble construire des couples de contradictoires. La contradiction est levée si l'on interprète le second membre de chacun d'entre eux comme le « correctif » du premier dans sa position relative à l'égard de la royauté. L'alliance symbolique entre *za-sae* et souverain implique distance et menace : *wajiiri* atténue cette distance et rétablit une médiation par sa position de neveu utérin du roi. A cela d'ailleurs, il faut ajouter que *wajiiri* étant aussi l'un des grands notables de la cour, il jette un pont entre deux groupes dont l'hétérogénéité de nature est ainsi quelque peu diminuée. La filiation symbolique entre les w.p.g. et le roi implique proximité et conflit : ce rapport est distendu et ravalé à un rapport de soumission qui demande seulement service et dévouement.

L'ensemble des cinq termes est un tout fonctionnel représentant la classe des dignitaires et agents rituels qui contrôlent et assument leur part de la capacité religieuse, du pouvoir de sacrifiant du roi. Chacun des termes a valeur de proposition énonçant la position relative de la catégorie qu'il désigne à l'intérieur de cet ensemble. Cette liste, bien sûr, n'a de sens qu'en regard du contexte très particulier des cérémonies de *fing-moundang* et l'on peut se demander en quoi elle contribue à la connaissance du système politique, de l'appareil d'Etat qui nous intéresse ici. La réponse est que le contexte sacrificiel, pour particulier qu'il soit, est néanmoins apte à nous révéler les modalités de fonctionnement d'un type de royauté fondé sur l'ordre clanique. Au demeurant, le texte divinatoire confirme et précise en même temps la présentation que nous avons faite de ce système à partir du mythe d'origine. Les *za-sae* et les w.p.g. ne sont assurément pas à mettre sur le même plan que l'orchestre rituel du joueur de trompe-calebasse et les esclaves sacrificateurs : ils possèdent un caractère représentatif et une variété de fonctions que n'ont pas les deux autres groupes. Mais précisément la représentativité qui est à nos yeux la marque de l'institution politique ne doit pas faire illusion car les deux collèges ne représentent pas les clans faiseurs de roi ou l'ensemble de la population au sens où ils auraient reçu une délégation de pouvoirs de leurs mandants. Il vaut mieux dire qu'ils incarnent des forces dont la source est dans les clans conçus selon deux découpages différents. A ce titre, ils détiennent une efficacité rituelle qui est de même nature sinon de même grandeur que celle des *zak-fa-uni* et des esclaves du palais. C'est cette vérité que le *kendani* énonce. Le roi seul est, en un sens, l'objet d'une délégation de pouvoir et son unicité est corrélative de l'indivision politique du corps social.

On ne saurait donc dire que les deux collèges qui entourent le roi et l'assistent dans son travail détiennent une partie du pouvoir dont la totalité serait exercée conjointement par eux-mêmes et le souverain. Nous proposons d'interpréter cette dualité institutionnelle comme l'expression de la division de la souveraineté à l'intérieur d'elle-même et nous allons tenter d'en fournir un modèle structural.

Considérons le système que forment les trois termes roi, *za-sae* et w.p.g. comme un ensemble de relations asymétriques où, par rapport au premier, les deux autres jouent des rôles à la fois antagonistes et complémentaires. Un premier groupe de relations met en jeu la terre et les clans. Les *za-sae*, en effet, représentent les clans originels comme maîtres de la terre et des *šyîñri* des plantes cultivées. Les w.p.g. représentent l'ensemble des clans comme le peuple de sujets du souverain de la terre de Léré. Les premiers établissent une relation négative (—) entre roi et terre qui fonde la dépendance du pouvoir vis-à-vis des forces invisibles sur la dette contractée par Damba dans son alliance avec les *za-sae*. Les seconds établissent une relation positive (+) entre le roi et le peuple fondant l'autorité politique sur l'échange de biens et de services.

Un deuxième groupe de relations met en jeu le terme femme. Les *za-sae* sont donneurs de femmes au roi, ils sont ses beaux-pères avec ce que cela implique de dépendance et de respect, sinon de crainte : donc là encore une relation négative s'établit entre les deux partenaires. Le roi épouse sans compensation matrimoniale et l'on peut dire que toutes les filles du pays sont à lui. Etant hors clan, il n'est pas soumis à la règle d'exogamie, il est, en quelque sorte, dans un rapport d'endogamie avec l'ensemble des clans et avec la terre. A ce titre déjà, il faut dire que le roi est femme lui-même puisqu'il n'est pas échangiste — jamais donneur (sauf précisément dans le cas des *wé-za-talé*) — mais seulement preneur de femmes. Mais, d'autre part, nous y reviendrons, il est femme par rapport aux *za-sae* comme il l'est par rapport aux grandes forces religieuses, tels les masques.

Dans l'ordre de l'exercice du pouvoir, le roi donne des épouses aux *wé-za-talé* et, par conséquent, aux w.p.g. qui sont auprès de lui comme ses fils : il est donc signifié comme père par rapport à son peuple. Dans ce second groupe de relations, l'opposition du négatif au positif est celle du roi-femme vis-à-vis des *za-sae* et du roi-père vis-à-vis des w.p.g. Le sens des mots positif et négatif doit être précisé : ils sont à prendre comme des signes dont l'usage est analogue à celui qui est fait dans l'analyse des attitudes de parenté : ils qualifient moins le contenu de la relation en elle-même (qui serait psychologique dans le cas de la parenté, politique et/ou religieux dans le cas présent) qu'ils ne spécifient des couples d'opposition dont le roi est le terme commun. Le signe (—) de la relation roi/*za-sae* et le signe (+) de la relation roi/w.p.g. ne discriminent pas des fonctions religieuses d'un côté, des fonctions qui seraient proprement politiques de l'autre, mais des modalités d'efficacité du pouvoir royal.

L'efficacité n'est pas une notion aussi simple et aussi claire que l'usage courant qu'on en fait donnerait à croire. Elle combine, en effet, le principe de causalité efficiente dans l'ordre de la nature et des œuvres humaines avec celui de finalité subjective pour autant qu'elle comporte une adéquation de l'action ou de l'opération à des fins représentées dans la pensée ou désirées. Le recours dans cette définition au concept de causalité efficiente nous ferait tomber dans un cercle vicieux si l'important pour nous n'était pas, précisément, la notion de cause et les distinctions qu'on peut y introduire. Quand on définit un pouvoir comme magique ou magico-religieux, ainsi que nous l'avons fait pour celui du Gõ-Léré qui détient les « médicaments » de la terre et qui est tenu pour responsable de la pluie, que veut-on dire sinon qu'il est cause sous son aspect de cause efficiente ? Pour Aristote, on s'en souvient, elle se rapporte à l'agent qui produit l'effet par son acte — le sculpteur qui taille la statue dans le bloc de marbre, le médecin qui manipule (avec ou sans remède) le corps du malade. Le roi de Léré est constitué par l'alliance et les dons des *za-sae* — et, sous certaines conditions, comme celui qui agit sur les phénomènes de la nature. Tout l'arsenal des objets divers qui interviennent dans la magie de la pluie n'est rien sans le pouvoir attribué à la personne du roi.

L'efficacité du pouvoir que le roi détient au titre de père dans sa relation avec les w.p.g. est fondée, pour s'en référer encore aux distinctions aristotéliciennes, sur la cause comme cause formelle car la paternité contient en elle-même la forme de la loi. Par son côté magique, le roi-femme est lui-même posé comme un signifiant lié à la nature qui agit sur d'autres signifiants dans la nature : il est donc source d'existence, pouvoir créateur — ou destructeur. Directement, pour tous et pour chacun, il est condition de subsistance. Dans sa fonction de roi-père, il soutient un ordre social : il n'est pas créateur mais une force qui contraint au nom de règles. L'erreur serait de croire que c'est par ce dernier aspect seulement que se trouve fondée la légitimité du pouvoir du Gõ-Léré. Pas plus que l'efficacité, la légitimité n'est une notion simple. Elle ne peut se réduire au consentement de ceux qui subissent le pouvoir et elle ne saurait résulter de la pure contrainte mais ces deux idées se combinent dans celle de soumission des sujets à la vérité comme cause, cause incarnée, pour la société moundang, dans la personne du souverain. Qu'en elle la cause se divise en efficace pour son aspect magique et en formelle pour son aspect qu'on peut aussi appeler politique, il faut y voir la séparation dans le pouvoir de sa fonction de réalité, à laquelle les sujets croient, et de sa fonction symbolique, à laquelle les sujets sont subordonnés. Nous avons commencé cette analyse de la royauté moundang en nous plaçant sous les auspices de Frazer et nous avons accepté la notion de roi divin en « adaptant », dirons-nous, ses critères à nos matériaux. Certes, nous avons relevé au passage des phrases de *za-sae* assimilant Dieu et le Gõ-Léré mais cette manière de dire, sur laquelle nous reviendrons, n'a rien de frazérien. Le sens vrai du caractère divin du roi qui agit sur la nature, du roi mourant de Frazer, c'est cette fonction de réalité dont il est le support, trait essentiel qu'il partage avec le ou les dieux. Quant à la fonction symbolique, aujourd'hui lieu commun de toute analyse du pouvoir, elle n'entrait pas dans le propos de Frazer ; sans doute est-ce là aussi une raison du rejet dont ses idées ont fait l'objet de la part des anthropologues politiques.

Le Gõ-Léré n'est pas l'unique, le Un dans lequel viennent se confondre l'ordre social et l'ordre cosmique, mais un personnage double, écartelé entre les deux pôles dont il assure la communication. On comprend ainsi que l'institution politique se présente comme un équilibre, d'ailleurs extrêmement fragile et sans cesse remis en cause, entre deux ordres séparés dont les éléments se correspondent à peu près terme à terme. Les notions de dette et de don que nous inscrivons au bas du tableau qui suit expriment ce que l'on pourrait appeler le bilan des échanges constitutifs de la relation que le roi entretient avec l'un et l'autre collège.

Les deux traits qui séparent le tableau en son milieu tracent la coupure entre les deux ordres que représentent les instances de la terre et du peuple : ils ne communiquent pas entre eux, mais seulement par la personne du roi, elle-même divisée en femme et en père. Les flèches n'indiquent que les échanges à l'intérieur des deux demi-tableaux.

Sur la première ligne intérieure apparaissent les termes qui désignent le contenu de la relation entre le roi et les deux collèges. Ils sont deux à deux respectivement dans le même rapport d'inclusion : la terre se définit par les 4 clans originels comme le peuple se définit par le territoire. Etranger aux 4 clans dont il reçoit la terre, le roi devient celui qui définit qui est étranger et qui ne l'est pas en conquérant et en organisant le territoire par l'envoi de ses fils comme *gõ-gbwē*.

Sur la deuxième ligne apparaissent les termes qui définissent la face magico-religieuse du roi dans le langage de l'alliance, et l'autre face, plus spécifiquement politique, dans celui de la filiation. Les échanges marqués par les flèches des deux côtés du double filet se caractérisent par le trait suivant : de part et d'autre c'est le souverain qui donne les produits du travail (nourriture sacrificielle, nourriture cuisinée par ses femmes, vêtements d'apparat, etc.) — après avoir été le donneur inaugural comme chasseur. Le roi ne travaille pas et ce qu'il a à donner c'est ce qu'il s'approprie par sa force du travail des autres.

	ZA-SAE (maîtres de la terre)	WE-PULIÁ-GÕ-AE (fils de ceux qui ont perdu le pouvoir : ensemble des clans)	
	Quatre clans originels TERRE	Peuple moundang ROYAUME	
	....	....	
ROI- FEMME	Chasseur Donneur de viande Etranger (−)	Conquérant Organisateur (puliã titrés) (gõ-zalalé) Maître (+)	ROI- PÈRE
	Beaux-pères (−)	Fils (+)	
	....	....	
	Femmes, šyı̃nri de la terre	Femmes, nourriture, biens	
	Biens, nourriture	Travail, service, police	
	Dette (−)	Don (+)	

Les femmes qui circulent des deux côtés du tableau sont en un sens les mêmes (il a la libre disposition des femmes non mariées du pays) mais leurs fonctions sont opposées. Les femmes reçues des *za-sae* sont le fondement de « l'économie palatiale » qui permet au roi de remplir ses charges sacrificielles ; les femmes que le roi donne permettent la reproduction des hommes voués à son service. A l'échange inaugural dans le temps du mythe succède l'échange réel. Pour de la viande à la place de haricots, Damba a reçu des femmes : valeur de jouissance contre valeur de jouissance : c'est l'échange mythique. L'échange réel effectué par le moyen des relations d'allégeance personnelle porte sur des forces de travail, les *wé-za-talé* et les femmes qui reproduisent ces forces de travail.

Nous pouvons maintenant aborder l'étude du palais et de cette économie politique tout à fait particulière dont elle est le centre : les institutions que nous venons de décrire en tracent le cadre. Par l'exclusivité absolue qu'elles réservent au souverain dans le prélèvement de la richesse, elles soulignent avec force la portée et les fins de la production palatiale. Et, par contrecoup, sa relation avec le mode de production domestique qui est le lot de chacun. Ainsi, la fonction des w.p.g. dans la structure politique moundang exclut que la relation d'allégeance personnelle sur laquelle elle se fonde soit étendue aux rapports entre particuliers. Nous savons que dans les sociétés où de telles relations sont pleinement développées, leur jeu repose sur une stratification sociale et une hiérarchie qu'elles transgressent de quelque façon en introduisant la réciprocité entre protection et service qui compense et confirme à la fois les inégalités de statut, qu'il s'agisse de castes ou de classes. La société traditionnelle moundang offre le modèle opposé : elle s'est efforcée d'empêcher, d'effacer, de nier toute stratification entre groupes, toute inégalité dans les statuts socio-économiques, hormis celle découlant de la hiérarchie « naturelle » dans les groupements domestiques et familiaux. Seul le roi peut et *doit* être riche, seul il doit posséder un grand gynécée, des esclaves et d'immenses troupeaux, sans parler des biens somptuaires, des biens d'importation.

Ce monopole ne souffre pas la moindre contestation. Quiconque — grand notable, prince ou chef de village — chercherait d'aventure à s'arroger la moindre prérogative du Gõ-Léré commettrait un crime de lèse-souverain, vite sanctionné au demeurant, et de la manière forte. La religion et l'idéologie moundang sont faites pour nier la compétition économique, elles affirment qu'il n'existe que deux partenaires de droit dans le concert économique : le roi autour duquel toutes les richesses s'accumulent en vertu des prestations qui lui sont dues et de la force des armes à laquelle il peut légitimement recourir et le peuple qui en reçoit les bienfaits en vertu de sa générosité qu'à chaque fête il manifeste. Les w.p.g. qui veillent au grain — c'est le cas de le dire —, pillards du roi et ramasseurs de miettes, non négligeables assurément, sont là, entre autres, pour supprimer si possible les dissonances que des ambitieux téméraires pourraient faire entendre au sein de ce ménage idéal.

ANNEXE : LES NOTABLES DE COUR

Les Moundang les appellent *za-pel-gõ-ae*, « ceux qui suivent le roi » ou *za-fadal*. Ces notables portent des titres empruntés aux cours des principautés peules voisines qui elles-mêmes les ont empruntés à la cour du Bornou ; ce sont donc des termes de la langue kanuri.

On raconte que le grand Gõ-Comé avait créé deux ou trois notables et ses successeurs en rajoutèrent quelques-uns si bien qu'aujourd'hui on arrive à une dizaine de notables titrés sans que tout le monde soit tout à fait d'accord sur leur nombre exact. Ces titres n'ont rien d'héréditaire, chaque Gõ-Léré fait notable qui il veut et il en crée théoriquement autant que bon lui semble. C'est un honneur fait par le roi à quelqu'un qui le sert bien.

La liste officielle recueillie en 1969 est la suivante et nous la donnons selon l'ordre hiérarchique moundang :

1) Kaïgamma, chef de la cavalerie, chef des expéditions militaires.
2) Sarkin Fadal, conseiller privé du roi et confident de ses secrets.
3) Galedimah, esclave du palais, s'occupe des chevaux caparaçonnés.
4) Saa Maki, chevauche devant le roi dont il est le héraut.
5) Sarkin Yahi, chef de guerre, adjoint du Kaïgamma.

6) **Wajiiri** (vizir), représente le roi en son absence, il est une espèce de doublure et sa maison est comme une réplique en petit du palais.

7) **Wakilu**, c'est un chef du protocole et une sorte de ministre des affaires étrangères. Aucun chef de village en visite à Léré ne peut voir le roi immédiatement. Comme tous ses collègues il a un *pa-fae*, une sorte d'ambassadeur résidant à Léré et qui l'annonce à Wakilu. Ce dernier le reçoit d'abord et demande pour lui une audience au roi.

8) **Maïdidadi**, c'est l'ambassadeur du roi dans les villages de brousse.

9) **Ajya**, c'est le représentant du roi auprès de l'Administration.

10) **Alkali**, juge au service du roi mais reconnu par l'Administration. Celle-ci reconnaît officiellement 7 notables (elle exclut le 5, le 8 et le 9) auxquels elle verse un « traitement » mensuel de 5 000 F C.F.A.

Si l'on ajoute cette somme aux cadeaux (de beaux boubous surtout) offerts annuellement par le roi, la situation de notable apparaît tout à fait enviable et elle est, en effet, très convoitée.

Les notables n'ont aucun rôle rituel (bien sûr, il y a parmi eux des *za-sae* et des w.p.g.); ils sont la garde d'honneur du roi, la magnificence de leurs vêtements, celle des harnachements de leurs chevaux sont la fierté du souverain quand il peut, à l'occasion des fêtes nationales, se mesurer à ses collègues des autres régions du Tchad.

Outil administratif, ornement des parades, les notables sont pour nous à l'extérieur du système, c'est pourquoi nous leur avons réservé une annexe.

A propos du Kaïgamma qui est le premier des notables, on raconte que ce titre fut créé à la cour de Léré par Gõ-Čomé le grand (celui dont nous parle Barth) dans les circonstances suivantes. En ce temps-là nombreux étaient les Moundang qui vivaient à Binder où régnait un puissant Lamido. Un Moundang nommé Kali, réputé pour sa bravoure, fut nommé Kaïgamma par le Lamido. Au cours d'une bataille opposant les guerriers peuls de Binder à ceux du roi de Léré, Kali trahit son prince et refusant de combattre contre ses frères de race, il s'enfuit dans les collines qui dominent le village moundang de Lara. Il fut poursuivi par les cavaliers de Binder venus razzier Lara mais réussit encore à leur échapper pour gagner la capitale de Gõ-Čomé. Ce dernier ayant appris qui était Kali, quel était son titre et quelle fut sa conduite envers ses frères, décida d'en faire son Kaïgamma. La fonction de chef de guerre existait à Léré (*swah-sale* ou *bi-go-la*) mais le Kaïgamma, chef de la cavalerie, fut couplé, comme on l'a vu, avec *puliã-puri*, responsable des *syĩnri* pour les chevaux.

On dit qu'en ce temps-là, après Kali nommé par Gõ-Čomé, on prit l'habitude de faire désigner le Kaïgamma par ses propres cavaliers qui le choisissaient en brousse en raison de ses qualités guerrières. Mais il possédait également ses propres « fétiches ». Par exemple, avant de razzier un troupeau il faisait des signes magiques sur chacun des sabots des pattes avant de ses chevaux, puis de son bâton il touchait un bœuf alors tout le troupeau quittait son parc pour suivre les pillards de Léré qui donnaient la plus grande partie du butin au roi et se partageaient le reste en donnant les meilleures parts au Kaïgamma et à *puliã-puri*.

« Les notables, dit l'actuel Kaïgamma, sont comme les yeux et les oreilles du roi. Ils sont toujours autour de lui mais ils parcourent également les villages de brousse pour rappeler, si besoin est, un *gõ-za-lalé* à ses devoirs s'il n'est pas suffisamment respecté par les villageois. Ils sont, ajoute-t-il en français, un peu comme les espions du Gõ-Léré ».

CHAPITRE 3

SEXE ET SOUVERAINETÉ (¹)

Dans le royaume de Léré, comme d'ailleurs dans la plupart des systèmes monarchiques d'Afrique Noire, les épouses et les sœurs du roi font, à des titres divers, partie intégrante de l'appareil d'Etat. Par leur travail ou les fonctions rituelles qu'elles remplissent, par la possibilité donnée à certaines d'exercer effectivement un commandement, le rôle joué par ces femmes constitue un élément essentiel de la structure du pouvoir et permet d'en éclairer certains des aspects les plus cachés.

La société moundang, patrilinéaire et fortement patriarcale, comme nous l'avons vu, est fondée sur une division sexuelle des tâches et des fonctions qui traverse tous les plans de l'activité sociale et tient une place prépondérante dans leurs représentations collectives. Ce trait culturel qu'elle partage avec de très nombreuses populations africaines, va de pair avec une position presque toujours mineure réservée aux femmes dans de tels systèmes : par rapport au mari dans la famille et le ménage; par rapport aux Anciens dans le groupe de parenté élargi ou le clan; par rapport aux détenteurs de l'autorité politique ou rituelle dans le village. En regard de cette situation, le problème posé par la présence de femmes — justifiée par leur naissance ou leur statut matrimonial — au sommet des hiérarchies politique et/ou religieuse a été résolu dans la plupart des cas de façon identique. Les auteurs qui ont décrit les royautés africaines ont souligné avec insistance le caractère essentiellement symbolique des fonctions qu'occupent, dans l'organisation politique, ces femmes hors du commun que sont la reine, mère ou sœur du roi, la première épouse ou telles des princesses de sang royal. Ces fonctions qui dans certains royaumes sont, par l'institution d'une union incestueuse avec le souverain, à la source même de la sacralité de l'autorité, s'accompagnent ou non d'un

---

(¹) Ce chapitre reprend en le développant, un article publié sous le même titre dans la *Nouvelle Revue de Psychanalyse* VIII, 1973, pp. 115-139.

pouvoir politique effectif. La reine ou la princesse peut peser directement sur la conduite des affaires du pays ou indirectement, par son influence à la cour; elle peut aussi jouir d'une autorité formellement reconnue sur tel secteur de la vie juridique ou de l'organisation intérieure du palais. Mais, quelles que soient la nature et la portée sociale des pouvoirs qu'elle exerce, cette femme, dégagée de la condition de son sexe, mais porteuse d'attributs féminins positifs ou négatifs (par exemple, l'obligation de stérilité), est intégrée dans la royauté comme une de ses composantes élémentaires. Elle n'est pas d'abord une personne incarnant une haute destinée féminine qui, au demeurant, peut n'avoir rien d'enviable pour les autres femmes, mais une fonction symbolique prenant place dans la série des symboles dont s'entoure tout pouvoir. Que cette place soit de premier plan dans des sociétés fondées sur la division sexuelle des fonctions et la prédominance des rapports de parenté, il n'y a pas lieu de s'en étonner : l'Etat traditionnel est encore lié par cette double contrainte et ne saurait se passer d'une figure féminine. Mais il est impossible de soutenir qu'une reine représente les femmes et il est vain d'imaginer que la situation exceptionnelle qui lui est faite puisse signifier une quelconque compensation à la position inférieure réservée à son sexe par l'ordre établi ([2]). Une reine est une femme, certes et, comme telle, elle est fille, sœur, épouse ou mère et les transformations qui affectent ces rôles par rapport au code des attitudes de parenté et des relations entre les sexes ne sont pertinentes que pour l'interprétation du symbolisme de la royauté.

Il y a pourtant lieu de s'étonner quand on constate que la plupart des auteurs, lorsqu'ils ne se contentent pas d'une simple description des différents rôles féminins dans l'organisation politique, s'attachent exclusivement à l'étude des symboles qu'ils véhiculent pour éluder finalement la question de la nature du pouvoir auquel ces femmes participent dans les deux sens de ce mot : prendre part et être consubstantiel. Dans l'abondante littérature ethnographique consacrée aux royaumes africains, il n'existe, à notre connaissance, aucune étude théorique qui ait pris pour objet cet aspect du fait politique pour lui-même. Il semblerait que l'extinction des passions qui alimentèrent les controverses déjà lointaines sur la place du matriarcat dans l'évolution des sociétés ait rendu inutile, sinon périlleuse, toute tentative d'analyse théorique de la relation interne liant les femmes au pouvoir. De même que dans l'échange matrimonial, il est admis que la fonction d'opérateur, pour ne pas dire de sujet, appartient aux hommes, on ne discute pas la prévalence du principe mâle dans le champ de l'autorité politique. La place que peuvent y occuper les femmes, même si parfois elle se trouve située à l'échelon suprême de la hiérarchie,

---

([2]) C'est la position adoptée par Annie Lebeuf dans un article sur « Le rôle des femmes dans l'organisation politique », publié dans un ouvrage collectif rédigé par des anthropologues femmes exclusivement : *Femmes d'Afrique Noire*, Mouton, 1960, p. 93-117.

est dès lors quelque chose de subalterne dans l'ordre du réel. La reine des Lovedu du Transvaal, investie du pouvoir surnaturel de « faire la pluie », est un souverain marié à de nombreuses « épouses », ce qui ne l'empêche pas, par ailleurs, de prendre des amants. Certaines de ces « épouses » peuvent avoir des enfants dont les pères doivent rester dans l'ombre : ces rejetons appartiennent légitimement au souverain et ont le droit de prétendre au trône. N'est-ce pas assez dire que cette reine est un homme et que c'est à ce titre seulement qu'elle incarne la loi ? L'attention des auteurs s'est ainsi concentrée sur l'aspect symbolique des rôles féminins comme si la différence des sexes, impuissante à entamer effectivement le principe de souveraineté mâle, ne pouvait servir qu'à symboliser certains de ses aspects. La mise en vedette du thème de l'inceste royal illustre bien la tendance réductrice d'une recherche qui, sous le couvert d'une analyse des structures inconscientes du pouvoir, a entièrement isolé cette fonction de transgression, ou prétendue telle, pour en faire la marque d'élection apte à désigner le porteur du fardeau de la souveraineté et à garantir l'efficacité de son action. Mais d'où vient cette vertu de l'inceste et la portée cosmique qu'on lui attribue ? Pourquoi ne le rencontre-t-on pas dans toutes les royautés sacrées ?

Il ne s'agit pas de récuser la validité partielle des analyses qu'on a proposées de l'inceste royal mais de mettre en cause la démarche dont elles procèdent. Il n'y a pas de symbole privilégié dont la signification donnerait la clef d'une institution. La quête des symboles du pouvoir est infinie car le pouvoir est un grand producteur de symboles ; c'est même une de ses principales spécialités. Nous cherchons à appréhender l'institution politico-rituelle dans son fonctionnement, c'est-à-dire comme machine, et nous considérons les différents rôles féminins définis à l'intérieur de la structure du pouvoir royal comme autant de pièces et de rouages de la machine étatique. Loin d'isoler une fonction privilégiée dans la relation des femmes au pouvoir, nous tenterons plutôt d'élargir notre interrogation à la position qu'y occupent aussi les femmes du commun dans la mesure où elle est marquée par une fonction, des tâches qu'elles remplissent collectivement, dans des circonstances particulières, au service de la machine de production dont le roi a la charge.

A la base de la production palatiale on trouve le régime matrimonial spécial qui est celui du roi de Léré et de lui seul. En face d'une économie domestique de subsistance animée seulement par la circulation des biens matrimoniaux, le roi et ses épouses, c'est-à-dire le palais, vivent sous un régime à part. La richesse-femmes, créatrice de la richesse-nourriture, n'y entre pas moyennant une quelconque contrepartie mais est constitutive du pouvoir royal. Le roi qui est donneur universel de nourriture qu'il se doit de distribuer généreusement à tous, à l'occasion des fêtes du calendrier agraire, est aussi, nous l'avons dit, preneur universel de femmes. Il épouse sans dot parce qu'il est hors clan et, par conséquent, hors échange matrimonial. La charte mythique dont nous avons représenté les termes dans notre tableau (p. 300) donne pour fondement à la puissance royale les épouses données par les *za-sae* ainsi que le transfert entre ses mains des *syĩnri* de la terre : les unes et les autres sont, en quelque sorte, ses composantes élémentaires. Leur fonction n'est pas d'intégrer le chasseur nomade et solitaire dans la structure existante des rapports hommes/terre et des rapports hommes/femmes et de substituer ainsi un meilleur chef à l'ancien mais de créer une structure nouvelle. Créateurs de la royauté sacrée, ils sont avant tout les instruments d'une production autre que la production familiale, autre par sa taille, autre aussi et surtout par sa finalité.

Le lecteur s'étonnera peut-être que nous mettions sur le même plan les « fétiches » de la terre, qui sont des « instruments » magiques d'action sur la fécondité, et les femmes, qui sont des forces réelles de travail. C'est que les uns et les autres ne se séparent pas dans la pensée des Moundang qui nous explique que c'est avec cela que le roi « travaille », autrement dit, qu'il est à même de remplir la charge dont il est investi. La concentration entre ses mains des *syĩnri* de la terre établit et légitime sa souveraineté sur l'ensemble du territoire ethnique comme espace supra-clanique ; elle fait de sa personne le garant et le responsable de la prospérité de tous ses habitants ; elle fait de lui le grand sacrifiant, non comme roi-prêtre (nous verrons qu'il est essentiellement passif à cet égard), mais comme créateur des richesses sacrificielles. Les femmes données lui fournissent précisément la « force » nécessaire pour produire ces surplus indispensables à l'accomplissement des rites agraires qui s'accompagnent d'une consommation cérémonielle de quantités énormes de nourriture et de boisson. On voit donc comment fétiches et femmes sont liés indissolublement dans cette singulière machine de production qu'est le palais. Les fétiches seuls nous donnent un chef de terre, les femmes seules nous donnent un homme riche, leur conjonction nous donne un roi.

Le palais.

Le palais, que nous appelons ainsi parce qu'il est la maison du roi, est, sur le plan architectural et fonctionnel, une ferme gigantesque. La ferme traditionnelle ordinaire offre une architecture unique au Tchad qui frappe le voyageur pénétrant en pays moundang par son aspect de petit fortin. De forme circulaire et construite d'un seul tenant, l'habitation se présente comme un anneau largement ouvert fait d'une succession de maisons — disons que ce sont des appartements comprenant généralement quatre chambres — aux murs de pisé et à toits plats servant de terrasses. Chaque maison ou appartement est flanqué à l'un de ses coins d'une coupole phalloïde qui est son grenier, et à un autre coin, d'une tourelle qui sert de cheminée à la cuisine. Le nombre de ces cheminées et de ces tourelles signale le nombre d'épouses que possède le maître de maison. Celui-ci dispose d'un appartement distinct mais plus petit, prolongé d'une case à toit pointu couvert de chaume : c'est son « salon » où il se tient à l'heure du repos et où il reçoit visiteurs et amis. Ce salon constitue le vestibule d'entrée, l'ouverture principale de la ferme sur l'extérieur. Une natte ou une palissade de paille tressée (le séco) sert de porte. L'intérieur de l'enclos forme une cour, *pi-célé*, « la place du grenier » (le grenier du maître de maison) où se dressent, en outre, quelques huttes pour les fils encore adolescents, le poulailler et un abri pour les caprins et les ovins. Les bovins sont parqués à l'extérieur dans un kraal, enceinte fermée par des épineux, aménagée à proximité de la ferme.

Les Moundang répugnent à l'habitat isolé et vivent dans des quartiers (*dag-bili*). Les quartiers d'un village peuvent être plus ou moins éloignés les uns des autres (de quelques centaines de mètres à plusieurs kilomètres, selon la nature du terrain et les points d'eau) mais le quartier lui-même constitue un habitat compact : on se souvient que les frères de clan formant un patrilignage localisé vivent les uns à côté des autres dans des sortes d'îlots entourés de champs de case (*wa-ka-yã*). Les chefs de ménage ont chacun leurs champs — leurs plantations en brousse — sur lesquels ils travaillent avec leurs enfants non mariés et leurs épouses. Celles-ci ont aujourd'hui leurs propres champs de coton car elles ont besoin de revenus personnels pour payer l'impôt. Mais avant l'introduction de cette culture obligatoire qui fournit l'essentiel du revenu monétaire (1929-1930), le gros des travaux agricoles était accompli par les hommes. Les femmes les aident mais leur tâche principale est au foyer : soins des enfants en bas âge, cuisine, corvées d'eau à la rivière et de bois de chauffage, etc. Comme dans beaucoup de sociétés paysannes d'Afrique Noire, la production est, en règle générale, affaire domestique au sens restreint du terme, mais la consommation des repas revêt un caractère communautaire. Un petit groupe de voisins, auquel s'adjoignent occasionnellement des amis, mangent ensemble une nourriture cuisinée tour à tour par chacune des épouses. Les femmes mangent séparément avec les filles (et avec leurs coépouses, si l'entente est bonne), les garçons se contentent le plus souvent des restes de leurs aînés. Tel est, très schématiquement dessiné, le cadre de la vie familiale d'un paysan moundang.

Le palais, nous l'avons dit, est une gigantesque ferme. Le petit fortin avec ses trois ou quatre coupoles (le taux de polygamie ne dépasse pas 1,5 dans la région de Léré) fait place à une véritable forteresse hérissée d'une centaine de coupoles et de tourelles. Gõ-Čomé, le dernier souverain qui ait régné dans la période précoloniale, avait près de 200 femmes. Il fut obligé de faire construire un anneau concentrique au premier, à l'intérieur de la cour afin de les loger et, comme cela ne suffisait pas, il fit édifier d'autres maisons si bien que derrière le mur d'enceinte, le visiteur se retrouvait dans une véritable petite ville aux ruelles tortueuses. Si l'on se représente errant dans cet espace confiné, les moutons et les chèvres répartis par le roi entre ses femmes et si l'on ajoute les coqs, les poules et même les pintades qui sont leur bien personnel, on imagine le calme et les agréables senteurs de cette royale demeure. Mais Gō-Daba III, son petit-fils, n'a qu'une centaine d'épouses (dont plus de quarante ont été héritées de son père et son grand-père) et a pu se contenter d'un anneau seulement ; cela lui permet d'avoir une cour bien dégagée et d'une relative propreté.

Une telle communauté polygamique est organisée, il va sans dire, selon de tout autres principes que le ménage polygyne ordinaire. Si celui-ci fonctionne essentiellement comme un organe de production qui s'articule avec d'autres unités semblables au sein d'un groupe plus large de consommation ou de commensalité masculine, il faut dire que le palais n'est pas le lieu d'un ménage. Le roi, en ce sens, n'est pas un mari car il n'a ni frères, ni voisins, ni alliés. Lorsqu'il accède au pouvoir, tous ses liens familiaux sont coupés, il est retranché de sa parenté : sa mère doit résider dans l'ancien village des rois de Léré, Fouli (ce nom est donné à un village que l'on abandonne et qui reçoit une nouvelle population), dont elle prend symboliquement le commandement. Fouli *mah-gō-ae*, Fouli de la mère du roi n'est aujourd'hui qu'un quartier de ce grand village du bord du lac qui comprend un groupe de Hausa pêcheurs venus s'y installer pendant la période coloniale. La mère du roi est donc assimilée à une personne de sang royal. Ses frères sont — sauf exception — chefs de village et le roi ne les connaît que comme tels ; enfin, ses propres enfants, nous l'avons vu, sont écartés de leur mère peu après avoir passé l'âge du sevrage et vivent, en général, loin de Léré, dans les villages que la coutume leur assigne. Symbole suprême de ce qu'il faut appeler la solitude sociale du roi, celui-ci mange seul dans une chambre de ses « appartements privés », à l'abri de tout regard. Il ne mange pas indifféremment la nourriture de telle ou telle de ses femmes mais seulement celle que lui prépare l'une de ses quatre cuisinières en titre (*mah-jō-bi-gō-ae*), choisies par lui et toujours plus ou moins surveillées par le Galedimah ou tel autre esclave du palais chargé de gérer aussi bien la cuisine privée du roi que la « cuisine sacrificielle » à l'occasion des fêtes. Ce ne sont pas les raffinements gastronomiques du consommateur royal qui sont en cause, c'est l'étiquette qui interdit de manger avec un supérieur, c'est aussi la peur de l'empoisonnement, thème favori des chroniques du palais, pleines d'intrigues et de complots dont nous savons qu'ils ne sont pas toujours imaginaires.

Si nous admettons que la pertinence sociologique de la notion de cuisine est celle que nous lui avons trouvée dans le partage des nourritures préparées par les épouses entre les hommes d'un même quartier appartenant au même lignage ou seulement voisins, il en résulte qu'au palais il n'y a pas de cuisine. Les repas qu'y consomment les femmes, solitairement ou par petits groupes, n'étant pas non plus, à cet égard, de la cuisine. Mais il serait plus juste de dire que le palais n'est pas une unité d'endo-cuisine qui est l'expression fonctionnelle de la commensalité. En revanche, les énormes quantités de nourriture et de boisson qu'on y prépare, tant à l'occasion des fêtes que dans les nombreuses circonstances où le roi régale telle catégorie de notables ou de simples villageois ou villageoises prestataires de services, en font l'unité d'exo-cuisine par excellence. Robert Jaulin, à qui nous empruntons ces expressions d'exo- et d'endo-cuisine, a bien montré, dans l'étude qu'il a consacré à un village Sara du Moyen-Chari (³), comment cette pratique sociale était liée à l'échange des femmes. La relation entre l'exogamie de quartier et l'endo-cuisine de quartier, qui se vérifie également dans la société moundang, nous conduit à l'idée que l'exo-cuisine du palais est à rattacher au régime matrimonial particulier du souverain qui obéirait à une règle implicite d'endogamie. Nous n'avons jusqu'ici, nous fondant sur la charte mythique de la royauté, envisagé que l'aspect quantitatif de la polygamie ou plutôt de l'hyperpolygamie royale comme condition de l'exercice de la souveraineté. Grand sacrifiant et, à ce titre, grand pourvoyeur de nourriture de son peuple sous forme cérémonielle, ce roi qui, en tant que personne, n'est ni producteur (réellement, il ne travaille pas), ni consommateur (symboliquement, il ne mange pas), est doté d'une armée de productrices et de cuisinières dont le nombre mesure la puissance, la capacité qui est la sienne de répondre aux exigences de sa fonction. Mais l'ensemble des épouses royales n'est pas seulement une grandeur extensive (ce qu'est toujours un ménage polygame, quelle que soit sa taille), il est une sorte de machine vivante fonctionnant comme un tout pourvu d'une organisation interne. Bien que celle-ci n'ait de portée pratique qu'en raison du grand nombre de femmes que comprend ce tout et de la multiplicité des tâches que ces femmes remplissent, sa signification religieuse et politique par rapport à la royauté est à chercher dans la nature de l'alliance qui l'a engendrée.

Le roi épouse sans « dot », il est hors clan et, par conséquent, en dehors du système des échanges matrimoniaux réguliers. Cela suffit-il pour autant à qualifier ses alliances d'endogamiques et, quand cela serait, quel profit en tirerions-nous pour notre analyse? Rappelons d'abord avec Lévi-Strauss « qu'il est impossible de considérer exogamie et endogamie comme des institutions de même type », et nous ajouterons qu'il en va de même de l'exo- et de l'endo-cuisine. D'une manière générale, l'exogamie, surtout s'il s'agit d'un système clanique de forme totémique comme c'est le cas chez les Moundang, fonde les exclusions de mariage sur la conceptualisation des groupes échangistes comme espèces sociales définies par un ensemble de marques distinctives. Les femmes qui circulent entre les espèces sont, si l'on peut dire, démarquées à cet égard. Le phénomène est particulièrement net chez les Moundang où toutes les fonctions spécialisées liées au clan

---

(³) R. Jaulin, « Distribution des femmes et des biens », *Cahiers d'Etudes Africaines*, 1966, vol. 6, n° 23, 3e cahier.

(activités techniques, charges et tâches rituelles, interdits, masques, etc.) sont exclusivement masculines et ne sont jamais, sauf exception, transmises par voie utérine. Dans ce système fortement patrilinéaire, les femmes sont donc, en regard du mode de socialisation que crée l'appartenance clanique, du côté de la nature : des individus biologiques tous équivalents. L'endogamie véritable — celle que l'on rencontre par exemple dans un système de castes — traite au contraire les femmes comme des valeurs semblables aux hommes de leur groupe et, par conséquent, dissemblables des femmes des autres castes. L'ordre hiérarchique qui divise la société ou une partie de la société en castes interdit entre elles la circulation des femmes — ce qui a pour effet de maintenir précisément cette division. Le mariage royal moundang n'a, bien entendu, rien à voir avec un tel système puisque, tout au contraire, il étend encore à l'extrême limite le principe d'équivalence de toutes les femmes. Non seulement le roi épouse sans dot, ce qui a pour corollaire que toutes les femmes du pays moundang sont potentiellement siennes, mais il peut également prendre femme dans son propre clan, voire son propre lignage — ces termes perdant d'ailleurs toute pertinence en ce qui le concerne. La seule limite qu'il ne franchit pas est celle de l'inceste. Apparemment donc, le roi de Léré appartient à la plus petite unité d'exogamie. Le fait pourtant qu'il puisse épouser des femmes d'une classe (son propre clan) qui serait interdite à tout autre, nous conduit à nous demander s'il s'agit d'un privilège qui l'autoriserait à frôler, pour ainsi dire, l'inceste ou si cette endogamie de clan qui, comme telle, n'a ici aucune signification d'endogamie vraie, n'est pas plutôt l'aspect particulier d'une endogamie fonctionnelle circonscrite par la terre, la terre du roi de Léré, et tenant la place de la hiérogamie incestueuse dans d'autres systèmes monarchiques africains. A la suite de Frazer, la littérature ethnographique et, plus spécialement, celle consacrée aux civilisations noires, nous ont appris à considérer l'inceste royal comme une institution liée aux aspects cosmiques de la souveraineté. Celle-ci — et la conception que s'en font les Moundang illustre cette thèse — se fonde sur la conjonction de l'ordre naturel et de l'ordre social, conjonction qui garantit toute fécondité, celle de la terre et celle des femmes, et assure le retour régulier des saisons. Mais peut-être n'a-t-on pas suffisamment prêté attention au fait que cette institution n'est pas séparable des relations qui unissent le roi à son propre groupe de descendance et à la terre. Quel sens, en effet, et quelle efficacité aurait le symbolisme de l'inceste royal si la femme — mère ou sœur — n'incarnait pas aussi en tant que femme et en tant que mère ou sœur une partie de la souveraineté de son époux? Or, une telle consubstantialité suppose que la communauté de sang crée une communauté de destin, autrement dit qu'il existe un clan, ou même simplement un lignage royal, qui se perpétue au long des générations et dont tous les membres partagent les privilèges que leur confère leur naissance. Et, au nombre de ceux-ci, il faut compter, bien entendu, le privilège foncier, la constitution de domaines royaux étant le moyen de l'établissement et de la perpétuation du groupe ou de la caste nobiliaire ou aristocratique.

Si cette analyse est exacte, il est clair qu'on ne saurait trouver une quelconque forme d'inceste dans la royauté moundang puisque le clan royal est brisé, si l'on peut dire, à chaque génération. Nous connaissons le principe : les *yérima* — et les *gõ-li,* nous le verrons dans un instant, sont symboliquement identifiées à leurs frères — accèdent non à un domaine mais au commandement d'un village au sein duquel ils représentent une parcelle de la puissance royale dont le centre exclusif est à Léré, la capitale. A la seconde génération, le fils succède au père, mais au prix de la perte d'une partie de la puissance souveraine issue de Léré, si bien qu'à la troisième génération la lignée, déchue de toute souveraineté, est territorialisée ou ramenée à la loi commune par incorporation à la communauté villageoise ; un nouveau *yérima* est envoyé de Léré avec l'investiture sacrée. Cette « prolétarisation » des segments lignagers issus de Damba a pour résultat de laisser au roi seul, à l'Unique qui règne à Léré, la fonction de maintenir l'alliance perpétuelle entre la royauté et l'ensemble des clans représentant la terre. Dans ces conditions, la souveraineté territoriale n'exige nullement la constitution d'un domaine foncier : le domaine royal, ce sont les femmes, dans l'exacte mesure où leur nombre détermine l'étendue des cultures mises en exploitation pour les besoins de la production palatiale.

C'est dans cette perspective, croyons-nous, qu'il faut envisager le mariage du roi, que nous pouvons bien appeler une hiérogamie puisque c'est l'association des fétiches de la terre et des femmes comme composantes élémentaires de la puissance de Damba qui consacre l'avènement de la nouvelle souveraineté. Mais nous n'avons encore établi qu'une connexion externe entre la souveraineté territoriale et le régime matrimonial du roi de Léré, en réduisant celui-ci à une fonction instrumentale de celle-là. Nous allons voir maintenant, en examinant la démarche du devin qui, à la veille de *fing-moundang* et *fing-luo*, consulte les oracles pour savoir si les sacrifices seront accomplis dans des conditions favorables, sur quels fondements repose cette fonction instrumentale. Un principe implicite se dégage que nous définirons comme l'équivalence symbolique entre la terre comme terre cosmique faite une par le roi de Léré et l'ensemble des femmes comme tout organisé au sein de l'unité palatiale.

La fête des récoltes (ou lune moundang) qui se tient à la mi-novembre est la plus importante du calendrier agricole. Au long des quatre jours que durent les célébrations qui attirent une foule nombreuse venue de tout le pays, actions rituelles, festins et festivités ont lieu à l'intérieur ou aux abords immédiats du palais. Aussi les devins procèdent-ils à une analyse des plus minutieuses des éléments constitutifs de l'aire sacrée que le palais, ses occupants et leurs travaux, représentent pour la circonstance. Le palais — ou la maison du roi, pour parler simplement comme les Moundang — est traité comme un espace aux propriétés définies sur le plan fonctionnel et symbolique en même temps. Les questions des devins, formant des séries distinctes, défilent selon un ordre qu'il nous faut indiquer si nous voulons comprendre la place des épouses dans l'espace palatial.

La première série comporte les questions concernant la périphérie de l'espace construit : a) la place où s'assoit le roi, son trône extérieur (jadis une pirogue renversée); b) le nombre des personnes qui se trouvent auprès de lui; c) l'allumage du feu devant le palais: d) la nourriture consommée par ces personnes; e) le génie *tegwari* de droite ou les maladies que peut provoquer cet esprit lié au côté droit du seuil du palais; f) le génie *tegwari* de gauche; g) l'esprit ou mâne de son père; h) l'esprit ou mâne de sa mère; i) les esprits ou mânes de ses grands-pères; j) les esprits errants. La progression de cette série, comme la progression de l'ensemble des séries ordonnées, suit un mouvement de l'extérieur vers l'intérieur. Elle décrit l'espace externe masculin lié intimement au statut de la personne du maître de maison : la présence visible de ses signes sociaux, la présence invisible des esprits des lieux et des esprits ancestraux qui hantent le seuil même du palais.

Avec la série suivante, on passe du bord extérieur de la périphérie à son bord intérieur, c'est-à-dire les habitations des épouses. Celles-ci sont énumérées suivant l'ordre hiérarchique des points cardinaux : a) l'ensemble des demeures des épouses du roi situées à l'est, les femmes qui les habitent, leurs fillettes et leurs garçonnets; b) les demeures de l'ouest, les femmes qui les habitent, etc.; c) celles du nord; d) celles du sud. Le fait que les femmes et leurs maisonnées sont effectivement disposées sur tout le pourtour de la circonférence bâtie ne suffit pas à expliquer qu'elles soient mentionnées suivant l'ordre des points cardinaux car les quatre directions ne sont pas neutres mais constituent deux couples de forces favorables (est-ouest) et défavorables (nord-sud). Comme d'autre part, la disposition locale des épouses dans le palais ne correspond pas par elle-même à un ordre hiérarchique qui est seulement fonctionnel, il faut bien penser que l'ensemble des femmes, autrement dit le palais, est divisé selon les quatre valeurs fondamentales de l'espace cosmique.

La direction favorable est-ouest est l'orientation obligatoire que doit prendre tout déplacement du roi quand il quitte sa demeure pour un lieu de culte ou de cérémonie extérieur : il part vers l'est et, après avoir décrit un vaste cercle concentrique au palais, revient par l'ouest. Cette direction est également celle de la succession historique des capitales royales (depuis Moukréan jusqu'à l'actuel Léré) comme elle est celle de la marche des âmes des souverains défunts depuis leur lieu de sépulture fictive jusqu'à leur séjour définitif dans le haut-lieu qu'est pour le peuple moundang l'extraordinaire site des Chutes Gauthiot (*zah-su*) où nul ne s'aventure sans risquer d'être pris par les *čok-šyĩnri*.

L'opposition Sud-Nord est celle du seuil du palais et du fond de l'enceinte en principe fermée mais où se trouve une petite ouverture masquée par une portière de paille tressée. C'est par là (*te-mor-yã*, le derrière ou l'anus de la maison) qu'à la mort du roi on fait secrètement sortir son cadavre pendant la nuit. A proximité de cette ouverture est située l'habitation de *mah-mor-yã*, la première épouse et prêtresse du palais.

Lors des rites d'intronisation, on le verra, la cour intérieure du palais est coupée en deux par une palissade selon un axe est-ouest de sorte que les deux moitiés sont complètement isolées l'une de l'autre. Dans la moitié nord sont logées les vieilles épouses qui continuent à garder le deuil de leur mari, le roi mort tandis que dans l'autre sont les jeunes femmes à qui le deuil est interdit. Elles doivent, au contraire, être parées de leurs plus beaux atours pour accueillir leur nouveau mari et souverain. Le nord est le côté de la mort comme le sud celui de la vie, mais vie et mort constituent un couple antagoniste, agonistique même en cette circonstance, alors que l'axe est-ouest est, à cet égard, celui de l'éternel retour — des saisons et des âmes.

Le palais est aussi, comme dans de nombreuses monarchies africaines, assimilé à un microcosme et le roi est le soleil de cet univers. Il tourne autour de l'enclos sacré qu'occupent ses épouses qu'il a prélevées un peu partout aux quatre coins du pays moundang pour les rassembler en ce lieu central où elles représentent l'unité de la terre ou du territoire ethnique comme terre du roi de Léré.

L'importance de la symbolique des points cardinaux se précise encore davantage si l'on se reporte au début des consultations divinatoires. Comme les géomancies auxquelles elle s'apparente, la divination par les cailloux est une interrogation de la terre. Les devins commencent donc par examiner les puissances souveraines qui vont régir l'ordre et la connexion de toutes les séries qui vont suivre. Ces puissances sont désignées par le terme *me-zuwũnri* appliqué également aux esprits ancestraux et se présentent sous la forme d'un couple : *mah-seri*, la mère-terre ou puissance femelle de la terre et *wor-seri*, l'époux-terre ou puissance mâle de la terre, mari et subordonné de la première. Ensuite, on énumère simplement les points cardinaux dans leur ordre hiérarchique pour passer aux génies de lieu — tous nommément cités — qui habitent la terre de Léré (le village et le terroir qui l'entoure). Ces génies de lieu sont des forces invisibles exigeant des sacrifices propitiatoires accomplis par le chef de terre, ce sont des lieux-dits liés à des clans, on s'en souvient, dont les membres prêtent serment en proférant leur nom : à la vérité, ils sont les propriétaires originaires du sol sur lequel ils exercent jalousement leurs prérogatives mystiques. C'est pourquoi on ne peut cultiver ni consommer les fruits de la terre sans leur faire offrandes et sacrifices. Les points cardinaux apparaissent ainsi, entre les puissances chthoniennes non localisées et les génies de lieu, comme l'expression de la partition élémentaire des forces qui gouvernent la terre. Qu'après avoir examiné les esprits des ancêtres royaux, les devins appliquent cette partition à l'espace du palais comme espace féminin, on peut y voir deux implications : 1) la souveraineté royale, créatrice d'une autre territorialité, est un équivalent de la souveraineté chthonienne des *me-zuwūnri* ; 2) les femmes du palais représentent cette nouvelle territorialité détachée, libérée, non des génies de lieu eux-mêmes qui restent l'affaire des clans et des chefs de terre travaillant en leur nom, mais du mode de production soumis à leur loi.

Anonymes, traitées par masses distinguées seulement suivant l'ordre des points cardinaux, les épouses royales sont donc vouées à cette production autre que nous avons appelée production palatiale. Nous sommes ainsi ramenés à leur fonction instrumentale mais telle qu'elle est conçue par les Moundang et telle qu'elle se présente à nous dans les énoncés des devins auxquels sont assujetties les actions rituelles des sacrifiants. Aussi ne nous étonnerons-nous pas que la consultation se poursuive par des interrogations sur les composantes mêmes de la personne du souverain. On envisage les catégories suivantes : son corps, sa démarche, les paumes de sa main, son estomac (c.à.d. ses pensées cachées), sa boîte crânienne, ses yeux, son esprit gardien et, enfin, sa petite âme où se concentre la part essentielle de sa force vitale. A ce dénombrement fait suite la question de la nourriture : la façon de fêter (c'est-à-dire la chance dans la traversée de ces épreuves que sont pour le sacrifiant tous les rites de la fête); la nourriture qu'il va consommer; ce qu'il va donner à la population (en fait de nourriture et de boisson). Enfin, enchaînant sur cette question, cruciale entre toutes, le devin interroge les épouses royales réparties cette fois en classes fonctionnelles.

1) Les jeunes épousées. Elles habitent encore chez les anciennes qui les commandent et les initient à leurs tâches d'épouses royales. Ce sont elles qui ont avec le roi le commerce sexuel le plus intense et qui, par conséquent, doivent prendre les plus grandes précautions quand elles préparent la nourriture et les boissons destinées à la population.

2) Les cuisinières et les grands récipients dans lesquels elles apportent la nourriture à leur mari.

3) La femme qui commande ses compagnes au travail; le discours qu'elle leur tiendra à propos de la nourriture pour la population.

4) L'adjointe de la précédente.

5) Les grandes femmes (celles qui ont déjà eu beaucoup d'enfants et qui éduquent les nouvelles mentionnées en tête de cette liste) du palais.

6) Les vieilles femmes dont les habitations sont situées à l'extérieur mais aux abords immédiats du palais.

La liste des classes fonctionnelles qu'on vient de lire montre bien ce qu'il en est du statut d'épouse de roi : l'ordre hiérarchique qui va de ce qu'on pourrait appeler l'armée la plus active du gynécée (sur le plan sexuel et sur celui du travail) aux retraitées, est exactement l'inverse de celui qui prévaut dans la vie sociale des femmes du commun ; pour elles, en effet, avancer en âge, se dégager progressivement des servitudes conjugales, c'est gagner un statut équivalent, ou à peu près, à celui de leur mari. *Mah-gõ-ae*, mère de roi, est le nom que l'on donne aux épouses royales pour leur faire honneur, tel est le titre qui leur donnera droit à des funérailles royales, comme si seule la mort leur permettait enfin d'arracher une parcelle de la souveraineté de leur époux et de transformer une endogamie symbolique de terre en une endogamie vraie de noblesse. Mais leur vie d'épouses n'a rien de celle que nous prêtons à une reine et l'on peut se demander si la différence qui la sépare de la vie d'une femme du commun n'est pas celle d'une esclave et d'une femme libre. Ne perdons pas de vue pourtant que si l'incessant labeur — travaux domestiques, travaux agricoles, préparations culinaires, etc. — est le lot quotidien des femmes du palais, une part essentielle en est dévolue à la cause de la royauté et se trouve, pour ainsi dire, exhaussée par sa fonction rituelle. C'est pourquoi nous n'avons pas cru trahir la réalité de l'organisation palatiale en nous en remettant au code de lecture que nous en fournissent les énoncés des devins.

La catégorie des jeunes épousées, les *wé-pe-wul-li*, « celles qui sont dans la grande chambre » (où elles sont hébergées par leurs tutrices qu'elles appellent *mana*), constitue, on vient de le voir, la partie la plus active du gynécée. Le statut de ces « nouvelles » qui, en principe, ne change pas aussi longtemps que le roi ne leur a pas fait construire — ou affecter — leur appartement personnel, illustre bien cette forme de hiérogamie qui allie le sexe au travail. Quand le roi a jeté son dévolu sur une jeune fille, soit qu'il ait lui-même été séduit par sa beauté, soit qu'un membre de son entourage la lui ait signalée, il la fait venir au palais mais il n'a pas le droit d'en disposer selon son désir. Là ou les jeunes femmes sont d'abord confiées à leurs surveillantes qui les initieront à leurs tâches futures. Mais on peut aussi parler « d'initiation » sexuelle car la première nuit d'amour des *wé-pe-wul-li* devra attendre la fin de la fête des récoltes où elle prendra une forme ritualisée. Pendant les quatre nuits de *fing-moundang* elles quittent la demeure de leur *mana* pour dormir ensemble dans une chambre attenante aux appartements royaux. C'est une période de réclusion au cours de laquelle leur époux n'a même pas le droit de les voir. La fête passée, elles sortent revêtues seulement d'une courte jupe de perles multicolores (*darte-pélé*) ; une grande jarre sur la tête et une calebasse à la main, elles descendent puiser de l'eau à la rivière, une vieille épouse habillée d'un pagne les accompagne. Le soir elles retournent à la rivière (au lieu-dit *magalé*, partie de la rive du Mayo-kébi réservée aux femmes du Gõ-Léré exclusivement) où elles prennent un bain tandis que le roi de son côté prend également un bain. La nuit venue, il fera chercher l'une ou l'autre

— ou plusieurs successivement — pour qu'elle partage sa couche. Pendant cinq jours encore les nouvelles porteront la jupe de perles puis elles recevront chacune un pagne comme premier cadeau de leur mari.

La purification — car c'en est une — qui précède les premiers rapports sexuels est liée, nous dit Kaltuma (l'épouse de Gõ-Daba III à qui nous devons ces informations), au danger que ceux-ci représentent de compromettre la préparation de la bière de mil. Les Moundang pensent, en effet, que si une femme couche avec son mari pendant qu'elle prépare la boisson fermentée et que cette boisson tourne en prenant une vilaine couleur blanchâtre — comme du sperme —, il y a là un signe particulièrement néfaste : on dit que les époux n'ont pas « même sang ni même chance » et que leur union risque de demeurer inféconde. L'abstinence sexuelle exigée des femmes ordinaires est une précaution insuffisante quand il s'agit des épouses royales dont la tâche est de préparer la bière sacrificielle dont dépend la prospérité de tous. La bonne conduite des femmes du gynécée n'est jamais sûre et la purification inaugurale de leur commerce sexuel apparaît comme une garantie rituelle contre une pollution qui atteindrait le roi dans sa fonction de sacrifiant. Les plaisanteries mêmes sur l'inconduite des *wé-pe-wul-li,* dont les Moundang sont si friands, offrent un caractère cathartique qui concourt à la sauvegarde des préparations sacrificielles.

Les autres catégories fonctionnelles distinguées par la divination, les cuisinières, les productrices et leur encadrement, si je puis dire, constituent le gros de l'armée du travail du palais ; leur vie sexuelle déclinante ne présente pas les mêmes dangers que celle des nouvelles. Mais, curieusement, est absente de la liste mentionnée dans le *kendani,* l'épouse dont la place dans la distribution des fonctions rituelles est la plus éminente, la *mah-mor-yã,* titre qui signifie « mère de l'enclos » royal. En quoi diffère-t-elle du reste de ses compagnes ?

Elle est la seule femme dont on puisse dire vraiment que le Gõ-Léré l'épouse. Elle est, on s'en souvient, une fille du village de Tréné quoiqu'elle n'appartienne pas nécessairement au clan Moundang-Yèré : elle peut être du clan du Buffle ou du clan Ban-Mundéré mais c'est le chef du village de Tréné — et, par conséquent, le clan Moundang-Yèré — qui est le donateur. On se souvient aussi que ce clan entretient avec la royauté des relations complexes. Ses représentants du village de Labsay ont la charge d'initier les fils du Gõ-Léré car ceux-ci ne sauraient être emmenés dans les camps de brousse où l'on reçoit les enfants des villageois. La raison alléguée est que les princes ne doivent pas être mis en présence des grands masques de brousse, agents d'une mort initiatique et donc d'une construction de la relation de filiation incompatible avec le statut royal : le roi est femme. A ce clan incombe également la fonction de fossoyeur du roi. Nous verrons qu'en réalité il ne s'agit pas d'enterrer le roi dont le cadavre inhumé rendrait la terre stérile mais de s'en débarrasser pour conserver un reste comme « médicament » contre le successeur. Enfin les gens de Tréné doivent une vierge au Gō-Léré. Peu après son intronisation il se rend en grande pompe, avec ses notables, ses cavaliers et l'orchestre des *jak-fa-uni*, à Tréné où il est reçu par le chef de village auquel il fait don d'un cheval. Après avoir passé la nuit chez son hôte (un peu comme il avait passé la nuit précédant son intronisation dans la maison du chef de terre de Léré), il part se purifier dans la mare sacrée de Tréné et rentre à Léré en emmenant sa nouvelle épousée, la *mah-mor-yā*. Quel qu'ait été, du temps qu'il n'était que prince, le nombre de ses épouses, qu'elles lui aient ou non donné des enfants, le roi n'est mari et n'a d'héritiers légitimes que lorsque sa *mah-mor-yā* a été installée dans son palais.

Contrairement aux *we-pe-wul-li*, elle ne reçoit pas de *mana* chez qui elle devrait loger mais se voit immédiatement assigner sa maison rituelle. Celle-ci est située au fond de l'enceinte, côté nord, à proximité d'une petite ouverture pratiquée dans le mur et par laquelle, à la mort du roi, on fait passer son cadavre. Ce lieu du fond (*te-mor-yā*), déjà évoqué, est une place sacrificielle importante lors des cérémonies de *fing-moundang*. Véritable sanctuaire dans l'enclos du palais est la maison même de *mah-mor-yā* dont l'une des chambres recèle les regalia du souverain qui sont confiés à sa garde. Ces regalia comprennent divers objets : une espèce de costume de perles appelé *dari*, une grande poterie contenant une coupelle remplie de tabac recouvert par une seconde coupelle, le récipient lui-même étant bouché par un plat de vannerie polychrome de facture peule, des couteaux de jet de formes variées, deux grands anneaux de cheville en cuivre et deux petits bracelets, deux pipes de roseau dont un fourneau en terre et l'autre en cuivre, une grosse double cloche en cuivre et une corne d'antilope pour la battre, un tabouret, deux espèces de lames d'iler, et enfin deux grands bâtons de marche. De cet étrange ensemble apparemment tout à fait hétéroclite, les informateurs ont peu à dire. Ces objets sont censés avoir appartenu à Damba lui-même, qu'il les ait apportés de Libé, son pays d'origine (on notera que les couteaux de jet ne font pas partie de la panoplie des Moundang qui se servent seulement de l'arc et des flèches et de casse-tête) ou qu'il les ait reçus comme emblème de chefferie comme la double cloche, par exemple. Ces *fa-šyīnri* du roi — traduisons « fétiches royaux » — ne sauraient être vus par lui-même sans risque mortel. La charge de ce dépôt sacré, au contact duquel elle vit, transforme la *mah-mor-yā* en un être à part, investi par des forces qui font d'elle l'égale des hommes détenant les plus hautes responsabilités religieuses : celles qui ont trait à l'initiation et aux masques. Lorsque ceux-ci ont à pénétrer dans l'enclos du palais, elle verse l'eau lustrale au seuil qu'ils franchissent et leur fournit la nourriture.

Les différences qui séparent de ses coépouses cette mère de la maison du roi ne s'arrêtent pas là. Une règle jadis appliquée avec rigueur mais abandonnée depuis Sahulba voulait qu'elle demeurât stérile. Les Anciens racontent qu'en cas d'accident un esclave avait le devoir de tuer le nouveau-né mais qu'en général on recourait plutôt à des pratiques abortives. Le motif invoqué est l'incompatibilité entre les lourdes tâches (en y incluant la garde des *fa-syin-gō-ae*) incombant à la *mah-mor-yã* et l'absorption par les soins maternels. Bien sûr, on ne saurait se contenter d'une telle explication. Le rôle de la *mah-mor-yã* est effectivement grand à la tête de ses compagnes de travail et comme prêtresse du palais mais son incompatibilité avec la maternité relève de contraintes, en l'occurrence plus décisives, qui tiennent aux problèmes spécifiques de la succession dynastique. Si elle pouvait avoir ou garder un fils en droit de succéder à son père, il y aurait en effet une contre-indication à ce que le futur roi soit élevé dans la maison qui recèle les regalia. La difficulté est aisée à surmonter, dira-t-on, et il suffit de confier l'héritier à une autre femme dès sa naissance. Sans parler du fait que cette pratique est étrangère aux mœurs des Moundang, il faut observer qu'on se soucie plus, en la circonstance, du roi régnant que de son éventuel successeur. La règle de primogéniture est certes formellement instituée dans la dynastie de Léré mais les représentants des clans de la terre, les *za-sae* ainsi que les autres dignitaires, se donnent toujours une certaine marge d'appréciation des qualités de l'héritier et, d'autre part, un accident survenant à l'aîné n'est jamais à écarter. En d'autres termes, tout se passe comme si la règle de primogéniture était pour ainsi dire occultée du vivant du roi qui ne saurait regarder en face l'image de sa propre mort. L'héritier potentiel, nous l'avons noté, est, comme tous les autres princes, écarté de Léré dès l'âge du sevrage passé; il est élevé comme berger en brousse; plus tard, il devient chef de village (à Berlyan ou à Gebané) et il ne connaît son père que comme roi qui, de son côté, ne le connaît que comme *gō-za-lalé*. Personne ne sait ce que décideront les Anciens (qui scrutent et discutent les qualités et défauts des *yérima* que leur ordre de naissance n'exclut pas a priori de la succession au trône), personne ne sait ce que le destin réserve, rien n'est donc moins sûr que son accession au pouvoir. Si la *mah-mor-yã* avait un fils, ces rassurantes incertitudes seraient levées; alors, de gardienne de vie du roi qu'elle décharge du fardeau de la royauté dans ses aspects magiques, elle se ferait l'annonciatrice de sa mort, toute proche d'être incarnée par un rejeton né dans la proximité des *fa-šyin-gō-ae* et donc investi d'une irrécusable sacralité.

Un autre argument plus prosaïquement politique joue également en faveur de la stérilité de la *mah-mor-yã*. Fille donnée par les Moundang-Yèré de Tréné, cette reine-mère désignée créerait des liens de sang durables entre le lignage royal et ce clan de la terre qui acquerrait du même coup le privilège d'être associé au pouvoir de manière plus étroite que le clan du roi lui-même, ce qui est absolument contradictoire avec les principes les plus essentiels du système politique moundang. Répétons-le, la relation des clans avec le souverain, telle qu'elle est instituée à l'origine entre les maîtres de la terre et Damba, est celle de l'échange : ceux-là apportent ce qu'ils tiennent de leur spécialisation fonctionnelle et rituelle, celui-ci garantit en contrepartie l'équilibre et la prospérité de l'ensemble du corps social. Les Moundang-Yèré ne sont pas des alliés privilégiés du roi, ils lui donnent seulement, comme d'autres, des masques, par exemple, une femme qui accomplit des tâches déterminées. L'identification de la *mah-mor-yã* à sa fonction est si poussée qu'à la mort du roi, contrairement aux autres épouses, elle n'est pas héritée par le successeur — qui aura la sienne propre comme partie de son intronisation — mais a le choix entre retourner à Tréné auprès des siens ou devenir la femme d'un frère cadet de son mari, selon l'usage lévìratique que nous connaissons. Il n'est pas concevable qu'elle tombe au rang de ses coépouses lorsque le nouveau roi aura ramené de Tréné la jeune vierge qui la remplacera ([4]).

Cette mère stérile est donc liée à son royal époux plus étroitement qu'aucune autre des femmes du palais et partage avec lui le caractère d'être unique. Elle appartient à un clan fortement marqué dans la structure politico-rituelle du royaume; elle a droit à des épousailles cérémonielles; elle a la garde, le dépôt des regalia qui fait d'elle une égale des masques; elle fonde la légitimité de la succession dynastique; enfin, elle quitte le palais à la mort du roi. On serait en droit de supposer que cette fois nous avons vraiment affaire à une reine, une reine formant un couple avec le roi de Léré, esquissant ainsi à l'arrière-plan de la communauté laborieuse du gynécée, l'institution d'une union monogame qui serait la clef de voûte de l'organisation palatiale et de la conception de la souveraineté dont elle est le support. Il n'en est rien. La sacralité de la fonction de la *mah-mor-yã* l'éloigne plutôt qu'elle ne la rapproche du roi, et le couple qu'elle forme avec lui est plus un couple de forces que de personnes. Son statut social, qu'il ne faut pas confondre avec son rang dans la cohorte de ses compagnes, ne se distingue nullement de celui des autres femmes. Le personnage le mieux placé pour en juger, l'esclave du palais (Galedimah) chargé de veiller à la bonne marche des activités féminines, est formel quand on l'interroge sur ce point : elle est crainte, assurément car sa bouche peut maudire, mais elle est aussi maltraitée pour la moindre faute; elle souffre plus que ses coépouses; selon sa formule, « c'est une prisonnière ».

([4]) A cet égard, on peut comparer sa situation à celle de la mère du roi qui quitte l'enclos royal lorsque son fils est intronisé. Les Moundang eux-mêmes nous invitent à ce rapprochement en proclamant la *mah-mor-yã* l'égale de la mère du roi. Ce n'est pas leur sort qui est commun puisqu'en sortant du palais, la première achève sa carrière tandis que la seconde entre au contraire dans sa nouvelle résidence de Fouli dont on lui confie symboliquement la chefferie. Leur commun privilège est d'être l'une et l'autre individualisées par leur séparation de l'ensemble des femmes du palais, qui comme tel se transmet comme un bien, une propriété indivise de souverain en souverain. Ces mères en titre, ces mères glorieuses, dirons-nous, n'ont avec la maternité royale qu'une relation symbolique puisqu'elle n'est pas reconnue ou pas admise dans le champ de la filiation. Jamais tout à fait parentes, elles demeurent des alliées de la royauté.

Les princesses.

Seules les princesses du sang (*gõ-li*, les grandes du roi) jouissent d'un statut supérieur et doivent être considérées comme nobles. Encore n'est-ce vrai que pour les quatre premières-nées quoique les deux suivantes soient également titrées et que la dernière-née, *so,* soit placée sur le même plan que l'aînée et puisse se substituer à elle en cas de décès.

La première porte le titre de Naï-Teheré parce que jadis elle reçut de son père Gõ-Čomé le Grand le commandement du village de Teheré situé à une dizaine de km à l'est de Léré, entre Labsay et Getalé. Elle doit épouser un Ancien du clan Bamundéré, *pah-yãné* du masque Nasin qui est attachée à sa chefferie (⁵). Comme pour un *gõ-gbwẽ*, elle doit fixer les trois clochettes du commandement au portail de sa maison.

La seconde est appelée Bevuka et doit épouser de préférence un homme du clan Gwèré habitant un village situé au nord de Léré, Gemuh étant le plus indiqué car les Gwèré y occupent la fonction de chef de terre.

La troisième est appelée Baïkya et doit épouser un homme du clan des Oiseaux habitant le village de Lampto, au sud de Léré.

La quatrième porte le titre de Gamenaï (nom donné aussi à une jumelle) et désigne la dernière des quatre grandes. Elle doit épouser un homme appartenant au clan du Buffle et habitant le village de Berlyan.

Les deux dernières princesses titrées sont appelées respectivement Yakswa (qui aime le commandement) et Bai-su (qui est privée de corps); le choix de leur époux se fait dans n'importe quel clan.

Les maris ne versent pas de compensation matrimoniale au roi de Léré, leur beau-père, quoiqu'ils aient d'importantes prestations à fournir, comme on va le voir. Mais il y a quelque chose de tout à fait essentiel qui sépare les *gõ-li* des autres femmes. Alors que le mariage ordinaire est un long processus entamé jadis après la cérémonie des premières règles et s'achevant quelques années plus tard quand la fiancée devenue épouse (la dot étant en principe totalement soldée) vient s'installer dans la maison de son mari, le mariage des princesses est un acte unique qui revêt la forme d'une intronisation.

Quand le mariage est décidé, vers la fin de la saison sèche, le roi fait savoir au futur mari qu'il doit se tenir prêt; cela signifie qu'il lui faut faire préparer (par son ou ses épouses, s'il en a) quelques jarres de bière de mil et avoir à sa disposition : un taureau, un bouc et des chèvres, 4 poulets, 8 boules de tabac et 12 fers de houe. Il ne bouge pas de son village et il attend la venue de *Gõ-li* avec sa suite. Cependant la ou les princesses (car il est d'usage de célébrer en même temps plusieurs mariages)

(⁵) A défaut d'un *ban-mundéré*, elle peut épouser un homme de *ban-ju maviki*. C'est pourquoi, quand Maviki parle on l'appelle *be-Naï*, l'amant de Naï.

sont enfermées dans une chambre de la demeure de la *mah-mor-yã* et chez une voisine, si leur nombre l'exige. Le responsable à qui la garde des recluses est confiée est le Waziiri. La *mah-mor-yã*, quant à elle, va leur faire subir le rite du *kik-zae* que nous connaissons déjà. Il s'agit de prendre une boulette confectionnée avec des feuilles d'oseille et des haricots et de l'approcher 3 fois de la bouche de la fiancée pour la faire avaler à la quatrième fois. Ce rite que l'on retrouve dans la cérémonie des premières règles (*wõ-sané*) est destiné à ce que les Moundang désignent comme *wuo-namé*, « ramasser la saleté », retirer l'impureté qui marque les filles encore vierges afin que, une fois chez leur mari, elles deviennent rapidement enceintes. Si d'aventure, quelqu'un pouvait ramasser quelque *namé*, quelque saleté du corps de la princesse, ou même un bout de son vêtement pour le faire brûler, celle-ci serait menacée de stérilité ou de mourir à brève échéance. Plus grand encore serait le danger que des miettes du *kik-zae* tombent à terre car alors le « fétiche » serait sans remède. Elles sont donc ramassées avec le plus grand soin et jetées dans l'eau.

La réclusion des *gõ-li* dure 4 jours au terme desquels elles sortent devant la porte du palais vêtues de leur costume cérémoniel : un pantalon d'étoffe blanche (*silé faĩn* fait de bandes de gabak que des hommes leur prêtent et qu'elles rendent après l'avoir lavé et donné une houe au propriétaire), un gros collier de perles blanches ; leurs hanches sont ceintes d'une bande de tissu blanc dont deux bouts pendent derrière elles ; enfin elles arborent sur la tête une plume de coq qui se balancera pendant qu'elles danseront. Au moment de leur sortie du palais, la *mah-mor-yã* verse de l'eau sur leurs pieds pour les bénir et leur souhaiter la chance. Le chef de terre leur applique au front le *gbwẽ* (comme pour l'intronisation de leurs frères envoyés comme *gõ-gbwẽ* dans un village de brousse) et de l'huile est enduite sur leur poitrine, *nem-fwoké*, « l'huile contre la malchance ». Naï-Teheré que l'on traite comme un homme, c'est-à-dire un véritable *gõ-gbwẽ*, ne revêt pas le pantalon de gabak mais est ceinte d'une peau d'antilope. Mais, par ailleurs, elle a comme attribut particulier une paire de chaussons faits en cauris et en perles (*sebal deri*) et un lourd bracelet de cuivre dont se charge un porteur tandis qu'elle danse avec ses compagnes.

Chacune des *gõ-li* est entourée des membres de sa famille maternelle et est accompagnée d'une tambourinaire de *bulum*. Les danses durent un certain temps jusqu'à l'arrivée des chevaux qui vont les transporter vers leur domicile conjugal. En fait de chevaux, il s'agit d'hommes robustes qui vont les prendre sur leur dos et « galoper » jusqu'à la sortie du village ; Naï-teheré monte un véritable cheval. Cependant, arrivée à Teheré, elle laisse sa monture pour grimper sur le dos d'un homme qui la porte jusqu'au seuil de la maison de son mari. Celui-ci est absent, il doit se rendre dans une maison voisine pour ne pas voir l'arrivée de son épouse. Une chèvre est égorgée et *gõ-li* franchit le seuil de sa nouvelle demeure en enjambant le sang de l'animal sacrifié. Dans l'enclos, elle va prendre place sur un tabouret où, à nouveau, on lui verse de l'eau sur les pieds. Elle se rend ensuite dans la maison voisine où son mari « l'accueille » en jetant 4 poulets dans sa direction : le membre de sa suite qui attrape l'un des volatiles le garde pour lui. Ce geste rituel est censé favoriser la fécondité de la nouvelle épouse. Toute la nuit on danse, on festoie et l'on boit et le lendemain elle va se laver au marigot. Les princesses sont accompagnées d'une jeune fille donnée par le clan du mari et qui restera auprès d'elle comme leur servante. Pour Naï-teheré, il y a aussi un garçon qui deviendra, en quelque sorte, l'un de ses *wé-za-talé*.

Après quatre jours de réjouissances dans leur village de résidence, les princesses (mais ce n'est pas le cas de Naï-Teheré qui ne quitte plus sa « chefferie ») raccompagnent leurs parentes et suivantes à Léré où elles rapportent au palais les prestations fournies par le mari : le taureau, le bélier, les poulets, les houes, le tabac, etc. Ces biens remis au roi sont partagés entre les *nané* des *gō-li, mah-mor-yā*, l'homme-cheval et la joueuse de tambour *bulum*. La tête du taureau est donnée à la mère de la mariée (le même usage prévaut, on s'en souvient, dans le repas sacrificiel du *ye-wuli*) et le bélier au roi lui-même, comme une prière pour qu'il renvoie sa fille au plus vite. Ce retour au palais dure également 4 jours puis les princesses s'en retournent définitivement chez leur mari en emportant un panier de farine de mil et de la viande séchée. Ce sera le premier repas qu'elle fera pour son époux : le mariage est alors consommé. Les relations entre les époux auront un style tout à fait particulier. La princesse est libre et peut ouvertement — au vu et su de son mari — recevoir autant d'amants qu'elle le désire. Même si elle tombait enceinte, le mari n'aurait aucune plainte à émettre et doit accepter l'enfant comme s'il en était le père.

Les *gō-li* partagent avec leur père et leurs frères *gō-gbwē* le statut que confère la royauté sacrée. Elles reçoivent leur titre à *mur-dame*, le tambour géant déposé devant le palais, sur lequel leur rythme propre est frappé et quand elles meurent, on les enterre non derrière leur concession mais dans le bois sacré des masques. Les princesses ne choisissent ni ne sont choisies par leur mari ou sa famille, mais la coutume leur prescrit un homme d'un clan, d'un village déterminé et qui n'est tenu à verser aucune compensation matrimoniale proprement dite. Ce mariage ([6]) ne scelle pas l'alliance d'un clan avec le souverain mais l'alliance de la *gō-li* avec le village de son mari. A la limite, compte tenu des droits que les Moundang reconnaissent à un époux sur son conjoint (par exemple, la mise à mort de la femme adultère) celui-ci n'a de mari que le titre. Non seulement la princesse a pleine licence sexuelle mais elle est aussi la (ou le) véritable maître de maison : ses coépouses sont comme ses servantes et, de plus, elle possède une petite cour

---

([6]) *Ban-wini* signifie prendre femme, dans le sens d'une première épouse (maîtresse de maison). *Ban-deri* signifie prendre l'ocre jaune, par conséquent, épouser une princesse.

de notables et des esclaves. Assurément, sa progéniture n'est pas noble puisque le père est un « pauvre » mais Naï-Teheré peut voir son fils aîné qui porte par droit de naissance le titre de Wajiiri, en recevoir effectivement, si l'occasion se présente, la fonction à la cour de Léré.

Mais *mah-mor-yã*, pour en revenir à elle, n'est qu'une femme. Sa place dans le champ de la souveraineté est donc du côté de la production. Aussi laborieuse que ses compagnes, sa participation aux travaux du cycle agricole entraîne une sacralisation du procès entier de la production palatiale. Nous illustrerons brièvement par une scène que nous avons observée la forme que prend l'activité de la *mah-mor-yã* en une circonstance particulièrement importante : la rentrée du mil dans les greniers du palais.

Fing-moundang, le Nouvel An qui se tient à la mi-novembre, ouvre la période des moissons qui se prolonge pendant deux lunaisons jusqu'au mois de *fing-yuru* qui sera marqué par la grande cérémonie de clôture ou retour dans le grand grenier du roi de l'Ame du mil. Pendant ce temps, chaque jour, on voit dès l'aube, étirées en longues théories sur les sentiers étroits, les femmes du roi partir aux champs, la faucille à la main et une calebasse sur la tête. Elles travaillent jusqu'au milieu de l'après-midi, aidées par les *wé-za-talé*, et parfois même des notables et des *wé-puliã-gõ-ae* se joignent à elles. Le mil moissonné est disposé dans les champs en tas qu'on recouvre de feuilles ; ces jonchées de feuilles sont à leur tour recouvertes d'épineux qui empêchent les oiseaux et autres animaux prédateurs (les singes, en particulier) de manger les épis. Dans chaque champ on confectionne une gerbe spéciale sur laquelle on place des *šyĩnri*, par exemple des « médicaments » qu'on appelle *famezuwũnri*, « la chose du masque ». Ce médicament a le pouvoir de se transformer en masque pour chasser et punir l'éventuel voleur ou le porteur de « mauvais œil » qui s'en prendrait au mil du roi.

Lorsque la moisson est terminée, les femmes coupent les épis, les déposent dans des corbeilles ou de grandes calebasses et les transportent au palais. Cette phase des travaux est exclusivement féminine. Le matin où a lieu le premier transport, la *mah-mor-yã* part aux champs avant toutes ses compagnes, suivie seulement de sa voisine de case et d'un masque. Ce masque qui est le « surveillant » des femmes appartient à la catégorie des *mezuwũnri* femelles, c'est un *muyu* fait d'une longue robe de fibres teintes en noir qui recouvre entièrement le porteur de la tête aux pieds : ses mains seules sont libres et tiennent une hachette et un petit casse-tête en bois. Le *muyu* est un être très méchant qui insulte les femmes de sa voix de fausset et se précipite à l'occasion sur elles, en les menaçant de ses armes redoutables. Il ne respecte que sa « patronne », la *mah-mor-yã* qu'il aide à sa façon dans son travail. Sa corbeille une fois remplie d'épis, celle-ci rentre au palais, toujours suivie de ses deux acolytes et sans prononcer une seule parole. A son arrivée, s'il se trouve que le roi est assis sur son siège devant le seuil de son vestibule ou même s'il est à l'intérieur, il doit très vite se sauver et se cacher dans ses appartements : il ne doit pas voir la *mah-mor-yã* rentrer chez lui avec son mil. Un esclave du palais possède le remède spécial, le *fa-sané* qui permet, s'il y a lieu, de réparer cette rupture d'interdit.

Ayant pénétré dans l'enclos royal, les deux femmes montent sur le *za-deuré*, le toit-terrasse de la maison de *mah-mor-yã* et y déposent leur charge. Elles descendent ensuite à la rivière, au lieu dit *ma-galé* et y prennent un bain de purification. Dans la soirée, *mah-mor-yã* reçoit de la part du roi une chèvre, deux jarres de bière de mil et une calebasse de farine, cadeaux qu'elle partage avec le *pah-yãné* du masque *muyu*.

La portée de ce rite d'ouverture du transport du mil du roi dans les greniers du palais apparaît plus clairement si nous le rapprochons du rite de clôture, la cérémonie déjà plusieurs fois évoquée de l'Ame du mil. Que le lecteur nous excuse de nous référer ainsi à un rituel dont la description complète lui sera donnée plus tard, mais il nous est indispensable de la déflorer quelque peu afin de bien préciser la relation structurale qui unit la *mah-mor-yã* au souverain. Le porteur de la gerbe, le *pah-ban-čié-sworé* qui, dans une impressionnante cérémonie, dépose les semences de la prochaine saison dans le grand grenier royal, fait aussi fuir le roi qui se cache à sa vue en lui lançant les *fa-sané*. Le danger qui le menace tient aussi au fait que sur la gerbe sont déposés quelques-uns des objets des regalia dont nous savons que le roi ne saurait les voir sans mettre sa vie en péril. Le porteur est tout aussi menacé sinon plus car il est une sorte de bouc émissaire : comme *mah-mor-yã*, il doit aller prendre un bain de purification à la rivière avant d'endosser les vêtements neufs offerts par le roi.

Si avare de détails que nous ayons été dans la présentation de ces rites, nous pouvons trouver matière à réflexion dans leur comparaison. Les différences de protocole sont si éclatantes qu'on nous permettra d'aller immédiatement à ce qui nous paraît être l'identité essentielle de leur finalité : conjurer les périls de l'âme, pour reprendre l'expression fameuse que Frazer a placée en tête de son *Rameau d'or*. Les Moundang expliquent que l'entrée dans ses greniers du nouveau mil met l'âme du roi en danger parce qu'elle marque l'achèvement d'un cycle et rapproche par conséquent le terme d'un règne dont les années sont comptées. Elle manifeste l'usure rapide de la royauté et rappelle la nécessité inexorable de son renouvellement périodique. Cette illustration de la formule antique des heures, « omnia vulnerant, ultima necat », sera mieux comprise si nous nous attachons maintenant à la fonction des objets des *fa-šyĩnri* qui sont exhibés sur la gerbe du *čié-sworé*. Ces parties des regalia, qu'au cours de la cérémonie tout le monde peut voir ou du moins deviner et dont la vue au roi seul est interdite, ont un statut ontologique bien singulier. Ce sont les insignes de la souveraineté, de la puissance positive du roi, mais, derrière ce contenu manifeste, les initiés savent que se cachent les instruments d'une puissance magique qu'on appelle le *ké* (il s'agit d'une faucille, de fers de houe et de couteaux de jet) et qui donne à son détenteur le pouvoir bénéfique autant que maléfique d'agir sur la pluie. On dit notamment que la faucille permet de couper les nuages gros de pluie et de les rendre stériles ; quant aux fers de houe et aux couteaux de jet, il faut y voir la réunion contradictoire de l'outil agricole du paysan et de l'arme exotique (non moundang) du chasseur. L'attribution au roi du *ké*, c'est-à-dire de cette magie de la pluie qui réunit en un ensemble les pouvoirs contraires de fécondité et de mort, soulève, on le conçoit, de grandes difficultés logiques qui touchent précisément à la nature de l'attribution. Les regalia, héritage sacré de Damba, représentent les fétiches de la terre donnés par les clans maîtres de la terre. Les regalia ne sont pas le *ké* mais le contiennent et le représentent également ; les deux pouvoirs contraires puisent leur être à la même source qui est l'alliance du souverain avec la terre. Mais l'aspect négatif, maléfique, de la magie de la pluie est en quelque sorte posé pour être, sinon nié, du moins refusé comme partie intégrante de la souveraineté. Le roi l'a et ne l'a pas en même temps, elle est présente et absente des regalia, elle est chez la *mah-mor-yã* à Léré ou enterrée en quelque endroit secret mais elle est aussi à Tréné ou à Berlyan, comme nous l'apprennent les devins lors des consultations précédant les sacrifices propitiatoires pour les pluies. Substance et/ou prédicat de la royauté, le *ké* apparaît ainsi comme le mauvais objet qui est en elle et dont la prise en charge est confiée à la *mah-mor-yã* comme gardienne des regalia, dans le rite d'ouverture, et au jeune *wé-za-talé*, dans la cérémonie de clôture de l'Ame du mil.

Maintenant la question se pose : pourquoi exhibe-t-on le *ké*, quel usage social les Moundang lui assignent-ils en la circonstance ? La réponse fournie par les intéressés est très nette mais difficile à interpréter. On dit, en effet, que le *ké* transporté sur la gerbe devant le peuple de Léré est objet de moquerie parce qu'il rappelle l'origine humble de la royauté (la houe et le couteau de jet), l'alliance qui a fait de Damba ce qu'il est. Le peuple interpelle en quelque sorte son souverain en lui criant : « Qui t'a fait roi ? D'où tiens-tu ce pouvoir qui se manifeste aujourd'hui dans toute sa gloire ? ». Au moment où le jeune homme, remis à neuf dans la tenue de circoncis (il ne porte pour tout costume que l'étui pénien), fait rentrer l'âme du mil et risque effectivement la mort en lieu et place de son maître, les simples mortels semblent réaffirmer la disjonction du couple roi-époux/terre-femme qui n'est jamais qu'une alliance soumise à renouvellement. Le jeune homme qui les représente sur cette scène du drame royal témoigne pour la mort initiatique — le maître absolu auquel le roi lui-même est soumis. La moquerie qui vient en contrepoint rappelle cette soumission de tous au maître des maîtres et, par conséquent, l'égalité devant lui des rois et des peuples. En ce sens, elle a valeur de catharsis de la manière dont M. Griaule en a indiqué la fonction entre des partenaires d'une alliance où chacun trouve en l'autre une partie de soi-même qui est la source de son efficacité.

Dans le rite par lequel la *mah-mor-yã* fait rentrer au palais la première corbeille de mil, nous ne trouvons point trace de moquerie. Les femmes ne sont pas des partenaires de l'alliance mais le moyen par lequel elle s'établit. De plus, le *ké* n'est pas un objet détaché d'un ensemble pour être exhibé, il est présent comme partie rattachée à la personne de la *mah-mor-yã*. On comprendrait mal, autrement, l'interdit qui pèse sur le roi au moment où elle apparaît avec sa charge et, d'autre part, l'obligation qui lui est faite ensuite de se purifier dans la rivière.

Mais si, pour en décharger le roi, la *mah-mor-yã* porte en permanence ce fardeau que chaque année un nouvel initié porte une seule fois dans sa vie, elle en décharge aussi bien les autres femmes qui, elles, ne sont que travailleuses et productrices. Pour ces femmes, le *ké* ne représente pas la part cachée et mauvaise de la souveraineté car elles sont, si l'on peut dire, de l'autre côté de la barrière. Pour elles, vivantes machines de la production palatiale, le *ké* est seulement une machine d'une autre nature, apte à garantir l'efficacité de leur travail dans la mesure où il représente la souveraineté comme force productive et force naturelle en même temps. Que la pluie du roi vienne à manquer, ce n'est pas là l'effet de sa puissance et de sa volonté mauvaise réunies, c'est plutôt — les femmes le chantent — la machine qui se détraque. Aussi les femmes, toutes les femmes et pas seulement ses épouses, viennent-elles en aide à ce roi malheureux, en panne, qu'on nous passe l'expression, dont elles sont la force jamais défaillante.

De façon régulière, lorsqu'arrive le temps des gros travaux, le transport du mil des champs aux greniers mais aussi le sarclage et surtout les opérations répétées qu'exigent aujourd'hui les plantations de coton, les femmes du village se joignent aux épouses du palais pour leur prêter main-forte. Elles sont organisées par quartier, et chaque groupe a à sa tête une vieille femme qui garde le tambour de danse *bulum* dont le rythme accompagne les travaux collectifs. Ces prestations peuvent durer un ou plusieurs jours et s'achèvent à l'intérieur du palais où la *mah-mor-yã* reçoit les travailleuses avec des boules et de la viande de bœuf ainsi que des jarres de bière offertes par le roi. Les femmes se réjouissent, dansent et chantent. Ces chants sont rituels par leurs thèmes et la musique qui les accompagne appartient à un genre bien déterminé; il n'empêche que les chanteuses peuvent donner libre cours à leur inspiration pour improviser des couplets nouveaux en rapport avec l'actualité. D'un long chant recueilli, en une telle circonstance en 1971, nous citerons quelques passages qui illustrent l'humour et le pathétique de leur complainte :

« Allons voir le roi, allons voir s'il est là quand même.
Nous sommes là depuis longtemps, est-ce que le fils de Gõ-Kaneni est toujours endormi ?

Mawuli (Mort) sors donc que l'on voie ton visage.
Nous ne savons pas ce qui est dans ton ventre (tes pensées intimes) *Masinbam-gō-ae*, « Dieu de la pluie du roi ».
Le *jōré* qui ne se baigne pas (l'étranger qui est incirconcis) est venu se tenir devant toi quand tu étais assis sur ta pirogue et t'a lancé insolences.
La Mort, il ne faut pas penser (te tourmenter), le malheur peut frapper tout le monde.
La terre de ton village est gâtée pour toujours, la pluie ne tombe pas pour que vienne notre mil.
Nous savons maintenant que le village est gâté, toi qui es comme le soleil du matin (toi l'enfant de Gō-Čomé), toi le frère de Cimbibé (Gō-Daba III est le frère cadet de Cimbibé, fils aîné de Gō-Kajonka et qui aurait régné s'il n'était mort prématurément en déportation, peu après le décès de son père).
Nous avons vu des femmes vendre du mil à l'ombre du caïlcédrat.
Nous te demandons la pluie, frère de Cimbibé.
Il y a des nuages sur les collines mais pas comme jadis quand ton père vivait.
Jadis, les nuages couvraient aussi toute la plaine et il y en avait jusqu'à Lamé (loin vers le sud).
Et les femmes montaient sur les terrasses pour fermer en hâte leur grenier.
Aujourd'hui, tu laisses les Gwèré (les gens de Guidar) se vanter de leur pluie.
J'ai été chez un étranger acheter du mil et ses femmes m'ont reçue avec de mauvaises paroles : Je ne veux pas de tes billets noirs (de ton sale argent); que ferais-je avec, me torcher le cul?
Si notre village n'était pas gâté, viendrais-je ici avec mon panier pour acheter du mil?
C'est le travail du coton qui nous a rendus pauvres.
Le mil de la pluie de ton père (c'est-à-dire le mil du *ké*) sera-t-il abondant cette fois?
Nous demandons la pluie chez toi, frère de Cimbibé.
Les nuages commencent à s'amonceler sur la colline mais cette pluie n'est pas celle de ton père.
Matuni, ma sœur, va parler de ta bouche au roi, parle-lui qu'il t'entende.
Demande-lui si le roi a encore dans sa main les gouttes (la semence) de la pluie de son père.
Le roi n'a rien dit de mauvais; ce qu'il a dans son ventre est comme ce qu'il y a dans notre ventre (nos pensées, nos désirs sont les mêmes).
Les enfants de Léré qui sont au loin ont commencé les histoires (les intrigues que nous avons évoquées et qui visent à détrôner Gō-Daba III).
Tes notables ont commencé à te nuire dans le village, ils veulent détruire *Gō-bam-ké*, le roi qui a la pluie du *ké*.
Un grand arbre en brousse meurt en laissant un arbuste.
Avez-vous vu un léopard qui connaisse la peur? »

La suite de ce chant poursuit cette plainte sur ce thème lancinant : est-il possible que le roi soit devenu impuissant, que son *ké* se soit retourné contre lui-même à cause de la malveillance des enfants de Léré et jusqu'aux notables qui complotent, intriguent sans cesse et « gâtent » le pays? La complainte des femmes s'achève sur cette recommandation : « Gō-Daba, roi de Léré, surveille les gens de Léré (*pi-Léré*) et que celui qui continue à toucher le *ké* sente le mal venir sur lui. »

Que le pouvoir sur la pluie, que la magie du *ké* soit aux yeux des femmes, pour ainsi dire, « défétichisée » et réduite au rang d'une machine, d'une machine qui se détraque, rien ne peut mieux l'illustrer que le rituel auquel elles se livrent lorsque la « panne » tourne à la catastrophe lors d'une période prolongée de sécheresse. Nous avons été témoin d'une de ces cérémonies rituelles en avril 1969. Il avait plu normalement au début de la saison et la plupart des villageois avaient semé leur mil quand une sécheresse persistante s'installa, qui allait compromettre les semailles. A la demande du roi lui-même, les femmes firent la danse dite *kor-woré*, « l'imitation des maris ». Leur participation fut massive (plusieurs centaines d'habitantes de Léré et des hameaux voisins y prirent part) : des vieilles comme des jeunes, des épouses royales comme des femmes du commun.

Cette manifestation des femmes déguisées en hommes, où chacune porte les vêtements de son mari et les objets usuels qui marquent son statut ou son activité professionnelle, offre aux yeux de l'observateur deux aspects nettement distincts : d'une part, un scénario rituel dont l'objet est la réappropriation du *ké*; d'autre part, une comédie politique et sociale qui donne un tableau haut en couleur des gestes et comportements qui sont l'apanage exclusif des hommes.

Le signal de départ de la fête est donné par une vieille femme du palais qui se tient seule devant le seuil de la demeure royale. Elle porte un ample boubou, sa tête enturbannée de foulards de soie : elle est le roi revêtu de son costume cérémoniel. Bientôt, elle est entourée de la foule de ses compagnes; notables, guerriers bardés de leur armure de peau de bœuf, piétaille enfin, tout le peuple de Léré est rassemblé autour de son souverain. Celui-ci exhorte brièvement son armée et l'imposant cortège quitte la grand-place (*zamagaran*) du palais pour se diriger au bord de la rivière, à proximité du quartier appelé Gé-Tréné (quartier des gens venus du village de Tréné). Le quartier est peuplé, comme tous les autres de la capitale, de gens de toutes origines claniques (⁷) mais il représente dans la circonstance le village de Tréné lui-même dont le chef est censé détenir le *ké* du roi de Léré. Sur une place de ce quartier, les femmes, ou plutôt les guerriers, se divisent en deux camps qui vont s'affronter en un combat dont l'issue ne fait pas de doute. Les gens du roi s'agitent, poussent des cris terrifiants, les gens de Tréné reculent en tremblant d'effroi. Deux esclaves, un « mâle » et une « femelle », sont capturés et c'est la victoire du roi, le retour de la pluie de Gõ-Daba. Alors commence la rentrée triomphale au palais où le peuple en armes raccompagne son souverain et ses notables. On raconte que, jadis, les femmes travesties sortaient effectivement de Léré pour marcher sur la piste qui conduit à Tréné. Cette « armée » du roi en campagne n'hésitait pas à piller au passage chèvres et cabris qu'elle rapportait au village pour sa propre consommation tandis

---

(⁷) Le quartier appelé Gé-Tréné comprend administrativement trois quartiers ou sous-quartiers : 1) Gé-Teuré qui comprend effectivement une majorité de chefs de famille appartenant à ce clan (conformément à la règle de résidence que nous avons signalée). 2) Gé-Terkuri où le mélange est complet mais qui a été fondé par un sous-clan des Moundang-Léré installé « au bord du sable ». 3) Gé-Jiri tout récemment construit.

que le chef de Tréné, dûment averti, « rendait le *ké* » (qu'il avait enterré dans sa concession) et faisait conduire un bœuf à Léré destiné à être sacrifié sur les autels des pierres de pluie des rois de Léré.

Tel est le schéma du rite de remise en ordre du *ké* détourné : une guerre pour le roi où les soldats sont les femmes et l'ennemi, l'autre car Tréné et le quartier dit Tréné à l'intérieur de Léré, représentent la moitié opposée et complémentaire du quartier royal (dont le centre est la place *zamagaran* comme *čok-šyñri*, principal génie de lieu de la capitale) dans tous les rituels à caractère agonistique. Le travestissement et les jeux d'imitation qui accompagnent cette lutte appartiennent à un autre rituel spécifiquement féminin, celui qui prend place lors de la clôture des cérémonies de lever de deuil d'une vieille femme qui a laissé une nombreuse postérité. L'extraordinaire mascarade à laquelle les femmes se livrent alors, la joie, l'hilarité que provoquent leurs mimiques chez le public masculin victime consentante de cette « mise en boîte », ont de quoi frapper l'observateur de ce rite de propitiation de la pluie, plus habitué à une figuration symbolique des comportements et des personnes qu'à ce théâtre réaliste qui lui est si familier dans sa propre culture.

Rien n'est plus drôle que le sérieux avec lequel telles vieilles femmes vêtues de shorts et de chemisettes en guenilles font les maçons — l'une le contremaître, les autres les ouvriers — avec leur truelle; la dignité compassée de telle autre, habillée correctement à l'européenne pour faire le maître d'école donnant de la chicote à ses élèves; la lourdeur du grand commerçant musulman vêtu à l'arabe, serrant sous son bras un vieux porte-documents en plastique usé et réclamant ses créances (ses bons pour, comme on dit au Tchad) à cor et à cri, etc. Le sommet de la jubilation est atteint, pour les acteurs comme pour le public, quand s'offre le spectacle du roi, de ses cavaliers (dont les chevaux sont représentés par des bâtons) et de ses notables dont les mines, les gestes, la démarche d'une sévère dignité accusent la dérision des pauvres signes dont le pouvoir se couvre.

Dans les temps reculés, très reculés, raconte un vieillard, il y avait une vieille femme qui enseignait à ses filles que Dieu avait créé l'homme et la femme différents, leur avait donné à chacun leur travail et avait voulu que les femmes respectassent leurs maris à l'égal des dieux. Quand cette vieille mourut, ses filles décidèrent de se révolter. Pour célébrer le deuil de leur mère, elles s'emparèrent des habits et des armes de leur époux, se déguisèrent en hommes et firent ainsi la démonstration que ce n'était pas grand-chose qui faisait la différence entre les sexes.

Que le travestissement soit en un sens un rituel de rébellion, comme le dit ce petit récit, beaucoup d'anthropologues l'ont affirmé à la suite des analyses célèbres de Max Gluckman sur la société Zulu [8]. Mais si l'on

---

[8] Max Gluckman, *Order and rebellion in Tribal Africa*, London 1963. Voir chap. III, « Rituals of Rebellion in South-East Africa », pp. 110-137.

réduit la rébellion à l'expression des sentiments hostiles que les femmes éprouvent envers les hommes qui les dominent socialement et si, en vertu du concept de société traditionnelle et répétitive, on affirme que cette expression ne peut être que canalisée et domestiquée pour servir l'intérêt général et l'ordre social qui en dicte la loi, c'est le rapport des moyens aux fins qui reste inexpliqué. Gluckman lui-même admet cette objection lorsqu'il se demande en conclusion de son étude : « Pourquoi l'inversion des rôles est-elle un mécanisme si important dans ce processus ? Comment le rituel par lui-même réussit-il à maintenir dans ses limites les sentiments de rébellion qu'il fait surgir ? » Peut-être cet exemple moundang permet-il de tourner l'écueil du psychologisme sur lequel viennent buter les tenants de l'école fonctionnaliste.

Il est incontestable qu'il existe un côté critique sociale dans la parodie théâtrale à laquelle se livrent avec jubilation les femmes moundang travesties. Mais ce jeu, présent également, on s'en souvient, dans le *ye-wuli* des « grandes » femmes, ne serait-il pas ici à considérer comme une sorte de bénéfice secondaire d'une opération plus radicale touchant à la différence des sexes en elle-même et non pas aux rôles sociaux fondés sur elle ? Ainsi s'éclairerait la fonction du théâtre et de la comédie comme masque et dévoilement en même temps de l'arbitraire qui est au fondement de tout ordre social. C'est par ce passage à la limite, c'est-à-dire à la différence comme différence nulle, qu'on peut concevoir que le rite du travestissement ait une action sur la nature, puisse la contraindre et en détourner le cours. Chargées de rétablir la conjonction souhaitée entre l'ordre cosmique et l'ordre social dont le souverain s'est révélé le garant défaillant, les femmes agissent comme si, en touchant aux fondements du second, elles aidaient au retour de l'équilibre dans le premier.

On peut donc répondre à Gluckman : le rituel n'est pas la forme sociale qui impose sa loi aux sentiments de rébellion — que leur condition réelle ferait naître chez les femmes —, c'est l'expression conventionnelle de ceux-ci qui voile de sa forme l'acte de subversion visant à contraindre l'ordre cosmique.

Mais la subversion, à condition qu'on accorde à ce mot son sens étymologique débarrassé de toute surestimation idéologique, est déjà là dans la souveraineté elle-même comme processus de « déterritorialisation » et de concentration, dans les mains du monarque, des forces de fécondité, sous la forme des fétiches de la terre et par le moyen de son privilège matrimonial. Le paradoxe, qui est, d'une certaine manière, le paradoxe du pouvoir, est que les hommes, faiseurs de roi en tant que détenteurs de l'ancienne légitimité, celle de la terre, de l'autochtonie, sont les premières victimes de cette toute-puissance par eux-mêmes concédée. La toute-puissance est en soi déni de la différence des sexes — car c'est cela aussi que signifie la dualité du roi-père et du roi-femme et non on ne sait quel attribut de féminité qui lui serait adjoint —, et c'est elle qui fait des hommes qui lui sont assujettis, les « pervers fétichistes » qu'obsède et fascine l'énigme du *ké*. Les femmes, travaillant pour le roi et représentant sa nouvelle territorialité, sont de l'autre côté de la barrière qui isole le souverain de la terre clanique. Elles voient le roi dans sa nudité, si l'on peut dire, et savent reconnaître l'impuissance là où les hommes imaginent l'objet malfaisant. Aussi les liens de solidarité qui les unissent à lui ne vont-ils pas sans ambiguïté. Il ne faut pas oublier que la parodie satirique à laquelle se livrent les femmes dans ce rite appelé « imitation des maris » vise aussi, sinon en premier lieu, le roi. Ne lui signifient-elles pas de la sorte qu'il est en même temps, lui aussi, de l'autre côté de la barrière, qu'il est un mari parmi les autres hommes et que, pour être son armée de productrices, elles n'en sont pas moins ses alliées ?

DEUXIÈME PARTIE

LE CALENDRIER MOUNDANG ET LE CYCLE RITUEL

CHAPITRE PREMIER

LES MOIS ET LES « MARQUEURS DU TEMPS »

L'institution moundang de la royauté sacrée telle qu'elle nous apparaît au terme de cette description de l'appareil qui assure son fonctionnement — « les hommes du roi » et son palais comme machine spécifiquement féminine — n'est pas une suppression de la structure spatio-temporelle correspondant à l'organisation clanique mais une espèce de « violation ». Entendons que ce qu'elle maintient, ce qu'elle conserve, ne cesse de faire retour sur elle et de s'opposer à elle dans une tension permanente. Le récit de fondation auquel nous nous sommes constamment référé pour rendre compte de l'émergence de cet appareil politique et rituel, semble présenter l'avènement de la royauté de Damba comme le résultat d'un échange. Le pacte nouveau instauré entre les maîtres de la terre et le généreux chasseur est donné comme une sorte de contrat définissant de façon formelle les obligations et avantages respectifs de chacune des parties contractantes. Il en est ainsi parce que le discours mythique raconte un événement qui a valeur de vérité historique aux yeux des Moundang. Cette vérité « historique » sur l'origine du pouvoir constitue en même temps une manière de philosophie naturelle du pouvoir aux termes de laquelle celui-ci ne peut se concevoir qu'à la façon d'un échange, étant entendu que la demande des uns et l'offre de l'autre sont de nature hétérogène et que la complémentarité recherchée n'est jamais donnée une fois pour toutes. Mais il existe, à un autre niveau, ce qu'on peut appeler un discours théologique immanent à toute conception de la royauté, son fonds mystique qui vient de plus loin, de royautés antérieures dont les intéressés ont perdu jusqu'au souvenir. S'il existe incontestablement, ce n'est qu'à l'état implicite et restituable seulement par l'analyse des rites royaux — ou liés à la royauté — considérés comme un système défini essentiellement selon sa dimension temporelle.

Nous allons donc décrire, aussi succinctement que possible (l'étude de l'agriculture des Moundang est hors de notre propos), le calendrier agricole traditionnel pour tenter de mettre en lumière l'articulation entre le comput du temps et cette structure de la royauté qui implique qu'une limitation soit imposée aux durées de règne des souverains de Léré. Nous allons essayer de montrer qu'un des traits les plus caractéristiques de ce calendrier moundang relève de ce qu'on pourrait appeler « une mise en abîme » de deux cycles : on constate, en effet, que le cycle annuel qui commence avec le premier mois de la saison des pluies pour s'achever avec le dernier mois de la saison sèche et chaude, est soumis — de la période qui va des grandes pluies jusqu'au milieu de la saison aride — à un rythme, à une scansion rituelle d'intensité croissante dont le terme, la chasse à la pintade (*fing-luo*) en vue des sacrifices propitiatoires pour la pluie de la nouvelle année, équivaut à la mort symbolique du roi comme la fête des prémices (*fing-moundang*) équivaut à son intronisation.

Comme la plupart des populations de cette région de l'Afrique, les Moundang divisent l'année (*si*) en douze mois ou douze lunaisons (*fing*) qu'ils répartissent (d'une façon quelque peu arbitraire si l'on tient compte des données climatiques réelles relevées depuis les débuts de la colonisation) en six mois de saison pluvieuse (*zalé* ou *za-bamé*) et six mois de saison sèche (*kalé*). Les problèmes d'ajustement des dates des fêtes au déroulement saisonnier que pose toute division de l'année en douze mois lunaires ne semblent guère les préoccuper. C'est l'affaire des devins et nous allons voir la manière dont Mangay, interrogé sur cette question, tente de s'expliquer.

Les mois moundang et notre calendrier.

1) *Mar-fu* : avril-mai, pluies rares et très intermittentes.
2) *Ma-de-ute-bi-jã* : mai-juin, petites pluies mais tornades violentes.
3) *Ma me ngwe lané* : juin-juillet; fortes pluies mais intermittentes.
4) *Ma me ngwe li* : juillet-août, pluies abondantes; début des rites.
5) *Ma dum-bi* : août-septembre, dernières grosses pluies; rites.
6) *Fing-du (be) li* : septembre-octobre, fin de la saison pluvieuse.
7) *Fing-moundang* : octobre-novembre, fête des prémices.
8) *Fing-Dué* : novembre-décembre, saison sèche et relativement fraîche.
9) *Fing-Yuru* : décembre-janvier; fête de l'Ame du mil.
10) *Fing-luo* : janvier-février; chasse rituelle à la pintade.
11) *Čok-čok lané* : février-mars, « petite chaleur ».
12) *Čok-čok li* : mars-avril, « grande chaleur ».

A la simple lecture de ces douze noms que nous allons maintenant commenter, une remarque d'ordre sémantique s'impose : bien que le mot *fing* n'ait d'autre sens que mois ou lune, on ne le trouve que cinq fois dans cette liste où il correspond à d'importantes manifestations rituelles. Les autres noms se réfèrent à des faits d'ordre climatique ou à des activités agricoles. On pourrait donc dire qu'il y a cinq lunaisons au sens plein du terme dont les devins ont à se préoccuper pour que la succession des cérémonies se déroule en bon ordre. C'est la raison, assurément, pour laquelle nos informateurs étaient tout à fait fondés à traduire *fing* par le mot français fête.

Nous pouvons maintenant en venir au discours que nous a tenu Mangay pour nous faire comprendre ce qu'il en est aujourd'hui du calendrier traditionnel que l'obligation — et aujourd'hui, l'impérieuse nécessité — de la culture du coton a bouleversé.

« Jadis, les Gõ-Léré étaient de vrais souverains, personne ne les commandait. Ce qu'ils voulaient faire, ils le faisaient et quand il fallait demander aux devins de commencer les consultations pour les grands rituels de l'année (à la fin de la lunaison de *Ma dum-bi* — dans le mois d'août), ils en donnaient l'ordre aux Grands du village de Lumburi (l'ancienne résidence des rois de Léré). Alors ceux-ci réunissaient un collège de *pah-kendani* qui se mettait au travail pour fixer, entre autres, les dates et l'ordre des activités rituelles prescrites par notre coutume. Les Anciens parlaient ainsi : *fing ďin fuo kan jol te-kpu*, « la nouvelle lune est apparue » (la lune a germé) et il faut « mettre la main sur le bois », c'est-à-dire frapper le grand tambour royal (*damé*) pour donner le signal d'ouverture des cérémonies. Le roi était seul maître, c'est lui qui décidait conformément aux réponses du *kendani* de Lumburi.

» Ce sont les travaux des Blancs, poursuit Mangay, qui ont mélangé les choses (qui ont jeté la confusion). A l'époque de Gõ-Čomé, si l'on voulait déjà fêter, le Commandant lui ordonnait de faire tel travail (telle corvée de route, par exemple) et le roi faisait cesser les préparatifs en cours pour obéir à l'Autorité supérieure qui possède la force. Si l'on n'exécute pas les ordres du Blanc, le pays sera gâté (*bbebé*), disait le Gõ-Léré. C'est la peur qui a tout bouleversé, c'est la peur qui a détruit le calendrier de nos Ancêtres ».

Nous allons énumérer les mois de ce calendrier et énoncer sommairement les activités agricoles ou autres qui leur correspondent.

Les six mois de la saison pluvieuse sont :

1) *Mar-fu* (le nouveau, le commencement); nettoyage et débroussage des champs; premiers semis s'il y a eu quelques précipitations importantes.

2) *Ma-de-ute-bi-jã*, « quand les bœufs s'abreuvent longuement », car l'eau est revenue en abondance dans le cours des rivières (mayo-kébi et autres cours d'eau). Les pluies sont plus fréquentes, les villageois sèment différentes variétés de mil et de sorgho et aussi, bien sûr, le coton. Ces deux premiers mois chevauchent nos mois d'avril, mai et le tout début de juin. D'après les données pluviométriques fournies par J. Cabot (1965) et nos propres observations sur une dizaine d'années, les précipitations de ces deux premiers mois sont très faibles (moins de 30 mm) et l'on assiste le plus souvent à des tornades sèches.

3) *Ma me ngwe lané*, mois du premier sarclage; on désigne également

cette période par l'expression : « *kebi kimbam* », « les gens ont laissé (c'est-à-dire, ont achevé la tâche) le bâton avec lequel (c'est généralement le fait des femmes) on fait les trous des semis ».

4) *Ma me ngwe li,* le mois du **grand sarclage**; c'est aujourd'hui aussi le temps (juin-juillet) des gros travaux sur les champs de coton : sarclage et démariage des plants, utilisation des techniques agricoles modernes. Ces activités, il faut le noter, sont encore placées sous la surveillance des « boys coton » rémunérés par une Administration qui tient en tutelle « ses » paysans dont elle cherche à obtenir le meilleur rendement. Tout le personnel politique (députés et propagandistes du parti unique) est mis à contribution durant la campagne cotonnière.

Sur le plan rituel, les Kizéré, comme nous l'avons vu, ont la charge du premier signal de marquage du temps : le *da-dele-tetakré,* ce rite « licencieux » qui voit les enfants siffler avec leur instrument en forme de pénis, et crier des obscénités à l'adresse des femmes. Njama, *puliã za-wi* explique : « Le temps approche, le maïs, l'arachide et le mil rouge vont bientôt être mûrs, il faut se préparer à récolter ». Ces performances enfantines durent quatre jours (chiffre femelle) et toute transgression est sévèrement punie — comme si on manquait de respect à un masque. Le cinquième jour, une autre coutume enfantine prend place : c'est le *yun-te-kpu-pwuru,* « le tambour en peau de poisson tétrodon » (poisson électrique dont la peau est susceptible de gonfler comme une outre). Les garçons fabriquent en se servant de vieilles poteries, ces instruments qu'ils frappent sur un rythme semblable à celui des joueurs de *yungu,* le tambour de guerre qui accompagne la danse des hommes et des jeunes gens capables de porter les armes.

5) *Ma dum-bi,* le mois des **grosses pluies** (juillet-août); le travail de sarclage et de démariage est désormais terminé. Les petits siffleurs obscènes et les petits tambourinaires « guerriers » ont rappelé, à leur manière, les paresseux à l'ordre : « Gare aux retardataires qui risquent de voir inonder leurs champs mal entretenus ». Tous ces rites de moquerie et d'encouragement au travail sont désignés par l'expression : *ri-bi,* « appeler l'eau ». Maintenant vont entrer en scène les *jak-fa-huni,* les musiciens du clan Tezun, ceux qui annoncent l'approche de la fin des pluies et le début du cycle des grands rituels qui vont scander la saison sèche. Le signal est donné par *puliã-za-wi,* du clan Kizéré, qui allume un feu devant le seuil du palais et qu'il entretiendra pendant une quinzaine de jours durant lesquels les *jak-fa-huni* viendront jouer à proximité. Ces musiciens ont également pour tâche de couper les premiers l'herbe *kejéré* (une graminée haute et dure qui pousse dans les bas-fonds humides) avec laquelle ils vont confectionner un petit séco qui entourera le grand tambour royal *damé.* Ce n'est qu'alors qu'il est permis à tout le monde de couper ces herbes pour son usage personnel. Une autre herbe appelée *sworbalé,* « le mil de l'éléphant », est l'objet d'un même interdit : quiconque passerait outre en

coupant ces herbes avant les Tezun, serait passible de l'amende d'un bœuf au bénéfice du roi de Léré.

Très tôt le matin et à la nuit, la petite musique lancinante des *jak-fa-huni* se fait entendre et, tandis que des chanteurs égrènent des couplets de flatteries à l'endroit du roi, de la *mah-mor-yã* (qui est, en quelque sorte, leur « marraine »), des enfants et des jeunes gens dansent selon leur fantaisie. Au milieu de la nuit, des cris et des invectives retentissent : c'est encore le *ri-bi*, des Grands du clan des Oiseaux interpellent les paresseux en demandant s'il est vrai que tel ou tel n'a pas fourni les efforts nécessaires pour obtenir une bonne récolte. En échange de leur « travail » et de leurs flatteries, les Tezun reçoivent du roi des cabris et, plus tard, ils auront droit à la tête et au cou du bœuf qui sera immolé pour le premier grand sacrifice de l'année.

6) *Fing-du (be) li*, « le mois des Grands » (septembre-début octobre) marque la fin des pluies. C'est le mois de la mauvaise chance, disent les Moundang, le mois néfaste où les « Grands », en l'occurrence, les masques visibles et invisibles (*mwe-zuwũnri*, nous le savons, désignent aussi bien les masques de fibres et les rhombes que les Esprits ancestraux), sortent et réclament des sacrifices. Le roi ordonne alors que les devins de Lumburi commencent leurs consultations qui intéressent tous les villages qui dépendent de Léré. Tous les dangers qui menacent la santé, les récoltes et les biens des habitants sont examinés par le *kendani* ; une attention toute particulière est portée à la personne du souverain et au palais ; enfin on interroge l'oracle pour savoir quel village devra fournir l'animal (bœuf, vache ou bouvillon) pour le sacrifice de *fing-du-li*. Les Anciens de Lumburi s'en vont à Léré voir leur *pah-fae* (le représentant de leur village auprès du palais) qui communique au roi les résultats de leurs consultations. Celui-ci envoie alors deux de ses esclaves chercher l'animal à immoler dans le village que le *kendani* a désigné. Ils partent avec une corde en herbe de « mil de l'éléphant » tressée par les *jak-fa-huni* et sont accompagnés par le *pah-fae* du village en question. L'animal sacrificiel conduit à Léré est attaché avec cette corde et parqué dans le petit enclos que les Tezun ont édifié autour du tambour royal. En 1969, les devins avaient prescrit au roi d'immoler pour son compte personnel un mouton afin que le sacrifice de *fing-du-li* ait sa pleine efficacité.

Quand la date de ce sacrifice est arrêtée, les Anciens de Lumburi préparent leurs « médicaments » (*fa-sané*) et cinq d'entre eux doivent se rendre à Léré, vêtus du seul étui pénien. En cette veille de cérémonie, ils passent la nuit chez leur *pah-fae* tandis que les *jak-fa-huni* reviennent devant le seuil du palais où ils jouent et chantent durant toute la nuit. Au petit matin, on détache l'animal pour le faire entrer dans l'enclos royal, près de la demeure de la *mah-mor-yã*. Ce jour-là, personne ne doit partir aux champs, toute activité productive est interdite comme sont interdites les rixes et les disputes, notamment entre époux. Les masques (les manieurs de rhombes *ma-fali* et *mbau*) veillent et tout fauteur de troubles se verrait infliger une lourde amende.

Près de la maison de la *mah-mor-yā* donc, l'esclave sacrificateur égorge le bœuf dont les naseaux, le cou et le poitrail ont été enduits avec le *fa-sané* apporté de Lumburi. Ensuite, comme dans tout sacrifice solennel, on procède au partage rituel de la viande.

Ceux qui ont droit à une part au titre de leur fonction sont :

1) Les *za-sae* reçoivent l'une des pattes avant du bovidé, l'autre étant destinée aux épouses du roi qui la prépareront pour les chefs de famille des quartiers de Léré qui feront chez eux le sacrifice aux *mwe-zuwũnri*, en l'occurrence, les esprits ancestraux (l'autel pouvant être, selon les indications des devins, la sépulture du père mort — au seuil de la maison —, ou le grenier central de l'enclos — *čel-damé*).

2) *Puliā-puri* (le pulia des chevaux) et *puliā-mwena* (celui des « piétons ») se partagent la patte arrière.

3) Le poitrail, les côtes de l'animal sont donnés à Wajiiri, une partie est envoyée à Naī-Téheré et une troisième au chef du village de Tréné.

4) Enfin des petits morceaux de viande grillée sont distribués aux représentants de la plupart des autres villages ainsi qu'au chef de terre de Léré afin qu'ils en fassent offrande aux différents *čok-šyĩnri*, aux Génies de lieu dont dépendent la santé et la prospérité des habitants.

Les *jak-fa-huni*, nous l'avons dit, reçoivent la tête et le cou de la bête immolée (parts qui, dans les cérémonies funéraires, reviennent aux maternels du défunt — *nané* et sa mère, si elle vit encore).

Les sacrifiants qui sont, en la circonstance, les Anciens de Lumburi, emportent la peau du bovidé (et tout ce qui se trouve sur elle — un couteau oublié, par exemple) ainsi que tous les viscères. Sur le chemin du retour, ils doivent faire des offrandes aux grands *cok-syĩnri* qui jalonnent le trajet sur lequel se sont succédées d'est en ouest les différentes résidences royales. Quand le sacrifice de *fing-du-li* est consommé, il faut, disent les Moundang, qu'il pleuve en abondance pour laver le sang de la victime qui a coulé dans l'enclos du palais.

Après une période de quelques jours, prend place le dernier rite de marquage du temps : la danse de *buléré* placée sous la responsabilité d'un grand du clan des Oiseaux, un homme du sous-clan des « franciscains ignicolores » (*wé-sirī*).

Cet homme, accompagné par les *wé-puliā-gō-ae* et leur chef, emmène les jeunes gens en brousse afin de couper les arbres dont les branches serviront à fabriquer ces espèces de flûtes. Le *tenjambalé* (essence odoriférante dont l'écorce est blanche) ou le *teb-muriē* dont les feuilles ressemblent à celles du nime sont les arbres dont on fait les *buléré*. On évide soigneusement une branche aussi rectiligne que possible et une encoche est pratiquée près de l'une des extrémités. Ce travail est accompli en brousse, au bord d'une rivière et les dignitaires qui en ont la charge reçoivent du roi un cabri dont ils consomment la viande grillée sur les lieux mêmes. Pendant la nuit, les flûtes sont transportées à *mor-damé*, au pied du grand tambour royal. Ce dépôt s'accompagne d'une offrande de farine de mil trempée dans l'eau qu'un esclave du palais verse à proximité des instruments entassés.

Le lendemain, quand vient le soir, les garçons se réunissent à *mor-damé* et ceux qui savent bien jouer de l'instrument se saisissent des *buléré* et commencent à siffler. Un concert de sons quelque peu rauques que rythme le *yun-bulyé* (le tambour des *buléré*) se fait entendre sur la grand-place du palais et, très vite, la foule des villageois se retrouve pour faire cercle autour des musiciens. Les garçons les plus beaux (c'est-à-dire forts mais surtout de bonne corpulence, selon l'esthétique moundang qui s'oppose en cela à celle des Peuls nomades) se mettent à danser en rond, les joueurs de *buléré* leur emboîtant le pas. Ils ont le torse nu et les reins ceints d'une peau de cabri — comme lorsqu'ils avaient quitté le camp d'initiation pour se présenter à leurs mères à *za-pi-jõ-ré* (la clairière, à proximité de Léré, où s'accomplissent les derniers rites de retour au village). Des jeunes filles se détachent de la masse compacte des spectateurs et entrent dans la danse en choisissant un cavalier qu'elles suivent en posant leurs mains sur ses hanches. La foule dans laquelle se trouvent aussi les parents des jeunes gens contemple avec joie les évolutions lentes et gracieuses des couples qui se forment et se défont. On moque les danseurs jugés maigres et maladroits — ceux qui sont rarement saisis par une compagne —, on applaudit les autres. Un garçon et une fille qui ne se lâchent plus (n'appuyons pas trop sur la métaphore, car les mariages ne se règlent pas ainsi) s'appellent réciproquement *gu-bulyé* (feuille des *buléré*) et l'on dit que jadis, on portait une ceinture de feuilles au lieu de la peau de cabri. L'heureux garçon remercie sa *gu-bulyé* en lui faisant cadeau d'une natte et d'une jarre de bière; il la raccompagne chez son père où, à son tour, on lui offre à boire et quelque menu cadeau. Bien sûr, il y a dans cet échange quelque chose du processus matrimonial qui trouve là sa première amorce mais rien de plus. Evidemment, il n'est pas question qu'une femme mariée participe à cette danse et, d'autre part, la plaisanterie à l'adresse du garçon qui n'a qu'épisodiquement ou pas du tout de cavalière à la ceinture de perles, est de le traiter de varan (célibataire) car cet animal « a pour habitude, dit-on, de se promener toujours tout seul ». Une remarque supplémentaire s'impose à qui jugerait trop vite du caractère « prénuptial » de ce rituel: c'est la jeune fille qui librement (nous rendons par cet adverbe l'expression moundang: « son corps est à elle ») choisit son *gu-bulyé* (¹). Si donc l'on

---

(¹) La liberté amoureuse que la coutume permet de manifester avec éclat dans le choix du *gu-bulyé* n'exclut nullement, en raison du carcan institutionnel où elle se trouve prise, qu'il n'y ait pas, et même souvent, ce que l'on pourrait appeler des « passages à l'acte ». Dès les débuts de la colonisation, les administrateurs ont noté le

considère l'ensemble des rites que nous avons désignés comme des marqueurs du temps, la danse de buléré qui en clôt la série est à rapprocher du premier, *da-de-le-tetakré,* qui est une manifestation de licence et d'inversion plus ou moins prononcée des normes sociales.

Cette règle n'est pas, cependant, absolue et il arrive qu'une jeune femme déjà mariée offre à boire et danse avec l'un de ses beaux-frères dont elle est susceptible de devenir l'épouse léviratique. Mais elle ne sera pas comme les jeunes filles nubiles qui sont vêtues d'une ceinture de perles seulement et dansent en brandissant le *kendan-za-ju* [2], le petit bâton pyrogravé surmonté d'un bois taillé en tête d'oiseau.

Les filles chantent les qualités du bon mari qui doit être fort, gras et travailleur tandis que les garçons répondent ainsi :

« Nous dressons le bois (la flûte du *buléré*) pour le roi de Léré ».

« Ecoutez le chant de la grue couronnée (le son des *buléré*) qui retentit dans la plaine à l'Est ».

« Il est beau de dresser le bois pour le roi de Léré. »

« *Gu* (filles des feuilles qui nous tenez par les hanches) partez car la danse n'est pas belle » (vous êtes maladroites).

« *Gõ-bame Kué kabi Zuah Tessalé megale nemo*. »

« O roi, enfant de Zuah Tessalé (le Gõ-Léré aimé et assassiné). »

« O roi qui donnes la pluie, nous les gens de l'eau (Moundang Ka-bi) nous voulons t'amener avec nous — te faire revenir parmi nous. »

« O roi de la pluie. »

La réponse de la bergère au berger est plutôt acide :

« Vous les pauvres (*za-sakré*), êtes-vous des enfants de roi que l'on emmène avec le *gbwẽ* ? Etes-vous des enfants qui portez la bague au doigt : comme les chefs que l'on envoie en brousse ? »

« Vous êtes des varans, les filles ne vous aiment pas. Vous êtes couchés au milieu des herbes » (la brousse sauvage est votre demeure).

Avec le sacrifice de *fing-du-li* et les danses de *buléré* (deuxième quinzaine d'octobre) nous entrons dans la saison sèche et l'essentiel est désormais de hâter les préparatifs de la fête de *fing-moundang*. Il n'y a plus de gros travaux à faire dans les champs, le temps des premières récoltes est proche

---

nombre considérable de couples d'amoureux en fuite, allant jusqu'au Nigeria pour chercher un lieu sûr à leur bonheur « coupable ». Il existe aussi des cas où la jeune fille nubile est enlevée par son *gu-bulyé* qui l'emmène chez lui pendant un mois. Ce délai passé, il avertit les parents en leur envoyant un *pah-fae* (un messager ou un commissionnaire choisi parmi les plus proches amis) qui leur apporte un bouc castré. Reconduire ainsi une jeune fille chez ses parents (*sop wéré*) équivaut à une demande officielle dont l'acquiescement par la mère s'exprime par un geste rituel : la mère reçoit sa fille en versant de la bouillie de mil à ses pieds quand elle franchit le seuil de la maison et en prononçant des vœux de bonheur pour les fiancés. Tous les dons faits par le garçon : bouc castré, fers de houe et autres menus cadeaux, sont décomptés du montant de la compensation matrimoniale qu'il aura à payer.

[2] Voir dessin p. suivante.

Kendan-za-ju

Le bâton à tête d'oiseau

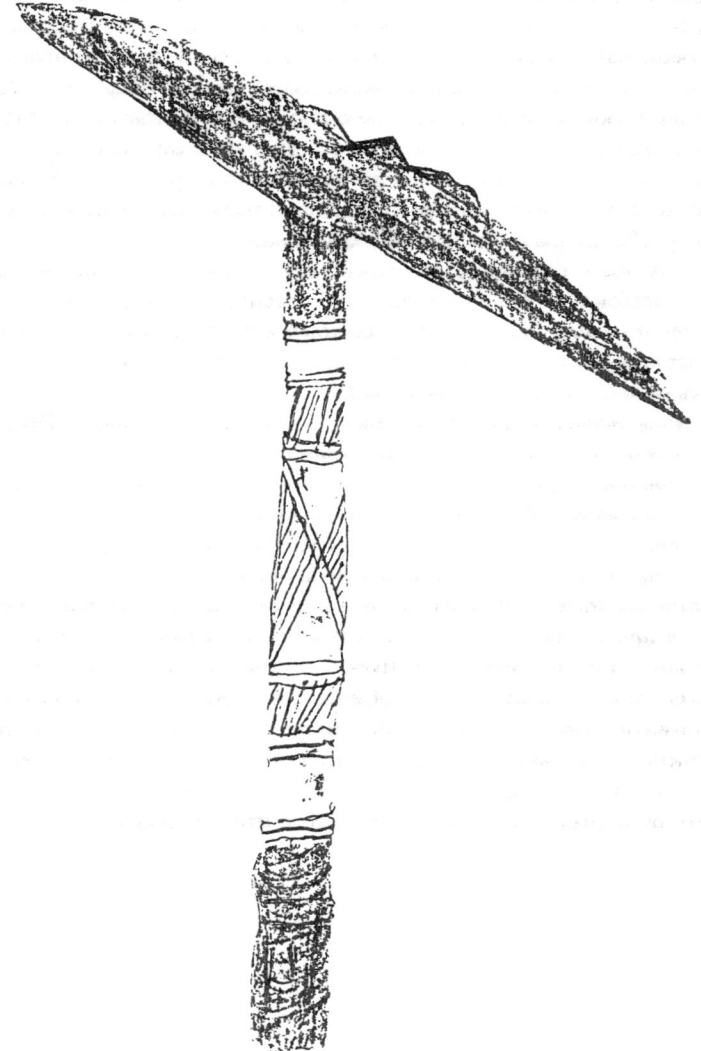

(Dessin exécuté par Emmanuel Adler.)

et l'on commence par le maïs dont les épis mêlés à ceux du mil rouge serviront à faire la nouvelle bière de l'année.

Le maïs que l'on cultive essentiellement sur les terrains qui entourent les habitations (*wa-ka-yã*) est appelé *swor-zuwũnri*, « le mil des masques ». Quand il vient à maturité, les chefs de famille, et eux seuls, ont droit de couper les épis qu'ils mettent sur le feu. Les grains grillés sont déposés sur une petite natte ronde où ils font le repas des vieux dont les femmes et les enfants sont exclus. Des masques *muyu* rôdent dans le village et pénètrent dans les enclos où ils s'emparent de quelques épis de maïs qu'ils piquent dans le séco qui entoure la concession : c'est le signe que désormais tout le monde peut manger du maïs. Ces mêmes *muyu* apportent une grande quantité d'épis à leur *pah-čuki* qui la distribuera aux femmes du palais pour qu'elles préparent la bière de *fing-moundang*.

Les derniers préparatifs incombent aux Grands — *za-sae*, w.p.g. et autres notables — qui travaillent à la réfection des sécos, palissades et toitures du palais du roi. Enfin commencent les grandes consultations divinatoires que nous avons décrites ailleurs (Adler et Zempléni, 1972).

Les six mois de la saison sèche sont :

1) *Fing-moundang,* la fête nationale, si l'on peut dire, pour célébrer les prémices de la récolte du mil rouge (*zemiri*).

2) *Fing-Dué,* c'est le mois de la fête du village de Dué qui traditionnellement ne reçoit pas pour chef un *gõ-gbwẽ* envoyé de Léré.

3) *Fing-Yuru* ([3]), c'est le mois de la fête de l'Ame du mil.

4) *Fing-luo,* c'est le mois de la fête de la pintade.

Enfin, les onzième et douzième mois (« petite chaleur et grande chaleur » *čok-čok lané* et *čok-čok li*) sont le temps où se déroulent les cérémonies funéraires. Les activités productives sont assez réduites : certains commencent le débroussage de leurs champs, les riverains des deux lacs et du Mayo-Kébi organisent de grandes pêches collectives dans les mares résiduelles où le poisson est facile à prendre ; les plus grosses prises sont apportées au palais car le Gõ-Léré est maître des eaux comme il est le maître de la plaine où les Peuls font paître leurs troupeaux.

([3]) Littéralement : le mois des plaies ulcéreuses. On interdit aux enfants de se battre, de grimper aux arbres et de courir en brousse afin d'éviter ces plaies qui peuvent être mortelles.

CHAPITRE 2

LES TROIS GRANDES FÊTES

I) FING-MOUNDANG (« LA LUNE MOUNDANG ») : LA FÊTE DES PRÉMICES

Quand le maïs et le mil rouge (cultivés dans les jardins de case ou les plantations proches des habitations) viennent à maturité, le temps pour célébrer l'année nouvelle est arrivé. Nous connaissons déjà les deux événements d'importance primordiale qui marquent respectivement l'ouverture et la clôture des préparatifs de *fing-moundang* : les deux semaines pendant lesquelles les devins de Léré consultent le *kendani* à *tehalé* — la grande aire proche du village où se font les consultations en cette occasion solennelle, et aussi pour *fing-luo* (cf. Adler et Zempléni, 1972); et, d'autre part, le conclave des *za-sae* que nous avons décrit plus haut.

Entre-temps, certains rites et certaines opérations sont exécutés en vue de rassembler le nécessaire pour la cuisine du sacrifice. Outre les masques que nous venons de voir à l'œuvre, *pah-seri*, « le chef de terre », a aussi la charge de ramasser, dans chaque champ de maïs, 4 épis et de remplir ainsi quelques paniers qu'il rapporte chez lui. La plupart de ces paniers sont donnés aux épouses du roi afin de fabriquer de la bière en mêlant ces grains au *zemiri*, « mil rouge » dont il a également prélevé les prémices de la même façon.

Nous avons parlé d'économie palatiale car la nourriture et la boisson qui sont le résultat du travail agricole et culinaire des femmes du roi sont distribuées à la population et aux diverses catégories de dignitaires en cette circonstance — comme en d'autres — et exigent donc d'être produites en quantités énormes. La main-d'œuvre du palais est jugée insuffisante et le roi a besoin d'une espèce de tribut fourni par les villages de brousse. Aujourd'hui il s'agit de contributions modestes (en céréales et petit bétail) apportées par quelques villages mais il en allait tout autrement jadis. Les vieillards se plaisent à raconter comment même sous le règne de Gõ-Comé le prélèvement royal consistait en une véritable mise en coupe réglée des villages de brousse. Notables, cavaliers et « hyènes » du roi partaient en razzia pour ramasser bœufs, chèvres et poulets et quiconque osait résister aux pillards de Léré était impitoyablement tué. Ce n'est par hasard que les cortèges royaux qui se déplacent dans le village lors de la fête offrent, comme nous le verrons, le spectacle d'une armée en marche.

Récit du fing-moundang observé en 1969.

Samedi 15 Novembre. Le premier rite de la fête des prémices a eu lieu pendant la nuit : il s'agit du « travail » de *gō-pe-kworé*, « le chef du séco » (ou paravent de paille tressée). Ce personnage est un homme du clan des Moundang-Sin auquel appartient le chef de terre de Léré. Il est choisi, en principe, parmi les cadets proches du détenteur de la charge dont il est, en la circonstance, le représentant ou plutôt, comme on va le voir, la réplique sacrifiée. La veille du jour de l'ouverture de la fête, en fin de matinée, le *gō-pe-kworé* pénètre dans la cour du palais ; il porte un séco fraîchement tressé qu'il va offrir à la *mah-mor-yã*. Celle-ci détache le vieux séco qui servait de portière à sa case et le donne à son hôte en échange du neuf. La portière usagée est dressée comme un paravent en arrondi dont l'ouverture fait face au trou masqué du mur par lequel on fait passer le cadavre du roi. Le plus discrètement possible *mah-mor-yã* sort de leur cachette les regalia et les dépose à terre derrière le paravent. C'est alors que l'esclave-sacrificateur qui officie dans le palais s'avance avec le bœuf destiné au sacrifice ; il est suivi par des servantes (*wé-šyĩnri*) portant des canaris de bière de mil qu'elles ont préparée elles-mêmes sous l'auvent de *mah-mor-yã*. Le sacrificateur immole l'animal et verse un peu de sang sur les regalia tandis que *gō-pe-kworé* (qui agit ainsi comme le chef de terre dont il est le substitut) invoque les Esprits (*mwe-zuwũnri*) de la Terre, les Génies de lieu et les Esprits ancestraux, paternels et maternels du roi de Léré. Quand le sang a été répandu, les servantes versent de la boisson sucrée (de la bière qu'on n'a pas laissé fermenter) en s'adressant aux mêmes Esprits. Cependant le sacrificateur et ses nombreux aides s'activent à dépecer le bœuf égorgé et déjà des petits morceaux de viande grillée sont jetés dans toutes les directions de l'espace pour écarter dangers et malheurs du lieu des regalia. Le *gō-pe-kworé* est maintenant installé dans son petit enclos de paille d'où il ne sortira que le lendemain à l'aube en franchissant le mur d'enceinte du palais, car il lui est interdit de passer par le vestibule d'entrée. Le séco sera jeté dans la rivière où il ira se purifier et il recevra la peau du bœuf (comme les sacrificateurs de Lumburi lors du rite de *fing-du-li*).

Son « travail » est de rester complètement enfermé, à l'abri de tout regard, et d'attendre le lever du soleil, mais il ne peut communiquer avec l'extérieur que par l'intermédiaire de son neveu utérin qui l'accompagne depuis le début du rite. Leur seule communication se borne d'ailleurs à des questions de nourriture et de boisson, le malheureux substitut du chef de terre n'ayant qu'une hâte, qu'on lui serve les parts de viande (la patte avant droite) qui lui reviennent du bœuf sacrifié en son nom. Comme disent les Moundang qui, selon la coutume, aiment à moquer les fonctions les plus sacrées : « *gõ-pe-kworé* n'a d'autre travail que quémander de la viande et de la bière ». Les villageois qui passent à proximité de son paravent le saluent en l'appelant roi. Pas plus que leur « propriétaire » d'un jour, le roi véritable ne peut voir les regalia : bien mieux, il ne doit même pas s'approcher de cette partie nord de son palais où règne celui que l'on peut désigner comme son double négatif. Il est en cette occasion comme au jour de l'intronisation où toute la cour du palais est coupée en deux par une palissade orientée selon l'axe est-ouest : au sud, le nouvel oint du chef de terre fête avec ses jeunes épousées son entrée dans la royauté; au nord, les vieilles veuves poursuivent le deuil de leur mari défunt. Certes, *gõ-pe-kworé* ne représente pas le roi mort mais celui qui, pour le roi et à la place du roi, affronte le danger de mort qui menace quiconque a affaire aux regalia. De toute façon le *fwoké*, la malchance ou le malheur provoqué par l'impureté du roi, retombera sur lui et ne manquera pas de le tuer à plus ou moins brève échéance. Les différents objets dont la réunion constitue les regalia n'ont pas de pouvoir en eux-mêmes; c'est, dit-on, « la force des remèdes qui les tient ensemble » (*gbe ne syĩnri*), remèdes que le roi tient dans sa main. Mais cette force est inerte si elle ne reçoit pas le sang du bœuf sacrifié et la bière non fermentée, autrement dit, les « fétiches » du chef de terre. Ainsi, le *gõ-pe-kworé* accomplit et consomme un sacrifice pour renouveler la vie et la puissance dans quelque chose qui représente un élément de la substance même de la royauté et ce faisant, il active la force qui le tue. Le roi ne touche pas la chair de l'animal immolé, pas plus qu'il ne goûte la bière de mil destinée aux libations. S'il ne consomme pas le sacrifice, il faut donc dire que le roi, d'un point de vue sensible, immédiat, n'est pas un sacrifiant; son mode d'être lui interdit de communier ou, plus profondément, de communiquer avec les gens de la terre dans une manducation qui renvoie à une substance commune partagée par les commensaux. Il donne, il alloue aux agents du rite, des animaux et du mil lui appartenant ou qu'il a reçus de tel village ou de tel clan selon ce que les devins ont prescrit; il joue le rôle d'une espèce d'échangeur, si l'on ose dire, de matières sacrificielles, mais lui-même demeure hors-circuit. Il ne peut participer à la demande inscrite dans le sacrifice car, d'une certaine façon, il participe dans son être de la nature de l'objet invoqué. C'est pourquoi il faut qu'il se dédouble et qu'il trouve dans le délégué du chef de terre, c'est-à-dire de celui qui détient une parcelle du pouvoir qui l'a fait roi, le sacrifiant-sacrifié qu'il ne saurait être sans que le système sombre dans la contradiction.

Fing-moundang est une fête des prémices, une fête du renouveau de la fécondité de la terre et, pour autant que la personne royale est associée dans sa durée intime au cycle végétatif, le moment est encore loin où, selon l'expression moundang, « la mort viendra manger sur sa tête ». Aussi bien *gõ-pe-kworé* incarne-t-il une mort différée, une mort d'usure, comme nous disions à propos des jumeaux, avec la répétition du rite au cours des années. Cet éloignement relatif de l'échéance est à mettre en relation avec la distance structurale qui sépare le souverain de Léré du chef de terre. Ce dernier détient sa fonction de sacrifiant dans les rites agraires en raison de son clan qui, localement, se trouve le premier à avoir « coupé le bois de construction » et planté les oignons sauvages (*kuli*) qui ont rendu la terre habitable et cultivable et donc permis à la communauté villageoise de s'édifier. *Pah-seri* n'est pas maître de la terre (les *cok-syĩnri*, les Génies de lieu, répétons-le, sont les maîtres originaires du sol et du sous-sol) et si l'on peut parler de propriété dans un sens qui convient à ce type de société, il faut dire que la terre moundang (*ser-Léré*) appartient à l'ensemble des clans représentés par les *za-sae*, les *za-luri*. Le chef de terre est simplement le représentant d'un clan sur un terroir ou une parcelle de terroir villageois et, si modestes que puissent paraître ses attributions, elles lui confèrent une autorité qui ne doit rien au pouvoir royal. Bien au contraire, qu'il s'agisse du souverain détenteur du pouvoir central ou des princes envoyés de Léré commander les villages de brousse (*gõ-za-lalé*), leur intronisation est conçue comme une alliance scellée avec leur époux symbolique, le chef de terre. La lignée régnante, nous le savons, est d'origine étrangère, ceux qui sont destinés à assumer le commandement d'un village y sont rarement nés et, en tout cas, n'y ont jamais été élevés : ils sont mobiles comme les femmes dans l'échange matrimonial et l'on est fondé à dire, dans cette perspective, que le pouvoir est virilocal. C'est pourquoi nous avons parlé de distance structurale pour opposer le roi et le chef de terre non comme des statuts situés aux deux extrêmes d'une hiérarchie — ce qui établirait une distance sociale —, mais comme des termes polaires possédant, dans la symbolique du pouvoir moundang, la plus grande indépendance l'un par rapport à l'autre. Nous reviendrons à propos des deux autres fêtes du cycle annuel sur ce problème de la distance structurale qui définit la position du roi dans le système sacrificiel moundang. Pour l'instant, il convient de reprendre le fil des événements qui marquent la période de quatre jours que dure la fête.

Ce samedi matin règne une grande animation dans tout le village. Beaucoup d'hommes se sont rendus au bord du Mayo-Kébi pour attendre le retour des pirogues chargées de la chair de deux hippopotames tués par un garde sur ordre du Gõ-Léré. La viande a été découpée sur place par l'esclave du palais qui, après s'être servi lui-même et avoir remis des parts au chasseur et à ceux qui ont travaillé au dépeçage des pachydermes, en a rapporté une pleine brouette aux femmes du roi. Cette viande, ajoutée à celle des bœufs immolés, sera distribuée à la population rassemblée devant et à l'intérieur du palais. Mais dans tous les quartiers on assiste aux travaux de boucherie qui semblent être l'activité principale à laquelle se livrent les hommes. Dans la cour où je loge le spectacle d'un dépeçage au poignard s'offre à mes yeux. Une dizaine de personnes s'affairent autour de la bête et commencent le partage. J'apprends que 13 chefs de famille se sont cotisés pour acheter ce bœuf 13 000 F C.F.A. de façon à opérer une répartition la plus égale possible. Il faut que dans chaque famille un repas sacrificiel soit consommé et que des parts soient offertes aux esprits ancestraux.

A l'aube du dimanche, le tambourinaire du roi, le *pah-yuni*, a battu le rythme du *ye-fing* (pleurer la lune) : la dernière lune est morte, ce soir la fête commence. Les w.p.g. ont tressé de nouvelles cordes pour fixer les poteaux qui soutiennent le portail du palais, ils ont renouvelé la paille des toitures de chaume, ils ont fait toutes les petites besognes indispensables pour la remise à neuf de la façade sud de l'enclos royal. Des hommes ont retiré l'abri en forme de cône qui protège le tambour *damé* auquel on a suspendu les pattes d'un céphalophe et une cordelette portant deux flûtes *buléré*. Enfin le *pah-yuni* a mis une peau neuve à son tambour et repeint de couleurs fraîches les taches ocres et blanches qui ornent le bois de son instrument. Juste avant la tombée de la nuit, les *za-sae* ont terminé leur conclave, ils sortent pour se placer auprès du roi qui, debout sur sa pirogue renversée, va s'adresser à son peuple.

Dehors, sur la grand-place la foule patiente depuis un certain temps déjà. Le spectacle est impressionnant : dans une lumière crépusculaire voilée par la poussière, 8 à 900 hommes, tous armés de lances et portant leur arc et leur carquois rempli de flèches, piétinent; certains n'hésitent pas à bousculer leurs voisins pour s'approcher davantage des Grands qui entourent le roi. Dans cette obscurité gagnante, l'ondoiement des pointes de lance au-dessus de ces têtes innombrables fait l'effet d'une veillée de bataille shakespearienne où l'armée en émoi attend les ultimes exhortations de son roi.

Avant que commencent les discours, les *wé-dā-yéré*, « ceux qui ont la petite poterie » — ils sont au nombre de deux — sont chargés d'un rituel de purification. Le premier, un homme du clan des Oiseaux (sous-clan du pélican) verse de l'eau sur le seuil du palais en prononçant ces mots : « Voilà, c'est moi qui verse cette eau devant ta demeure; rien ne t'arrivera pendant que nous fêtons et ta maison sera en paix. Ton cheval et les chevaux de tes notables seront forts. Toi, tu as la force. Sois heureux. » Le deuxième, un homme du clan de la pirogue verse de la bière au pied du tambour *damé* (c'est le *yim-syūnri*) et commence par la formule : *Masin kal sin-bé*, « Dieu est plus fort que les médicaments — c.-à-d. les fétiches ». Il poursuit : « Léré est ta terre et le malheur sera écarté de toi. » La libation du premier s'adresse aux ancêtres royaux, à Damba, celle du second aux Génies de lieu. Puis les deux officiants s'en vont, chacun portant une calebasse blanche (¹) (crue), sur l'une des collines surplombant Fouli où sont censés être enterrés les rois.

Enfin viennent les discours ; *puliã-mwena* (le *puliã* des piétons) et *puliã-puri* (le *puliã* des chevaux) adressent successivement une brève exhortation à « leurs » hommes, le premier demandant aux fantassins de bien prendre soin de leurs armes, le second invitant les cavaliers à nourrir convenablement leurs montures. Jadis, nous l'avons dit, la préoccupation première c'était la guerre, aujourd'hui, « la guerre, c'est la culture du coton ». Le troisième orateur est l'un des *za-sae* : il parle au nom du roi et résume, en quelque sorte, les conclusions du conclave qui vient de se tenir. Le dernier mot revient au roi lui-même qui du haut de son piédestal fait un discours proprement politique, en conformité avec ses fonctions de Chef de canton responsable devant l'Administration. Ses paroles, néanmoins, ne font sens qu'en référence aux conceptions traditionnelles de son rôle. C'est ainsi qu'en 1975, dans la période de sécheresse que connut cette zone sahélo-soudanaise, il fut amené à dire à son malheureux peuple : « Je sais que depuis quelques années vous êtes dans la souffrance car il ne pleut plus sur notre terre. Vous travaillez et pourtant on vous a dit paresseux mais votre cœur n'est pas devenu noir. Une personne (c'est-à-dire, moi votre roi) ce n'est pas Dieu (la sécheresse n'est pas de mon fait). Personne ne peut faire tomber la pluie sur notre terre (contrairement au pouvoir qu'on attribue au *ké* du Gõ-Léré), je suis comme vous dans le malheur. » Et il termina en rappelant les impératifs de la campagne cotonnière et aussi — les deux choses sont liées dans la perspective de l'idéologie du développement — ceux qu'exige une scolarisation sérieuse de tous les enfants « pour ouvrir la terre moundang » au monde moderne.

Sur ces bonnes paroles, un silence profond brusquement déchiré par un formidable coup de tambour frappé par *puliã-mwena* sur le grand *damé* (²). Le signal est donné pour la musique, la danse et les ripailles. Une partie de la foule s'engouffre dans la cour du palais où déjà la bière coule à flot (y compris des canettes de Gala — le Heineken tchadien). En outre, un spectacle sortant de l'ordinaire y est offert : comme chaque année, en cette circonstance, les Guidar voisins envoient à Léré un petit corps de ballet pour faire honneur au roi. Des garçons athlétiques, les reins ceints d'une bande cousue de cauris, la tête couronnée d'un bandeau de tissu blanc rehaussé d'une ou deux plumes d'autruche, dansent avec des jeunes filles nues portant seulement un cache-sexe fait de perles de Venise. Des mouvements lents et gracieux alternent avec des secousses brèves et violentes, au rythme d'un orchestre comprenant un tambourinaire, des

---

(¹) Le contenu de ces récipients qu'il nous a été interdit de regarder, est constitué par *mur-yimi*, « le son, le déchet de la bière de mil ».

(²) Le lendemain, la peau du *damé* sera déchirée par les enfants qui s'acharneront à la taillader et à la frapper, puis une peau neuve sera posée par *puliã-mwena*.

flûtistes et des joueurs de conque. Tandis que cette exhibition a lieu devant le souverain assis sur sa terrasse, à quelques mètres plus loin, du côté de chez *mah-mor-yã*, des chanteurs moundang s'accompagnant de violons (*tenzuni*) et de maracas égrènent des couplets à la gloire de leur hôtesse, la maîtresse du palais. Dehors, devant le vestibule d'entrée, des griots peuls et hausa font entendre l'éternelle rengaine des flatteurs vantant — et attendant — la générosité des puissants.

Au cœur de la nuit, quand les musiques se sont tues, ce sont les hommes du clan Teuré qui sortent ; ils se rendent devant le palais où les attendent deux cuvettes de viande et deux jarres de bière et s'en retournent en passant dans les quartiers. Ces représentants des Génies de l'eau sifflent et lancent des pierres, d'autres font tournoyer le grand rhombe *mafali ;* une espèce de sainte terreur gagne le village car personne n'a envie de faire une fâcheuse rencontre avec les Esprits. On dit cependant que les Teuré ne cherchent aucun mal à leurs gendres.

Au cours de cette même nuit, les femmes qui appartiennent aux « collèges de possédées » (*we-šyĩnri*) se sentent menacées par le génie de leur maladie. Elles prennent quelques braises de leur foyer de cuisine et courent les jeter devant la porte de leur enclos en hurlant : koya ! koya ! puis elles rentrent en déposant dans leur case un peu de sésame et de tabac en offrande à leurs *šyĩnri*.

Le lundi matin, aux premières lueurs du jour, de nouveau des cris et la musique à peine audible de ma case, des flûtes accompagnant les masques. Comme c'est l'usage, ce sont d'abord les masques du roi (*Swayé*, « nuage » dont la garde incombe au clan du Singe et Geré, « *bois touffu* » qui est aux mains des Teuré) qui sortent danser devant le palais. Quelques autres arrivent ensuite des villages proches et, après s'être présentés au roi qui, bien sûr, leur fait servir nourriture et boisson, ils font la tournée des quartiers où les chefs de famille se font un honneur de les régaler aussi, dans la mesure de leurs moyens. Au cours de la matinée, une foule de plus en plus dense se masse devant le palais : la consommation collective du repas sacrificiel offert par le souverain est pour bientôt, on attend que les femmes et les esclaves sortent avec des cuvettes de viande et des jarres de bière. Tout le monde peut entrer et sortir du palais qui, en ce jour, est ouvert à tous. Mais quand les plats et les boissons arrivent, un certain ordre s'établit : la masse des villageois — ceux de Léré comme les étrangers — s'assemblent par petits groupes et mangent installés devant le palais (le *kwor-gõ-ae*) et sur tout le pourtour sud de la muraille d'enceinte. A l'intérieur, les repas sont distribués séparément aux différents « corps constitués » qui ont chacun leur place. Les distinctions que nous avons observées sont les suivantes :

1) Les *za-sae* qui boivent le *yim-šyĩnri* (c'est-à-dire la bière sacrificielle qu'ils partagent avec le *gõ-pe-kworé* et les *jak-fa-huni*) et mangent aussi la viande du bœuf immolé pour le rite de *gõ-pe-kworé*.

2) Les *puliã* titrés et leurs collègues w.p.g. qui boivent le *yim-damé* (la bière du grand tambour) et consomment la viande d'un autre animal.

3) Les notables et les cavaliers.

4) Les chefs de villages qu'ils soient *gō-gbwē* ou non et les *gō-li*, les princesses.

5) Les *jak-fa-huni* qui doivent se tenir en permanence auprès de la demeure de la *mah-mor-yã*.

6) Les *za-halé*, les devins qui ont procédé aux grandes consultations préparant la fête. Le roi se promène au milieu de ses invités, il s'assoit quelques instants pour converser avec les uns et les autres, tandis que l'une de ses épouses crie sa devise, accompagnée des you-you stridents d'une vieille femme du palais. Bien entendu, le roi ne mange ni ne boit avec quiconque ; une bière spéciale (*yim pe-we-li*, la bière de la chambre des jeunes épousées) est préparée pour lui, qu'il partagera — ô entorse ethnologique — avec moi.

La soirée est très animée, partout l'on danse, les filles au rythme du *bulum*, les garçons au rythme du *dalinga*, un tambour de large diamètre que l'on frappe avec une baguette à bout recourbé, semblable à l'instrument dont se servent les griots peuls. Dans les quartiers, les hommes s'invitent à boire de conserve, les femmes, de leur côté, font de même.

Le lendemain matin, des masques nouveaux arrivent à Léré pour se joindre à *Swaye* et *Geré*. Ils se présentent d'abord devant le palais où la *mah-mor-yã* les reçoit en versant de l'eau à leurs pieds. Puis ils vont danser devant les Grands du village auxquels ils quémandent nourriture et boisson. Plus nombreux sont les masques, plus réussie est la fête car les *mwe-zuwūnri* apportent la chance aux habitants. L'après-midi, prend place un rite tout à fait particulier que nous avons décrit ailleurs (Adler et Zempléni, 1972, p. 185) mais que nous résumons ici. Il s'agit de l'effacement par les chevaux du roi, de l'ordre dans lequel les cailloux du *kendani* sont restés sur l'aire de divination (*te-halé*) ([3]).

([3]) Lorsque nous avions étudié ce rituel en 1969 nous ignorions qu'il faisait lui-même l'objet d'une consultation particulière à *te-halé*. C'est en observant des différences qui me semblaient de détail, lors de son déroulement en 1975, que j'appris qu'elles tenaient aux prescriptions du *kendani*. Cette année, lorsque le cortège arriva à *za-pi-jō-ré*, au lieu de se contenter d'un simple arrêt avant le retour au palais, le Gō-Léré et deux de ses notables firent une cavalcade, lance à la main, comme des jouteurs de l'ancienne Europe. Les devins avaient examiné cette éventualité en scrutant soigneusement le cheval du roi qui peut être l'objet d'une magie d'agression, s'emballer et mettre en danger les jours du cavalier, ou du moins provoquer un accident grave. La réussite de sa parade rehaussa la splendeur de sa majesté et mit la foule en joie.

Détail plus important : le nombre de passages des cavaliers du roi est fixé par l'oracle. En 1969, il y eut un passage unique alors qu'ils en firent cinq en 1975. J'appris aussi que la protection magique du chef des devins qui siège alors sous son arbre, n'est pas seulement le *fa-sané* mais qu'il s'y ajoute le « médicament » appelé *mor-čoké*, « le déchet de la forge », les scories du métal.

Ce rite est accompli pendant le second jour de la fête. Vers la fin de l'après-midi, le souverain est revêtu de ses habits royaux les plus somptueux (vêtements d'apparat style Emir peul : ample boubou blanc à manches très larges, chéchia blanche, cape de soie mordorée et foulards rouges et bleus entourant le cou). Montant un cheval dont la couleur de la robe a été prescrite par les devins, il sort de son palais précédé par l'orchestre des *jak-fa-huni* et ses notables à cheval. Derrière lui viennent les porteurs de ses lances et quelques esclaves dont l'un qui le suit à grand-peine en tenant son parasol. Fermant la marche, comme une arrière-garde des fantassins, s'avancent les cavaliers aux montures caparaçonnées (ce sont les *za-sudal*); jadis, ils constituaient le corps d'élite de l'armée du roi. Le cortège ainsi formé se rend vers la clairière de *za-pi-jõré*. Là, après un moment d'arrêt, Gõ-Léré ordonne qu'on prenne le chemin du retour. Venu par l'est, le cortège rentre vers le palais en le contournant par l'ouest. Nous avons déjà évoqué cette analogie entre le mouvement du cortège royal par rapport au palais et la marche du soleil. Mais les cavaliers qui étaient en tête se séparent brusquement de la colonne et se précipitent au galop vers *te-halé*. Ils chevauchent à plusieurs reprises la grande aire du *kendani* et les sabots de leurs bêtes piétinent et dispersent les cailloux rangés sur le sol où ils conservaient l'inscription du « texte » des résultats des consultations oraculaires. Les Moundang appellent ce rite *meha-halé*, « jeter, disperser le *halé* ». Pendant que se déroule cette action de « brouillage des cartes », le responsable des devins de *halé* se tient sous son arbre, le *tebakamé* (le *balanites aegyptiaca*). Il a pris les précautions ordinaires du *pah-kendani* qui entame une nouvelle consultation : il a frotté avec du kaolin et de la poudre de *sin-ju* (variété de *cissus quadrangularis*) son front, ses tempes, ses clavicules et ses gros orteils des deux pieds. Il agite la longue canne de mil avec laquelle il a pointé les résultats sur le sol et en criant à l'adresse des cavaliers : « Ne venez pas chez moi, laissez-moi » (signifiant ainsi qu'il est innocent, qu'il n'est pas la cause du malheur inscrit ici) il jette des « médicaments » (*fa-sané*) dans leur direction. Par ces puissants médicaments faits de petites boules de terre mélangées à du kaolin et à des herbes spéciales pilées par un esclave du palais, il écarte de sa personne et de ses collègues la malchance qu'il renvoie sur les chevaux. Les cavaliers repartent au galop vers la rivière où hommes et bêtes se baignent pour se purifier du mal de *te-halé*.

Ainsi, *meha-halé* en tirant un trait sur l'oracle, en effaçant le danger dont est grosse la seule inscription des énoncés produits par les devins, supprime les menaces qui pèsent sur le roi comme sur toutes les catégories

---

Ainsi donc, de même que toute consultation commence par des questions sur le *kendani* lui-même, c'est encore le *kendani* qui contrôle le rite d'effacement de sa propre inscription; c'est une instance qui a fonction d'instance par rapport à elle-même.

de personnes dont l'état et la chance ont été scrutés par eux (qui s'y incluent eux-mêmes) et les détournent sur les chevaux qui les emportent sous leurs sabots. La nouvelle année peut commencer, les puissances invisibles, les *mwe-zuwũnri* de la terre, ont dit ce qu'elles avaient à révéler, maintenant c'est du passé. Le temps un moment immobilisé sous sa représentation figée dans les cercles de cailloux retrouve son cours normal.

Dans notre perspective où se trouve privilégiée la dimension temporelle de l'institution royale — par rapport au système clanique comme à l'organisation territoriale —, l'importance de ce rituel d'effacement ne saurait échapper. Pourquoi le roi et sa suite (son armée) font-ils ce simple aller-retour et pourquoi faut-il un tel déploiement de faste? Les Anciens disent : quand le roi se déplace avec ses cavaliers, il montre sa richesse et sa puissance, les chevaux qui piétinent *te-halé* en sont un des signes. Cette formule qui a l'apparence d'une tautologie semble pourtant suggérer que le faste qui accompagne le *meha-halé* comporte une double signification. Le souverain rend hommage, fait honneur au *kendani* puisqu'il se déplace mais par sa puissance — ses chevaux — il annule la force dangereuse que recèle son inscription maintenue sur le sol. Que cette inscription — quelque rudimentaire qu'en soit l'écriture — conserve par sa seule persistance un état de danger pour le roi, on le conçoit : elle est un peu son « Mené, Tequel, Parsin » quand bien même ses propres devins en auraient déchiffré l'énigme. Mais pourquoi conserve-t-on cette inscription et quel est le principe de son efficacité?

Réduits à des conjectures, nous pouvons chercher quelque lumière en mettant en parallèle la relation du souverain de Léré avec *te-halé* et celle qu'il entretient avec les masques. Les masques moundang (les *muyu* comme les *mundéré*) qui sortent à l'occasion des funérailles et des fêtes ou durant la période d'initiation ont ceci de commun avec la divination qu'ils peuvent formuler des demandes, énoncer des sanctions qui ne tirent leur légitimité que d'eux-mêmes. Et dans les deux cas, aux prises avec les figurations matérielles — les objets — des puissances spirituelles, le roi est à la fois soumis et maître. Il est soumis à ces représentations qui sont au fondement de l'ordre social dont il est le garant, il leur témoigne respect, protection, en punissant quiconque viendrait à leur manquer. Le lecteur se souvient comment un roi de Léré n'hésita pas à faire mettre à mort son propre fils qui avait osé revêtir une jupe de fibres noircies pour parodier la danse des masques. Mais d'autre part, les *pah-yãné*, « les maîtres des *mwe-zuwũnri* » sont ses sujets. Non seulement « Nuage » et « Bois touffu » qui sont « siens » mais tout masque a besoin de son autorisation pour sortir comme pour rentrer dans le bosquet sacré qui est son habitacle. Les masques viennent au roi, le flattent, dansent en son honneur et lui les paye : c'est une relation d'échange d'ordre jubilatoire. Son autorité sur le *kendani*, quoique d'un tout autre ordre, est de même nature et l'on se souvient que les consultations à Lumburi comme au *te-halé* de Léré sont entièrement placées sous son contrôle. Le roi apparaît ainsi comme le seul à pouvoir assigner un temps, un terme aux manifestations de ces forces dangereuses qui marquent le rythme de la vie collective et départagent les périodes sacrées dans la succession des mois et des saisons. Il est le maître des limites (au niveau de l'organisation territoriale, le titre donné au puîné du souverain est *gõ-syé*, « le roi de la limite » pour bien marquer l'opposition du pouvoir central et du pouvoir de brousse); il est celui qui contient, qui empêche ces forces de contaminer le cours ordinaire des choses.

Si ces remarques ont quelque pertinence, il est possible d'interpréter l'opération d'effacement à laquelle se livrent les cavaliers du roi comme un rite de clôture bien qu'il ne prenne place qu'au second jour de la fête de *fing-moundang* dont la clôture officielle se fait au terme du quatrième jour. Cette anomalie n'est qu'apparente s'il est vrai que le *meha-halé* marque une nette coupure dans son déroulement, coupure qui sépare précisément une période sacrée (*gõ-pe-kworé*, sortie des masques, consommation au palais des nourritures et boissons sacrificielles) vouée aux rites royaux d'une période plus profane laissée aux célébrations familiales qui ne sont, en un sens, qu'une duplication dans la sphère privée de celles qui ont le palais pour théâtre. De sorte que l'effacement du *kendani* a non seulement écarté la menace que comporte son inscription mais a mis fin à la période dangereuse pleine de libations et de sacrifices (danger inscrit dans la question que le devin pose pour chaque participant : *jõ-fing-ae*, « sa façon de fêter »), libérant ainsi la société de l'année écoulée pour lui permettre une entrée dans la nouvelle sous les meilleurs auspices.

Pourquoi la conservation de l'inscription a-t-elle ces effets, demandions-nous, et pourquoi ce défi aux pouvoirs de la divination? Dans les autres consultations, l'inscription est laissée à l'abandon (au hasard de leur parcours, chèvres et moutons peuvent aussi « effacer ») jusqu'à la prochaine occasion où le devin réentassera ses cailloux pour procéder à de nouveaux tirages. Elle reste sur le sol comme une trace sur le sable qui ne signifie plus rien pour personne. Elle s'est brouillée d'elle-même, le temps a fait son œuvre sans le secours d'aucun rite. Que pour la fête des prémices un rite d'annulation soit nécessaire, nous pouvons maintenant le comprendre comme un besoin d'affirmer la prévalence du temps cyclique, socialement ordonné, dont le souverain est la clef de voûte, c'est-à-dire ce qu'Evans-Pritchard appelle le temps structural sur le temps des phénomènes naturels (météorologiques ou biologiques) qui est le temps indéterminé et discontinu — par conséquent incertain et menaçant — dont les pierres des *pah-kendani* tentent de présager le cours.

La cérémonie de clôture a donc officiellement lieu dans la soirée du quatrième jour de *fing-moundang*. Comme dans le rituel de *meha-halé*, le roi et son cortège se rendent à *za-pi-jõré* mais c'est pour y prononcer d'ultimes discours qui répètent quelque peu ceux de la veillée d'ouverture.

En 1969, le peuple en armes eut droit à de sévères admonestations de la part de l'orateur parlant au nom du roi :

« Gens de Léré, le roi me charge de vous dire que les *za-ʒyīnri* (la fête comme sacrifice) sont maintenant terminés. Celui qui mettra le feu à la brousse, que ce soit en fumant ou en cherchant du miel (on incendie un bois pour chasser les abeilles), celui-là sera considéré comme un criminel. Cette année les champs ont été mal sarclés et il y a beaucoup d'herbes qui peuvent s'enflammer très facilement. Celui qui incendie la brousse, s'il brûle un champ de coton ou de mil d'un voisin, il ne faut plus le compter parmi les hommes. Même s'il était capable grâce à ses récoltes de rembourser le dommage causé, cela ne suffit pas (⁴).

Aujourd'hui, c'est la fin de la fête, demain nous devons tous nous faire vacciner, hommes, femmes et enfants. Ensuite, tous aux champs ; après le travail en brousse il faut travailler dans la plaine. Pas de paresse, même si la saison est mauvaise, il faut ramasser le gombo et les feuilles de haricot. Il faut aussi ramasser les arachides. J'en ai assez dit. »

Le roi tient des propos plus amènes, mais le contenu est le même : la fête est finie, au travail !

On se sépare en chantant et en se livrant à des danses guerrières qui exaltent les combats de jadis dans les guerres contre les Peuls. Il ne s'agit pas là d'un simple élément d'ornement du rituel mais d'une commémoration d'un fait d'armes particulier : la victoire des Moundang à la bataille de **Ribao** (village du Cameroun septentrional). Cette incorporation d'une célébration historique dans une fête du calendrier agricole n'a rien d'étonnant quand on songe à notre propre calendrier occidental. Elle explique, sans doute, l'étrange anachronisme des devins qui, à la fin de leurs consultations, posent des questions sur les Peuls et leurs biens, autrement dit, se demandent si la guerre et le pillage seront ou non couronnés de succès pour les Moundang et surtout pour le roi, par définition, le principal bénéficiaire de telles opérations.

Après un intervalle de deux ou trois jours, selon le sexe du premier-né du souverain, s'ouvre la danse des *za-tchou-tchou* dont nous avons déjà décrit les fonctions et les performances.

Tel est le déroulement de cette fête des prémices dont le tableau ci-contre résume l'ordre chronologique. Derrière les manifestations spectaculaires et le faste royal qui occupent le devant de la scène, un ensemble de prestations et de contre-prestations, une étiquette du partage des nourritures et des boissons entre les gens de la maison du roi, les différents corps de dignitaires et de spécialistes et la population prise comme totalité constitue la trame véritable de cette fête qui, à cet égard, se manifeste comme une réaffirmation et une remise à neuf de l'ordre social.

(⁴) L'insistance sur les dangers des feux de brousse, en la circonstance, a encore une autre raison. En novembre, la plaine qui offre de très bons pâturages est encore inondée et si la brousse brûle les troupeaux auront le plus grand mal à trouver les herbages indispensables en attendant la décrue des eaux au mois de janvier.

Chronologie du rituel de fin-mundan

Période préparatoire (3 semaines environ)	Consultation du *kindani* à *tehale*. Préparation des diverses bières de mil (*yim-šinri, yim-dame*) par les épouses du roi.
Jour précédant l'ouverture	Installation du chef du paravent *gõ-pekwore*, clan du chef de terre), dans la cour du palais. Immolation du bœuf qui sera partagé entre lui, les *zasae* et les *wê-puliã-gõ-yae*.
Matin précédant l'ouverture	Proclamation de la mort de la lune par le tambourinaire du roi.
Après-midi précédant l'ouverture	Réunion solennelle des *zasae* dans une demeure d'épouse royale. Repas communiel. Discussion de toutes les affaires graves du pays. Visite du roi pour entendre conseils et doléances.
Veillée d'ouverture	Purification du seuil du palais et offrande aux ancêtres royaux. Discours des trois dignitaires puis du roi. Sortie des Masques de la nuit.
1er jour	Partage au palais des nourritures et boissons entre dignitaires rassemblés par catégories. Sortie des Masques appartenant au roi.
2e jour	Repas et beuveries communiels des divers collèges. Sortie du cortège royal à *za-pi-jõré*. Effacement de l'inscription du *kindani* par les cavaliers du roi.
3e jour	Festivités familiales. Sacrifices et offrandes aux *mozumri* familiaux.
4e jour	Cérémonie de clôture à *za-pi-jõré*. Nouveaux discours des trois dignitaires puis du roi. Commémoration de la victoire des Moundang sur les Peuls à Ribao.
Période de sortie du temps rituel	Danses des *za-ču ču*. Suspension de huit jours du pouvoir royal. La terre appartient aux Anciens des clans du pays.

II) CIÉ-SWORÉ (« L'ÂME DU MIL »), LA FÊTE DES RÉCOLTES

C'est au cours du mois de *fing-yuru* (décembre-janvier) que cette fête d'un jour a lieu. Elle se tient à Guégou — la chefferie issue de Ndei-ju, le frère cadet de Gõ-Daba Ier — et à Léré seulement. En ce milieu de la saison sèche, tous les mils sont venus à maturité et les chefs de famille s'en vont dans leurs champs pour couper les plus beaux épis (*tesen-sworé*, les semences de la prochaine année) qu'ils font transporter par leur fils jusqu'à leur grenier. Cette simple coutume prend une ampleur tout à fait extraordinaire lorsqu'il s'agit de transporter le *tešen-sworé* dans le grand grenier (*čel-damé*) du palais. Alors que la fête des prémices est placée sous l'autorité des *za-sae* et réitère l'alliance inaugurale entre les Grands de la terre et la royauté, *čié-sworé*, qui est une cérémonie royale exclusivement, concerne au premier chef les w.p.g., les hommes du roi. Ceux-ci se réunissent secrètement la veille du jour fixé pour la fête et discutent essentiellement deux points : le choix du champ dans lequel on prendra le mil et le choix du garçon (obligatoirement un membre des *wé-za-talé*) qui transportera la gerbe. Les décisions prises sont soumises aux *za-sae* et autres grands dignitaires comme Wajiiri, par exemple, et transmises au roi qui ne peut qu'approuver.

Čie-sworé
Dessin fait par un enfant de Léré

Toute la nuit les *wé-za-talé* veillent, ils dansent au son de la flûte des masques (*ma-ju-geré*) ou de la flûte de guerre (*jak-salé*) et boivent de la bière de mil préparée par les femmes du palais ; peut-être trompent-ils leur anxiété car ils ignorent qui d'entre eux aura à porter la terrible charge. Au petit matin, les Grands, avec le chef des w.p.g. à leur tête, se rendent sur le champ choisi et préparent l'énorme gerbe qui représentera l'Ame du mil. Pabam-Gulo, le chef des w.p.g., a apporté dans un *wõ* (sorte de sac très large tressé avec des pailles dures) des épis appartenant à sept variétés de mil ainsi que deux cordes faites avec des herbes appelées *syène ;* l'une servira à attacher la gerbe, l'autre à attraper celui qui prendra la charge sacrée sur sa tête. La gerbe du *čié-sworé* est ficelée avec le plus grand soin et l'autre corde est déposée sur elle en attendant que Pabam-Gulo la saisisse pour l'usage que l'on sait.

Une masse de plus en plus dense de cavaliers et de piétons arrive sur les lieux ; chacun coupe une belle canne de mil qu'il tiendra à la main en suivant le cortège qui accompagnera le porteur du *čié-sworé*. Njama, le *puliã-za-wi* plante deux cannes de mil écartées de 80 cm environ et coiffées d'un petit épi. Le porteur se place au milieu de cette « porte » où il recevra sa charge. Avec les racines des deux tiges, on va préparer une décoction avec laquelle on « lavera » le jeune homme quand, sa mission accomplie, il ira se purifier dans la rivière. Très discrètement, le chef des w.p.g. dépose sur la gerbe trois objets appartenant à la série que nous connaissons des regalia : un fer de houe, une faucille et un couteau de jet. Ces objets, nous l'avons dit, sont une représentation du *ké*, le pouvoir qu'a le roi de faire tomber ou d'empêcher la pluie.

Autour de la porte un cercle de jeune gens — des *wé-za-talé* auxquels tous peuvent se joindre, à l'exception des incirconcis — se forme pour danser le *kané*, la danse des initiés. Pabam-Gulo pénètre dans le cercle la corde à la main et fait mine d'attraper l'un des *wé-za-talé*. Par trois fois il répète ce geste qui prête à rire et brusquement il jette effectivement la corde sur le malheureux qui se trouve ceinturé par deux autres *puliã*. Le *pah-ban-čié-sworé*, « le porteur de l'Ame du mil » est maintenant désigné et les choses vont très vite. On le déshabille complètement, on lui enserre le torse avec la corde et on lui enduit tout le corps avec des cendres. Njama retire les deux cannes de mil qui faisaient la « porte » et les donne au porteur de l'an passé qui sera comme le moniteur et l'ange gardien de son successeur.

L'épisode suivant est un rite d'initiation semblable à celui que subit l'héritier dans les cérémonies funéraires : après avoir fait franchir au porteur trois fois le seuil imaginaire de la « porte » qui vient d'être retirée, deux « crocodiles » (deux w.p.g. au corps tacheté d'ocre et de noir, un couteau entre les dents) se précipitent sur le jeune homme et font mine de le circoncire pour lui passer ensuite un étui pénien fraîchement tressé sur la verge. Alors Pabam-Gulo et Njama se livrent à l'opération délicate entre toutes : déposer sur la tête du porteur de la façon la plus équilibrée possible le *težyéré* (la gerbe dont le poids peut varier entre 40 et 50 kg). La charge posée, elle est solidement arrimée par des cordes qui enserrent étroitement le tronc de manière à empêcher une fatigue insupportable du cou pendant le long trajet que fera le *pah-ban-čié-sworé*. L'itinéraire suivi est plus ou moins long, plus ou moins malaisé selon l'opinion que les Grands se font du porteur : est-il bon ou méchant, est-il paresseux ou travailleur, coureur ou non coureur de « jupons », si l'on ose dire ? Sur le parcours, les femmes du palais réagissent de même : elles lui lanceront des insultes ou, au contraire, l'applaudiront, selon la conduite qu'il a eue envers elles en tant que *wé-za-talé*.

Le cortège va s'ébranler, mais auparavant la gerbe et les objets du ké qui y sont attachés sont garnis de « médicaments » du type *fa-sané*, et des taches d'argile rouge et de kaolin se voient sur le front du porteur. En tête de colonne chevauche le groupe des w.p.g. commandé par Pabam-Gulo, des notables et des dignitaires à cheval les suivent. A quelque distance (pour des raisons de prudence élémentaire) marche le porteur du *tesyéré* que « colle » son ange gardien : leur allure quoique précautionneuse est rapide. Derrière viennent d'autres cavaliers — *za-puri* — et des fantassins (on a toujours affaire à cet ordre militaire que les Moundang semblent affectionner) et enfin, la foule du peuple de Léré dont les femmes sont exclues. Pendant la marche les garçons chantent les paroles de circonstance :

« Le roi a ordonné qu'on transporte le mil avec toi, petit jeune homme. »

« Tu courtises beaucoup trop les femmes » (il s'agit, bien sûr, des épouses de roi dont nous savons la mauvaise réputation, à cet égard).

« La corde qui ceint tes reins est petite » (tu risques de laisser choir ton fardeau et tu sais ce qu'il t'en coûtera).

« Tu n'as même plus de cendres sur les fesses » (tu ruisselles tellement de sueur que ton corps n'est plus gris mais noir).

« Protège ta clochette avec des feuilles » (tes organes génitaux se balancent comme une clochette, si ton sexe est trop long pour l'étui pénien tu n'as qu'à le cacher avec des feuilles).

Tandis que le cortège chemine en direction du palais, dans un Léré déserté où quelques femmes continuent à vaquer à leurs affaires, le roi est seul. Debout sur le seuil de son vestibule d'entrée, il scrute le fond lointain de la place d'où surgira, enveloppée d'un nuage de poussière, l'avant-garde des cavaliers. Son visage est également marqué de *fa-sané* et, de plus, il tient à la main des petits cailloux qui sont une autre variété de *fa-sané*. Dès qu'il devine le cortège du *čié-sworé*, il jette trois cailloux dans la direction du porteur et esquisse un mouvement de fuite vers l'intérieur du palais. Peu de temps après, le même geste et la même mimique sont répétés. Des femmes en grand nombre sont maintenant massées sur la place et contemplent cet étrange spectacle ; certaines sourient mais les visages de la plupart restent graves. Enfin, quand le cortège est bien en vue, sauf le porteur que le roi ne saurait voir, pas plus qu'il n'a le droit de voir *gō-pe-kworé*, il jette ses trois derniers cailloux et s'enfuit définitivement dans ses « appartements ». Les *wé-puliā-gō-ae* pénètrent les premiers dans l'enclos du roi suivis par le porteur de la gerbe. Entouré par les Grands, celui-ci se dirige vers le grenier central (*čel-damé* dont la hauteur approche trois mètres). On ne peut que retenir son souffle quand on voit un adolescent plutôt frêle d'apparence escalader les « marches » inégales (parfois glissantes) taillées dans le tronc fourchu d'un rônier servant d'échelle (*kpu-čélé*) et déposer sa précieuse et terrible charge dans l'ouverture pratiquée au sommet du cône que forme le haut du grenier. Son ange gardien et les w.p.g. sont là pour veiller sur lui mais au cas où il viendrait à trébucher, ils n'hésiteraient pas — c'est la loi — à le tuer sur place.

L'opération réussie, tout le monde sort du palais et la foule acclame l'heureux porteur en agitant violemment les cannes de mil ramassées dans le champ et en poussant des cris. Un cortège se reforme pour accompagner le héros du jour à la rivière où il se baigne quelques instants. Ne portant toujours que son étui pénien et la corde qui enserre sa poitrine, il retourne au palais où il est reçu par sa « petite mère » (*mana*), l'une des épouses du roi qui lui donne de la nourriture et de la boisson. Il se rend ensuite chez son supérieur direct, Pabam-Gulo, qui le régale de la même façon; mais là, c'est un véritable banquet auquel participent tous ses futurs collègues, les w.p.g. Il termine sa journée et passe la nuit chez le *pah-ban-čié-sworé* de l'an passé, celui que nous avons appelé son ange gardien. Pendant la nuit, l'étui pénien et la corde sont jetés dans la rivière et le roi lui fait porter un magnifique boubou tout neuf.

Dès que cette imposante cérémonie royale est achevée, on voit partout dans les quartiers des garçonnets imiter ce qu'ils ont vu au palais et faire la tournée des chefs de famille en faisant semblant de porter le *tesyéré* dans leur grenier. Pour Wajiiri l'imitation est faite plus sérieusement car il est le neveu utérin du roi. Autour du palais, jusqu'à une heure fort avancée de la nuit, c'est la fête, les filles dansent le *dabulum* et les garçons les danses guerrières du *yungu*.

Le lendemain matin, le porteur de la gerbe doit se rendre au palais et tenter de surprendre le roi en arrivant dans son dos. Si le roi l'aperçoit au dernier moment, le présage est bon, mais s'il l'a vu venir de loin c'est de très mauvais augure. Cet étrange usage est présenté comme une espèce de test permettant de comparer la puissance respective des *fa-sané* de l'un et l'autre protagoniste. Nous reviendrons sur les interdits et les dangers liés à la vision dans les rapports du roi et de son « double ».

Pendant trois mois le porteur du *čié-sworé* est comme un homme en deuil, il est tenu à une rigoureuse chasteté car le commerce sexuel met en danger de mort celui qui est marqué par le *fa-sané*. Le roi aussi est soumis à cet interdit mais pour une période de trois jours seulement. Le *fa-sané* du roi est en principe plus fort que celui du *pah-ban-čié-sworé* mais ce dernier constitue aussi une menace pour lui. Comme le dit Mangay : « Le roi a peur parce qu'il se sent coupable d'une faute grave en faisant entrer dans le palais le porteur nu. » La nudité, c'est celle du novice dans le camp d'initiation et elle n'est acceptable que dans cet état de transition où le corps de l'incirconcis est « avalé » par les masques. La nudité chez le roi ne peut être que pure transgression, d'autant plus, nous l'avons dit, que le roi est femme en regard de la grande instance des masques de l'initiation. La culpabilité dont parle Mangay pose avec force la question du rapport qu'entretient le roi avec cette espèce de double menaçant que le porteur du *tešyéré* représente pour lui.

Si nous comparons la position de ce dernier avec cet autre double qu'est le *gõ-pe-kworé* le contraste apparaît saisissant : celui-ci était un double immobile et caché, l'autre est excessivement mobile et tout à fait visible et l'on peut même dire qu'il s'exhibe. Le premier restait confiné près de la *mah-mor-yã*, à proximité du trou masqué du mur nord, le second entre glorieusement — sinon dangereusement — par le vestibule d'accueil pour accéder au lieu qui symbolise le mieux la puissance et la richesse royales. Le *gõ-pe-kworé* était protégé des regalia par le sang de l'animal sacrifié, le porteur de la gerbe a bien le front et les tempes enduits de *fa-sané* mais c'est de mort immédiate qu'il est menacé. Avec *fing-moundang* on fêtait un nouveau commencement, avec le retour de l'Ame du mil, qui correspond à la purification des semences de la prochaine saison, c'est déjà le terme du cycle qui s'annonce.

Formellement, le porteur de la gerbe *tešyéré* apparaît dans une position filiale par rapport au roi : comme membre des *wé-za-talé*, il en reçoit une épouse et, dans l'acte même de rapporter le mil dans le *čel-damé* (le grenier central de l'enclos qui appartient au chef de famille, et non celui des femmes), il accomplit le devoir d'un fils aîné. Mais le symbolisme initiatique et funéraire dont l'importance est évidente dans la description du rite qu'on vient de lire suggère un rapprochement beaucoup plus fort entre les deux protagonistes. Tout d'abord la répétition en brousse du geste du circonciseur — geste par lequel, disent les Moundang, on expulse définitivement « l'âme folle » (*cié tegwin*) de l'individu dont le prépuce est le siège — identifie le porteur au roi. Il est en deuil — deuil de lui-même ou du roi, c'est tout un — et dans la position du sacrifiant du *ye-wuli*, l'héritier identifié au père mort qu'il remplace sous le régime de la succession totale. Mais il y a plus dans la mesure où la mort qui le guette à chaque pas de son parcours fait de lui l'équivalent de *gõ-tau;* ce nom de jumeau est donné à l'enfant qui doit nécessairement périr en brousse pour que le rituel initiatique soit accompli avec succès, c'est-à-dire qu'il n'y ait pas d'hécatombe parmi les néophytes. Le *pah-ban-čié-sworé* et le roi forment une manière de couple de jumeaux : le premier, *gõ-tau*, « le chef à la tête énorme », est condamné, le second, *gõ-čomé*, « le chef soleil », règne. Si nous reprenons la notion de distance structurale, il faut dire qu'elle est ici la plus petite et qu'elle correspond donc à une interdépendance maximale des deux termes. Nous savons que les w.p.g. au rang desquels le porteur de la gerbe va prendre place, forment un corps de dignitaires qui doivent tout au roi; celui-ci l'a prélevé, extrait de la sphère de la parenté, non seulement pour l'aider par des corvées prestigieuses et des tâches d'exécution des basses œuvres, mais aussi pour prendre sur eux — comme la *mah-mor-yā* et l'ensemble des femmes du palais — une part de ce que Frazer appelle si justement « le fardeau de la royauté ». Or que peut-on trouver de plus profond pour symboliser la mutuelle dépendance que le rapport de gémellité, qui excède toute relation de parenté et même, à la limite, toute relation possible, puisque l'un des deux termes menace sans cesse l'autre de destruction?

L'idée de gémellité, nous l'avons montré, implique dans la pensée moundang celle d'excès de fécondité, d'excès d'être, d'où la conclusion pour eux évidente que dans un couple de jumeaux l'un et l'autre ne peuvent survivre longtemps. C'est l'un ou l'autre. Cette formule du « ou bien ou bien » apparaît comme la loi qui régit le couple du roi et de son double gémellaire. Il serait, bien sûr, tout à fait spécieux de forcer le trait et de voir dans le rituel du *čié-sworé* une espèce de sacrifice humain déguisé sous la forme d'une ordalie truquée dont le souverain sortirait vainqueur à tous les coups. Il n'en reste pas moins que certains aspects de ce rituel soulèvent des questions que notre recherche sur le terrain laisse entièrement ouvertes. Contrairement aux deux autres fêtes du calendrier moundang, *čié-sworé* n'est célébré qu'à Léré (et à Guégou dont la chefferie est parallèle à l'institution royale qui possède la prééminence dans toute l'ethnie moundang) et pour le roi seulement. Il n'y a pas de sacrifice sanglant ni de bétail ni même de poulet. Les seuls éléments sacrificiels que comporte cette fête sont précisément la tenue initiatique imposée au porteur de la gerbe et le risque mortel qu'il encourt aussi longtemps qu'il est dans cet état. Telle est, en tout cas, la réponse des Anciens devant qui nous nous étonnions qu'une manifestation rituelle d'une pareille importance ne fût accompagnée d'aucun sacrifice, au sens ordinaire.

Peut-être des considérations d'un autre ordre touchant au caractère du calendrier agraire lui-même peuvent-elles nous éclairer. La constatation s'impose, par exemple, qu'entre les prémices célébrées à la fin des pluies lors de *fing-moundang* et le rituel de *fing-luo* qui précède de peu les premières averses après lesquelles on commencera à semer, la fête de l'Ame du mil occupe, dans l'ordre saisonnier et météorologique, une place beaucoup moins marquée. Elle est isolée au milieu de la saison sèche, dans une période de pause agricole et de pause rituelle pour les clans spécialisés qui, tout au long de la saison des pluies, scandent les travaux des villageois par des cérémonies particulières qui « aident » la maturation des récoltes. *Cié-sworé* apparaît ainsi comme une fête agraire moins liée au rythme naturel des saisons qu'à un rythme plus proprement sociologique, déterminé par l'institution de la royauté et la temporalité qui est la sienne. Quand ils disent qu'on compte les années d'un règne avec le nombre des čié-sworé qu'il a connus, les Moundang pensent à cette temporalité que le régicide rituel permet de saisir dans son essence la plus intime.

Le thème du dédoublement rituel du roi, tel que nous l'avons examiné jusque-là, semble absent des cérémonies de *fing-luo* où personne ne vient remplir le rôle de la victime émissaire. Mais, à la vérité, c'est dans cette fête de clôture du cycle de l'année qu'il trouve son expression la plus forte et aussi la plus paradoxale; en cette occasion, en effet, le double extérieur, le double incarné qui venait attirer le danger là où le roi n'est pas, a disparu pour laisser le roi seul avec son double en lui.

III) FING-LUO, « LA FÊTE DE LA PINTADE »,
LA CHASSE RITUELLE POUR LA DEMANDE DE LA PLUIE

Cette fête dite de la pintade (volatile que les Moundang possèdent aujourd'hui à l'état domestique) est une chasse collective à laquelle le roi participe en personne. Elle ne dure qu'un jour et se célèbre au cours du dixième mois auquel elle donne son nom. En ce mois qui correspond chez nous à la fin février/début mars, la saison sèche et chaude bat son plein mais le ciel est souvent brumeux. Le temps des premiers labours est encore loin mais c'est la fin des grands feux de brousse que les villageois ont allumés pour brûler leur champ et profiter de la fuite des animaux pour se livrer à la chasse. Tout en vaquant aux travaux de saison sèche : réfection des murs des maisons, des toitures, tressage des palissades de paille, vannerie, filage du coton, tissage et teinture, on guette les tout premiers orages et l'on se demande de quoi sera faite la prochaine saison des pluies qui ne viendra, au plus tôt, que dans deux mois.

Les préparatifs de cette grande chasse rituelle commencent par une longue consultation divinatoire à *te-halé* comme c'était le cas pour la fête des prémices. Ce trait commun que partagent *fing-moundang* et *fing-luo* par opposition au *čié-sworé* que nous venons de décrire, est assurément lié au fait que l'un et l'autre comportent des sacrifices sanglants — que l'on immole des bovins ou que l'on consomme des animaux tués à la chasse — alors que ce n'est que métaphoriquement que l'on peut parler de sacrifice dans le troisième cas. Il nous sera donc utile sinon indispensable de prendre en considération les énoncés formulés par les *pah-kendani* en cette circonstance, pour analyser cette dernière cérémonie du cycle annuel.

Centrée comme les deux autres sur la personne du souverain, la fête de la pintade est placée sous la responsabilité de deux dignitaires : le chef des piétons (*puliã-mwena* du clan Kizéré) et le chef des w.p.g., Pabam-Gulo. Le premier, qui a aussi la garde du grand tambour royal, est chargé des rites magiques et de l'organisation de la chasse, le second a pour tâche de rassembler tout le gibier tué (car on ne se contente évidemment pas des seules pintades) au pied du *damé*. C'est à cet endroit, devant le tambour géant, que les sacrifices sont accomplis. *Puliã-mwena*, le chef de terre de Léré, et Pabam-Gulo prennent chacun une pintade, la découpent et font griller des petits morceaux de viande qu'ils jettent en offrande aux différents *čok-šyînri* et aux *mwe-zuwũnri* (dans lesquels il faut inclure les esprits ancestraux des sacrifiants eux-mêmes). Quelques-uns de ces morceaux sont distribués aux représentants des villages voisins qui les rapporteront chez eux pour leurs propres Génies de lieu. Tout le gibier tué (à l'exception des trois pintades dont nous venons de parler) est apporté au palais où le roi fera préparer la viande par ses épouses et la redistribuera à la population sous forme de nourriture sacrificielle accompagnée, bien entendu, de bière de mil sans laquelle il n'est pas de repas communiel. Tout va au roi sauf les céphalophes (vulgairement, les biches-cochons) que le chasseur peut garder pour lui car cet animal possède un *te-gwari* dangereux, l'esprit mauvais qui provoque l'épilepsie. Il en va de même des singes que les Moundang ne considèrent pas comme du gibier.

La veille de la fête est marquée par deux événements : *puliã-za-wi* allume un feu devant le palais (comme il l'a fait pour *fing-du-li*) et les femmes se groupent entre elles pour danser et lancer des quolibets à l'adresse des hommes — les Grands et les pauvres — et particulièrement à leurs maris. Les hommes répondent par des obscénités et ne se contentent pas de plaisanteries coutumières mais se livrent à de véritables dénonciations mettant nommément en cause telle femme pour sa légèreté de mœurs, son mauvais caractère, etc. Mais nous restons dans les échanges rituels et les propos les plus durs ne tirent pas à conséquence, dit-on.

Le matin venu, ce sont les femmes du village de Fouli (le village théoriquement commandé par la mère du roi) qui se rendent au palais pour chanter et même chansonner le souverain qui leur offre des jarres de bière de mil. Les hommes, cavaliers et piétons se rassemblent alors car le départ est proche : les chevaux sont harnachés et les armes sont fourbies. Mais auparavant, ils ont droit à un repas — des cuvettes de viande de bœuf et de la boule de mil ainsi que de la bière — car la chasse sera longue et l'on ne reviendra qu'à la tombée de la nuit. Pendant ce temps où échanges de plaisanteries et d'obscénités continuent entre les hommes et les femmes de Fouli, le roi se prépare. Il est habillé de ses vêtements les plus somptueux et quand il apparaît sur sa terrasse, son cheval (choisi par les oracles) est magnifiquement harnaché, les esclaves porteurs de parasol et des notables l'attendent pour le départ. Il est hissé non sans peine, tant son habillement pèse lourd, sur sa monture et sort au pas de la cour du palais. Il est immédiatement entouré de ses femmes et des femmes de Fouli et a le plus grand mal à se dégager pour rejoindre ses cavaliers et la masse des hommes en armes. Le vacarme des battements de tambour et des cris de flatterie hurlés par les *bambaro* (les griots peuls et Hausa) l'accueille. Dans un désordre indescriptible (et dangereux pour les cavaliers dont les chevaux risquent de s'emballer) cette masse d'hommes portant haut leurs sagaies et de femmes portant de la même façon des cannes de mil, s'avance en direction de l'Est. A un lieu-dit situé aux abords immédiats de Léré, elle s'immobilise. Les femmes rebroussent chemin à l'exception des quatre premières épouses royales, et un cortège rigoureusement ordonné se forme : le chef des w.p.g. et ses hommes chevauchent en tête ; suivent les autres cavaliers, les notables dont la hiérarchie — c'est-à-dire l'ordre de marche — est fixée par le *kendani* de la manière suivante : 1) *puliã-puri*, 2) Kaïgamma, 3) *za-puri* (ceux qui chevauchent derrière le Kaïgamma), 4) Galedimah suivi des *za-sudal* (ceux dont les montures sont caparaçonnées), 5) *Swa-balé*, le chef des porteurs de boucliers et enfin, Saa-maki, « l'ambassadeur » du roi en brousse. Puis vient le roi lui-même étroitement entouré par sa garde de lanciers et les quatre femmes ; enfin, la masse compacte des *mwena*, des fantassins. Le chef de ces derniers, magicien de la chasse, est déjà en brousse où il a accompli les rites et pratiques de sa compétence pour assurer le succès de la chasse.

Le cortège arrive à un lieu-dit *te-ka-luo*, « le siège ou le tabouret (où le roi s'assoit) pour la pintade », à deux kilomètres de Léré environ. On nettoie rapidement une place pour préparer la descente de cheval du roi et l'on installe pour lui le fameux tabouret évoqué par le nom du lieu. Ses quatre épouses se mettent alors à le déshabiller. Jadis, il n'aurait gardé qu'une peau de cabri autour des reins, perdant tout signe distinctif ; aujourd'hui, il se retrouve avec une espèce de culotte de toile ressemblant à un short anglais et la courte tunique du paysan. Il s'assoit sur le tabouret et les femmes, qui avaient emporté une grande cuvette émaillée et des gourdes pleines, le déchaussent et lui lavent les pieds. Ce rituel de purification est rendu nécessaire par l'interdiction faite au roi de fouler le sol de son pied nu. Encore un aménagement à la coutume : le roi chassera avec aux pieds une vieille paire de chaussures dont les lacets ont été retirés. Ainsi purifié, le roi se met debout et le signal du départ à la chasse est donné par les sifflements des *gauw*, les chasseurs professionnels, et les cris des cavaliers. Les femmes, emportant les vêtements soigneusement pliés de leur mari, retournent au village. A la fin de la chasse, elles seront de nouveau à l'entrée est de Léré où elles attendront le roi pour le rhabiller et le reconduire triomphalement au palais.

Pieds nus et vêtu seulement de la peau de cabri (d'après ce que voulait la coutume), perdu au milieu de la masse des « pauvres » (*za-sakré*), le roi chasse avec son arc et un casse-tête (en réalité, Gõ-Daba chassa avec un fusil de facture tout à fait moderne). L'usage autorise alors n'importe qui à le tourner en ridicule, à l'insulter et même à le frapper s'il est jugé trop tyrannique. « Tu es roi au village, lui crie-t-on, ici en brousse tu es comme nous les pauvres, tu n'es rien ». L'espèce de mutinerie rituelle mise en scène par les chasseurs ne dépasse guère de nos jours la simple licence verbale et le simulacre de coups. Jadis, les choses étaient différentes, beaucoup plus sérieuses, semble-t-il, et de véritables mutins (des cadets mais d'un rang suffisant pour prétendre succéder légitimement au souverain régnant) pouvaient tenter leur chance en provoquant un accident qui les débarrasse de leur frère. Ces temps sont assurément révolus, mais pas dans l'esprit du roi actuel qui s'efforce chaque année de retarder le plus possible (jusqu'en avril, par exemple) sinon d'annuler une fête à laquelle il se prépare comme on se prépare à une guerre. On imagine le soulagement qui est le sien quand, la chasse terminée juste avant que la nuit tombe, il quitte la brousse hostile des hommes pour retrouver à l'entrée de Léré l'univers féminin qui le protège et le raccompagnera dans ses vêtements de gloire jusqu'au palais. Car ce sont ses femmes qui l'accueillent, non seulement les quatre premières mais toutes ses épouses et les femmes de Fouli.

Pendant ce temps tous les chasseurs sont partis à la rivière pour se purifier et quand ils reviennent, ils se joignent au cortège reconstitué comme au départ. Les quelques centaines de mètres du trajet de retour sont parcourus avec lenteur par un peuple débordant d'allégresse : on chante des couplets à la gloire de Gō-Léré revenu de la chasse comme un général vainqueur, on chante sa magnificence, sa beauté, son cheval, mais on chante aussi une sorte de complainte de la jeune fille nubile :

« La petite fille qui a ses premières règles. »

« La petite fille qui a ses règles alors qu'elle est encore dans les jambes de sa mère. »

« Regardez-la, elle est encore petite mais ses règles sont là. »

« Ayé, Ayé, petite fille qui cherche les feuilles des tiges de mil » (en guise de serviette hygiénique pour cacher la chose).

« Ayé, Ayé, les feuilles de l'arbre *géré* n'ont pas oublié. » (Ce que tes parents ignorent, du moins le crois-tu, les feuilles, elles le savent ([5]).)

Tandis qu'alternent les chants des hommes et les you-you des femmes, le roi seul garde un visage grave, il fixe le palais vers lequel il se dirige; il lui est rigoureusement interdit de regarder en arrière. Cet interdit de regarder en direction de la brousse où il était exposé à un danger mortel appartient sans aucun doute à la même catégorie que les interdits de voir qui ont pour objet *gō-pe-kworé* et le porteur de *čié-sworé*. Il s'agit toujours

---

([5]) Une version plus drue du même thème est chantée à Tréné :
« La petite fille qui a ses premières règles.
Ton sexe est rempli de sang.
Ayé, Ayé, tu es petite et déjà tu as tes règles.
Ton sexe est profond comme une crevasse dans la latérite.
J'ai vu ton sexe quand tu t'es lavée dans la rivière.
Il est profond, comme il est profond.
Tu as déjà connu la verge avant tes premières règles.
J'ai vu ton sexe quand tu t'es lavée à la rivière, il est syphilitique. »

d'un face à face impossible avec la victime émissaire, comme partie de soi-même. On comprendrait mal dans la coutume que nous venons de décrire qu'une autre image puisse capter le regard vers l'arrière, que celle du roi lui-même, nu en brousse, ou presque, face aux quolibets des chasseurs. L'analogie est frappante : l'une des fautes que l'on impute au roi dans la cérémonie de l'Ame du mil n'est-elle pas la nudité imposée au porteur de la gerbe pendant la durée de son périple jusqu'au grenier ? La nudité du roi à la chasse, d'autant plus marquée qu'elle contraste avec l'extraordinaire surcharge vestimentaire qui prévaut jusqu'au dernier moment à *te-ka-luo*, est aussi « coupable » que celle de l'initié, même si la victime est ici la personne du roi comme autre de lui-même. Le problème semble évidemment de savoir s'il peut y avoir une victime sans coupable ou s'il s'agit d'une manière d'exprimer la dualité fondamentale que nous avons reconnue dans la conception moundang de la souveraineté. Quelle est donc la nature du dédoublement de la personne royale dans le rituel de *fing-luo* ?

Dans les deux cas précédents, la fête des prémices et celle de l'Ame du mil, nous nous sommes servis de la notion de distance structurale pour distinguer un couple de termes, distants et relativement indépendants l'un de l'autre, d'un couple de termes excessivement proches et dépendants l'un de l'autre. Les termes en question sont, d'une part, le roi et les clans et, d'autre part, le roi et une partie, un segment de sa machine gouvernementale. Avec le rituel de la chasse à la pintade, il semble bien que l'on passe à un autre niveau de la structure : il ne s'agit plus seulement de la relation que le roi entretient avec des parties constitutives de l'organisation politique et rituelle de la société (nous allons y venir en analysant les sacrifices propitiatoires pour la pluie qui sont l'objet des cérémonies de *luo*), mais de la relation — déjà esquissée — de la royauté ou de la symbolique du pouvoir avec la division des sexes.

Cette relation quoique fort complexe trouve une illustration très simple et très suggestive dans l'ordre de marche des cortèges royaux que nous avons évoqués. Dans le cortège de départ à *te-ka-luo* comme dans celui du retour, le roi dans toute sa majesté chevauche au milieu, les hommes étant toujours du côté de la brousse et les femmes du côté du village, du côté du palais. Hommes et femmes, chacun des groupes de son côté, constituent des masses d'où sont absentes les distinctions sociales — du moins dans le temps que dure la chasse. La chasse est assimilée à la guerre, les hommes ne connaissent d'autre ordre que l'ordre de bataille. « En brousse, dit-on, on ne te demande pas ton clan ni qui tu es, seule la bravoure compte ». Les femmes, femmes du palais, du village et de Fouli, toutes confondues, sont assimilées aux épouses du palais ; elles sont, comme on l'a vu précédemment, du côté du roi et de sa machine de production grâce à laquelle il peut remplir ses fonctions de sacrifiant, de dispensateur de nourriture. Cette séparation des sexes n'a rien à voir avec la division sociale des tâches et des rôles selon les sexes, car elle n'implique nulle complémentarité. Il s'agit, au contraire, d'un rite qui doit être interprété comme la manifestation symbolique de la dualité sexuelle du souverain. Encore faut-il ne pas se méprendre sur le sens de cette dualité. Lorsque les *za-luri*, « les Grands de la terre », les *za-sae*, les w.p.g., les maîtres des masques et des camps d'initiation, disent que le roi est femme face aux instances qu'ils représentent, ils énoncent sous forme de moquerie, non seulement une vérité politique et rituelle, mais cette vérité plus essentielle que le roi a un maître, le seul maître qu'ils reconnaissent sous les espèces de la terre, des ancêtres et des masques : la mort. Ainsi, la dualité sexuelle à l'intérieur de la personne du roi ne concerne pas la réalité sexuelle comme telle, mais sert à penser la scission d'avec soi de la personne du souverain.

De cette dissociation, ce que les Moundang appellent « la pluie du roi de Léré », nous donne aussi quelque chose de radical à penser. Pour ce faire, il nous faut prendre comme fil conducteur les énoncés du *kendani* consulté pour la fête de la pintade. Après un préambule fort long et tout à fait semblable à celui qui ouvre la divination précédant *fing-moundang*, la première question spécifique est formulée ainsi : « le début de la saison des pluies du roi de Léré ». Cette formulation a perdu pour nous tout caractère énigmatique puisque nous savons que la pluie — ou son absence — est attribuée, selon certaines modalités, au roi de Léré. Nous avons souligné l'ambiguïté ontologique du *ké* (sécheresse), partie cachée, mauvais objet de la souveraineté et il est intéressant de voir comment les devins en parlent.

Après avoir interrogé la pluie comme pluie du Gõ-Léré, ils examinent les futures récoltes, les pluies, de quelque direction que les vents les amènent, du mil qui poussera avec ces pluies enfin, des diverses pierres de pluie nommément désignées et de l'autel de la pluie (*za-jaké*) de Gõ-Daba, le fondateur de la dynastie. Il s'agit donc ici non pas de la personne du souverain régnant mais de la royauté symbolisée par le nom du fondateur. En tant que propriété de la royauté, le pouvoir sur la pluie est seulement bénéfique puisqu'il est la représentation d'une puissance humaine capable d'agir sur la nature, d'en modifier le cours conformément aux besoins de la société. Il est dangereux dans la mesure où il appartient à une personne dans les mains de laquelle il prend valeur de fétiche manifestant une espèce de surpuissance de son détenteur. Seulement nous verrons que, d'une part, il n'appartient ni totalement ni exclusivement au roi de Léré et, d'autre part, que cette relation d'appartenance est ambivalente : elle est de toute puissance car il peut empêcher la pluie et être la cause du malheur de son peuple, il peut en faire don et c'est un effet de sa bonté. Tout se passe comme si le raisonnement des Moundang était le suivant : que serait, à quoi servirait la royauté si elle ne comportait pas un pouvoir sur la nature — c'est-à-dire une efficacité telle que nous l'avons définie plus haut —, que serait ce pouvoir s'il ne pouvait agir que dans une seule direction ? Mais de plus, le roi partage son pouvoir avec les puissances invisibles et en particulier les Génies de lieu, les *cok-syñnri* que seuls les rites appropriés peuvent rendre favorables. Plutôt que d'appartenance il faut parler d'appropriation, voire de détournement. Appropriation dans la mesure où il tient ce pouvoir sur la pluie (et il en est ainsi de tous ses autres pouvoirs) d'un clan particulier, le clan des forgerons Dué (comme l'affirme le dicton déjà cité à propos des relations à plaisanterie), détournement dans la mesure où il peut user et abuser de ce pouvoir dont il n'a la jouissance toutefois que pour autant qu'il peut en répondre devant son peuple.

La suite de la consultation du *kendani* concerne les pierres de pluie de Gõ-Daba et nous introduit aux techniques des « faiseurs » de pluie, esclaves du palais ou « experts » réputés que l'on peut faire venir de loin. Les Moundang ne connaissent pas l'institution du chef de pluie comme fonction distincte de prêtrise [6] ainsi que cela existe chez les Sara et d'autres populations de cette région de l'Afrique. Ici, ce sont les esclaves qui exécutent les rites, « lavent » et manipulent les pierres (galets, quartz et autres objets lithiques — broyeurs, haches, etc.) pour le compte du souverain. Pour Léré, ces rites sont accomplis dans la brousse, à proximité du village dans un bosquet sacré situé sur une butte qu'on appelle *za-jaké* (la pluie ou le vent, la tornade qui amène la pluie). En ce lieu retiré sont enfouies et complètement recouvertes de feuillages les grandes jarres contenant les pierres de pluie (*tesal-bamé*). Trois de ces jarres servent de réceptacle aux pierres de la royauté, chacune appartenant à l'un des trois titres porté par les rois de Léré qui, on s'en souvient, se succèdent dans l'ordre suivant : Gõ-Daba, Gõ-Čomé et Gõ-Kajonka. Les devins examinent l'état (l'efficacité ou l'impuissance) de certaines de ces pierres, puis

---

[6] S'il y a lieu de faire des sacrifices pour demander la pluie en dehors des cérémonies de *fing-luo* (ce fut le cas au mois de juin 1967 où il ne tomba pas une goutte d'eau pendant près de quinze jours), le roi fait appel à *pah-seri*, au chef de terre de Léré pour en accomplir l'office. Celui-ci consulte le *kendani* pour savoir quel animal le roi doit donner pour que les pierres de *za-jaké* retrouvent leur efficacité. Bien que l'on puisse sacrifier un bœuf ou simplement un poulet — le choix dépend de la gravité de la situation — il est souvent prescrit de prendre un mouton, animal dont on dit « qu'il aime la pluie ». Le chef de terre a la position du sacrifiant, il invoque les *cok-syĩnri* dont dépend la terre de Léré en les nommant tandis que le sacrificateur, un esclave du palais, égorge la bête en faisant gicler le sang vers l'Est, la direction d'où viennent les bonnes pluies.

La viande de l'animal ne peut pas être rapportée au village; une partie des viscères est immédiatement consommée par le chef de terre et le sacrificateur faiseur de pluie. Le roi lui-même se rend sur place pour goûter de cette chair. Un assistant fait griller quelques morceaux que *pah-seri*, imité par le roi, jette vers les quatre points cardinaux en invoquant les *cok-syĩnri* — « tous les *cok-syĩnri*, vous qui êtes les maîtres de la terre ». Le roi s'en retourne aussitôt tandis que les vieillards arrivent pour profiter de l'aubaine d'un savoureux repas de gigot de mouton.

Le faiseur de pluie ramasse un peu de sang du sacrifice, en enduit des plumes de poulet ou de pintade qu'il dépose dans un fragment de poterie qu'il va enterrer près des jarres contenant les pierres de pluie de Gõ-Comé. Quand vers le soir il « lavera » les pierres de pluies, il prendra de la graisse du mouton qu'il mettra sur les cailloux avant de les tremper dans l'eau des « médicaments ». Son travail achevé, il part en emportant la peau du mouton sacrifié.

les différentes plantes qui trempent dans l'eau avec laquelle on les « lave » : šin-ju de la pluie, autre šin-ju et kuli de la pluie; racines de toutes les herbes qu'on fait tremper et enfin, le *keba* (sorte de gui) de la pluie.

Le *kendani* examine ensuite les esclaves auxquels ces rites sont confiés pour savoir le nom de celui qui se trouve dans les meilleures dispositions pour « travailler » à *za-jaké*. Les questions sont analogues, en l'occurrence, à celles que l'on se pose pour un malade lorsqu'il s'agit de fixer le choix du thérapeute ou du contre-sorcier qui convient à son cas. La phase qui suit concerne la chasse elle-même et elle commence par le dignitaire qui a la charge des rites magiques, *puliã-mwena*. On examine son cas de la même manière qu'on le fait pour toute personne prenant part à des cérémonies rituelles, qu'elle y joue un rôle actif ou non. Mais nous tenons de la bouche de l'intéressé que ses opérations de magie pour la pluie font l'objet d'une séance secrète de divination. Ainsi, avant de préparer ses « médicaments », il doit faire un sacrifice « sanglant » qui consiste en réalité à répandre sur le sol le jus pressé d'un šin-ju rouge. Le *pah-kendani* lui indique s'il convient qu'il coupe la plante avec un couteau ou un fer de lance à large tranchant. Il lui indique également l'heure et le lieu car l'opérateur doit être dans une position telle que son ombre ne lui cache pas le šin-ju. Si tel n'était pas le cas, son ombre en s'interposant pourrait le faire mourir, lui ou l'un des membres de sa famille. Enfin, à chaque coup porté, il lui faut prononcer dans l'ordre prescrit par l'oracle, les noms des animaux de brousse que les chasseurs ne manqueront pas de tuer à *fing-luo*. Il a par ailleurs, avant que le roi et les villageois en armes se rassemblent à *te-ka-luo*, la tâche d'y allumer un feu à l'endroit précis que lui fixe le *kendani*. Dans ce feu il jettera une partie de son mélange de « médicaments » fait de coquilles d'œufs de pintades, de plumes du même volatile mais qui présentent une courbure déterminée et d'excréments de certains animaux sauvages auxquels il ajoute du foie de poisson électrique destiné à paralyser le gibier touché. L'autre partie de ce mélange est placée dans une corne d'antilope ou d'animal domestique selon la décision du devin. Avec la corne ainsi garnie il guidera les chasseurs vers les endroits propices pour surprendre les bêtes et les tuer à coup sûr. Cette magie de la chasse dont nous ne pouvons donner qu'un faible aperçu est le secret de *puliã-mwena* et ses affinités avec la magie de guerre et, d'une façon plus générale, avec la magie d'agression susceptible d'être tournée contre n'importe quel adversaire, fait de son détenteur un personnage éminemment redoutable. On conçoit dès lors que les opérations magiques entrant dans un tel ensemble ne soient pas examinées par le *kendani* « officiel » dont les résultats s'inscrivent à *te-halé;* les mêmes raisons de purification du sacrifiant qui ont conduit à en écarter les questions sur la magie de la pluie attribuée au souverain valent ici pour le responsable d'une chasse dont seuls les effets bénéfiques — c'est-à-dire le caractère de rite religieux — sont envisagés.

Enfin, le *kendani* interroge deux des plus grands villages situés à l'Est de

Léré, direction d'où viennent les bons vents. Les chefs de ces deux villages, celui de Berlyan et celui de Tréné, sont considérés comme des détenteurs de *ké* au même titre — même si leurs forces sont inégales — que le roi de Léré. Les devins scrutent donc ce qu'il en est « du *ké* qui est dans la main du chef de Berlyan » et celui qui est dans la main du chef de Tréné. De quoi s'agit-il? Est-il question d'objets particuliers (comme la faucille, le fer de houe et le couteau de jet déposés sur la gerbe du *ciésworé*) ou de quelque chose d'invisible (comme cette force qui est inhérente aux regalia du Gõ-Léré et dont la *mah-mor-yã* est la gardienne)? Les informateurs sont quasiment muets sur ces questions. Mais si les devins évoquent ces *ké* de brousse, si j'ose dire, pourquoi passent-ils sous silence le plus fort et le plus important, celui qu'a dans les mains le roi de Léré? Quand nous en avons parlé avec le chef des *pah-kendani*, il nous a fait cette curieuse réponse : « Le *ké* du Gõ-Léré est perdu, il n'existe plus. » « Depuis quand? », demandons-nous. « Depuis fort longtemps (*babe*). » Ce « dialogue » cocasse n'était qu'une fin de non-recevoir et n'avait pas lieu de se poursuivre.

Il nous faut reprendre l'explication que nous avons seulement esquissée en nous référant à la logique de la divination de *te-halé* qui est celle du sacrifice et de l'état de pureté qu'il requiert. Objet bien défini ou objet quelconque, le *ké* est, en tout cas, l'objet d'une forme de dénégation. Il est là où il n'est pas ([7]), il est une substance visible ou invisible qui tient son être de la relation qu'il entretient avec la personne du souverain qui, nous le disions plus haut, l'a et ne l'a pas en même temps. Substance dangereuse au pouvoir maléfique, elle est la substance qui fait qu'on quémande la pluie au roi, qu'on l'implore pour que sa volonté soit bonne. Elle représente la part de souveraineté qui échappe au contrôle des autorités religieuses qui agissent au nom des clans maîtres de la terre et dont le *kendani* n'a pas à connaître à *te-halé*. Comment expliquer du point de vue des devins cette différence de traitement entre le *ké* du roi de Léré et celui des chefs de

---

([7]) Cette formule qui pourrait sembler arbitraire au lecteur nous a littéralement été inspirée par l'un de nos meilleurs informateurs, Gomena Lagré, déjà souvent mentionné. C'est lui qui nous a dit : « Le *ké*, c'est vrai, on ne sait jamais où il est. Du temps de Gõ-Comé, il y avait une pierre aux couleurs vives enterrée quelque part dans le palais; cette pierre appelée *ma-kalé* (la chose de la sécheresse) était aussi entre les mains du chef de Tréné. La chose la plus grave car on savait alors qu'une sécheresse terrible menaçait le pays, c'était quand la fourmilière *tendẽré* (celle de petites fourmis noires) laissait voir un grand trou. Par ce trou *makalé* entrait en communication avec le vent mauvais, avec la pierre du chef de Tréné. C'est pourquoi on quémande aussi la pluie au chef de ce village. Mais le chef de terre de Léré doit aussi accomplir un rite, faire ses *šyĩnri* : il met du sable sur le trou néfaste par où communiquent le *ké* et le vent mauvais et répand une calebasse d'eau en invoquant les *čok-šyĩnri*. Les *čok-šyĩnri* dépassent tout, ils sont les maîtres de la terre mais la pluie, répète Gomena, c'est la pluie du roi de Léré ». Où se trouve vraiment le *ké*, quelle est cette communication avec ce vent néfaste qui « passe » par le trou de la fourmilière? Gomena répond comme tous les informateurs : « Ce que je vous dis ne vient pas de moi, ce sont les Ancêtres qui ont dit cela, depuis, depuis... »

Berlyan et de Tréné sinon par le fait que les *ké* de brousse équivalent à la part soustraite de souveraineté ? Les devins voient dans le roi le sacrifiant par excellence, le sujet en état de pureté dont les actes sont essentiellement bénéfiques et sur qui ne pèse aucun soupçon de recours à la sorcellerie ou à quelque forme de magie agressive. On sait en outre que le *kendani* traite longuement des épouses du palais et qu'en définitive il n'est pas question d'autre chose que du thème de la pureté puisque les périls envisagés sont ceux qui naîtraient des incartades sexuelles ou de l'indisposition ([8]) de ces préparatrices des nourritures et des boissons sacrificielles distribuées pendant la fête. Il faut donc bien que le roi soit disculpé, si l'on peut dire, de son *ké* dont la malfaisance éventuelle est reportée sur celui des deux chefs de brousse chargés en l'occurrence de représenter la part mauvaise de la souveraineté. Nous parlons de mal et de disculpation mais il faut bien prendre garde, comme lorsque nous utilisons la notion de responsabilité, de ne pas interpréter ces termes dans le sens d'une éthique de l'individu. L'attribution du *ké* au roi, qu'on nous pardonne de nous répéter, n'est pas l'attribution à une personne morale d'une volonté mauvaise contre laquelle il faut se prémunir, mais est plutôt l'expression de la dualité de principes qui est au fondement de la souveraineté et qui fait de son détenteur un roi magique aux pouvoirs ambigus et un roi-père législateur et garant de l'ordre. Instance de légitimation, le *kendani* ne peut interroger que ce deuxième aspect de la souveraineté ; quant à l'autre, c'est comme s'il n'existait pas, du moins, comme partie intégrante de la souveraineté.

Que la divination ait pour tâche d'accumuler les précautions destinées finalement à disculper le roi de toute accusation au cas où la sécheresse frapperait le pays, un incident de dernière heure qui marqua la consultation pour *fing-luo* pourrait en fournir une illustration. Le *kendani* devait s'achever, en principe, sur le *ké* des deux chefs de brousse. Le roi, prévenu de la fin des travaux, dépêcha Mangay, son principal conseiller et éminence grise, auprès des devins. Au cours d'une discrète conférence qu'il tint avec eux à *te-halé*, il leur transmit l'ordre de consulter au sujet de *toutes* les pierres de pluie manipulées à *za-jaké*. Avec l'aide de Mangay, suppléant aux défaillances de leur mémoire, ils établirent la série suivante :

Ma-ju Daba et *wor-ae*, la pierre de Daba et son mari : « les gouttes de *ma-ju Daba* sont mauvaises car le *ké* du chef de Berlyan peut les chasser ».

([8]) Les Moundang utilisent le terme *su-bye*, corps mauvais, corps souillé ou impur, pour parler d'une femme qui a ses règles. Dans cet état, c'est très fréquent dans les sociétés africaines, elle n'a pas le droit de fabriquer la bière de mil et elle ne doit pas cuisiner pour son mari et ses commensaux. Si un homme suit des prescriptions du *kendani* lui enjoignant de faire ou d'absorber tel *šyĩnri*, il doit s'écarter de l'épouse indisposée. L'homme comme la femme ont le corps *su-bye* pendant la journée qui suit une nuit d'amour. Un homme *su-bye* ne saurait aller à la chasse sans prendre les risques les plus graves car les *šyĩnri* de la chasse sont nombreux et puissants. La transgression aussi bien que les rites et les *šyĩnri* destinés à laver la faute, rendent le corps *su-bye*.

Ma-lumi, l'endroit humide, la pierre mâle et la femelle : « ses gouttes peuvent également être chassées par le *ké* du chef de Berlyan ».

Ma-kelabé, la pierre en forme de hache : « La pierre femelle est mauvaise mais son mari est bon et ses gouttes tomberont bien ».

Ma-sin Byéro, les pierres mâle et femelle sont bonnes, les gouttes tomberont bien.

Ma-zwomé, la pierre dite hippopotame, « la femelle est mauvaise, le mâle est bon ».

Matekaneni et *Mapuluo*, deux couples de pierres dont les mâles et femelles sont bons.

Enfin *Masak-su*, pierre unique, solitaire, qui donne une bonne pluie pour la culture des arachides.

Ces pierres de pluie sont considérées comme des objets célestes envoyés par Dieu. Quand il s'agit de quartz, on dit qu'elles sont blanches comme les nuages, comme l'eau du ciel. Mais quelle que soit leur forme ou leur couleur, les pierres de pluie ne peuvent être simplement ramassées sur le sol ; il faut qu'on les trouve dans le lit d'une rivière ou dans un arbre comme un oiseau dans son nid. C'est toujours sur l'indication des devins que les faiseurs de pluie trouvent leurs pierres ou, plutôt, reçoivent l'autorisation de les chercher là où ils pensent en avoir repérées.

Les esclaves faiseurs de pluie furent immédiatement avertis de ces résultats et surent ainsi quelles étaient les pierres menacées par l'action du *ké* du chef de Berlyan.

Cette consultation sur les *tesal-bamé* et les prescriptions qui en ont découlé sont intéressantes parce qu'elles posent en des termes étranges le problème de la causalité dans la pensée et les rites magiques. Comment comprendre, en effet, que le *ké* qui est supposé avoir une action directe sur le phénomène naturel lui-même (par exemple, la faucille qui coupe les nuages) puisse également avoir une action néfaste sur les pierres de pluie ? Cette seconde théorie de l'efficacité du *ké* peut surprendre par l'image quelque peu brouillée sinon contradictoire qu'elle nous offre de la magie de la pluie dans la culture moundang. La contradiction peut être levée si l'on oppose au *ké*, propriété — ou, dans un autre langage, objet interne — de la souveraineté, les pierres de pluie qu'elle a « arrachées » au clan Dué. A la vérité, il s'agit de forces contraires dont la maîtrise n'est au pouvoir de personne. Et pourtant, par le jeu de substitution qui attribue le *ké* du roi aux chefs de brousse, les devins lavent de tout soupçon de malveillance le roi puisque c'est lui, par le sacrifice qu'il accomplit au nom de ses ancêtres, qui garantit l'efficacité des pierres de pluie. Si ces subtilités, qui font penser à de la casuistique plutôt qu'à une théorie de la causalité, déconcertent, il faut se dire que toute culture — si grands que soient les efforts qu'elle déploie pour nier ou affaiblir l'opposition entre les phénomènes de la nature et l'ordre social et transposer l'indétermination, l'inconnu et partant le menaçant qui caractérisent les premiers dans le cadre structural du second — cherche quand même à « sauver les apparences », fût-ce au prix de contradictions. Ce prix, c'est l'institution même de la royauté telle que les Moundang l'ont conçue et édifiée; on peut le juger exorbitant en le mesurant au despotisme à la fois sans bornes et toujours menacé du Gō-Léré. On peut aussi penser qu'il n'est pas trop élevé s'il permet à la société de faire sa place au mal en lui ôtant en même temps tout caractère irrémédiable.

ANNEXE

Fing-moundang, la fête des prémices, est une espèce de fête nationale que tous les villages célèbrent à peu près de la même façon, soit avant, soit après Léré mais pas en même temps puisque, nous l'avons vu, tous les *gō-zalalé* sont « convoqués » dans la capitale et participent au repas sacrificiel donné dans le palais du roi.

La fête de *čié-sworé* est pour le roi seulement mais elle est aussi célébrée à Guégou où la dynastie régnante est directement issue de Damba. La fête de la pintade comporte partout une chasse rituelle et des sacrifices pour demander la pluie. Toutefois, il existe des rites particuliers qu'on trouve surtout, mais pas exclusivement, dans les villages possédant une « chefferie » dont les détenteurs ne sont pas des fils du Gō-Léré. Le cas le plus remarquable est celui du village de Yanli (à une quinzaine de km au nord de Léré) dont le chef est du clan Gwérè. La fête y dure trois jours et se termine dans une clairière où l'on danse toute la nuit au rythme d'un grand tambour appelé *yun-mor-seri*, « le tambour pour tout le pays ». C'est une fête de la fécondité à laquelle les habitants des villages voisins sont invités. Il s'agit d'un rituel où se manifeste la plus grande licence sexuelle, hommes et femmes pouvant s'accoupler librement en se retirant simplement avec quelque discrétion dans la brousse toute proche. Les épouses stériles peuvent espérer de ces unions libres une grossesse jusque-là vainement attendue. Le mari accueillera bien sûr avec joie la bonne nouvelle sans se soucier du père biologique.

Au cours de la danse les provocations sont incessantes, les garçons chantent : « Si je rencontre une fille avec son cache-sexe, je le lui retire pour faire l'amour ». De leur côté, les filles répondent : « Si je rencontre un garçon avec son étui pénien je le lui retire pour faire l'amour ». Il y a de grosses pierres dans cette clairière et l'on dit qu'un garçon qui serait capable d'en soulever une d'une main trouvera à coup sûr une fiancée dans l'année, sinon il mourra.

CHAPITRE 3

LES RITES ROYAUX

I) L'INTRONISATION

Le cycle de l'année agricole tel qu'il est scandé par les rites de marquage du temps qui sont liés à la saison des pluies où se font les gros travaux et, d'autre part, les trois grandes fêtes qui encadrent la saison sèche, est entièrement dominé, nous l'avons montré, par la relation que les paysans, les clans de la terre, entretiennent avec le palais, avec la personne du souverain. Mieux encore, nous avons avancé l'idée d'un parallélisme — nous avons repris la belle expression de « mise en abîme » — entre le cycle des trois fêtes et le cycle de vie du souverain régnant. Nous avons évoqué à propos du conclave des *za-sae* le rapprochement qui s'imposait entre le déroulement de la fête des prémices et le récit de l'avènement de Damba. Quoique la succession au trône soit fondée sur le principe de primogéniture, un aîné n'est jamais sûr de régner [1] et ce sont bien les rites

---

[1] On peut illustrer cette affirmation par la situation actuelle (en 1975). Gõ-Daba III a deux grands fils, Drapeau et Amadou ; bien que le roi régnant soit encore jeune — 47 ans —, on pense déjà à lui choisir son successeur qui ne peut être que l'un ou l'autre. Si la règle de primogéniture n'est pas absolument stricte, c'est quand même parmi les premiers-nés qu'une candidature peut sérieusement être envisagée. Les Grands, les *za-sae*, les w.p.g. et le roi lui-même se sont concertés et sont tombés d'accord pour juger Drapeau (19 ans et de deux ans l'aîné d'Amadou) peu apte à prendre la succession en raison de son manque de caractère et de son intelligence pas très vive.

On préfère donc Amadou qui est un étudiant brillant. Mais en outre, le roi a des raisons personnelles pour choisir Amadou car il est le fils d'une femme qui a d'abord appartenu à Cinbibé, son frère aîné qui aurait dû succéder à Gõ-Kajonka s'il n'avait été empoisonné sur ordre de Sahulba l'usurpateur. Il n'est nullement contraire à la coutume de tenir compte de la mère de l'héritier au trône. Avec Amadou se renforcerait donc le retour à la vraie légitimité dynastique, selon Gõ-Daba III.

C'est l'usage lorsque les fils du Gõ-Léré arrivent à l'âge d'homme que les Grands conduisent le futur élu devant le grand tambour royal et fassent tambouriner son

d'intronisation qui sacralisent la personne du nouveau Gõ-Léré comme l'avait été Damba par les ancêtres des *za-sae*. L'intronisation que nous allons décrire maintenant est suivie d'une période que nous dirions de mise en place (deux ou trois ans), au cours de laquelle le roi montre sa force, accumule des richesses. Ensuite, il doit proclamer la grande initiation (*jõ-ré* ou *jõ-ka-wa-de*) qui verra la circoncision des garçons. Il est le déclencheur des rites et le pourvoyeur des animaux que les « maîtres de la brousse » et les « maîtres de la hache » (les circonciseurs que l'on désigne aussi par la métaphore du crocodile) immoleront aux divers Génies de lieu ainsi que des nourritures que ceux-ci partageront avec les *pah-yăné*, « les propriétaires des masques » qui se produiront en brousse. Le roi est donc ici le grand sacrifiant comme il l'est dans les cérémonies du cycle annuel, mais lui-même est exclu de ces rites. Il a le droit de se rendre au camp où vivent les néophytes avec leurs moniteurs et leurs maîtres, il peut même, s'il le désire, frapper de son fouet en peau d'hippopotame le dos des garçons peu dociles mais il paye ce droit en offrant un bœuf aux Grands qui dirigent les opérations. On s'en souvient, « en brousse, le roi n'est rien ». Il a été circoncis mais l'initiation à laquelle il a été soumis au titre de prince est un rite spécial accompli à Labsay (village dépendant des Moundang-Yèré de Tréné), loin de la colline sacrée de *Ka-wa-de,* sans l'intervention des grands masques, ceux qui « avalent » le novice, le font passer par cette mort initiatique qu'exige l'arrachement à toute féminité. Un tel passage est contraire au mode d'être que les Moundang attribuent au statut royal. A la vérité, nous retrouvons là une ambiguïté analogue à celle sur laquelle nous avons tant insisté en commentant la formule : la pluie est la pluie du roi de Léré. L'initiation est aussi celle du roi de Léré — on désigne normalement les initiés d'une même promotion par le nom du souverain sous le règne duquel ils ont été circoncis — mais lui-même n'en est pas, si l'on peut dire. A la différence de la pluie qui vient d'ailleurs, « des médicaments du clan Dué », le *jõ-ré* vient de plus loin encore, de Lamé où c'est une femme, dit-on, qui prit l'initiative du premier camp de circoncision car c'est elle qui possédait les « médicaments » qui servent à protéger les néophytes. La tige (la lance) du *jõ-ré* part donc de Lamé, elle est transmise aux gens de Guélo d'où elle est enfin apportée à Léré. Le roi s'approprie ainsi une force qui lui est totalement étrangère et qu'il restitue aux clans spécialisés qui la transforment en une force bénéfique pour tous. Si le *ké* devient quelque chose comme l'objet interne qu'il est pour la société qui lui demande la pluie, le *jõré-ré* auquel la société des hommes est assujettie en est comme le

---

nom : « Ecoute bien, Amadou, voici ton nom, tu es Gõ-Comé ». Dès que cette proclamation est faite, la tradition veut que le successeur désigné parte prendre le commandement du village de Zalbi où mourut Gõ-Daba Ier. Au second, on donnera le titre de Gõ-Kidé et il partira dans le village de Murbamé. S'il reçoit le titre de Gõ-Sié, il prendra le commandement du village de Gebané. Aucune contestation n'est recevable et la mort guette un prétendant évincé récalcitrant.

rejet, l'initiation à la fois royale et tribale marque la séparation ontologique de deux modes d'être, de deux destins de vie et de mort.

L'intronisation, nous allons le voir, est un rituel relativement modeste en comparaison des fastes des funérailles royales car le véritable avènement d'un règne, la mutation radicale qu'il constitue dans l'ordre de la temporalité cosmique et sociale, c'est précisément l'ouverture du camp de *jõ ka-wa-de*. Quand cette inauguration initiatique prend fin, on peut dire que c'est déjà pour le roi le commencement de la fin. Il n'y a et il ne peut y avoir qu'une seule initiation par règne et il fallait jadis (même aujourd'hui, la petite initiation dite *jõ-rumaî*, « la circoncision des Peuls », est considérée comme un pis-aller mais préférable, bien sûr, à la circoncision opérée dans un dispensaire) qu'au moins tous les dix ans un nouveau *jõ-ré* fût proclamé, faute de quoi le pays aurait été menacé des plus graves calamités : épidémies, sécheresse, très forte mortalité infantile ou stérilité des femmes comme de la terre.

On se souvient, d'autre part, qu'à chaque fête de l'Ame du mil — où le roi se rend coupable d'exposer nu un initié à la mort [2] —, on dit que les années du règne sont comptées. Dès lors, chaque année du cycle rituel vaut pour lui comme autant d'unités d'un compte à rebours qui prendra fin — symboliquement du moins — par le régicide. Les cérémonies de la fête de la pintade nous ont fourni l'illustration de cette mort symbolique, parfois réelle, à laquelle le roi est exposé quand il est à son tour, pour ainsi dire, nu en brousse.

Venons-en au rituel de l'intronisation qui est, comme dans toute royauté, une partie, un prolongement et la conclusion des rites funéraires du souverain précédent. Le roi est mort, vive le roi, est assurément une proclamation universelle qui a ici toute sa portée. Il nous faut donc commencer par le commencement. Quand le Gõ-Léré meurt, on attend de trois à quatre mois pour annoncer publiquement son décès. Quiconque oserait évoquer de la manière la plus allusive un tel événement serait immédiatement accusé d'être l'auteur du régicide et serait menacé d'être

---

[2] Nous avons vu que le porteur de la gerbe de l'Ame du mil est protégé contre le roi par des *fa-sané* comme le roi se protège lui-même en lançant des cailloux enduits du même « médicament » dans la direction de ce « double » qui s'expose à la mort à cause de lui et pour lui. Un rapport semblable existe entre le roi « promoteur » du *jõ-ré* et les maîtres de l'initiation. Une espèce de lutte à mort oppose ces deux partenaires également protégés par des *fa-sané* et l'on dit qu'un néophyte doit nécessairement mourir en brousse pour annuler en quelque sorte les effets dévastateurs que cette confrontation pourrait avoir sur l'ensemble des garçons présents au *jõ-re*. Le sacrifice de cet enfant est lié dans la pensée des Moundang à la culpabilité qui pèse sur le Gõ-Léré; en proclamant l'ouverture du camp de circoncision, il décide du même coup de faire verser le sang. Exactement comme avec le *ké* qu'on lui attribue il peut « punir » la population en provoquant la sécheresse ou l'inondation, il peut faire, croit-on, que de nombreux enfants périssent à *jõ-ka-wa-de*. Quoi qu'il en soit, les accidents lui seront imputés au même titre que les désastres climatiques sont imputés à son *ké*.

tué par les esclaves du palais. Ceux-ci, le Galedimah qui les commande et les *za-sae*, doivent être les seuls à savoir ce qu'il en est. Lorsque le temps du silence est passé et qu'on annonce la mort (*ju-wuli*) en faisant battre le *damé*, le successeur désigné, qui théoriquement réside à Zalbi comme chef de village, se rend à Léré (on dit qu'en réalité les *za-sae* lui avaient déjà révélé le secret de l'agonie et de la mort du roi) et va loger chez un ami ou dans une case d'une vieille veuve de son père, située à l'extérieur du palais. Tandis qu'ils s'apprêtent à célébrer le *yé-wuli* du roi défunt, les *za-sae*, w.p.g. et autres *za-luri* entrent dans l'enclos royal et rassemblent toutes les femmes, à l'exception de la *mah-mor-yā* que l'héritier n'a pas le droit de garder chez lui, même au titre, nous l'avons dit, de simple épouse (³). Le nouveau roi, sorti de sa retraite, vient prendre possession de toutes les jeunes femmes ainsi que de la cuisinière (*mah-jō-bi-gō-ae*) préférée de son père; les grandes, les vieilles épouses sont mises à part. C'est alors qu'on procède à une séparation totale en deux moitiés de l'enclos du palais en édifiant une palissade de paille tressée, un *séco* qui coupe selon un axe nord-ouest-sud-est toute cette surface. Côté nord, côté *te-mor-yā*, on laisse les vieilles qui portent le *yèlé*, le vêtement blanc de deuil, car elles sont dans la place mortuaire, elles sont les *wé-wuli*, les veuves qui pleurent leur mari. Côté sud, côté *zah-ge-bèlé*, l'entrée normale du palais, restent les jeunes femmes vêtues de leurs plus beaux atours, jupes ou ceintures de perles et bijoux. Ce séco de séparation entre les vieilles endeuillées et les jeunes qui redeviennent de « nouvelles épousées » (on ne leur demande pas leur consentement) du prince héritier, est appelé *kwor-dae*, « le séco de la peau ». Le nouveau Gō-Léré est d'abord roi de cette moitié de palais où sont rassemblées les jeunes femmes, les *wé-pe-kwor-dae*, ainsi désignées par opposition aux vieilles en veuvage, les *wé-wuli* tenues d'accomplir les rites des funérailles. Pendant toute cette période qui dure d'un à deux mois, le roi (il est vraiment déjà le nouveau roi, *gō mafu gonga*, insistent les informateurs, bien que le *gbwē* de sacralisation ne lui ait pas encore été administré) est enfermé, reclus avec « ses » femmes dans « sa » moitié où le deuil est ignoré. Ce sont les cérémonies de *hin fali mwe-zuwūnri* clôturant le *yewuli* qui mettront fin à la division du palais par la suppression du *kwor-dae*.

Pourquoi ce séco est-il appelé « séco de la peau » et pourquoi cette expression sert-elle à qualifier les jeunes femmes seulement? La réponse de Gomena aussi bien que celle Mangay est que la maison du roi est comme un corps coupé en deux, quelque chose qu'il faudrait penser comme une scissiparité d'un même corps car la peau est la surface qui sépare un intérieur d'un extérieur. Nous avons vu que ce sont les *za-sae* qui rassemblent (l'expression juste serait plutôt qu'ils se saisissent, qu'ils

---

(³) Mais provisoirement, on l'assimile aux jeunes femmes, qu'elle soit vieille ou jeune, et elle est du côté vie, non deuil, du palais coupé en deux.

attrapent) les femmes du palais et les répartissent en deux moitiés après qu'elles se soient rasé les cheveux. Aux jeunes on passe sur le crâne de la poudre de charbon délayée dans de l'eau avant qu'elles mettent leur ceinture et leurs bijoux. Elles sont des captives derrière le *kwor-dae*, elles peuvent pleurer ou crier, elles appartiennent au nouveau roi qui, d'ailleurs, n'a pas le droit d'emmener de Zalbi les femmes qu'il avait épousées avant son accession sur le trône. Cette accession commence donc par la capture des jeunes femmes du défunt — le nouveau *Gõ* a « oublié » ses propres femmes qui ne le rejoindront que plus tard — comme si la passation des pouvoirs et l'identité substantielle du pouvoir ne pouvaient d'abord s'effectuer et s'incarner que dans l'ensemble, dans le corps des jeunes femmes déjà dans le palais. La peau, la peau vivante du corps divisé, ce sont les jeunes, les *wé-pe-wul-li*; de l'autre côté du *kwor-dae*, c'est la peau morte, la moitié morte. En agissant ainsi, les *za-sae* réitèrent le don des filles que leurs ancêtres firent à Damba comme acte premier de l'instauration de la royauté.

Quand, enfin, « la route est donnée au défunt » (*hin fali mwe-zuwũnri*) le nouveau Gõ-Léré sort en pleine nuit du palais redevenu un tout et se rend chez le chef de terre. Au lever du soleil, il est revêtu d'un grand boubou neuf et d'un turban qui lui coiffe la tête : c'est le même habillement que les *lamibé* peuls ou n'importe quel grand chef de la région. Mais jadis le costume d'intronisation était tout autre : à chaque poignet il portait un bracelet de cuivre (*zwoné*), deux ou trois grands colliers de perles s'entrecroisaient sur son torse nu, ses reins étaient ceints d'une peau de léopard et on lui donnait un fouet en peau d'hippopotame. Ainsi paré, devant une foule immense massée tout autour de la maison de *pah-seri*, il reçoit de ce dernier une bénédiction prononcée en versant à terre de la bouillie de mil : « Voici cette terre qui est tienne, c'est celle de ton père, tiens la bien entre tes mains, qu'elle soit prospère ». Tous les musiciens : les tambourinaires et les flûtistes, les siffleurs et les « violonistes », les *jak-fa-huni* font cortège au roi qui, conduit par le chef de terre, fait le tour du village (*kala-seri*) pour qu'on lui montre les lieux sacrés où sont les « fétiches » enterrés et où sont les *čok-žyĩnri* « qui commandent la terre de Léré ». Les *za-sae* attendent le nouveau roi devant le seuil du palais. Ils l'emmènent devant le grand tambour *damé* où son nom est proclamé (l'un des trois que nous connaissons) puis, sur le seuil même du vestibule d'entrée, il reçoit le *gbwẽ* sur le front (l'acte est confié au chef de terre mais ce sont les *za-sae* qui l'ordonnent). Selon les prescriptions du *kendani* longuement consulté à *te-halé* pour savoir sous quels auspices se déroule l'intronisation, un bœuf, un bélier ou un mouton est sacrifié sur place et le nouveau Gõ-Léré pénètre dans son palais en enjambant le sang de l'animal immolé. Il ne franchit pas seul ce pas symbolique, une fillette et un garçonnet l'accompagnent : on les appelle *bi-gbwẽ*, « l'eau du *gbwẽ* » car l'on dit que ce sont eux qui laveront le roi de la tache ocre qui orne son front.

Le petit garçon sera *wé-za-talé* mais jouira d'un traitement de faveur, il sera l'enfant choyé du palais. La fillette sera *wé-pe-wul-li* dès qu'elle aura atteint l'âge nubile. La cérémonie d'intronisation est maintenant terminée, devant le palais et dans le vestibule antichambre, *za-sae*, w.p.g. et les autres grands, parmi lesquels le chef de terre lui-même, vont consommer la viande de l'animal sacrifié en l'honneur des ancêtres du Gõ-Léré.

Avant de passer aux funérailles royales, il nous faut signaler quelques détails qui distinguent l'intronisation d'un *gõ-gbwẽ* envoyé commander un village de brousse de celle que nous venons de décrire. D'abord le vêtement pour recevoir l'onction n'est pas le même : une peau d'antilope au lieu d'une peau de léopard et le chef de brousse ne tient pas en main un fouet en peau d'hippopotame mais une simple branche de l'arbre *bané* (*combretum* sp.). Les « médicaments » et le *gbwẽ* sont administrés par les *za-sae* devant le trou de *te-mur-yã* et non par le chef de terre à l'entrée du palais. Accompagné par la *mah-mor-yã* et les *jak-fa-huni*, il part vers son village d'affectation avec les cavaliers du roi conduits par *puliã-puri ;* lui-même doit monter une jument. Au village, il est reçu par les notables locaux qui constituent une réplique en petit de la cour du Gõ-Léré. De même, il entre dans sa maison de chef avec l'équivalent des *bi-gbwẽ*, un garçon et une fillette que tel ou tel clan du village doit lui donner. La fillette pourra devenir une épouse du *gõ-zalalé*, le garçon sera son seul *wé-za-talé*, à la fois fils et serviteur de sa maison. Le chef de brousse peut être entouré d'Anciens des clans du village qui joueront auprès de lui le rôle de *za-sae*, mais en aucun cas il ne saurait y avoir de collège des w.p.g. qui sont, dirons-nous, un élément du gouvernement central résultant de l'institution des *wé-za-talé*. Or, les propres fils des chefs de brousse sont envoyés comme *wé-za-talé* au Gõ-Léré pour rappeler que tout princes qu'ils sont, ils ne sont que l'émanation, les serviteurs du souverain régnant.

II) LES FUNÉRAILLES DU GÕ-LÉRÉ

Nous avons décrit de façon détaillée les rites du *yé-wuli* tels qu'ils sont pratiqués pour tout Moundang ayant droit aux cérémonies de lever de deuil, nous n'analyserons ici que la partie du rituel intéressant exclusivement la personne du roi de Léré.

La maladie, l'agonie et la mort du Gõ-Léré sont autant de secrets d'Etat dont les esclaves du palais et Galedimah, leur chef, sont les premiers détenteurs. Bien sûr, le devoir du Galedimah est d'avertir aussitôt les *za-sae* et les w.p.g. de l'évolution de la maladie et de son échéance plus ou moins proche, mais dès que le décès du roi est constaté on envoie immédiatement un émissaire au fossoyeur de Ful-Kwaré, un homme du clan Moundang-Yéré dont la seule tâche est « d'enterrer » le roi. Au milieu de la nuit qui suit l'événement, les *za-sae* transportent le corps du roi hors du palais en le faisant passer par l'ouverture de *te-mur-yã* où des esclaves le prennent en charge pour l'emmener sur la colline sacrée de Ful-Kwaré. Ceci se passe dans la discrétion la plus absolue et les épouses du défunt sont censées ignorer comme le reste de la population que le roi est mort. On cherche un homme — esclave ou homme libre — qui présente une forte ressemblance avec le disparu, on lui fait endosser un vêtement de ce dernier et on lui demande même de savoir imiter sa voix en parlant doucement de façon à peine audible. Les cuisinières lui préparent des repas qu'il consomme, comme il se doit, à l'abri de tout regard. Et s'il se promène dans la nuit habillé comme il l'est, ses femmes peuvent encore se méprendre. Ce rôle de doublure du roi mort porte le nom de Kazay, le héros trickster des contes moundang. Ce rôle prend fin avec la proclamation du deuil et Kazay quitte le palais pour laisser la place au *gõ-bei* qui, en ce cas, doit appartenir à un Ancien du clan Dué.

Cependant, le cadavre du roi transporté à Ful-Kwaré n'est pas enterré, comme nous le savons. Le « fossoyeur » à qui l'on a donné deux jeunes femmes pour prix de ses services, décapite le corps et coupe aussi un bras, la tête et le membre sont donnés respectivement à chacune des deux femmes qui conservent précieusement leur macabre dépôt dans leur grenier. Ces dépôts sont placés dans des poteries recouvertes (*tekpélé*) et nous verrons quel peut être leur usage. Le corps est mis dans une grande urne et arrosé à plusieurs reprises d'eau bouillante et, à chaque fois, l'urne est rebouchée avec le *tekpélé*. Le fossoyeur peut se livrer à une telle opération parce qu'il n'est pas circoncis. Quel rapport peut-on établir entre la circoncision et la manipulation du cadavre royal ?, cela reste un mystère car la seule réponse — tout à fait paradoxale — donnée à cette question est que la circoncision n'est pas bonne pour la fécondité et risquerait donc d'affaiblir la descendance d'un homme dont les services sont si nécessaires à l'institution de la royauté.

Le cadavre ainsi ébouillanté est censé pourrir plus vite et, quand arrive la saison des pluies, quand les rivières débordent, on jette les os du roi mort dans une rivière en crue pour qu'ils soient emportés le plus loin possible. Si le corps ou même une partie du corps du souverain était enseveli dans la terre, celle-ci deviendrait stérile et la population serait menacée des pires calamités. Les eaux ayant fait disparaître cette matière éminemment dangereuse, on sort le crâne de sa poterie et l'on y dépose un échantillon de toutes les nourritures qu'on consomme dans le pays : mil, arachide, gombo, melon, etc. On fait le sacrifice d'un bœuf qu'on conduit à Ful-Kwaré où les *za-sae*, w.p.g. et autres Grands se partagent la viande. Le fossoyeur reçoit, bien entendu, sa part de nourriture mais aussi la peau du bœuf dont il découpe une pièce pour en envelopper le crâne qui sera replacé dans sa poterie et déposé dans le grenier de sa gardienne. En plus des échantillons alimentaires, le crâne contient divers « médicaments » et des *fa-sané*. Il devient un puissant objet magique entre les mains des maîtres du secret que sont alors les *za-sae* dont le prétendu fossoyeur n'est que l'instrument.

Frobenius ne s'était pas trompé en disant que le crâne du roi mort tue le roi régnant. Même si l'histoire dynastique que racontent les Moundang ne permet pas, comme nous l'avons dit, de faire sa place au régicide, on voit mal ce que pourrait signifier ce traitement du crâne s'il n'était pas inscrit dans la logique de ce type d'institution de la royauté. Toutes nos informations ne concordent pas dans le détail mais toutes disent une même chose essentielle : on tue le roi avec une partie de lui-même, ce roi à qui le sommeil de la terre est interdit.

La méthode du régicide du Gõ-Léré sur ordre des *za-sae* repose donc toujours sur l'utilisation du crâne du prédécesseur, mais cette utilisation nous a été présentée sous deux formes quelque peu différentes, dont la première est plutôt magico-réaliste et la seconde plutôt magico-ritualiste ou, si l'on préfère, de pure magie.

Selon Gomena, la boîte crânienne est lavée à la bière de mil, séchée au soleil et conservée dans le grenier de Pabam-Kwaré où nul que lui et son fils aîné n'ont accès (l'un et l'autre, on le sait, sont des incirconcis). Le « médicament » contenu dans ce récipient osseux ne serait rien de plus qu'un petit morceau desséché de la cervelle. Le travail du magicien-fossoyeur consisterait à sortir le crâne ainsi garni de son grenier, et à se rendre devant le palais, l'objet caché sous son boubou. Alors, il traverserait la place en passant non loin du roi, à l'heure matinale où il siège sur sa pirogue renversée (aujourd'hui une espèce de vaste podium en ciment de la hauteur d'une chaise) pour regarder, être là, être vu par ses sujets et, à l'occasion, échanger quelques propos avec l'un ou avec l'autre. Le roi ne travaille pas, au sens ordinaire de ce mot, mais il est là pour veiller sur Léré (*pi-Léré*) et cette immobilité inquiète est appelée travail par les Moundang.

Pabam-Kwaré passe donc et repasse devant le roi, avec son crâne sous le manteau et s'en retourne chez lui déposer l'objet dans son grenier. Rien n'est dit, seulement un petit bout de la cervelle ne rentre pas dans son réceptacle. Un *za-sae* le prend et demande à la mère de l'héritier présomptif du souverain de préparer avec cet ingrédient un poison qu'elle versera dans la nourriture destinée à son mari. La demande du *za-sae* est formulée sans fioritures inutiles, il dit à cette mère : « Gõ-Léré a assez « bouffé » (de) la royauté, il est temps qu'il laisse sa place à son (à ton) fils ». Convaincue par cet argument simple et péremptoire, elle s'exécute (si elle ne l'est pas elle-même, elle cherche la complicité de la *mah-jõ-bi-gẽ-ae*) et le roi, conclut Gomena, ne manque pas de mourir au bout de deux ou trois jours.

Une petite variante de cette méthode nous est donnée par le récit que nous fit Al-haji Juldé, l'actuel responsable des esclaves du palais. Jadis, si les habitants de Léré étaient mécontents de leur roi, ils s'adressaient aux *za-sae* pour qu'ils fassent leur office. Ceux-ci tenaient une conférence secrète en brousse avec le fossoyeur. Ils lui disaient : « Vous, Moundang Yèré, votre travail est celui du roi de Léré (autrement dit, sa mort est votre travail). Ce roi est mauvais ». L'homme de Ful-Kwaré répondait : « Je n'ai rien à dire, je n'ai qu'à vous écouter. Je suis seulement le berger du roi de Léré mais c'est vous qui décidez, je ferai comme vous me direz d'agir ». Puis il s'exécutait ; il demandait à l'une de « ses » filles gardienne du crâne de prendre un morceau d'os, de le pulvériser et de mettre cette poudre dans de la bière de mil. Elle partait au palais offrir cette boisson au roi qui n'a pas le droit de refuser une calebasse de bière que lui tend une fille esclave de Ful-Kwaré car celle-ci est comme une *gō-li*, une princesse choyée par son père. Quand le roi avait bu cette pleine calebasse, son esprit se retirait de lui, il ne pouvait plus parler, ou si mal que personne n'arrivait à comprendre ses paroles chuchotées. Très vite il tombait malade et, peu de temps après, il succombait à cette mixture empoisonnée.

Mangay présente une version sensiblement différente du régicide pratiqué par les *za-sae*. Quand le « fossoyeur » a reçu l'ordre de faire usage de son « médicament », il sort en pleine nuit alors que tous les villageois ainsi que le roi sont en train de dormir. Complètement déshabillé, nu comme le bébé qui vient de naître (les hommes qui profèrent des malédictions contre un fils ou un parent le font aussi dans un état de nudité, avant l'aube, lorsque personne ne peut les voir), il se rend devant le palais. Portant dans sa main le crâne toujours enveloppé dans une pièce de peau provenant du bœuf sacrifié à Ful-Kwaré et contenant les graines des espèces comestibles auxquelles s'ajoute du *fa-sané*, il fait trois fois le tour de l'enceinte du palais en criant des imprécations : « Kuyu, wu, Kuyu, wu, Roi, je te laisse la route, il faut partir, il faut partir. » Il répète cette phrase à intervalles réguliers durant ses trois tours puis rentre chez lui et, redéposant le crâne dans sa poterie, il dit : « Il faut maintenant attendre ton fils, ton fils viendra vite te retrouver. » Le roi tombe effectivement malade et meurt peu après cette malédiction d'un type tout particulier.

A moins d'ôter toute crédibilité aux propos des meilleurs informateurs avec lesquels on a travaillé pendant des années — à moins de rejeter ce qui fait l'un des fondements essentiels de l'enquête ethnographique —, on voit mal quels arguments (y compris, bien sûr, ceux d'Evans-Pritchard contre Frazer) pourraient être opposés à l'existence chez les Moundang d'une pratique du régicide rituel. Nous pensons au contraire que ces récits que nous avons obtenus non sans mal et après avoir gagné la confiance totale de leurs auteurs, ne sont qu'une confirmation dans l'ordre du réel, c'est-à-dire, de l'incertain et du variable, d'un trait décisif de l'institution de la royauté telle que les Moundang — et bien d'autres populations de cette région — l'ont conçue. Quelle que soit l'interprétation que l'on donne de la fonction de ce crâne lavé à la bière de mil ou rempli des graines symbolisant l'alimentation des habitants du pays, que l'on en fasse un objet phallique ou autre chose, il est certain que l'on se trouve dans le registre de la dialectique du même et de l'autre, de la scission de l'égal avec soi-même, pour parler comme Hegel, dont la personne du roi nous offre la figure tant dans sa relation avec les clans que dans sa relation à lui-même, incarnée ici par son fils et héritier. Son *ké*, sa position par rapport à l'initiation, son crâne, sont autant d'objets qu'on ne saurait penser en dehors de ce registre où la dialectique n'est peut-être qu'une manière de nommer les antinomies propres à cet Etat mixte qu'est l'Etat clanique, à la fois intérieur et extérieur au système social dont il fait l'unité au prix de sa division à l'intérieur de lui-même.

Comme l'institution initiatique dont il est à la fois maître et exclu, comme le *ké* qui l'habite et est en même temps hors de lui, le crâne ([4]) du roi est un objet, un morceau détachable de son corps livré à l'anéantissement tandis qu'il est conservé pour servir de « médicament » ou de « fétiche » contre son fils et successeur. Cet usage du crâne royal pose un problème d'ethnologie comparative car il est répandu dans la région et n'a pas partout le même sens. Le crâne du père tue le fils, disent les Moundang, mais il est difficile de savoir ce que deviennent les crânes des ancêtres royaux. Frobenius, que nous avons déjà cité, affirme : « Cette urne (qui contient le crâne) est portée avec beaucoup de soin sur la montagne à l'intérieur de laquelle se trouvent les cavernes qui font fonction de mausolée des crânes royaux. » Gomena confirme et précise cette information en indiquant que jadis on transportait cette urne dans une grotte au pied de la montagne de Moukréan (Dam Soko) qui est le nom du village où Damba s'empara du pouvoir. On pourrait donc, comme l'expression mausolée le suggère, parler non pas d'un culte des crânes royaux mais d'une conservation des reliques des Ancêtres de la dynastie qui aurait un rôle comparable mais distinct de celui des regalia placés sous la garde de la *mah-mor-yã* : quelque chose qui fait partie intégrante de la personne du souverain et qui symbolise à la fois la pérennité de la fonction et le pouvoir de mort qui menace son détenteur.

Il semble qu'un usage assez semblable du crâne royal soit pratiqué chez les Pévé de Lamé auxquels les Moundang reconnaissent devoir quelques-unes de leurs institutions les plus importantes. Selon Gomena, toujours, le

---

([4]) Le crâne, ou plus exactement la boîte crânienne, fait partie de la liste des questions que pose le devin au sujet de la personne du sacrifiant. Après avoir examiné les esprits ancestraux, le *kendani* consulte les cailloux pour connaître l'état du corps de l'intéressé dont les composants sont énumérés dans l'ordre suivant : son corps, sa démarche (ses jambes), les paumes de sa main, ses intestins, sa boîte crânienne, ses orbites ou ses yeux. Cette série dénombre les composants du corps qui dénotent chez la personne sa générosité et son intégrité mentale et morale, c'est-à-dire ses dispositions à donner et à recevoir les nourritures sacrificielles, ses dispositions à penser et à agir pour le bien ou pour le mal vis-à-vis d'autrui. Dans ce corps symbolique, le ventre est le siège des pensées (et arrière-pensées), le crâne celui de la volonté et du pouvoir, les yeux celui du désir (envie et jalousie). Le *kendani* ne fait aucun sort particulier au crâne du souverain.

crâne du chef de Lamé est placé dans une jarre que l'on dépose dans une hutte édifiée à cet effet dans le fond de la cour de sa demeure. Chaque année, les notables coupent une paille qu'ils jettent dans la jarre pour compter les années du règne.

Dans une petite note inédite qu'il a rédigée sur Badjé, petite chefferie située à une dizaine de kilomètres au sud de Lamé et étroitement liée à cette dernière, J. Cabot (que nous remercions de cette communication) décrit ainsi le cérémonial suivi lors de la mort du Chef : « Lorsque le chef est mort la nouvelle est cachée à la population. Pour tout le monde le chef est soit en voyage, soit malade et alité. En réalité, le soir même sa dépouille est transportée en brousse sur une jument blanche, par les soins du chef de terre et des féticheurs. Il est enterré assis, la tête dépassant de terre. La fosse est comblée, recouverte d'un toit de paille et laissée ainsi sept jours. Autour de la fosse a lieu un sacrifice réservé aux assistants : un bœuf et un mouton appartenant au chef décédé sont égorgés. Le chef de terre entre en possession de la jument blanche.

» Jadis deux émissaires se rendaient en pays Mboum pour en ramener un jeune garçon et une fillette. Dès leur arrivée au village, ceux-ci étaient richement parés puis gavés et saoulés. On les conduisait alors devant une fosse creusée près du village. Ils y étaient précipités et enterrés vivants. La nouvelle de la mort du chef était répandue à ce moment. Les festivités funèbres commençaient... Au bout de sept jours les féticheurs et le chef de terre retournent à la véritable tombe du chef. Ils détachent la tête du mort et la transportent chez le chef de terre où elle rejoint les têtes des ancêtres. Avec des lambeaux de chair de cette tête les féticheurs préparent l'huile d'intronisation du nouveau chef ainsi que des médicaments redoutables. » Cabot ajoute un peu plus loin qu'à l'occasion d'une cérémonie pour demander la pluie « les têtes des chefs de Lamé devaient être amenées à Badjé pour la célébration de cette fête ».

Cette inversion de sens dans l'usage du crâne royal, on la retrouve chez les Rukuba du Nigeria décrits par Muller. Après avoir indiqué comment on attrape le nouveau roi pour l'habiller comme un néophyte à l'initiation, il écrit : « Le roi était mort, le voilà ressuscité, mais pas entièrement puisqu'il renaît sous la forme d'un enfant en fin d'initiation, celle-ci se terminant toujours avant quinze ans au plus tard chez les Rukuba. L'initiation du roi, contrairement à celle des autres enfants, va se poursuivre à son retour au bercail. On prépare de la bière de mil que le roi doit boire. Dans cette bière, on met la calotte crânienne d'un des rois précédents... Comme les rois d'un même village sont tous enterrés dans la même tombe, la calotte est exhumée lors de l'ensevelissement du roi suivant et elle va rejoindre les autres dans un panier spécial remisé dans la hutte sacrée du village. Quelques villages soutiennent que le roi doit boire dans la boîte crânienne, et ceci pendant plusieurs mois, alors que d'autres prétendent que le roi ne doit pas savoir qu'il va boire dans un récipient où trempent les restes de l'un de ses prédécesseurs, car ceci risquerait de le terrifier si fort qu'il pourrait refuser de se conformer à la coutume et se sauver au loin » (Muller, 1975, p. 19). Les Rukuba cherchent ainsi à faire absorber à leur nouveau roi la puissance, la sagesse et la force des rois précédents et qu'il devienne gros, gras et imposant « pour porter le poids de la royauté ». J.-C. Muller rapproche cette ingestion de la coutume des Jukun et des Yoruba où les souverains intronisés mangent le cœur réduit en poudre de leurs prédécesseurs.

Ces deux exemples puisés chez les Djimé de Badjé proches des Moundang, et chez les Rukuba proches des Jukun, n'illustrent pas seulement l'opposition entre un usage du crâne royal dans le régicide rituel et son usage dans les cérémonies d'intronisation, ils étayent, chacun pour leur part, le rapprochement que nous avons fait entre ce morceau du corps du roi et la magie de la pluie ([5]) et aussi la place particulière assignée au souverain dans le processus initiatique. Ces articulations que nous trouvions dans la logique sous-jacente au régicide chez les Moundang, nous sont données ici dans le matériel ethnographique.

Le cas des Bamoum étudiés par C. Tardits offre un autre aspect de la fonction des crânes royaux qui n'est pas totalement absent de la coutume des Moundang. Nous apprenons que « (dans le) le lieu le plus sacré du palais que gardaient quelques vieilles épouses du roi... (sont conservés) les crânes des anciens monarques... ainsi que les emblèmes de la royauté dont la double cloche du roi... » (Tardits, 1890, p. 587). Plus loin il écrit encore : « Un étranger au groupe, qui aurait accès à la maison du pays et se serait emparé des crânes, aurait eu la possibilité d'accomplir les sacrifices destinés à faire bénéficier le souverain de la force de ses ancêtres » (*ibid.*, p. 709). Enfin, dernière citation fort importante pour nous : « Dans la seconde pièce se trouvaient les sacra, les crânes des rois défunts, enduits de poudre de padouk, les sacs où pourrissaient lentement les déchets corporels du roi (cheveux, poils de barbe, ongles, dents), les regalia — bracelets, colliers, sac et bâton du pays utilisés lors des intronisations, etc. » (*ibid.*, p. 855). Cette association — du moins par contiguïté — entre les sacra prestigieux et les déchets corporels fait hésiter sur la place des crânes entre ces deux catégories d'objets. Tardits penche nettement pour un usage rituel des crânes royaux dans le cadre d'un culte des Ancêtres; il semble que l'on pourrait également soutenir la thèse d'un usage magique auquel

---

([5]) La reine des Lovedu est tenue au suicide rituel et le poison qu'elle utilise comprend de la cervelle de crocodile ainsi qu'un fragment de son épine dorsale. Lorsque le cadavre de cette « reine de la pluie » est décomposé, « il est rituellement gratté pour en retirer un lambeau de peau et de saleté (dirt) comme ingrédient vital des médecines de la pluie... Des perles sacrées, une calebasse d'eau, un brandon, des graisses des plantes que consomme la population et le corps d'un homme, « la natte » du chef sont enterrés avec la reine... Une dalle de pierre recouvre l'ouverture de la tombe et facilite sa réouverture chaque fois qu'on a besoin d'y verser de la médecine de la pluie (*mufogo*) » (Krige et Krige, 1943, p. 168).

d'éventuels usurpateurs auraient la possibilité de recourir. Les deux fonctions ne sont d'ailleurs pas incompatibles et quoique les différences soient évidentes entre les coutumes du royaume de Foumban et celui de Léré, il ne faut pas oublier que Bamoum et Moundang proclament chacun de leur côté une origine qui les rattacherait aux Mboum dont, hélas, nous ne savons que fort peu de choses.

Le *ye-wuli* du *Gō-Léré* et des *gō-gbwē*.

Comme dans tous les sacrifices funéraires dont nous avons parlé, les animaux immolés sont prélevés sur le cheptel familial qui revient à l'héritier que nous avons appelé « l'entrepreneur du deuil »; le petit bétail est fourni par les alliés. Le rituel d'intronisation nous a appris que l'héritier est déjà pleinement roi dès qu'il est enfermé dans le *kwordae*. Il est bien tenu de donner quelques têtes de bétail pour les repas communiels des deuilleurs mais lui-même, son comportement le souligne avec force, est en dehors du deuil, hors de la position du *we-wuli* qui est celle, on l'a noté, d'un novice à l'initiation. Les entrepreneurs, en l'occurrence, ce sont les *za-sae* et autres *za-luri*, mais les *za-sae*, et eux seuls, sont aussi, comme le mythe d'origine nous l'a enseigné, les alliés, les beaux-pères du souverain. Or, pour celui-ci la tradition voulait que l'on ne sacrifiât pas seulement des animaux. Jadis, lorsque les esclaves étaient nombreux au palais, la plupart d'entre eux tentaient de s'enfuir dès la proclamation publique du décès du roi. Le Kaïgamma rassemblait ses cavaliers pour se lancer à la poursuite des fugitifs et d'en rattraper le plus possible; les femmes et les enfants qui cherchaient également à se sauver faisaient l'objet d'une même poursuite, le but de l'opération étant précisément de ramener des enfants prisonniers pour les parquer devant le palais, près du grand tambour royal qu'on battait alors pour que tout le pays moundang soit averti qu'un événement considérable était survenu. Parmi ces captifs les *za-sae* choisissaient un garçon et une fille pour qu'ils soient sacrifiés à Ful-Kwaré et enterrés dans le cénotaphe du Gō-Léré. Certains informateurs affirment que du temps où il y avait des eunuques attachés à la surveillance de la maison du roi, on prenait aussi l'un d'entre eux pour l'immoler en cette circonstance; mais on l'enterrait en brousse et non près de la sépulture fictive des rois.

Que contient donc la « tombe » où le souverain est censé reposer? Signalons d'abord que ce sont les Anciens du clan Moundang-Gwoï qui sont les véritables fossoyeurs du roi, ou plutôt du mannequin qui le représente. Ils creusent à *mor-yāné* (le bois sacré) de Ful-Kwaré une fosse circulaire, profonde comme un puits au fond duquel ils descendent pour y recevoir le « cadavre ». Pendant ce temps, un homme du clan des Oiseaux (sous-clan du Pélican) confectionne un mannequin avec du bois et du chiendent; il l'enveloppe de bandes de coton (les bandes étroites dites gabak) et le dépose sur une natte (aujourd'hui sur un lit de bambou de facture peule). Les *za-sae* se tiennent près de lui et surveillent ce travail. Quand la forme donnée au mannequin est jugée satisfaisante, on l'enveloppe une seconde fois dans la peau du bœuf égorgé pour le rite dit *re-dae-mor-gō-ae*, « couvrir de peau les fesses du roi ». Enfin, une troisième opération consiste à envelopper le tout dans un somptueux boubou blanc et à coiffer la tête de ce simulacre avec le bonnet moundang (*juki*) surmonté du turban blanc que portent seulement les rois. Les *we-pulia-gō-ae* se présentent alors accompagnés de serviteurs et de notables du palais et transportent à Ful-Kwaré la litière sur laquelle repose le mannequin. Le garçon et la fillette sacrifiés sont enterrés avec le « roi », le premier pour qu'il le serve comme *we-za-talé*, la seconde pour qu'elle aille puiser de l'eau pour lui ainsi que doit le faire une épouse. Au roi exclusivement on accorde cette sorte d'immortalité, cette continuation de la vie de roi après sa mort. Bien sûr, on fera aussi le rituel de clôture de *hin fali mwe-zuwūnri* — les esprits ou les âmes des rois sont censés se rendre à *za-su* (les Chutes Gauthiot) — mais, contrairement à ce qui se passe dans un *ye-wuli* ordinaire, ce n'est pas le masque Maviki qui joue seul le rôle de psychopompe, ce sont les enfants sacrifiés qui conduisent le roi vers son dernier séjour.

Deux mois après ce rituel d'inhumation officielle, toutes les femmes de Léré se font raser la tête et cessent de porter leurs bijoux et autres ornements : aucune danse, aucune réjouissance ne sont permises. La nouvelle *mah-mor-yā* ou, à défaut, l'une des grandes femmes du palais, prépare de la bière de mil pour les *za-sae* qui vont faire le *pweré* du roi décédé. Ce rituel, répété trois fois pour un homme, est l'occasion pour tous les grands masques de se manifester, chacun, comme nous le verrons, jouant son rôle spécifique. Ainsi, ce dont le roi a été exclu comme *yérima* initié à Labsay, lui est en quelque sorte rendu au titre d'honneurs funéraires. Comme les épouses royales ne sont reconnues dans leur gloire de « reines » qu'à l'occasion des cérémonies du *ye-wuli*, le roi n'est pleinement homme, c'est-à-dire glorifié par les masques, qu'à sa mort, sa mort seconde officiellement proclamée et célébrée.

Pour le premier *pweré*, les regalia sont exposés aux yeux de tous devant le seuil du palais mais ils sont protégés par des cavaliers qui galopent en permanence autour de ces *fa-syin-gō-ae* : c'est le *kik-wuli*, « tourner autour du mort ». Est également exposé, suspendu sur un séco, un autre élément de la série des regalia : le *dari*, sorte de pagne fait de perles rouges et blanches enfilées sur un canevas. Font aussi partie du *dari* des bracelets et des anneaux en cuivre rouge ainsi qu'une pipe dont le fourneau est orné de perles. Pour le dernier *pweré* du soir, les *za-sae* viennent prélever certains objets parmi les sacra : une gibecière (portée usuellement par les chasseurs), une jarre, un éventail et une pipe. Entourés de quelques notables et suivis par un cortège de siffleurs (*tesolé*, le sifflet des chasseurs et des guerriers) et de tambourinaires, les *za-sae* partent dans la direction de Libé, lieu de naissance de Damba. Ils font plusieurs haltes jusqu'au village de Gemouh puis laissent des messagers aller jusqu'à cette lointaine localité — aujourd'hui chef-lieu d'un petit canton — d'où le héros fondateur dut s'enfuir pour échapper à la jalousie de ses frères et de ses oncles. Ils en reviendront avec quelques cadeaux destinés au nouveau roi de Léré.

Lorsque meurt un *gõ-gbwē* de brousse, il faut aussi attendre deux à trois mois pour proclamer son deuil. Ce délai passé, le Gõ-Léré ordonne qu'on batte le *damé* : la nouvelle est ainsi annoncée et la population est invitée à se rendre à la place mortuaire. Les *za-sae* et la *mah-mor-yã* forment le premier groupe puis les cavaliers et les fantassins du roi se mettent en marche comme s'ils partaient en expédition pour opérer une razzia. Et, en effet, tout ce qu'ils trouvent sur leur chemin en fait des bœufs, moutons et chèvres, ils s'en emparent et se présentent avec leur butin devant la concession du chef défunt. La plupart de ces bêtes sont égorgées et la viande est partagée entre les pillards du roi et les notables locaux. C'est aussi le sacrifice de *re-dae-mor-gõ-ae*. Comme pour le roi de Léré, on confectionne un mannequin qu'on enveloppe de la façon que nous avons décrite. Les *za-sae* s'en saisissent et, accompagnés du masque royal « Nuage » ainsi que des masques du village, ils font deux fois le tour de la maison du chef puis, après un troisième tour, ils déclarent solennellement : « Nous ramenons maintenant le corps de l'enfant du roi à Léré ». Les *za-sae* et les épouses du Gõ-Léré s'en retournent effectivement à Léré avec leur suite transportant le mannequin. Cependant, le véritable cadavre ne subit pas le sort de celui du souverain mais est réellement enterré — non pas dans le village, mais dans le bois sacré à proximité, le *mor-yãnẽ* des masques. Nous comprenons que cette coutume est conforme à ce que nous avons désigné comme le mécanisme de clanification et de territorialisation des segments chus de la lignée régnante. L'inhumation du chef de brousse dans le bois sacré de son village d'affectation est comme la consécration de ce mariage symbolique qu'il a contracté avec la terre du village dont il a reçu le commandement. Par égard au rite de sacralisation de sa personne par l'onction du *gbwē*, on fait le simulacre de ramener le corps auprès des siens, à Léré d'où tout pouvoir procède.

Nous sommes loin d'avoir tout dit de cérémonies auxquelles nous n'avons pas eu l'occasion d'assister. Non seulement tous les corps constitués — collèges, orchestres, groupes variés de cavaliers, de piétons et de chasseurs — bref, la société dans son intégralité, comme un tout et comme un ensemble ordonné de segments, mais aussi tous les masques, nous le disions à l'instant, participent aux funérailles du roi. Nous avons très souvent mentionné les masques, souligné leur extrême importance dans la vie sociale et religieuse des villageois, mais il nous a été impossible, dans les limites de cet ouvrage, de les citer tous, d'indiquer leurs traits distinctifs, en un mot, de dégager la cohérence de cette espèce de doublure de la société des hommes qu'est la société des masques dans la culture moundang. Néanmoins, nous pouvons donner une certaine idée de cette participation en mentionnant la liste, de son propre aveu, fort incomplète, que nous fournit Gomena des masques qui sortirent pour le *ye-wuli* de Gõ-Kajonka.

En dehors de « Nuage » et « Bois touffu » qui sont des *mundéré* directement liés à la personne du souverain, il y eut :

Mbo (sa forme est celle du *muyu* mais ses fibres sont rougies et il porte un bouclier de cuir rouge tacheté de blanc et de noir) qui appartient au clan des Moundang-sin, des chefs de terre de Léré. Il est placé au même rang que les quatre masques des Moundang-Gõ-Daba, c'est pourquoi son *pah-čuki* est récompensé d'un bœuf. Après les funérailles du roi, il fait la tournée des villages de brousse où il reçoit de nombreux dons (vêtements, chèvres et houes) dont il rapporte une partie au nouveau Gõ-Léré.

Les quatre masques du clan Moundang-Gõ-Daba dont la hiérarchie est la suivante : 1) Wõ-lei (« l'étoile qui donne des conseils ») qui est entre les mains d'un Grand de Berlyang. Il est considéré comme le fils aîné du roi, il est le premier à pénétrer dans le palais en deuil. Pour prix de son déplacement il reçoit un bœuf. 2) Mundan-gé (la séparation du clan royal) qui réside à Te-ruaye, près de Tréné. Il ne se présente qu'au troisième jour des cérémonies et reçoit un bélier castré. Il est considéré comme le fils cadet du roi. 3) Čuni (le ficus) appartient aux Moundang-Gõ-Daba de Moursiané. Il est en quelque sorte jumelé avec le quatrième. 4) le masque Teka-samé (« larve du sésame » des gens de Guélo dont la fonction est d'accompagner la lance de l'initiation allant de Guélo à Léré). L'un et l'autre n'arrivent qu'au 4e jour et ne reçoivent qu'un gigot d'un des bœufs sacrifiés.

Simbanka, appartenant au clan des Moundang-Gõ-Byané, est un *muyu* dont la réputation de férocité est la plus prononcée. Il porte des bâtons et des flèches et l'on dit qu'il peut tuer des gens car il frappe dur, très dur. Tournant en brousse autour de Léré, il n'entre au village pour se produire devant le palais qu'à l'occasion du dernier *pweré* du soir où il vient se mêler aux deuilleurs pour danser avec eux. Quand tombe la nuit, il frappe deux fois le tambour (*yun-wuli*) d'un coup léger, la troisième fois il donne un violent coup de pied pour faire choir le tambour sacré. Il prend alors possession du bœuf qui lui était destiné et s'en retourne dans son village de Guétalé. Il n'a pas le droit de porter son regard (ou plutôt sa face) en arrière car il risquerait de tuer des gens, voire le nouveau roi lui-même. Au milieu de la nuit, sur une colline proche de Guétalé qui surplombe le lac de Tréné, ce masque de paille est brûlé tandis que siffleurs et joueurs de flûte continuent leur musique pour faire croire que le masque est toujours là, « vivant ». Le bœuf donné à Simbanka constitue la part d'héritage de ce clan cadet issu de Damba ; il est ainsi mis sur pied d'égalité avec Wõ-lei, comme pour affirmer que même à l'intérieur des clans royaux il ne saurait exister de hiérarchie.

Muloma, masque appartenant aux *ban-suo* (Serpent) de Mapapalé (village allié de Tézoko), est appelé *mundé-čin*, « masque à cornes » par les habitants de Léré. Il s'exhibe en brousse à proximité de la capitale où il lui est interdit d'entrer. Il reçoit un bœuf qu'on conduit jusqu'à lui et qu'il emmène dans son village. L'animal est sacrifié aux Génies de lieu par le chef de terre et la peau est renvoyée au palais où elle est destinée à remplacer celle qui couvrait le grand tambour royal et qui doit être lacérée comme pendant la fête de *fing-moundang*. Cette coutume, soit dit en passant, est un argument de plus en faveur de la correspondance que nous établissons entre le cycle annuel des fêtes et le cycle des rites royaux.

Le masque Doddan appartient aux Moundang-Yèrè; il a la forme d'un *muyu* surmonté d'une espèce de couvre-chef en chapeau haut de forme. Il répand la terreur en lançant des cailloux sur les gens. Il n'a droit qu'à la peau d'un bœuf sacrifié et il s'en empare en grimpant les marches d'un « escalier » taillées dans un tronc de rônier pour accéder à la terrasse de la case où elle a été déposée.

Kazae, le masque du feu (un personnage qui court en agitant des brandons) qu'on ne peut voir que de loin même quand on le montre aux initiés, tournoie aussi autour de Léré où il ne peut pénétrer : on lui donne une chèvre. Des dons du même ordre sont faits à bien d'autres « petits » masques qui se produisent à Léré pour le *ye-wuli* du roi. En somme, tous les masques de l'initiation, tous les masques qui représentent éminemment chacun des clans composant la population du royaume et même des « puissances » venant d'ethnies voisines (les Si Mambay ou « hommes-vent de Biparé » qui sont de redoutables sorciers mangeurs d'enfants), viennent honorer les cérémonies funéraires du Gō-Léré.

La grande différence qui sépare ces cérémonies royales d'un *ye-wuli* ordinaire, nous l'avons soulignée, c'est que l'héritier, le nouveau roi, tout en étant partiellement le sacrifiant de ces rites, celui qui rémunère les masques venus danser pour son père défunt, n'y est que partiellement impliqué et surtout pas en tant que deuilleur qui aurait à subir cette « seconde initiation » constituée par le simulacre de circoncision auquel se livrent les maîtres de la hache. La place du *we-wuli*, de l'héritier ainsi consacré est, en l'occurrence, une place vide et c'est la légitimité du pouvoir des masques qui est seule exaltée comme si la continuité essentielle de la royauté marquée autant par le déni du décès comme événement (avec l'installation du faux roi pendant le délai précédant la proclamation officielle de la mort du vrai roi) que par le mode d'intronisation que nous avons décrit, était brisée et qu'un temps d'interrègne était alloué aux puissances émanant des clans. Cette mise hors circuit du souverain régnant est aussi signifiée par le fait que les héritiers symboliques du défunt reçoivent, comme on vient de le voir, leur part d'héritage sous la forme d'une rétribution des masques du clan Moundang-Gō-Daba et du clan Moundang-Gō-Byané. Or le masque Wō-lei gardé à Berlyang a une fonction éminente à *jō-ka-wa-de* où il est placé sur le même rang, au titre de masque du clan royal, que ceux des clans de la terre, véritables maîtres des rites initiatiques. L'intégration des *ban-moundang* au système clanique est donc totale comme est total leur détachement de la lignée régnante dont ils sont issus.

Toutefois, ceux que les Moundang appellent aussi les masques du roi — mais il s'agit d'un autre mode d'être de puissances appropriées par le souverain et qui ne sont *mwe-zuwūnri* que par assimilation —, les *jak-fa-uni* et les *za-tchou-tchou*, sont également présents pour dire la légitimité royale arrachée aux clans. Les premiers chantent la complainte du disparu qu'ils ont accompagné à Ful-Kwaré, en ces termes :

« L'éléphant est perdu, où peut-on déposer son corps ?
C'est notre roi unique que Dieu a mangé.
N'agacez pas le roi, on n'agace pas un éléphant.
La mort a fait le mal, Kabi-Léré (le souverain, le seul) est perdu.
C'est notre roi unique que Dieu a mangé.
N'agacez pas l'enfant qui dort, on n'agace pas un enfant qui dort.
Le roi est parti vers le bois touffu de Lumburi (*mor-yāné* de son ancêtre Gō-Daba Ier).
O roi (Kabi-Léré, des Moundang de l'eau), qui parle avec la pluie,
Tu es parti, l'éléphant a été mangé par Dieu.
Ne parlez pas au roi (vous les femmes) car le roi dort. »

Immédiatement après cette complainte, les *za-tchou-tchou* qui viennent aussi à Ful-Kwaré commencent leurs rondes avec leurs sifflements lugubres et s'arrêtent pour crier la devise qui est celle du maître suprême :

« *Mawuli, Mawuli, mwe-zuwun gō-ae.*
La mort, la mort est le masque du roi ».

CONCLUSION

Ce livre n'a pas été écrit comme une illustration de la thèse frazérienne du roi divin : nous avons mentionné les critères qu'elle a retenus pour en proposer une sorte de définition et nous avons saisi l'occasion, comme nous l'avions fait à propos de l'usage du terme de clan, pour signaler qu'une définition trop stricte ou trop contraignante d'une notion ou d'un concept se rapportant à une institution (réalité empirique sujette aux contingences de l'histoire et dépendant de contextes culturels variés) ne pouvait être qu'un leurre pour l'ethnologue, d'autant plus qu'il ne dispose d'aucune typologie sérieuse dans ce domaine. Plus fortes encore ont été nos réticences à l'endroit de la théorie de l'évolution intellectuelle et morale de l'humanité dans laquelle il a cru nécessaire de l'insérer. Pourtant, si nous avons parfois marqué avec quelque insistance un certain accord avec sa pensée, ou du moins son inspiration, c'est qu'elle nous a paru plus stimulante, plus féconde pour la compréhension des royautés traditionnelles de l'Afrique Noire que celle de bon nombre d'anthropologues d'aujourd'hui qui croient pouvoir isoler le phénomène politique comme tel dans les sociétés où les fondements de l'autorité, quelque forme que prenne cette dernière, sont inconcevables et inintelligibles sans le recours au rituel, au rituel spécifique lié au pouvoir qui nous en fournit, en quelque sorte, la grammaire. Nous avons donc rédigé une étude qui fait une place éminente aux rites, à leur description et à leur interprétation, qu'il s'agisse de ceux qui ont trait à l'organisation de la société moundang en clans, à la parenté ou, bien sûr, à l'institution de la royauté, dans son fonctionnement comme dans ses finalités internes et externes.

L'étude du calendrier et des différents cycles cérémoniels nous a montré de façon incontestable que le roi de Léré est associé au plus intime de son être au cycle de la végétation; il l'est en tant que grand sacrifiant, il l'est aussi en tant que corps transformé par l'intronisation. Son *ké*, son pouvoir magique de faire tomber ou d'empêcher la pluie, sa capacité à provoquer à l'encontre de la population désastres et calamités diverses que lui attribuent les Moundang, font de lui le responsable des aléas du climat. Son désir d'aimer ou de châtier son peuple pour s'en faire aimer ou, à tout le moins, craindre (sa formule serait plutôt : qu'ils me craignent pourvu qu'ils m'aiment et non *oderint dum metuent*), est érigé en pouvoir sur la nature. La surestimation dont il est ainsi l'objet est payée, si l'on peut dire, par la fonction de bouc émissaire qu'on lui assigne. La philosophie naturelle et sociale qui sous-tend de telles croyances et de telles pratiques a été formulée avec élégance par M. Young, au terme d'une analyse du régicide rituel chez les Jukun du Nigéria. Se rangeant à l'avis de Meek, il écrit : « En tuant périodiquement celui qui transcende la nature par le pouvoir qu'il exerce sur elle et transcende la société par la charge qu'il a de l'incarner, les hommes affirment leur emprise sur la nature et font la preuve qu'ils contrôlent en définitive la société » (Young, 1966). Dans un autre langage qui serait plus dégagé de l'esprit fonctionnaliste qui imprègne cette interprétation qu'on peut juger réductrice, il est possible de dire que la multiplicité des interdits spécifiques et la mise à mort rituelle auxquelles le roi est soumis font de lui l'unique, ou mieux, le un, à la limite de la société, quelque chose comme le point d'Archimède qui permettrait sinon de soulever le monde, du moins — ce qui revient un peu au même — de réaliser l'union de la société avec la nature conçue comme ensemble de forces visibles et invisibles agissant sur elle. Cette union doit être interprétée à la fois comme un *vinculum substantiale*, une communauté d'essence et un système de correspondances entre des entités et des forces relevant des deux ordres : celui de la société des vivants et celui de l'univers, ordres dont l'interaction passe aussi bien par les morts que les divers génies ou esprits comme les *čok-syīnri*, les *me-zuwūnri*, différentes espèces animales, certains minéraux, sans oublier, enfin et surtout, la terre et les eaux. Quelle est donc la place du roi, de cet un, dans cette série d'interactions qui impliquent la séparation et l'union des couples culture-société d'une part, et nature-monde d'autre part?

Répondre à cette question au terme d'un travail qui n'est qu'une monographie sur le royaume moundang de Léré est, sans doute, une entreprise téméraire. Mais puisque nous nous sommes risqué à des interprétations théoriques au fil des chapitres de cet ouvrage, un pas de plus en guise de conclusion ne doit pas nous effrayer. Il est vrai que dans la littérature actuelle les termes de pouvoir et de sacré sont porteurs d'une problématique dont le tranchant s'est complètement émoussé à force de rabâchage et de phraséologie. Il n'empêche que cette problématique en est une véritable et peut-être même l'auteur d'une monographie est-il plus à même d'éviter la lassitude créée par la répétition en réfléchissant à partir de matériaux dont l'élaboration lui revient.

La démarche que nous avons suivie suppose que l'on accepte une distinction nette entre le pouvoir du sacré et la sacralisation du pouvoir. Le premier signifie pour nous que le sacré n'a point d'existence si on ne lui reconnaît pas une certaine efficience et l'efficacité telle que nous l'avons définie quand elle est appliquée à un acteur social qui s'en trouve le détenteur; la seconde est un déplacement, un transfert du pouvoir du sacré sur une personne ou un groupe dont le pouvoir aurait une origine indépendante, sortant, pour ainsi dire, tout armé de la structure sociale prise en elle-même. Il nous faut donc nous expliquer sur la royauté moundang à partir de cette distinction qui est la conséquence de notre refus de l'évolutionnisme tel que le conçoit Frazer.

Le pouvoir et l'interdit.

Si parmi tous les interdits qui touchent à sa personne, à son corps (ne pas travailler au sens productif que l'on donne ordinairement à ce mot, mais veiller sur la terre de Léré dans cette immobilité inquiète où il se tient sur son piédestal, ne pas être vu en train de manger, ne pas fouler le sol de son pied nu, ne pas uriner ou déféquer sans qu'un esclave recueille ces excrétions dangereuses, ne pas être inhumé, etc.), le meurtre rituel, ou son équivalent symbolique, est l'interdit suprême qui frappe le roi, qu'en est-il de la relation que le pouvoir entretient avec l'interdit? Nous venons de le dire, une perspective frazérienne est préférable à celle de la sociologie politique qui ne peut mener qu'à l'impasse. Le pouvoir dit politique, comme tout autre pouvoir, n'est pas concevable sans des assises symboliques qui en déterminent la forme et le bornent tant soit peu dans son exercice. Il est vrai qu'en adoptant le point de vue du politique, c'est-à-dire celui des stratégies individuelles et collectives, ce sont les éléments de la batterie symbolique déjà donnée qui apparaissent comme des moyens en vue des fins — des avantages ou des gains d'un ordre quelconque, culturellement marqué — recherchées par les acteurs sociaux. Cette espèce de définition du politique est juste quoique triviale mais fort incomplète, nous allons le voir. Le fait cependant que le pouvoir politique, pour se développer, soit avide de symboles pour les mettre à son service, ne veut pas dire que ces symboles se réduisent à des signifiants du pouvoir politique. Les deux choses peuvent exister séparément, posséder un sens politique dans un cas et en être dépourvu dans l'autre. Chez les Dinka du Soudan, le détenteur du pouvoir sur la nature, « le maître de la lance de pêche », est tenu au suicide rituel comme la Reine de la pluie chez les Lovedu du Transvaal, mais sa fonction, à l'opposé de celle attribuée au chef de l'Etat lovedu, est démunie de tout caractère politique. De même chez les Nuer, le « chef à peau de léopard » est un agent rituel voué à la seule fonction de médiateur entre parties en conflit à cause d'un crime de sang. Evans-Pritchard a montré par ailleurs comment les relations qu'il appelle « politiques » sont entièrement assujetties aux règles qui régissent les rapports entre groupes lignagers et claniques d'une part, et entre sections territoriales d'autre part. L'intérêt qu'offre tout spécialement le cas des

Nuer est que, quand les circonstances historiques en ont fait sentir la nécessité (incursions des Arabes puis conquête britannique), le pouvoir politique unificateur et capable par conséquent d'opposer une résistance à l'ennemi a surgi d'un lieu tout à fait inattendu. Des prophètes se sont levés qui n'étaient que simples agents rituels possédés par des esprits du ciel de rang mineur et se sont érigés en leaders non pas de tel segment ou ensemble de segments de cette société lignagère mais de vastes tribus pour une fois regroupées.

Il est certain que dans la vocation indéniable qu'a le pouvoir politique de s'approprier et, pour reprendre une expression de Georges Balandier, de manipuler les symboles du pouvoir sur la nature et d'en faire des pièces maîtresses de sa stratégie, il s'agit d'une relation de capture aux apparences plus ou moins arbitraires, selon le degré de séparation du politique et du religieux ou magico-religieux. Cette capture peut effectivement aller, dans certains cas, jusqu'à la fusion ou la confusion. Mais leur dualité et leur opposition resurgissent toujours en quelque endroit, soit dans la division des rôles au sein d'un appareil, soit, comme chez les Moundang, dans la division à l'intérieur même de la personne choisie pour incarner le pouvoir.

Dans cette perspective qui s'ouvre sur la relation du sacré au pouvoir, on peut penser que les interdits — marqueurs ou indicateurs de la sacralité — ont une double fonction. Nous appellerons secondaire celle que nous venons d'évoquer : elle est faite pour souligner et renforcer la division dans la machinerie du pouvoir, et donc pour lui assigner des bornes. La description que nous avons faite de cet « Etat clanique » qu'est le royaume de Léré illustre cette proposition. Mais il y a une fonction primaire de l'interdit qui est précisément celle de construire et d'instituer un pouvoir sur la nature et qui rend intelligible la notion de royauté divine sans qu'il y ait besoin de critères rigoureusement définis. Cette institution se présente comme un ordre symbolique second ou un ordre symbolique du second degré dont l'émergence ou la création résulte d'un retournement — qui peut être simple inversion ou travail sophistiqué de déplacement — de l'ordre symbolique premier.

On a beaucoup parlé de l'inceste royal et c'est tout à fait compréhensible puisqu'il s'agit d'une forme extrême de retournement qui enjoint au détenteur suprême de l'autorité d'enfreindre l'interdit fondateur qui constitue les groupes comme tels en les obligeant à entrer en communication sous sa modalité essentielle qu'est l'échange des femmes. Mais nous savons que tel type de privilège matrimonial — grande polygamie, absence de versement de prix de la fiancée, par exemple — peut suffire à édifier la symbolique et l'efficace de la royauté. Inversement, ainsi que notre étude de la vengeance l'a montré, le meurtre d'un homme exige de ses frères de clan qu'ils satisfassent à leurs devoirs et qu'ils obtiennent — sous la forme du talion ou d'une compensation négociée et sanctionnée par un rituel — réparation pour la perte subie, celle de l'individu tué comptant moins que l'atteinte portée à l'intégrité et aux valeurs claniques. Là encore, le régicide politico-rituel apparaît comme un retournement radical de l'interdit premier qui a pour objet le crime de sang tel qu'il est traité sur le plan de la « société civile », par opposition à ce que l'on peut déjà appeler le meurtre « d'Etat ».

De même que toute analyse d'un ensemble particulier d'attitudes prescrites entre parents et entre alliés doit remonter à la règle de prohibition de l'inceste pour tenter de mettre au jour un système, ou du moins, une logique de ces attitudes, les variétés de normes et d'étiquettes de cour, les marques de reconnaissance, la distance et le respect exigés des sujets par la royauté trouvent tous leur fondement dans un retournement ou un certain « brouillage » (d'où, par exemple, la grande fréquence de l'assimilation du roi à un jumeau ou à l'idée de gémellité) de l'ordre symbolique premier. Cet ordre symbolique premier est indéfinissable comme tel puisqu'on ne saurait éviter d'en lier l'avènement à la rupture avec l'animalité consécutive au développement du langage, de l'outil et, d'une manière générale — là est le cercle dont on ne peut sortir —, à la faculté de symbolisation qui a permis aux sociétés aussi bien de se structurer que d'agir et de transformer le milieu conformément à leurs besoins spécifiques. Sans remonter si haut, sans remonter à « ces premiers actes de l'intelligence humaine » où Morgan voyait l'origine de la formation des catégories de parenté, la description que nous avons faite du système clanique moundang nous a fourni une image de l'ordre du monde qui lui correspond et peut illustrer la manière dont s'établissent les différences et les discontinuités relevant de la fonction symbolique première. L'articulation de ce système avec la royauté nous permet aussi de comprendre que ce que nous avons appelé l'ordre symbolique second « travaille » à rebours du premier. Il assujettit l'arbitraire — relatif — et la primauté — essentielle — du signifiant à un signifiant-maître qui transcenderait toutes les différences sans les supprimer. Ainsi s'explique que si souvent l'ordre du pouvoir prenne l'apparence d'un ordre naturel, c'est-à-dire où le roi forme le chaînon rétablissant la continuité entre la nature et la société. L'hypothèse est tentante (mais un immense travail sur les cosmogonies et les cosmologies rattachées aux mythes de souveraineté serait nécessaire pour l'étayer) de lier l'apparition de l'idée même de nature comme cosmos un dans lequel et par rapport auquel la société humaine a à se situer et à se définir comme une totalité, avec l'avènement de cet ordre progressivement construit qui est celui du pouvoir. En écartant toute inspiration évolutionniste, on pourrait concevoir la transformation du pouvoir magique opérant dans toute société, en pouvoir royal (Etat embryonnaire ou appareil politique pleinement constitué) comme isomorphe de la transformation du système de pensée et d'action magiques défini comme un « physiomorphisme de l'homme » (Lévi-Strauss, 1962, p. 293) en un « anthropomorphisme de la nature » qui caractérise, selon

Lévi-Strauss, la religion. Bien sûr, la royauté n'est pas plus le tout de la religion qu'elle n'exclut la magie, tant s'en faut, mais si l'on accepte l'opposition présentée par l'auteur de *La pensée sauvage*, on dira qu'elle est par nature plutôt du côté de la religion. Prêtre (sacrifiant) et/ou magicien, peu importe l'ordre d'énoncé de ces termes, le roi est détenteur d'un pouvoir sur les hommes, aussi faible soit-il, et d'un pouvoir sur la nature, aussi fort soit-il, qui, de toute façon, implique que se réalise dans sa personne une union entre l'image d'un monde ordonné et celui d'une société qui y trouve sa légitimation. Ce que dit Leroi-Gourhan (1965, pp. 163-164) de la cité primitive comme centre organisateur de l'espace, comme « dispositif ombilical », est tout à fait applicable à la royauté. Avec celle-ci, nous l'avons vu, apparaissent les éléments d'une nouvelle territorialité ainsi que d'une nouvelle temporalité qui supplantent ou se combinent avec les éléments de l'organisation ancienne qu'elle vient remplacer. Que ce soit dans la personne qui l'incarne ou dans un lieu (palais, quartier ou village) qui lui est consubstantiel, la souveraineté trouve son assise dans une image du monde, elle sécrète, si l'on peut dire, même si l'expression empruntée à la pensée antique n'est pas rigoureusement appropriée à la pensée africaine, une sorte de microcosme, répondant et garant ultime de l'union de l'homme et de l'univers.

Les capitales, les palais — celui du Gõ-Léré, par exemple, mais aussi ce lieu appelé « vagin du monde » où œuvre le faiseur de pluie des Lugbara de l'Ouganda (Middleton, 1978) — en sont l'illustration. Plus éclatante encore est celle que nous offre dans la société Dogon, l'image du Hogon d'Arou dont il est dit : « A l'aube, il est assis le visage tourné vers l'est, il est présent au lever du soleil, il se met alors à déambuler dans sa demeure en suivant l'ordre des quatre points cardinaux. A la tombée du jour il s'assoit le visage tourné vers l'ouest. Ses sorties sont pareillement réglées : il n'est pas autorisé à quitter sa maison pendant la période où croissent les végétaux, temps où ses deux âmes sont en étroite communion avec les âmes des céréales... Ainsi le Hogon représente le monde par ses vêtements ; par son mouvement dans sa demeure il participe au rythme universel des choses et il contrôle le calendrier par les liens qui l'attachent au mouvement des corps célestes et de la lune en particulier » (Griaule et Dieterlen, 1954).

Le pouvoir et l'ordre social.

Sous cette admirable harmonie des sphères, le lecteur peut à bon droit s'interroger sur ce qu'il en est pour nous du politique car, après tout, nous avons parlé du roi de Léré et de son palais, des hommes et des femmes qui le servent ou, d'une certaine façon, ont barre sur lui, comme d'une machine politique, d'un appareil d'Etat. Ne nous serions-nous pas mis dans la fâcheuse posture de celui qui scie la branche où il a quand même été obligé de s'asseoir ?

Ce que nous avions à dire sur la politique dans le royaume de Léré a été dit dans cette monographie et il est inutile de nous répéter. Quoi qu'il en soit de la menace du régicide symbolique ou du meurtre effectif, quoi qu'il en soit du « fardeau de la royauté », chez les Moundang comme ailleurs, le pouvoir est désirable et objet d'appétit de la part de ceux qui sont ou se considèrent comme des ayants droit. Les conflits dynastiques avec leur cortège d'intrigues, de complots de factions et autres basses manœuvres n'ont pas manqué à Léré. Nous n'oublions pas non plus que le complot et la ruse (le combat truqué entre des archers aux armes inégales) sont à l'origine de l'installation de Damba au pouvoir. Pour les Moundang, les choses sont nettes : le mythe et l'expérience l'enseignent, un conte l'illustre fort joliment (cf. Épilogue), la politique c'est le mensonge. Mais il nous faut prendre maintenant de la distance et donner notre point de vue sur le politique tel qu'un ethnologue peut l'envisager en tant qu'objet propre dans le champ social.

Qu'il nous soit permis d'être quelque peu académique et de commencer par la définition généralement admise par les auteurs anglo-saxons. Nous avons rejeté l'idée de système politique comme outil d'analyse en anthropologie mais nous n'avons pas récusé pour autant le contenu des propositions qui cernent pour ces auteurs le domaine du politique. Que disent-ils en substance ? Il existe un ensemble d'institutions, de règles, d'usages et de coutumes destiné à assurer l'ordre au sein d'une communauté territorialement définie avec plus ou moins de précision ; certains de ses membres y disposent, à titre temporaire ou non, dans certains cas ou bien, de manière générale, des moyens d'un recours légitime à la force pour les faire respecter et châtier ceux qui les transgressent. Complémentaire de cet aspect interne (qui relèverait du droit plutôt que du politique pur), il y a l'aspect externe qui est donné par la représentativité d'un appareil quelconque (des Anciens ou des chefs occasionnels — guerriers ou pacificateurs) créé dans son sein pour faire face aux communautés étrangères.

De telles propositions n'impliquent nullement qu'on s'en tienne à la seule alternative : société avec Etat ou sans Etat. L'existence d'un dispositif permanent destiné à assumer des fonctions proprement politiques n'est pas nécessaire, celles-ci peuvent s'exercer sans le secours d'organes spécialisés. Il y a donc comme un universel du politique — ou plutôt d'un versant intérieur où le politique se distingue mal du juridique et d'un versant extérieur où le diplomatique et le militaire sont prédominants. Le fonctionnalisme est capable d'atteindre cet universel car il a une visée purement anthropologique de l'objet « ordre social » et nous libère aussi bien des théories classiques cherchant les causes et les types des formes de gouvernement que de la dialectique des infra- et des superstructures. Dans sa conclusion à la préface aux *Systèmes politiques africains*, Radcliffe-Brown exprime toute la virulence de ce radicalisme quelque peu positiviste et très antimétaphysique quand il écrit : « L'Etat (entendons comme sujet et volonté) dans ce sens n'existe pas dans le monde phénoménal, c'est une fiction de philosophe. Ce qui existe est une organisation, c'est-à-dire un ensemble d'êtres humains liés par un système complexe de relations... Rien n'est semblable aux pouvoirs de l'Etat, en réalité il existe seulement des pouvoirs émanant d'individus : rois, premiers dignitaires, magistrats, policiers, chefs de partis et électeurs. L'organisation politique de la société n'est que la partie de l'organisation sociale qui assume le contrôle et la réglementation du recours à la contrainte physique. Cette définition paraît s'adapter de la manière la plus satisfaisante à l'étude de cette catégorie particulière de phénomènes sociaux auxquels cet ouvrage offre une contribution. De plus, elle apparaît conforme aux exigences d'une étude objective des sociétés humaines par les méthodes des sciences naturelles » (Radcliffe-Brown, 1964).

Nous pourrions faire nôtre ce radicalisme « expérimental » déréifiant l'Etat et ramenant l'exercice du pouvoir (contrainte physique, recours légitime à la force) à une partie des fonctions qui incombent à toute organisation sociale. Mais la relation que cette partie entretient avec le tout et la formule « système complexe de relations » unissant un ensemble de personnes chargées de remplir cette fonction que désigne le terme pouvoir, laissent entier notre problème. Réduire les « pouvoirs de l'Etat » à une fiction de philosophe — mais s'agit-il de la philosophie politique des théoriciens ou des idéologies, il faudrait le préciser — est salutaire pour l'ethnologue, dire qu'il « existe seulement des pouvoirs émanant d'individus » est tout simplement une affirmation tautologique réduisant le pouvoir à un attribut de ceux qui le détiennent. Si nous négligeons cette tautologie — déjà signalée dans notre introduction et qui est le péché mignon de la théorisation fonctionnaliste —, reste la question de la « fiction » liée ou plutôt inhérente à l'organisation politique comme partie d'un tout. Faut-il se tourner vers la notion d'idéologie pour donner un fondement sociologique à cette fiction et suivre les marxistes en étendant son application à tous les types de sociétés, qu'elles soient divisées en classes ou non ?

Il n'est pas question pour nous de discuter la valeur de la notion d'idéologie dans le champ de l'anthropologie; son usage est des plus laxistes sous la plume de ceux qui sont indifférents à son histoire et, d'autre part, nous ne gagnerions rien à secouer cette bouteille à l'encre du débat avec les multiples variétés de marxismes. Contentons-nous d'observer qu'elles s'accordent toutes à interpréter les idéologies politiques (on ne conçoit pas qu'on puisse parler de politique sans faire intervenir l'idéologie) comme des superstructures, autrement dit, comme des reflets — réflexions, théorisations, voire rationalisations — des intérêts des classes ou éléments dominants de la société. Encore faut-il expliquer si et comment ces classes ou groupes réussissent à manipuler et à remanier selon leur gré des valeurs et des croyances nécessairement partagées peu ou prou par tout le corps social. A supposer même que le *ké* du roi de Léré, sa position de grand sacrifiant, les interdits dont il est l'objet et les privilèges dont il jouit soient considérés comme autant de traits d'un système idéologique ([1]) que nous aurions décrit sous la rubrique d'une royauté sacrée dont nous n'aurions su voir qu'en surface l'articulation avec l'organisation clanique, sans comprendre les bouleversements survenus dans le mode de production, l'objection méthodologique que nous faisions au fonctionnalisme demeure. A quoi pouvons-nous reconnaître et comment pouvons-nous définir l'ensemble des traits qui constituent le système prétendument construit pour le plus grand profit du roi et de son entourage? Certes, les razzias incessantes et les ponctions périodiques opérées sur la production des villageois concentrent au palais des quantités de richesses dont des retombées profitent aux membres de l'appareil politique. Mais il s'agit, dirons-nous, d'une plus-value de jouissance qui est la conséquence des prérogatives rituelles de la royauté sacrée et non le moteur de son fonctionnement. Manifestement, on ne saurait réduire le roi au rôle de bénéficiaire du monopole « économique » dont il a le privilège. De toute évidence, il y a une présupposition de l'idéologie selon laquelle le pouvoir ne peut être autre chose que l'enjeu d'un conflit ou d'une opposition entre parties d'une société divisée par des intérêts qui donnent au dit conflit sa rationalité. Mais cette raison pratique et utilitaire propre à la pensée marxiste comme à la pensée bourgeoise, d'ailleurs (cf. Marshall Sahlins, 1980), est impuissante à expliquer une partition de la société comme celle qu'offre l'organisation clanique que nous avons décrite. A cet égard, le double processus de « clanification » des enfants de captifs ainsi que de ceux issus de la lignée régnante constitue un argument

---

([1]) La notion de système idéologique nous paraît une fiction des idéologues professionnels qui se donnent pour tâche de rendre cohérent un ensemble de représentations, de croyances et de pratiques de toute sorte prélevées à des niveaux différents de la réalité sociale pour les faire signifier une même chose déterminée a priori comme le facteur dominant de cette réalité où le politique s'enracine. Il est certain qu'on aurait tort de confondre le système cosmologique ou le système de pensée auquel l'organisation politique est référée avec ce qu'il conviendrait d'appeler un système politique au sens où l'on parle à juste titre d'un système de parenté, par exemple. Annie Lebeuf, qui a décrit avec une extrême minutie le fonctionnement du pouvoir dans les principautés Kotoko, nous montre bien ce qu'il en est, à cet égard : « A travers elles (les cérémonies agraires où le Prince joue un rôle essentiel), la ville apparaît comme un organisme vivant ou mieux encore comme une représentation animée du monde. Elles démontrent également l'intimité existant entre l'ordre social et celui de la nature, l'un et l'autre étant interdépendants; la communauté tout entière suit le rythme que lui imprime son créateur personnalisé par le Prince. Ce dernier, véritable promoteur du temps, de l'espace et de la société, incarne la puissance créatrice... Il assure le mouvement universel, il est seul à pouvoir inciter les forces latentes à agir, à donner aux hommes l'impulsion nécessaire à leur évolution. Il est l'élément fondamental d'un système qui correspond à une vision dynamique du monde » (A. M. D. Lebeuf, 1969, 311-312).

péremptoire. Pas plus que chez les Nuer évoqués plus haut, il n'est question « d'idéologie égalitaire » mais d'un principe structural qui régit les classifications qu'on peut rencontrer aussi bien dans une société dite acéphale que dans une monarchie. De même l'extraction de la personne royale de ce système généralisé des clans ne contient pas l'ébauche d'un conflit d'intérêts entre groupes mais, au contraire, génère une économie palatiale de redistribution qui n'a aucune autre finalité que le maintien en l'état de ce système auquel elle est assujettie.

Quand les idéologies apparaissent, elles n'accompagnent pas des organisations politiques de ce type ; elles se développent plutôt dans les périodes historiques où ces organisations se démantèlent, deviennent plus ou moins caduques et ne répondent plus à l'ordre du monde auquel elles étaient liées ; elles prennent alors figure d'artefacts. C'est la mise en cause du fonctionnement politique tel qu'il s'intègre dans un système plus vaste qui est à l'origine des idéologies et non l'idéologie qui définit les fonctions politiques. Un ouvrage récent de Georges Duby, *Les trois ordres ou l'imaginaire du féodalisme,* en fournit un exemple parmi d'autres en montrant comment la crise des débuts du XIe siècle en France amène un certain nombre d'intellectuels (évêques et clercs) à redécouvrir et à remettre au goût du jour la fameuse « idéologie des trois fonctions » dont l'analyse a été faite par Dumézil dans l'aire indo-européenne. Il écrit à ce propos — et ce n'est pas vrai seulement de l'époque qu'il étudie et du thème qui est le sien : « Comme en Angleterre, au temps d'Alfred le Grand, au temps d'Aelfric et de l'évêque Wulfstan, ce fut bien au contraire le péril, la crise où paraissait sombrer la royauté qui fit recourir à ce thème (des trois fonctions, des trois ordres). Une crise. Les formations idéologiques se révèlent au regard de l'historien dans les périodes de mutation tumultueuse » (Duby, 1978, p. 151).

Les formes ou les apparences que revêtent à un moment donné les institutions proprement politiques ou celles qui prennent en charge les fonctions qui leur sont imparties dans tout groupe humain, ne cachent pas le contenu réel des rapports de domination. Elles expriment de façon plus ou moins harmonieuse ou discordante les degrés de participation des membres d'une collectivité à l'image qu'elle se fait d'elle-même et, corrélativement, à l'image du monde au sein duquel elle s'inscrit et trouve ses assises. L'institution politique ne reflète pas (dans les sociétés traditionnelles) un rapport de force qui la ferait varier au gré de ses fluctuations, elle appartient à l'ordre de la représentation dans le sens d'une projection du groupe dans un système symbolique identificatoire (une charte mythique) et, en même temps, dans le sens d'une mise en scène ou d'une mise en acte (au niveau du rituel) du jeu des rapports sociaux. Le domaine du politique, de la compétition pour le pouvoir ou le prestige (si minimes qu'en soient les signes) est celui de l'héraldique : insignes, blasons, armoiries, sacra, regalia, etc. C'est vrai des sociétés comme celles qu'étudient les ethnologues, ce n'est peut-être pas tout à fait faux des nôtres.

Nous nous interrogions dans notre introduction sur le caractère de système que possèdent les phénomènes politiques tout en affirmant que les fonctions qui sont les leurs ne font guère de doute. Nous disions en nous référant à la comparaison que Lévi-Strauss faisait entre langage et parenté, qu'à cet égard, le politique est plutôt du côté du langage. Si le langage est fait pour communiquer — ce que d'aucuns mettent en question non sans une certaine ironie de bon aloi — on peut aussi en dire de même du politique. Il met en communication — sous la forme de conflits comme sous la forme de solidarités — des hommes et des groupes dont il définit un mode d'identité. Il a des sources pulsionnelles et une base inconsciente comme le langage mais l'opacité qui en résulte pour l'un comme pour l'autre nous apparaît d'une nature différente. Le langage est coextensif à la société, il la contient, nous dit même Benveniste, tandis que le politique n'en constitue qu'une partie, encore que dans certains courants de pensée on soit tenté (songeons à d'étranges propos tenus par R. Barthes, par exemple : « tout langage est fasciste ») de pousser à l'absurde le parallélisme des deux fonctions. Mais les contraintes et les règles qui régissent l'expression linguistique sont admises et perçues comme une condition de possibilité d'une communication plus ou moins adéquate des messages que le sujet veut transmettre, alors que celles du politique nous semblent être d'un caractère plus arbitraire. Notre raison pratique et utilitaire, possédée par l'idée d'une prise directe sur le réel, s'insurge contre l'opacité d'un ordre dont le système lui échappe à cause des ruses de l'histoire, croit-elle. C'est sans doute pourquoi des penseurs politiques et des anthropologues (animés de mobiles contradictoires) ont cru découvrir des sociétés primitives où le politique était absent car l'uniformité — l'équivalent d'une langue naturelle parfaitement transparente — serait telle que personne ne chercherait à majorer un avantage qu'il juge, pour une raison ou pour une autre, désirable et accessible. Comme, de son côté, Marx a pu proclamer l'avènement d'une société sans politique, c'est-à-dire désaliénée et sans opposition d'intérêts. Les premiers ont placé l'idéal de la liberté humaine (sous la forme d'un hyper-individualisme) ou l'idéal de l'intégration sociale (sous la forme d'un hyper-collectivisme) dans les débuts de l'histoire de l'espèce, le second — renversant le mythe en utopie — a donné sa préférence à une eschatologie qui annoncerait le terme d'une histoire d'où l'humanité sortirait totalement réconciliée avec elle-même. L'illusion, archaïsante ou utopique, est en fin de compte la même et, nous le savons aujourd'hui, peut conduire aux mêmes aberrations, pas seulement théoriques, hélas. Les contraintes et la loi dans lesquelles Durkheim reconnaissait la marque de l'essence sociale de l'homme conditionnent même la fonction de l'imaginaire qui lui permet de croire, d'espérer ou de rêver leur échapper.

EN GUISE D'ÉPILOGUE

LA POLITIQUE (¹)

Il y avait deux hommes; ils n'avaient ni femme ni enfant; ils n'avaient rien, pas même des vêtements. L'un des deux dit à son compagnon : « Dans quel état sommes-nous? Nous n'avons rien à nous, rien, pourquoi restons-nous ainsi? » L'autre dit : « Je ne sais pas. Nous devons voyager. »

Le premier : « Nous n'avons rien, comment pouvons-nous voyager? Mais allons-y. Toi tu es un menteur (*pabéré*). »

L'autre : « Et toi, tu vas voyager en disant toujours la vérité. »

Le menteur : « Toi qui dis toujours la vérité, tu dois partir le premier. »

Le diseur de vérité répondit : « Je vais partir chez un grand Chef, comme le Chef de Léré et je dirai devant lui la vérité. »

Ils partirent et se tinrent devant la concession du Chef, à l'ombre d'un arbre. Une femme du Chef, qui était sortie jeter des ordures, rentra dans le *morgēre* (la case d'entrée du Chef) prévenir le Chef qu'il y avait des étrangers qui se tenaient dehors.

Le Chef envoya un de ses *wezatale* chercher ces étrangers. Le Chef les salua et leur demanda : « Pourquoi êtes-vous venus (qu'est-ce qui vous amène)? »

Le diseur de vérité : « Je n'ai rien, Chef, je suis un pauvre. Je suis venu me montrer à toi afin que tu saches que je suis un pauvre. Je suis seul sur la terre (dans la vie). Personne ne me connaît. Je n'ai rien. Voilà pourquoi je suis venu te voir, pour que tu saches qu'il y a un pauvre sur la terre que

---

(¹) Le narrateur de ce conte est Ryambé, un habitant de Léré qui lui a donné ce titre en employant le mot français. La politique vue par un villageois se réduit à l'art de s'enrichir aux dépens d'autrui et notamment de ceux qui « naturellement » concentrent les richesses entre leurs mains : les chefs et les puissants de l'Etat moderne.

tu commandes. Je dis toujours la vérité. Je ne suis venu pour rien d'autre que te dire la vérité. »

Le Chef répondit : « Bon, c'est bien. Je t'ai compris. » Et il lui fit donner un boubou.

Le menteur, voyant arriver son compagnon, lui dit : « Est-ce tout ce que tu as reçu ? Tu vas voir le Chef et il te donne si peu de chose ? Viens donc m'accompagner et tu verras ce que moi je recevrai. »

Ils s'en allèrent, marchèrent, marchèrent jusqu'à arriver à Maroua dont le Chef est très riche (littéralement : il fait son poids, bien lourd en richesses).

Arrivés à Maroua, ils vinrent devant la concession du Chef, à l'ombre d'un arbre. Ils restaient là et personne ne les voyait. Le menteur abandonna son compagnon sous l'arbre et s'avança pour s'appuyer sur le poteau du seuil d'entrée. Il se mit alors à crier : « Vous qui êtes à l'intérieur, ne voyez-vous donc pas les étrangers qui attendent dehors ? »

Le Chef dit : « Mon étranger, personne n'est sorti pour te voir, comment saurais-je s'il y a des étrangers devant ma porte. »

Le menteur : « Je suis un étranger. N'as-tu pas appris mon arrivée ? N'as-tu pas appris que j'ai parcouru de nombreux villages de la terre pour venir ici ? »

Le Chef : « Non, je ne le savais pas. Mais descends maintenant chez Kaîgamma. »

Le Chef le fit conduire chez Kaîgamma et lui fit porter une calebasse de nourriture. Puis il dit à sa femme d'aller chez Kaîgamma pour ramener son étranger devant lui. La femme du Chef alla dire à Kaîgamma le désir du Chef.

Kaîgamma amena l'étranger et le Chef le salua.

Le menteur dit au Chef : « Je ne suis venu pour rien d'autre que pour vous voir et vous dire que je peux faire sortir les morts (*pane wuli* : celui qui fait lever les morts). Lorsqu'une personne est morte, c'est moi qui la fais sortir de terre. J'ai appris que ton père et ta mère étaient morts. Je suis venu pour les faire sortir, pour cela et rien d'autre. »

Le menteur retourna chez Kaîgamma. Le Chef lui fit envoyer un bœuf pour qu'on l'égorge et qu'il consomme sa chair. Ils grillèrent la viande et mangèrent d'abondance (Kaîgamma et ses étrangers). La femme de Kaîgamma avait bien préparé le repas.

Le soir venu, le Menteur partit en brousse ; il alla cueillir deux pamplemousses sauvages (*da-kul-uki*), il ramassa de la gomme (colle) [2] d'un arbre appelé *bemé*. Au retour, il attrapa quatre insectes [3] qu'on trouve

---

[2] Littéralement : « larme de l'arbre » *bemé* qui donne un latex.
[3] Les insectes en question sont appelés *vivin*. Il s'agit d'une espèce grosse comme le pouce et de couleur noire. Le *vivin* vit sur les excréments et son vol lourd produit un véritable fracas. Il semble qu'il ne puisse être qu'une espèce de bousier.

sur le crottin des chevaux. Il ouvrit les palplemousses sauvages et déposa dans chacun d'eux une paire de bousiers et referma les fruits avec la colle.

La nuit venue, le menteur alla trouver le Chef et lui dit : « Montre-moi la tombe de ton père. Où se trouve-t-elle ? » Le Chef lui montra l'endroit et le menteur se promena, se promena sur l'emplacement de la tombe. Et, tandis qu'il allait et venait, il se mit à rire et dit : « Hé, Chef, ton père est devenu vraiment gros, ici, sous terre. Jamais on ne grossit autant lorsqu'on est sous terre. Comme ça, donc, j'ai vu. » Et il rentra.

Les deux étrangers se couchèrent puis se levèrent au milieu de la nuit. Ils allèrent sur la tombe. Le menteur creusa la tombe, il creusa, creusa, jusqu'à toucher le corps du père du Chef mort. Alors il déposa dans le trou les deux pamplemousses sauvages puis il referma la tombe et retourna se coucher.

Au matin, le Chef leur fit porter nourriture et boisson. Ils mangèrent et burent jusqu'au dernier chant du coq. Le menteur sortit alors, alla devant la concession du Chef, heurta les clochettes et dit au Chef : « Frappe le *Dame* pour rassembler les villageois. » Le Chef fit frapper le *Dame*. La population s'assembla et le menteur leur parla : « Allons, je vais faire sortir de terre le père de votre Chef, aujourd'hui. Vous allez voir. »

Arrivé sur la tombe, il fit creuser la tombe, creuser jusqu'à atteindre le cadavre. Mais quand on approcha des fruits qu'il avait déposés, il donna l'ordre de cesser de creuser. Il descendit alors dans le trou et creusa jusqu'aux pamplemousses. Il prit les fruits, les remua et cela fit un bruit (le mouvement des bousiers faisant mmmm).

Le menteur dit au Chef : « Prépare-toi, ton père s'est levé. Dois-je l'amener, le veux-tu ? »

Le Chef : « Oui, il faut que tu l'amènes. »

Le menteur alla prendre les pamplemousses sauvages, les agita et les bousiers bruissèrent à nouveau. S'adressant aux bousiers, le menteur demanda : « Que dites-vous, Chef ? » Il dit encore : « Chef, vous dites que votre épouse veut vous accompagner pour voir ce que fait votre fils ? Bon, ça va. » Il se leva alors et dit au Chef : « Je vais faire sortir ton père mais ta mère veut sortir. Je vais faire sortir ta mère, mais ton père aussi veut sortir. Ton père et ta mère sont en désaccord, ils se querellent, ils veulent l'un et l'autre voir ce que leur fils fera avec eux sur la terre (c'est-à-dire quel traitement les enfants peuvent faire subir à leurs parents ressuscités). Ta mère a dit : « Je veux voir moi-même avec mes yeux ce qui va se passer sur terre. » Es-tu d'accord pour que ton père et ta mère sortent ensemble de terre ? Il me semble que si ton père sort tu ne seras plus Chef. »

Un autre villageois dit au Chef : « Chef, est-ce que tous les Chefs ont leur mère (sous-entendu vivante). Nous savons bien que l'homme (le menteur) n'a pas menti. Si vraiment ton père sort de la tombe, penses-tu que tu resteras Chef ? Les femmes (épouses) que tu as ne sont-elles pas tes « mères » ? »

Le Chef répondit : « S'il en est ainsi, je te remercie, il faut refermer la tombe, il ne faut pas qu'ils sortent. »

On referma la tombe.

De retour à la maison, le Chef donna dix bœufs au menteur, dix femmes ; beaucoup de choses les plus variées. Le menteur rentra sur sa terre, devenu riche.

ANNEXES

I

NOTES SUR L'HABITATION DES MOUNDANG

La maison moundang, nous l'avons appelée ferme car elle constitue un ensemble où personnes et animaux domestiques vivent côte à côte, est un véritable « immeuble » construit pour durer et dont on peut hériter de père en fils aîné, en principe, mais aussi, comme nous l'avons vu, en ligne agnatique collatérale au fil de plusieurs générations.

Son édification demande beaucoup de temps et de nombreux concours, y compris celui d'experts en maçonnerie et en confection de terrasses (*za-deuré*) qui constituent, dans la région, l'un des traits les plus caractéristiques de l'habitation moundang.

Celle-ci comprend autant de bâtiments à terrasse qu'il y a d'épouses dans la concession ; le maître de maison possède une case à lui et aujourd'hui, il se contente de la couvrir d'un toit conique de chaume. Des cases plus petites sont faites pour les jeunes garçons (des fils ou des fils de frères) mais les jeunes filles non mariées partagent le logement de leur mère. Le grenier — le grand grenier du père de la concession — occupe le centre de la cour appelée pour cette raison *pi-cèlé*, « la place du grenier ». On trouve aussi quelques petites paillotes ou des cabanes en banco qui servent d'abris pour les chèvres (*jol-gwi*), d'écurie (*jol-puri*) et de poulailler (*jol-kaey*). Enfin, un bon chef de famille manifeste son statut de « grand » en construisant un vestibule d'entrée (*geré*) où il reçoit ses visiteurs pour la causerie en prenant le frais. L'ensemble d'une belle concession forme un anneau ouvert seulement sur le *geré* que ferme une porte de paille tressée. On constate que souvent l'anneau n'est pas continu et c'est un séco (*kworé*) qui entoure l'enclos. Généralement, rien n'est prévu pour la stabulation du gros bétail. Quand on voit aujourd'hui quelques bœufs reposant dans un cercle entouré d'épineux à proximité d'une habitation, il s'agit de bêtes dressées pour l'attelage — tirer une charrette ou, plus rarement, une charrue — mais du cheptel du propriétaire rien n'est visible. Le bétail est au pâturage gardé par des enfants et, très souvent, par des Peuls ; les Moundang, nous l'avons dit, ne sont pas des vrais pasteurs et éleveurs comme le sont leurs voisins Tupuri, par exemple.

Croquis réalisés par Christian Seignobos dans le village de Garey

coupe dans l'habitation d'une épouse

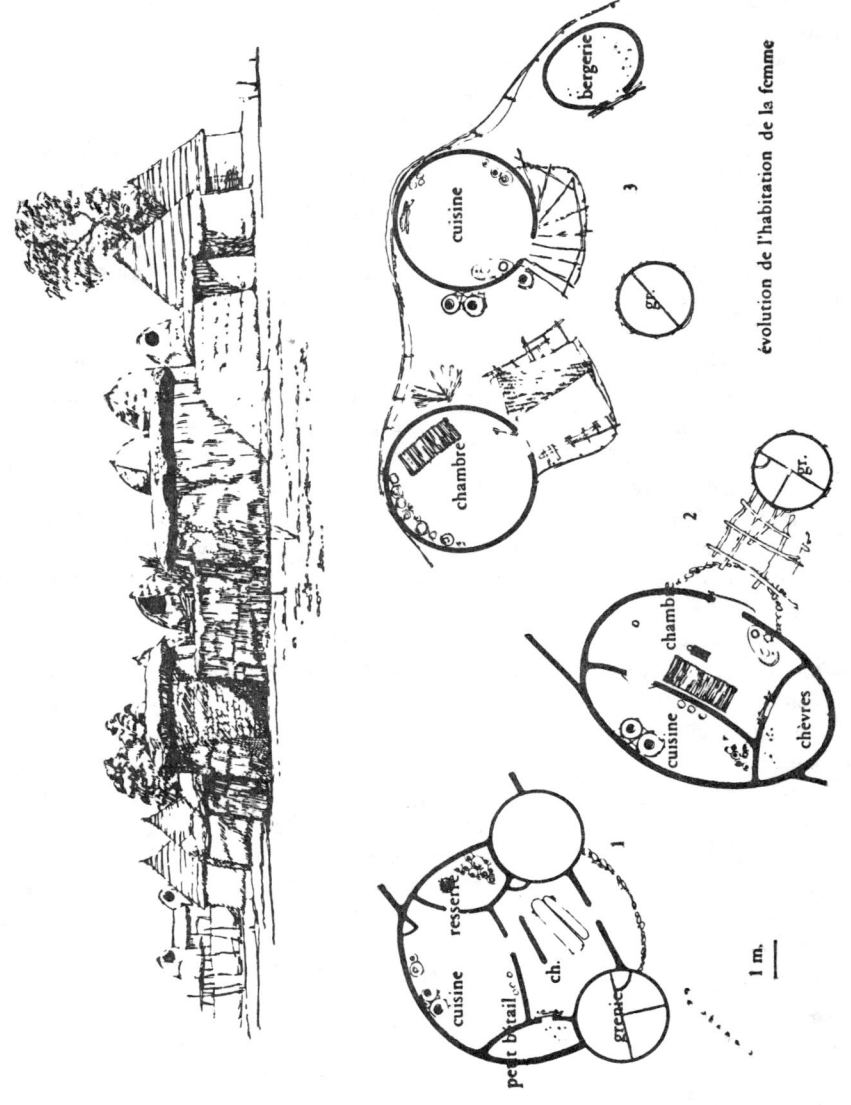

évolution de l'habitation de la femme

Il ne nous a jamais été donné d'observer toutes les phases de la construction d'une habitation traditionnelle dont nous venons d'énumérer les éléments et nous avons employé le mot de tradition pour dire que cela se fait de moins en moins. Aussi nous a-t-il fallu nous faire décrire par un connaisseur comment procédait autrefois.

L'élément fondamental de l'habitation moundang est la maison de la femme ; c'est d'elle que nous pouvons dire qu'elle constitue un immeuble, le reste étant de construction légère aussi vite édifié que facilement délabré par les intempéries. La maison de la femme est un bâtiment qui comprend de 5 à 6 pièces et dont la façade sud est flanquée d'une tour à coupole formant un grenier (voir p. 411 le dessin représentant une coupe dans l'habitation d'une épouse).

Les maçons commencent par édifier la grande pièce ronde du fond qu'on appelle *wul-lii* (environ 2,50 mètres de diamètre). On trace un cercle à la dimension voulue et l'on creuse un fossé peu profond mais assez large en guise de fondation. L'instrument pour creuser (*fa-či*) est semblable au *ke-bwi* avec lequel on fait les trous pour les semis : un petit fer rectangulaire très tranchant emmanché par une douille sur un bâton d'un mètre environ, terminé par une poignée horizontale. Nous savons que c'est au clan Moundang-Sin qu'est attribuée l'introduction de cet outil permettant la confection de murs en pisé.

Le mur du *wul-lii* est donc monté circulairement et l'on peut comparer ce travail à la fabrication d'une poterie au colombin. Bien entendu, le rythme de construction est fonction du temps nécessaire au durcissement progressif de l'argile grasse utilisée comme matériau. Une étroite ouverture est laissée comme porte de communication avec le reste de « l'appartement » et l'on construit un mur d'enceinte prolongeant celui du *wul-lii* jusqu'au *wul-laané* (« le petit *wul* ») appelé *wul-siaré*, « la chambre du foyer de cuisine », dont le diamètre varie autour de 2 mètres. L'espace dégagé entre ces deux pièces circulaires constitue une chambre (*pe-pae*) sombre presque entièrement fermée car l'ouverture laissée vers l'avant de la maison est munie d'une portière en vannerie qui en préserve l'intimité. Parfois, un tout petit muret élevé sur le seuil du *pe-pae* souligne encore davantage la séparation entre cet espace intime et la chambre de devant qui donne sur l'extérieur. Cette entrée, cette espèce de salon, est appelée *pe-deuré* ou *za-pe-labé*. Très souvent, on remarque aujourd'hui que cette chambre de réception est fermée non par une vannerie mais par une porte en bois munie d'une serrure ou, à tout le moins, d'un cadenas.

Opposée au grenier féminin érigé sur la façade sud de la maison, une petite tour coiffée d'un toit conique forme une minuscule pièce circulaire sur le flanc nord du bâtiment : c'est le *wul-ryo-ryo* qui sert d'abri intérieur pour les caprins que possède la maîtresse de maison.

L'ordre de construction des murs est celui des aiguilles d'une montre à partir du *wul-lii* et ce n'est qu'ensuite qu'on élève les parois de séparation entre le *pe-pae* et le *pe-deuré*, entre le plus intime d'un logis d'épouse et le plus public.

A l'exception du grenier et de l'abri pour les chèvres qui sont surmontés de coupoles, le reste est couvert d'une toiture en terrasse mais les deux chambres rondes (le *wul-lii* et la cuisine) sont quelque peu surélevées (20 à 30 centimètres), ce qui leur donne l'allure de deux donjons courts et massifs. La cuisine est pourvue d'une « cheminée » constituée par un trou pratiqué dans la terrasse du donjon, trou consolidé par un col de poterie ; une ouverture semblable est faite sur le *wul-lii* pour apporter un peu de jour dans cet espace où il ferait sans cela plus noir que dans un four. La lumière qui pénètre par ces deux trous éclaire un peu le *pe-pae* et le *pe-deuré* qui ouvre sur l'extérieur peut recevoir l'éclat du plein jour selon la position du soleil. Maintes fois il nous est arrivé d'y écrire sans la moindre gêne.

Le *deuré*, la terrasse, est soutenu par un fort pilier en pisé que les Moundang appellent *wor-de*, « taureau » (les Peuls disent *bantal*, terme que nous avons souvent entendu à Léré). Il n'est pas rare, quand une maison dépasse une superficie de 25 m², de trouver deux piliers pour soutenir la lourde toiture que nous allons décrire maintenant.

Les couvreurs commencent par poser directement sur les murs de pisé de grandes poutres (*berā*) taillées dans un bois dur inattaquable par les termites. Parmi les essences choisies on trouve le *geré*, le *bamé*, et aussi le jujubier ainsi que le *Daniella Oliveri*. Sur ces grosses poutres on dispose des claies de branchages au treillis serré qui serviront de support aux différents éléments de la terrasse. Ces éléments sont du bois, diverses sortes de pailles, de la terre et des poteries concassées. Le bois se présente sous forme de petits rondins posés directement sur les claies et sont recouverts d'une vannerie semblable aux écrans dits sécos qui clôturent les habitations. Ces sécos sont, à leur tour, recouverts de bottes de paille (la variété dite *ram-talé*), et enfin on met de la terre mélangée avec des excréments du bétail. Cette terre est soigneusement lissée et égalisée avec une couche d'argile grasse. Ce travail est d'abord fait à la main comme font les potières. La terrasse se présente ainsi comme une dalle solide de torchis sur laquelle on peut placer de multiples objets d'usage féminin — des canaris notamment — et sur laquelle les femmes peuvent marcher en toute sécurité. On accède au *za-deuré* comme au grenier par un escabeau fait d'une grosse branche de rônier fourchu dans laquelle sont taillées des marches, le *kpu-cèlé*, « le bois du grenier ».

Le grenier. Sa construction est l'œuvre d'un spécialiste que viennent aider les membres de la famille. On trace d'abord sur le sol un cercle dont le diamètre est fixé par le propriétaire (2 à 2,50 mètres), puis plusieurs cercles intérieurs concentriques. On y pioche des trous dans lesquels on enfonce de grosses pierres : ce sont les fondations de l'ouvrage. Sur ces grosses pierres dressées on dispose de larges pierres plates de façon à obtenir une plate-forme la mieux équilibrée possible. On la recouvre de terre mélangée à des poteries concassées sur laquelle on répand une couche de cendres censées protéger ce plancher du grenier contre les petits rongeurs. Un rituel accompagne cette phase de la construction : on fait appel à un jeune garçon de la famille qui a la réputation de ne pas être gourmand pour qu'il prenne un peu de terre préparée par les femmes, des grains de mil rouge, des feuilles séchées de haricot, des graines de gombo, de melon, etc., et les pose sur les fondations. C'est un geste pour demander que le grenier soit toujours plein et que la famille n'ait pas à souffrir de la disette. Une femme prononce cette bénédiction avant d'offrir un repas aux travailleurs. Un peu de boule est jeté à terre en guise d'offrande aux ancêtres.

Dans une seconde phase, on fait monter la paroi extérieure du grenier. On peut d'autant mieux dire qu'il s'agit là d'un véritable travail de potier que le souci esthétique se manifeste dans l'élégance donnée à la courbure du ventre du cylindre que certains se plaisent à orner de lignes incisées dans le pisé. La hauteur du cylindre varie selon la destination du grenier : pour une femme, seule la coupole dépasse le niveau de la terrasse, pour un homme, la hauteur peut dépasser 3 mètres. On désigne ce grenier central par l'expression *cel-damé*, « grenier *damé* », ce mot signifiant tambour géant que seuls le roi de Léré et les chefs gardent à proximité de leur maison.

On construit ensuite les parois intérieures qui divisent le volume du cylindre en 3 ou 4 compartiments selon le désir du propriétaire. L'un servira pour le mil, l'autre pour les haricots, le troisième pour les arachides et un quatrième, éventuellement, pour les pois de terre. Chacun de ces compartiments est fermé à sa partie supérieure, ne laissant qu'un trou pour qu'une femme ou un enfant puisse s'y glisser. Une coupole surmonte le corps du grenier : sa hauteur doit être suffisante pour que l'usager puisse s'y tenir courbé. Une ouverture ovale ménagée sur le côté donne accès aux compartiments. Une natte tressée aux dimensions convenables sert de couvercle à la coupole.

L'achèvement des travaux est suivi d'un repas communiel partagé par les maçons ; un peu de bouillie de mil est répandu sur la paroi fraîchement crépie du grenier. Si l'édification de l'ouvrage a eu lieu au mois de mai, juste avant la saison des pluies, il faut faire un feu à l'intérieur du grenier pour que les provisions qui y seront déposées ne pourrissent pas.

L'appartement et son mobilier.

Commençons par le *wul-lii* ; nous avons vu que c'est la chambre la plus sombre, la plus intime de l'appartement. La maîtresse de maison y dépose ses grandes poteries et notamment celles qui contiennent le *yimi*, la bière de mil (c'est pourquoi on appelle aussi cette pièce *wul-yimi*), ainsi que ses effets les plus précieux : vêtements, bijoux, etc. Certaines femmes construisent une sorte de marche en banco adossée au mur qui sert de siège ; elle peut en effet s'y installer pour boire en compagnie de ses amies. A la saison froide, il n'est pas rare qu'elle étende sa natte pour dormir dans le *wul-lii*.

En dehors de la marche-siège intégrée à la maçonnerie, il n'y a donc pas de mobilier dans le *wul-lii* qui est plutôt une sorte de réserve où l'on considère qu'on peut déposer les objets les plus précieux car les voleurs n'oseraient s'y hasarder. Bien que le maître de maison n'ait rien à y faire, la femme accepte qu'il y mette aussi ses beaux vêtements et affaires personnelles enfermés dans une valise ou une cantine.

Le *pe-pae* est la véritable chambre à coucher de l'épouse et de ses fillettes (et, bien entendu, des garçons quand ils sont des bébés).

Il sert également de lieu de dépôt pour les choses auxquelles on tient le plus. La femme y reçoit ses intimes (et même ses amants) avec qui elle boit et mange : il peut s'agir d'amies, de sœurs et, d'une façon générale, de parents en visite. On dit que jadis un criminel pouvait y trouver refuge.

Le *wul-siaré*, comme son nom l'indique, contient seulement les trois pierres du foyer de cuisine et la vaisselle — poteries et calebasses, ainsi que les récipients émaillés — indispensable à la préparation et à la distribution des aliments.

Enfin le *pe-deuré*, salon ou séjour, nous conduit à l'espace le plus socialisé de l'appartement. C'est aussi celui qui accueille le mobilier lourd de la femme : le *fili*, plate-forme en terre adossée à la paroi qui sert à la fois de banc pour les hôtes et de lit chauffant (notamment pour la parturiente) et le *neni*, la meule à écraser le mil.

Si l'on ajoute à ces deux meubles la place prise par le ou les piliers de soutien de la toiture-terrasse, on s'aperçoit que le *pe-deuré* n'est pas un séjour particulièrement spacieux ; quatre ou cinq personnes mais guère plus ne peuvent s'y tenir à l'aise.

Le reste est du petit mobilier constitué de quelques tabourets en bois souvent incisé de décors géométriques simples. Aujourd'hui, un bon maître de maison possède en plus de la peau de bœuf qui est « le tapis » de repos traditionnel, un fauteuil pliant au montant de bois et au siège en cuir, une chaise longue européenne et, s'il est riche, un fauteuil de confection locale garni de coussins cousus par un couturier.

Les vieilles femmes veuves héritées par un agnat de leur mari défunt n'occupent plus d'appartement mais une case où elles dorment seules ; leur lit est taillé dans une section de tronc d'arbre grossièrement équarri qu'on appelle *kpèmé*. On relève un peu le côté de la tête en plaçant une grosse pierre dessous. Le nom propre Pah-kpèmé, assez courant chez les Moundang, a pour origine une prescription du devin enjoignant à la future parturiente de déposer son nouveau-né sur ce lit de vieille femme pour lui assurer une protection particulière.

Avant d'en venir aux aspects symboliques et rituels de la maison et de la « concession » en général, il est bon d'insister sur l'importance du souci esthétique qui commande aux opérations de finissage de l'appartement féminin. Le sol, les parois, la terrasse, les encadrements de porte sont soigneusement lissés et vernis avec une décoction d'écorce (de l'arbre *cèné* ou *tebumi*) ; les piliers et les encadrements sont ornés de décors incisés dans le pisé. On ne saurait trop pousser la comparaison de la maison avec celle d'une poterie qui sont l'une et l'autre le produit d'un travail de pétrissage et de modelage de la terre qui transforme le matériau en un ouvrage d'art.

Quand une nouvelle épousée vient au terme d'un long processus rejoindre le domicile de son mari, elle n'entre pas immédiatement dans son appartement tout préparé. Si elle est la première, elle logera dans une case et prendra pleinement part à sa construction ; si elle vient en deuxième ou énième épouse, elle sera d'abord installée chez une ancienne comme *wé-pe-wul-lii*, « femme de *pe-wul-lii* » (ce qui est évidemment pratique courante quand il s'agit d'une femme de Chef). Ce qu'on pourrait appeler « l'intronisation » de l'épouse dans l'enclos de son mari est marqué par la cérémonie dite *ma-siaré*, « poser le foyer de cuisine ».

La date de ce rituel est fixée par la mère de la jeune mariée qui en avertit son gendre. Ce dernier fait préparer par sa mère ou une première épouse une grande quantité de bière de mil et il égorge un bouc castré pour faire honneur à ses beaux-parents. Signalons au passage que cette offrande de bouc castré faite par le gendre sera répétée au moment de la première grossesse de sa femme ; on dira qu'il donne à son beau-père le *gwï-te-šimi*, « le bouc de l'hémorragie ». L'animal est sacrifié dans la maison du père où la future maman revient pour prendre part au repas.

Pour poser les pierres du foyer, pour faire *ma-siaré*, la mère de la jeune épousée se rend à la maison de son gendre à la tête d'un imposant cortège de parents et parentes qui portent des cadeaux et des objets constituant, en quelque sorte, la dot — au sens de douaire — de sa fille. Les prestations alimentaires et la bière de mil sont destinées à la consommation immédiate dans un repas cérémoniel qui fait pendant à celui qui a eu lieu dans le foyer paternel de la jeune femme. Mais la viande de bouc castré est remplacée par la viande d'une chèvre car chaque sexe doit manger une chair de sexe opposé. Les biens féminins que nous avons rangés sous la rubrique du douaire (terme qui n'est pas tout à fait exact puisque dans l'ancienne France c'était le mari qui avait l'obligation de le fournir pour assurer la sécurité de sa femme en cas de veuvage) comprennent les objets suivants : quelques nattes (les familles riches donnent, suivant l'usage des Peuls, un lit de bambou), des bâtons à touiller ornés de dessins pyrogravés, des louches (demi-calebasses-gourdes), une hache et quelques fagots, des couteaux et une batterie très complète de vaisselle ; il faut mentionner aussi des produits comme le natron (vendu par des commerçants venant de la région du lac Tchad) et du savon local fabriqué à partir des fruits du rônier ou du *balanites* (vulgairement appelé « savonnier ») qu'on broye et qu'on mélange à de la graisse animale.

Une belle-mère qui aime beaucoup son gendre lui apporte aussi quelque cadeau : des noix de kola, par exemple, que des marchands Hausa vendent au marché dominical de Léré. Le repas terminé, les femmes de la parenté de la jeune épouse passent une dernière couche de vernis sur les murs du *wul-siaré* ainsi inauguré et posent les trois « pierres » du foyer de la nouvelle cuisinière. En fait de pierres, il s'agit de trois canaris ou marmites noires dont le fond a été troué, qu'on pose à l'envers après les avoir remplies de terre soigneusement tassée.

Ma-siaré est un rite d'installation de la nouvelle maîtresse de maison ; on peut le considérer comme un rite de passage mais c'est aussi une démonstration éclatante de liens d'alliance qu'on souhaite forts et durables, de part et d'autre. Même la mort ne les détruira pas puisque la coutume moundang veut que la femme soit inhumée juste derrière son *pe-pae* où sa sépulture deviendra « l'autel » invisible des *me-zuwun-mamé*, « les esprits maternels » qu'honoreront de leurs offrandes les descendants qu'elle aura donnés à son mari.

La maison et son environnement : la conceptualisation de l'espace moundang telle qu'elle se présente dans la divination.

Nous avons décrit ailleurs (*Le Bâton de l'aveugle*, par Adler et Zempléni, 1972) un certain nombre de consultations divinatoires auxquelles nous allons maintenant nous référer. Quel que soit le cas qui lui est soumis : maladie, préparation d'un rituel de funérailles, participation à des cérémonies publiques exigeant la consommation de nourritures sacrificielles, le devin (*pah-kendani*) interroge la terre avec ses cailloux en envisageant des catégories selon un ordre à peu près constant. Il nous offre ainsi un tableau de la situation de la personne dans l'univers qui est le sien, qui nous permet de mieux comprendre ce que signifie la maison comme espace social et spirituel dans la culture moundang.

Les catégories spatiales énumérées dans la série d'ouverture sont les suivantes :

mor-seri : « dans, à l'intérieur de la terre », sous-entendu du village du consultant.

fahli be telae : « les chemins de cette terre ».

mor-vur-yā : « l'intérieur de la boue (la terre battue, celle avec laquelle on fait les murs de pisé) du village ». Cette expression désigne le centre de l'espace construit, celui des fondateurs par opposition à ceux qui sont venus les rejoindre par la suite.

te-vur-yā : « la place (où les autres) ont fait le village ».

kala-seri : « le tour de la terre », la terre qui environne le village, la terre qui l'entoure. Dans les cérémonies à procession (intronisation d'un chef par le chef de terre, sorties collectives en brousse pour la chasse rituelle à la pintade) le cortège fait « *kala-seri* ». Cette circambulation précède le retour des hommes vers le centre, la place et la maison du chef où sont consommées les nourritures et boissons sacrificielles.

fahli-šelae : les chemins (du village).

Quand la consultation concerne une femme, le devin poursuit en examinant les catégories suivantes :

te fahli za-bi : « sur les chemins (qui conduisent) vers l'eau ».

čok bye-bi : « l'endroit (le creux) où les femmes vont puiser de l'eau ».
bi pwel-ko : « l'eau puisée à cet endroit ».
dan bye-bi : « la jarre avec laquelle on puise l'eau ».

Viennent ensuite les questions posées aux *čok-šyīnri*, « les génies de lieu ». Selon l'importance du cas soumis au *kendani* (affaire purement privée de maladie, par exemple, ou cérémonies funéraires et, *a fortiori*, fêtes du calendrier rituel), les génies de lieu sont simplement évoqués :

« le grand génie et la paume de sa main »,

« le petit génie et la paume de sa main »,

« la sorcière et la paume de sa main »,

ou bien tous les *čok-šyīnri* de la terre du village sont nommément examinés. Les génies du lieu, rappelons-le, sont localisés de façon tout à fait précise — on peut les cartographier — et habitent aussi bien les espaces de brousse que les espaces intérieurs de la surface habitée. Il nous faut donc insister sur le fait que les Moundang ne se contentent pas d'une opposition village-brousse mais soulignent tout autant l'opposition entre maison et extérieur. Quand un homme rentre de voyage, il ne va pas rendre de visite à des voisins ou à des amis avant d'être d'abord passé chez lui « pour y mettre son âme au repos ». Certes, le même mot *yā* s'applique également à la « concession » et au village, mais seuls le *pi-čèlé* et le *vur-yā* offrent à l'âme de leurs occupants la sécurité et la paix.

La série suivante commence par maison :

ma ke-sil-yā : « l'intérieur, le milieu de la maison ».

vur-yā : « les murs de la maison ».

za-tege-bèlé : « le seuil de la concession ».

tegwari-pe-yā : « les esprits du seuil ». Ces esprits *tegwari* (le même terme s'applique aux esprits d'animaux sauvages chassés par les hommes et au cadavre qui menacent surtout ceux qui sont au contact de ces êtres) de la porte d'entrée sont distingués entre esprit de droite et de gauche. C'est du côté gauche en sortant de la maison qu'on enterre le chef de famille.

fa de pelae : « les choses reçues de l'extérieur ».

za-pi-čèl-kalé : « ceux qui se tiennent dans la cour » (c'est-à-dire ceux du dedans et ceux du dehors).

fa-bi-mor-yā : « l'endroit pour se laver ». C'est dans cet endroit humide de la cour qu'on enterre le placenta des nouveau-nés. Il est situé à proximité de la « porte » dérobée du fond de l'enclos, celle que l'on franchit discrètement en ouvrant un étroit passage dans le séco mal fixé en vue de cet usage. C'est par là qu'on fait sortir le cadavre pour l'inhumation.

siar-ber-yā : « le foyer de la maison ».

ryel mo-jō : « la nourriture qu'on y prépare ».

La tranche de consultation qui fait suite à cette énumération examine les principes spirituels liés au chef de famille :

me-zuwun-pamé : « l'esprit (ou mâne) paternel ».

me-zuwun-mamé : « l'esprit (ou mâne) maternel ».

tilim zuwunri : « les esprits errants ».

masin byāné : « le dieu de naissance » ou esprit gardien,
et se poursuit par l'examen du corps (yeux, boîte crânienne, ventre, etc.) et des diverses catégories de maladies susceptibles d'attaquer la personne.

On remarquera que le devin n'énonce qu'un seul terme faisant référence à la matérialité de l'habitation : *vur-yā*, le pisé, les murs. Le foyer de la cuisine (mais non le *wul-siaré*) est couplé avec la nourriture qu'on y prépare et les autres termes désignent des lieux de passage ou de rencontre (le seuil d'entrée et la cour) qui sont précisément les seuls endroits où l'on accomplit des rites domestiques, offrandes ou sacrifices sanglants.

Dans cette société patrilinéaire, patrilocale et passablement patriarcale, la maison est un espace profondément féminin. Du point de vue de ce qu'un philosophe appelle proprement « l'habiter », qui est la modalité essentielle de l'être au monde pour un mortel, les catégories retenues par la divination nous donnent à penser tout autre chose qu'une différence juridique dans le statut respectivement accordé à l'homme, le maître de maison et à la femme, l'épouse. L'homme définit et délimite son lieu en bâtissant la maison de sa femme. Il la reçoit chez lui, dans son *yā* — *yā* qui est aussi, ne l'oublions pas, le village dans son entier comme ensemble résidentiel et unité politique dont le chef vient de l'extérieur — mais en ce lieu qui n'existe que par la maison, il habite, lui, la périphérie. La maison, nous l'avons vu, est une espèce de sanctuaire féminin où lui-même peut trouver refuge, mais par définition il est dehors ; ce qui se rapporte à lui se présente sous forme d'esprits dangereux — *tegwari* du seuil, *me-zuwunri* ancestraux — tandis que ce qui se rapporte à la femme renvoie à la production qui circule sous forme de nourriture et de boisson.

En somme, par rapport à la maison, la divination ne connaît la femme que comme force positive — foyer, nourriture, choses qui entrent et qui sortent de la concession — tandis que l'homme est indiqué, si l'on peut dire, en creux. L'existence de la catégorie *me-zuwun-mamé* ne contredit nullement cette opposition ; elle s'explique par le fait que l'épouse est inhumée derrière *sa* maison, son foyer conjugal auquel elle est ainsi définitivement intégrée. Le contraste qu'offre cette coutume avec celle des Sara, par exemple, où la famille de la femme ne se contente pas de ramener le corps de la défunte dans le cimetière de lignage mais est en droit d'exiger un ultime paiement de la part du veuf afin de *couper le sang* (*ja-mose*) entre les alliés, montre toute la pertinence de ce trait dans l'organisation sociale.

L'homme, dans la société moundang, est défini comme personne par son appartenance à un clan. La terre est propriété des *čok-šyīnri* qui sont liés à des clans, la distinction dans le village entre le centre et la périphérie se réfère à celle des clans premiers occupants qui fournissent le chef de terre et ceux qui les ont rejoints par la suite. De même qu'il y a continuité entre l'unité d'habitation du chef de famille et le village, il y a continuité entre les génies de lieu extérieurs et intérieurs à l'espace villageois et les génies et esprits qui hantent les ouvertures de la concession. L'homme et sa demeure sont ainsi logés dans un champ topologique que la divination divise en zones auxquelles elle affecte des valences positives ou négatives. Assurément, la femme est inscrite dans ce champ, mais ce sont ses actes qui sont pris en considération parce que c'est elle qui, en circulant et en faisant circuler des richesses, fait communiquer les différents espaces dans lesquels les hommes sont d'abord enfermés.

II

LA PREMIÈRE RECONNAISSANCE DE LÉRÉ PAR UN EXPLORATEUR FRANÇAIS

En 1900, le capitaine d'infanterie coloniale Loeffler est à Carnot où il est chargé d'administrer la région de la Haute-Sanga dans l'ouest de l'actuelle République Centrafricaine. En janvier 1901, il se rend en expédition dans le nord où il a mission de reconnaître les derniers « blancs » de la carte d'un territoire qui vient d'être donné en concession à la France. L'exploration doit permettre la découverte des meilleures voies d'accès fluviales vers la région comprise entre le bassin de la Bénoué et celui du Logone ; elle a aussi des objectifs politiques et militaires. La frontière avec le Cameroun allemand est encore mal délimitée et, d'autre part, il faut essayer d'empêcher les Foulbé, ceux de Ngaoundéré en particulier, de poursuivre leurs incursions dans la zone dévolue aux Français. La domination peule sur les populations païennes de la future subdivision du Mayo-Kebbi est loin d'être solidement établie et l'état de guerre règne presque toujours. Le rapport de Löfler dont nous citons un fragment nous fournit des indications intéressantes sur cette situation à la veille de la colonisation française et, notamment, sur certains aspects des méthodes de conquête utilisées par les Foulbé.

« Les Moundang portent en grande partie le boubou comme les Foulbé, dont ils imitent les coutumes. Ils ont comme armes la sagaie, les flèches, le sabre et le poignard. Beaucoup d'entre eux sont montés ; j'en vois même qui portent cuirasse. Les femmes vont généralement nues, n'ayant pour tout décor que des colliers de perles variées, principalement de baïaccas blanches et rouges. Elles ne se déforment pas et se contentent de quelques légers tatouages sur les bras, la poitrine et le ventre.

» Le chef de Léré, Gotchomé, est un homme jeune, à figure intelligente et douce. Il est très proprement vêtu à la manière foulbé, ne négligeant ni le turban, ni même la mentonnière, qui donne cet air d'austérité à tout bon musulman. Gotchomé est resté fétichiste, et son souci du costume n'a d'autre effet que d'impressionner la masse de sa population par une corrélation apparente de sa puissance et de celle des chefs foulbé qui l'avoisinent. Ses premières paroles ont été pour m'apprendre que, dans son village, il savait administrer à la façon des Foulbé, et qu'en m'adressant directement à lui, j'obtiendrais tout ce que je pourrais désirer. Mais si Gotchomé a des habitudes policées, ses hommes en ont bien peu, et l'on est justement frappé dès l'abord par le calme, la dignité, il est vrai un peu forcée, du chef, en opposition avec le caractère bruyant et extravagant de ses gens.

» A Léré se trouve en même temps que nous un envoyé du sultan de Yola, chargé d'obtenir de Gotchomé un petit tribut de vassalité ; mais le chef moundang, de l'avis de l'envoyé lui-même, ne semble pas disposé à donner satisfaction au sultan et entend conserver son indépendance, qu'il a pu jusqu'ici défendre contre les entreprises de ses voisins. Mais il est facile de voir que cette indépendance eût pu ne pas être exempte de périls, si des événements nouveaux n'étaient survenus.

» Une petite colonie de Foulbé est établie à Léré et c'est elle qui donne le ton de l'élégance et des manières autour du chef. Elle a fait pénétrer peu à peu ses influences, ménageant au début les susceptibilités des habitants, se rendant utile et bientôt indispensable par l'apport de commodités et de bien-être, se créant à la longue un courant sympathique parmi la classe aisée. Celle-ci, en s'assimilant progressivement à ses éducateurs, aurait fini par constituer, au jour propice, un parti avantageux, dont le sultan voisin se serait servi pour l'élection d'un prétendant de son choix, forcément asservi, qui l'aurait emporté sur la masse de la population, grâce à des manœuvres adroites et à des appuis habilement recherchés.

» L'occupation de Garoua par les Allemands a mis Gotchomé à l'abri des intrigues émanant des Foulbé de Yola.

» Mais si j'ai tenu à donner un aperçu politique de la situation du pays moundang, telle qu'elle m'est apparue au moment de mon passage, c'est surtout pour bien faire ressortir la méthode vraiment curieuse d'assimilation employée par les Foulbé pour amener l'asservissement des tribus fétichistes puissantes qu'ils hésitent ou ne peuvent arriver à vaincre définitivement par les armes » (Renseignements coloniaux, n° 10, *Bulletin du Comité de l'Afrique Française,* 1907, page 237).

Cette analyse de Loeffler nous fournit une confirmation décisive de celle qu'ont faite pour nous nos informateurs moundang. Les *lamibé* Foulbé n'ont pu imposer à leur peuple qu'une domination à éclipses n'excluant ni des alliances temporaires ni des défaites cuisantes mais ont su, par le raffinement de leur culture et la supériorité de leur civilisation matérielle, modifier les mœurs de leur roi et de son entourage, ceux que Löfler désigne, non sans abus de langage, comme « la classe aisée ».

III

PETIT VOCABULAIRE DES INSTITUTIONS POLITIQUES ET RITUELLES DES MOUNDANG

Dans la mesure du possible, nous avons suivi un ordre logique en partant d'un mot clé et en donnant la liste des mots composés formés avec lui.

gō : chef, détenteur de l'autorité politique. Nous ne connaissons qu'un seul cas où ce mot sert à former un titre qui ne relève pas du système politique : *gō-bamé*, chef de (la magie) de la pluie. La coutume veut que cette fonction soit attribuée à un esclave. Cette anomalie trouve peut-être son explication dans le fait que cette magie est un attribut essentiel du roi lui-même.

gō-Léré : roi de Léré (par opposition à *gō-za-lalé*, chefs, commandants de « dehors », des villages de brousse qu'on oppose à la « capitale »).

gō-gbwē : chef (ayant reçu l'onction) d'ocre jaune.

gō-se : chef (de la) lance. C'est le successeur du précédent.

gō te-ngaï : chef au-dessus de l'assemblée. Ce terme marque la transition entre la fonction de commandement et celle de notable (cf. p. 145).

gō-li : princesse, fille de roi (cf. pp. 321-324).

mah-gō-ae : mère du roi régnant. Elle réside dans le quartier de Fuli auquel on donne son nom.

mah-mor-yā : la mère de la maison. La prêtresse du palais (cf. pp. 317-320).

mah-jō-bi-gō-ae : cuisinière du roi en titre.

we-gō-ae : les fils du roi régnant. On les appelle *yérima*, princes.

wajiiri : titre de cour, « vizir ». Ce titre sinon la fonction est donné aux fils des *gō-li*.

za-pel-gō-ae : ceux qui sont devant le roi, les notables.

paliā-gō-ae : les amis du roi. Ce sont les pères des serviteurs du « toit de chaume ».

biak-gō-ae : esclaves du roi.

we-puliā-gō-ae : collège des hommes du roi (cf. pp. 286 et sq.).

puliā-puri : responsable rituel des chevaux.

puliā-mwena : responsable rituel des piétons.

puliā-za-wi : responsable du feu rituel devant le palais.

swa-balé : responsable des porteurs de boucliers.
za-sudal : cavaliers montant des chevaux caparaçonnés.
mungeri-gō-ae : les hyènes du roi (cf. p. 171).

Fonctions rituelles indépendantes du palais :
za-sae : les excellents, collège des Anciens des clans fondateurs.
za-tchoutchou : collège des siffleurs (cf. pp. 291-294).
zak-fa-uni : ceux qui marquent le temps. Anciens du clan Tezun formant l'orchestre rituel qui joue à la porte du palais à la fin de *ma-dum-bi* (cf. pp. 336-337).
pah-seri : chef de terre (cf. p. 378).
gō-pe-kworé : chef du paravent de paille. C'est le substitut du chef de terre (cf. pp. 344-346).
pah-yăné : maître du bois sacré, chef des masques.
pah-čuki : maître de la brousse, responsable des masques de l'initiation.
pah-čoké : forgeron. Il fait partie des responsables de l'initiation, ses outils sont considérés comme des *šyīnri* (cf. pp. 127-128).
pah-kelabé : maître de la hache. Ce terme s'applique aux Anciens des quatre clans responsables de la circoncision. Celui qui pratique l'opération est appelé *ši*, crocodile.
pah-kendani : devin utilisant les cailloux.

Entités spirituelles :
masin : qui est en haut, céleste, dieu.
Les Moundang distinguent 4 espèces de maladies dont le nom est formé avec ce mot : *masin-li*, dieu grand ; *masin-čomé*, dieu soleil ; *masin-bamé*, dieu pluie ; *masin-suwéré*, dieu fourmi noire (cf. Adler et Zempléni, 1972).
me-zuwūnri : esprit ancestral (les devins interrogent celui du père, de la mère, des grands-parents et les *tilim-zuwūnri*, les esprits errants.
me-zuwūnri : les masques. Ils comprennent les costumes de fibres noircies *mundéré* et *muyu*, les rhombes de l'initiation, le sifflet de *meviki*, le masque du feu *Kazae*. Ce dernier nom est donné au trickster des contes.
me-zuwūnri : esprit cannibale empruntant la forme d'une belle femme.
čok-šyīnri : génie de lieu, génie agent de maladies.
šyīnri : médicament, fétiche, puissance invisible.
jō-šyīnri : faire le médicament, faire un sacrifice.
čié : âme, ombre. Les Moundang distinguent *čié-li*, la grande âme et *čié-laané*, la petite âme.
čié-sworé : l'âme du mil (fête, cf. pp. 352-362).
ke : sécheresse, pouvoir attribué au roi de Léré de faire tomber ou d'empêcher la pluie. Lors de la cérémonie de l'âme du mil il est symbolisé par trois objets appartenant aux *regalia* : un fer de houe, une faucille et un petit couteau de jet.

BIBLIOGRAPHIE

I. Ouvrages et articles se rapportant aux Moundang et à leur histoire

A. Textes imprimés

ADLER, A. et ZEMPLENI, A., *Le bâton de l'aveugle*, Paris, Hermann (Collection Savoir), 1972.
ADLER, A., « Faiseurs pluie, faiseurs d'ordre », *Libre*, pbp, 77-2, 1977, p. 45-68.
ALIS, H., *Nos Africains*, Paris, Hachette, 1894.
BARTH, H., *Travels and Discoveries in North and Central Africa*. London : Frank Cass and Co. Ltd, Centenary Edition, 1965 (3 volumes).
BRUEL, G., *Le cercle du Moyen-Logone*, Paris, Comité de l'Afrique française, 1905.
BRUSSEAUX, E., « Note sur les Moundans », *B.S.R.C.* 2, 1922 : 23-49.
CABOT, J., *Le bassin du Moyen-Logone*, Paris, ORSTOM; Thèse, 1965.
DELEVOYE, M., *En Afrique Centrale, Niger-Bénoué-Tchad*. Paris, Librairie H. Le Soudier, 1906.
FROBÉNIUS, L., *Atlantis* (Band V), Iéna, 1925 (Chap. 5 : Mundang).
GIDE, A., *Le retour du Tchad* (carnets de route), Paris, Editions Gallimard, 1928.
KIRK-GREENE, A. H. M., *Adamawa. Past and Present*. London, Oxford University Press, 1958.
LEBEUF, J. P., *L'habitation des Fali montagnards du Cameroun septentrional*, Paris, Hachette, 1961.
LEMBEZAT, B., *Kirdi, les populations païennes du Nord-Cameroun*, Mémoires de l'I.F.A.N., 1950.
LENFANT, E., *La grande route du Tchad*, Paris, Hachette, 1905.
LESTRINGANT, J., *Les pays Guider au Cameroun. Essai d'histoire régionale*, Paris, multigr., 1964.
LOEFFLER, Cap., « Les régions comprises entre la Haute-Sanga, le Chari et le Cameroun », *Renseignements Coloniaux*, n° 10. *Bulletin du Comité de l'Afrique française*, 1907, 224-240.
MARTIN, R., « Notes sur les Moundang de la région de Léré (Tchad) », *B. Inst. Et. centrafricaines*, v. 2, n° 4, 1947, 99-105.
MIZON, L., « Itinéraire de Yola à Dingui sur la Mayo-Kebbi, à Lagdé sur la Haute Bénoué et à Ngaoundéré, et essai de carte des régions voisines », *B. Soc. Géogr.*, Paris, t. 17, 1896, 65-98, carte.
MOHAMMADOU, E., *Les Feroobé du Diamaré. Maroua et Petté. Les traditions historiques des Peuls de l'Adamawa*. Niamey : C.R.D.T.O., Yaoundé : C.F.L.C., 1970.

MOHAMMADOU, E. et HAMADJODA ABDOULAYE, *Les Yillaga de la Bénoué, Ray ou Rey-Bouba*, Yaoundé, 1972.

MOHAMMADOU, E., *Fulbe Hooseere, Les royaumes Foulbé du plateau de l'Adamawa au XIXe siècle*, ILCAA African languages and ethnography VIII, Tokyo, 1978.

PASSARGE, S., Adamawa. *Bericht über die expedition des Deutschen Kamerun Komitees in den Jahren 1893-1894*, Berlin, Dietrich Reimer, 1895.

PONTIÉ, G., *Les Guiziga du Cameroun septentrional. L'organisation traditionnelle et sa mise en contestation*, mémoire ORSTOM, n° 65, Paris, 1973.

SEIGNOBOS, C. et TOURNEUX, H., *Chronique des Peuls de Bindir*, Annales de l'Université du Tchad, N'Djamena, B.P. 54, 1978.

VOSSART, J., « Histoire du Sultanat du Mandara », *Etudes Camerounaises* 35-36, 1953, p. 19-51.

ZELTNER, J.-C., « Notes relatives à l'histoire du Nord-Cameroun », *Etudes Camerounaises* 35-36, 1953, p. 5-18.

ZEMPLÉNI, A., « Pouvoir dans la cure et pouvoir social », *Nouvelle Revue de Psychanalyse*, n° 8 Pouvoirs, Gallimard, 1973, p. 141-178.

B. *Textes dactylographiés.*

Archives coloniales de la sous-préfecture de Léré (en très mauvais état et à peine lisibles) : quelques Rapports politiques des années 45 à 50, quelques directives manuscrites des Chefs de district et un recensement des imposables.

Feuilles de recensement datant de 1964 portant sur les 4 cantons de Léré, Guégou, Lagon et Binder.

Notes de tournée de MM. Cournarie, Cédille et Fourneau, Administrateurs des Colonies, sur la subdivision de Kaélé, Maroua, 1937.

CHAMPION, F., *Recherches sur l'organisation sociale des Massa* (Région de Koumi), Thèse de 3e cycle, Université de Paris V, Sorbonne, 1977.

COLLARD, Ch., *Organisation sociale des Guidar ou Baynawa*, Thèse de 3e cycle, Université de Paris X, Nanterre, 1977.

WASSERET BOSSOUNÉ, « Le royaume et la chefferie de Léré », *Tchad et Culture*, revue mensuelle ronéotée, N'Djamena, n° 79, 80 et 81 parus en 1974 et n° 99 paru en 1977.

Traduction manuscrite due au Capitaine Lemoigne (sans date) d'un texte de Kurt Strümpell rédigé sans doute vers 1912 : *Histoire de l'Adamawa d'après les traditions orales.*

II. Ouvrages et articles cités

ADLER, A., *Les Day de Bouna*, Etudes et Documents tchadiens, I.N.T.S.H., Fort-Lamy, 1966.

ADLER, A., « Avunculat et mariage matrilatéral en Afrique Noire », *L'Homme*, vol. XVI (4), 1976, p. 7-27.

BALANDIER, G., *Anthropologie politique*, Paris, P.U.F., 1967.

COLLARD, Ch., « Les noms-numéros chez les Guidar », *L'Homme*, vol. XIII (3), 1973, p. 45-59.

DAMPIERRE, E. de, *Un ancien royaume Bandia du Haut-Oubangui*, Paris, Plon, 1967.

DIETERLEN, G. et GRIAULE, M., « The Dogon », in D. Forde, ed., *African Worlds*, London, Oxford University Press, 1954, p. 83-110.

DUBY, G., *Les trois ordres ou l'imaginaire du féodalisme*, Paris, Editions Gallimard, 1978.

EVANS-PRITCHARD, E. E., *The Nuer*, London, Oxford University Press, 19

EVANS-PRITCHARD, E. E., *The divine Kingship of the Shilluk of the Nilotic Sudan*, The Frazer Lecture for 1948, Cambridge, 1948.

FORTES, M., *The dynamics of Clanship among the Tallensi*, London, Oxford University Press, 1945.

FRAZER, J. G., *The Golden Bough*, London, Macmillan and Co. Ltd (Abridged edition, Vol. 1), 1960.

GUILLARD, J., *Golonpui*, Paris La Haye, Mouton, 1965.

HÉRITIER, F., « L'ordinateur et l'étude du fonctionnement matrimonial d'un système Omaha », in *Les domaines de la parenté*, Paris, Maspéro, 1975, p. 95-117.

HEUSCH, L. de, *Le roi ivre*, Paris, Gallimard, 1972.

JAULIN, R., « La distribution des femmes et des biens chez les Mara », *Cahier d'Etudes Africaines*, Vol. VI, n° 23, 1966, p. 419-462.

JUILLERAT, B., *Les bases de l'organisation sociale chez les Mouktélé (Nord-Cameroun) Structures lignagères et mariage*, Paris, Institut d'Ethnologie, 1971.

KRIGE, E. J. et J. D., *The Realm of a Rain-Queen*, London, Oxford University Press, 1943.

LACROIX, P. F., « Matériaux pour servir à l'histoire des Peuls de l'Adamawa », *Etudes Camerounaises*, 37-38, 1952 et 39-40, 1953.

LEBEUF, A. M. D., *Les Principautés Kotoko*, Paris, C.N.R.S., 1969.

LEROI-GOURHAN, A., *Le geste et la parole, la mémoire et les rythmes*, Paris, Albin Michel, 1965.

LÉVI-STRAUSS, Cl., *Entretiens avec G. Charbonnier*, Paris, Plon-Julliard, 1961.

LÉVI-STRAUSS, Cl., *Anthropologie structurale*, Paris, Plon, 1958.

LÉVI-STRAUSS, Cl., *La Pensée sauvage*, Paris, Plon, 1962.

MEEK, C. K., *A Sudanese Kingdom*, Kegan Paul and Trench Tuber, London, 1931.

MIDDLETON, J., « The rain-maker among the Lugbara of Uganda », in *Systèmes de signes*, Paris, Hermann, 1978, p. 377-388.

MULLER, J. C., « La royauté divine chez les Rukuba (Benue-Plateau, Nigeria) », *L'Homme* XV (1), 1975, p. 5-27.

RADCLIFFE-BROWN, R., Préface à *Systèmes politiques africains* (éd. Meyer Fortes et Evans-Pritchard), Paris, P.U.F., 1964.

RICHARDS, A. I., « Keeping the King Divine », in *Proceedings of the Royal Anthropological Institute*, London, 1968, p. 23-33.

SAHLINS, M., *Au cœur des sociétés*, Paris, Gallimard, 1980.

TARDITS, Cl., *Le royaume Bamoum*, Paris, Armand Colin, 1980.

YOUNG, M., « The Divine Kingship of the Jukun », *Africa* 36, n° 2, p. 135-152.

TABLE DES MATIÈRES

Introduction générale 9

LIVRE I
HISTOIRE ET STRUCTURE SOCIALE DES MOUNDANG DE LÉRÉ

Première partie : LE MYTHE, L'HISTOIRE

Introduction 19
Chapitre 1 : Le mythe 33
Chapitre 2 : L'histoire dynastique 52

Deuxième partie : L'ORGANISATION CLANIQUE DANS LE ROYAUME DE LÉRÉ

Introduction 83
Chapitre 1 : Les clans moundang, l'ethnie et l'ordre du monde 91
Chapitre 2 : La description des clans moundang 106
Chapitre 3 : Esclaves et princes 137
Chapitre 4 : Les clans et la dynamique de la vengeance 153

Troisième partie : PARENTÉ ET RITUEL

Chapitre 1 : Parenté et alliance 175
Chapitre 2 : Les rites funéraires 196
Chapitre 3 : Les jumeaux sont rois 230

LIVRE II
L'ORGANISATION POLITIQUE ET RITUELLE DU ROYAUME DE LÉRÉ

Introduction : Royauté sacrée, royauté divine 261

Première partie : L'APPAREIL DE L'ÉTAT

Chapitre 1 : Les « faiseurs de roi » 269
Chapitre 2 : Les hommes du roi 286
Chapitre 3 : Sexe et souveraineté 304

Deuxième partie
LE CALENDRIER MOUNDANG ET LE CYCLE RITUEL

Chapitre 1 : Les mois et les « marqueurs du temps » 333
Chapitre 2 : Les trois grandes fêtes 343
Chapitre 3 : Les rites royaux : intronisation et funérailles 374
Conclusion 393
En guise d'épilogue : La politique 404
Annexes : 1) Notes sur l'habitation des Moundang 409
        2) La première reconnaissance de Léré ....
        3) Petit vocabulaire des institutions politiques et rituelles des Moundang 423
Bibliographie 425

TABLE DES ILLUSTRATIONS HORS TEXTE

PLANCHE 1 — *a*) Femmes au grenier.
                b) Le grand grenier du chef de famille (*dame*).

PLANCHE 2 — *a*) L'orchestre des *jak-fa-uni*.
                b) Alliés portant des cadeaux aux funérailles.

PLANCHE 3 — *a*) Mangaï.
                b) Sacrifice d'un mouton pour les pierres de pluie.

PLANCHE 4 — *a*) Vue aérienne du palais du roi de Léré.
                b) Vue générale du palais et de la plaine du Mayo-Kébi.

PLANCHE 5 — *a*) La porte d'honneur du palais un jour de fête.
                b) Le roi à cheval au milieu de la foule des femmes et des hommes portant leurs armes.

PLANCHE 6 — *a*) Masque *mundere*.
                b) Masques *muyu* à fibres naturelles et noircies.

PLANCHE 7 — *a*) Guerriers *yungu* en costume de cérémonie.
                b) Femme du palais devant son foyer.

PLANCHE 8 — *a*) Le roi chevauchant entouré de ses serviteurs.
                b) Le roi de Léré trônant au milieu de ses femmes et protégé par ses goumiers portant le fusil et ses lanciers.

Achevé d'imprimer le 5 novembre 1982
sur presse CAMERON,
dans les ateliers de la S.E.P.C.
à Saint-Amand-Montrond (Cher)

Dépôt légal : novembre 1982.
— N° d'impression : 378-198. —
Imprimé en France